2025
윤우혁
MINI 경찰헌법

윤우혁 만듦

경찰 · 경찰간부 · 해양경찰 · 해양경찰간부

May the Force be With You

박영사

경찰 미니헌법을 출간하면서...

　　저자가 노량진에서 강의를 한 지도 10년이 넘었다. 그동안 기본서와 기출문제집만으로도 많은 수험생들이 합격의 영광을 누렸다. 모든 시험은 기본서와 기출문제집만 잘 정리하면 우수한 성적으로 합격할 수 있다는 믿음에는 변함이 없다. 천학비재한 저자가 요행히 사법고시에 합격한 것도 같은 방법이었다. 다만, 공부에 접근하는 방법은 사람마다 다를 수 있다는 점과 경찰 시험과목과 공부량 때문에 요약서를 내 달라는 수험생의 요청이 많았던 것도 사실이다. 이런 사정을 고려하여 요약서를 내달라는 수험생들의 요청을 더 이상 외면할 수 없었다. 문제는 어떻게 책을 만드는 것이 수험생들에 도움이 되느냐이다. 오랜 고민 끝에 다음과 같은 점을 고려하여 요약서인 경찰 미니헌법을 세상에 내놓는다.

이 책의 특징
1 헌법을 처음 접하는 수험생이 전체의 개요를 잡을 수 있도록 하였다.
2 시험을 앞두고 마지막 정리가 가능하되 빠진 부분이 없도록 구성하였다.
3 가장 중요하고 복잡한 헌법소송을 도해화하여 한 손에 잡을 수 있게 하였다.
4 판례가 부족하지 않도록 충분히 수록하였다.
5 개별 법령도 부족하지 않을 정도로 충분히 수록하였다.

이 책의 활용방법
1 요약서를 선호하고 시간이 없는 수험생은 이 책을 보고 별도로 기본서를 보지 않아도 이 책과 기출문제집만 잘 활용하면 고득점이 가능하다.
2 헌법에 대한 완벽한 대비를 하고자 하는 수험생은 이 책으로 틀을 잡고 기본서로 살을 붙인 다음 기출문제집으로 정리하면 완벽한 수험대비가 될 것이다.
3 기본서를 혼자서 정리할 수 있는 수험생은 기본서를 보고 이 책을 볼 필요는 없을 것이다. 기본서와 기출문제집만으로 충분한 것이다.
4 요약서를 정리하되 판례와 이론 부분을 발췌하여 기본서를 찾아보는 방법도 좋은 방법이 된다. 이른바 절충설의 방식이 될 것이다.

출판사를 박영사로 이전하여 출간하고 있다. 박영사는 출판업계의 삼성과 같은 회사로 특히 법학 서적에는 오랫동안 최고의 출판사이다. 이 책이 출간되는 되는 데는 도서출판 박영사 김혜림 님의 노고가 컸다. 그러한 편익은 수험생들에게 많은 도움이 될 것이다. 특히 머리말에 적어 감사의 표시를 전한다. 이 책으로 수험생들이 짧은 시간에 헌법을 정리하여 합격의 영광을 누릴 수 있을 것으로 확신하며, 이 책으로 공부하는 모든 수험생들의 조속한 합격을 기원한다.

2024. 3.

윤우혁

CONTENTS
차례

2025
윤우혁
경찰 미니헌법

CHAPTER
01 헌법과 헌법학

SECTION 1 | 헌법의 의의

제1항 | 헌법의 개념

I 역사적 발전에 따른 헌법의 개념

01. 특징

> 1. 고유한 의미의 헌법(통치구조만 있고 기본권이 없다)
> 고유한 의미의 헌법은 국가의 통치구조에 관한 기본사항을 규정한 것을 말한다. 국가가 존재하는 한 성문이건 불문이건 어떠한 형태로든 존재한다. 「국가가 있는 곳에 헌법이 있고, 헌법이 있는 곳에 국가가 있다」라는 말로 표현된다. [00국가7급]
> * 고유한 의미의 헌법은 성문일 수도 있고 불문일 수도 있다.
> ↓ 시민혁명으로 헌법에 기본권 개념 도입
> ↓ 미국독립전쟁: 천부인권 강조
> ↓ 영국: 점진적으로 전개(천부인권이 아닌 절차적 권리의 확인)
> ↓ 프랑스 혁명: 급진적으로 전개(천부인권 강조)
> ↓ 독일: 시민혁명을 겪지 않음(외견적 입헌주의)
>
> 2. 근대입헌주의 헌법
> 기본권 개념 도입
> 형식적 국민주권(주권의 행사자가 아닌 보유자로서의 국민), 대의제, 제한선거, 자유위임(무기속위임)
> ↓ 일반국민의 참정권 확대와 국가기능의 변화로 현대사회국가 헌법 등장
>
> 3. 현대사회국가적 헌법
> • 사회적 기본권 보장, 경제에 대한 국가의 규제와 조정이 가능해짐
> • 실질적 국민주권(주권의 행사자로서의 국민), 보통선거제의 확립

02. 근대입헌주의 헌법과 현대사회국가 헌법의 비교

◢ ○Ⅹ 연습

1. 실질적 평등의 보장을 위한 국가작용의 강화, 확대는 현대복지국가 헌법의 내용이다. [13국회9급]

구분	근대입헌주의 헌법	현대사회국가 헌법
주권과 선거권	형식적 국민주권 ⇨ 대의제 ⇨ 제한선거	실질적 국민주권 ⇨ 보통선거
국민	국민은 주권의 보유자이지만 행사자는 아니다.	국민은 주권의 행사자이다.
국가관	소극국가(작은정부)·자유방임·야경국가	적극국가(큰정부)·행정·사회·조세·계획국가
국가의 사회영역에 대한 개입	원칙적 금지. 단지 예외적·최소한 개입만을 허용	광범위한 개입허용, 국가의 형성기능을 강조(국가의 기능을 적극적으로 이해)
경제체제	자유시장경제질서(경제에 대한 국가의 개입을 최소화, 시장에 의한 자유로운 가격 조절: 보이지 않는 손에 의한 가격 조절)	자유시장경제질서를 기본으로 하되 국가의 규제와 조정을 넓게 인정하는 사회적 시장경제질서 내지 혼합 경제질서 표방
법치주의	형식적 법치주의(법률의 우위)	실질적 법치주의(헌법의 우위, 위헌법률심판제도)
평등권	형식적 평등(기회의 평등)	실질적 평등(결과의 평등)
권력분립	국가기관 중심의 엄격한 권력분립(고전적 권력분립) ⇨ 헌법재판 부정	권력통합현상, 행정부의 강화 ⇨ 고전적 권력분립의 위기 ⇨ 기능적 권력분립론 대두 ⇨ 헌법재판 긍정
선거권	제한선거	보통선거
기본권의 본질	前국가적 권리성의 인식, 자연법상 권리·천부인권론, 자유권, 정치적 기본권 강조	자연권설의 기본은 유지하며 새로운 사회적 기본권 인정
재산권	재산권의 절대성 강조	재산권도 상대적 개념으로 파악
기본권의 효력	기본권은 주관적 공권 ⇨ 대국가적 효력(천부인권 및 항의적 성질의 권리), 대국가적 방어권	대국가적 효력 + 기본권의 객관적 가치질서성 ⇨ 국가의 기본권 보호의무, 기본권의 대사인적 효력
국제평화주의	부정	인정

> **헌법 제119조** ① 대한민국의 경제질서는 개인과 기업의 경제상의 자유와 창의를 존중함을 기본으로 한다.
> ② 국가는 균형있는 국민경제의 성장 및 안정과 적정한 소득의 분배를 유지하고, 시장의 지배와 경제력의 남용을 방지하며, 경제주체간의 조화를 통한 경제의 민주화를 위하여 경제에 관한 규제와 조정을 할 수 있다.

Answer

1. ○

> **권력분립 정리**
> 군주시대는 모든 국가권력이 왕에게 귀속되어서 권력분립의 개념이 없었다. 시민혁명 이후 국가권력을 나누어 국민의 자유와 권리를 보장하려는 것이 권력분립이다.
>
> **심화** .
> 고전적 권력분립(로크와 몽테스키외의 권력분립 차이)
> 로크는 국가권력을 4개로 나누지만, 기관별로는 2권분립을 주장한다. 즉 사법권을 왕의 권한으로 보아 사법권의 독립을 주장하지 않았다. ⇨ 영국식 의원내각제로 발전
> 몽테스키외는 입법·행정·사법의 3권분립을 주장한다. ⇨ 미국식 대통령제로 발전
>
> **기능적 권력분립(뢰벤슈타인)**
> 국가권력을 입법·행정·사법으로 나누는 것이 아니라 정책결정·정책집행·정책통제로 나누고 그중에서 통제를 강조하는 이론이다.

Ⅱ 실질적 의미의 헌법과 형식적 의미의 헌법

구분	실질적 의미의 헌법	형식적 의미의 헌법
개념	실질적 의미의 헌법은 그 형식과 관계없이 내용이 헌법적 사항을 포함하고 있는 것을 말한다.	형식적 의미의 헌법이란 내용과 관계없이 헌법전의 형태로 존재하는 것을 말한다. 형식적 의미의 헌법은 성문헌법과 동일한 개념이다.
종류	헌법전, 국회법, 정부조직법, 법원조직법	헌법전만
기능	실질적 의미의 헌법은 국가인 한 모두 존재하며, 불문헌법국가에도 존재한다. 따라서 형식적 헌법은 물론 실질적 헌법도 국가창설적 기능을 담당한다.	헌법전의 형식으로 존재한다. 「영국에는 헌법이 없다」는 말은 형식적 의미의 헌법이 없음을 의미한다.

Ⅲ 헌법의 분류

01. 개정의 난이도에 따른 헌법 개념

연성헌법	일반법률과 동일한 절차와 방법으로 헌법을 개정할 수 있는 헌법이다.(영국헌법)
경성헌법	법률보다 까다로운 절차와 방법에 의해서만 헌법을 개정할 수 있는 헌법이다.

02. 성문헌법과 불문헌법

성문헌법	헌법이 성문의 형태로 존재하는 것. 대부분의 헌법
불문헌법	성문화되어 있지 않은 헌법. 영국, 이스라엘

➕ 영국에는 헌법이 없다고 할 때의 헌법은 형식적의미의 헌법을 말한다.

📑 테마정리 **헌법소송의 구조**

1. 위헌법률심판(헌가사건)과 위헌심사형 헌법소원(헌바사건)

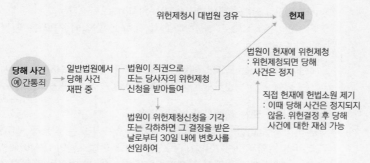

* 헌재에 위헌제청할 때는 대법원을 경유하여야 한다.(형식적 경유)
* 당사자의 위헌제청신청은 당해 사건의 전심급을 통해서 한 번만 할 수 있다.
* 추상적 규범통제와 구체적 규범통제: 추상적 규범통제는 기본권 침해 여부와 관계없이 소송을 제기할 수 있는 것인데 우리나라는 인정하지 않는다. 구체적 규범통제는 기본권 침해를 전제로 하는 헌법소송을 말한다.

두 사건의 공통점

(1) 대상

법률 + 법률과 동일한 효력을 가지는 것(대통령 긴급명령, 긴급재정경제명령, 국회의 동의를 받는 조약, 관습법) ⇨ 헌법조문이나 법규명령 등에 대해서는 불가

(2) 재판의 전제성

① 재판: 모든 종류의 재판을 포함한다. 재판의 전제성은 제청법원의 견해를 존중하는 것이 원칙이나, 제청법원의 견해가 명백히 유지될 수 없을 때는 헌재가 직권으로 판단한다. [기출다수]

② 전제성

  ㉠ 당해 사건이 적법하게 계속 중이어야 한다.(위 사례에서 간통죄가 취하되거나 각하되지 않을 것)

  ㉡ 해당 조문이 당해 사건에 직접 적용되는 것이어야 한다. 다만, 밀접한 관련을 가지는 경우에는 간접 적용되는 조문도 심판대상이 될 수 있다.

  ㉢ 위헌결정이 나면 다른 내용의 재판을 하게 되는 경우여야 한다. 여기서 다른 내용의 재판이란 주문이 달라지는 경우는 물론이고, 주문이 달라지지 않아도 주문을 이끌어내는 이유를 달리하거나, 재판의 의미내용이 달라지는 경우도 포함한다.(위 사례에서 간통죄가 위헌결정이 나면 당해 사건은 무죄판결이 난다)

2. 권리구제형 헌법소원(헌마사건)

(1) 청구인 능력(기본권 주체성)

① 자연인: 대한민국 국민은 모두 인정된다. 태아는 제한적으로 생명권의 주체성 인정되고, 배아는 기본권 주체성이 부정된다.

② 외국인: 기본권에 따라 다르다. 자유권은 대체로 인정, 정치적 기본권은 부정, 사회적 기본권은 경우에 따라 다르다.

청구인 능력은 자연인인 대한민국 국민이면 누구에게나 인정되므로 이때는 문제될 것이 없다. 문제되는 경우는 다음과 같다. 헌법재판에서 청구인 능력은 기본권 주체성과 같은 것으로 보아도 무방하다.

③ 사법인, 그 외 단체(비법인사단): 원칙적으로 인정된다.

④ 공법인: 원칙적으로 부정한다.(서울대학교, 한국방송공사는 인정되는 경우가 있다)

> 헌마사건에서는 국민만 청구인이 되고 국가기관은 안 되지만, 헌바사건에서는 당해 사건의 당사자인 국가기관(행정청)도 헌법소원을 제기할 수 있다.

(2) 공권력의 행사 또는 불행사가 있어야 한다.

① 원칙적으로 입법·행정·사법을 포함한 국가의 모든 작용을 의미한다. 그러나 법원의 재판은 헌법재판소법에 의해 헌법소원의 대상이 아니다. 다만, 법원의 재판 중에서 헌재가 위헌으로 결정한 법령을 적용하여 기본권을 침해한 재판은 헌법소원의 대상이 된다.

② 법률은 집행행위의 매개없이 직접 기본권을 침해하면 헌법소원의 대상이 된다.

③ 법규명령도 집행행위의 매개없이 직접 기본권을 침해하면 헌법소원의 대상이 된다.

④ 행정규칙은 원칙적으로 헌법소원의 대상이 아니지만 재량준칙과 법령보충적 행정규칙은 헌법소원의 대상이 된다.

⑤ 입법부작위의 세 가지 유형 중 진정입법부작위만이 헌법소원의 대상이 된다. 따라서 부진정입법부작위에 대해서는 부작위 자체를 대상으로 헌법소원을 제기하면 안 되고 법률의 내용을 대상으로 헌가사건(기각되면 헌바) 또는 헌마사건으로 제기해야 한다.

　＊ 입법부작위의 종류
- 진정입법부작위: 헌법상 명시적 입법의무(헌법 제23조 제3항: 재산을 수용할 때는 반드시 법률로 보상해야 한다는 규정) 또는 해석상 입법의무가 있음에도 전혀 입법을 하지 않은 것을 말한다.
- 단순입법부작위: 입법의무가 없고 법률도 존재하지 않는 경우를 말한다.
- 부진정입법부작위: 법률은 있지만 내용이 불충분, 불완전한 경우를 말한다.

⑥ 행정입법부작위는 헌법소원의 대상이 된다.(대법원이 행정입법부작위에 대해 부작위위법확인소송을 인정하지 않기 때문이다)

(3) 헌법상 보장된 기본권의 침해가능성

가능성(제한)만 있으면 되고 침해 여부는 본안의 문제이다. 기본권의 제한이 없으면 각하된다. 제한이 있으면 본안에 들어가서 침해의 정도가 강하면 위헌, 아니면 합헌결정이 난다.

(4) 당사자적격: 기본권 침해의 자기관련성, 직접성, 현재성

① 자기관련성: 침해되었다고 주장하는 기본권이 청구인 자신의 것이어야 한다. 즉, 다른 사람의 기본권을 대신 주장하는 것은 허용되지 않는다.

② 직접성: 주로 법령을 대상으로 하는 헌법소원에서 집행행위를 매개하지 않고 침해하는 경우여야 한다.

③ 현재성: 기본권 침해는 현재 계속되고 있어야 하는 것이 원칙이나, 예외가 있다.

(5) **권리보호이익**

　재판의 결과 신청인의 법적 지위가 향상될 가능성이 있어야 한다. 형사소송에서 공소제기의 유지와 비슷한 개념이다. 그러나 기본권 침해의 반복 가능성이 있거나, 헌법적으로 해명이 필요하다고 판단되면 예외적으로 본안 판단을 할 수 있다.

(6) **보충성원칙** – 다만, 재판을 거치면 헌법소원은 불가

　헌법소원을 제기하기 전에 다른 법률이 정한 구제절차를 모두 거쳐야 한다. 이때 다른 법률에 정한 구제절차란 해당 공권력을 직접 대상으로 하는 구제절차를 말한다. 따라서 손해배상청구 등은 거치지 않아도 된다.

(7) **변호사 강제주의**

(8) **청구기간**

　해당 공권력의 행사가 있음을 안 날로부터 90일, 있은 날로부터 1년 내에 제기해야 한다.

▶ 관련판례

1. 청구인은 자신에 대한 형사재판에서 국선변호인으로 선정된 변호사가 불성실하게 조력한 행위에 대하여 이 사건 헌법소원심판을 청구하였으나, 청구인이 심판을 구하는 국선변호인의 행위는 공권력의 행사 또는 불행사가 아닌 사인으로서의 행위에 불과하여 헌법소원심판의 대상이 되지 아니한다.(헌재 2021.1.26. 2021헌마85)

2. 헌법해석상 반드시 아동학대 관련 범죄에서 공소시효 폐지에 관한 법령을 제정할 입법자의 행위의무 또는 보호의무가 발생하였다고 볼 근거 또한 없다.(헌재 2021.1.19. 2021헌마42)

　그러므로 아동학대 관련 범죄와 관련하여 공소시효 폐지를 입법해야할 작위의무가 인정되지 않으므로 이 부분 청구는 부적법하다.

3. 수용관리 및 계호업무 등에 관한 지침 제462조 제3항은 교정기관에 수용 중인 수용자가 민사재판 등의 소송수행을 목적으로 출정하는 경우에 소요되는 비용의 납부절차 등에 필요한 사항을 정한 법무부훈령으로서, 법령의 위임근거가 없는 행정기관 내부의 업무처리지침 내지 사무처리준칙으로서의 행정규칙에 불과할 뿐 법규적 효력을 가지는 것은 아니라 할 것이므로, 헌법소원심판청구 대상이 되는 공권력 행사에 해당하지 않는다.(헌재 2021.1.19. 2020헌마1732)

　피청구인은 위 수용관리 및 계호업무 등에 관한 지침에 따라 청구인으로부터 출정비용 중 일부를 영치금에서 공제하였는데, 이러한 행위는 일종의 상계행위로 수용자로 인해 소요되는 비용을 반환받는 것이므로, 사경제의 주체로서 행하는 사법상의 법률행위에 불과하여 헌법소원심판의 대상이 되는 공권력의 행사에 해당한다고 할 수 없다.

4. 수형자에 대한 직업훈련대상선발 등은 수형자의 교정교화와 건전한 사회복귀 등의 목적에 따라 구체적인 사항을 참작하여 교정시설의 장이 결정하는 것이고, 수형자가 직업훈련대상선발을 요청하는 경우에 소장이 이를 반드시 허용하여야 하는 것이 아니다. 즉, 청구인과 같은 수형자에게는 직업훈련교육 등을 신청할 권리가 있다고 할 수 없고, 소장에게는 직업훈련 대상자를 선정할 재량권이 있을 뿐이다. 따라서 피청구인이 청구인의 직업훈련생 선발 신청을 거부하였다고 하더라도, 이 거부행위는 헌법소원의 대상이 되는 공권력행사라고 볼 수 없다.(헌재 2021.2.9. 2021헌마76)

5. 한국인 BC급 전범들이 일본에 대하여 가지는 청구권이 '대한민국과 일본국 간의 재산 및 청구권에 관한 문제의 해결과 경제협력에 관한 협정' 제2조 제1항에 의하여 소멸되었는지 여부에 관한 한·일 양국 간 해석상 분쟁을 위 협정 제3조가 정한 절차에 따라 해결하지 아니하고 있는 피청구인의 부작위가 청구인들의 기본권을 침해하는지 여부에 대하여 재판관 5인의 의견으로 각하결정을 하였다.(헌재 2021.8.31. 2014헌마888)[각하]

우리 헌법 전문은 국제평화주의를 천명하고 있고, 이러한 사정들을 종합하면, 국내의 모든 국가기관은 헌법과 법률에 근거하여 국제전범재판소의 국제법적 지위와 판결의 효력을 존중하여야 한다. 이에 따라 한국인 BC급 전범들이 국제전범재판에 따른 처벌로 입은 피해와 관련하여 피청구인에게 이 사건 협정 제3조에 따른 분쟁해결절차에 나아가야 할 구체적 작위의무가 인정된다고 보기 어려우므로 이 부분과 관련한 심판청구는 부적법하다.

Ⅳ 성문헌법체계하에서 관습헌법의 인정 여부

01. 관습헌법의 개념

관습헌법이란 기본적인 헌법사항에 대한 반복적인 관행을 통하여 사회구성원들 사이에 법적 확신이 생긴 결과 헌법과 동일한 지위 또는 효력을 가지게 된 것을 말한다.

02. 관습헌법의 대상 [06입법]

관습이 성립하는 사항이 단지 법률로 정할 사항이 아니라 반드시 헌법에 의하여 규율되어 법률에 대하여 효력상 우위를 가져야 할 만큼 헌법적으로 중요한 기본적 사항이 되어야 한다. [05법무사]

* 관습헌법의 성립요건은 관습헌법의 성립요건일 뿐만 아니라 효력유지의 요건이기도 하다. 따라서 국민의 합의성이 소멸되면 이미 성립한 관습헌법도 법적 효력을 상실하게 된다. [23경찰 1차, 10지방7급]

03. 관습헌법의 효력

관습헌법도 성문헌법과 마찬가지로 주권자인 국민의 헌법적 결단의 의사의 표현이며 성문헌법과 동등한 효력을 가진다고 보아야 한다. 관습헌법이 성문헌법을 개폐할 수는 없다. [08국회8급]

04. 관습헌법의 개정

헌법 제130조에 정한 절차에 따라 성문헌법과 동일한 방법으로만 개정해야 한다. 이 경우 헌법전에 관습헌법의 내용과 상이한 법규범을 첨가하는 방법으로 하게 된다. [10지방7급]

관습헌법의 성립과 효력

1. 신행정수도의건설을위한특별조치법위헌확인(헌재 2004.10.21. 2004헌마554 등)

   [주문]

   신행정수도건설을위한특별조치법은 헌법에 위반된다. — 국민투표권 침해를 이유로 위헌

   [주요내용]

   (1) 헌법기관들 중에서 국민의 대표기관으로서 국민의 정치적 의사를 결정하는 국회와 행정을 통할하며 국가를 대표하는 <u>대통령의 소재지가 어디인가 하는 것은 수도를 결정하는 데 있어서 특히 결정적인 요소가 된다.</u>

   (2) <u>서울이 수도라는 점</u>은 우리의 제정헌법이 있기 전부터 전통적으로 존재하여온 헌법적 관습이며 우리 헌법 조항에서 명문으로 밝힌 것은 아니지만 자명하고 헌법에 전제된 규범으로서, 관습헌법으로 성립된 <u>불문헌법에 해당한다.</u>

2. 신행정수도 후속대책을 위한 연기·공주지역 행정중심복합도시 건설을 위한 특별법 위헌확인(헌재 2005.11.24. 2005헌마579, 763병합)

   [주문]

   청구인들의 심판청구를 모두 각하한다.

   [주요내용]

   (1) 수도 분할이 아니다.

   (2) 헌법 제130조의 국민투표권 침해 가능성이 없다.

   (3) 헌법 제72조의 국민투표권 침해 가능성이 없다.

   (4) 청문권의 침해 가능성이 없다. [22지방7급]

   (5) 납세자의 감시권은 헌법상의 기본권이 아니다.

수도의 기준

대통령과 국회의 소재지는 수도를 결정하는 기준이 되지만 사법권이 행사되는 장소는 수도를 결정하는 기준이 아니다. 또한 국무총리의 소재도 수도를 결정하는 기준은 아니다.(현재 국무총리는 세종시에서 근무한다) [19국가7급]

제2항 | 헌법의 특성

사실적 특성	• 정치성 – 헌법은 정치적 투쟁과 타협의 산물이다. • 이념성 – 이념성이 없는 헌법은 존재할 수 없다. • 역사성 – 헌법은 역사의 산물이다.
규범적 특성	• 최고규범성 – 현행헌법에는 헌법의 최고규범성에 관한 명문의 규정이 없으나, 헌법의 최고규범성은 당연한 것으로 간주된다.(선언적 규정) • 조직·수권(授權)규범성 – 헌법은 통치기구에 관한 조직규범이면서, 또한 입법권·집행권·사법권이 각각 어느 국가기관에 귀속하는 것인가를 정한 수권규범이기도 하다. • 권력제한규범성 – 헌법에 의해 조직된 통치기구는 헌법이 부여한 권한을 권력분립원리에 의해 헌법이 정한 요건과 절차에 따라 행사하여야 한다. • 자기보장규범성 – 일반법률은 국가권력에 의한 강제적인 실현이 가능하지만, 헌법은 그 내용을 직접 강제할 수 있는 별도의 기관이나 수단이 상대적으로 미약하다. • 생활규범성 – 생활규범성이란 헌법이 국민의 일상생활 속에 존재하면서 국민의 일상생활에 의해서 실현되고 발전되는 규범이라는 의미이다. 이는 결국 헌법이 어느 정도 시대적인 생활감각에 맞게 규범화되어 있느냐의 문제로서 헌법규범과 사회현실의 괴리를 최소화하기 위한 방안이 요구된다. 이를 위한 입법기술을 상반구조적 입법기술이라고 한다.

헌법의 형식과 효력 ...

헌법의 효력은 형식으로 판단된다. 즉, 내용과 관계없이 형식적 의미의 헌법은 헌법으로서 법률보다 상위의 효력을 가진다.

SECTION 2   헌법해석과 헌법관

제1항 | 헌법의 해석

Ⅰ 헌법해석의 원칙

01. 헌법의 통일성의 원칙

헌법의 모든 조문은 서로 밀접한 관련을 가지므로 헌법의 규정이나 조문을 통일적인 관점에서 해석하여야 한다. 즉, 헌법규범이 상호 모순되지 않도록 해석해야 한다.

02. 조화의 원칙

상반하는 헌법규범이나 헌법적 원칙을 최대한 조화시켜 해석하여야 한다는 해석지침이다.

03. 기능적 적정성의 원칙

권력분립의 원칙에서 헌법을 해석하는 기관은 자기에게 배정된 기능의 테두리 내에 머물러야 하고 해석의 방법이나 결론에 의하여 헌법이 정한 기능의 분배를 변경시켜서는 안 된다는 원리를 말한다.

* 헌법재판소가 헌법재판을 통하여 입법권을 침해해서는 안 되는 것이다. 즉, **헌법재판소가 변형결정을 하는 것은 기능적 적정성에서 나오는 것이다.**

> 📌 참고
>
> 변형결정: 헌법재판소법은 합헌결정과 위헌결정의 두 가지 유형만 규정하고 있으나 헌법재판소는 그 외에 한정합헌, 한정위헌, 헌법불합치 등의 결정도 하고 있다.

Ⅱ 합헌적 법률해석

01. 의의

합헌적 법률해석이란 법률의 의미가 다의적으로 해석될 수 있는 경우에는 가능한 한 합헌적으로 해석하여야 한다는 법률해석의 원칙을 말한다.(헌법해석이 아니라 법률해석이다) [23경찰승진] 이는 법률이 헌법에 합치하는지 여부에 관한 법률해석의 문제라는 점에서 헌법해석과 엄격한 의미에서 구별된다. [14변호사]

02. 연혁과 헌법재판소의 견해

❶ 연혁

합헌적 법률해석은 미연방대법원의 합헌성 추정 원칙(Ogden v. Saunder)을 독일연방헌법법원이 수용하여 합헌적 법률해석론으로 발전시켰다. [08국가7급]

> 📌 미리보기
>
> 언론출판의 자유(표현의 자유)를 제한하는 법률에 대한 해석에서는 합헌적 법률해석을 하지 않고 합헌성 추정이 배제된다. 표현의 자유를 제한하는 법률이 명확하지 않으면 위축적 효과가 발생하기 때문이다.(위축적 효과란 어떤 말을 했을 때 처벌을 받을지도 모르면 스스로 위축하여 말을 삼가는 것을 말한다)

❷ 판례

헌법재판소는 합헌적 법률해석원칙을 수용하고 있다.

* 합헌적 법률해석은 사법소극주의의 표현이다.(가급적 법률의 효력을 유지하므로) [15지방7급]

03. 합헌적 법률해석과 규범통제의 관계 [08국가7급]

합헌적 법률해석은 주로 규범통제과정(위헌법률심판)에서 이루어지는 것이 보통이나 반드시 규범통제를 전제로 하는 것은 아니다. 즉, 법원이 일반재판에서 법을 적용하는 과정에서도 발생한다.

* **합헌적 법률해석**은 규범통제와 개념적으로 구별되지만, 한편으로 규범통제와 표리관계를 이룬다. 또한 합헌적 법률해석을 하게 되면 규범통제의 기능은 약화된다.

	합헌적 법률해석	규범통제
목적	법률의 효력을 지속하려는 목적	헌법의 최고법규성(최고규범성)을 유지하려는 목적
이론적 근거	헌법의 최고규범성	헌법의 최고규범성
헌법적 근거	헌법의 최고규범성에만 근거하여 인정 가능. 별도의 근거가 필요없다.	헌법의 최고규범성 이외에 별도의 명시적인 제도적 근거가 필요하다.(위헌법률심판제도)
헌법의 기능	해석기준으로 작용(해석규칙)	심사기준으로 작용(저촉규칙)

04. 합헌적 법률해석의 이론적 근거 [06사시]

❶ 헌법의 최고규범성과 법질서의 통일성 유지
❷ 권력분립과 민주적 입법기능의 존중
❸ 법적 안정성의 유지
❹ 국가 간의 신뢰보호 [14서울7급]

위헌이라는 이유로 당해 조약 등을 실효시킬 경우 초래될 신뢰상실이나 국가 간의 긴장관계를 회피하기 위하여 조약에 대해 합헌적 법률해석을 해야 한다는 것이다.

05. 합헌적 법률해석의 한계

❶ 문의적(文義的) 한계

해당 법조문의 문구가 지닌 의미를 넘어서 완전히 다른 의미로 변질되지 않아야 한다.

❷ 법목적적 한계 혹은 목적론적 해석의 한계 [21경찰승진, 08국가7급]

원래의 목적과는 완전히 다른 새로운 목적·내용을 부여하는 해석이 되어서는 안 된다.

❸ 헌법수용적 한계 [08국가7급]

헌법규범의 수용범위(자유민주주의)를 넘어서는 의미를 부여하여서는 안 된다.

> ▶ 관련판례
>
> 합헌적 법률해석 – 문의적 한계를 지켰다는 판례
> 1. 지방공무원법 제29조의3 위헌소원(헌재 2002.11.28. 98헌바101)[합헌] [17지방 7급]
>
> 이 사건 법률조항은, 지방자치단체의 장은 소속 지방공무원의 전출·전입에 서로 동의하였더라도 해당 지방공무원 본인의 동의를 얻어야만 그를 전출·전입할 수 있다는 것으로 해석하는 것이 타당하고, 따라서 이 사건 법률조항은 헌법에 위반되지 아니 한다 할 것이다. – 원래 법조문에는 해당 공무원의 동의를 받는다는 내용이 없지만 해석을 할 때 동의를 요건으로 해석하는 것이 가능하다는 의미

Answer

1. ○ 헌재 1989.7.14. 88헌가5
2. × 법률 또는 법률의 위 조항은 원칙적으로 가능한 범위안에서 합헌적으로 해석함이 마땅하나 그 해석은 법의 문구와 목적에 따른 한계가 있다.(헌재 1989.7.14. 88헌가5)

2. 군장교가 형사기소되면 휴직을 명할 수 있고 휴직기간 중에는 봉급의 반액을 지급하게 되는데 무죄판결을 받으면 차액을 소급하여 지급한다는 규정에서, 무죄판결에 공소기각(공소기각의 사유가 없었다면 무죄가 될 수 있는 내용상 무죄재판)재판을 포함하여 해석해도 문의적 한계 내의 합헌적 법률해석에 부합한다.(대판 2004.8.20. 2004다22377) [14변호사, 13국회8급]

합헌적 법률해석 – 문의적 한계를 벗어났다는 판례
종업원의 위반행위에 대하여 양벌조항으로서 개인인 영업주까지 처벌하는 규정을 영업주의 선임감독상의 과실이 인정되는 것으로 해석할 수 없다.(헌재 2007.11.29. 2005헌가10)[위헌]
<u>이 사건 법률조항을 그 문언상 명백한 의미와 달리 "종업원의 범죄행위에 대해 영업주의 선임감독상의 과실(기타 영업주의 귀책사유)이 인정되는 경우"라는 요건을 추가하여 해석하는 것은 문언상 가능한 범위를 넘어서는 해석으로서 허용되지 않는다고 보아야 한다.</u> – 법조문에 영업주의 선임감독상의 과실이 있는 경우에 처벌한다는 규정이 없는 경우를 말한다.

🔖 참고   **헌법불합치결정을 하는 경우**

1. 수혜적인 법률을 평등원칙 위반으로 단순위헌함으로써 현재 혜택을 받는 집단조차 혜택을 받지 못하게 될 우려가 있을 때
2. 단순위헌 결정으로 인한 법률의 공백으로 혼란이 야기될 것이 예상될 때
3. 위헌과 합헌이 공존하여 헌법재판소가 위헌 결정하는 것보다는 의회가 위헌적인 부분을 개정하는 것이 보다 효과적이라고 판단될 때

* 헌법불합치결정은 합헌적 법률해석이 아니다.

🔖 참고   **합헌적 법률해석의 기속력**

1. 기속력의 개념
   기속력이란 일반재판(일반재판의 효력은 당사자 사이에만 미친다)에서 인정되지 않는 효력으로서 위헌결정의 효력이 모든 국가기관에 미치는 것을 말한다.
2. 한정위헌결정의 기속력
   ① 대법원: 한정위헌결정이 있어도 법률의 문언은 전혀 달라지지 않으므로 한정위헌결정은 법률해석에 불과하다는 입장에서 그 기속력을 부인한다.
      [14변호사]
   ② 헌법재판소: 한정위헌결정도 기속력을 가진다는 입장이다.

제2항 | 헌법관

🚩 테마정리　헌법관의 차이

	법실증주의	결단주의	통합주의
대표자	Jellinek, Kelsen	Schmitt	Smend, Hesse
연구대상	주어진 헌법조문만을 대상. 사실과 규범을 엄격히 구분하여, 모든 존재적 요소를 배격한다. (자연법 배격)	헌법제정권자의 결단의 내용	국가가 추구해야 할 근본가치
정치와 법	엄격히 구별	구별하지 않는다.	구별하지 않는다.
왜 최고규범 인가	헌법은 주어진 존재일 뿐이다.	제정권자의 결단이기 때문	근본가치이기 때문
기본권에 대한 인식	• Kelsen: 주관적 공권이 아니라 반사적 이익에 불과하다. • Jellinek: 주관적 공권성을 인정하나 법률 속의 권리로 파악한다.	천부인권으로서 주관적 공권(자연권)성 인정, 대국가적 방어권, 자유권만 진정한 기본권, 국가로부터의 자유를 강조한다. 자유주의 기본권관	기본권의 이중성 1. 객관적 가치질서 ⇨ 국가의 기본권 보호의무, 기본권의 대사인효 2. 주관적 공권성도 인정 사회적 기본권 강조, 국가를 향한 자유
통치구조	형식적 법치주의	기본권과 통치구조는 이원적 단절관계	기본권과 통치구조는 일원적 교차관계
헌법제정한계	헌법제정의 한계 부정	헌법제정의 한계 부정	헌법제정의 한계 인정
헌법개정한계	헌법규범 간의 등가성 ⇨ 헌법개정무한계설	• 근본 결단: 헌법 • 기타 결단: 헌법률 헌법률은 헌법을 넘을 수 없으므로 헌법개정한계설	근본가치가 헌법개정의 한계
특징	악법도 법이다.	내용적 정당성 무시	규범성 약화, 갈등 과소평가

제1항 | 헌법의 제정

I 헌법의 제정·개정·변천의 개념

헌법제정	헌법제정이란 헌법제정권자가 헌법제정권력을 행사하여 국가의 기본법인 헌법을 창조하는 행위를 말한다.
헌법개정	헌법개정이란 헌법에 규정된 개정절차에 따라 기존 헌법과 <u>기본적 동일성을 유지하면서</u> 헌법의 특정 조항을 의식적으로 수정·삭제·추가함으로써 헌법의 내용에 변경을 가하는 행위를 의미한다. <u>헌법개정은 헌법의 규범력을 높이는 기능을 한다.</u>
헌법변천	헌법변천이란 특정의 헌법조항이 헌법에 규정된 개정절차에 따라 수정·변경되는 것이 아니고, 해당 조문은 그대로 있으면서 그 의미나 내용만이 실질적으로 변화하는 경우를 말한다. 헌법변천은 무의식적으로 일어나고 헌법개정은 의식적으로 일어난다는 점에서 양자는 구별된다. [09국가9급] 그러나 헌법변천이 의식적으로 일어날 수도 있다는 반대견해가 있다.

II 헌법제정권력

01. 헌법제정권력의 의의

헌법제정권력이란 「헌법을 창조하는 힘」을 말한다. 그러나 헌법제정권력은 사실상의 힘만이 아니라 법을 정당화시키는 권위 또는 가치를 아울러 가져야 한다.

02. 헌법제정권력 이론의 형성과 발전

1 시이예스의 이론

프랑스 혁명 이후 왕의 권력을 제한하기 위해서는 왕이 아닌 국민이 헌법제정권력을 가진다는 논리가 필요하게 되었다.

2 슈미트의 이론

1. 헌법제정권력과 헌법개정권력의 구별

슈미트는 헌법제정권력과 헌법개정권력을 구별하였다. 즉, 헌법제정권력은 통일적이고 불가분적이며 모든 권력의 포괄적인 근거이다. 따라서 헌법제정권력의 한계를 인정하지 않는다.

2. 헌법과 헌법률의 구별

슈미트는 헌법제정권력에서 헌법이 나오고, 헌법에서 헌법률이 나오며, 다시 법률이 만들어지는 권력의 위계질서를 인정한다.

☉ Siéyès와 C. Schmitt의 비교

구분	A. Siéyès	C. Schmitt
헌법제정권력의 정당성의 근원	시원성 ⇨ 자기정당화	혁명성, 제헌권자의 입헌의지, 결단
헌법제정권력의 개념적 특징	시원성, 창조성, 무한계성, 무오류성	혁명성, 사실적·정치적인 힘
헌법제정의 주체	국민	국민, 신, 소수자, 군주, 비상시에 결단하는 자 등
헌법제정권력과 개정권력과의 구별	학설상 대립이 있다.	구별하였다.
헌법제정권력의 한계 인정 여부	한계 부정	한계 부정

3 법실증주의와 헌법제정권력

1. 법실증주의는 헌법제정권력을 부인한다.

켈젠, 옐리네크 등 법실증주의는 헌법제정권력을 인정하지 않는다.

2. 헌법규정의 등가이론

법실증주의는 헌법제정권력과 헌법개정권력의 구별을 부인하여 헌법의 모든 규정은 동일한 효력을 갖는다고 본다. 그 결과 헌법개정무한계설로 연결된다.

03. 헌법제정권력의 본질

구분	내용
사실성과 규범성	사실적인 힘으로서의 성격에 규범적인 힘으로서의 성격을 함께 지니고 있다.
시원성	헌법제정권력은 헌법질서를 시원적으로 창조하는 권력이다.
자율성	어떠한 법형식이나 절차에도 따르지 않고 스스로 의도하는 바에 따라 발동된다.
단일불가분성	헌법개정권력이나 통치권의 포괄적인 근거가 되는 권력으로서 분할될 수 없다.
불가양성	헌법제정권력은 오로지 국민에게만 있는 것으로서 이는 양도할 수 없다.
항구성	한 번의 행사로 소멸되는 것이 아니라 항상 이념적으로 존재하는 것이다.

04. 헌법제정권력의 주체

헌법제정권력의 주체는 역사적으로 변천이 있었으나, 오늘날의 민주국가에서는 헌법제정권력의 주체가 국민임은 자명하다.

🔖 **체크포인트**

건국헌법의 제정절차: 건국헌법은 국민투표 없이 제헌의회에서 확정되었다. [14서울7급]

05. 헌법제정권력과 그 밖의 권력의 구별

1 헌법개정권력과의 구별

구분	헌법제정권력	헌법개정권력
본질에 대한 논의	시원적·창조적 권력, 자율적 권력, 초국가적 권력, 항구적 권력 등의 본질을 갖는다.	헌법에 의해 창조된 권력·「제도화된 제헌권」, 타율적·종속적 권력, 국가적 권력, 헌법제정권력에 대한 하위권력
국민의 지위에 관한 논의	주권의 보유자로서의 국민＝조직화되지 아니한 「이념적 통일체」로서의 국민	주권의 행사자로서의 국민＝전체국민 중 국민투표권을 가진 「유권자」로서의 국민
행사방법에 대한 제약	그 행사에 있어 아무런 절차상의 제약이 없다.	국민의 헌법제정의사와 헌법에 규정된 개정절차에 따라야 한다는 제약이 존재한다.

2 헌법제정권력과 주권 및 통치권의 구별

다수설은 헌법제정권력과 주권을 동일한 것으로 본다.

▶ 관련판례

헌법제정권력과 헌법개정권력을 구별하는 것은 불가능하다.(헌재 1995.12.28. 95헌바3)[기출다수]
우리 헌법의 각 개별규정 가운데 무엇이 헌법제정규정이고 무엇이 헌법개정규정인지를 구분하는 것이 가능하지 아니할 뿐 아니라, 각 개별규정에 그 효력상의 차이를 인정하여야 할 형식적인 이유를 찾을 수 없다. 이러한 점과 앞에서 검토한 현행 헌법 및 헌법재판소법의 명문의 규정취지에 비추어, 헌법제정권과 헌법개정권의 구별론이나 헌법개정한계론은 그 자체로서의 이론적 타당성 여부와 상관없이 우리 헌법재판소가 헌법의 개별규정에 대하여 위헌심사를 할 수 있다는 논거로 원용될 수 있는 것이 아니다.

제2항 | 헌법의 개정

Ⅰ 현행헌법의 개정절차 [20국가7급]

헌법 제128조 ① 헌법개정은 <u>국회재적의원 과반수 또는 대통령의 발의</u>로 제안된다. [14법원직]	대통령의 발안은 국무회의 심의를 거쳐야 한다.

◀ **OX 연습**

1. 제헌헌법은 국회의 의결만으로 제정되었고 국민투표로 확정된 것이 아니다. [18입시]
2. 현행 헌법상 대통령과 일정수의 국회의원만이 헌법개정안을 발의할 수 있으며 국민이 직접 헌법개정안을 발의할 수는 없다. [10지방7급]

Answer

1. ○
2. ○

② 대통령의 임기연장 또는 중임변경을 위한 헌법개정은 그 헌법개정 제안 당시의 대통령에 대하여는 효력이없다.	헌법개정한계조항이 아니라 인적적용의 한계이다.
제129조 제안된 헌법개정안은 대통령이 20일 이상의 기간 이를 공고하여야 한다. [14법원직]	공고기간은 20일 이상으로서 생략할 수 없다. 공고는 토론과 비판을 통한 국민적 합의를 도출하기 위함이다. 따라서 헌법개정안은 수정의결할 수 없다.
제130조 ① 국회는 헌법개정안이 공고된 날로부터 60일 이내에 의결하여야 하며, 국회의 의결은 재적의원 3분의 2이상의 찬성을 얻어야 한다.	헌법개정에 관한 국회의결은 기명투표로 한다. [18법원직]
② 헌법개정안은 국회가 의결한 후 30일 이내에 국민투표에 부쳐 국회의원선거권자 과반수의 투표와 투표자 과반수의 찬성을 얻어야 한다. [18·14법원직, 11국회8급]	국민투표의 효력에 이의가 있는 투표인은 10만 이상의 찬성을 얻어 중앙선거관리위원회 위원장을 피고로 하여 투표일로부터 20일 이내에 대법원에 제소할 수 있다.(국민투표법 제92조) [14서울7급, 11국회8급]
③ 헌법개정안이 제2항의 찬성을 얻은 때에는 헌법개정은 확정되며, 대통령은 즉시 이를 공포하여야 한다. [14법원직]	헌법개정안에 대해서는 대통령이 거부권을 행사할 수 없다.

헌정사

- 공고절차를 위반한 개정: 1차 개헌(발췌개헌)
정족수를 위반한 개정: 2차 개헌(사사오입개헌)
- 국민발안제: 제2차 개정 헌법에서 국민도 헌법개정안을 발안할 수 있는 국민발안제가 도입되었으나 제7차 개헌(1972년)에서 삭제되었다.(제2차 개정 헌법부터 제6차 개정 헌법까지 존속)

◈ 역대 헌법의 개정절차

구분 헌법	제안자			공고 기간	국회의결 정족수	국민 투표
	대통령	국회	국민			
제3공화국 (1962년)	대통령에게 헌법개정 제안권이 없었던 유일한 시기	국회재적 1/3	국회의원선거권자 50만명	30일	국회재적 2/3	○
제4공화국 (1972년)	대통령제안 ⇨ 국회의결 없이 국민투표로 바로 확정	국회재적 과반수 (헌법개정의 이원화)	·	20일	국회제안 ⇨ 국회재적 2/3 ⇨ 통일주체국민회의에서 확정	○

* 대통령에게 헌법개정 제안권이 없었던 유일한 시기는 제3공화국(5차, 6차 개헌)이었다. [18법원직, 17국회8급]
* 제4공화국 당시의 헌법은 헌법개정의 절차가 이원화되어 있었다. [13국회8급]

개별헌법조항에 대한 위헌심사는 불가능하다.

1. 헌법 제29조 제2항(이중배상금지규정)에 대한 위헌심사는 불가능하다.(헌재 1996.6.13. 94헌바20)[각하] [19·12변호사]

   (1) 헌법 제111조 제1항과 헌법재판소법 제41조 제1항 등은 위헌심사의 대상이 되는 규범을 '법률'로 명시하고 있으며, 여기서 '법률'이라고 함은 국회의 의결을 거쳐 제정된 이른바 형식적 의미의 법률을 의미하므로 <u>헌법의 개별규정 자체는 헌법소원에 의한 위헌심사의 대상이 아니다.</u>

   (2) 헌법은 전문과 단순한 개별조항의 상호관련성이 없는 집합에 지나지 않는 것이 아니고 하나의 통일된 가치 체계를 이루고 있으며 헌법의 제 규정 가운데는 헌법의 근본가치를 보다 추상적으로 선언한 것도 있고 이를 보다 구체적으로 표현한 것도 있으므로, <u>이념적·논리적으로 헌법규범 상호간의 가치의 우열을 인정할 수 있을 것이다.</u> 그러나 이때 인정되는 헌법규범 상호간의 우열은 추상적 가치규범의 구체화에 따른 것으로서 헌법의 통일적 해석을 위하여 유용한 정도를 <u>넘어 헌법의 어느 특정규정이 다른 규정의 효력을 전면 부인할 수 있는 정도의 효력상의 차등을 의미하는 것이라고는 볼 수 없다.</u> [08국회8급] 더욱이 헌법개정의 한계에 관한 규정을 두지 아니하고 헌법의 개정을 법률의 개정과는 달리 국민투표에 의하여 이를 확정하도록 규정하고 있는(헌법 제130조 제2항) 현행의 우리 헌법상으로는 <u>과연 어떤 규정이 헌법핵 내지는 헌법제정규범으로서 상위규범이고 어떤 규정이 단순한 헌법개정규범으로서 하위규범인지를 구별하는 것이 가능하지 아니하며,</u> 달리 헌법의 각 개별규정 사이에 그 효력상의 차이를 인정하여야 할 아무런 근거도 찾을 수 없다. [10법원직 등]

   (3) 나아가 헌법은 그 전체로서 주권자인 국민의 결단 내지 국민적 합의의 결과라고 보아야 할 것으로, <u>헌법의 개별규정을 헌법재판소법 제68조 제1항 소정의 공권력 행사의 결과라고 볼 수도 없다.</u>

2. 법관의 정년 자체는 헌법이 규정하고 있으므로 위헌판단의 대상이 아니다. 그러나 법관의 정년을 차등적으로 규정하고 있는 법원조직법 규정은 위헌이 아니다.(헌재 2002.10.31. 2001헌마557) [18지방7급, 11국회8급]

헌법 제105조 ④ 법관의 정년은 법률로 정한다.

Ⅱ 헌법개정 한계의 내용

2차 개헌에서 개정금지조항(민주공화국, 국민주권, 중요사항에 대한 국민투표)이 있었으나 5차 개헌에서 폐지되었다. [09국가7급·국회8급]

🔖 체크포인트

현행헌법은 개정금지조항이 없다. 그러나 중요사항, 즉 인간의 존엄과 가치, 자유민주주의 등은 개정할 수 없다. 2차에서 4차 개정 헌법까지는 개정금지조항이 있었다.

제3항 | 헌법의 변천

Ⅰ 헌법변천의 기능 – 헌법의 규범력 제고

헌법변천을 통하여 헌법규범과 헌법현실 사이의 괴리를 좁혀서 규범적 기능을 제고할 수 있다. [04사시]

Ⅱ 헌법변천과 헌법개정의 관계

헌법변천을 무제한 허용할 수 있는 것은 아니므로 헌법변천의 가능성이 다한 경우에는 헌법을 개정하여야 한다. 따라서 헌법개정은 헌법변천의 한계적 기능을 수행한다고 할 수 있다.

Ⅲ 헌법변천의 예

미국	연방대법원이 위헌법률심사권을 행사하는 것(Marbury v. Madison, 1803), 대통령선거가 실질적으로 직접선거와 같이 운용되는 것 등 [15지방7급]
영국	국왕의 실질적인 국가원수로서의 권한 상실, 총선거 결과 다수의석을 차지한 정당에 정권 이양 등
일본	자위대 명목으로 군사력을 유지하는 것 [15지방7급]
우리나라	1952년 제1차 개정헌법에서는 양원제를 규정하고 있었으나 참의원을 두지 아니하여 단원제로 운영된 것, 1962년 헌법에 지방자치를 위한 지방의회에 관한 규정이 있었음에도 불구하고 1991년까지 지방의회의 구성없이 관치행정으로 운용되어 왔던 것 등

* 헌법변천은 불문헌법 국가에서도 일어난다. [16법무사]
* 경성헌법의 원리를 중시하면 헌법변천은 헌법해석과 헌법개정의 한계를 초월할 수 있다. (×) [15지방7급]

SECTION 4 헌법의 수호

제1항 | 헌법수호의 기능과 유형

헌법의 수호(헌법의 보호)란 기본적으로는 헌법의 규범력 혹은 헌법적 가치질서를 지키는 것이다. 헌법의 최고규범성에서 나오는 당연한 귀결이다. 형식적 의미의 헌법뿐만 아니라 실질적 의미의 헌법도 대상이 된다. [09지방7급]

📑 체크포인트
평상시의 헌법수호자는 헌법재판소이고 비상시의 헌법수호자는 대통령이다. [18서울7급]

대통령의 헌법수호의무(헌재 2004.5.14. 2004헌나1)
(1) 대통령이 현행법을 '관권선거시대의 유물'로 폄하하고 법률의 합헌성과 정당성에 대하여 대통령의 지위에서 공개적으로 의문을 제기하는 것은 헌법과 법률을 준수해야 할 의무와 부합하지 않는다. … 결론적으로, 대통령이 국민 앞에서 현행법의 정당성과 규범력을 문제삼는 행위는 법치국가의 정신에 반하는 것이자, 헌법을 수호해야 할 의무를 위반한 것이다.
(2) 헌법은 제66조 제2항에서 대통령에게 '국가의 독립·영토의 보전·국가의 계속성과 헌법을 수호할 책무'를 부과하고, 같은 조 제3항에서 '조국의 평화적 통일을 위한 성실한 의무'를 지우면서, 제69조에서 이에 상응하는 내용의 취임선서를 하도록 규정하고 있다. 헌법 제69조는 단순히 대통령의 취임선서의무만을 규정한 것이 아니라, 헌법 제66조 제2항 및 제3항에 규정된 대통령의 헌법적 책무를 구체화하고 강조하는 실체적 내용을 지닌 규정이다. 헌법 제66조 제2항 및 제69조에 규정된 대통령의 '헌법을 준수하고 수호해야 할 의무'는 헌법상 법치국가원리가 대통령의 직무집행과 관련하여 구체화된 헌법적 표현이다.

제2항 | 국가긴급권(헌법수호의 한 종류이다)

Ⅰ 현행헌법의 국가긴급권 [20변호사, 18·17법원직, 17국가직 등]

구분	긴급재정·경제처분 및 명령권	긴급명령권	계엄선포권 [15서울7급]
상황	내우·외환·천재·지변 기타 중대한 재정·경제상의 위기	국가안위에 관계되는 중대한 교전상태	전시·사변(병력동원)
효력	긴급재정·경제처분은 명령의 효력, 긴급재정·경제명령은 법률의 효력	법률의 효력 ⇨ 기본권 제한가능 [15법원직], 기존의 법률을 개정·폐지 가능	비상계엄시 영장제도, 언론·출판, 집회·결사의 자유, 정부나 법원의 권한에 대한 특별조치 가능 [18법원직, 15변호사]
국회	국회의 집회를 기다릴 여유가 없을 것	국회의 집회가 불가능할 것	국회집회 여부와 관계없음
통제	국회에 지체없이 보고하고 승인을 얻어야 하며 승인을 얻지 못한 때에는 그 처분 또는 명령은 그때부터 효력을 상실한다. [15서울7급·지방7급] 이 경우 그 명령에 의하여 개정 또는 폐지되었던 법률은 그 명령이 승인을 얻지 못한 때부터 당연히 효력을 회복한다.		지체없이 국회에 통고. 국회의 승인은 필요없다. 국회는 재적 과반수로 해제를 요구할 수 있고 대통령은 해제하여야 한다.
국무회의	국무회의 심의를 거쳐야 한다.	좌동	좌동
목적	국가긴급권은 국가안전보장이나 질서유지와 같은 소극적 목적을 위해서는 가능하지만, 공공복리와 같은 적극적 목적을 위하여 행사할 수 없다.		

계엄법	계엄법에는 비상계엄시 거주·이전의 자유와 단체행동에 대해서도 특별한 조치를 할 수 있음을 규정하고 있다. 기본권에 대한 특별한 조치는 비상계엄하에서만 가능하고 경비계엄하에서는 할 수 없다.

* 국가긴급권도 헌법수호의 한 방법이다.
* 현행헌법 시행 후 국가긴급권이 발동된 것은 대통령의 금융실명제 사건이다.
* 국가비상사태(혹은 국가긴급사태)는 개념상 헌법장애상태와 구별하여야 한다. 전자는 통상적인 헌법보호수단으로는 비상상태를 해소할 수 없음에 반해, 후자는 헌법기관의 자체 고장(대통령 궐위)에 의한 기능장애 상태로 헌법이 정하는 정상적인 방법에 의해서도 해소될 수 있기 때문이다.

> **계엄법 제4조(계엄 선포의 통고)** ① 대통령이 계엄을 선포하였을 때에는 지체 없이 국회에 통고(通告)하여야 한다.
> ② 제1항의 경우에 국회가 폐회 중일 때에는 대통령은 지체 없이 국회에 집회(集會)를 요구하여야 한다. [19국가7급]

Ⅱ 초헌법적 국가긴급권의 인정문제

> ➡ **관련판례**
>
> 초헌법적 국가긴급권
> 국가보위에 관한 특별조치법은 헌법에 위반된다.(헌재 1994.6.30. 92헌가18)[위헌]
> (1) "우리 헌법도 국가긴급권을 대통령의 권한으로 규정하면서도 국가긴급권의 내용과 효력 통제와 한계를 분명히 함으로써 그 남용과 악용을 막아 국가긴급권이 헌법보호의 비상수단으로서 제기능을 나타내도록 하고 있다. 이상과 같은 이론에서 볼 때 특별조치법은 초헌법적인 국가긴급권을 대통령에게 부여하고 있다는 점에서 이는 헌법을 부정하고 파괴하는 반입헌주의, 반법치주의의 위헌법률이다"라고 판시하였다.
> (2) 이 사건은 국가보위에 관한 특별조치법이 폐지된 후 문제된 사건인데 헌법재판소는 폐지된 법률도 당해 사건의 재판의 전제가 되어 있다면 위헌심판의 대상이 된다고 판시하였고, 법률 전체를 위헌 결정하였다. [20변호사]

제3항 | 저항권(하향식 침해에 대한 헌법수호의 방법이다)

Ⅰ 저항권의 의의

01. 저항권의 개념

저항권이란 헌법적 가치질서(민주적·법치국가적 기본질서와 기본적 보장체계 자체)를 전면적으로 파괴하려는 자에 대하여 다른 구제수단이 없는 경우 예외적이고 최후의 수단으로 저항할 수 있는 기본권인 동시에 헌법수호수단을 말한다.

02. 구별개념

◇ **저항권·시민불복종·혁명권 비교** [14서울7급, 08지방7급]

구분	저항권	시민불복종	혁명권
목적	민주적·법치국가적 기본질서의 수호	개별정책이나 법령의 개선	기존의 질서를 파괴하고 새로운 질서수립 목적
보충성	다른 구제수단이 없는 경우에만 행사 가능	보충성을 요하지 않음	
방법	폭력적 방법도 허용	비폭력적 방법만 가능	폭력적 방법

> ▶ **관련판례**
>
> 1. 시민불복종운동은 위법성이 조각되지 않는다.(대판 2004.4.27. 2002도315)
>   시민불복종운동의 일환으로 낙선운동을 한 것은 형법상의 정당행위 또는 긴급피난의 요건을 갖춘 행위로 볼 수 없다.
> 2. 저항권적 상황에서 저항권의 행사에 의하여 기존의 위헌적인 정권을 물러나게 함으로써 민주적 기본질서를 회복하고, 그 이후에 민주적인 방법에 의한 집권을 하겠다는 취지로 해석할 여지가 없지는 않다.(헌재 2014.12.19. 2013헌다1) [17법무사]

Ⅱ 저항권에 관한 사상과 입법례

01. 저항권의 인정 여부와 사상의 전개

부정론	1. **저항권을 부정한 학자**: 홉스(복종계약설), 칸트, 루터. 홉스는 복종계약설, 칸트는 도덕국가론에 근거하여, 루터는 국가를 「신의 구세적 계율질서」로 보기 때문이다. 2. **법실증주의**: 저항권을 부정한다. 다만, 켈젠은 실정화된 저항권은 인정한다.
긍정론	1. **연혁**: 저항권 사상은 서양에서는 폭군방벌론, 고대 그리스의 참추추방(도편추방제), 동양에서는 맹자의 역성혁명에서 기원을 찾을 수 있다. 최초로 성문화한 것은 대헌장(마그나 카르타)이다. [17법무사] 2. **자연법 이론과 위임계약설**: 근대적 의미의 저항권 이론은 로크(J. Locke)에 의하여 체계화되었다. 로크는 자연법 이론과 위임계약설에 근거하여 저항권을 인정한다. 3. **시이예스, 결단주의(슈미트), 통합주의**: 저항권을 인정한다.

02. 저항권에 관한 입법례

대헌장	저항권은 자연법에서 발달 ⇨ 영국의 대헌장(마그나 카르타)에 최초로 성문화 [08지방8급]
미국	1776년 6월 버지니아(Virginia) 권리장전, 1776년 독립선언에서 저항권을 인정
프랑스	1789년 인권선언에서 저항권을 선언한 이래 1791·1793년 헌법에 명문화
독일	법실증주의에서는 저항권 부정 → 현재는 인정

Ⅲ 저항권의 성질

저항권을 기본권으로 보는 경우 그 법적 성격에 관해서는 실정권설과 자연권설이 대립하지만, 자연법상의 권리로 보는 견해가 일반적이다.

Ⅳ 현행헌법과 저항권의 인정 여부

01. 학설

헌법 규정	우리 헌법상 저항권에 관한 명문의 규정이 없으므로 견해가 대립된다.
학설	통설은 저항권은 본질적으로 자연법적인 권리라는 측면을 지니고 있으므로 명문 여부를 떠나 인정되는 권리라고 본다. 현행헌법 전문의 「불의에 항거한 4·19민주이념을 계승」이라는 문구를 실정법상 근거규정으로 보는 것이 일반적이다. 또한 헌법 제37조 제1항의 열거되지 않은 권리에 저항권을 포함시킬 수도 있을 것이다. [09사시]
판례	저항권을 인정하지 않는다.

02. 판례

1 **대법원은 저항권을 인정하지 않는 입장이다.** [14서울7급, 06법원행시, 02사시]

2 **헌법재판소** [14국회8급 등]

> ▶ 관련판례
>
> 입법과정의 하자는 저항권 행사의 대상이 아니다.(헌재 1997.9.25. 97헌가4)[각하]
> "국회법 소정의 협의 없는 개의시간의 변경과 회의일시를 통지하지 아니한 입법과정의 하자는 저항권 행사의 대상이 되지 아니한다"라고 하여 저항권을 인정하는 듯한 판시를 하고 있다.(다만, 판시 사안은 저항권 행사의 대상이 되지 않는다는 결론을 내렸을 뿐이다) - 국회의 날치기 통과는 권한쟁의심판의 대상이다.

제4항 | 방어적 민주주의

Ⅰ 방어적 민주주의의 의의

민주주의의 이름으로 민주주의 그 자체를 파괴하거나 자유의 이름으로 자유 그 자체를 말살하려는 민주주의의 적으로부터 민주주의가 자신을 방어하기 위한 제도적 보장을 말한다. 전투적·투쟁적 민주주의라고도 한다.

Ⅱ 방어적 민주주의의 내용

위헌정당해산제도(독일, 한국 채택)	기본권 실효제(독일만 채택)
위헌정당해산제도는 정당의 형태로 조직되어 헌법적 질서를 부정하는 반민주적 정당을 헌법재판절차를 거쳐 강제해산시키는 제도이다. 독일연방헌법법원은 1952년 10월 23일 **사회주의제국당(SRP)**에 대하여, 그리고 1956년 8월 17일 **독일공산당(KPD)**에 대하여 위헌판결을 내렸다. [14서울7급]	헌법적 가치질서를 부정하기 위한 목적으로 기본권을 행사하는 경우 헌법소송절차에 따라 일정한 기본권(정치적 기본권, 재산권 등)을 실효시키는 제도를 말한다. 하지만 동제도는 개별 기본권주체를 대상으로 하므로 자제가 요청되며 실제로 구체적 사건에 **적용된 사례는 없었다.**

Ⅲ 방어적 민주주의의 성격과 기능 – 가치지향적·가치구속적 민주주의

방어적 민주주의론이 논의되기 위해서는 민주주의란 몰가치적(가치중립적) 개념이 아니라 일정한 가치와 결부되어 있음이 전제되어야 한다. [09지방7급]

Ⅳ 우리 헌법과 방어적 민주주의

01. 우리 헌법의 방어적 민주주의

우리 헌정사에서 정당조항과 위헌정당강제해산제도를 최초로 규정한 헌법은 1960년 제3차 개정헌법이다. 1958년의 진보당에 대해서 당시 대법원은 진보당의 강령 등이 위헌이 아니라고 하였지만 헌법상 정당해산에 대한 규정이 없었기 때문에 공보실장의 명령(행정처분)에 따라 등록취소(강제해산)되었다. 그 후 1960년 제3차 개정 헌법에서 정당에 대한 헌법적 보호를 하게 된 것이다.

02. 현행헌법상의 방어적 민주주의(위헌정당해산제도)

1 헌법조문

헌법 제8조 제4항은 "정당의 목적이나 활동이 민주적 기본질서에 위배될 때에는 정부는 헌법재판소에 그 해산을 제소할 수 있고, 정당은 헌법재판소의 심판에 의하여 해산된다"고 규정하여 방어적 민주주의를 채택하고 있다. [23경찰2차, 22경찰1차, 14국회8급]

2 해산사유

정당의 목적이나 활동이 민주적 기본질서에 위배될 때이다.

3 제소권자와 절차

정부로 규정되어 있고 구체적으로는 대통령을 의미한다고 본다. **국무회의의 심의**를 거쳐야 하는 사안이다.

4 심판권자와 해산의 효력

심판은 헌법재판소가 한다. 해산결정에는 재판관 6인 이상의 찬성이 필요하다. 헌법재판소의 해산결정은 창설적 효력이 있다.

> 📑 **참고**
>
> 창설적 효력이란 헌법재판소의 결정과 동시에 효력이 발생한다는 의미이다. 즉, '피청구인 통합진보당을 해산한다.'라는 선고와 동시에 해산이라는 효과가 발생하고 그 후의 조치는 확인적인 성격이라는 것이다.

03. 판례

> ➡ **관련판례**
>
> 통진당 해산결정(헌재 2014.12.19. 2013헌다1)[해산, 의원직 상실, 정당활동정지 가처분신청은 기각]
>
> [1] 심판대상
>   가. 피청구인의 전신이라 할 수 있는 민주노동당의 목적과 활동은 피청구인의 목적이나 활동과의 관련성이 인정되는 범위에서 판단의 자료로 삼을 수 있으나, 민주노동당의 목적이나 활동 자체가 이 사건 심판의 대상이 되는 것은 아니다.
>   나. 대통령이 해외 순방 중 국무총리가 주재한 국무회의에서 정당해산을 의결한 것도 적법하다. [19지방7급]
>
> [2] 정당해산심판의 사유 [16변호사]
>   정당의 목적이나 활동 중 어느 하나라도 민주적 기본질서에 위배되어야 한다. … 민주적 기본질서는 최대한 엄격하고 협소한 의미로 이해해야 한다. 헌법 제8조 제4항의 민주적 기본질서 개념은 정당해산결정의 가능성과 긴밀히 결부되어 있다. 이 민주적 기본질서의 외연이 확장될수록 정당해산결정의 가능성은 확대되고, 이와 동시에 정당 활동의 자유는 축소될 것이다. [23경찰승진, 21변호사] 민주 사회에서 정당의 자유가 지니는 중대한 함의나 정당해산심판제도의 남용가능성 등을 감안한다면, 헌법 제8조 제4항의 민주적 기본질서는 최대한 엄격하고 협소한 의미로 이해해야 한다. 따라서 민주적 기본질서를 현행 헌법이 채택한 민주주의의 구체적 모습과 동일하게 보아서는 안 된다. 마찬가지로, 민주적 기본질서를 부정하지 않는 한 정당은 각자가 옳다고 믿는 다양한 스펙트럼의 이념적인 지향을 자유롭게 추구할 수 있다. [20국가7급등]
>   민주적 기본질서 위배란 민주적 기본질서에 대한 단순한 위반이나 저촉을 의미하는 것이 아니라 정당의 목적이나 활동이 민주적 기본질서에 대한 실질적 해악을 끼칠 수 있는 구체적 위험성을 초래하는 경우를 가리킨다. [15서울7급]
>   강제적 정당해산은 핵심적인 정치적 기본권인 정당 활동의 자유에 대한 근본적 제한이므로 헌법 제37조 제2항이 규정하고 있는 비례의 원칙을 준수해야만 한다.(통상의 비례원칙이 아니다.) [22경찰1차]

[3] 피청구인의 목적이나 활동은 민주적 기본질서에 위배된다.

　　가. 피청구인 주도세력은 자유민주의 체제에서 사회주의로 안정적으로 이행하기 위한 과도기 정부로서 진보적 민주주의 체제를 설정하였다. 한편, 피청구인 주도세력은 연방제 통일을 추구하고 있는데, 낮은 단계 연방제 통일 이후 추진할 통일국가의 모습은 과도기 진보적 민주주의 체제를 거친 사회주의 체제이다.

　　나. 청구인 주도세력은 우리 사회가 특권적 지배계급이 주권을 행사하는 거꾸로 된 사회라는 인식 아래 대중투쟁이 전민항쟁으로 발전하고 저항권적 상황이 전개될 경우 무력행사 등 폭력을 행사하여 자유민주의 체제를 전복하고 헌법제정에 의한 새로운 진보적 민주주의 체제를 구축하여 집권한다는 입장을 가지고 있다. 이들의 이러한 입장은 이석기 등의 내란 관련 사건으로 현실로 확인되었다.

　　다. 피청구인의 진정한 목적과 활동
　　피청구인 주도세력은 북한을 추종하고 있고 그들이 주장하는 진보적 민주주의는 북한의 대남혁명전략과 거의 모든 점에서 전체적으로 같거나 매우 유사하다. 피청구인 주도세력은 민중민주주의 변혁론에 따라 혁명을 추구하면서 북한의 입장을 옹호하고 애국가를 부정하거나 태극기도 게양하지 않는 등 대한민국의 정통성을 부정하고 있다. 이러한 경향은 이석기 등 내란 관련 사건에서 극명하게 드러났다. 이러한 사정과 피청구인 주도세력이 피청구인을 장악하고 있음에 비추어 그들의 목적과 활동은 피청구인의 목적과 활동으로 귀속되는 점 등을 종합하여 보면, 피청구인의 진정한 목적과 활동은 1차적으로 폭력에 의하여 진보적 민주주의를 실현하고 최종적으로는 북한식 사회주의를 실현하는 것으로 판단된다.

[4] 피청구인은 적극적이고 계획적으로 민주적 기본질서를 공격하여 그 근간을 훼손하고 이를 폐지하고자 하였으므로, 이로 인해 초래되는 위험성을 시급히 제거하기 위해 정당해산의 필요성이 인정된다. [16변호사]
합법정당을 가장하여 국민의 세금으로 상당한 액수의 정당보조금을 받아 활동하면서 민주적 기본질서를 파괴하려는 피청구인의 고유한 위험성을 제거하기 위해서는 정당해산결정 외에 다른 대안이 없다. 정당해산결정으로 민주적 기본질서를 수호함으로써 얻을 수 있는 법익은 정당해산결정으로 초래되는 피청구인의 정당활동 자유의 근본적 제약이나 민주주의에 대한 일부 제한이라는 불이익에 비하여 월등히 크고 중요하다.

[5] 피청구인 소속 국회의원의 의원직 상실 여부 - 상실

　　가. 정당해산심판제도의 본질적 효력과 의원직 상실 여부 [19지방7급, 16변호사]
엄격한 요건 아래 위헌정당으로 판단하여 정당 해산을 명하는 것은 헌법을 수호한다는 방어적 민주주의 관점에서 비롯된 것이므로, 이러한 비상상황에서는 국회의원의 국민 대표성(자유위임)은 부득이 희생될 수밖에 없다. [15서울7급]

　　나. 해산되는 위헌정당 소속 국회의원이 의원직을 유지한다면 위헌적인 정치이념을 정치적 의사 형성과정에서 대변하고 이를 실현하려는 활동을 허용함으로써 실질적으로는 그 정당이 계속 존속하는 것과 마찬가지의 결과를 가져오므로, 해산 정당 소속 국회의원의 의원직을 상실시키지 않는 것은 결국 정당해산제도가 가지는 헌법 수호 기능이나 방어적 민주주의 이념과 원리에 어긋나고 정당해산결정의 실효성을 확보할 수 없게 된다.

      − 위헌정당 소속 의원의 신분상실에 대해서는 법률규정이 없으나, 헌재는 신분상실결정을 하였다. 한편 지방의회의원의 신분에 대해서는 판단하지 않았다. [17국회8급]

  다. 이와 같이 헌법재판소의 해산결정으로 해산되는 정당 소속 국회의원의 의원직 상실은 위헌정당해산 제도의 본질로부터 인정되는 기본적 효력이다. [20국가7급, 15서울7급]

* 통진당 해산심판청구에서 정당활동정지 가처분신청도 같이 이루어졌으나, 헌법재판소는 별도로 판단하지 않고 해산결정을 함으로써 가처분신청은 기각되었다. [20국가7급]

CHAPTER 02 대한민국 헌법총설

SECTION 1 | 대한민국 헌정사

구분		기본권	통치구조
1공	건국헌법 (48년)	• 국민투표를 거치지 않고 국회에서 의결 • 통제경제(근로자의 이익분배균점권 ⇨ 제5차 개헌에서 삭제) • 사회적 기본권 보장 • 영토조항 규정 • 바이마르헌법의 영향	• 대통령제 + 의원내각제 • 부통령과 국무총리 둘 다 존재 • 대통령 국회간선 [19변호사] • 국무원은 의결기구 • 국정감사 • 헌법위원회 • 탄핵재판소
	제1차 개헌 (52년)	• 발췌개헌(공고절차 위반) • 대통령 직선제 • 민의원의 국무원불신임권 인정 [23경찰2차, 15국가7급]	양원제를 규정했으나 실시되지 못함.(헌법변천)
	제2차 개헌 (54년)	• 사사오입개헌(의결정족수 위반) • 초대 대통령 3선제한 철폐 • 자유시장경제로 전환 [19변호사]	• 국무총리가 없던 유일한 시기 • 헌법개정금지에 대한 명문규정 • 국민투표 최초 규정(헌법개정에 대한 국민투표가 아니라 국가중요정책에 관한 국민투표로 국회의결 후 국민투표)
2공 (3·15 부정선거와 4·19로 성립)	제3차 개헌 (60년)	• 본질적 내용 침해금지 • 언론·출판에 대한 검열금지 • 직업공무원제도 • 위헌정당해산제도 • 중앙선거관리위원회	• 의원내각제 • 국무원은 의결기구 • 양원제 실시 • 대법원장과 대법관 선거제 [20변호사] • 헌법재판소 규정(실시 못함)
	제4차 개헌	소급입법에 의한 처벌 근거 마련 (형벌불소급의 예외)	
3공 (5·16으로 성립)	제5차 개헌 (62년)	• 최초로 국민투표에 의한 개헌 • 인간의 존엄과 가치 • 직업의 자유 • 인간다운 생활권 • 영화·연예에 대한 검열규정 • 헌법개정에 대한 국민투표 최초 규정 • 각급선관위	• 대통령 직선 • 국무회의는 심의기구(이후 지금까지) • 감사원 설치(건국헌법은 심계원과 감찰위원회로 분리) • 극단적 정당국가 • 위헌법률심판권은 대법원이 행사 • 탄핵심판위원회 • 대법원장, 대법원판사(대법관) 임명에 법관추천회의의 제청을 요함 • 국가안전보장회의 신설
	제6차 개헌	대통령 3선 개헌	

4공 (10월 유신)	제7차 개헌 (72년)	• 영도적 대통령제 • 본질적 내용 침해금지 삭제 • 평화통일조항(전문) • 모든 법관을 대통령이 임명	• 대통령은 통일주체국민회의에서 간선 [19변호사] • 통일주체국민회의에서 국회의원 정수의 1/3 선출 [23경찰2차] • 국정감사 삭제(국회법에 국정조사 도입) • 헌법개정 이원화(대통령이 제안 ⇨ 국회의결 없이 국민투표, 국회가 제안 ⇨ 국회의결 후 통일주체국민회의에서 결정)
5공	제8차 개헌 (80년)	• 본질적 내용 침해금지 부활 • 정당에 대한 국고보조조항 • 행복추구권 [20국가7급] • 무죄추정원칙 • 사생활의 비밀과 자유 • 적정임금 • 평생교육 • 환경권	• 대통령은 대통령 선거인단에서 간선 • 대통령 7년 단임제 [19변호사] • 국정조사 헌법에 최초 규정(제7차 개헌에서는 국정조사가 국회법에 규정) • 헌법에 국정조사 도입 • 비례대표를 헌법에 최초 규정(제5차 개헌은 국회법에 규정)
6공	제9차 개헌 (87년)	• 적법절차 • 미란다원칙 • 피해자의 재판절차진술권 [20국가7급] • 최저임금 • 쾌적한 주거생활권 • 자유민주적 기본질서에 입각한 평화통일	• 국정감사, 조사 둘 다 규정 • 대통령 직선 • 헌법재판소

Ⓘ 제1공화국 헌법

01. **건국헌법(1948.7.17.)**

1 제정과정

의원내각제를 내용으로 하는 헌법기초위원회(이른바 유진오안)의 안과 이승만의 대통령제안이 절충된 헌법안이 1948년 7월 12일 국회를 통과하게 된다. 국민투표를 거치지 않고 국회의 의결로 확정되었다.

2 주요내용

1. **행정부** [15변호사·국회8급]

대통령·부통령의 국회간선제(4년 1차 중임) [20국가7급, 19변호사], 국무원제(의결기관), 국무총리(국회승인 − 총선거 후 재승인 要), 국회 단원제, 헌법위원회, 탄핵재판소(부통령이 재판장, 부통령 심판시 대법원장이 재판장), 가예산제도, 국정감사제도, 국회의원 불체포특권, 심계원(회계감사), 부통령은 대통령의 지위를 승계하는 것이 아니라 후임자 선출

2. 기본권

자유권 및 사회권의 보장(개별적 법률유보를 둠), 사기업에 있어서 근로자의 이익분배균점권(5차 개헌에서 삭제), 사회화 경향이 강함(자연자원의 원칙적인 국유화 및 공공기업의 국·공유화, 경자유전의 원칙), 통제경제 [20변호사, 16국회8급]

3. 기타

영토조항의 존재, 구속적부심사제(미국의 영향), 지방자치에 관한 규정이 있었다. [15법원직]

③ 평가

건국헌법은 기본권보장·정부형태·경제조항 등에서 바이마르헌법의 영향을 많이 받아 만들어졌다.(김철수 64면)

* 건국헌법에 없었던 내용: 정당조항, 통일조항, 군사재판

02. 제1차 개정헌법(1952.7.7.): 발췌개헌

① 제정과정

1950년 1월 28일 한민당은 내각책임제로의 개헌안을 제출(제1차 개헌안)하였고, 1951년 11월 정부는 정·부통령 직선제와 상·하양원제로의 개헌안을 제출(제2차 개헌안)하였으나 모두 부결되었다. 이후 「부산정치파동」이라는 사건이 있었고, 1952년 7월 4일 국회는 양 개헌안이 절충된 발췌개헌안을 통과시켰다. 이때 발췌안에 대한 별도의 공고절차 없는 가결이었다는 점에서 공고절차를 위배한 점이 문제가 된다. [16국회8급]

② 주요내용 [14서울7급]

대통령·부통령 직선제(4년 1차 중임), 국회 양원제(사실상 단원제로 운영), 양원 모두 직선(민의원 4년·참의원 6년), 국회의 국무원불신임제, 국무위원 임면시 국무총리제청권 도입

③ 평가

1. 공고되지 아니한 개헌안 의결로서 **국민적 합의도출의 전제를 상실한 것이다.**

2. **당시 토론의 자유가 보장되지 아니하고 의결이 강제되었다는 점도 문제로 지적된다.**

* 1차 개헌은 공고절차를 위반한 개헌이었다.

◢ OX 연습

1. 제2차 개정헌법(1954년)에서는 주권의 제약 또는 영토의 변경을 가져올 국가안위에 관한 중대사항은 국회의 가결을 거친 후 국민투표에 붙여 결정하도록 하였다. [21경찰승진]

03. 제2차 개정헌법(1954.11.29.): 사사오입(四捨五入, 반올림)개헌

1 제정과정

1954년 5월에 실시된 제3대민의원 총선거에서 압승한 정부는 동년 8월 6일 새로운 개헌안을 제출하였으나 1표 부족이라 하여 부결선언되었다. 그 직후 정부에서 정족수 산정에서의 이른바 사사오입공식(반올림)을 적용하여 203명의 2/3는 135라는 주장을 하여 통과시킨다. 의결정족수에 미달하는 위헌적 개정이었다. [16국가7급·국회8급]

2 주요내용

1. 통치구조

초대대통령에 한해 3선제한 철폐, 국무총리제 폐지(헌정사상 국무총리가 없었던 유일한 시기), 국무원에 대한 개별적 불신임제 채택

2. 기본권

통제경제를 자유시장경제로 전환(경제질서의 변화), 헌법개정에 대한 국민발안제도(6차 개헌까지 유지되다가 7차 개헌에서 폐지) 도입 [19지방7급, 14변호사]

3. 기타

군법회의의 헌법적 근거 부여, 국민투표제 도입(주권의 제약, 영토의 변경을 가져올 국가안위에 관한 중대사항은 국회의 가결 후 국민투표에 붙임) [14국가7급], 헌법개정금지조항의 명문화[제1조(민주공화국) [19지방7급], 제2조(국민주권)와 제7조의2(중요사항에 대한 국민투표)의 규정은 개폐할 수 없다] [15국회8급]

3 평가

1. 초대대통령에 한하여 중임제한을 철폐한 것으로 평등의 원칙에 위배
2. 직접민주주의 요소의 도입(국민투표, 특히 국민발안제도의 존재), 실정법상의 개정한계조항의 존재, 개별적 불신임제. 이때의 국민투표제는 헌법개정안에 대한 국민투표제는 아니다.

   * 2차 개헌은 의결정족수를 위반한 개헌이었다.

Ⅱ 제2공화국 헌법

01. 제3차 개정헌법(1960.6.15.): 의원내각제의 채택

1 제정과정

1960년 3·15부정선거로 1960년 4·19혁명이 발생하였고, 이승만 대통령의 하야로 제1공화국은 종말을 고한다. 동년 5월 허정 과도정부가 수립되었으며, 3차 개헌안이 6월 국회를 통과하였다.

Answer

1. ○

2 **주요내용**

1. 통치구조

의원내각제(국무총리가 내각수반), 대통령 국회간선제(양원 합동회의 재적 2/3 이상 찬성) − 5년 1차 중임, 대통령의 긴급재정처분권 ⇨ 국무총리가 긴급재정명령권 보유, 지방자치제도 실시, 국회의 양원제, 긴급명령 삭제, 공무원의 중립 및 신분보장(직업공무원제), 경찰의 중립보장, 중앙선거관리위원회를 헌법기관화(부정선거에 대한 반성), 대법원장·대법관 선거제 (법관 선거인단) [14변호사], 헌법재판소 신설(실시되지는 못했다) [20·19변호사]

2. 기본권

기본권 강화(본질적 내용 침해금지 신설), 언론·출판·집회·결사에 대한 사전허가·검열 금지

3. 기타

정당조항 신설(헌법에의 편입) [15변호사], 위헌정당강제해산제도(방어적 민주주의), 준예산제도 도입(1공은 가예산제도)

02. 제4차 개정헌법(1960.11.29.): 부정선거관련자 처벌을 위한 개헌

3·15부정선거관련자 처벌을 위한 소급조항에 대해 헌법적 근거를 마련, 특별검찰부·특별재판소 설치

* 4차 개헌은 소급입법금지의 예외를 인정한 개헌이었다.

Ⅲ 제3공화국 헌법

01. 제5차 개정헌법(1962.12.26.): 대통령제로 복귀

1 **제정과정**

1961년 5·16에 의해 국가재건최고회의가 구성되었고, 이에 의해 국가재건비상조치법을 제정하게 된다. 최고회의는 헌법심의위원회를 구성하였는데, 동 위원회가 작성한 개헌안은 최고회의의 의결을 거쳐 1962년 12월 27일 국민투표에서 확정되었다.(최초로 국민투표에 의해 확정을 하였으나 제2공화국 헌법에 따른 절차는 아니었다)

2 **주요내용**

1. 통치구조

대통령제(직선제. 단, 보궐선거시 잔여임기 2년 미만일 때에는 국회간선) − 4년 1차 중임, 국무총리 임명에 국회동의제 폐지, 국무회의를 처음으로 심의기관화하고 그 후 지금까지 계속됨, 국회 단원제(비례대표제를 처음 도입, 헌법이 아니라 법률에서 도입, 비례대표가 헌법에 도입된 것은 8차 개헌) ⇨ 국회의원수 제한(150~200인 이하), 국회의 국무원 해임건의제도, 탄핵심판위원회 설치, 감사원 신설·국가안전보장회의 신설

2. 기본권

인간의 존엄과 가치 신설(독일의 영향) [16국가7급], 양심의 자유를 종교의 자유에서 분리, 직업선택의 자유[16국가7급 등] 및 인간다운 생활권, 묵비권, 고문받지 않을 권리, 임의성 없는 자백의 증거능력 제한, 소급입법에 의한 참정권 제한이나 재산권박탈 금지, 신속·공개재판청구권 신설, 언론·출판의 타인명예침해금지, 영화·연예에 대한 검열 허용, 이익분배균점권 폐지

3. 기타

헌법 전문 최초 개정(4·19의거와 5·16혁명 추가), 헌법재판소 폐지(대법원의 위헌법령심사권), 복수정당제 ⇨ 극단적 정당국가화(무소속출마 불허 및 당적변경시 자격상실 [14변호사, 12국회8급]), 헌법개정에 대한 필수적 국민투표를 처음 채택(국민발안제 존속), 지방의회 불구성, 대법원장과 대법원판사 임명에 법관추천회의의 제청을 요함 [15국회8급]

3 평가

제5차 개헌은 헌법상의 개정절차에 따르지 아니하고 국가비상조치법이 규정한 국민투표에 의하여 개정되었다는 점이 특징이다.

＊ 5차 개헌은 최초로 국민투표에 의해 확정된 개헌이었다.

02. 제6차 개정헌법(1969.10.21.): 3선 개헌

대통령의 계속재임을 3기까지 인정, 대통령 탄핵소추요건 강화, 국회의원 정수의 증원, 국회의원의 각료 겸직 허용, 대통령의 탄핵소추요건 강화

Ⅳ 제4공화국 헌법: 제7차 개정헌법(1972.12.27.), 유신(維新)개헌

1 제정과정

북한과의 대치, 베트남의 공산화 등의 국제정세 속에서 박정희 당시 대통령은 「조국의 평화적 통일」을 지향하는 헌법개정안을 공고하게 된다. 동년 10월 공고된 개헌안은 11월 국민투표에 부의되어 확정되고 12월 공포되었다.

2 주요내용

1. 통치구조 [20변호사]

영도적 대통령제(대통령에게 국정조정자적 지위 부여), 대통령 긴급조치권 신설, 대통령이 모든 법관을 임명, 통일주체국민회의 설치(대통령 선출, 국회의원 1/3 선출) [14변호사], 대통령의 국회임시회소집요구권 신설, 대통령의 국회해산권, 대통령의 중임·연임조항 폐지, 국정감사제 폐지, 중요정책에 대한 국민투표 부의권, 국회의원의 중선거구제

2. 기본권

기본권 약화(기본권 제한요소로 국가안전보장 추가·본질적 내용 침해금지 삭제), 구속적부심사제 폐지, 국정조사권은 헌법이 아니라 국회법에 규정(75년)

3. 기타

헌법개정에 대한 국민발안제 폐지, 주권의 행사방법에 관한 규정, 헌법개정 절차의 이원화(대통령 제안의 경우 ⇨ 국민투표, 국회제안의 경우 ⇨ 국회의결을 거쳐 통일주체국민회의가 확정), 지방자치 유보(조국의 통일시까지 유예), 정당국가적 경향의 완화(무소속 출마 허용)

Ⅴ 제5공화국 헌법: 제8차 개정헌법(1980.10.27.)

1 통치구조

강력한 대통령제(대통령의 비상조치권), 대통령(선거인단에 의한 간선제) [15국회8급], 통일주체국민회의 폐지, 대통령 임기 7년 단임제 [19변호사], 국정조사권을 헌법에 도입(4공 헌법에는 국정조사권이 없었으나 당시 국회법에는 국정조사권이 있었음), 일반법관임명권 대법원장에게 부여, 국정자문회의, 평화통일자문회의 신설, 정당운영자금의 국고보조조항 신설

2 기본권

기본권의 상대적 강화(본질적 내용 침해금지규정 부활), 행복추구권 신설(미국의 영향), 구속적부심 부활, 사생활의 비밀과 자유 신설, 연좌제 폐지, 형사피고인의 무죄추정 등 신설, 환경권 신설, 적정임금조항 신설, 평생교육에 관한 권리 신설 [20·14변호사, 16국가7급·국회8급]

Ⅵ 제6공화국 헌법: 제9차 개정헌법(1987.10.29.) – 대통령 직선제로의 개헌

1 통치구조

대통령 직선제(임기 5년 단임제), 국정감사제 부활, 비상조치권 폐지(긴급명령제 부활), 국회해산제도 폐지, 대법관 임명에 국회 동의, 헌법재판소 부활

2 기본권

기본권 강화(적법절차제도, 체포구속시 고지·통지제도, 형사피해자의 재판절차진술권, 범죄피해자의 국가구조 등), 최저임금제 신설 [16국가7급], 쾌적한 주거생활권 신설, 모성보호 규정 신설, 국가의 재해예방노력의무, 형사보상청구권을 피의자까지 확대(피고인의 형사보상청구권은 건국헌법부터 규정) [20변호사]

3 기타

재외국민보호의 의무화, 군의 정치적 중립 신설, 전문개정(대한민국 임시정부의 법통계승, 불의에 항거한 4·19 민주이념) [10법원직]

SECTION 2   대한민국의 국가형태와 구성요소

제1항 | 국가의 기원

국가의 기원에 관해서는 다양한 학설이 있지만, 사회계약설이 통설이다. 사회계약설은 사회는 평등하고 이성적인 개인 간의 계약에 의하여 성립하였다고 본다. 계약은 대등을 전제로 하는 개념이다. 국민이 가지는 천부인권을 왕에게 위임하고 왕은 국민을 보호해야 하는 의무가 있다고 본다. 따라서 왕이 계약을 지키지 않으면 국민도 그 계약을 파기할 수 있다고 본다. 사회계약설은 군주주권을 정당화하는 절대군주의 왕권신수설(王權神授說)에 대항하여 국민주권론을 주장한 근대시민계급의 이론적 무기로서 제시된 항의적 성격의 국가이론이다.

◈ **홉스, 로크, 루소의 사회계약설의 비교**

구분	Hobbes (복종계약설)	Locke (위임계약설)	Rousseau (사회계약설)
자연상태에 대한 설정	만인에 대한 만인의 투쟁상태	무규범적이지만 평화상태	평화상태로 설정
인간관에 대한 설정	성악설적 관점	성선설적 관점	성선설적 관점
주권론의 차이점	군주주권론	국민주권론	국민주권론(인민주권론)
사회계약의 성질	복종계약	이중계약 (결합계약과 위임계약)	결합계약 (직접민주주의)
저항권 인정 여부	부정	인정	부정(반대견해 있음)

제2항 | 대한민국의 국가형태

◈ **연방국가와 국가연합 비교** [07국가7급]

구분	연방국가	국가연합
국제법의 주체	연방국가 자체가 국제법의 주체가 됨. 그 구성국(支邦)은 주체가 될 수 없음	국가연합 자체가 국제법의 주체가 되지 못함. 그 구성국이 주체가 됨
국가적 성격	진정한 국가(영구적 결합)	진정한 국가 아님(잠정적·한시적 결합)

Answer

1. ✕ 루소는 대의제가 아니라 직접민주제를 주장하였다. 대표제에 이론적 근거를 제공한 것은 시이예스의 이론이다.

결합의 근거	원칙적으로 국내법인 헌법	원칙적으로 구성국 간에 체결된 조약 (국제법)
통치권	연방과 그 구성국 간에 통치권이 분할됨	구성국이 전적으로 대내적 통치권을 보유함
국가의 국제책임	연방이 자신과 구성국의 국제법위반 책임을 부담	국가연합은 부담하지 않고 각 구성국이 국제책임을 부담
병력의 보유	연방이 병력을 보유하며, 구성국은 자체 병력을 보유하지 않음	구성국만 병력을 보유
대표적인 예	미국(1787), 스위스(1848), 캐나다 (1867), 독일(1871)	미국(1778~1787), 독일(1815~1866), 소련 해체 후 독립국가연합(1993)

📑 체크포인트

• 연방헌법은 주들간의 조약규범으로서 잠정적인 성격을 가진다. (×) [07국가7급]
• 연방은 주의 국제법 위반의 책임까지 부담한다. (○)

제3항 | 대한민국의 구성요소

헌법 제1조 ① 대한민국은 민주공화국이다.	명목상의 권한만을 가지는 군주제는 입헌군주제의 형식을 취한다 하더라도 채택할 수가 없다.
② 대한민국의 주권은 국민에게 있고, 모든 권력은 국민으로부터 나온다.	• 주권은 단일불가분이다. • '모든 권력'은 입법·행정·사법의 통치권으로 가분적이다.
제2조 ① 대한민국의 국민이 되는 요건은 법률로 정한다.	국적은 헌법사항이다.
② 국가는 법률이 정하는 바에 의하여 재외국민을 보호할 의무를 진다.	• 재외국민 보호는 8차 개헌 • 재외국민에 대한 국가의 보호의무는 9차 개헌
제3조 대한민국의 영토는 한반도와 그 부속도서로 한다.	• 건국헌법에서부터 규정 • 영토조항에 의하면 북한지역도 대한민국의 영토이기 때문에 당연히 대한민국의 주권이 미친다. [15법원직]

Ⅰ 주권(국가권력)

01. 주권의 의의

주권이란 국가의사를 전반적·최종적으로 결정할 수 있는 최고권력을 말하는데, 대내적으로는 최고의 권력이며 대외적(국외)으로는 독립의 권력이라는 성질을 갖는다.

02. 주권의 본질

주권은 최고성·독립성·시원성·자율성·단일불가분성·불가양성·항구성·실정법초월성 등을 본질적 속성으로 한다.

03. 주권의 주체(보유자)에 관한 논의

군주주권론	군주주권론은 보댕(Bodin) [14국가7급]과 홉스(Hobbes)에 의해 주장되었다. [14국가7급] 이는 교회와 봉건영주로부터 왕권을 절대화하기 위한 이론적 근거로 주장되었으나, 국민주권론이 보편화된 오늘에는 의미를 상실한 이론이다.
국가주권론	국가주권론에 의하면, 국가권력의 주체는 군주도 국민도 아닌 독립된 단체인격을 가진 국가 그 자체라고 한다.
국민주권론	전제군주국가에서의 권력행사의 절대성과 자의성에 대한 항의적·투쟁적 이데올로기로서 발전한 이론이다. 알투지우스(J. Althusius)가 주장했으며, 로크, 루소 등이 발전시켰다. [14국가7급]

04. 주권의 한계

우리 헌법도 제60조에서 주권의 한계를 인정하고 있다. 구체적으로는 조약에 의한 주권의 제약이 가능함을 규정하고 있다. 이때 조약은 국회의 동의를 받아야 한다. [23경찰2차]

05. 국민(nation)주권론과 인민(peuple)주권론의 구별 [12국회8급, 07국가7급]

구분	nation주권	peuple주권
주권의 주체	국민(주권의 보유자 ○, 주권의 행사자 ×) ⇨ 제한선거 ⇨ 대의제 ⇨ 자유위임(무기속위임) ⇨ 필수적 권력분립	국민(주권의 보유자 ○, 주권의 행사자 ○) ⇨ 보통선거 ⇨ 직접민주주의 ⇨ 기속위임 ⇨ 임의적 권력분립
의사주체성	국민을 스스로 의사를 표명할 수 없는 추상적·비실재적 존재로 본다.	peuple은 의사주체가 될 수 있는 개인(시민)의 집합체로서 고유한 의사능력을 가진다.
권력분립제	채택	채택하기 어려움 (권력집중제 - 회의제 정부형태로 발전)
대표적 주장자	A. Siéyès, Montesquieu, Locke	Rousseau
헌법제정권력	제헌의회	국민
선거권의 성격	선거권을 공의무로 파악. 따라서 선거권은 공의무를 부담할 수 있는 사람에게만 부여됨. 제한·차등선거제와 강제투표제도 무방	선거권은 공의무가 아니라 권리임. 따라서 보통·평등선거제 채택. 자유선거와 임의투표제

권력분립은 자유주의를 전제로 하고 의회를 필수적 전제로 한다. 다만, 민주주의를 필수적 전제로하는 것은 아니다. 권력분립은 초기에 군주제를 인정하는 것이었기 때문이다.

순수대표제란 국민이 선출한 대표가 전권을 가지고 독점하는 대표제를 말한다.(전면적 자유위임)

⬦ 자유위임의 근거

헌법적 근거	국민전체에 대한 봉사자로서의 공무원(제7조 제1항), 국가이익 우선의무(제46조 제2항), 면책특권(제45조)
국회법적 근거	제114조의2(자유투표) 의원은 국민의 대표자로서 소속 정당의 의사에 기속되지 아니하고 양심에 따라 투표한다. – 교차투표라고도 한다.

Ⅱ 국민

01. 국민의 의의

국민이란 국적을 가진 자연인을 말한다. 국민이 되는 자격을 국적이라고 한다.

02. 국적법은 국적을 창설하는 것이 아니라 국적을 확인하는 것이다.

국적법에 의해 국적이 결정되지만 국적법의 규정에 의해서 비로소 국민이 되는 것은 아니다. 헌법재판소는 국적은 헌법사항이므로 법령을 통해서가 아니라 국가의 생성과 더불어 국적이 존재한다고 한다.(헌재 2000.8.31. 97헌가12) 국적은 국가의 성립과 동시에 발생하고 국가의 소멸과 동시에 없어진다.

03. 국적법

1 국적의 취득 방법

선천적 국적 취득	출생에 의한 국적 취득
후천적 국적 취득	인지, 귀화, 입양, 국적회복, 국적의 재취득, 수반취득 등

2 선천적 취득 – 원칙적 속인주의와 예외적 속지주의 [14국회8급]

1. 출생에 의한 국적 취득 – 부모양계혈통주의(법률혼을 전제로 한다)

⬦ 출생에 의한 국적 취득(국적법 제2조)

속인주의	① 다음 각 호의 어느 하나에 해당하는 자는 출생과 동시에 대한민국 국적(國籍)을 취득한다. 1. 출생 당시에 부(父) 또는 모(母)가 대한민국의 국민인 자 [16법원직] 2. 출생하기 전에 부가 사망한 경우에는 그 사망 당시에 부가 대한민국의 국민이었던 자 [09지방7급]
속지주의	3. 부모가 모두 분명하지 아니한 경우나 국적이 없는 경우에는 대한민국에서 출생한 자 [15서울7급] ② 대한민국에서 발견된 기아(棄兒)는 대한민국에서 출생한 것으로 추정한다.

2. 사실혼에서 출생한 자의 국적

법률혼		부모 중 한 사람만 한국인이면 출생과 더불어 국적 취득
사실혼 [13국회8급 등]	부(외국인) + 모(한국인)	자는 출생과 동시에 국적 취득
	부(한국인) + 모(외국인)	생부의 인지나 귀화가 있어야 한다.

> ➡ **관련판례**
>
> 부계혈통주의는 헌법에 합치되지 않는다.(헌재 2000.8.31. 97헌가12)[헌법불합치(잠정적용)]
> [1] 평등원칙의 심사기준
>   헌법 제36조가 특별히 평등을 요구하는 경우이므로 <u>비례원칙에 의한 심사기준을 적용한다.</u>
> [2] 한국인과 외국인 간의 혼인에서 배우자의 한쪽이 한국인 부인 경우와 한국인 모인 경우 사이에 성별에 따른 특별한 차이가 있는 것도 아니고, 양쪽 모두 그 자녀는 한국의 법질서와 문화에 적응하고 공동체에서 흠없이 생활해 나갈 수 있는 동등한 능력과 자질을 갖추었는데도 불구하고 전체 가족의 국적을 가부(家父)에만 연결시키고 있는 <u>구법조항은 헌법 제36조 제1항이 규정한 "가족생활에 있어서의 양성의 평등원칙"에 위배된다.</u>

> 📌 **참고**   **평등원칙의 심사기준**
>
> 1. 자의금지원칙: 합리적 이유에 의한 차별인가에 대한 심사
> 2. 비례원칙을 적용하는 경우: 헌법이 특별히 평등을 요구하거나 관련기본권에 중대한 제한이 있는 경우는 비례심사기준 적용

> **헌법 제36조** ① 혼인과 가족생활은 개인의 존엄과 양성의 평등을 기초로 성립되고 유지되어야 하며, 국가는 이를 보장한다. – 헌법에서 특별히 평등을 요구하는 경우

③ 후천적 취득

1. 개념

후천적 취득이란 인지, 귀화, 입양, 국적회복, 국적의 재취득, 수반취득 등 출생 이외의 사실에 의해 국적을 얻게 되는 것을 말한다.(결혼만으로 국적을 취득할 수는 없다는 점에서 결혼은 국적취득 사유로 볼 수 없다. 혼인은 간이귀화의 요건이 될 뿐이다) [10법무사]

2. 인지에 의한 국적 취득(국적법 제3조)

요건	① 대한민국의 국민이 아닌 자(이하 "외국인"이라 한다)로서 대한민국의 국민인 부 또는 모에 의하여 인지된 자가 다음 각 호의 요건을 모두 갖추면 법무부장관에게 신고함으로써 대한민국 국적을 취득할 수 있다. [18국가7급] 1. 대한민국의 「민법」상 미성년일 것 2. 출생 당시에 부 또는 모가 대한민국의 국민이었을 것
효력	② 제1항에 따라 신고한 자는 그 신고를 한 때에 대한민국 국적을 취득한다.

3. 귀화

❶ 개념

귀화는 한국국적을 취득한 사실이 없는 자의 국적 취득 방법이다. 귀화의 종류에는 일반귀화, 간이귀화, 특별귀화 3가지가 있다. 귀화(일반귀화)는 원칙적으로 성년이어야 한다. 그러나 간이귀화나 특별귀화는 성년이 아니어도 가능하다. [10법무사]

> **국적법 제4조(귀화에 의한 국적 취득)** ① 대한민국 국적을 취득한 사실이 없는 외국인은 법무부장관의 귀화허가(歸化許可)를 받아 대한민국 국적을 취득할 수 있다. [19국가7급]
> ② 법무부장관은 귀화허가 신청을 받으면 제5조부터 제7조까지의 귀화 요건을 갖추었는지를 심사한 후 그 요건을 갖춘 사람에게만 귀화를 허가한다.
> ③ 제1항에 따라 귀화허가를 받은 사람은 법무부장관 앞에서 국민선서를 하고 귀화증서를 수여받은 때에 대한민국 국적을 취득한다. 다만, 법무부장관은 연령, 신체적·정신적 장애 등으로 국민선서의 의미를 이해할 수 없거나 이해한 것을 표현할 수 없다고 인정되는 사람에게는 국민선서를 면제할 수 있다. [19국가7급]

❷ 일반귀화 요건

> **국적법 제5조(일반귀화 요건)** 외국인이 귀화허가를 받기 위해서는 제6조나 제7조에 해당하는 경우 외에는 다음 각 호의 요건을 갖추어야 한다.
> 1. 5년 이상 계속하여 대한민국에 주소가 있을 것 [19서울7급]
> 1의2. 대한민국에서 영주할 수 있는 체류자격을 가지고 있을 것
> 2. 대한민국의 「민법」상 성년일 것
> 3. 법령을 준수하는 등 법무부령으로 정하는 품행 단정의 요건을 갖출 것
> 4. 자신의 자산(資産)이나 기능(技能)에 의하거나 생계를 같이하는 가족에 의존하여 생계를 유지할 능력이 있을 것
> 5. 국어능력과 대한민국의 풍습에 대한 이해 등 대한민국 국민으로서의 기본 소양(素養)을 갖추고 있을 것
> 6. 귀화를 허가하는 것이 국가안전보장·질서유지 또는 공공복리를 해치지 아니한다고 법무부장관이 인정할 것

✎ **조문해설** 일반귀화에 관한 제4호는 반드시 자신의 자산이나 능력으로 생계유지할 능력을 요하는 것은 아니다.

1. 부 또는 모가 대한민국의 국민이었던 외국인은 대한민국에 일정기간 거주하지 않아도 귀화허가를 받을 수 있다. [16국회9급]
2. 배우자가 대한민국의 국민인 외국인으로서 그 배우자와 혼인한 후 2년이 지나고 혼인한 상태로 대한민국에 1년 이상 계속하여 주소가 있는 자는 귀화허가를 받을 수 있다.
[13법원9급]

관련판례

외국인이 귀화 허가를 받기 위하여서는 '품행이 단정할 것'이라는 요건을 갖추도록 규정한 국적법 제5조 제3호는 헌법에 위반되지 않는다.(헌재 2016.7. 28. 2014헌바421) [18지방7급]

❸ 간이귀화 요건

국적법 제6조(간이귀화 요건) ① 다음 각 호의 어느 하나에 해당하는 외국인으로서 대한민국에 <u>3년 이상 계속하여 주소가 있는 사람</u>은 제5조 제1호 및 제1호의2의 요건을 갖추지 아니하여도 귀화허가를 받을 수 있다.
1. 부 또는 모가 대한민국의 국민이었던 사람
2. 대한민국에서 출생한 사람으로서 부 또는 모가 대한민국에서 출생한 사람
3. 대한민국 국민의 양자(養子)로서 입양 당시 대한민국의 「민법」상 성년이었던 사람
② 배우자가 대한민국의 국민인 외국인으로서 다음 각 호의 어느 하나에 해당하는 사람은 제5조 제1호 및 제1호의2의 요건을 갖추지 아니하여도 귀화허가를 받을 수 있다.
1. 그 배우자와 혼인한 상태로 대한민국에 <u>2년 이상 계속하여 주소가 있는 사람</u>
2. 그 배우자와 혼인한 후 3년이 지나고 혼인한 상태로 대한민국에 1년 이상 계속하여 주소가 있는 사람 [13법원직]
3. 제1호나 제2호의 기간을 채우지 못하였으나, 그 배우자와 혼인한 상태로 대한민국에 주소를 두고 있던 중 그 배우자의 사망이나 실종 또는 그 밖에 자신에게 책임이 없는 사유로 정상적인 혼인 생활을 할 수 없었던 사람으로서 제1호나 제2호의 잔여기간을 채웠고 법무부장관이 상당(相當)하다고 인정하는 사람
4. 제1호나 제2호의 요건을 충족하지 못하였으나, 그 배우자와의 혼인에 따라 출생한 미성년의 자(子)를 양육하고 있거나 양육하여야 할 사람으로서 제1호나 제2호의 기간을 채웠고 법무부장관이 상당하다고 인정하는 사람 [15국회8급]

조문해설 혼인 후 기간을 채우지 못한 경우, 미성년의 자가 있는 경우에는 자신에게 책임 없는 사유가 요구되지 않고, 미성년의 자가 없는 경우에는 자신에게 책임 없는 사유가 요구된다.

❹ 특별귀화 요건: 주소는 필요하지만 거주기간을 요하지 않는다.

국적법 제7조(특별귀화 요건) ① 다음 각 호의 어느 하나에 해당하는 외국인으로서 대한민국에 주소가 있는 사람은 제5조 제1호·제1호의2·제2호 또는 제4호의 요건을 갖추지 아니하여도 귀화허가를 받을 수 있다.
1. 부 또는 모가 대한민국의 국민인 사람. 다만, 양자로서 대한민국의 「민법」상 성년이 된 후에 입양된 사람은 제외한다.
2. 대한민국에 특별한 공로가 있는 사람
3. 과학·경제·문화·체육 등 특정 분야에서 매우 우수한 능력을 보유한 사람으로서 대한민국의 국익에 기여할 것으로 인정되는 사람

Answer
1. × 국적법 제6조 제1항 제1호
2. × 국적법 제6조 제2항

✎ **조문해설** 입양에 의한 특별귀화는 한국 민법에 의해 미성년인 경우에만 인정된다. 위장입양을 막기 위한 조치이다. 입양 당시 성년인 자는 간이귀화의 대상으로 거주 요건이 필요하나, 입양 당시 미성년인자는 특별귀화 대상으로 거주 요건이 필요 없다. 제7조 제3호는 2010년의 개정으로 신설되었다. 외국우수 인재를 국내거주기간의 요건 없이 귀화할 수 있도록 한 규정이다. 다만, 특별귀화도 국내에 주소는 있어야 한다.

4. 수반 취득 [20서울지방7급]

수반 취득은 부모가 귀화할 때 자가 부모에 수반하여 귀화할 수 있는 제도이다.

> **국적법 제8조(수반 취득) ①** 외국인의 자(子)로서 대한민국의「민법」상 미성년인 사람은 부 또는 모가 귀화허가를 신청할 때 함께 국적 취득을 신청할 수 있다. [18지방7급]
> **②** 제1항에 따라 국적 취득을 신청한 사람은 부 또는 모가 대한민국 국적을 취득한 때에 함께 대한민국 국적을 취득한다.

✎ **조문해설** 처의 수반 취득조항은 삭제되었고, 외국인의 처는 단독 귀화가 가능하다. 미성년자의 수반 취득은 권리조항으로 변경되었다.

5. 국적회복에 의한 국적 취득

국적회복은 한국 국민이었던 자에게 적용되는 규정이다.

> **국적법 제9조(국적회복에 의한 국적 취득) ①** 대한민국의 국민이었던 외국인은 법무부장관의 국적회복허가(國籍回復許可)를 받아 대한민국 국적을 취득할 수 있다.
> **②** 법무부장관은 국적회복허가 신청을 받으면 심사한 후 다음 각 호의 어느 하나에 해당하는 사람에게는 국적회복을 허가하지 아니한다.
> 1. 국가나 사회에 위해(危害)를 끼친 사실이 있는 사람
> 2. 품행이 단정하지 못한 사람
> 3. 병역을 기피할 목적으로 대한민국 국적을 상실하였거나 이탈하였던 사람
> 4. 국가안전보장·질서유지 또는 공공복리를 위하여 법무부장관이 국적회복을 허가하는 것이 적당하지 아니하다고 인정하는 사람

✎ **조문해설** 병역기피목적으로 대한민국국적을 상실하였거나 이탈한 자는 절대로 국적회복이 허가되지 아니 한다. 국적회복불허사유를 명시하고 있는 이유는 예측가능성 제고와 국적회복 거부처분에 대한 행정소송에 대비하고자 함이다. 국적회복의 경우에도 소급효는 없다.

> 귀화와 국적회복허가의 차이
> • 귀화는 대한민국 국적을 취득한 사실이 없는 외국인을 대상으로 하는 제도
> • 국적회복허가는 대한민국 국민이었던 외국인을 대상으로 하는 제도

➡ 관련판례

1. 중국동포들의 국적회복을 위한 국가의 의무는 인정되지 않는다.(헌재 2006. 3.30. 2003헌마806)[각하]
   (1) 정부와 대법원, 헌법재판소는 모두 중국 국적 동포들을 <u>중국 국적만을 보유한 중국인으로 취급</u>하고 있다.

◢ OX 연습

1. 외국인의 자(子)로서 대한민국「민법」상 성년인 사람은 부 또는 모가 귀화허가를 신청할 때 함께 국적 수반취득을 신청할 수 있다. [20지방7급]

Answer

1. × 국적법 제8조 제1항

(2) 중국동포와 같이 특수한 국적상황에 처해 있는 자들의 <u>이중국적 해소 또는</u>
<u>국적선택을 위한 조약을</u> 우리 정부가 중국과 <u>체결할 의무를 명시적으로 위</u>
<u>임하고 있다고 볼 수 없고,</u> 뿐만 아니라 동 규정 및 그 밖의 헌법규정으로
부터 그와 같은 해석을 도출해 낼 수도 없다고 할 것이다. [12법원직]

2. 국적선택권은 헌법상의 기본권이다.(헌재 2006.3.30. 2003헌마806) [16법원
직, 12국가7급]

근대국가 성립 이전의 영민(領民)은 토지에 종속되어 영주(領主)의 소유
물과 같은 처우를 받았다. <u>근대국가에서도</u> 개인은 출생지 또는 혈통에 기
<u>속되고 충성의무를 강요당하는 지위에 있었으므로</u> <u>국적선택권이 인정될</u>
<u>여지가 없었다.</u> 그러나 천부인권(天賦人權) 사상은 국민주권을 기반으로
하는 자유민주주의 헌법을 낳았고 이 헌법은 인간의 존엄과 가치를 존중
하므로, 개인은 자신의 운명에 지대한 영향을 미치는 정치적 공동체인 국
가를 선택할 수 있는 권리, 즉 <u>국적선택권을 기본권으로 인식하기에 이르</u>
<u>렀다.</u> 세계인권선언(1948.12.10.)이 제15조에서 "① 사람은 누구를 막론
하고 국적을 가질 권리를 가진다. ② 누구를 막론하고 불법하게 그 국적
을 박탈당하지 아니하여야 하며 그 국적변경의 권리가 거부되어서는 아
니 된다"는 규정을 둔 것은 이를 뒷받침하는 좋은 예다. 그러나 개인의 국
적선택에 대하여는 나라마다 그들의 국내법에서 많은 제약을 두고 있는
것이 현실이므로, <u>국적은 아직도 자유롭게 선택할 수 있는 권리에는 이르</u>
<u>지 못하였다고 할 것이다.</u>

6. 국적의 재취득

제11조 (국적의 재취득)	① 제10조 제3항에 따라 대한민국 국적을 <u>상실한</u> 자가 그 후 1년 내에 그 외국 국적을 <u>포기하면</u> 법무부장관에게 <u>신고함으로</u>써 대한민국 국적을 재취득할 수 있다. ② 제1항에 따라 신고한 자는 그 신고를 한 때에 대한민국 국적을 취득한다.

7. 귀화의 취소

국적법 제21조(허가 등의 취소) ① 법무부장관은 거짓이나 그 밖의 부정한 방법
으로 귀화허가나 국적회복허가 또는 국적보유판정을 받은 자에 대하여 그 허
가 또는 판정을 취소할 수 있다. [19국가7급]

▶ 관련판례

귀화신청인이 구 국적법 제5조 각호에서 정한 귀화요건을 갖추지 못한 경우
법무부장관은 귀화 허부에 관한 재량권을 행사할 여지없이 귀화불허처분을
<u>하여야 한다.</u>(대판 2018.12.13. 2016두31616) ─ 귀화허가는 재량이고 귀화거
부는 기속이다.

4 복수국적의 금지(원칙적 금지, 예외적 허용)

2010년 국적법 개정에 의하여 이중국적자를 복수국적자로 용어를 변경
하고 2011년 1월 1일부터 제한적으로 복수국적을 허용하고 있다.

1. 외국국적 포기 의무

> **국적법 제10조(국적 취득자의 외국 국적 포기 의무)** ① 대한민국 국적을 취득한 외국인으로서 외국 국적을 가지고 있는 자는 대한민국 국적을 취득한 날부터 1년 내에 그 외국 국적을 포기하여야 한다. [13법원직, 10법무사]
> ② 제1항에도 불구하고 다음 각 호의 어느 하나에 해당하는 자는 대한민국 국적을 취득한 날부터 1년 내에 외국 국적을 포기하거나 법무부장관이 정하는 바에 따라 대한민국에서 외국 국적을 행사하지 아니하겠다는 뜻을 법무부장관에게 서약하여야 한다.
> 1. 귀화허가를 받은 때에 제6조 제2항 제1호·제2호 또는 제7조 제1항 제2호·제3호의 어느 하나에 해당하는 사유가 있는 자
> 2. 제9조에 따라 국적회복허가를 받은 자로서 제7조 제1항 제2호 또는 제3호에 해당한다고 법무부장관이 인정하는 자
> 3. 대한민국의 「민법」상 성년이 되기 전에 외국인에게 입양된 후 외국 국적을 취득하고 외국에서 계속 거주하다가 제9조에 따라 국적회복허가를 받은 자
> 4. 외국에서 거주하다가 영주할 목적으로 만 65세 이후에 입국하여 제9조에 따라 국적회복허가를 받은 자
> ③ 제1항 또는 제2항을 이행하지 아니한 자는 그 기간이 지난 때에 대한민국 국적을 상실(喪失)한다.

2. 복수국적자의 법적 지위

> **국적법 제11조의2(복수국적자의 법적 지위 등)** ① 출생이나 그 밖에 이 법에 따라 대한민국 국적과 외국 국적을 함께 가지게 된 사람으로서 대통령령으로 정하는 사람[이하 "복수국적자"(複數國籍者)라 한다]는 대한민국의 법령 적용에서 대한민국 국민으로만 처우한다.
> ② 복수국적자가 관계 법령에 따라 외국 국적을 보유한 상태에서 직무를 수행할 수 없는 분야에 종사하려는 경우에는 외국 국적을 포기하여야 한다.

🔁 관련판례

(1) 외국인이 대한민국 국적을 취득한 경우 일정 기간 내에 그 외국 국적을 포기하도록 한 국적법 제10조 제1항에 대한 심판청구에 대해 외국인인 청구인들의 참정권, 입국의 자유는 기본권 주체성이 인정되지 않고, 재산권, 행복추구권에 대해서는 기본권침해가능성이 인정되지 않는다. [16법원직]

(2) 대한민국 국민이 자진하여 외국 국적을 취득한 경우 대한민국 국적을 상실하도록 한 국적법 제15조 제1항은 과잉금지원칙에 위배되어 청구인의 거주·이전의 자유 및 행복추구권을 침해하지 않는다.(헌재 2014.6.26. 2011헌마502)

3. 국적선택의무

> **국적법 제12조(복수국적자의 국적선택의무)** ① 만 20세가 되기 전에 복수국적자가 된 자는 만 22세가 되기 전까지, 만 20세가 된 후에 복수국적자가 된 자는 그 때부터 2년 내에 제13조와 제14조에 따라 하나의 국적을 선택하여야 한다. [15국회8급 등] 다만, 제10조 제2항에 따라 법무부장관에게 대한민국에서 외국 국적을 행사하지 아니하겠다는 뜻을 서약한 복수국적자는 제외한다. [13법원직]

③ 직계존속(直系尊屬)이 외국에서 영주할 목적 없이 체류한 상태에서 출생한 자는 병역의무의 이행과 관련하여 다음 각 호의 어느 하나에 해당하는 경우에만 제14조에 따른 국적이탈신고를 할 수 있다.
1. 현역·상근예비역 또는 보충역으로 복무를 마치거나 마친 것으로 보게 되는 경우
2. 전시근로역에 편입된 경우
3. 병역면제처분을 받은 경우

📝 **조문해설** '영주할 목적 없이'는 주로 원정출산 등의 경우에 대비하기 위한 것이다. 영주할 목적 없이 출생한 자는 결국 병역의무를 마치거나, 면제되거나, 제2국민역에 편입되는 등의 방법으로 병역의무이행이 해결되어야 국적이탈신고를 할 수 있다.

▶ **관련판례**

1. 복수국적자가 병역준비역에 편입된 때부터 3개월이 지난 경우 병역의무 해소 전에는 대한민국 국적에서 이탈할 수 없도록 제한하는 국적법 제12조 제2항 본문 및 제14조 제1항 단서 중 제12조 제2항 본문에 관한 부분이 헌법에 합치되지 아니하고, 이들 법률조항은 2022.9.30.을 시한으로 개정될 때까지 계속 적용된다.(헌재 2020.9.24. 2016헌마889)[헌법불합치] 과잉금지원칙에 위배되어 국적이탈의 자유를 침해한다. [21경찰승진]
   [1] 병역준비역에 편입된 복수국적자에게 국적선택 기간이 경과하였다고 하여 일률적으로 국적이탈을 할 수 없다고 할 것이 아니라, 예외적으로 국적이탈을 허가하는 방안을 마련할 여지가 있다.
   [2] 심판대상 시행규칙조항은 국적이탈 신고자에게 신고서에 '가족관계기록사항에 관한 증명서'를 첨부하여 제출하도록 규정하는바, 실무상 국적이탈 신고자는 가족관계등록법에 따른 국적이탈자 본인의 기본증명서와 가족관계증명서, 부와 모의 기본증명서, 대한민국 국적의 부와 외국국적의 모 사이에서 출생한 경우에는 부의 혼인관계증명서 등을 제출해야 한다. 심판대상 시행규칙조항은 명확성원칙에 위배되지 않는다. [23변호사]
2. 직계존속(直系尊屬)이 외국에서 영주(永住)할 목적 없이 체류한 상태에서 출생한 자는 병역의무를 해소한 경우에만 국적이탈을 신고할 수 있도록 하는 구 국적법 제12조 제3항은 헌법에 위반되지 않는다.(헌재 2023.2.23. 2019헌바462)[합헌]

5 국적상실

국적상실은 외국국적을 취득하거나, 대한민국 국적을 이탈한 때 발생한다.

1. 대한민국 국적의 이탈(제14조)

국적법 제14조(대한민국 국적의 이탈 요건 및 절차) ① 복수국적자로서 외국 국적을 선택하려는 자는 외국에 주소가 있는 경우에만 주소지 관할 재외공관의 장을 거쳐 법무부장관에게 대한민국 국적을 이탈한다는 뜻을 신고할 수 있다. [15국회8급] 다만, 제12조 제2항 본문 또는 같은 조 제3항에 해당하는 자는 그 기간 이내에 또는 해당 사유가 발생한 때부터만 신고할 수 있다.
② 제1항에 따라 국적 이탈의 신고를 한 자는 법무부장관이 신고를 수리한 때에 대한민국 국적을 상실한다.

1. 국적이탈 및 국적변경의 자유(헌재 2004.10.28. 2003헌가18) [10법행]
   거주·이전의 자유에는 우리국적을 가진 자가 한국국적을 포기하고 외국국적을 취득할 수 있는 자유가 포함된다. 국적법은 자진하여 외국국적을 취득한 경우 우리나라의 국적을 상실한다고 규정하고 있다.(국적법 제15조) 다만, 병역기피나 탈세의 목적으로 국적을 변경하는 자유까지 보장하는 것은 아니며, 또한 무국적의 자유까지 보장하는 것은 아니다.
2. 복수국적자가 외국에 주소가 있는 경우에만 국적이탈을 신고할 수 있도록 하는 국적법 제14조 제1항 본문은 헌법에 위반되지 않는다.(헌재 2023.2.23. 2020헌바603)[합헌]

2. 복수국적자에 대한 국적선택명령(제14조의2, 제14조의3)

국적법 제14조의2 (대한민국 국적의 이탈에 관한 특례) ① 제12조제2항 본문 및 제14조제1항 단서에도 불구하고 다음 각 호의 요건을 모두 충족하는 복수국적자는 「병역법」 제8조에 따라 병역준비역에 편입된 때부터 3개월 이내에 대한민국 국적을 이탈한다는 뜻을 신고하지 못한 경우 법무부장관에게 대한민국 국적의 이탈 허가를 신청할 수 있다.
1. 다음 각 목의 어느 하나에 해당하는 사람일 것
   가. 외국에서 출생한 사람(직계존속이 외국에서 영주할 목적 없이 체류한 상태에서 출생한 사람은 제외한다)으로서 출생 이후 계속하여 외국에 주된 생활의 근거를 두고 있는 사람
   나. 6세 미만의 아동일 때 외국으로 이주한 이후 계속하여 외국에 주된 생활의 근거를 두고 있는 사람
2. 제12조제2항 본문 및 제14조제1항 단서에 따라 병역준비역에 편입된 때부터 3개월 이내에 국적 이탈을 신고하지 못한 정당한 사유가 있을 것
④ 제1항 및 제3항에 따라 국적의 이탈 허가를 신청한 사람은 법무부장관이 허가한 때에 대한민국 국적을 상실한다.

제14조의3(복수국적자에 대한 국적선택명령) ① 법무부장관은 복수국적자로서 제12조제1항 또는 제2항에서 정한 기간 내에 국적을 선택하지 아니한 자에게 1년 내에 하나의 국적을 선택할 것을 명하여야 한다.
② 법무부장관은 복수국적자로서 제10조제2항, 제13조제1항 또는 같은 조 제2항 단서에 따라 대한민국에서 외국 국적을 행사하지 아니하겠다는 뜻을 서약한 자가 그 뜻에 현저히 반하는 행위를 한 경우에는 6개월 내에 하나의 국적을 선택할 것을 명할 수 있다.
③ 제1항 또는 제2항에 따라 국적선택의 명령을 받은 자가 대한민국 국적을 선택하려면 외국 국적을 포기하여야 한다.
④ 제1항 또는 제2항에 따라 국적선택의 명령을 받고도 이를 따르지 아니한 자는 그 기간이 지난 때에 대한민국 국적을 상실한다.

3. 대한민국 국적의 상실결정(제14조의4) – 외국인이 복수국적자가 된 경우를 대상으로 하는 것이다. [23국회8급]

> 국적법 제14조의4(대한민국 국적의 상실결정) ① 법무부장관은 복수국적자가 다음 각 호의 어느 하나의 사유에 해당하여 대한민국의 국적을 보유함이 현저히 부적합하다고 인정하는 경우에는 청문을 거쳐 대한민국 국적의 상실을 결정할 수 있다. 다만, 출생에 의하여 대한민국 국적을 취득한 자는 제외한다.
> 1. 국가안보, 외교관계 및 국민경제 등에 있어서 대한민국의 국익에 반하는 행위를 하는 경우
> 2. 대한민국의 사회질서 유지에 상당한 지장을 초래하는 행위로서 대통령령으로 정하는 경우
> ② 제1항에 따른 결정을 받은 자는 그 결정을 받은 때에 대한민국 국적을 상실한다.

＊ 출생에 의해 국적을 취득한 자가 대한민국의 국가안보에 위해를 가하는 행위를 하였을 때 국적상실결정을 할 수 있다. (×)

4. 복수국적자에 관한 통보의무(제14조의5)

> 국적법 제14조의5(복수국적자에 관한 통보의무) ① 공무원이 그 직무상 복수국적자를 발견하면 지체 없이 법무부장관에게 그 사실을 통보하여야 한다.
> ② 공무원이 그 직무상 복수국적자 여부를 확인할 필요가 있는 경우에는 당사자에게 질문을 하거나 필요한 자료의 제출을 요청할 수 있다.

5. 외국 국적 취득에 따른 국적상실(제15조)

자진취득	① 대한민국의 국민으로서 자진하여 외국 국적을 취득한 자는 그 외국 국적을 취득한 때에 대한민국 국적을 상실한다. [20서울지방7급, 18·09지방7급]
비자진 취득	② 대한민국의 국민으로서 다음 각 호의 어느 하나에 해당하는 자는 그 외국 국적을 취득한 때부터 6개월 내에 법무부장관에게 대한민국 국적을 보유할 의사가 있다는 뜻을 신고하지 아니하면 그 외국 국적을 취득한 때로 소급(遡及)하여 대한민국 국적을 상실한 것으로 본다. 1. 외국인과의 혼인으로 그 배우자의 국적을 취득하게 된 자 2. 외국인에게 입양되어 그 양부 또는 양모의 국적을 취득하게 된 자 3. 외국인인 부 또는 모에게 인지되어 그 부 또는 모의 국적을 취득하게 된 자 4. 외국 국적을 취득하여 대한민국 국적을 상실하게 된 자의 배우자나 미성년의 자(子)로서 그 외국의 법률에 따라 함께 그 외국 국적을 취득하게 된 자

▶ 관련판례

국적상실에 대한 대법원 판례
1. 이혼은 국적상실 사유가 아니다. (대판 1976.4.23. 73마1051)
2. 외국의 영주권 취득은 국적상실 사유가 아니다. (대판 1981.10.13. 80다2435)
3. 미국시민권 취득은 국적상실 사유이다. (대판 1999.12.24. 99도3354)

6. 국적상실자의 권리 변동(제18조)

> **국적법 제18조(국적상실자의 권리 변동)** ① 대한민국 국적을 상실한 자는 국적을 상실한 때부터 대한민국의 국민만이 누릴 수 있는 권리를 누릴 수 없다.
> ② 제1항에 해당하는 권리 중 대한민국의 국민이었을 때 취득한 것으로서 양도(讓渡)할 수 있는 것은 그 권리와 관련된 법령에서 따로 정한 바가 없으면 3년 내에 대한민국의 국민에게 양도하여야 한다. [20서울지방7급]

04. 재외국민의 보호

▶ 관련판례

재외국민의 기본권 보호

1. 재외국민의 선거권 제한(헌재 2007.6.28. 2004헌마644 등)[헌법불합치(잠정적용)]
[17변호사, 16국회8급 등]
* 재외국민이란 대한민국의 국적을 가지고 있지만 국내에 주민등록이 되어 있지 않은 사람을 말한다. 현재는 재외국민도 주민등록이 가능하다.

사건배경
과거 선거인 명부를 작성할 때 주민등록을 기준으로 하였다. 그런데 외국으로 이민을 가면 주민등록을 말소하여 선거인 명부에 올라갈 수가 없었고 선거권도 부정되었는데 그 부분이 헌법불합치가 되고 이제는 재외국민도 주민등록이나 거소신고를 하면 선거가 가능하다.

국민의 지위만으로 인정되는 선거권 [19국가7급 등]	대통령 선거권: 부정하면 보통선거원칙, 평등권, 선거권 침해 ⇨ 지금은 인정	
	국민투표: 인정	
	국회의원 선거	지역구 국회의원선거는 국민의 지위와 주민의 지위가 필요
		비례대표: 재외국민 등록신청을 하면 주민등록이 없어도 인정
국민+주민의 지위로 인정되는 선거권 (주민 아닌 재외국민에게는 인정되지 않는다)	지역구 국회의원: 임기만료에 의한 선거는 주민등록이나 국내거소신고를 하면 인정. 재·보궐선거는 불인정	
	지방의회의원: 부정하면 보통선거원칙, 평등권, 선거권 침해 ⇨ 지금은 인정	
	지자체장 선거: 인정(과거 헌법상 기본권으로 인정하지 않았지만 지금은 헌법상 기본권으로 인정된다)	
	주민투표: 헌법상 기본권은 아니지만 평등권 침해로 재외국민에게 인정	
	주민소환: 헌법상 기본권은 아니지만 평등권 침해로 재외국민에게 인정	

* 주민 아닌 재외국민이란 해외이주 후 외국에만 거주하고 국내에 주민등록이나, 거소신고가 없는 자를 말한다.

(1) 주민등록이 되어 있지 아니한 재외국민의 선거권·피선거권을 인정하지 않는 것
① 대통령·국회의원 선거권 부인

　　단지 주민등록이 되어 있는지 여부에 따라 선거인명부에 오를 자격을 결정하여 그에 따라 선거권 행사 여부가 결정되도록 함으로써 엄연히 대한민국의 국민임에도 불구하고 주민등록법상 주민등록을 할 수 없는 재외국민의 선거권 행사를 전면적으로 부정하고 있는 법 제37조 제1항은 어떠한 정당한 목적도 찾기 어려우므로 헌법 제37조 제2항에 위반하여 재외국민의 선거권과 평등권을 침해하고 보통선거원칙에도 위반된다. [12법원직]

② 지방선거의 선거권·피선거권 부인
㉠ 국외에 거주하는 재외국민의 경우 '주민' 요건이 충족되지 못하므로 선거권이 인정될 수 없음은 물론이다.
㉡ 국내에 거주하는 재외국민의 경우에는 위 두 요건을 동시에 갖춘 경우가 얼마든지 있을 수 있다. 특히 국내에 주소를 두고 있는 재외국민은 형식적으로 주민등록법에 의한 주민등록을 할 수 없을 뿐이지, '국민인 주민'이라는 점에서는 '주민등록이 되어 있는 국민인 주민'과 실질적으로 동일하다. … 따라서 법 제15조 제2항 제1호, 제37조 제1항은 국내거주 재외국민의 평등권과 지방의회 의원선거권을 침해한다.
㉢ 지방선거 피선거권의 부여에 있어 주민등록만을 기준으로 함으로써 주민등록이 불가능한 재외국민인 주민의 지방선거 피선거권을 부인하는 법 제16조 제3항은 헌법 제37조 제2항에 위반하여 국내거주 재외국민의 공무담임권을 침해한다.

③ 국민투표의 경우: 주민등록 여부만을 기준으로 하여, 주민등록을 할 수 없는 재외국민의 국민투표권 행사를 전면적으로 배제하고 있는 이 사건 국민투표법 조항은 앞서 본 국정선거권의 제한에 대한 판단에서와 동일한 이유에서 청구인들의 국민투표권을 침해한다고 할 것이다.

(2) 국외거주자의 부재자투표 제한[헌법불합치(잠정적용)] [07국가7급]

　　선거인명부에 오를 자격이 있는 국내거주자에 대해서만 부재자신고를 허용함으로써 재외국민과 단기해외체류자 등 국외거주자 전부에 대해 국정선거권의 행사 가능성을 부인하고 있는 법 제38조 제1항은 정당한 입법목적을 갖추지 못하여 헌법 제37조 제2항에 위반하여 국외거주자의 선거권과 평등권을 침해하고 보통선거원칙에도 위반된다.

2. 대한민국 국외의 구역을 항해하는 선박에서 장기 기거하는 선원들이 선거권을 행사할 수 있도록 하는 효과적이고 기술적인 방법이 존재함에도 불구하고, 선거의 공정성이나 선거기술상의 이유만을 들어 선거권 행사를 위한 아무런 법적 장치도 마련하지 않고 있는 것은, 그 입법목적이 국민들의 선거권 행사를 부인할만한 '불가피한 예외적인 사유'에 해당하는 것이라 볼 수 없고, 나아가 기술적인 대체수단이 있음에도 불구하고 선거권을 과도하게 제한하고 있어 '피해의 최소성' 원칙에 위배되며, 원양의 해상업무에 종사하는 선원들은 아무런 귀책사유도 없이 헌법상의 선거권을 행사할 수 없게 되는 반면, 이와 관련하여 추구되는 공익은 불분명한 것이어서 '법익의 균형성' 원칙에도 위배된다. (헌재 2007.6.28. 2005헌마772)[헌법불합치(잠정적용)] [15변호사·국회8급]

3. 특정조약(미성년자보호협약)에 가입할 국가의 의무는 없다.(헌재 1998.5.28. 97헌마282)[각하]

4. 정부가 재일 한국인 피징용부상자들의 보상청구권이 협정에 의해서 타결된 것인지 여부에 관한 한·일 양국간의 의견차이를 해소하기 위하여 중재회부를 하여야 할 구체적 작위의무는 재외국인 보호의무로부터 도출되지 않으므로 … 청구인들이 이러한 공권력행사를 청구할 수 있다고 볼 수는 없으므로, 우리나라 정부가 중재를 요청하지 아니하였다고 하더라도 헌법소원의 대상이 될 수 없다.(헌재 2000.3.30. 98헌마206)

> 비교판례 →
> (1) 일제위안부가 가지는 배상청구권은 헌법상의 재산권이고 국가가 일본과 협의하지 아니하는 부작위는 위헌이다.(헌재 2011.3.30. 2006헌마788)
> (2) 우리 정부가 직접 원폭피해자들의 기본권을 침해하는 행위를 한 것은 아니지만, 일본에 대한 배상청구권의 실현 및 인간으로서의 존엄과 가치의 회복에 대한 장애상태가 초래된 것은 우리 정부가 청구권의 내용을 명확히 하지 않고 '모든 청구권'이라는 포괄적인 개념을 사용하여 이 사건 협정을 체결한 것에도 책임이 있다는 점에 주목한다면, 그 장애상태를 제거하는 행위로 나아가야 할 구체적 의무가 있음을 부인하기 어렵다. … 결국 이 사건 협정 제3조에 의한 분쟁해결절차로 나아가는 것만이 국가기관의 기본권 기속성에 합당한 재량권 행사라 할 것이고, 피청구인의 부작위로 인하여 청구인들에게 중대한 기본권의 침해를 초래하였다 할 것이므로, 이는 헌법에 위반된다.(헌재 2011.8.30. 2008헌마648) [18입시]
> (3) 일제강점기에 강제동원되어 기간 군수사업체인 일본제철 주식회사에서 강제노동에 종사한 갑 등이 위 회사가 해산된 후 새로이 설립된 신일철주금 주식회사를 상대로 위자료 지급을 구한 사안에서, 갑 등이 주장하는 손해배상청구권은 '대한민국과 일본국 간의 재산 및 청구권에 관한 문제의 해결과 경제협력에 관한 협정'의 적용대상에 포함되지 않는다.(대판 2018.10.30. 2013다61381 전합체)

5. 이중국적자의 경우 병역의무 이행을 하지 않고서는 국적을 이탈할 수 없게 규정한 것은 헌법에 위반되지 아니한다.(헌재 2006.11.30. 2005헌마739)

6. 행정관서요원으로 근무한 공익근무요원과는 달리 국제협력요원으로 근무한 공익근무요원을 국가유공자법에 의한 보상에서 제외한 구 병역법 규정은 헌법상 평등권을 침해하지 아니한다. [15국회8급] 또한 이 사건 조항은 헌법 제2조 제2항의 재외국민 보호의무에 위반되지 아니한다.(헌재 2010.7.29. 2009헌가13) [16변호사]

7. 중국·소련 동포를 재외동포법의 수혜대상에서 제외한 것은 헌법에 합치되지 아니한다.(헌재 2001.11.29. 99헌마494)[헌법불합치(잠정적용)] [10지방7급]

8. 외국국적동포에 대하여 부동산실명법 적용의 예외를 규정한 것은 평등의 원칙에 위반되지 아니한다.(헌재 2001.5.31. 99헌가18) [12법원직]

05. 북한주민의 법적 지위

> **➡ 관련판례**
>
> 북한의 법적 성격
>
> 1. 북한주민은 대한민국의 국민이다.(대판 1996.11.12. 96누1221)
>   조선인을 부친으로 하여 출생한 자는 남조선과도정부법률 제11호 국적에관한임시조례의 규정에 따라 조선국적을 취득하였다가 제헌헌법의 공포와 동시에 대한민국 국적을 취득하였다 할 것이고, 설사 그가 북한법의 규정에 따라 <u>북한국적을 취득하여 중국 주재 북한대사관으로부터 북한의 해외공민증을 발급받은 자라 하더라도 북한지역 역시 대한민국의 영토에 속하는 한반도의 일부를 이루는 것이어서 대한민국의 주권이 미칠 뿐이고, 대한민국의 주권과 부딪치는 어떠한 국가단체나 주권을 법리상 인정할 수 없는 점에 비추어 볼 때, 그러한 사정은 그가 대한민국 국적을 취득하고 이를 유지함에 있어 아무런 영향을 끼칠 수 없다.</u>
> 2. 북한의 법적 지위(헌재 2005.6.30. 2003헌바114) [06법원행시]
>   대한민국의 헌법은 북한지역을 포함한 한반도 전체에 그 효력이 미치고 따라서 북한지역은 당연히 대한민국의 영토가 되므로, 북한을 법 소정의 "외국"으로, 북한의 주민 또는 법인 등을 "비거주자"로 바로 인정하기는 어렵지만, <u>개별 법률의 적용 내지 준용에 있어서는 남북한의 특수관계적 성격을 고려하여 북한지역을 외국에 준하는 지역으로, 북한주민 등을 외국인에 준하는 지위에 있는 자로 규정할 수 있다고 할 것이다.</u>
> 3. 북한 한의사자격 불인정 위헌확인(헌재 2006.11.30. 2006헌마679) [18국회8급, 08사시]
>   「<u>북한의 의과대학이 헌법 제3조의 영토조항에도 불구하고 국내대학으로 인정될 수 없고 또한 보건복지부장관이 인정하는 외국의 대학에도 해당하지 아니하므로…</u>」라고 판시하였다.
> 4. 북한주민은 '대일항쟁기 강제동원 피해조사 및 국외강제동원 희생자 등 지원에 관한 특별법'상 위로금 지급 제외대상인 '대한민국 국적을 갖지 아니한 사람'에 해당하지 않는다.(대판 2016.1.28. 2011두24675) [16국가7급]

＊ 북한주민이 탈북 후 외국국적을 취득하면 외국인으로 취급한다.

Ⅲ 국가의 영역

01. 영역의 의의

국가의 영역은 영토, 영해, 영공으로 구성된다. 국가가 영역 내에서 행사하는 배타적 권력을 특히 영역권 혹은 영토고권이라 부른다.

02. 영역의 범위

1 영토

헌법 제3조는 "대한민국의 영토는 한반도와 그 부속도서로 한다"고 하여 영토에 관하여 규정하고 있다. 헌법에 영토조항을 직접 규정하지 않는 것이 일반적인 입법례이다.

＊ 영토조항은 건국헌법에서부터 규정하고 있다.

2 영해

❶ 영해: 우리나라는 영해및접속수역법에 따라 한반도와 그 부속도서의 육지에 접한 12해리까지를 영해로 하고(대한해협은 3해리), 영해는 주권이 미치는 범위이다.

❷ 접속수역: 영해기선으로부터 24해리 이내에서 영해를 제외한 수역을 접속수역으로 하고 있다. 접속수역에서는 관세, 출입국관리, 위생에 관한 법규위반행위를 단속한다. [16국가7급]

❸ 경제적 배타수역: 영해기선으로부터 외측 200해리까지에 이르는 수역 중 영해를 제외한 수역을 경제적 배타수역이라고 한다. 천연자원의 탐사, 인공섬의 설치 등이 가능하다.

3 영공

영토와 영해의 수직상공을 말한다.

03. 영토의 변경

영토는 불변이 아니라 변경 가능하지만, 영토가 변경되는 경우에도 국가의 동일성에는 영향이 없다.(주로 자연적 원인이나 조약 등에 의해 변경된다) 우리나라는 영토를 변경하려면 헌법개정이 필요하다.

> **▶ 관련판례**
>
> 한일어업협정사건(헌재 2001.3.21. 99헌마139 등) [16변호사·국가7급, 10지방7급]
> 1. 적법요건에 대한 판단
>   [1] 어업에 관한 조약은 국내법과 같은 효력을 가지므로 그 체결행위는 공권력의 행사에 해당한다.
>   [2] 헌법 전문의 3·1 정신으로부터 기본권을 도출할 수 없다.
>   [3] 재산권과 직업의 자유에 대한 침해여부를 판단하는 이상 경제적 기본권 침해여부는 별도로 판단할 필요가 없다.
>   [4] 헌법재판소는 국민의 개별적 기본권이 아니라 할지라도 기본권보장의 실질화를 위하여서는, 영토조항만을 근거로 하여 독자적으로는 헌법소원을 청구할 수 없다 할지라도, 모든 국가권능의 정당성의 근원인 국민의 기본권 침해에 대한 권리구제를 위하여 그 전제조건으로서 영토에 관한 권리를, 이를테면 영토권이라 구성하여, 이를 헌법소원의 대상인 기본권의 하나로 간주하는 것은 가능한 것으로 판단된다.
>   [5] 어업에 종사하지 아니하는 자는 자기관련성이 인정되지 아니한다.
> 2. 본안에 대한 판단
>   이 사건 조약으로 국민의 직업의 자유 등이 침해되었다고 볼 수 없다.

04. 북한의 두가지 성격

북한은 조국의 평화적 통일을 위한 대화와 협력의 동반자임과 동시에 적화통일노선을 고수하면서 우리의 자유민주주의 체제를 전복하고자 획책하는 반국가단체라는 성격도 아울러 가지고 있다.(대판 2004.8.30. 2004도3212) [15법원직]

05. 영토조항의 해석과 관련한 문제

1 남북기본합의서 체결의 문제

1. 헌법재판소

소위 남북합의서는 남북관계를 「나라와 나라 사이의 관계가 아닌 통일을 지향하는 과정에서 잠정적으로 형성되는 특수관계」임을 전제로 하여 이루어진 합의문서인바, 이는 한민족 공동체 내부의 특수관계를 바탕으로 한 당국간의 합의로서 남북당국의 성의 있는 이행을 상호약속하는 **일종의 공동성명 또는 신사협정에 준하는 성격을 가짐에 불과하다.**(헌재 1997.1.16. 92헌바6 등)

2. 대법원

남북합의서는 … 남북한 당국이 각기 정치적인 책임을 지고 상호간에 그 성의 있는 이행을 약속한 것이기는 하나 법적 구속력이 있는 것은 아니어서 이를 국가간의 조약 또는 이에 준하는 것으로 볼 수 없고, 따라서 국내법과 동일한 효력이 인정되는 것도 아니다.(대판 1999.7.23. 98두14525)
[15법원직]

2 국가보안법과 남북교류협력에 관한 법률의 관계

양자의 관계에 대해 일반법과 특별법으로 보는 견해도 있으나 헌법재판소는 양자를 서로 별개의 법체계로 본다.

> ▶ **관련판례**
>
> 국가보안법과 남북교류협력에 관한 법률의 관계(헌재 1993.7.29. 92헌바48) – 별개의 법체계
> 국가보안법과 남북교류협력에 관한 법률은 상호 그 입법목적과 규제대상을 달리하고 있는 관계로, … 위 두 법률조항에 관하여 형법 제1조 제2항의 신법우선의 원칙이 적용될 수 없고, 한편 청구인에 대한 공소장기재의 공소사실을 보면 청구인의 행위에 관하여는 남북교류법은 적용될 여지가 없다.

SECTION 3 | 한국헌법의 기본원리

제1항 | 한국헌법의 전문

I 헌법 전문의 의의

헌법 전문의 역사는 1215년 영국의 「대헌장」으로 거슬러 올라가지만 성문헌법의 전문의 효시는 1787년 미연방헌법이다. 현재 대부분의 헌법은 전문을 두고 있으나 모두가 그런 것은 아니어서, 헌법 전문은 성문헌법의 필수적 구성요소는 아니다.
[18법원직]

Ⅱ 헌법 전문의 법적 성격과 규범적 효력

> **▶ 관련판례**
>
> 헌법 전문의 재판규범성은 인정된다.(헌재 1992.3.13. 92헌마37 등)
> 정당추천후보자에게는 합동연설회 이외에 정당연설회를 가질 수 있도록 한 것과 정당
> 추천후보자는 소형인쇄물을 2종 더 배부할 수 있도록 한 국회의원선거법 규정은 헌법
> 전문, 헌법 제11조 제1항의 법 앞의 평등, 제25조의 공무담임권, 제41조 제1항의 평등
> 선거의 원칙, 제116조 제1항의 선거운동기회균등의 보장원칙에 반한다. - 헌법 전문
> 의 <u>재판규범성을 인정하는 견해</u>를 표명한 판례

01. 최고규범성 및 법령해석의 기준

> **▶ 관련판례**
>
> 우리 헌법의 전문과 본문 전체에 담겨 있는 최고 이념은 국민주권주의와 자유민
> 주주의에 입각한 입헌민주헌법의 본질적 기본원리에 기초하고 있다. 기타 헌법상
> 의 여러 원칙도 여기에서 연유되는 것이므로 이는 <u>헌법전을 비롯한 모든 법령해
> 석의 기준이 되고, 입법형성권 행사의 한계와 정책결정의 방향을 제시하며, 나아
> 가 모든 국가기관과 국민이 존중하고 지켜가야 하는 최고의 가치규범이다.</u>(헌재
> 2013.3.28. 2010헌바70) [18·15법원직]

02. 헌법개정금지사항

헌법 전문의 핵심적 내용은 헌법제정권자인 국민의 합의결과임과 동시에 헌
법의 지도원리 및 기본이념이므로 개정금지사항이 된다. 물론 단순한 자구수
정까지 금지되는 것은 아니다.

Ⅲ 헌법 전문의 내용 [13서울7급]

헌법 전문	주요내용
① 유구한 역사와 전통에 빛나는	① 문화국가원리 명시
② 우리 대한국민은	② 헌법개정권자가 국민임을 명시
③ 3·1 운동으로 건립된	③ 3·1운동: 건국헌법에서부터 규정 3·1운동에서 기본권 도출은 불가
④ 대한민국 임시정부의 법통과	④ 임시정부: 현행헌법에서 규정, 독립유공자 와 그 유가족에 대한 예우를 하여야 할 헌 법적 의무 도출(헌재)
⑤ 불의에 항거한 4·19 민주이념을 계승하고,	⑤ 4·19: 제5차 개정에서 도입, 1980년 삭 제, 현행헌법에서 부활 • 저항권의 헌법적 근거로 보는 학설이 있 지만 판례는 저항권을 부정 • 4·19와 5·16을 처음 규정한 것은 제5 차 개헌이었지만, 불의에 항거한 4·19 민주이념 계승을 규정한 것은 현행헌법

⑥ 조국의 민주개혁과	⑥ 민주주의의 원리 명시
⑦ 평화적 통일의 사명에 입각하여 정의·인도와 동포애로써	⑦ 유신헌법에서 도입, 자유민주적 기본질서에서 입각한 평화적 통일은(제4조) 현행헌법에서 도입
⑧ 민족의 단결을 공고히 하고, 모든 사회적 폐습과 불의를 타파하며, 자율과 조화를 바탕으로	⑧ 민족에 대한 전문 규정이 있음
⑨ 자유민주적 기본질서를 더욱 확고히 하여	⑨ 자유민주주의의 원리 명시
⑩ 정치·경제·사회·문화의 모든 영역에 있어서	⑩ 문화국가원리
⑪ 각인의 기회를 균등히 하고, 능력을 최고도로 발휘하게하며	⑪ 평등원리 명시
⑫ 자유와 권리에 따르는 책임과 의무를 완수하게 하여,	⑫ 권리만 규정하는 것이 아니라 책임과 의무에 대해서도 명시
⑬ 안으로는 국민생활의 균등한 향상을 기하고	⑬ 사회국가원리
⑭ 밖으로는 항구적인 세계평화와 인류공영에 이바지함으로써	⑭ 국제평화주의
⑮ 우리들과 우리들의 자손의 안전과 자유와 행복을 영원히 확보할 것을 다짐하면서 1948년 7월 12일에 제정되고 8차에 걸쳐 개정된 헌법을 이제 국회의 의결을 거쳐	⑮ 안전과 자유, 행복에 대해 명시
⑯ 국민투표에 의하여 개정한다.	⑯ 헌법개정의 주체가 국민이며 국민투표를 통한 개정임을 명시

- 헌법 전문에 없는 것: 민족문화의 창달 [15서울7급], 개인의 자유와 창의의 존중, 경제민주화 [16법원직], 권력분립 [14법원직], 자유민주적 기본질서에 입각한 평화통일(현행헌법에서 처음 규정)
- 전문 최초개정은 5차 개헌(4·19, 5·16 규정)

Ⅳ 헌법 전문과 기본권

헌법 전문으로부터 기본권을 도출해낼 수 없다.

➡ 관련판례

1. 헌법 전문의 3·1정신에서 기본권을 도출할 수 없다.(헌재 2001.3.21. 99헌마139) [20국가7급, 18·15법원직, 18·17변호사 등]
   "헌법 전문에 기재된 3·1정신"은 우리나라 헌법의 연혁적·이념적 기초로서 헌법이나 법률해석에서의 해석기준으로 작용한다고 할 수 있지만, 그에 기하여 곧바로 국민의 <u>개별적 기본권성을 도출해낼 수는 없다고 할 것</u>이므로, 헌법소원의 대상인 "헌법상 보장된 기본권"에 해당하지 아니한다.
2. 헌법의 기본원리침해를 이유로 헌법소원을 제기할 수 없다.(헌재 1995.2.23. 90헌마125) [16변호사]

3. 임시정부의 법통계승 부분의 효력(헌재 2005.6.30. 2004헌마859) [18법원직 등]

이는 대한민국이 일제에 항거한 독립운동가의 공헌과 희생을 바탕으로 이룩된 것임을 선언한 것이고, 그렇다면 국가는 일제로부터 조국의 자주독립을 위하여 공헌한 독립유공자와 그 유족에 대하여는 응분의 예우를 하여야 할 헌법적 의무를 지닌다.

* 헌법 전문을 이유로 해서 헌법소원을 청구할 수 없다. (○)

제2항 | 한국헌법의 기본원리

Ⅰ 국민주권 원리

국민주권의 원리란 「국민」이 「주권」을 보유한다는 것과 모든 국가권력의 정당성의 근거가 국민에게 있다는 의미이다.

> **▶ 관련판례**
>
> 국민주권의 헌법적 구현형태
> 1. 지방자치제도는 국민주권주의와 자유민주주의 이념구현에 이바지함을 목적으로 하는 제도이다.(헌재 1998.4.30. 96헌바62)
> 2. 직업공무원제도는 국민주권원리에 바탕을 둔 민주적이고 법치주의적인 공직제도이다.(헌재 1989.12.18. 89헌마32)

Ⅱ 자유민주주의 원리

"자유민주적 기본질서에 위해를 준다 함은 모든 폭력적 지배와 자의적 지배, 즉 반국가단체의 일인독재 내지 일당독재를 배제하고 다수의 의사에 의한 국민의 자치, 자유·평등의 기본원칙에 의한 법치주의적 통치질서의 유지를 어렵게 만드는 것이고, 이를 보다 구체적으로 말하면 기본적 인권의 존중, 권력분립, 의회제도, 복수정당제도, 선거제도, 사유재산과 시장경제를 골간으로 한 경제질서 및 사법권의 독립 등 우리의 내부 체제를 파괴·변혁시키려는 것으로 풀이할 수 있을 것이다"(헌재 1990.4.2. 89헌가113)[한정합헌]라고 판시하고 있다. 이러한 헌법재판소의 입장은 독일연방헌법재판소의 입장을 대체로 수용하고 있는 것으로 평가된다. [18법원직, 14국회8급]

> **▶ 관련판례**
>
> 기탁금과 민주주의의 관계(헌재 2001.7.19. 2000헌마91)
> 과도한 기탁금은 재력이 없는 서민층과 젊은 세대에서 입후보자가 나오는 것을 곤란하게 하고, … 이는 대의제원리에 반하고 다원성을 핵심요소로 하는 민주주의정신에도 본질적으로 반하는 것이 된다.

Ⅲ 사회국가원리

01. 사회국가원리의 의의

모든 국민에게 그 생활의 기본적 수요를 충족시킴으로써 건강하고 문화적인 생활을 영위할 수 있도록 하는 것이 국가의 책임이면서, 그것에 대한 요구가 국민의 권리로서 인정되어 있는 국가를 사회국가라 하고 이를 실현하려는 원리를 사회국가원리라고 한다.

02. 사회국가원리의 규범적 의미 내용

1 개량적 원리

산업화사회에서 발생하는 계급적 갈등을 사회개량정책을 통해 해결하려는 국가원리이다.

2 사회정의 원리

사회정의의 이념에 입각하여 사회개량을 실현하려는 원리이다.

3 적극적 개입 원리

기존의 법체계의 안에서 국가가 적극적으로 정책을 개발하고 개인적 생활영역에 개입하는 원리이다.

4 국가적 책임 및 개인의 책임

개인적 생활에 대한 국가적 책임은 물론이고 개인의 사회에 대한 책임까지도 강조하는 원리이다.

03. 사회국가원리의 구현

우리 헌법은 건국헌법 이래 사회적 기본권을 규정하는 방법으로 사회국가원리를 채택하고 있으며 사회국가원리에 대한 명시적 규정을 한 적은 없다. [22 경찰1차, 21국가7급등] 현행헌법은 헌법 전문(국민생활의 균등한 향상), 사회적 기본권 규정, 헌법 제119조(경제에 대한 규제와 조정) 등으로 사회국가원리를 채택하고 있다.

04. 사회국가원리의 한계

1 이념적 한계

사회국가원리는 사회주의국가가 아니라는 점에서 개념본질상의 한계를 지닌다. 따라서 자유시장경제질서를 부인하는 것은 허용되지 아니한다.

2 보충성에 의한 한계

보충성 원리란 경제적·사회적 문제의 해결을 1차적으로 개인적 차원에서 이루어지도록 하고 개인과 사회의 노력으로는 불가능할 때 국가는 부차적으로 개입·조정할 수 있다는 원리를 말한다.

사회국가원리

1. 저상버스 도입의무 불이행 사건(헌재 2002.12.18. 2002헌마52)[각하] [20국가7급, 19·16·13변호사]

   저상버스를 도입해야 할 국가의 의무는 없다는 이유로 각하
2. 자동차운행자의 무과실책임과 사회국가원리(헌재 1998.5.28. 96헌가4)[합헌] [10 지방7급]

   현대산업사회에서는 고속교통수단, 광업 및 원자력산업 등의 위험원(危險源)이 발달하고 산업재해 및 환경오염으로 인한 피해가 증가함에 따라, 헌법이념의 하나인 사회국가원리의 실현을 위하여 과실책임의 원리를 수정하여 위험원을 지배하는 자로 하여금 그 위험이 현실화된 경우의 손해를 부담하게 하는 위험책임의 원리가 필요하게 되었다.

Ⅳ 문화국가원리(현대사회 국가원리)

01. 문화국가원리의 의의

문화국가란 국가가 문화의 자율성을 존중하면서도 국가에 의한 적극적 문화 육성이 이루어져 실질적인 문화평등을 실현시키려는 국가를 말한다.

02. 문화국가의 내용

1 문화적 자율성 [17국가7급, 16변호사]

문화활동에 대한 국가의 문화정책적 중립성과 관용을 의미한다. 따라서 국가는 문화정책적 명령과 획일화의 시도 또는 학문이나 예술내용을 결정하는 지시를 내릴 수 없고, 「불편부당의 원칙」에 따라 국가에 편리한 문화활동에 대해서는 특혜를 주고, 불편한 활동에 대하여는 차별대우를 해서도 안 된다.

2 문화에 대한 국가의 역할

오늘날 문화국가에서의 문화정책은 그 초점이 문화 그 자체에 있는 것이 아니라 문화가 생겨날 수 있는 문화풍토를 조성하는 데 두어야 한다. [19지방7급, 16변호사]

03. 현행헌법과 문화국가원리

1 현행헌법의 문화국가조항

> **헌법 제9조** 국가는 전통문화의 계승·발전과 민족문화의 창달에 노력하여야 한다.
> **제69조** 대통령은 취임에 즈음하여 다음의 선서를 한다.
> "나는 헌법을 준수하고 국가를 보위하며 조국의 평화적 통일과 국민의 자유와 복리의 증진 및 민족문화의 창달에 노력하여 대통령으로서의 직책을 성실히 수행할 것을 국민 앞에 엄숙히 선서합니다."

2 문화국가원리의 구현

관련판례

1. 학교 정화구역 내에서의 극장시설 및 영업 금지(헌재 2004.5.27. 2003헌가1)
   (1) 이 사건 법률조항에 의한 표현 및 예술의 자유의 제한은 극장 운영자의 직업의 자유에 대한 제한을 매개로하여 간접적으로 제약되는 것이라 할 것이고, <u>입법자의 객관적인 동기 등을 참작하여 볼 때 사안과 가장 밀접한 관계에 있고 또 침해의 정도가 가장 큰 주된 기본권은 직업의 자유라고 할 것이다. 따라서 이하에서는 직업의 자유의 침해 여부를 중심으로 살피는 가운데 표현·예술의 자유의 침해여부에 대하여도 부가적으로 살펴보기로 한다.</u>
   [23국회8급, 12국회8급]
   (2) 대학교 부근의 경우[위헌]
   대학생의 자유로운 문화향유에 관한 권리 등 행복추구권을 침해하고 있는 바, 그 정당화 사유를 찾기 어렵다. 따라서 이 사건 법률조항은 이 점에서도 위헌적인 법률이라고 할 것이다.
   (3) 초·중·고 부근의 경우[헌법불합치(적용중지)]
   이는 초·중·고등학교 학생의 자유로운 문화향유에 관한 권리로서 등 행복추구권을 제한하는 입법이라고 할 것이고, 그 제한을 정당화하는 사유를 찾기 어렵다고 할 것이므로 이 점에서도 위헌적인 법률이라고 할 것이다.

   학교위생정화구역 정리

극장	• 대학교 근처: 위헌 • 초·중·고 근처: 헌법불합치
당구장	• 대학교, 유치원 근처: 위헌 • 초·중·고 근처: 합헌
여관	초·중·고, 대학교: 합헌
납골시설	초·중·고, 대학교: 합헌
노래방	18세 미만 출입금지: 합헌

2. 문화예술진흥기금(헌재 2003.12.18. 2002헌가2)[위헌] [22국가7급]
   공연관람자들에게 문예진흥기금을 납입케 하는 문화예술진흥법 제19조 제5항은 … 헌법의 문화국가이념에 역행하고 … 특별부담금의 헌법적 한계를 벗어나서 국민의 재산권을 침해하므로 위헌이다. – 영화상영관 입장권부가금: 합헌
3. 과외금지는 … 문화국가 원리에도 위반되는 것이다.(헌재 2000.4.27. 98헌가16 등) [16국회8급, 10지방7급]

Ⓥ 법치국가원리

01. 법치국가원리의 의의

법치국가의 원리란 모든 국가적 활동과 국가공동체적 생활은 국민의 대표기관인 의회가 제정한 법률에 근거를 두고(법률유보의 원칙), 법률에 따라(법률우위의 원칙) 이루어져야 한다는 헌법원리로서 현행헌법에 명문규정은 없으나 법치국가원리는 우리 헌법상의 기본원리 중의 하나로 인정된다.

02. 법치국가원리와 법률유보의 원칙

학설	내용
침해유보설	행정이 개인의 자유와 권리를 침해·제한하거나 의무를 부과하는 등의 침해적 행정작용의 경우에만 법적 근거를 요한다는 견해이다. ⇨ 국가로부터의 자유를 강조
전부유보설	1. 개념: 행정의 모든 영역에 법률의 근거를 요한다는 견해이다. 2. 내용: 의회민주주의와 의회의 우월성을 강조한 것이다.
급부행정 유보설 (사회유보설)	개념: 침해행정 이외에 급부행정의 영역에도 법률의 유보를 필요로 한다는 견해이다. ⇨ 국가를 통한 자유(국가에 대한 자유)를 강조
권력행정 유보설	권력적 수단을 통해 이루어지는 행정작용에는 법률의 근거를 요한다는 견해이다.
본질성설 (중요사항 유보설)	1. 개념: 법률유보의 적용영역을 침해작용인가 급부작용인가 하는 행정작용의 성질에 따라 판단하는 것이 아니라 개인에게 중요한 작용은 법률의 근거가 필요하며 비중요사항에 대해서는 법률의 근거가 없어도 된다는 견해이다. 즉, 개인의 기본권과 공익에 있어 가장 근본적이고 중요한 사항은 법률의 근거를 요한다는 견해로서 독일연방헌법재판소의 의회유보설에서 유래한다. 2. 평가: 법률유보의 범위를 기본권 관련 측면에서 파악한 점, <u>법률유보의 범위뿐만 아니라 규율의 밀도(정도)에 대해서도 원칙을 제시하고 있다는 점</u>에서 높이 평가받고 있으며 우리 헌법재판소도 받아들이고 있다. [16법원직] 3. 비판: '본질적 사항'이란 개념의 모호성

금융기관의 임원이 문책경고를 받은 경우에는 법령에서 정한 바에 따라 일정 기간 동안 임원선임의 자격제한을 받으므로 문책경고는 적어도 그 제한의 본질적 사항에 관한 한 법률에 근거가 있어야 하는데, 금융감독원의 직무범위를 규정한 조직규범은 법률유보원칙에서 말하는 법률의 근거가 될 수는 없다. [19법원직] — 법률유보에서 말하는 법적 근거는 조직규범이 아니라 작용법적 근거(수권법적 근거)를 의미한다.

> ▶ **관련판례**
>
> 1. 1차 TV수신료 사건(헌재 1999.5.27. 98헌바70)[헌법불합치(잠정적용)] — 수신료를 이사회가 정하고 문화부 장관이 승인 [19서울7급]
>   오늘날 법률유보원칙은 단순히 행정작용이 법률에 근거를 두기만 하면 충분한 것이 아니라, 국가공동체와 그 구성원에게 기본적이고도 중요한 의미를 갖는 영역, 특히 <u>국민의 기본권실현과 관련된 영역에 있어서는 국민의 대표자인 입법자가 그 본질적 사항에 대해서 스스로 결정하여야 한다는 요구</u>까지 내포하고 있다. (의회유보원칙)

◀ O× 연습

1. 수신료금액의 결정은 납부의무자의 범위, 징수절차 등과 함께 수신료에 관한 본질적이고도 중요한 사항이므로, 수신료금액의 결정은 입법자인 국회 스스로 해야 한다.
[16법원9급]

Answer

1. ○ 헌재 1999.5.27. 98헌바70

2. 2차 TV수신료 사건(헌재 2008.2.28. 2006헌바70)[합헌]

위 불합치결정의 취지에 따라 현행 방송법은 수신료의 금액은 한국방송공사의 이사회에서 심의·의결한 후 방송위원회를 거쳐 국회의 승인을 얻도록 규정하고 있으며, … 징수업무를 한국방송공사가 직접 수행 할 것인지의 문제는 본질적 사항이 아니고 … 수신료의 부과·징수에 관한 본질적인 요소들은 방송법에 모두 규정되어 있다고 할 것이다. 따라서 법률유보의 원칙에 위배되지 아니한다.

* TV수신료의 금액은 본질적 사항이지만 징수업무를 누가 수행할 것인가는 본질적 사항이 아니다. [16법원직]

3. 법학전문대학원 입학 총정원은 법률로써 정해야 하는 본질적 사항이 아니다.(헌재 2009.2.26. 2008헌마370)

4. 아파트 입주자대표회의의 구성에 관한 사항을 대통령령에 위임하도록 한 구 주택법 제43조 제7항 제2호 중 '입주자대표회의 구성' 부분은 법률유보원칙, 포괄위임입법금지원칙에 위반되지 아니한다.(헌재 2016.7.28. 2014헌바158)

입주자대표회의는 공법상의 단체가 아닌 사법상의 단체로서, 이러한 특정 단체의 구성원이 될 수 있는 자격을 제한하는 것이 재산권 혹은 참정권 등과 비교해 볼 때 국가적 차원에서 형식적 법률로 규율되어야 할 본질적 사항이라고 보기 어렵다.

5. 사법시험의 제2차시험의 합격결정에 관하여 과락제도를 정하는 구 「사법시험령」의 규정은 새로운 법률사항을 정한 것이라고 보기 어려우므로 법률유보의 원칙에 위반되지 않는다.(대판 2007.1.11. 2004두10432) [19법원직]

6. 한전이 정한 전기료 누진제는 헌법에 위반되지 않는다.(헌재 2021.4.29. 2017헌가25)

전기요금의 결정에 관한 내용을 반드시 입법자가 스스로 규율해야 하는 부분이라고 보기 어려우므로, 심판대상 조항은 의회유보원칙에 위반되지 아니한다.

7. 노인장기요양 급여비용의 구체적인 산정방법 등에 관하여 필요한 사항을 보건복지부령에 정하도록 위임한 노인장기요양보험법 제39조 제3항은 법률유보원칙 및 포괄위임금지원칙에 위배되지 아니하므로 헌법에 위반되지 않는다. (헌재 2021.8.31. 2019헌바73)[합헌]

8. 보건의료기관개설자에 대한 대불비용 부담금 부과 사건(헌재 2022.7.21. 2018헌바504)

[1] 의료사고 피해구제 및 의료분쟁 조정 등에 관한 법률 제47조 제2항 후단 중 '그 금액' 부분은 헌법에 합치되지 아니한다. [헌법불합치] [23입시]

이 사건 위임조항 중 '그 금액' 부분 – 헌법불합치

그러나 다음과 같은 이유에서 이 사건 위임조항 중 '그 금액' 부분은 포괄위임금지원칙에 위배된다. 입법자로서는 대불비용 부담금액 산정의 중요한 고려요소가 무엇인지를 이 사건 위임조항에 명시하는 방식으로 구체화하는 것이 가능하다. 또한, 어떤 요건 하에 추가로 대불비용 부담금을 부과할 수 있는지에 관하여는 법률로 정하기 어려운 것이 아니다.

[2] 의료사고 피해구제 및 의료분쟁 조정 등에 관한 법률 제47조 제2항 전단, 같은 항 후단 중 '납부방법 및 관리 등' 부분, 의료사고 피해구제 및 의료분쟁 조정 등에 관한 법률 제47조 제4항은 각 헌법에 위반되지 아니한다. [합헌]

체계정당성에 위반된다고 해서 위헌인 것은 아니다.(헌재 2005.6.30. 2004헌바40 등)[합헌] [21국가7급, 19지방7급]

체계정당성의 원리는 동일 규범 내에서 또는 상이한 규범 간에 그 규범의 구조나 내용 또는 규범의 근거가 되는 원칙면에서 상호 배치되거나 모순되어서는 안 된다는 하나의 헌법적 요청이며, 국가공권력에 대한 통제와 이를 통한 국민의 자유와 권리의 보장을 이념으로 하는 법치주의원리로부터 도출되는데, 이러한 체계정당성 위반은 비례의 원칙이나 평등의 원칙 등 일정한 헌법의 규정이나 원칙을 위반하여야만 비로소 위헌이 되며, 체계정당성의 위반을 정당화할 합리적인 사유의 존재에 대하여는 입법 재량이 인정된다. … 체계정당성에 위반한다고 해서 곧 위헌이 되는 것은 아니다.

체계정당성의 원리는 규범 상호간의 구조와 내용 등이 모순됨이 없이 체계와 균형을 유지하여야 한다는 헌법적 원리이지만 곧바로 입법자를 기속하는 것이라고는 볼 수 없다. [×] [22국가7급]

03. 형식적 법치국가와 실질적 법치국가의 구별

1 형식적 법치주의(근대입헌주의)

형식적 법치주의는 법치주의를 시민적 자유를 보장하기 위한 단순한 방법 내지 법기술적 성격의 것으로 이해하여 행정과 재판이 의회가 제정한 법률에 형식상 적합하도록 행하여질 것만을 요청할 뿐 법률 자체의 내용·목적은 중요시하지 않았다.

2 실질적 법치주의(현대사회국가)

실질적 법치주의는 법률의 목적·내용도 정의에 합치될 것을 요구한다.

04. 소급입법금지와 신뢰보호원칙

1 소급입법금지원칙

소급입법금지원칙은 이미 완성된 법률관계에 대해 사후적인 소급입법으로 그 내용을 변경해서는 안 된다는 원칙이다.

1. 진정소급입법과 부진정소급입법

구분	진정소급입법	부진정소급입법
개념	진정소급입법이란 과거에 이미 완성된 사실이나 법률관계를 대상으로 하는 입법을 말한다.	과거에 시작되었으나 현재 진행 중인 사실관계 또는 법률관계에 적용케 하는 입법을 말한다.
허용 여부	원칙적 금지 [15변호사]	원칙적으로 허용 [19국가7급, 15국회8급]

허용 여부	진정소급입법의 예외적 허용 [15국회8급, 12국가 7급]	부진정소급의 예외적 금지
	① 국민이 소급입법을 예상할 수 있는 경우, ② 법적 상태가 불확실하고 혼란스러워 보호할 만한 신뢰이익이 적은 경우, ③ 소급입법에 의한 당사자의 손실이 없거나 아주 경미한 경우, ④ 신뢰보호의 요청에 우선하는 심히 중대한 공익상의 사유가 소급입법을 정당화하는 경우 [10지방7급]	소급효를 요구하는 공익상의 사유와 신뢰보호의 요청 사이의 교량과정에서 신뢰보호의 관점이 입법자의 형성권에 제한을 가하게 된다. [10지방7급]

> ▶ 관련판례
>
> 1. 정정보도청구의 소급적용은 위헌이다.(헌재 2006.6.29. 2005헌마165 등) [위헌]
>   [1] 언론중재법의 개정으로 정정보도청구에 대한 언론사의 고의·과실·위법성을 요하지 않게 개정된 부분을 법 시행 전에 이루어진 보도에 적용하는 것은 진정소급입법으로 헌법에 위반된다.
>   [2] 독자 또는 국민의 한 사람인 청구인들은 기본권침해의 자기관련성이 인정되지 않는다. [12국회8급]
> 2. '친일반민족행위자 재산의 국가귀속에 관한 특별법' 규정은 진정소급이지만 헌법에 위반되지 아니한다.(헌재 2011.3.31. 2010헌바91) [18변호사, 15·12국가7급]
> 3. 1945.8.9. 이후 성립된 거래를 전부 무효로 한 재조선미국육군사령부군정청 법령 제2호 제4조 본문과 1945.8.9. 이후 일본 국민이 소유하거나 관리하는 재산을 1945.9.25.자로 전부 미군정청이 취득하도록 정한 재조선미국육군사령부군정청 법령 제33호 제2조 전단 중 '일본 국민'에 관한 부분은 진정소급입법이지만 헌법 제13조 제2항에 반하지 않는다.(헌재 2021.1.28. 2018헌바88)

2. 소급입법금지원칙의 적용범위

❶ 형사법

행위의 가벌성에 관한 실체 형법에는 소급입법이 금지된다. 그러나 공소시효규정에 대해서는 소추가능성에 대한 문제이므로 소급입법이 가능하다는 것이 헌법재판소의 입장이다. **「형벌불소급의 원칙은 "행위의 가벌성", 즉 형사소추가 "언제부터 어떠한 조건하에서" 가능한가의 문제에 관한 것이고, "얼마 동안" 가능한가의 문제에 관한 것은 아니므로, 과거에 이미 행한 범죄에 대하여 공소시효를 정지시키는 법률이라 하더라도 그 사유만으로 헌법 제12조 제1항 및 제13조 제1항에 규정한 죄형법정주의의 파생원칙인 형벌불소급의 원칙에 언제나 위배되는 것으로 단정할 수는 없다.」** [18서울7급]

* 실체형법에는 소급입법금지원칙이 적용된다. 그러나 공소시효와 같은 절차적 규정에는 소급입법이 가능하다.

❷ **시혜적 입법**

시혜적 소급입법을 할 것인지의 여부는 입법재량의 문제로서 그 판단은 일차적으로 입법기관에 맡겨져 있는 것이므로 이와 같은 시혜적 조치를 할 것인가를 결정함에 있어서는 국민의 권리를 제한하거나 새로운 의무를 부과하는 경우와는 달리 입법자에게 보다 광범위한 입법형성의 자유가 인정된다.(헌재 1998.11.26. 97헌바67) [19·12국가7급, 14법원직]

* 시혜적 소급입법은 수익적이긴 하나 평등원칙과 관련하여 헌법적 한계가 있다. 즉, 시혜적이라고 해서 언제나 합헌인 것은 아니다. [14법원직]

▶ 관련판례

'성폭력범죄의 처벌 등에 관한 특례법' 시행 전 행하여진 성폭력범죄로 아직 공소시효가 완성되지 아니한 것에 대하여 '성폭력범죄의 처벌 등에 관한 특례법'의 공소시효 특례조항을 적용하도록 한 '성폭력범죄의 처벌 등에 관한 특례법' 부칙 제3조 중 제21조 제1항 및 제3항 제1호 가운데 형법 제298조 (강제추행)에 관한 부분은 헌법에 위반되지 아니한다.(헌재 2021.6.24. 2018 헌바457)[합헌, 각하]

2 **신뢰보호의 원칙(헌법상 명문의 규정은 없지만 법치국가원리에서 파생된다)** [16서울7급]

신뢰보호의 원칙은 법을 믿고 행위한 국민의 신뢰를 보호함으로써 법적 안정성과 실질적 정의를 실현하고자 하는 원칙이다.

▶ 관련판례

위헌인 법률에 대한 신뢰도 인정되나 합헌인 법률에 대한 신뢰보다는 약하다.(헌재 2006.3.30. 2005헌마598)[기각] [15변호사]

▶ 관련판례

신뢰보호원칙 위배를 인정한 사례
1. 세무사자격자동취득제도(국가에 의해 유인된 신뢰) 폐지 자체는 위헌이 아니지만 자동취득폐지를 일부에게만 인정하는 것은 헌법에 합치되지 않는다.(헌재 2001.9.27. 2000헌마152)[헌법불합치(잠정적용)] [22·14·13변호사]
   [1] 어떤 직업분야의 자격제도를 시행함에 있어서 자격요건의 구체적인 내용은 업무의 내용과 제반 여건 등을 종합적으로 고려하여 입법자가 결정할 사항이며 다만 그것이 재량의 범위를 넘어서 명백히 불합리한 경우에만 비로소 위헌의 문제가 생긴다. [20변호사]
   [2] 기존 국세관련 경력공무원 중 일부에게만 구법 규정을 적용하여 세무사자격이 부여되도록 규정한 위 세무사법 부칙 제3항은 충분한 공익적 목적이 인정되지 아니함에도 청구인들의 기대가치 내지 신뢰이익을 과도하게 침해한 것으로서 헌법에 위반된다. 그러나 직업선택의 자유를 침해한 것은 아니다.

2. 변리사자격자동취득제도 폐지 자체는 위헌이 아니지만 자동취득폐지를 일부에게만 인정하는 것은 헌법에 합치되지 않는다.(헌재 2001.9.27. 2000헌마 208 등)[헌법불합치(잠정적용)]

   직업선택의 자유를 침해한 것은 아니지만, 신뢰보호원칙을 위배하여 헌법에 위반된다.

3. 주택법 제46조 제1항이 하자담보청구권을 소급하여 박탈하는 것은 헌법에 위반된다.(헌재 2008.7.31. 2005헌가16)[위헌]

4. 법원조직법 부칙 제1조 단서 중 제42조 제2항에 관한 부분 및 제2조는 2011. 7. 18. 당시 사법연수생의 신분을 가지고 있었던 자가 사법연수원을 수료하는 해의 판사 임용에 지원하는 경우에 적용되는 한 헌법에 위반된다.(헌재 2012. 11.29. 2011헌마786) [22경찰1차, 17법원직]

신뢰보호원칙 위배를 부인한 사례

1. 국민연금법을 개정하여 국민연금을 탈퇴한 자들에게 더 이상 반환일시금을 지급하지 않는 것은 재산권을 침해하지 않는다.(헌재 2004.6.24. 2002헌바15) [합헌]

2. 인터넷게임시설제공업의 등록제는 신뢰이익을 침해한 것이 아니다.(헌재 2009.9.24. 2009헌바28)[합헌] [13변호사]

3. 경품용상품권제도의 폐지는 직업의 자유를 침해하지 않는다.(헌재 2009.4.30. 2006헌마1258)[기각]

   문화관광부고시 중 '게임제공업자의 경품취급기준'에서 경품용상품권제도를 폐지한 것이 게임제공법자들의 직업의 자유를 침해한다고 할 수 없다.

4. 중소기업에 대한 특별세액감면규정의 배제는 신뢰보호원칙에 위배되지 않는다.(헌재 2008.5.29. 2006헌바99)[합헌]

   세무조사의 사전통지를 받고 수정신고를 하는 경우 구 조세특례제한법 제7조의 중소기업특별세액감면 규정을 적용하지 아니하도록 한 법 제128조 제3항을 법 시행 후 수정신고하는 분부터 적용하도록 한 법 부칙 제30조는 소급입법과세금지원칙에 위배되지 않고, 이 사건 부칙조항이 신뢰보호원칙에 위배되는 것도 아니다.

5. 합성수지 재질의 도시락용기 사용금지(헌재 2007.2.22. 2003헌마428) [19변호사]

   (1) 합성수지 도시락 용기의 생산업자[각하]

      이 사건 심판대상 규정의 직접적인 수범자는 식품접객업주이므로 청구인들 중 합성수지 도시락 용기의 생산업자들은 원칙적으로 제3자에 불과하며, 또한 합성수지 도시락 용기의 사용제한으로 인하여 입게 되는 영업매출의 감소 위험은 직접적, 법률적인 이해관계로 보기는 어렵고 간접적, 사실적 혹은 경제적인 이해관계라고 볼 것이므로 자기관련성을 인정하기 어렵다.

   (2) 식품접객업주[기각]

      청구인들은 배달 등의 경우에 예외를 인정한 종전의 시행규칙 조항이 향후 개정될 것이라고 충분히 예상할 수 있었다고 할 것이어서 … 이 사건 심판대상 규정은 신뢰보호의 원칙에 위배되지 않는다.

6. 병역법을 개정하여 의무사관후보생의 병역면제의 상한 연령을 36세로 조정한 것은 신뢰보호원칙에 위배되지 아니한다.(헌재 2002.11.28. 2002헌바45)[합헌]

7. 법 시행일 이후에 이행기가 도래하는 퇴직연금에 대해서 연금수급자가 별도의 소득이 있을 때 그 일부의 지급을 정지할 수 있도록 한 공무원연금법 제47조 제2항은 소급입법에 의한 재산권 박탈이 아니다.(헌재 2008. 2.28. 2005헌마872)[기각]

8. 공무원연금의 인상을 공무원 보수 인상률에 따르던 것을 소비자 물가 변동률을 기준으로 변경한 것은 헌법에 위반되지 않는다.(헌재 2003.9.25. 2001헌마194)

9. 무기징역의 집행 중에 있는 자의 가석방 요건을 종전의 '10년 이상'에서 '20년 이상' 형 집행 경과로 강화한 개정 형법 제72조 제1항을, 형법 개정 당시에 이미 수용 중인 사람에게도 적용하는 형법 부칙 제2항은 신뢰보호원칙에 위배되어 신체의 자유를 침해하지 않는다.(헌재 2013.8.29. 2011헌마408) [22지방7급, 19변호사, 16국가7급]

10. 취업지원 실시기관 채용시험의 가점 적용대상에서 보국수훈자의 자녀를 제외하는 법 개정을 하면서, 가까운 장래에 보국수훈자의 자녀가 되어 채용시험의 가점을 받게 될 것이라는 신뢰를 장기간 형성해 온 사람에 대하여 경과조치를 두지 않은 '국가유공자 등 예우 및 지원에 관한 법률' 부칙 제16조는 신뢰보호원칙에 위배되지 않고, 청구인의 직업선택의 자유, 공무담임권을 침해하지 않는다.(헌재 2015.2.26. 2012헌마4300) [20변호사]

11. <u>광명시를 교육감이 추첨에 의하여 고등학교를 배정하는 지역에 포함시킨 이 사건 조례조항은 신뢰보호의 원칙에 위반되지 아니하며 청구인들의 학교선택권을 침해한다고 할 수 없다.</u>(헌재 2012.11.29. 2011헌마827) [16국가7급]

12. 개정된 저작권법이 시행되기 전에 있었던 과거의 음원 사용 행위에 대한 것이 아니라 개정된 법률 시행 이후에 음원을 사용하는 행위를 규율하고 있으므로 진정소급입법에 해당하지 않으며, 저작인접권이 소멸한 음원을 무상으로 사용하는 것은 저작인접권자의 권리가 소멸함으로 인하여 얻을 수 있는 반사적 이익에 불과할 뿐이므로, 과거에 소멸한 저작인접권을 회복시키는 저작권법 조항은 헌법 제13조 제2항이 금지하는 소급입법에 의한 재산권 박탈에 해당하지 아니한다.(헌재 2013.11.28. 2012헌마770) [16국가7급]

13. 공무원연금법이 개정되면서 퇴직연금의 수급요건이 재직기간 20년에서 10년으로 변경되었으나, 같은 법 부칙 제6조가 연금수급요건 완화에 관한 특례는 이 법 시행일인 2016.1.1. 당시 재직 중인 공무원부터 적용한다고 규정하여 그 이전에 퇴직한 자가 특례의 적용대상에서 제외된다하더라도 헌법에 위반되지 아니한다.(헌재 2017.5.25. 2015헌마933) [22경찰승진]

3 포괄위임입법금지원칙

입법의 원칙	법치국가의 원칙상 기본권 관련사항은 모두 국회가 제정한 법률로 규정하는 것이 원칙이다.
위임의 필요성	국가기능의 복잡화, 전문적 영역의 확대, 급격한 현실의 변화에 대한 즉각적인 대응의 곤란함 등으로 인하여 입법영역의 상당한 부분을 행정부에 위임하게 되었다.
헌법 제75조	대통령은 법률에서 <u>구체적으로 범위</u>를 정하여 위임받은 사항과 법률을 집행하기 위하여 필요한 사항에 관하여 대통령령을 발할 수 있다.

헌법 제95조	국무총리 또는 행정각부의 장은 소관사무에 관하여 법률이나 대통령령의 위임 또는 직권으로 총리령 또는 부령을 발할 수 있다. - '구체적으로 범위를 정하여'라는 표현을 쓰지는 않지만 당연히 구체적으로 범위를 정하여 위임하여야 한다.
판단의 기준	누구라도 하위법규에 규정될 내용을 예측할 수 있어야 한다. 예측은 하나의 조문이 아니라 종합적으로 한다.
조례와 정관	조례와 정관에는 포괄위임금지원칙이 적용되지 않는다.

▶ 관련판례

수권법률의 명확성의 정도(헌재 2003.7.24. 2002헌바82)
다양한 형태의 사실관계를 규율하거나 규율대상인 사실관계가 상황에 따라 자주 변화하리라고 예상된다면 규율대상인 사실관계의 특성을 고려하여 명확성에 대하여 엄격한 요구를 할 수 없다. 한편, 법률에 의한 기본권제한의 효과가 중할수록, 법률의 명확성에 대하여 보다 엄격한 요구를 해야 한다. 따라서 위임에 의하여 제정된 행정입법이 국민의 기본권을 침해하는 성격이 강할수록 보다 명확한 수권이 요구되며, 침해적 행정입법에 대한 수권의 경우에는 급부적 행정입법에 대한 수권의 경우보다 그 수권이 보다 명확해야 한다.

Ⅵ 평화국가원리

헌법 제5조 ① 대한민국은 국제평화의 유지에 노력하고 침략적 전쟁을 부인한다.

▶ 관련판례

평화통일조항에서 기본권을 도출할 수 없다.(헌재 2000.7.20. 98헌바63)

1 통치행위의 개념

통치행위란 고도의 정치적 성격을 띠는 국가작용으로서 사법심사의 대상이 되기가 곤란한 국가작용을 말한다.

▶ 관련판례

1. 제1차 이라크 파병결정(서희제마 부대 파병): 자기관련성이 없어 각하(헌재 2003.12.18. 2003헌마255)
2. 제2차 이라크 파병결정(자이툰 부대 파병): 통치행위이므로 각하(사법자제설 입장)(헌재 2004.4.29. 2003헌마814)
   이 사건 파견결정이 헌법에 위반되는지의 여부, 즉 세계평화와 인류공영에 이바지하는 것인지 여부, 국가안보에 보탬이 됨으로써 궁극적으로는 국민과 국익에 이로운 것이 될 것인지 여부 및 이른바 이라크전쟁이 국제규범에 어긋나는 침략전쟁인지 여부 등에 대한 판단은 대의기관인 대통령과 국회의 몫이고, 성질상 한정된 자료만을 가지고 있는 우리 재판소가 판단하는 것은 바람직하지 않다고 할 것이다.

3. 대북접촉시 통일부장관의 승인을 얻도록 하는 것은 합헌이다.(헌재 2000.7. 20. 98헌바63)

4. 대통령의 비상계엄선포는 고도의 정치적·군사적 성격을 지니고 있는 행위로서 계엄선포의 당·부당을 판단할 권한과 같은 것은 오로지 정치기관인 국회에만 있다.(대판 1981.4.28. 81도874)[각하]

5. 비상계엄의 선포나 확대가 국헌문란의 목적을 달성하기 위하여 행하여진 경우에 그 자체가 범죄행위(내란죄)에 해당하는지에 대하여는 심사할 수 있다. [14변호사]

6. 대통령의 긴급재정경제명령은 통치행위에 해당하지만 사법심사의 대상이 된다. [14변호사]
   대통령의 긴급재정경제명령은 국가긴급권의 일종으로서 고도의 정치적 결단에 의하여 발동되는 행위이고 그 결단을 존중하여야 할 필요성이 있는 행위라는 의미에서 이른바 통치행위에 속한다고 할 수 있으나, 통치행위를 포함하여 모든 국가작용은 국민의 기본권적 가치를 실현하기 위한 수단이라는 한계를 반드시 지켜야 하는 것이고, 헌법재판소는 헌법의 수호와 국민의 기본권 보장을 사명으로 하는 국가기관이므로 비록 고도의 정치적 결단에 의하여 행해지는 국가작용이라고 할지라도 그것이 국민의 기본권 침해와 직접 관련되는 경우에는 당연히 헌법재판소의 심판대상이 된다.(헌재 1996.2.29. 93헌마186)

7. 남북정상회담의 개최는 사법심사의 대상이 아니지만, 대북송금행위는 심사의 대상이다.(대판 2004.3.26. 2003도7878)

8. 피청구인 대통령의 개성공단 운영 전면중단 결정과, 피청구인 통일부장관의 개성공단 철수계획 마련, 관련 기업인들에 대한 통보, 개성공단 전면중단 성명 발표 및 집행 등 일련의 행위로 이루어진 개성공단 운영 전면중단 조치에 대한 개성공단 투자기업 청구인들의 심판청구를 모두 기각하고, 나머지 청구인들의 심판청구를 모두 각하하였다.(헌재 2022.1.27. 2016헌마364)[기각, 각하] [22국가7급등]
   대통령의 행위라도 헌법과 법률에 따라 정책을 결정하고 집행하도록 함으로써 국민의 기본권이 침해되지 않도록 견제하는 것이 국민의 기본권 보장을 사명으로 하는 헌법재판소 본연의 임무이므로, 그 한도에서 헌법소원심판의 대상이 될 수 있다. 따라서 이 사건 헌법소원심판이 사법심사가 배제되는 행위를 대상으로 한 것이어서 부적법하다고는 볼 수 없다.

9. 유신헌법 당시의 긴급조치에 대한 판단은 국민의 기본권의 강화·확대라는 헌법의 역사성, 헌법재판소의 헌법해석은 헌법이 내포하고 있는 특정한 가치를 탐색·확인하고 이를 규범적으로 관철하는 작업인 점 등에 비추어, 헌법재판소가 행하는 구체적 규범통제의 심사기준은 원칙적으로 헌법재판을 할 당시에 규범적 효력을 가지는 헌법이다.(헌재 2013.3.21. 2010헌바70) [18변호사]

1. 헌법 제119조 제2항에 규정된 '경제주체 간의 조화를 통한 경제민주화'의 이념은 경제영역에서 정의로운 사회질서를 형성하기 위하여 추구할 수 있는 국가목표로서 개인의 기본권을 제한하는 국가행위를 정당화하는 헌법규범이다.

[18국회9급]

SECTION 4	한국헌법의 기본질서

제1항 | 경제적 기본질서(사회적 시장경제질서)

헌법 제119조 ① 대한민국의 경제질서는 개인과 기업의 경제상의 자유와 창의를 존중함을 기본으로 한다. ② 국가는 <u>균형있는</u> 국민경제의 성장 및 안정과 <u>적정한 소득의 분배</u>를 유지하고, 시장의 지배와 <u>경제력의 남용</u>을 방지하며, 경제주체간의 조화를 통한 <u>경제의 민주화</u>를 위하여 경제에 관한 <u>규제와 조정</u>을 할 수 있다. [13국가7급, 09지방7급]	• 시장경제적 질서에 관한 원칙규정 • 건국헌법은 통제경제의 경향이 농후, 2차 개헌에서 자유시장경제로 전환 • 적정한 소득의 분배로부터 누진세를 도입해야 할 헌법적 의무는 도출되지 않는다. [20변호사] • 사회시장적 경제질서, 사회국가원리의 도입 [18법원직]
제120조 ① 광물 기타 중요한 지하자원·수산자원·<u>수력과 경제상 이용할 수 있는 자연력</u>은 법률이 정하는 바에 의하여 <u>일정한 기간</u> 그 채취·개발 또는 이용을 특허할 수 있다. ② 국토와 자원은 <u>국가의 보호</u>를 받으며, 국가는 그 균형있는 개발과 이용을 위하여 필요한 계획을 수립한다. [10국가7급]	• 건국헌법의 근로자 이익분배균점권은 3공 헌법에서 삭제
제121조 ① 국가는 농지에 관하여 경자유전의 원칙이 달성될 수 있도록 노력하여야 하며, 농지의 소작제도는 금지된다. [20변호사, 10국가7급 등] ② 농업생산성의 제고와 농지의 합리적인 이용을 위하거나 불가피한 사정으로 발생하는 농지의 임대차와 <u>위탁 경영</u>은 법률이 정하는 바에 의하여 인정된다. [20변호사]	농지는 일반토지보다 공공성이 강하다. – 심사기준은 완화 자경농지에 대해서만 양도소득세 면제는 합헌 [15국가7급]
제122조 국가는 국민 모두의 생산 및 생활의 기반이 되는 국토의 효율적이고 균형있는 이용·개발과 보전을 위하여 법률이 정하는 바에 의하여 그에 관한 필요한 제한과 의무를 과할 수 있다.	토지에 대한 제한은 광범위한 입법형성권이 있다.(토지공개념)
제123조 ① 국가는 농업 및 어업을 보호·육성하기 위하여 농·어촌종합개발과 그 지원 등 필요한 계획을 수립·시행하여야 한다.	우리 헌법에 지속가능한 국민경제의 성장이라는 규정은 없다. [15법원직]
② 국가는 <u>지역간의 균형있는 발전</u>을 위하여 <u>지역경제를 육성할 의무</u>를 진다.	입법자가 지역경제를 주장하기 위해서는 지역간의 심한 경제적 불균형과 같은 구체적이고 합리적인 사유가 있어야 한다.

③ 국가는 중소기업을 보호·육성하여야 한다.	중소기업의 보호는 원칙적으로 경쟁질서의 범주 내에서
④ 국가는 농수산물의 수급균형과 유통구조의 개선에 노력하여 <u>가격안정을 도모함</u>으로써 농·어민의 이익을 보호한다. [21소방]	
⑤ 국가는 <u>농·어민과 중소기업의 자조조직</u>을 육성하여야하며, 그 자율적 활동과 발전을 보장한다.	자조조직이 제대로 기능하지 못하는 때는 국가가 적극적으로 이를 육성하고 발전시켜야 할 의무가 있다. [15국회8급]
제124조 국가는 건전한 소비행위를 계도하고 생산품의 품질향상을 촉구하기 위한 <u>소비자보호운동</u>을 법률이 정하는 바에 의하여 보장한다.	8차 개헌
제125조 국가는 대외무역을 육성하며, 이를 규제·조정할 수 있다.	대외무역의 육성과 규제·조정에 관한 명문 규정이 있음.
제126조 국방상 또는 <u>국민경제상 긴절한 필요</u>로 인하여 법률이 정하는 경우를 제외하고는, 사영기업을 국유 또는 공유로 이전하거나 그 경영을 <u>통제 또는 관리</u>할 수 없다. [20서울지방7급, 14·10국가7급 등]	사기업의 예외적 국·공유화는 국방상 또는 국민경제상 긴절한 필요가 있어야 하고 법률이 정하는 경우여야 한다.
제127조 ① 국가는 <u>과학기술의 혁신과 정보 및 인력의 개발</u>을 통하여 국민경제의 발전에 노력하여야 한다. ② 국가는 국가표준제도를 확립한다. ③ 대통령은 제1항의 목적을 달성하기 위하여 <u>필요한 자문기구</u>를 둘 수 있다.	• 정보 및 인력개발에 대해서 헌법에 명문규정이 있음 • 과학기술자문회의는 헌법기구 ×

◀ OX 연습

1. 국방상 또는 국민경제상 긴절한 필요로 인하여 법률이 정하는 경우에는, 사영기업을 국유 또는 공유로 이전하거나 그 경영을 통제 또는 관리할 수 있다. [20소방간부]

▶ 관련판례

농지 소유자로 하여금 원칙적으로 농지의 위탁경영을 할 수 없도록 한 농지법 제9조는 헌법에 위반되지 않는다.(헌재 2020.5.27. 2018헌마362)[기각]
헌법이 제정 시부터 현행 헌법에 이르기까지 농지소유에 관한 원칙으로 경자유전의 원칙을 규정한 것은 전근대적인 토지소유관계를 청산하고, 투기자본의 유입으로 인하여 발생할 수 있는 농업경영 불안정과 같은 사회적 폐해를 방지함으로써 건전한 국민경제의 발전을 이루기 위한 것이다. … 그러므로 위탁경영 금지조항은 청구인의 재산권을 침해하지 않는다.

Answer

1. ○ 헌법 제126조

헌법 '제9장 경제'의 조항에서 직접 명문으로 규정하고 있지 <u>아니한</u> 것을 모두 고르면?

㉠ 한국은행의 독립성 보장　　　㉡ 토지생산성의 제고
㉢ 국가표준제도의 확립　　　　　㉣ 경자유전(耕者有田)의 원칙
㉤ 농수산물의 수급균형　　　　　㉥ 기업의 경제상의 자유와 창의의 존중
㉦ 독과점의 규제와 조정　　　　　㉧ 경제의 민주화
㉨ 수력과 풍력의 개발 또는 이용의 특허　㉩ 환경보호운동의 보장
㉪ 농업 및 기간산업의 보호·육성
㉫ 국토의 효율적이고 지속가능한 개발과 보전
㉬ 과학기술의 혁신과 정보 및 인력의 개발

▶ 정답 ㉠, ㉡, ㉦, ㉨, ㉩, ㉪, ㉫

🔖 체크포인트

• 헌법 제119조 제1항은 헌법상 경제질서에 관한 일반조항으로서 국가의 경제정책에 대한 하나의 헌법적 지침이고, 동 조항이 언급하는 경제적 자유와 창의는 직업의 자유, 재산권의 보장, 근로3권과 같은 경제에 관한 기본권 및 비례의 원칙과 같은 법치국가원리에 의하여 비로소 헌법적으로 구체화된다. [20국가7급]
• 우리 헌법에 지속가능한 국민경제의 성장이라는 규정은 없다. [15법원직]

Ⅰ 경제관련 조항의 법적 성격

경제조항은 국가의 목표규정이므로 재판규범이다. 단순한 방침규정이 아니다. 따라서 헌법 제119조 제2항에 규정된 **'경제주체 간의 조화를 통한 경제민주화'의 이념은 경제영역에서 정의로운 사회질서를 형성하기 위하여 추구할 수 있는 국가목표로서 개인의 기본권을 제한하는 국가행위를 정당화하는 헌법규범이다.**(헌재 2003. 11.27. 2001헌바35) [20변호사, 19지방7급, 13국회8급 등]

▶ 관련판례

1. 백화점의 셔틀버스 운행 금지(헌재 2001.6.28. 2001헌마132)[기각]
   (1) "우리 헌법의 경제질서는 사유재산제를 바탕으로 하고 자유경쟁을 존중하는 자유시장 경제질서를 기본으로 하면서도 이에 수반되는 갖가지 모순을 제거하고 사회복지·사회정의를 실현하기 위하여 국가적 규제와 조정을 용인하는 사회적 시장경제 질서로서의 성격을 띠고 있다"고 하여 현행헌법상의 경제질서를 사회적 시장경제질서라고 판단하고 있다.
   (2) 소비자들이 제기한 부분은 자기관련성이 없어 각하되었다.
2. 자도소주구입명령제도는 헌법에 위반된다.(헌재 1996.12.26. 96헌가18) [19변호사]
   소주판매업자의 직업의 자유, 소주제조업자의 경쟁 및 기업의 자유(직업의 자유), 소비자의 행복추구권에서 파생된 자기결정권 침해 등을 이유로 위헌 판시하였다.
3. 장기보존이 가능한 탁주 외의 탁주공급구역제한은 헌법에 위배되지 아니한다.(헌재 1999.7.22. 98헌가5) [19국가7급]
4. 이자제한법 폐지는 헌법에 위반되지 아니한다.(헌재 2001.1.18. 2000헌바7) [09지방7급]
5. 소득분배와 누진세(헌재 1999.11.25. 98헌마55)[기각] [20변호사, 09법원직]
   헌법 제119조 제2항의 '적정한 소득분배'로부터 누진과세를 시행하여야 할 헌법적 의무가 입법자에게 부과되는 것이라고 할 수 없다. [22·12국가7급, 14변호사]

01. 경제영역에 대한 국가적 개입의 한계

1 법치국가원리에 의한 한계

경제에 관한 규제와 조정은 법치국가적 원리에 따라 행해져야 한다. [12국가7급]

> **➡ 관련판례**
>
> 1. 국제그룹해체는 권력적 사실행위로서 헌법에 위반된다.(헌재 1993.7.29. 89헌마31)[위헌]
> 2. 공정거래위원회의 법위반사실의 공표명령은 헌법에 위반된다.(헌재 2002.1.31. 2001헌바43)[위헌]
>   (1) 일반적 행동자유권 침해, 무죄추정원칙 침해, 명예권 침해, 진술거부권 침해 등을 이유로 위헌. 단, 양심의 자유를 침해한 것은 아니다.
>   (2) 형사재판이 개시되기도 전에 공정거래위원회의 행정처분에 의하여 무조건적으로 법위반을 단정, 그 피의사실을 널리 공표토록 한다면 이는 지나치게 광범위한 조치로서 앞서 본 입법목적에 반드시 부합하는 적합한 수단이라고 하기 어렵다. 나아가 '법위반으로 인한 시정명령을 받은 사실의 공표'에 의할 경우, 입법목적을 달성하면서도 행위자에 대한 기본권 침해의 정도를 현저히 감소시키고 재판 후 발생가능한 무죄로 인한 혼란과 같은 부정적 효과를 최소화할 수 있는 것이므로, 법위반사실을 인정케 하고 이를 공표시키는 이 사건과 같은 명령형태는 기본권을 과도하게 제한하는 것이 된다.
> 3. 공정거래위원회의 시정명령을 받은 사실의 공표명령은 합헌(대판 2003.2.28. 2002두6170)

2 기본권의 본질적 내용 침해금지(3차 개헌 ⇨ 7차 개헌에서 삭제 ⇨ 8차 개헌에서 부활)

> **➡ 관련판례**
>
> 토지거래허가제는 헌법에 위반되지 않는다.(헌재 1989.12.22. 88헌가13)[합헌]
> "입법부라고 할지라도 수권의 범위를 넘어 자의적인 입법을 할 수 있는 것은 아니며 사유재산권의 본질적인 내용을 침해하는 입법을 할 수 없음은 물론이다"라며, "사유재산제도의 전면적인 부정, 재산권의 무상몰수, 소급입법에 의한 재산권박탈 등이 본질적인 침해가 된다는 데 대하여서는 이론의 여지가 없다"라고 판시하여 경제에 대한 국가개입의 한계로서 본질적 내용의 침해금지를 지적하고 있다. – 토지거래허가는 투기우려지역에서만 발동된다. 토지거래가 다소 불편하지만 거래가 불가능하지는 않으므로 본질적 내용의 침해가 아니다.

관련판례

경제질서에 위배된다고 본 사례

1. 의료광고규제는 위헌이다.(헌재 2005.10.27. 2003헌가3) [15국회8급]

   [1] 의료소비자들이 합리적 선택을 하기 위해서는 의료제공자인 의료인 혹은 의료기관의 기술과 진료방법에 대한 정확한 정보가 필요하게 되었다. 또한 비약적으로 증가되는 의료인 수를 고려할 때, 이 사건 조항에 의한 의료광고의 금지는 새로운 의료인들에게 자신의 기능이나 기술 혹은 진단 및 치료방법에 관한 광고와 선전을 할 기회를 배제함으로써, 기존의 의료인과의 경쟁에서 불리한 결과를 초래할 수 있는데, 이는 자유롭고 공정한 경쟁을 추구하는 헌법상의 시장경제질서에 부합되지 않는다.

   [2] 표현의 자유와 직업수행의 자유도 침해되었다.

2. 축협의 복수설립을 금지하는 것은 헌법에 위반된다.(헌재 1996.4.25. 92헌바47)[위헌]

   경제질서 위반, 결사의 자유 침해, 직업수행의 자유 침해

경제질서에 위배되지 않는다고 본 사례

1. 부당거래내부자에 대한 과징금 부과는 헌법에 위반되지 않는다.(헌재 2003.7.24. 2001헌가25)[합헌]

2. 신문판매업에 있어서 무가지와 경품제한은 헌법에 위반되지 아니한다.(헌재 2002.7.18. 2001헌마605)[기각] [08국가8급]

3. 중계유선방송사업자의 보도·논평·광고 금지는 헌법에 위반되지 않는다.(헌재 2001.5.31. 2000헌바43)[합헌] [19서울7급]

4. 이자소득과 배당소득의 합계액이 4천만원 이하인 경우 분리과세하는 소득세법 규정은 헌법에 위반되지 않는다.(헌재 2006.11.30. 2006헌마489)[기각]

5. 유사수신행위의 규제는 헌법에 위반되지 않는다.(헌재 2000.2.27. 2002헌바4)[합헌] [15국회8급]

   법령에 의한 인·허가 없이 불특정 다수인으로부터 자금을 조달하는 것을 업으로 하는 유사수신행위를 금지하는 것은 우리 헌법상의 경제질서에 위반되지 않는다.

6. 부동산중개수수료를 법정하고 이를 위반하면 처벌하는 것은 헌법에 위반되지 않는다.(헌재 2002.6.27. 2000헌마642)[기각]

7. 일반다단계 판매는 허용하면서 피라미드 방식의 다단계판매는 처벌하는 것은 헌법에 위반되지 않는다.(헌재 1997.11.27. 96헌바12)[합헌]

8. 대형마트 등에 대하여 영업시간 제한 및 의무휴업일 지정을 할 수 있도록 한 유통산업발전법 제12조의2 제1항, 제2항, 제3항은 헌법에 위반되지 아니한다.(헌재 2018.6.28. 2016헌바77)[합헌]

제2항 | 평화주의적 국제질서

헌법 제4조 대한민국은 통일을 지향하며, 자유민주적 기본질서에 입각한 평화적 통일 정책을 수립하고 이를 추진한다.	전문은 평화통일(유신헌법) / 본조는 자유민주적 기본질서에 입각한 평화통일(현행헌법에서 도입)
제5조 ① 대한민국은 국제평화의 유지에 노력하고 침략적 전쟁을 부인한다. ② 국군은 국가의 안전보장과 국토방위의 신성한 의무를 수행함을 사명으로 하며, 그 <u>정치적 중립성</u>은 준수된다.	국군의 정치적 중립성(9차 개헌) – 공무원의 정치적 중립성과 별도로 규정
제6조 ① 헌법에 의하여 체결·공포된 조약과 <u>일반적으로 승인된 국제법규</u>는 국내법과 같은 효력을 가진다. ② 외국인은 국제법과 조약이 정하는 바에 의하여 그 지위가 보장된다.	• 일반적으로 승인된 국제법규는 한국이 별도로 승인할 필요 없다.

* 국제평화주의는 근대입헌주의 헌법의 특징이다. (×) ⇨ 현대사회국가 헌법의 특징이다.

Ⅰ 국제법질서 존중과 외국인의 법적 지위 보장

01. 조약과 일반적으로 승인된 국제법규

조약의 개념	조약이란 그 명칭과 관계없이 국제법 주체 간의 국제법률관계를 내용으로 하는 문서로 된 성문의 합의·약속을 말한다. [17·12국가7급] 헌법 제6조 제1항 전단의 조약은 우리나라가 체결·공포한 조약에 국한된다. 다만, 구두조약이 가능한 경우가 있다. [기출지문] 국제법적으로, 조약은 국제법 주체들이 일정한 법률효과를 발생시키기 위하여 체결한 국제법의 규율을 받는 국제적 합의를 말하며 서면에 의한 경우가 대부분이지만 <u>예외적으로 구두합의도 조약의 성격을 가질 수 있다.</u>(헌재 2019.12.27. 2016헌마253) [21서울7급]

> **▶ 관련판례**
>
> 1. 동맹동반자관계를 위한 전략대화 출범에 대한 공동성명은 조약이 아니다.(헌재 2008.3.27. 2006헌라4) [15서울7급, 14국가7급]
> 2. 한일어업협정의합의의사록은 조약이 아니다.(헌재 2001.3.21. 99헌마139)
>   한일 양국 정부의 어업질서에 관한 양국의 협력과 협의 의향을 선언한 것으로서 이러한 것들이 곧바로 <u>구체적인 법률관계의 발생을 목적으로 한 것으로는 보기 어렵다</u> 할 것이다. … 합의의사록이 이 사건 협정의 불가분적 요소로서 조약에 해당한다고 해석하기는 어렵다.
> 3. 한일어업협정은 조약이다.(헌재 2001.3.21. 99헌마139) [16변호사 등]
>   한일어업협정은 우리나라정부가 일본정부와의 사이에서 어업에 관해 체결·공포한 조약으로서 국내법과 같은 효력을 가지므로, <u>그 체결행위는 공권력의 행사에 해당한다.</u> [08국가7급]

02. 조약의 체결절차 – 체결·동의·비준

절차	전권대사의 서명 ⇨ 국회동의 ⇨ 대통령의 비준 ⇨ 대통령의 공포 ⇨ 효력발생
서명	전권대사가 조약에 대한 합의의 내용과 성립을 확인하는 행위를 서명이라고 한다.
동의	국회의 동의는 전권대사의 서명 후 대통령의 비준 전에 받아야 한다.
수정동의	국회의 수정동의가 가능한지에 대해서는 부정설이 다수설이다.
비준	비준은 대통령이 조약의 내용을 최종적으로 확인하는 행위를 말한다. 비준은 국무회의의 심의를 거쳐야 한다.

03. 국회의 동의를 요하는 조약

헌법 제60조	
① 국회는 상호원조 또는 안전보장에 관한 조약, 중요한 국제조직에 관한 조약, 우호통상항해조약, 주권의 제약에 관한 조약, 강화조약, 국가나 국민에게 중대한 재정적 부담을 지우는 조약 또는 는 입법사항에 관한 조약의 체결·비준에 대한 동의권을 가진다.	• 열거적 조항으로 보는 것이 다수설 • 무역조약과 어업조약은 동의불요(그러나 동의를 받으면 법률의 효력이다) • 주권의 제약에 대한 헌법적 규정이 있다.
② 국회는 선전포고, 국군의 외국에의 파견 또는 외국군대의 대한민국 영역 안에서의 주류에 대한 동의권을 가진다.	미군의 지위에 관한 협정(SOFA)은 국회의 동의를 요한다.

▶ 관련판례

미국산쇠고기 수입위생조건고시는 조약이 아니라 행정규칙이므로 국회의 동의를 받아야 하는 것은 아니다.(헌재 2008.12.26. 2008헌마419)

04. 조약의 효력

법률의 효력	국회의 동의를 거친 조약은 법률과 같은 효력을 가진다.(마라케쉬협정)
명령의 효력	국회의 동의를 요하지 않는 조약은 명령과 같은 효력을 가진다.[비자(Visa)협정, 문화교류를 내용으로 하는 협정 등]
동의 없는 조약	대통령이 국회동의 없이 비준한 조약의 효력에 대해서는, 국제법상의 효력은 발생하지만 헌법상의 절차를 갖추지 않았으므로 국내법상 효력은 없다는 견해가 일반적이다. [08지방7급]

▶ 관련판례

마라케쉬협정은 적법하게 체결되어 공포된 조약이므로 국내법과 같은 효력을 갖는다.(헌재 1998.11.26. 97헌바65)[합헌] [16국가7급, 15변호사 등]

05. 일반적으로 승인된 국제법규

개념	일반적으로 승인된 국제법규라 함은 국제사회의 보편적 규범으로서 대다수 국가가 승인하고 있는 법규를 말하며, 성문과 불문(국제관습법)을 구별하지 않으며 우리나라가 승인 또는 가입했는지 여부를 묻지 않는다.
부정된 것	• 강제노동의 폐지에 관한 국제노동기구(ILO)(헌재 1998.7.16. 97헌바33)[합헌] [16·12국가7급, 15변호사 등] • 교원의 지위에 관한 권고, 국제연합인권선언 [15변호사], 포츠담선언

06. 조약에 대한 사법심사 [17국가7급]

학설 대립은 있으나 헌법재판소는 조약에 대한 사법심사를 인정한다.

	대법원의 심사	위헌법률 심판	헌바	헌마
국회의 동의를 받은 조약	불가	가능	가능	가능
국회의 동의를 받지 않은 조약	가능	불가	불가	가능
위헌 결정된 조약의 효력	국내법적으로는 무효, 국제법적으로는 유효			
대법원의 위헌· 위법 결정	당해사건에만 적용하지 않는 개별적 효력(대법원이 행안부장관에 통보, 행안부장관이 관보에 고시)			
헌법재판소의 위헌 결정	법률 자체의 효력을 무효화시키는 일반적 효력			

▶ 관련판례

조약에 대한 사법심사 가능성 – 인정하는 입장

1. 국제통화기금조약은 위헌법률심판의 대상이 된다.(헌재 2001.9.27. 2000헌바20) [각하] [16변호사 등]
   국제통화기금조약은 각 국회의 동의를 얻어 체결된 것으로서, 헌법 제6조 제1항에 따라 국내법적, 법률적 효력을 가지는바, 가입국의 재판권 면제에 관한 것이므로 성질상 국내에 바로 적용될 수 있는 법규범으로서 위헌법률심판의 대상이 된다.
2. 지급거절될 것을 예견하고 수표를 발행한 사람이 그 수표의 지급제시기일에 수표금이 지급되지 아니하게 한 경우 수표의 발행인을 처벌하도록 규정한 부정수표단속법 제2조 제2항은 국제법존중주의에 위배되지 않는다.(헌재 2001.4.26. 99헌가13) [합헌] [22경찰승진]

◢ OX 연습

1. 지방자치단체는 '특별시, 광역시, 특별자치시, 도, 특별자치도'와 '시, 군, 구' 두 가지 종류로 구분한다.
[14서울7급]

07. 외국인의 법적 지위의 보장

우리 헌법은 외국인의 법적 지위를 상호주의에 입각하여 보장하고 있다.

> ▶ 관련판례
>
> 국가배상법 제7조에서 정한 '상호보증'이 있는지 판단하는 기준(대판 2015.6.11. 2013다208388) [22국가7급, 19국회8급]
> 상호보증은 외국의 법령, 판례 및 관례 등에 의하여 발생요건을 비교하여 인정되면 충분하고 반드시 당사국과의 조약이 체결되어 있을 필요는 없으며, 당해 외국에서 구체적으로 우리나라 국민에게 국가배상청구를 인정한 사례가 없더라도 실제로 인정될 것이라고 기대할 수 있는 상태이면 충분하다. – 일본인 갑이 대한민국 소속 공무원의 위법한 직무집행에 따른 피해에 대하여 국가배상청구를 한 사안에서, 우리나라와 일본 사이에 국가배상법 제7조가 정하는 상호보증이 있다고 한 사례

제3항 | 지방자치제도

Ⅰ 지방자치제의 의의

01. 지방자치제의 개념

지방자치제도는 일정한 지역을 단위로 그 지역의 주민이 선출한 기관을 통하여 지방사무를 직접 처리하는 것을 말한다. 우리 헌법도 지방자치를 규정하고 이를 제도적으로 보장하고 있다.

02. 지방자치의 종류

광역(시·도)	특별시·광역시·도·특별자치도
기초(시·군·구)	일반시·군·특별시와 광역시에 있는 구

Ⅱ 지방자치권의 본질과 지방자치제의 내용

01. 지방자치제의 내용

지방자치의 제도적 보장은 자치기능보장·자치단체보장·자치사무보장을 본질적 내용으로 한다.

> ▶ 관련판례
>
> 1. 지방자치단체의 자치사무에 대한 감사원의 합목적성 감사는 지방자치권의 본질을 침해하는 것이 아니다.(헌재 2008.5.29. 2005헌라3)[기각] [12국가7급] ⇨ 감사원에 의한 고유사무의 통제는 합법성 통제와 합목적성 통제가 모두 가능하다.

Answer

1. ○ 지방자치법 제2조

2. 중앙행정기관의 지방자치단체 자치사무감사(헌재 2009.5.28. 2006헌라6)[권한침해] [11국가7급]

　　서울특별시의 <u>거의 모든 자치사무를 감사대상으로 하고 구체적으로 어떠한 자치사무가 어떤 법령에 위반되는지 여부를 밝히지 아니한 채 개시한 행정안전부장관 등의 합동감사</u>는 구 지방자치법 제158조 단서 규정상의 감사개시요건을 전혀 충족하지 못하여 헌법 및 지방자치법에 의하여 부여된 <u>지방자치권을 침해한 것이다.</u>

3. 공장총량제를 규정한 수도권정비계획법 제18조는 지방자치의 본질적 내용을 침해하지 않는다.(헌재 2001.11.29. 2000헌바78) [09지방7급]

4. 구 세종특별자치시 설치 등에 관한 특별법 부칙조항은 청구인의 선거권 및 공무담임권을 침해하지 아니한다.

　　새로운 지방의회를 구성함에 있어 즉시 선거를 실시할 것인지 아니면 종전에 선출되어 있던 지방의회의원을 통해 지방의회를 구성하고 그들의 임기가 종료된 후에 새로운 선거를 실시할 것인지 여부는 원칙적으로 입법자의 입법형성의 자유에 속하는 사항이므로, 지방자치단체 신설과 동시에 혹은 신설 과정에서 새로운 지방의회의원선거가 헌법적으로 반드시 요청된다고 보기는 어렵다.(헌재 2013.3.28. 2012헌마131)

02. 지방자치단체의 사무 [13법원직]

	고유사무(자치사무)	단체위임사무	기관위임사무
의의	지방자치단체의 고유사무(주민의 복리에 관한 사무)	법령에 의해 국가나 상급자치단체로부터 지방자치단체에 위임된 사무	법령에 의해 국가 등으로부터 지방자치단체의 장에게 위임된 사무
통제	위법한 경우에만 주무부장관 또는 시·도지사가 취소·정지 가능(적법성 통제만 가능)	위법뿐 아니라 부당한 경우에도 취소·정지 가능(적법성 뿐 아니라 합목적성 통제도 가능)	위법뿐 아니라 부당한 경우에도 취소·정지 가능(적법성 뿐 아니라 합목적성 통제도 가능)
조례	조례로 규정 가능	조례로 규정 가능	조례로 규정 불가(다만, 법령으로 명시적 위임을 받는 경우에는 가능)

> ▶ 관련판례

기관위임사무에 대한 조례는 법률의 위임이 있는 경우에만 가능하다.(대판 1999. 9.17. 99추30) [13법원직]

◢ OX 연습

1. 지방자치단체는 법령의 범위에서 그 사무에 관하여 조례를 제정할 수 있으나, 주민의 권리 제한 또는 의무 부과에 관한 사항이나 벌칙을 정할 때에는 법률의 위임이 있어야 한다.
[205급]

Ⅲ 현행헌법과 지방자치제

01. 헌법규정

헌법 제117조 ① 지방자치단체는 주민의 복리에 관한 사무를 처리하고 재산을 관리하며, 법령의 범위 안에서 자치에 관한 규정을 제정할 수 있다. ② 지방자치단체의 종류는 법률로 정한다.	주민의 복리에 관한사무는 자치사무를 말한다. 자치사무에 관한 헌법적 근거는 있지만 위임사무에 관한 헌법적 근거는 없다.
제118조 ① 지방자치단체에 의회를 둔다. ② 지방의회의 조직·권한·의원선거와 지방자치단체의 장의 선임방법 기타 지방자치단체의 조직과 운영에 관한 사항은 법률로 정한다.	지방의회의원 선거에 대해서는 명시적 규정이 있지만, 지자체장 선거에 대해서는 명시적 규정이 없고 선임방법이라는 표현을 사용한다.

> ▶ 관련판례

제주특별자치도 사건(헌재 2006.4.27. 2005헌마190)[기각]
일정 지역 내의 지방자치단체인 시·군을 모두 폐지하여 지방자치단체의 중층구조를 단층화하는 것이 헌법상 지방자치제도의 보장에 위반되지 않는다. [21서울7급]

02. 지방의회

시·도 의회 (광역의회)	특별시·광역시·도에 설치하는 의회
시·군·구의회 (기초의회)	시·군·구(특별시·광역시에 있는 구)에 설치하는 의회

2 조례제정권

1. 조례의 의의

조례란 지방의회가 법령의 범위 안에서 자신의 권한에 속하는 사무에 관하여 지방의회의 의결로 정하는 법형식의 일종이다.

2. 법령의 범위 내에서 제정 – 법률우위의 원칙

국회가 제정한 형식적 의미의 법률안에서 조례를 정해야 함은 당연하다. 문제는 조례를 정할 때 법률의 하위에 있는 법규명령이나 규칙의 범위 안에서 조례를 정해야 하는가이다. 헌법재판소는 **법규명령뿐만 아니라 법령보충적 행정규칙도 조례제정의 한계가 된다고 본다.**

Answer

1. ○ 지방자치법 제28조

조례제정권의 범위

1. GATT에 위반된 조례안은 그 효력이 없다. [18법원직]

   특정 지방자치단체의 초·중·고등학교에서 실시하는 학교급식을 위해 위 지방자치단체에서 생산되는 우수 농수축산물과 이를 재료로 사용하는 가공식품을 우선적으로 사용하도록 하고 그러한 우수농산물을 사용하는 자를 선별하여 식재료나 식재료 구입비의 일부를 지원하며 지원을 받은 학교는 지원금을 반드시 우수농산물을 구입하는 데 사용하도록 하는 것을 내용으로 하는 지방자치단체의 조례안은 내국민대우원칙을 규정한 '1994년 관세 및 무역에 관한 일반협정'(General Agreement on Tariffs and Trade 1994)에 위반되어 그 효력이 없다.(대판 2005.9.9. 2004추10)

2. 정선군세자녀이상세대양육비등지원에관한조례안(대판 2006.10.12. 2006추38)

   (1) 주민의 편의 및 복리증진에 관한 내용의 조례 제정에 있어서 반드시 <u>법률의 개별적 위임이 따로 필요한 것은 아니다.</u>

   (2) <u>군민의 출산을 적극 장려하기 위하여 세 자녀 이상의 세대 중 세 번째 이후 자녀에게 양육비 등을 지원할 수 있도록 하는 내용의 '정선군세자녀이상세대양육비등지원에관한조례안'이 법령에 위반되지 않는다.</u>

   > 비교판례 ➡ 세 번째 이후 자녀의 출산에 대한 분만급여를 제한한 「요양급여기준및분만급여기준개정」에 따라 분만급여를 제한받은 데다가 이 사건 자녀 출산이 1995. 6. 5.이어서 같은 해 7. 1.부터 시행된 제도의 혜택(분만급여 및 요양급여 지급)을 받지 못하였고, 또한 출산 후 계속 입원치료를 받는 바람에 기존의 제도에 따른 요양급여마저 받지 못한 사정이 있었더라도, 위 보건사회부고시 제82 − 26호 등 보건복지부장관의 제도 운영에 대한 평가는 별론으로 하고, 이 사건 법률조항이 바로 청구인의 헌법상 보장된 행복추구권·평등권을 침해하였거나 모성의 보호와 보건의 보호규정에 위배된다고 할 수 없다.(헌재 1997.12.24. 95헌마390) − 세 번째 이후의 자녀에 대한 분만급여제한

3. 조례에 의한 차고지 확보(대판 1997.4.25. 96추251)

   차고지확보제도 조례안이 자동차·건설기계의 보유자에게 차고지확보의무를 부과하는 것은 … 이는 주민의 권리를 제한하고 주민에게 의무를 부과하는 것임이 분명하므로 지방자치법 제15조 단서의 규정에 따라 그에 관한 <u>법률의 위임이 있어야만 적법하다.</u>

4. 행정정보공개조례의 제정에 법률의 위임이 있어야하는 것은 아니다.(대판 1992.6.23. 92추17)

4. 위임의 정도

조례에는 포괄위임금지원칙이 적용되지 않는다. 자치사무에 대한 조례는 포괄위임이 가능한데 기관위임사무에 대한 조례는 포괄위임이 안 된다.

[18법원직]

03. 지방자치단체장

1 지방자치단체장의 선임

지방자치단체의 장에 대한 선거는 헌법이 명시적으로 요구하고 있는 것은 아니다. 계속재임을 3기로 제한하는 것은 헌법에 위반되지 아니한다.

(헌재 2006.2.23. 2005헌마403)[기각]

> ▶ 관련판례
>
> 지방자치단체의 장 선거권은 헌법상 보장되는 기본권이다. / 지방자치단체의 장 선거에서 후보자 등록 마감시간까지 후보자 1인만이 등록한 경우 투표를 실시하지 않고 그 후보자를 당선인으로 결정하도록 하는 공직선거법 제191조 제3항 중 제188조 제2항의 '후보자등록 마감시각에 지역구국회의원 후보자가 1인'이 된 때에 관한 부분을 준용하는 것은 청구인의 선거권을 침해하지 않는다.(헌재 2016.10.27. 2014헌마797) [22경찰2차·17변호사]

2 지방자치단체장의 권한

1. 주민투표부의권

> **지방자치법 제18조(주민투표)** ① 지방자치단체의 장은 주민에게 과도한 부담을 주거나 중대한 영향을 미치는 지방자치단체의 주요 결정사항 등에 대하여 주민투표에 부칠 수 있다.

2. 규칙제정권

지방자치단체의 장은 법령 또는 조례가 위임한 범위 안에서 그 권한에 속하는 사무에 관하여 규칙을 제정할 수 있다.

> ▶ 관련판례
>
> 지방의회 재의결에 일부의 위법이 있을 때(대판 1992.7.28. 92추31)
> 지방의회 재의결에 일부만이 위법한 경우에도 … 일부만의 효력배제는 전체 의결내용을 지방의회의 당초의 의도와는 다른 내용으로 변질시킬 우려가 있으며 … 대법원은 의결전부의 효력을 부인할 수밖에 없다.

> ▶ 관련판례
>
> 1. 지방자치단체의 장이 금고 이상의 형의 선고를 받은 경우 부단체장으로 하여금 그 권한을 대행하도록 한 지방자치법 규정은 헌법에 합치되지 않는다.(헌재 2010.9.2. 2010헌마418)[헌법불합치(적용중지)] [20경찰승진]
>   (1) 이 사건 법률조항은 무죄추정의 원칙에 위배되어 청구인의 공무담임권을 침해한다.
>   (2) 이 사건 법률조항은 청구인의 공무담임권을 제한함에 있어 과잉금지의 원칙을 위반하였다.
>   (3) 이 사건 법률조항은 청구인의 평등권도 침해한다.
> 2. 지방자치단체장이 공소 제기된 후 구금상태에 있는 경우 부단체장으로 하여금 권한대행을 하게 하는 지자법 제111조 제1항 제2호는 헌법에 위반되지 아니한다.(헌재 2011.4.28. 2010헌마474) [21경찰승진]

3. 지방의회 사무직원을 그 지방자치단체의 장이 임명하도록 규정하고 있는 지방자치법 제91조 제1항은 헌법에 위반되지 않는다.(헌재 2014.1.28. 2012헌바216)

04. 주민의 권리와 의무

1 주민의 권리

1. 주민투표권

주민투표권은 헌법상의 권리가 아니라 법률상의 권리에 불과하다. 다만 비교집단 상호간에 차별이 존재할 경우 평등권 심사는 가능하다.(헌재 2007.6.28. 2004헌마643) [09국회8급등]

2. 감사청구 [14서울7급]

국민감사청구 ─────── 감사원에 청구 ─── 기각되면 헌법소원 가능
(18세 이상의 일정수 국민)

주민감사청구 ─────┬ 시·도의 경우는 행정각부의 장에게 ┬ 주민소송
(18세 이상의 일정수 주민) └ 시·군·구는 시도지사에게 감사청구 ┘ (감사청구한 주민만 가능)

감사의뢰 ── 국민권익위원회는 감사원에 시민고충처리위원회는 당해 지방자치단체에

3. 주민소환권(기본권이 아니라 법률상 권리)

❶ 주민소환의 대상

헌법상 국민소환권은 인정되지 않는다. 주민소환권은 법률상 인정된다. 주민소환의 대상은 지방자치단체장, 지역구지방의회의원, 교육감이며, 지방의원 중 비례대표 지방의회의원에 대해서는 주민소환을 할 수 없다. [21서울7급]

❷ 주민소환의 성격

주민소환제는 사법적 절차의 성격을 가지는 것과 정치적 절차의 성격을 가지는 것이 있는데, 헌법재판소는 우리 주민소환법이 **정치적 절차를 설정**한 것으로 보고 있다. 주민소환을 정치적 절차로 본다는 말의 의미는 주민소환의 사유에 제한이 없다는 뜻이다. 탄핵이 헌법이나 법률위반에 한정되는 것과 비교된다.

관련판례

주민소환 청구사유(헌재 2005.12.22. 2005헌라5)[기각] (헌재 2011.3.31. 2008헌마355)

(1) 주민소환의 <u>청구사유에 제한을 두지 않은 것</u>은 주민소환제를 기본적으로 <u>정치적인 절차로 설계함으로써</u> 위법행위를 한 공직자뿐만 아니라 정책적으로 실패하거나 무능하고 부패한 공직자까지도 그 대상으로 삼아 공직에서의 해임이 가능하도록 하여 책임정치 혹은 책임행정의 실현을 기하려는 데 그 입법목적이 있다. '주민소환에 관한 법률' 제7조 제1항 제2호 중 시장에 대한 부분이 주민소환의 청구사유에 관하여 아무런 규정을 두지 아니한 것이 과잉금지원칙을 위반하여 청구인의 공무담임권을 침해하는 것은 아니다. [12국가7급]

(2) 주민소환투표가 발의되어 공고되었다는 이유만으로 곧바로 주민소환투표 대상자의 권한행사를 정지되도록 한 법 제21조 제1항이 과잉금지원칙에 위반하여 청구인의 공무담임권을 침해하거나 평등권을 침해하지 아니한다. [12국가7급]

지방자치법 제25조(주민소환) ① 주민은 그 지방자치단체의 장 및 지방의회의원(비례대표 지방의회의원은 제외한다)을 소환할 권리를 가진다.

memo

2025
윤우혁
경찰 미니헌법

기본권론

CHAPTER

01 기본권 총론

제10조		인간의 존엄과 가치 및 행복추구권	헌법의 최고가치
제11조		평등권	불문법상의 원리
자유권	제12조	신체의 자유	• 원칙적으로 무제한의 자유 ⇨ 기본권 제한적 법률 유보 • 국가에 대한 소극적 방어권 (부작위 청구권) • 슈미트가 말하는 진정한 기본권 • 구체적 권리(헌법만으로 효력이 인정된다) • 국가로부터의 자유
	제13조	이중처벌금지, 형법불소급, 연좌제	
	제14조	거주·이전의 자유(해외이주의 자유)	
	제15조	직업의 자유	
	제16조	주거의 자유	
	제17조	사생활의 비밀과 자유	
	제18조	통신의 자유	
	제19조	양심의 자유	
	제20조	종교의 자유	
	제21조	언론·출판·집회·결사의 자유	
	제22조	학문과 예술의 자유	
재산권	제23조	재산권 보장	기본권 형성적 법률유보
참정권	제24조	선거권	기본권 구체화적 법률유보, 능동적 권리, 구체적 권리
	제25조	공무담임권	
청구권	제26조	청원권	기본권 구체화적 법률유보, 적극적 권리, 다른 기본권의 보장을 위한 기본권, 구체적 권리
	제27조	재판청구권	
	제28조	형사보상청구권	
	제29조	국가배상청구권	
	제30조	범죄피해자구조청구권	
사회권	제31조	교육을 받을 권리	• 기본권 구체화적 법률유보, 국가에 대해 작위를 요구하는 권리, 추상적 권리(개별법에 의한 구체화가 필요하다) • 국가를 향한(통한) 자유 • 현대사회국가의 기본권 • 바이마르헌법이 처음 규정
	제32조	근로의 권리	
	제33조	근로3권	
	제34조	인간다운 생활권	
	제35조	환경권	
	제36조	혼인과 가족생활	
제한	제37조	일반적 법률유보	국민의 모든 자유와 권리를 제한 가능
납세	제38조	납세의 의무	
국방	제39조	국방의 의무	

SECTION 1 기본권의 의의

제1항 | 기본권의 특징

기본권 또는 기본적 인권은 ① 보편성, ② 천부성, ③ 항구성, ④ 불가침성 등의 특성을 가진다.

제2항 | 기본권 보장과 제도적 보장

ⅠⅠ 제도적 보장의 의의

01. 제도적 보장의 개념

제도적 보장이란 역사적·전통적으로 형성된 일정한 기존의 객관적 제도(예) 직업공무원제도, 지방자치제도, 사유재산제도 등) 그 자체에 착안하여 그 제도의 본질적이고 핵심적인 요소를 입법권의 침해로부터 객관적으로 보장하고 유지하기 위한 특정 제도의 헌법적 보장을 의미한다.

02. 제도적 보장의 내용

제도적 보장의 본질적 내용은 헌법에 의해 결정되고 구체적인 내용은 입법에 의해 결정된다.

> **헌법 제7조** ② 공무원의 신분과 정치적 중립성은 법률이 정하는 바에 의하여 보장된다.

ⅡⅡ 제도적 보장의 대상

제도보장의 대상이 되는 제도는 역사적으로 형성된 기존의 제도이어야지 헌법의 규정에 의하여 비로소 형성된 제도(의원내각제, 대통령제)는 그 대상이 될 수 없다. [15서울7급]

기본권 보장과 제도적 보장의 비교 [01사시]

구분	기본권 보장	제도적 보장
규율의 대상	자연권으로서 천부인권	역사적으로 형성된 기존의 제도
법적 성격	주관적 공권으로서의 성격(물론 이중적 성격이 있으나 비교차원에서 논의하는 것이다)	객관적 규범으로서의 성격
보장의 정도·대원칙	최대한의 보장원칙 지배(과잉금지원칙)	최소한의 보장원칙 지배(제도의 본질적 내용의 침해 금지) [17법원직 등] 과잉금지원칙이 적용되지 않는다.

OX 연습

1. 우리나라의 학설과 판례에 의하면 제도는 국법질서에 의하여 국가 내에서 인정되는 객관적 법규범인 동시에 재판규범으로 기능하며, 기본권과 달리 최대한의 보장을 내용으로 한다. [15서울7급]

Answer

1. × 헌재 1997.4.24. 95헌바48

재판규범성 여부	긍정	긍정 [12국회9급]
헌법소원 가능성	긍정(헌법소원 가능)	부정(따라서 제도보장규범만을 근거로 헌법소원 등의 소송을 제기할 수는 없음)

제3항 | 인권사상과 기본권 보장의 역사

Ⅰ 각국의 인권선언

01. 영국에서의 인권선언

1 내용

1. 대헌장(Magna Carta, 1215)

당시 귀족의 특권을 보장하는 것이지 일반 국민의 권리를 보호하는 것은 아니었다.

2. 권리청원(Petition of Rights, 1628) ⇨ **인민협정** ⇨ **인신보호법**

3. 권리장전(Bill of Rights, 1689) – 명예혁명에 의해 성립

2 특징

미국이나 프랑스와 달리 「기존의 자유와 권리를 재확인한 것」이지 천부인권으로서 자연권의 불가침을 선언한 것은 아니며, 「절차적 보장에 중점을 둔 것」이라는 점에 특징이 있다.

＊영국인권선언의 특징은 천부인권을 강조한 것이다. (×)

02. 미국에서의 인권선언(천부인권의 강조)

1 버지니아 권리장전(1776.6.)

전국가적 자연법사상에 기초한 기본적 인권을 확인한 최초의 기본권목록으로 평가되고 있다.

2 미국독립선언(1776.7.)

모든 국민의 평등과 천부인권, 생명·자유·행복추구권 등을 천부적 인권으로 선언하고, 저항권을 인정하였다. 개별적인 인권의 내용을 규정하지는 않았고, 로크가 주장하였던 자연법사상에 기초한 자유주의적 국가관을 반영하였다.

3 미연방헌법(1787)

1787년의 헌법에는 권리장전(기본권 목록)에 대한 부분이 없었으나, 1791년에 권리장전에 해당하는 헌법 수정 19개 조항을 증보하였고 그 후에도 여러 차례 증보되었다.

＊1787년 미연방헌법에 기본권 목록을 두지 않은 이유는 기본권 목록을 두면 헌법에 규정된 기본권 이외의 기본권은 보장되지 않는다는 사고 때문이었다.

03. **프랑스에서의 인권선언(사회정책적·혁명적 성질이 강함) – 인간과 시민의 권리선언(1789)**

1789년의 인권선언에서는 인권을 자연권으로 선언하고 평등의 강조, 소유권의 불가침, 종교와 언론의 자유, 국민주권의 원리와 권력분립, 그리고 모든 정치적 결사의 목적은 「인간의 소멸되지 않는 자연의 권리」임을 천명하고 있다. "인권보장과 권력분립이 되어 있지 아니한 나라는 헌법을 가졌다고 볼 수 없다"고 선언하였다.

04. **독일에서의 인권선언(타율적·모방적 인권선언)**

독일은 1919년 바이마르헌법에서야 비로소 모든 고전적 기본권을 규정하였을 뿐 아니라 최초로 사회적 기본권까지 규정하였다.

Ⅱ 현대적 경향

01. **기본권의 사회화**

20세기에 들어와서는 소유권의 사회적 제약의 강조 및 근로자들의 단결의 자유 등을 보장하는 등 자유권적 기본권과 사회적 기본권의 조화적 보장을 특징으로 하는 인권선언의 사회화 현상이 나타난다. 이러한 경향을 담고 있는 최초의 헌법으로 바이마르헌법이 있다.

* 기본권의 사회화 경향은 기본권의 현대적 성격을 나타낸다.

02. **기본권의 자연권성 강조**

현대적 인권보장이 갖는 또 하나의 특색은 자연권사상의 부활과 그 강조이다. 1948년 12월의 「세계인권선언」은 전통적인 천부인권론의 이념을 부활시켰다.

03. **인권보장의 국제화 경향**

제2차 세계대전 이후 인권의 자연권성을 기초로 한 인권보장의 국제화 경향이 두드러지게 나타나고 있다.

➕ 1. 법적 구속력이 있는 국제인권선언: 유럽인권규약(1950, 유럽지역에 국한), 국제인권규약(1966, 서명국에 구속력 인정)
2. 법적 구속력이 없는 국제인권선언: 국제연합헌장(1945), 세계인권선언(1948)

▶ 관련판례

국제규약의 국내법적 효력(대판 1999.3.26. 96다55877)
'시민적 및 정치적 권리에 관한 국제규약' 제2조 제3항은 위 국제규약에서 인정되는 권리 또는 자유를 침해당한 개인이 <u>효과적인 구제조치를 받을 수 있는 법적 제도 등을 확보할 것을 당사국 상호간의 국제법상 의무로 규정하고 있는 것</u>이고, 국가를 상대로 한 손해배상 등 구제조치는 국가배상법 등 국내법에 근거하여 청구할 수 있는 것일 뿐, <u>위 규정에 의하여 별도로 개인이 위 국제규약의 당사국에 대하여 손해배상 등 구제조치를 청구할 수 있는 특별한 권리가 창설된 것은 아니라고 해석된다.</u>

＊'시민적 및 정치적 권리에 관한 국제규약'은 국내법적 효력이 인정되기 때문에 개인이 위 국제규약의 당사국에 대하여 손해배상 등 구제조치를 청구할 수 있는 특별한 권리가 인정된다. (×)

04. 제3세대 인권의 등장(연대권) [09법원직 등]

일반적으로 경제발전권, 평화권, 환경권, 인류공동의 유산에 대한 소유권 및 인간적 도움을 요구할 권리, 서로 다를 수 있는 권리, 의사소통권 등을 그 내용으로 한다.

◈ 1·2세대 인권과 3세대 인권의 비교

구분	1세대기본권	2세대기본권	3세대기본권
인권의 이념	자유	평등	박애(형제애)
정치적 색채	강함	강함	적음(인도적 차원의 성격이 강함)
인권실현	국가의 불개입	국가의 개입	국가, 공·사단체, 국제공동체의 연대책임
인권의 범위	국내법적 인정	국내법적 인정	국제법적 차원
인권주체	개인	개인	민족이든 국가이든 단체
완성도	완성된 권리	완성된 권리	생성 중의 인권

SECTION 2 　 기본권의 법적 성격

제1항 | 주관적 공권과 반사적 이익

Ⅰ 주관적 공권의 개념

주관적 공권이란 기본권의 주체가 국가에 대해 일정한 작위나 부작위를 요구할 수 있는 법적인 힘이 보장된다는 의미이다.

Ⅲ 소송의 가능성

공권은 침해되는 경우 소송을 통하여 구제받을 수 있다. 그러나 반사적 이익은 침해되어도 소송을 제기할 수 없다. 최근 양자의 구별은 완화되고 있다.(반사적 이익의 공권화)

* 사회적 기본권은 그에 대한 구체적 입법이 있어야 현실적 권리가 되지만 그 밖의 기본권은 현실적 권리로서 모든 국가권력을 직접 구속하는 주관적 공권이다.(통설)

제2항 | 기본권의 자연권성 인정 여부

법실증주의	자연권성 부정
결단주의	• 자연권성 인정, 국가로부터의 자유를 강조 • 자유권이 진정한 기본권이고, 다른 기본권은 상대적 권리이다. • 기본권의 대사인효, 국가의 기본권보호의무를 설명하기 어렵다. • 기본권의 국가형성적 기능을 무시하였다.(기본권과 통치구조의 단절)
통합주의	기본권의 본질은 우리사회의 저변에 흐르고 있는 가치적인 Konsensus를 집약한 것이다. 따라서 기본권은 사회공동체를 통합시키는 원동력이다.
	• 기본권의 국가창설적 기능: 정치적 성격 강조 • 기본권과 통치구조의 일원적 교차관계 ⇨ 기본권은 국가를 향한 자유의 성격을 가진다.
	• 긍정적인 면: 기본권의 객관적 가치질서성을 강조함으로써 국가의 기본권보호의무의 설명이 가능해지고 기본권의 대사인효가 쉽게 설명된다. • 부정적인 면: 국가를 기본권의 수호자로 보게 됨으로 국가의 기본권 침해작용을 무시한다. 그 결과 기본권의 대국가적 방어권의 성격을 소홀히 한다.

* 슈미트는 모든 기본권을 자연권이라고 본다. (×)

제3항 | 기본권의 이중적 성격

Ⅰ 기본권의 이중적 성격의 의의

기본권은 기본적으로 대국가적 효력을 갖는 주관적 공권이지만, 동시에 국가의 법질서를 구성하는 요소로서 객관적 법규범으로서의 성격도 지니고 있다고 볼 것이냐의 문제가 기본권의 이중적 성격에 관한 문제이다.

Ⅱ 기본권의 이중적 성격론의 배경 및 기능

01. 배경

객관적 질서라는 측면을 강조하는 통합주의 헌법관에서 비롯된 논의이다.

02. 기본권의 이중성을 인정할 때의 장점

기본권의 대사인효와 국가의 기본권 보호의무	쉽게 인정된다. 대사인효와 기본권 보호의무는 주관적 공권성이 아닌 객관적 가치질서에서 인정된다.
헌법소원의 심판청구이익	헌법소원의 심판청구이익을 넓게 인정할 수 있다. 출소 후 마약검사에 대한 헌법소원의 경우 개인적으로는 이익이 없지만 기본권 침해의 반복가능성과 헌법적 해명의 필요성이 있으면 객관적 권리보호이익을 인정한다.
기본권 포기	기본권 포기 불가. 개인의 권리성만 강조하면 포기가 가능하지만 객관적 가치질서에 의하면 포기가 어렵다.

SECTION 3   **기본권의 주체**(헌법소원에서 청구인 능력)

제1항 | **자연인**

Ⅰ 국민의 범위

대한민국의 국적을 가진 모든 사람은 기본권의 주체가 된다.

Ⅱ 기본권 보유능력과 행사능력

기본권 보유능력	기본권 보유능력이란 헌법상 기본권의 주체가 될 수 있는 자격을 말한다.
기본권 행사능력 (행위능력)	기본권 행사능력이란 기본권의 주체가 독립적으로 자신의 책임하에 기본권을 행사할 수 있는 능력을 말한다.

> 📑 체크포인트
> - 현행헌법상 직접 기본권 행사능력이 헌법에 규정된 예로는 대통령의 피선거권 규정이 있다.(40세) [09국회8급]
> - 국회의원의 피선거권은 헌법에 직접 규정되어 있지 않고, 공직선거법에 규정이 있다.
> - 기본권의 성질상 인간의 권리에 해당하는 기본권은 외국인도 그 주체가 될 수 있다고 할 때의 의미는 기본권의 향유(보유)능력을 가짐을 의미한다. [13국회8급]

Ⅲ 외국인의 기본권 주체성 인정 여부

외국인과 법인의 기본권 주체성 인정 여부에 관한 헌법관별 정리

구분		법실증주의	결단주의	통합주의
국민		○	○	○
외국인		✕ (입법정책의 문제)	○ (참정권·사회권은 제외)	✕ (예외적 인정: 동화적 통합론)
사법인	법인격 有	○	✕	○
	법인격 無	✕	✕	○
공법인		✕	✕	○

관련판례

1. **외국인의 기본권 주체성**(헌재 2007.8.30. 2004헌마670) [20서울지방7급, 19지방7급 등]
   근로의 권리가 "일할 자리에 관한 권리"만이 아니라 "일할 환경에 관한 권리"도 함께 내포하고 있는바, 후자는 인간의 존엄성에 대한 침해를 방어하기 위한 자유권적 기본권의 성격도 갖고 있어 건강한 작업환경, 일에 대한 정당한 보수, 합리적인 근로조건의 보장 등을 요구할 수 있는 권리 등을 포함한다고 할 것이므로 외국인 근로자라고 하여 이 부분에까지 기본권 주체성을 부인할 수는 없다. 즉, 근로의 권리의 구체적인 내용에 따라, 국가에 대하여 고용증진을 위한 사회적·경제적 정책을 요구할 수 있는 권리는 사회권적 기본권으로서 국민에 대하여만 인정해야 하지만, 자본주의 경제질서 하에서 근로자가 기본적 생활수단을 확보하고 인간의 존엄성을 보장받기 위하여 <u>최소한의 근로조건을 요구할 수 있는 권리는 자유권적 기본권의 성격도 아울러 가지므로 이러한 경우 외국인 근로자에게도 그 기본권 주체성을 인정함이 타당하다.</u>

2. **불법체류외국인도 기본권 주체성이 인정된다.**(헌재 2012.8.23. 2008헌마430)[기각] [15국가7급]
   [1] 헌법재판소법 제68조 제1항 소정의 헌법소원은 기본권의 주체이어야만 청구할 수 있는데, 단순히 '국민의 권리'가 아니라 '인간의 권리'로 볼 수 있는 기본권에 대해서는 외국인도 기본권의 주체가 될 수 있다. 나아가 <u>청구인들이 불법체류 중인 외국인들이라 하더라도, 불법체류라는 것은 관련 법령에 의하여 체류자격이 인정되지 않는다는 것일 뿐이므로, '인간의 권리'로서 외국인에게도 주체성이 인정되는 일정한 기본권에 관하여 불법체류 여부에 따라 그 인정 여부가 달라지는 것은 아니다.</u>
   [2] 청구인들이 침해받았다고 주장하고 있는 신체의 자유, 주거의 자유, 변호인의 조력을 받을 권리, 재판청구권 등은 성질상 인간의 권리에 해당한다고 볼 수 있으므로, 위 기본권들에 관하여는 청구인들의 기본권 주체성이 인정된다. 그러나 <u>'국가인권위원회의 공정한 조사를 받을 권리'는 헌법상 인정되는 기본권이라고 하기 어렵고,</u> [23경찰2차] 이 사건 보호 및 강제퇴거가 청구인들의 노동3권을 직접 제한하거나 침해한 바 없음이 명백하므로, 위 기본권들에 대하여는 본안판단에 나아가지 아니한다.

3. 의료인의 면허된 의료행위 이외의 의료행위를 금지하고 처벌하는 의료법 규정에 관한 부분에 대한 심판청구에 대하여 외국인인 청구인의 직업의 자유 및 평등권에 관한 기본권주체성은 인정되지 않는다.(헌재 2014.8.28. 2013헌마359) [17법원직 등]

[1] 심판대상조항이 제한하고 있는 직업의 자유는 국가자격제도정책과 국가의 경제상황에 따라 법률에 의하여 제한할 수 있는 국민의 권리에 해당한다. 국가정책에 따라 정부의 허가를 받은 외국인은 정부가 허가한 범위 내에서 소득활동을 할 수 있는 것이므로, 외국인이 국내에서 누리는 직업의 자유는 법률에 따른 정부의 허가에 의해 비로소 발생하는 권리이다. 따라서 외국인인 청구인에게는 그 기본권주체성이 인정되지 아니하며, 자격제도 자체를 다툴 수 있는 기본권주체성이 인정되지 아니하는 이상 국가자격제도에 관련된 평등권에 관하여 따로 기본권주체성을 인정할 수 없다.

[2] 의료인을 수범자로 한 심판대상조항에 대한 심판청구에 대해 의료소비자인 청구인은 자기관련성이 인정되지 않는다.

> 비교판례 ▶ 외국인도 제한된 범위 내에서 직업의 자유의 주체가 된다. 다만, 외국인의 직장변경을 3회로 제한하는 것은 헌법에 위반되지 않는다.

제2항 | 법인의 기본권 주체성

Ⅰ 법인의 기본권 주체성 인정 여부

01. 법인 자신의 기본권 주체성 인정

우리 헌법은 법인의 기본권향유능력을 인정하는 명문의 규정을 두고 있지 않지만, 본래 자연인에게 적용되는 기본권규정이라도 언론·출판의 자유, 재산권의 보장 등과 같이 성질상 법인이 누릴 수 있는 기본권을 당연히 법인에게도 적용하여야 할 것으로 본다.

02. 법인이 소속원을 대신하여 또는 위하여 제기하는 헌법소원은 불인정

[20국가7급]

단체는 단체 자신의 기본권이 침해되었음을 이유로 헌법소원을 제기할 수 있다. 그러나 단체구성원의 기본권 침해를 이유로 헌법소원심판을 청구할 수는 없다. 헌법재판소도 "단체는 원칙적으로 단체 자신의 기본권을 직접 침해당한 경우에만 그의 이름으로 헌법소원심판을 청구할 수 있을 뿐이고 그 구성원을 위하여 또는 그 구성원을 대신하여 헌법소원심판을 청구할 수 없다고 할 것인데, 청구인 한국신문편집인협회는 그 자신의 기본권이 직접 침해당하였다는 것이 아니고 청구인협회의 회원인 언론인들의 언론·출판의 자유가 침해당하고 있어 청구인협회도 간접적으로 기본권을 침해당하고 있음을 이유로 하여 이 사건 헌법소원심판을 청구하고 있는 것으로 보이므로 자기관련성을 갖추지 못하여 부적합하다고 할 것이다"고 하였다.(헌재 1995.7.21. 92헌마177)

Ⅱ 법인이 향유할 수 있는 기본권의 범위

헌법재판소는 "성질상 법인이 누릴 수 있는 기본권을 당연히 법인에게도 적용하여야 할 것으로 본다"고 하여 기본권 기준설을 채택하고 있다. 헌법재판소는 법인의 인격권 주체성은 인정하였으나, 양심의 자유 주체성은 부정하였다. [19법원직, 17지방7급, 13국가7급]

Ⅲ 기본권 주체로서의 법인의 범위

01. 권리능력 없는 사단과 재단 [17·09법원직]

법인 아닌 사단·재단이라고 하더라도 대표자의 정함이 있고 독립된 사회적 조직체로서 활동하는 때에는 단체의 이름으로 성질상 법인이 누릴 수 있는 기본권의 주체가 될 수 있다.

> **➡ 관련판례**
>
> 1. 정당은 기본권 주체성이 인정된다.(헌재 1993.7.29. 92헌마262) [17·08지방7급, 14국가7급]
> "정당의 법적 지위는 적어도 그 소유재산의 귀속관계에 있어서는 법인격 없는 사단으로 보아야 하고… 정당의 지구당은 단순한 중앙당의 하부조직이 아니라 어느 정도 독자성을 가진 단체로서 역시 법인격 없는 사단에 해당한다고 보아야 할 것이다"라고 하여 정당의 기본권 주체성을 긍정하고 있다.
> * 교섭단체는 기본권 주체가 아니다.
> 2. 등록이 취소된 정당의 기본권 주체성
> ① 등록이 취소된 사회당은 청구인 능력이 있다.(헌재 2006.3.30. 2004헌마246)[인정]
> ② 등록이 취소된 녹색사민당은 청구인 능력이 없다.(헌재 2006.2.23. 2004헌마208)[부정]
> 3. 한국영화인협회는 기본권 주체성이 인정된다.(헌재 1991.6.3. 90헌마56)[인정]
> 4. 신문편집인협회는 기본권 주체성이 인정된다.(헌재 1995.7.21. 92헌마177 등)[인정] [11국가7급]
> 5. 한국영화인협회 감독위원회는 청구인 능력이 없다.(헌재 1991.6.3. 90헌마56)[부정] [08지방7급]

02. 공법인

① 원칙적 부정, 예외적 긍정 [19지방7급, 17법원직, 15서울7급 등]

국가·지방자치단체	국가·지방자치단체는 기본권의 수범자이지 소지자(향유자)가 아니므로 기본권의 주체가 아니다. 국가·지방자치단체는 국민의 기본권을 지켜줄 의무가 있고 자신이 누릴 수는 없다는 말이다. 다만 헌법소원이 아닌 일반 재판은 가능하다.
그 외의 공법인	원칙적으로 부정되지만 예외적으로 인정되는 경우가 있다.

2 예외적 긍정의 요건

① 공법인이 기본권에 의하여 보호되는 생활영역에 속해 있을 것	KBS는 언론·출판에 의해 보호되는 영역이 있다.
② 시민의 개인적 기본권을 실현하는 데 기여하고 있을 것	KBS는 시민의 알권리 실현에 기여한다.
③ 국가로부터 독립되거나 국가와는 구별되는 실체를 가지고 있는 경우일 것	KBS는 국가와는 독립된 별도의 법인이다.

> ▶ 관련판례

1. 축협중앙회(헌재 2000.6.1. 99헌마553)[인정] [13변호사]
   "축협중앙회는 공법인성과 사법인성을 겸유한 특수한 법인으로서 이 사건에서 기본권의 주체가 될 수 있다고는 할 것이지만, 위와 같이 두드러진 공법인적 특성이 축협중앙회가 가지는 기본권의 제약요소로 작용하는 것만은 이를 피할 수 없다고 할 것이다"고 하여 예외적으로 공법인의 기본권 주체성을 인정하고 있으나, 그 보호의 정도는 다른 기본권 주체에 비하여 낮을 것임을 지적하고 있다.

2. 서울대학교(헌재 1992.10.1. 92헌마68 등)[인정] [10국가7급]
   국립대학인 서울대학교는 다른 국가기관 내지 행정기관과는 달리 공권력의 행사자의 지위와 함께 기본권의 주체라는 점도 중요하게 다루어져야 한다.

3. 세무대학(헌재 2001.2.22. 99헌마613)[인정]

4. 국회노동위원회(헌재 1994.12.29. 93헌마120)[부정] [12국회8급, 08국가7급]

5. 농지개량조합(헌재 2000.11.30. 99헌마190)[부정]

6. 직장의료보험조합(헌재 2000.6.29. 99헌마289)[부정]
   직장의료보험조합은 공법인으로 기본권의 주체가 될 수 없다.

7. 지방자치단체(헌재 2006.2.23. 2004헌바50)[부정]

8. 대통령의 기본권 주체성(헌재 2008.1.17. 2007헌마700) [20국가7급·변호사 등]
   대통령도 국민의 한사람으로서 제한적으로나마 기본권의 주체가 될 수 있는바, 대통령은 소속 정당을 위하여 정당활동을 할 수 있는 사인으로서의 지위와 국민 모두에 대한 봉사자로서 공익실현의 의무가 있는 헌법기관으로서의 지위를 동시에 갖는데 최소한 전자의 지위와 관련하여는 기본권 주체성을 갖는다고 할 수 있다.

9. 공법상 재단법인인 방송문화진흥회가 최다출자자인 방송사업자에게 기본권 주체성이 인정된다.(헌재 2013.9.26. 2012헌마271) [22경찰1차, 17지방7급]

   > 비교판례 ▶ 한국방송광고공사와 이로부터 출자를 받은 회사가 아니면 지상파방송사업자에 대해 방송광고 판매대행을 할 수 없도록 규정하고 있는 구 방송법 규정은 방송광고판매대행업자인 청구인의 직업수행의 자유와 평등권을 침해한다.(헌재 2008.11.27. 2006헌마352)[헌법불합치]

10. 변호사 등록제도는 그 연혁이나 법적 성질에 비추어 보건대, 원래 국가의 공행정의 일부라 할 수 있으나, 국가가 행정상 필요로 인해 대한변호사협회(이하 '변협'이라 한다)에 관련 권한을 이관한 것이다. 따라서 변협은 변호사 등록에 관한 한 공법인으로서 공권력 행사의 주체이다. 따라서 변협이 변호사 등록사무의 수행과 관련하여 정립한 규범인 심판대상조항들은 헌법소원 대상인 공권력의 행사에 해당한다.(헌재 2019.11.28. 2017헌마759) [20국가7급]

SECTION 4   기본권의 효력

제1항 | 기본권의 대국가적 효력(기본권의 수직적 측면의 효력)

기본권은 모든 국가권력(입법·행정·사법)을 직접적으로 구속한다.

▶ **관련판례**

잡종재산(일반재산)에 대하여 시효취득을 부정하는 것은 헌법에 위반된다.(헌재 1992.10.1. 92헌가6)[한정위헌]

제2항 | 기본권의 제3자적(대사인적) 효력(기본권의 수평적 측면의 효력)

I 직접효력설과 간접효력설

직접효력설	기본권이 사법의 일반원칙을 매개로 하지 않고 직접 사인 상호간에 적용된다는 학설이다.
간접효력설	사인 상호간에는 기본권이 직접 적용되는 것이 아니라 민사재판 중에 사법의 일반원칙(예 권리남용금지 등)이라는 매개물을 통하여 간접적으로 적용된다는 학설이다.

II 미국에서의 이론 전개

현실적으로 사인에 의한 기본권 침해 문제, 특히 흑인에 대한 사적 차별문제를 해결하기 위해 판례는 사인에 의한 기본권 침해행위를 국가행위로 의제하여 사인 상호 간에도 기본권 규정을 적용하려는 견해를 채택하였다. 이를 국가작용설·국가행위의제이론(state action theory) 혹은 국가유사이론이라고 한다. 이 이론은 국가작용의 범위를 확대함으로써 사인 간의 인권침해를 방지하려는 것이다.

* 미국은 기본권의 대사인효에 대해 기본권의 이중성에 근거한 이론 구성을 한다. (×)

Ⅲ 한국헌법과 기본권의 제3자적 효력

> ▶ 관련판례

헌법상 기본권은 제1차적으로 개인의 자유로운 영역을 공권력의 침해로부터 보호하기 위한 방어적 권리이지만 다른 한편으로 헌법의 기본적인 결단인 객관적인 가치질서를 구체화한 것으로서, 사법(私法)을 포함한 모든 법 영역에 그 영향을 미치는 것이므로 사인 간의 사적인 법률관계도 헌법상의 기본권 규정에 적합하게 규율되어야 한다. 다만, <u>기본권 규정은 성질상 사법관계에 직접 적용될 수 있는 예외적인 것을 제외하고는 관련 법규범 또는 사법상의 일반원칙을 규정한 민법 제2조, 제103조 등의 내용을 형성하고 그 해석기준이 되어 간접적으로 사법관계에 효력을 미치게 된다.</u>
국내외 항공운송업을 영위하는 갑 주식회사가 턱수염을 기르고 근무하던 소속 기장 을에게 '수염을 길러서는 안 된다'고 정한 취업규칙인 '임직원 근무복장 및 용모규정' 제5조 제1항 제2호를 위반하였다는 이유로 비행업무를 일시정지시킨 데 대하여, … 갑 회사가 헌법상 영업의 자유 등에 근거하여 제정한 위 취업규칙 조항은 을의 헌법상 일반적 행동자유권을 침해하므로 근로기준법 제96조 제1항, 민법 제103조 등에 따라서 무효라고 한 사례(대판 2018.9.13. 2017두38560)

제3항 | 기본권의 갈등

기본권 경합	동일한 기본권 주체가 국가에 대해 여러 가지의 기본권을 주장할 때 어느 기본권을 우선시키는가의 문제를 말한다.(기본권의 대국가효) [21경찰1차]
기본권 충돌	둘 이상의 기본권 주체가 주장하는 기본권이 충돌하는 경우 누구의 기본권을 우선시키는가의 문제를 말한다.(기본권의 대사인효)
특징	기본권 갈등은 기본권 해석의 문제이며 기본권 제한의 문제이며 기본권의 효력에 관한 문제이다.

Ⅰ 기본권의 경합(기본권의 경쟁) − 기본권경합의 해결이론

01. 특별법 우선의 원칙(일반적 기본권과 특별기본권이 경합하는 경우)

> 행복추구권 vs 직업선택의 자유 ⇨ 직업선택의 자유를 검토하고 행복추구권은 검토하지 않는다.
> 직업선택의 자유 vs 공무담임권 ⇨ 공무담임권을 적용한다. [12국가7급등]

> ▶ 관련판례

1. 경찰청장 퇴직 후의 정당가입·설립의 제한(헌재 1999.12.23. 99헌마135)[위헌]
   [19국가7급, 13변호사 등]
   [1] 제한되는 기본권
   <u>피선거권에 대한 제한은 이 사건 법률조항이 가져오는 간접적이고 부수적인 효과에 지나지 아니하므로 헌법 제25조의 공무담임권(피선거권)은 이 사건 법률조항에 의하여 제한되는 청구인들의 기본권이 아니다.</u> 또한 청

구인들은 직업의 자유도 침해되었다고 주장하나, 공무원직에 관한 한 공무담임권은 직업의 자유에 우선하여 적용되는 특별법적 규정이고, 위에서 밝힌 바와 같이 <u>공무담임권(피선거권)은 이 사건 법률조항에 의하여 제한되는 청구인들의 기본권이 아니므로, 직업의 자유 또한 이 사건 법률조항에 의하여 제한되는 기본권으로서 고려되지 아니한다.</u>

[2] 정당의 자유가 제한되고 침해된다.

민주적 의사형성과정의 개방성을 보장하기 위하여 정당설립의 자유를 최대한으로 보호하려는 헌법 제8조의 정신에 비추어, <u>정당의 설립 및 가입을 금지하는 법률조항은 이를 정당화하는 사유의 중대성에 있어서 적어도 '민주적 기본질서에 대한 위반'에 버금가는 것이어야 한다고 판단된다.</u> [14 변호사] 다시 말하면, 오늘날의 의회민주주의가 정당의 존재 없이는 기능할 수 없다는 점에서 심지어 '위헌적인 정당을 금지해야 할 공익'도 정당설립의 자유에 대한 입법적 제한을 정당화하지 못하도록 규정한 것이 헌법의 객관적인 의사라면, 입법자가 그 외의 공익적 고려에 의하여 정당설립금지조항을 도입하는 것은 원칙적으로 헌법에 위반된다. … <u>청구인의 정당설립 및 가입의 자유를 침해한다.</u>

경찰청장 정당가입금지	검찰총장 공직취임금지	국가인권위원 공직취임금지	금융감독원 4급 이상의 사기업 취업금지
위헌 (정당의 자유 침해)	위헌(공무담임권과 직업의 자유 침해)	위헌 (공무담임권 침해)	합헌

2. 성매매 영업알선행위를 처벌하는 '성매매알선 등 행위의 처벌에 관한 법률' 제19조 제2항 제1호 중 제2조 제1항 제2호 가목의 '알선' 부분은 과잉금지원칙에 위배되지 않고 직업선택의 자유를 침해하지 않는다. / 성매매 영업알선범죄로 인하여 얻은 재산을 몰수·추징하는 성매매처벌법 제25조 중 제19조 제2항 제1호 가운데 제2조 제1항 제2호 가목의 '알선' 부분은 죄형법정주의 명확성원칙에 위배되지 않는다.(헌재 2016.9.26. 2015헌바65)

청구인은 이 사건 알선조항에 대하여 <u>성적자기결정권 내지 행복추구권 침해 여부도 다투고 있으나, 성적자기결정권은 성매매 영업알선행위와 직접적인 관련이 있다고 보기 어렵고, 행복추구권은 다른 구체적인 기본권에 대한 보충적 기본권이므로, 이들 주장에 대하여는 따로 판단하지 아니한다.</u>

02. 제한정도·관련정도가 다른 기본권들이 경합하는 경우

1 최강효력설

기본권의 효력은 경쟁하는 기본권 중 제한의 가능성과 정도가 가장 작은, 즉 가장 강한 기본권에 대한 침해 여부를 기준으로 판단하여야 한다는 견해(일반적인 견해)이다.

2 판례

1. 음란물 출판사 등록취소 사건(헌재 1998.4.30. 95헌가16)[합헌]
   이 사건 법률조항은 언론·출판의 자유, 직업선택의 자유 및 재산권을 경합적으로 제약하고 있다. 이처럼 하나의 규제로 인해 여러 기본권이 동시에 제약을 받는 기본권경합의 경우에는 기본권 침해를 주장하는 <u>제청신청인과 제청법원의 의도</u> 및 기본권을 제한하는 <u>입법자의 객관적 동기 등을 참작하여 사안과 가장 밀접한 관계에 있고 또 침해의 정도가 큰 주된 기본권을 중심</u>으로 해서 그 제한의 한계를 따져 보아야 할 것이다. 이 사건에서는 제청신청인과 제청법원이 언론·출판의 자유의 침해를 주장하고 있고, 입법의 일차적 의도도 출판내용을 규율하고자 하는 데 있으며, 규제수단도 언론·출판의 자유를 더 제약하는 것으로 보이므로 <u>언론·출판의 자유를 중심으로 해서 이 사건 법률조항이 그 헌법적 한계를 지키고 있는지를 판단</u>하기로 한다.

2. 학교정화구역 내에서의 극장시설금지(헌재 2004.5.27. 2003헌가1)[위헌, 헌법불합치] [12국회8급]
   이 사건 법률조항에 의한 <u>표현 및 예술의 자유의 제한은 극장 운영자의 직업의 자유에 대한 제한을 매개로 하여 간접적으로 제약되는 것</u>이라 할 것이고, 입법자의 객관적인 동기 등을 참작하여 볼 때 사안과 가장 밀접한 관계에 있고 또 <u>침해의 정도가 가장 큰 주된 기본권은 직업의 자유</u>라고 할 것이다. 따라서 이하에서는 직업의 자유의 침해여부를 중심으로 살피는 가운데 표현·예술의 자유의 침해여부에 대하여도 부가적으로 살펴보기로 한다. [12국회8급]

Ⅱ 기본권의 충돌(기본권의 상충)

◈ 기본권 충돌의 해결이론

구분	이익형량의 원칙	규범조화적 해석
개념	상이한 기본권 주체 간에 기본권이 서로 충돌할 경우, 그 효력의 우열을 결정하기 위해서 양자의 이익을 형량하여 보다 우월한 이익을 우선시켜 해결하는 방식이다.(기본권 서열이론)	어느 하나의 기본권만을 타 기본권에 우선시키지 않고 상충하는 기본권 모두가 최대한으로 그 기능과 효력을 나타낼 수 있는 조화의 방법을 찾으려는 것이다.

이익형량의 원칙을 적용한 사례

1. **흡연권과 혐연권**(헌재 2004.8.26. 2003헌마457)[기각] [23경찰승진, 15변호사·국회8급 등]
   금연구역지정이 흡연권을 침해하는가 여부가 쟁점이 된 국민건강증진법 시행규칙 제7조 위헌확인
   (1) 흡연권은 인간의 존엄과 행복추구권을 규정한 헌법 제10조와 사생활의 자유를 규정한 헌법 제17조에 의하여 뒷받침된다. [20국가7급, 13법원직, 10지방직]

(2) 혐연권은 흡연권과 마찬가지로 헌법 제17조, 헌법 제10조에서 그 헌법적 근거를 찾을 수 있다. 나아가 흡연이 흡연자는 물론 간접흡연에 노출되는 비흡연자들의 건강과 생명도 위협한다는 면에서 혐연권은 헌법이 보장하는 건강권과 생명권에 기하여서도 인정된다. [14법원직]

(3) 흡연권은 위와 같이 사생활의 자유를 실질적 핵으로 하는 것이고 혐연권은 사생활의 자유뿐만 아니라 생명권에까지 연결되는 것이므로 혐연권이 흡연권보다 상위의 기본권이라 할 수 있다. 이처럼 상하의 위계질서가 있는 기본권끼리 충돌하는 경우에는 상위의기본권 우선의 원칙에 따라 하위기본권이 제한될 수 있으므로, 결국 흡연권은 혐연권을 침해하지 않는 한에서 인정되어야 한다.

2. 단결권과 근로자의 단결하지 아니할 권리(헌재 2005.11.24. 2002헌바95 등)[합헌] [15국회8급, 14국가7급 등]

당해 사업장에 종사하는 근로자의 3분의 2 이상을 대표하는 노동조합의 경우 단체협약을 매개로 한 조직 강제 [이른바 유니언 샵(Union Shop) 협정의 체결]를 용인하고 있는 노동조합및노동관계조정법 제81조 제2호 단서는 근로자의 단결권을 보장한 헌법 제33조 제1항 등에 위반되지 않는다.

▶ 관련판례

규범조화적 해석에 의한 사례 [14국가7급]

1. 반론보도청구권에 대한 언론기관과 피해자의 기본권 충돌(헌재 1991.9.16. 89헌마165) [합헌] [15국회8급]

현행 정정보도청구권제도는 언론의 자유와는 비록 서로 충돌되는 면이 없지 아니하나 전체적으로 상충되는 기본권 사이에 합리적 조화를 이루고 있으므로 정기간행물의 등록 등에 관한 법률 제16조 제3항, 제19조 제3항은 결코 평등의 원칙에 반하지 아니하고, 언론의 자유의 본질적 내용을 침해하거나 언론기관의 재판청구권을 부당히 침해하는 것으로 볼 수 없어 헌법에 위반되지 아니한다.

2. 단결선택권과 집단적 단결권의 충돌(헌재 2005.11.24. 2002헌바95 등)[합헌] [22경찰간부, 17국회8급 등]

이 사건 법률조항은 단체협약을 매개로 하여 특정 노동조합에의 가입을 강제함으로써 근로자의 단결선택권과 노동조합의 집단적 단결권(조직강제권)이 충돌하는 측면이 있으나, 이러한 조직강제를 적법·유효하게 할 수 있는 노동조합의 범위를 엄격하게 제한하고 지배적 노동조합의 권한남용으로부터 개별근로자를 보호하기 위한 규정을 두고 있는 등 전체적으로 상충되는 두 기본권 사이에 합리적인 조화를 이루고 있고 그 제한에 있어서도 적정한 비례관계를 유지하고 있으며, 또 근로자의 단결선택권의 본질적인 내용을 침해하는 것으로도 볼 수 없으므로, 근로자의 단결권을 보장한 헌법 제33조 제1항에 위반되지 않는다.

3. 채권자취소제도(헌재 2007.10.25. 2005헌바96)[합헌] [22경찰2차, 17국회8급]

이 사건 법률조항은 채권자에게 채권의 실효성 확보를 위한 수단으로서 채권자취소권을 인정함으로써, 채권자의 재산권과 채무자와 수익자의 일반적 행동의 자유 내지 계약의 자유 및 수익자의 재산권이 서로 충돌하게 되는바, 위와 같은 채권자와 채무자 및 수익자의 기본권들이 충돌하는 경우에 기본권의 서열이나 법익의 형량을 통하여 어느 한 쪽의 기본권을 우선시키고 다른 쪽의 기본권을 후퇴시킬 수는 없다고 할 것이다.

SECTION 5 │ 기본권의 한계와 제한

Ⅰ 총설

01. 기본권의 보호영역과 기본권 제한의 관계

보호영역이란 개별 기본권에 특유한 내용적 범위를 말한다. 예컨대 사생활의 비밀과 자유에 안전벨트를 착용하지 않을 자유가 포함되는가 하는 문제를 말한다.

02. 기본권의 제한과 침해의 차이

기본권의 제한 중 헌법상의 한계를 넘어선 것을 침해라고 한다. 헌법소송과 관련하여 기본권의 제한가능성은 적법요건의 문제(각하)이고 침해는 본안판단의 문제이다.

* 헌법소원에서 기본권의 침해가능성이 없으면 기각한다. (×) ⇨ 침해가능성이 없으면 각하한다.

Ⅱ 헌법유보에 의한 기본권의 제한

01. 헌법유보와 법률유보의 종류

일반적 헌법유보	헌법에서 직접 모든 기본권의 행사에 대한 한계를 규정하는 방식을 말한다. 우리 헌법에는 없고, 독일과 일본에는 규정이 있다.
개별적 헌법유보	헌법의 개별규정에서 직접 특정 기본권의 한계를 규정하는 방식을 말한다. 헌법 제21조 제4항에서 언론·출판은 타인의 명예나 권리, 공중도덕, 사회윤리를 침해해서는 안 된다고 규정하는 방식이다.
일반적 법률유보	국민의 '모든' 자유와 권리를 법률에 의하여 제한할 수 있다고 규정하는 방식이다. 우리 헌법 제37조 제2항은 일반적 법률유보이다. '국민의 모든 자유와 권리는 국가안전보장·질서유지 또는 공공복리를 위하여 필요한 경우에 한하여 법률로써 제한할 수 있으며, 제한하는 경우에도 자유와 권리의 본질적인 내용을 침해할 수 없다.'
개별적 법률유보	헌법의 개별조문에서 특정 기본권을 법률에 의해서 제한할 수 있음을 규정하는 방식이다. 우리 헌법 제38조는 개별적 법률유보이다. '모든 국민은 법률이 정하는 바에 의하여 납세의 의무를 진다.'

1 일반적 헌법유보

1. 우리 헌법에는 일반적 헌법유보가 없다.

2. 일본 헌법 제12조

「국민은 기본권을 남용해서는 안 되는 것이므로 항상 공공의 복지를 위하여 이를 이용할 책임을 진다」

2 개별적 헌법유보

1. 정당의 목적·조직과 활동의 민주성(제8조 제2항)

정당은 그 목적·조직과 활동이 민주적이어야 하며, 국민의 정치적 의사형성에 참여하는 데 필요한 조직을 가져야 한다.

2. 언론·출판의 자유(제21조 제4항)

언론·출판은 타인의 명예나 권리 또는 공중도덕이나 사회윤리를 침해하여서는 아니 된다. 언론·출판이 타인의 명예나 권리를 침해한 때에는 피해자는 이에 대한 피해의 배상을 청구할 수 있다.

> **▶ 관련판례**
>
> 1. 국세기본법 제35조 제1항 제3호 중 "저당권 설정으로부터 1년 내에는 국세가 우선"이라는 부분은 헌법 제23조 제1항이 보장하고 있는 재산권의 본질적인 내용을 침해하는 것으로서 헌법에 위반된다.(헌재 1990.9.3. 89헌가95)[위헌]
> 2. 법률에 근거 없는 가산점부여는 헌법에 위반된다.(헌재 2004.3.25. 2001헌마882)[위헌]
> 3. 교육공무원법 제11조의2 등 위헌확인(헌재 2014.4.24. 2010헌마747)[각하, 기각]
>   [1] 서울특별시 및 경기도의 2011학년도 초등교사 임용시험에서 지역가산점을 부여하는 공권력 행사에 대하여, 청구인 부산교육대학교는 자기관련성이 인정되지 않는다. [17지방7급]
>   [2] 이 사건 가산점규정은 법률유보원칙에 위배되지 않는다.
>   [3] 이 사건 지역가산점규정은 과잉금지원칙에 위배되어 공무담임권, 평등권을 침해하지 않고 신뢰보호원칙에 위배되지 않는다.
> 4. 문화방송에 대한 방송위원회의 경고(헌재 2007.11.29. 2004헌마209)[취소] [23국회8급, 16·14변호사]
>   이 사건 경고의 경우 법률에서 명시적으로 규정된 제재보다 더 가벼운 것(경고조치)을 하위 규칙에서 규정한 경우이므로, 그러한 제재가 행정법에서 요구되는 법률유보원칙에 어긋났다고 단정하기 어려운 측면이 있다. 그러나 만일 그것이 기본권 제한적 효과를 지니게 된다면, 이는 행정법적 법률유보원칙의 위배 여부에도 불구하고 헌법 제37조 제2항에 따라 엄격한 법률적 근거를 지녀야 한다.
> 5. 남대문 경찰서의 집회신고서 반려(헌재 2008.5.29. 2007헌마712)[위헌확인] [14변호사]
>   동일 장소·동일 시간에 대한 2개의 집회신고서가 같은 일시에 제출된 경우 남대문 경찰서장이 두 신고서 모두를 반려한 행위는 법률에 근거가 없는 위헌적인 것이다.

이 사건 반려행위는 법률의 근거없이 청구인들의 집회의 자유를 침해한 것으로서 헌법상 법률유보원칙에 위반된다고 할 것이다.

6. 체약국의 요구가 있는 경우 항공운송사업자의 추가 보안검색 실시에 대해 정한 '국가항공보안계획' 규정은 헌법상 법률유보원칙 및 과잉금지원칙에 위배되지 아니하므로 탑승객인 청구인의 기본권을 침해하지 아니한다.(헌재 2018.2. 22. 2016헌마780)

02. 일반적 법률유보에 의한 기본권 제한

> **헌법 제37조** ② 국민의 모든 자유와 권리는 국가안전보장·질서유지 또는 공공복리를 위하여 필요한 경우에 한하여 법률로써 제한할 수 있으며, 제한하는 경우에도 자유와 권리의 본질적인 내용을 침해할 수 없다.

1 제한의 대상이 되는 기본권

1. 문언상 원칙

헌법 제37조 제2항에 의해 제한될 수 있는 기본권은 국민의 「모든 기본권」이므로 형식상 제한될 수 없는 기본권은 없다.(문언상 우리 헌법의 경우 이른바 절대적 기본권은 존재하지 않는다)

2. 성질상(해석상) 예외

헌법 제37조 제2항의 규정에도 불구하고 제한이 불가능한 절대적 기본권이 해석상 존재한다.(양심의 자유 중 양심형성의 자유, 종교의 자유 중 신앙의 자유)

2 목적상의 한계

사유	내용
국가안전보장 (제7차 개헌)	국가안전보장의 개념은 질서유지와 별개로 본다.(학설대립 있음) 즉, 협의로 이해하여 국가의 존립, 헌법의 기본질서유지 등을 포함하는 개념으로 본다.
질서유지	국가의 안전보장과 질서유지는 넓은 의미의 질서유지 속에 포함되므로 국가의 안전보장을 별도로 규정하고 있는 헌법규정에 비추어 보아 질서유지는 좁게 이해하는 것이 다수설이다. 형법, 집회와 시위에 관한 법률, 경찰법, 경찰관직무집행법 등
공공복리	공공복리는 현대적 복지국가의 이념을 구현하는 적극적인 의미를 갖는 것으로, 사회정의의 원리이다. 공공복리는 복지·국가의 실현과 같이 적극적인 점에서 소극적 개념인 질서유지와 구별된다.

▶ 관련판례

1. 국가기밀보호법 제6조 등에 대한 위헌심판사건(헌재 1992.2.25. 89헌가104) [한정합헌]

군사기밀보호법 제6조, 제7조, 제10조는 같은 법 제2조 제1항 소정의 군사상의 기밀이 비공지의 사실로서 적법절차에 따라 <u>군사기밀로서의 표지 (標識)를 갖추고 그 누설이 국가의 안전보장에 명백한 위험을 초래한다고 볼만큼의 실질가치를 지닌 경우에 한하여 적용된다</u>고 할 것이므로 그러한 해석하에 헌법에 위반되지 아니한다.

* 국가기밀 정리
  - 형식비설: 내용과 관계없이 기밀로 지정된 것은 국가기밀
  - 실질비설: 지정과 관계없이 내용이 기밀인 것은 국가기밀(판례)
  - 병합설: 내용도 국가기밀이어야 하고 기밀로 지정되어야 국가기밀(판례)

2. 집시법 위헌확인사건(헌재 1992.1.28. 89헌가8)[한정합헌]

합헌적 규제의 대상으로서의 집회·시위는 어디까지나 동 규정 소정의 집회·시위 가운데서 <u>공공의 안녕과 질서유지에 직접적인 위협을 가할 것이 명백한 경우에 한정할 것이고</u>, 이에 직접적 위협이 될 것이 명백하지 아니한 것은 배제시켜야 할 것이다.

3. 도시환경정비사업을 토지등소유자가 시행하는 경우 "정관 등이 정하는 바에 따라" 부분은 법률유보원칙에 위반된다.(헌재 2012.4.24. 2010헌바1)[위헌]

토지등소유자가 도시환경정비사업을 시행하는 경우 사업시행인가 신청시 필요한 토지등소유자의 동의는 개발사업의 주체 및 정비구역 내 토지등소유자를 상대로 수용권을 행사하고 각종 행정처분을 발할 수 있는 행정주체로서의 지위를 가지는 사업시행자를 지정하는 문제로서 <u>그 동의요건을 정하는 것은 국민의 권리와 의무의 형성에 관한 기본적이고 본질적인 사항이므로 국회가 스스로 행하여야 하는 사항에 속하는 것임에도 불구하고 사업시행인가 신청에 필요한 동의정족수를 토지등소유자가 자치적으로 정하여 운영하는 규약에 정하도록 한 것은 법률유보원칙에 위반된다.</u>

> 비교판례 ➡ 조합의 사업시행인가 신청시의 토지 등 소유자의 동의요건은 토지 등 소유자의 재산상 권리·의무에 관한 기본적이고 본질적인 사항이라고 볼 수 없다.(대판 2007.10.12. 2006두14476)

4. 업무상 군사기밀 누설행위를 3년 이상의 유기징역에 처하는 군사기밀 보호법 제13조 제1항은 헌법에 위반되지 않는다.(헌재 2020.5.27. 2018헌바233)[합헌]

③ 형식상의 한계

종류	내용
법률	1. 원칙: 기본권의 제한은 국회가 제정한 형식적 의미의 법률로써 가능하다. 2. 예외: 기본권의 제한은 법률에 의한 제한뿐만 아니라 법률에 근거한 제한도 가능하다. 즉, 법률에서 위임한 법규명령 등에 의한 제한도 가능하다. [18·15변호사, 15법원직 등]

◢ OX 연습

1. 대통령은 긴급명령을 통하여 국민의 기본권을 제한할 수 있다. [15법원9급]

	3. 법률의 요건
법률	① 법률의 일반성: 법률이 국민일반을 규율대상으로 해야 한다는 의미이다. 처분적 법률은 권력분립의 원칙이나 평등의 원칙에 위배될 가능성 있다는 점에서 원칙적으로 허용되지 않는다. 그러나 처분적 법률이나 집행적 법률도 예외적으로 인정될 수 있다. ② 명확성 　㉠ 기본권을 제한하는 법률은 그 내용이 명확하여야 한다. 법률의 내용이 불명확한 경우「불명확하여(막연하여) 무효」(void for vagueness)라는 이론이 적용된다. 미국에서 정립된 이 이론에 의하면 언론·출판을 제한하는 법률의 내용이 불명확한 경우에는 위헌무효가 된다. 　㉡ 명확성의 정도는 법률의 종류에 따라 다르다. 수혜적 법률의 경우는 상대적으로 완화되고, 형사법률의 경우는 상대적으로 보다 명확할 것이 요구된다. 　㉢ 기본권 제한과 관련한 법률의 명확성원칙은 법률을 제정함에 있어서 개괄조항이나 불확정법개념의 사용을 금지하는 것은 아니다. [15법원직]
조약, 긴급명령	1. 조약: 헌법에 의하여 체결·공포된 조약과 일반적으로 승인된 국제법규도 법률과 동일한 효력을 가지는 경우(헌법 제6조 제1항) 이들에 의한 기본권의 제한이 가능하다. 2. 긴급명령과 긴급재정경제명령도 법률과 같은 효력을 가지므로(헌법 제76조 제1항·제2항) 기본권을 제한할 수 있다.

법규명령	위임명령	법률의 구체적 위임을 받은 위임명령으로도 기본권을 제한할 수 있다.(헌법 제75조, 제95조) 다만, 그 위임의 정도는 구체적 위임이어야 한다.
	집행명령	집행명령은 상위법의 집행절차에 불과하기 때문에 집행명령으로 기본권을 제한할 수는 없다.

행정규칙	1. 원칙: 행정규칙은 원래 행정청 내부의 업무에 관한 것을 내용으로 하기 때문에 국민의 권리·의무에 관한 사항을 정할 수 없다.(훈령, 고시 등) 2. 예외: 그러나 행정규칙이 상위 법령과 결합하여 대외적 구속력을 가지는 '법령보충적 행정규칙'의 경우에는 기본권을 제한할 수 있다.
조례	법률의 위임을 받아 제정된 조례로도 기본권을 제한할 수 있으며, 그 위임의 정도는 포괄적 위임이어도 가능하다는 것이 헌법재판소의 견해이다.

＊위임명령은 위임받은 범위에서 새로운 권리·의무에 관한 내용을 규정할 수 있고 대외적 효력이 인정된다. 즉, 국민에게도 적용된다.

＊집행명령도 모법의 세칙을 정하고 있는 범위 내에서 법규의 성질을 가지므로 행정기관뿐만 아니라 국민에 대해서도 효력이 인정될 수 있다. 다만, 집행명령은 새로운 권리·의무를 정할 수는 없다. [08국가7급]

Answer

1. ○

1. 5·18민주화운동에 관한 특별법 사건(헌재 1996.2.16. 96헌바7)[합헌]
   <u>개별사건법률의 위헌여부는 그 형식만으로 가려지는 것이 아니라, 평등의 원칙이 추구하는 실질적 내용이 정당한지 아닌지를 따져야 비로소 가려진다.</u> 12·12 및 5·18사건의 경우 … 비록 특별법이 개별적 사건법률이라고 하더라도 입법을 정당화할 수 있는 공익이 인정될 수 있다고 판단되므로, 개별사건법률에 내재된 불평등요소를 정당화할 수 있는 합리적인 이유가 있으므로 헌법에 위반되지 아니한다. [14법원직]

2. 변호사로서의 품위를 손상하는 행위를 한 경우를 징계사유로 규정한 구 변호사법 제91조 제2항 제3호는 명확성 원칙 및 과잉금지원칙에 위배되지 않는다.(헌재 2012.11.29. 2010헌바454)

3. 위임입법의 형식은 예시적이다.(헌재 2004.10.28. 99헌바91) [21국가7급, 12국가7급·사시]
   오늘날 의회의 입법독점주의에서 입법중심주의로 전환하여 일정한 범위 내에서 행정입법을 허용하게 된 동기가 사회적 변화에 대응한 입법수요의 급증과 종래의 형식적 권력분립주의로는 현대사회에 대응할 수 없다는 <u>기능적 권력분립론에 있다는 점</u> 등을 감안하여 헌법 제40조와 헌법 제75조, 제95조의 의미를 살펴보면, 국회입법에 의한 수권이 입법기관이 아닌 행정기관에게 법률 등으로 구체적인 범위를 정하여 위임한 사항에 관하여는 당해 행정기관에게 법 정립의 권한을 갖게 되고, <u>입법자가 규율의 형식도 선택할 수도 있다 할 것이므로</u>, 헌법이 인정하고 있는 <u>위임입법의 형식은 예시적인 것으로 보아야 할 것이고</u>, 그것은 법률이 행정규칙에 위임하더라도 그 행정규칙은 위임된 사항만을 <u>규율할 수 있으므로, 국회입법의 원칙과 상치되지도 않는다.</u> 다만, 형식의 선택에 있어서 규율의 밀도와 규율영역의 특성이 개별적으로 고찰되어야 할 것이고, 그에 따라 입법자에게 상세한 규율이 불가능한 것으로 보이는 영역이라면 행정부에게 필요한 보충을 할 책임이 인정되고 <u>극히 전문적인 식견에 좌우되는 영</u>역에서는 행정기관에 의한 구체화의 우위가 불가피하게 있을 수 있다. 그러한 영역에서 행정규칙에 대한 위임입법이 제한적으로 인정될 수 있다.

* 헌법재판소는 위임입법의 형식을 예시적이라고 판시한다. 그 근거는 고전적 권력분립이다. (×)

4 방법상의 한계

1. 과잉금지원칙(= 비례의 원칙) = 너무 심하게 하지 마라.

개념	국민의 기본권을 제한하는 경우 그 제한은 최소한의 범위 내에서만 허용되며, 보호하려는 공익과 제한되는 기본권 사이에는 합리적인 비례관계가 성립되어야 한다는 원칙을 말한다. [15변호사]
근거	우리 헌법 제37조 제2항의 「필요한 경우에 한하여」가 과잉금지의 원칙의 근거규정이다.
속담	비례의 원칙은 목적을 위한 지나친 수단의 사용에 대한 한계를 의미한다. 즉, 수단과 목적의 관계를 규율하기 위한 법원칙이다. 생각건대 "빈대를 잡기 위해 초가삼간을 불태우는 것은 안 된다."라는 표현도 적절한 것으로 판단된다.

◢ OX 연습

1. 헌법재판소는 기본권을 제한함에 있어 비례의 원칙(과잉금지의 원칙)의 심사요건으로 목적의 정당성, 방법의 적정성, 침해의 최소성(필요성), 법익균형성(법익형량)을 채용하고 있다. [17경찰승진]

내용	목적의 정당성	목적의 정당성이 부인된 사례는 매우 드물다. ⇨ 목적의 정당성이 부인된 사례: 호주제, 동성동본금혼제, 블랙리스트사건, 재외국민의 선거권 제한, 혼인빙자간음죄 등
	수단의 적합성 (수단과 목적의 관계) [16법원직 등]	• 수단의 적합성은 목적을 달성하는 데 유효한 수단인가의 문제이다. 유일한 수단일 것을 요하지 않는다. 예컨대 빈대를 잡기 위해 초가삼간을 불태우는 것도 빈대를 잡기 위한 효과적인 수단이 될 수 있다는 점에서 수단의 적합성 원칙에는 부합한다. 다만, 후술하는 최소침해의 원칙에 위배되는 것이다. [12변호사] • 수단의 적합성이 부인된 사례: 전관예우를 막기 위한 변호사 개업지 제한, 제대군인 가산점제, 축협의 복수설립조합 금지 등
	침해의 최소성 (수단과 수단의 관계)	기본권을 제한하는 수단이 입법목적 달성을 위해 효과가 있다 하더라도 보다 완화된 수단이나 방법을 선택해야 한다는 의미이다. 위헌결정이 된 사례의 대부분은 침해의 최소성 원칙이 부인된 경우이다.
	법익의 균형성	공익이 제한되는 사익에 비하여 더 크거나 적어도 양자의 균형이 유지되어야 한다는 원칙이다.

▶ 관련판례

1. **혼인빙자간음죄**(헌재 2009.11.26. 2008헌바58 등)[위헌] [16법원직] – 남성의 성적자기결정권, 사생활의 비밀 침해
   이 사건 법률조항이 보호하고자 하는 <u>여성의 성적자기결정권은 여성의 존엄과 가치에 역행하는 것이라 하지 않을 수 없다. 따라서 이 사건 법률조항의 경우 형벌규정을 통하여 추구하고자 하는 목적 자체가 헌법에 의하여 허용되지 않는 것으로서 그 정당성이 인정되지 않는다고 할 것이다.</u>
   [22경찰1차]

2. **금치수형자에 대한 집필금지**(헌재 2005.2.24. 2003헌마289)[위헌]
   (1) 기본권을 제한하는 입법에 있어 입법자는 침해 최소성의 관점에서 기본권을 보다 적게 제한하는 단계인 기본권행사의 '방법'에 관한 규제로써 의도하는 목적을 달성할 수 있는가를 시도하고 이러한 방법으로는 목적 달성이 어렵다고 판단되는 경우에 비로소 그 다음 단계인 기본권행사의 '여부'에 관한 규제를 선택해야 한다. 굳이 집필행위를 제한하고자 하는 경우에도 <u>집필행위 자체는 허용하면서 집필시간을 축소하거나 집필의 횟수를 줄이는 방법 또는 접견이나 서신수발과 같이 예외적으로 집필을 허용할 수 있는 사유를 구체적으로 한정하여 집필을 제한하는 방법 등을 통해서도 규율준수를 꾀하고자 하는 목적은 충분히 달성될 수 있을 것으로 보인다.</u>
   (2) 금지규정 위반에 대해 <u>임의적인 기본권제한으로도 목적달성이 가능함에도 필요적인 조치로 기본권을 제한하는 것은 침해의 최소성 원칙에 위반된다.</u>
      • 금치수형자에 대한 운동금지[위헌]
      • 금치수형자에 대한 1인 운동장 사용[합헌]
      • 금치수형자에 대한 실외운동 금지[위헌]

Answer

1. ○

• 금치수형자에 대한 TV시청금지[합헌]

> [비교판례] → 금치기간 중 집필을 금지하도록 한 '형의 집행 및 수용자의 처우에 관한 법률' 제112조 제3항 본문 중 미결수용자에게 적용되는 제108조 제10호에 관한 부분은 청구인의 표현의 자유를 침해하지 않는다.(헌재 2014.8.28. 2012헌마623)
>
> [1] 선례가 금치기간 중 집필을 전면 금지한 조항을 위헌으로 판단한 이후, 입법자는 집필을 허가할 수 있는 예외를 규정하고 금치처분의 기간도 단축하였다. 나아가 미결수용자는 징벌집행 중 소송서류의 작성 등 수사 및 재판 과정에서의 권리행사는 제한 없이 허용되는 점 등을 감안하면, 이 사건 집필제한 조항은 청구인의 표현의 자유를 침해하지 아니한다.
>
> [2] 금치기간 중 서신수수를 금지하도록 한 형집행법 제112조 제3항 본문 중 미결수용자에게 적용되는 제108조 제11호에 관한 부분은 청구인의 통신의 자유를 침해하지 않는다. [16국가7급]

3. 가축전염병 예방법상 보관관리인이 화주에게 비용을 징수할 경우 그 금액에 대해서 동물검역기관의 장의 승인을 받도록 규정하고, 이를 위반하여 부당하게 비용을 징수할 경우 보관관리인 지정을 필요적으로 취소하도록한 가축전염병 예방법 관련 조항은 헌법에 위반되지 아니한다.(헌재 2017.4.27. 2014헌바405)

4. '거짓이나 그 밖의 부정한 방법으로' 이 법에 따른 보호 또는 지원을 받아 재물이나 재산상의 이익을 받은 경우 이를 필요적으로 몰수·추징하도록 규정하고 있는 '북한이탈주민의 보호 및 정착지원에 관한 법률' 제33조 제3항 중 제1항의 '거짓이나 그 밖의 부정한 방법으로 이 법에 따른 보호 및 지원을 받은 자' 부분은 과잉금지원칙에 위배되지 아니한다.(헌재 2017.8.31. 2015헌가22)

5. 임차주택의 양수인은 임대인의 지위를 승계하도록 규정한 구 주택임대차보호법 제3조 제3항은 과잉금지원칙에 위반된다고 볼 수 없다.(헌재 2017.8.31. 2016헌바146) [21입시]

6. 태아의 성별고지 금지(헌재 2008.7.31. 2004헌마1010 등)[헌법불합치(잠정적용)] [12국가7급] – 부모의 인격권침해
태아의 성별고지 금지 그 자체가 헌법에 위반되는 것은 아니지만 낙태가 불가능한 임신 말기에도 고지를 금지하는 것은 헌법에 합치되지 아니한다.

7. 속칭 '키스방'을 운영하면서 미성년자를 고용하여 성교를 하게 한 행위를 살인죄보다 무겁게 처벌하는 것은 헌법에 위반되지 않는다.(헌재 2011.10.25. 2011헌가1)[합헌]
사건 법률조항이 정하고 있는 7년 이상의 유기징역형이 책임과 형벌 간의 비례원칙에 어긋나는 과잉형벌이라고 보기 어렵다.

8. 친양자 입양을 청구하기 위해서는 친생부모의 친권상실, 사망 기타 동의할 수 없는 사유가 없는 한 그의 동의를 반드시 요하도록 한 구 민법 제908조의2 제1항 제3호는 헌법에 위반되지 않는다.(헌재 2012.5.31. 2010헌바87)[합헌]

9. 공적인 역할을 수행하는 농협 구성원의 결사의 자유와 심사기준(헌재 2012. 12.27. 2011헌마562 등)

공적인 역할을 수행하는 결사 또는 그 구성원들이 기본권의 침해를 주장하는 경우에 과잉금지원칙 위배 여부를 판단할 때에는, <u>순수한 사적인 임의결사의 기본권이 제한되는 경우의 심사에 비해서는 완화된 기준을 적용할 수 있다.</u> 이 사건에서도 농협의 공법인적 성격과 조합장선거 관리의 공공성 등의 특성상 기본권제한의 과잉금지원칙 위배 여부를 심사함에 있어 농협 및 농협 조합장선거의 공적인 측면을 고려해야 할 것이다.

10. 특정범죄자에 대한 위치추적 전자장치 부착에 관한 법률시행령 제8조 제1항 등 위헌확인(헌재 2013.7.25. 2011헌마781)

[1] '특정범죄자에 대한 보호관찰 및 전자장치 부착 등에 관한 법률 시행령' 제8조 제1항, 제3항은 기본권침해의 직접성이 인정되지 않는다.

[2] '특정 범죄자에 대한 보호관찰 및 전자장치 부착 등에 관한 법률'에 의한 전자장치 부착기간 동안 다른 범죄를 저질러 구금된 경우, 그 구금기간이 부착기간에 포함되지 않는 것으로 규정한 위 법 제13조 제4항 제1호, 제2호 및 제5항 제2호는 과잉금지원칙에 위배되지 않는다.

[19국회8급]

11. 국회가 대통령 선거일을 유급휴일로 정하는 법률을 제정하지 아니한 입법부작위에 대한 위헌확인청구에 관하여, 헌법상 선거일을 유급휴일로 정하여야 할 입법의무가 인정되지 아니하므로 부적법하다는 이유로 각하 결정하고, 투표소를 선거일 오후 6시에 닫도록 규정한 공직선거법 제155조 제1항에 대한 심판청구에 관하여, 위 조항은 과잉금지원칙에 위반하여 청구인들의 선거권을 침해하지 아니한다는 이유로 기각 결정하였다.(헌재 2013.7.25. 2012헌마815)

12. 성폭력범죄를 저지른 성도착증 환자로서 성폭력범죄를 다시 범할 위험성이 있다고 인정되는 19세 이상의 사람에 대한 검사의 약물치료명령(화학적 거세) 청구에 관한 '성폭력범죄자의 성충동 약물치료에 관한 법률' 제4조 제1항은 과잉금지원칙을 위배하여 치료대상자의 기본권을 침해한다고 볼 수 없으므로 헌법에 위반되지 아니한다. [19국가7급등] / 법원의 약물치료명령 선고에 관한 같은 법률 제8조 제1항은, 장기형의 선고로 치료명령의 선고시점과 집행시점 사이에 상당한 시간적 간극이 존재하여 집행시점에서 치료의 필요성이 달라진 때에 불필요한 치료를 배제할 수 있는 절차가 없는 상태에서 선고시점에서 치료명령청구가 이유 있는 경우 치료명령을 선고하도록 한 점에서 과잉금지원칙을 위배하여 치료대상자의 기본권을 침해하여 헌법에 위반된다.(헌재 2015.12.23. 2013헌가9)[헌법불합치(잠정적용)] [19국가7급 등]

13. 아동·청소년대상 성폭력범죄자에 대한 신상정보 공개를 규정한 구 '아동·청소년의 성보호에 관한 법률' 제38조 제1항 본문 제1호, 신상정보 고지를 규정한 구 '아동·청소년의 성보호에 관한 법률' 제38조의2 제1항 본문 제1호, 19세 미만자에 대한 성폭력범죄를 저지른 때 전자장치 부착기간의 하한을 2배 가중하는 '특정 범죄자에 대한 보호관찰 및 전자장치 부착 등에 관한 법률' 규정은 헌법에 위반되지 않는다.(헌재 2016.5.26. 2014헌바164) [21경찰1차]

14. 상관을 폭행한 사람을 5년 이하의 징역으로 처벌하도록 규정한 군형법 제48조 제2호 중 '폭행'에 관한 부분은 책임과 형벌 간의 비례원칙 및 평등원칙에 위배되지 않으므로 헌법에 위반되지 않는다. (헌재 2016.6.30. 2015헌바132)

15. 공무원이 지위를 이용하여 선거에 영향을 미치는 행위를 금지하는 공직선거법 제85조 제1항 중 "공무원이 지위를 이용하여 선거에 영향을 미치는 행위" 부분은 죄형법정주의의 명확성원칙에 위배되지 않아 헌법에 위반되지 않으나[합헌], 그에 관한 처벌규정(5년 이하의 징역)인 공직선거법 제255조 제5항 중 제85조 제1항의 "공무원이 지위를 이용하여 선거에 영향을 미치는 행위" 부분은 형벌체계상의 균형에 현저히 어긋나므로 헌법에 위반된다. (헌재 2016.7.28. 2015헌가6)[위헌]

16. 보호의무자 2인의 동의와 정신건강의학과 전문의 1인의 진단으로 정신질환자에 대한 보호입원이 가능하도록 한 정신보건법 제24조 제1항 및 제2항은 신체의 자유를 침해한다. (헌재 2016.9.29. 2014헌가9)[헌법불합치(잠정적용)] [20국회8급, 17국가7급]

17. 국가기술자격증을 다른 자로부터 빌려 건설업의 등록기준을 충족시킨 경우 그 건설업 등록을 필요적으로 말소하도록 한 건설산업기본법 제83조 단서 중 제6호 부분은 헌법에 위반되지 않는다. (헌재 2016.12.29. 2015헌바429) [20입시]

18. '정보통신망 이용촉진 및 정보보호 등에 관한 법률' 제74조 제1항 제3호 중 '제44조의7 제1항 제3호를 위반하여 공포심이나 불안감을 유발하는 문언을 반복적으로 상대방에게 도달하게 한 자' 부분 및 제44조의7 제1항 제3호 중 '공포심이나 불안감을 유발하는 문언을 반복적으로 상대방에게 도달하도록 하는 내용의 정보'에 대해 형사처벌하는 것은 헌법에 위반되지 아니한다. (헌재 2016.12.29. 2014헌바434)

19. 현금영수증 발행의무 위반에 대하여 현금영수증 미발급액의 100분의 50에 상당하는 과태료를 부과하는 것은 헌법에 위반되지 아니한다. (헌재 2017.5.25. 2017헌바57) [20입시]

20. 소비자들에게 정품 화장품에 일명 샘플 화장품을 끼워 판매하는 수법으로 샘플 화장품을 판매하는 경우 형사 처벌하는 것은 헌법에 위반되지 아니한다. (헌재 2017.5.25. 2016헌바408) [18국회8급]

21. 대부업자가 대부업의 등록 취소 처분을 받았음에도 기존에 체결한 대부계약에 따른 거래를 종결하는 범위에서 대부업자로 본다고 규정한 '대부업 등의 등록 및 금융이용자 보호에 관한 법률' 제14조 제3호 중 대부업자가 금고 이상의 형의 집행유예를 선고받고 그 유예기간 중에 있음을 이유로 대부업 등록이 취소된 경우에 관한 부분은 명확성원칙, 과잉금지원칙, 평등권을 침해하지 않는다. (헌재 2017.10.26. 2015헌바338)

22. 지역축협 조합원이 조합원 자격이 없는 경우 당연히 탈퇴되고, 이사회는 그 사유를 확인하여야 한다고 규정하고 있는 농업협동조합법 제29조 제2항 제1호, 제3항 중 제2항 제1호에 관한 부분은 명확성원칙 및 과잉금지원칙에 위배되지 않는다. (헌재 2018.1.28. 2016헌바315)

23. 면세유류 관리기관인 수협이 관리 부실로 인하여 면세유류 구입카드등을 잘못 교부·발급한 경우 해당 석유류에 대한 부가가치세 등 감면세액의 100분의 20에 해당하는 금액을 가산세로 징수하도록 규정한 각 구 조세특례제한법 제106조의2 제11항 제2호 중 '면세유류 관리기관인 조합' 가운데 '수산업협동조합법에 따른 조합'에 관한 부분은 모두 헌법에 위반되지 아니한다.(헌재 2021.7.15. 2018헌바338)[합헌]

24. 주거침입강제추행죄 및 주거침입준강제추행죄에 대하여 무기징역 또는 7년 이상의 징역에 처하도록 한 '성폭력범죄의 처벌 등에 관한 특례법' 제3조 제1항 중 '형법 제319조 제1항(주거침입)의 죄를 범한 사람이 같은 법 제298조(강제추행), 제299조(준강제추행) 가운데 제298조의 예에 의하는 부분의 죄를 범한 경우에는 무기징역 또는 7년 이상의 징역에 처한다.'는 부분은 헌법에 위반된다.(헌재 2023.2.23. 2021헌가9)[위헌][예상판례] 심판대상조항은 법정형의 '상한'을 무기징역으로 높게 규정함으로써 불법과 책임이 중대한 경우에는 그에 상응하는 형을 선고할 수 있도록 하고 있다. 그럼에도 불구하고 <u>법정형의 '하한'을 일률적으로 높게 책정하여 경미한 강제추행 또는 준강제추행의 경우까지 모두 엄하게 처벌하는 것은 책임주의에 반한다.</u> 법정형이 과중한 나머지 선고형이 사실상 법정형의 하한에서 1회 감경한 수준의 형량으로 수렴된다면, <u>이는 실질적으로 형벌이 구체적인 책임에 맞게 개별화되는 것이 아니라 획일화되는 결과를 야기할 수 있고, 경우에 따라서는 법관의 양형을 전제로 하는 법정형의 기능이 상실될 수도 있다.</u> 심판대상조항은 그 법정형이 형벌 본래의 목적과 기능을 달성함에 있어 필요한 정도를 일탈하였고, 각 행위의 개별성에 맞추어 그 책임에 알맞은 형을 선고할 수 없을 정도로 과중하므로, 책임과 형벌 간의 비례원칙에 위배된다.

2. 이중기준의 원칙과 사회연관성 이론(과잉금지원칙의 차별적 적용)

❶ 이중기준의 원칙(미연방대법원)

이중기준의 원칙은 경제적 기본권보다 정신적 기본권의 상대적 우월성을 인정하여 정신적 기본권을 제한하는 법률의 위헌성 심사기준을 더욱 엄격하게 하여야 한다는 원칙을 말한다. 미연방대법원의 입장이다.

❷ 사회연관성 이론(독일연방헌재, 한국 헌재)

사회연관성 이론이란 기본권의 행사가 개인적 차원인 경우와 사회적 연관관계에 있을 때로 나누어 사회적 연관성이 있는 기본권에 대한 제한은 더 넓게 인정된다는 독일연방헌법재판소의 입장이다. 즉, 사회적 연관관계가 있는 기본권에 대한 제한은 입법자의 판단이 명백히 잘못되었는가라는 명백성 통제를 기준으로 삼게 된다.

❸ 헌법재판소는 사회연관성 이론에 입각한 판시를 하고 있다.

> ➡ 관련판례

1. 모든 병원의 의료보험 강제지정제(헌재 2002.1.31. 99헌바76)[합헌]
   개인이 기본권의 행사를 통하여 일반적으로 타인과 사회적 연관관계에 놓여지는 경제적 활동을 규제하는 사회·경제정책적 법률을 제정함에 있어서는 입법자에게 보다 광범위한 형성권이 인정되므로, 이 경우 입법자의 예측 판단이나 평가가 명백히 반박될 수 있는가 아니면 현저하게 잘못되었는가 하는 것만을 심사하는 것이 타당하다고 본다.
2. 일반적인 물건에 대한 재산권 행사에 비하여 동물에 대한 재산권 행사는 사회적 연관성과 사회적 기능이 매우 크다 할 것이므로 이를 제한하는 경우 입법재량의 범위를 폭넓게 인정함이 타당하다. 그러므로 이 사건 법률조항이 과잉금지원칙을 위반하여 재산권을 침해하는지 여부를 살펴보되 심사기준을 완화하여 적용함이 상당하다.(헌재 2013.10.24. 2012헌바431) [15국가7급등]

3. 과잉금지원칙의 적용범위

> ➡ 관련판례

1. 광고가 금지된 상품(담배)의 협찬고지 금지(헌재 2003.12.18. 2002헌바49) [합헌]
2. 인간다운 생활을 할 권리의 침해(헌재 1997.5.29. 94헌마33) [20국가7급]
   국가가 인간다운 생활을 보장하기 위한 헌법적인 의무를 다하였는지의 여부가 사법적 심사의 대상이 된 경우에는, 국가가 생계보호에 관한 입법을 전혀 하지 아니하였다든가 그 내용이 현저히 불합리하여 헌법상 용인될 수 있는 재량의 범위를 명백히 일탈한 경우에 한하여 헌법에 위반된다고 할 수 있다.

⑤ 본질적 내용 침해금지의 원칙(제3차 개헌에서 규정 ➡ 제7차 개헌에서 삭제 ➡ 제8차 개헌에서 다시규정)

절대설 (독일연방 헌법재판소)	핵심영역보장설: 본질적 내용의 침해란 그 침해로 인하여 기본권이 유명무실해지거나 형해화되는 것을 의미하며, 어느 정도의 침해가 본질적 내용에 대한 침해인가는 각 기본권의 내용 중에서 그 핵이 되는 실체가 어떤 것인가에 따라 결정될 것이라고 한다. [15변호사]
상대설 (독일연방대법원)	상대설은 본질적 내용은 개별적 경우마다 분리시켜 확정해야 한다는 입장이다.
판례	헌법재판소는 기본적으로 절대설 중 핵심영역보장설에 입각하고 있으나, 사형제도에서는 상대설을 따른다. [18법원직]

기본권의 본질적 내용

1. 「사형제도를 규정한 형법 제250조 등 위헌소원」 사건(헌재 1996.11.28. 95헌바1)[합헌] – 상대설

   "생명권에 대한 제한은 곧 생명권의 완전한 박탈을 의미한다 할 것이므로, <u>사형이 비례의 원칙에 따라서 최소한 동등한 가치가 있는 다른 생명 또는 그에 못지 아니한 공공의 이익을 보호하기 위한 불가피성이 충족되는 예외적인 경우에만 적용되는 한</u>, 그것이 비록 생명을 빼앗는 형벌이라 하더라도 헌법 제37조 제2항 단서에 위반되는 것으로 볼 수는 없다 할 것이다"라고 판시하여 상대설을 따르고 있는 것으로 평가된다. [05사시] – 상관살해죄에 대해 사형을 유일한 법정형으로 규정한 군형법 규정은 위헌이다.

2. 담보물권의 본질적 내용의 의미(헌재 1997.8.21. 94헌바19 등)[헌법불합치] – 핵심영역보장설

   이 사건 법률조항이 근로자에게 그 퇴직금 전액에 대하여 질권자나 저당권자에 우선하는 변제수령권을 인정함으로써 결과적으로 질권자나 저당권자가 그 권리의 목적물로부터 거의 또는 전혀 변제를 받지 못하게 되는 경우에는, 그 질권이나 저당권의 본질적 내용을 이루는 우선변제수령권이 형해화하게 되므로 이 사건 법률조항 중 "퇴직금" 부분은 질권이나 저당권의 본질적 내용을 침해할 소지가 생기게 되는 것이다.

Ⅲ 특별권력관계와 기본권의 제한

01. 일반권력관계와 특별권력관계의 개념

일반권력관계	국가와 일반 국민의 관계를 말한다.
특별권력관계	국가와 공무원·군인·수형자·국립대 학생의 관계를 말한다.

02. 일반권력관계와 특별권력관계의 차이점

일반권력관계	기본권제한에는 법적근거가 필요하고, 피해가 있으면 국민은 국가를 상대로 소송이 가능하다.
특별권력관계	기본권제한에 법적근거가 필요없고, 피해가 있어도 소송이 안 된다는 점에서 출발하였다.

03. 특별권력관계와 법치주의

Ule의 이론	기본관계(공무원 임용 해임)와 업무수행관계(복무관계·경영관계)로 구분하여 기본관계는 법적근거가 필요하고 사법심사를 인정하는 제한적 긍정설

현재의 통설·판례	대법원과 헌법재판소는 특별권력관계에 대한 사법심사를 전면적으로 인정한다. 즉, 전면적인 법치주의와 사법심사가 인정된다. 다만, 법적근거가 있을 때 합리적이라고 인정되는 범위 내에서는 일반국민에게 허용되지 아니하는 권리제한이나 의무부과가 가능하다. 또한 기본권 제한의 한계를 검토하는 과정에서 일반권력관계와 달리 비례성 원칙을 완화시켜 적용할 수 있다.

Ⅳ 국가비상사태하에서의 기본권의 제한

헌법 제76조 ① 대통령은 내우·외환·천재·지변 또는 중대한 재정·경제상의 위기에 있어서 국가의 안전보장 또는 공공의 안녕질서를 유지하기 위하여 긴급한 조치가 필요하고 국회의 집회를 기다릴 여유가 없을 때에 한하여 최소한으로 필요한 재정·경제상의 처분을 하거나 이에 관하여 법률의 효력을 가지는 명령을 발할 수 있다.	• 국가긴급권은 공공복리의 목적으로 적극적으로 행사할 수 없다. • 긴급재정경제명령이 헌법 제76조 소정의 요건과 한계에 부합하는 것이라면 그 자체로 목적의 정당성, 수단의 적합성, 침해의 최소성, 법익의 균형성이라는 과잉금지원칙을 준수한 것이다. • 긴급명령은 국회의 집회가 불가능할 때, 긴급재정경제명령·처분은 국회의 집회를 기다릴 여유가 없을 때, 계엄은 국회 집회여부와 관계없다.
② 대통령은 국가의 안위에 관계되는 중대한 교전상태에 있어서 국가를 보위하기 위하여 긴급한 조치가 필요하고 국회의 집회가 불가능한 때에 한하여 법률의 효력을 가지는 명령을 발할 수 있다.	
③ 대통령은 제1항과 제2항의 처분 또는 명령을 한 때에는 지체없이 국회에 보고하여 그 승인을 얻어야 한다	
④ 제3항의 승인을 얻지 못한 때에는 그 처분 또는 명령은 그때부터 효력을 상실한다. 이 경우 그 명령에 의하여 개정 또는 폐지되었던 법률은 그 명령이 승인을 얻지 못한 때부터 당연히 효력을 회복한다.	
⑤ 대통령은 제3항과 제4항의 사유를 지체없이 공포하여야 한다.	
제77조 ① 대통령은 전시·사변 또는 이에 준하는 국가비상사태에 있어서 병력으로써 군사상의 필요에 응하거나 공공의 안녕질서를 유지할 필요가 있을 때에는 법률이 정하는 바에 의하여 계엄을 선포할 수 있다.	계엄이 선포되면 병력으로써 치안유지를 담당한다.
② 계엄은 비상계엄과 경비계엄으로 한다.	계엄의 종류는 법률로 정한다. (×)

③ 비상계엄이 선포된 때에는 법률이 정하는 바에 의하여 <u>영장제도, 언론·출판·집회·결사의 자유</u>, 정부나 법원의 권한에 관하여 특별한 조치를 할 수 있다. [10지방7급]	계엄법에는 거주·이전의 자유와 단체행동에 대하여 특별한 조치를 할 수 있다는 규정이 있다.
④ 계엄을 선포한 때에는 대통령은 지체없이 국회에 <u>통고</u>하여야 한다.	계엄은 국회의 승인이 필요 없다.
⑤ 국회가 <u>재적의원 과반수의 찬성</u>으로 계엄의 해제를 요구한 때에는 대통령은 이를 <u>해제하여야 한다.</u>	계엄의 선포와 해제는 국무회의 심의대상이다.

▶ 관련판례

국가긴급권에 있어서 기본권 제한의 요건
대통령이 발한 금융실명거래 및 비밀보장에 관한 긴급재정경제명령의 위헌확인 사건(헌재 1996.2.29. 93헌마186)[기각, 각하] [18법원직]
"긴급재정경제명령이 <u>헌법 제76조 소정의 요건과 한계에 부합한다면</u>, 그 자체로 <u>목적의 정당성, 수단의 적절성, 침해의 최소성, 법익의 균형성이라는 기본권 제한의 한계로서의 과잉금지원칙을 준수하는 것이 되는 것</u>"이라고 판시하였다.

SECTION 6 | 기본권의 확인과 보장

제1항 | 국가의 기본권 확인과 기본권 보호의무

> **헌법 제10조** 모든 국민은 <u>인간으로서의 존엄과 가치</u>를 가지며, <u>행복을 추구할 권리</u>를 가진다. 국가는 개인이 가지는 <u>불가침의 기본적 인권을 확인</u>하고 이를 <u>보장할 의무</u>를 진다.

01. 위험원으로서의 사인

사인인 가해자 – 국가 – 사인인 피해자의 삼각관계가 형성된다.

02. 보호의무의 내용 [22경찰1차]

보호의무의 수범자	1차적 수범자: 법치행정의 원칙상 1차적으로 국회가 법을 만들어야 기본권의 보호가 가능하다. 즉, 기본권 보호의무의 1차적 수범자는 국회이다. [15변호사]
	행정부와 사법부: 입법의 내용에 따른 집행과 재판을 통하여 기본권을 구체적으로 실현하게 되며, 이 과정에서 행정부와 사법부는 기본권의 보장의무를 담당하게 된다.
보호의 정도	국회가 법을 제정할 때는 여러 가지 여건을 고려하여 '<u>최적</u>'의 보호를 하여야 한다.

통제의 기준	과소보호금지의 원칙: 국가는 적어도 국민의 기본권적 법익을 보호하기 위하여 적절하고도 효과적인 <u>최소한의 보호조치를 취할 의무</u>를 진다. 그러한 보호조치가 헌법이 요구하는 최저한의 보호수준에 미달하여서는 아니 된다는 것이 과소보호금지의 원칙이다.
	헌법재판소의 기준: "헌법재판소로서는 국가가 특정조치를 취해야만 당해 법익을 효율적으로 보호할 수 있는 유일한 수단인 특정조치를 취하지 않은 때에 보호의무의 위반을 확인하게 된다"고 판시하여 과소보호금지원칙의 의미를 '적절하고 효율적인 최소한의 보호조치'라고 제시하고 있다. [15변호사]
통제의 한계	1. 헌법재판소는 국민의 기본권 보장을 위한 보호조치가 전혀 이루어지지 않은 진정 입법부작위의 경우나, 채택한 보호조치가 기본권을 보호하기에 명백하게 부적합하거나 불충분한 경우에 한하여 보호의무 위반을 이유로 위헌 판단을 내릴 수 있을 것이다. 2. 권력분립의 원칙상 헌법재판소는 보호의무위반을 확인할 수 있을 뿐 입법자에게 특정의 조치를 채택하도록 의무를 부과할 수는 없다는 점에서 한계가 있다.

* 기본권 보호의무는 국가기관마다 동일한 기준이 적용되는 것이 아니다.

▷ 관련판례

1. 교통사고처리특례법(헌재 2009.2.26. 2005헌마764)[위헌]
   (1) 국가의 기본권 보호의무를 위반한 것은 아니다. [15변호사, 14국가7급]
   (2) 교통사고 피해자가 업무상 과실 또는 중대한 과실로 인하여 '중상해'를 입은 경우에 공소를 제기하지 못하는 것은 헌법에 위반된다.
       • 이 사건 법률조항은 과잉금지원칙에 위반하여 업무상 과실 또는 중대한 과실에 의한 교통사고로 중상해를 입은 피해자의 <u>재판절차진술권을 침해</u>한 것이라 할 것이다.
       • 이 사건 법률조항으로 인하여 단서조항에 해당하지 아니하는 교통사고로 중상해를 입은 피해자를 단서조항에 해당하는 교통사고의 중상해 피해자 및 사망사고의 피해자와 재판절차진술권의 행사에 있어서 달리 취급한 것은, 단서조항에 해당하지 아니하는 교통사고로 중상해를 입은 피해자들의 <u>평등권을 침해</u>하는 것이라 할 것이다.
   (3) 교통사고 피해자가 업무상 과실 또는 중대한 과실로 인하여 '중상해가 아닌 상해'를 입은 경우에 공소를 제기하지 못해도 합헌이다.
       형사에 관한 법률이 위헌이 되면 소급효가 인정되지만, 불처벌의 특례는 소급효가 인정되지 않는다.
2. 기본권 보호의무 – 미국산 쇠고기 및 쇠고기 제품 수입위생조건 위헌확인(헌재 2008.12.26. 2008헌마419)[기각] [09국가7급 등]
3. 담배사업법은 국가의 보호의무를 위반하여 청구인의 생명·신체의 안전에 관한 권리를 침해하지 않는다.(헌재 2015.4.30. 2012헌마38) [예상판례]
   담배의 제조 및 판매에 관하여 규율하고 있는 구 담배사업법에 대하여 간접흡연자와 의료인은 자기관련성이 인정되지 않는다.
4. 가축사육시설의 허가 및 등록기준인 구 축산법 시행령 규정은 국민의 생명·신체의 안전에 대한 국가의 보호의무에 반하지 않는다.(헌재 2015.9.24. 2013헌마384)

5. 발전용원자로 및 관계시설의 건설허가 신청시 필요한 방사선환경영향평가서 및 그 초안을 작성하는 데 있어 '중대사고'에 대한 평가를 제외하고 있는 '원자력이용시설 방사선환경영향평가서 작성 등에 관한 규정' 제5조 제1항 [별표1], [별표2] 중 해당 부분은 국가의 기본권 보호의무를 위반하지 않았고 청구인들의 생명·신체의 안전에 대한 권리를 침해하지 않는다. (헌재 2016.10.27. 2012헌마121) [22경찰간부]

6. 국가의 기본권 보호의무란 사인인 제3자에 의한 생명이나 신체에 대한 침해로부터 이를 보호하여야 할 국가의 의무를 말하는 것으로, 국가가 직접 주방용 오물분쇄기의 사용을 금지하여 개인의 기본권을 제한하는 경우에는 국가의 기본권보호의무 위반 여부가 문제되지 않는다. [19국회8급]

  (1) 주방용오물분쇄기를 판매하거나 판매하고자 하는 청구인들은 심판대상조항이 주방용오물분쇄기의 판매를 금지하고 있어 이를 직업으로 삼거나 직업활동의 하나로 하고자 하여도 할 수 없으므로, 좁은 의미의 직업선택의 자유와 직업수행의 자유를 포함하는 직업의 자유를 제한받는다.

  (2) 주방용오물분쇄기를 사용하고자 하는 청구인들은 심판대상조항이 주방용 오물분쇄기의 사용을 금지하고 있어 이를 이용하여 자유롭게 음식물찌꺼기 등을 처리할 수 없으므로, 행복추구권으로부터 도출되는 일반적 행동자유권을 제한받는다. (헌재 2018.6.28. 2016헌마1151)

7. 국가의 기본권 보호의무로부터 국가 자체가 불법적으로 국민의 생명권, 신체의 자유 등 기본권을 침해하는 경우 그에 대한 손해배상을 해 주어야 할 국가의 작위의무가 도출된다고 볼 수 있다. [19국회8급]

8. 권리능력의 존재 여부를 출생시를 기준으로 확정하고 태아에 대해서는 살아서 출생할 것을 조건으로 손해배상청구권을 인정한 법률조항은 국가의 생명권 보호의무를 위반한 것이라 볼 수 없다. [22경찰승진]

▶ 관련판례

기본권 보호의무 위반을 인정한 사례

1. 구 '민주화운동 관련자 명예회복 및 보상 등에 관한 법률' 제18조 제2항의 '민주화운동과 관련하여 입은 피해' 중 불법행위로 인한 정신적 손해에 관한 규정이 없는 것은 헌법에 위반된다. (헌재 2018.8.30. 2014헌바180) [일부위헌]
   국가의 기본권보호의무를 규정한 헌법 제10조 제2문의 취지에도 반하는 것으로서, 지나치게 가혹한 제재에 해당한다. 따라서 심판대상조항 중 정신적 손해에 관한 부분은 관련자와 유족의 국가배상청구권을 침해한다. [17서울7급]

2. 전국동시지방선거의 선거운동 과정에서 후보자들이 확성장치를 사용할 수 있도록 허용하면서도 그로 인한 소음의 규제기준을 정하지 아니한 공직선거법 제79조 제3항 제2호 중 '시·도지사 선거' 부분, 같은 항 제3호 및 공직선거법 제216조 제1항은 헌법에 합치되지 아니한다. (헌재 2019.12.27. 2018헌마730) [헌법불합치] [22경찰1차, 21·20국가7급]
   심판대상조항은 국가의 기본권 보호의무를 과소하게 이행한 것으로서, 청구인의 건강하고 쾌적한 환경에서 생활할 권리를 침해한다.

제2항 | 기본권의 침해와 구제

Ⅰ 입법부작위의 종류와 구제

구분	단순입법부작위	진정입법부작위	부진정입법부작위
개념	단순히 입법을 하지 아니하고 있는 상태를 말한다.	헌법상 명시적 입법의무가 있거나, 헌법의 해석상 입법의무가 있는 사항에 관하여 국회가 전혀 입법을 하지 아니하는 '입법의 흠결'을 말한다.(즉, 입법권의 불행사)	국회가 어떤 사항에 관하여 입법은 하였으나 그 입법의 내용 등이 불완전, 불충분 또는 불공정하게 규율함으로써 '입법행위에 결함'이 있는 경우를 말한다.(즉, 결함이 있는 입법권의 행사)
헌법소원 가능성	불가	입법부작위를 대상으로 하는 헌법 소원 가능	입법부작위를 대상으로 하는 헌법 소원은 불가. 법률 자체를 대상으로 하는 것은 가능
청구기간		제한이 없음	제한이 있음

▶ 관련판례

조선철도주식회사사건(헌재 1994.12.29. 89헌마2)[위헌확인]
우리 헌법은 제헌 이래 현재까지 일관하여 <u>재산의 수용, 사용 또는 제한에 대한 보상금을 지급하도록 규정하면서 이를 법률이 정하도록 위임함으로써 국가에게 명시적으로 수용 등의 경우 그 보상에 관한 입법의무를 부과하여 왔는</u> 바, 해방 후 사설철도회사의 전 재산을 수용하면서 그 보상절차를 규정한 군정법령 제75호에 따른 보상절차가 이루어지지 않은 단계에서 조선철도의통일폐지법률에 의하여 위 군정법령이 폐지됨으로써 대한민국의 법령에 의한 수용은 있었으나 그에 대한 보상을 실시할 수 있는 절차를 규정하는 법률이 없는 상태가 현재까지 계속되고 있으므로, 대한민국은 위 군정법령에 근거한 수용에 대하여 보상에 관한 법률을 제정하여야 하는 입법자의 헌법상 명시된 입법의무가 발생하였으며, 위 폐지법률이 시행된 지 <u>30년이 지나도록 입법자가 전혀 아무런 입법조치를 취하지 않고 있는 것은 입법재량의 한계를 넘는 입법의무불이행으로서 보상청구권이 확정된 자의 헌법상 보장된 재산권을 침해하는 것이므로 위헌이다.</u>

Ⅱ 국가인권위원회에 의한 기본권 구제

01. 국가인권위원회의 구성과 위원의 신분보장 등

> **국가인권위원회법 제1조(목적)** 이 법은 국가인권위원회를 설립하여 모든 <u>개인이 가지는 불가침의 기본적 인권을 보호</u>하고 그 수준을 향상시킴으로써 <u>인간으로서의 존엄과 가치를 구현</u>하고 <u>민주적 기본질서의 확립</u>에 이바지함을 목적으로 한다.
> **제2조(정의)** 이 법에서 사용하는 용어의 뜻은 다음과 같다.
> 　1. "인권"이란 「대한민국헌법」 및 법률에서 보장하거나 대한민국이 가입·비준한 국제인권조약 및 국제관습법에서 인정하는 인간으로서의 존엄과 가치 및 자유와 권리를 말한다. [17지방7급]

3. "평등권 침해의 차별행위"란 합리적인 이유 없이 성별, 종교, 장애, 나이, 사회적 신분, 출신 지역(출생지, 등록기준지, 성년이 되기 전의 주된 거주지 등을 말한다), 출신 국가, 출신 민족, 용모 등 신체 조건, 기혼·미혼·별거·이혼·사별·재혼·사실혼 등 혼인 여부, 임신 또는 출산, 가족 형태 또는 가족 상황, 인종, 피부색, 사상 또는 정치적 의견, 형의 효력이 실효된 전과(前科), 성적(性的) 지향, 학력, 병력(病歷) 등을 이유로한 다음 각 목의 어느 하나에 해당하는 행위를 말한다. 다만, 현존하는 차별을 없애기 위하여 특정한 사람(특정한 사람들의 집단을 포함한다. 이하 이 조에서 같다)을 잠정적으로 우대하는 행위와 이를 내용으로 하는 법령의 제정·개정 및 정책의 수립·집행은 평등권 침해의 차별행위(이하 "차별행위"라 한다)로 보지 아니한다.

제5조(위원회의 구성) ① 위원회는 위원장 1명과 상임위원 3명을 포함한 11명의 인권위원(이하 "위원"이라 한다)으로 구성한다.
② 위원은 다음 각 호의 사람을 대통령이 임명한다.
1. 국회가 선출하는 4명(상임위원 2명을 포함한다)
2. 대통령이 지명하는 4명(상임위원 1명을 포함한다)
3. 대법원장이 지명하는 3명
⑤ 위원장은 위원 중에서 대통령이 임명한다. 이 경우 위원장은 국회의 인사청문을 거쳐야 한다.
⑥ 위원장과 상임위원은 정무직공무원으로 임명한다.
⑦ 위원은 특정 성(性)이 10분의 6을 초과하지 아니하도록 하여야 한다.
⑧ 임기가 끝난 위원은 후임자가 임명될 때까지 그 직무를 수행한다.

* 국가인권위원장도 국무회의에 출석 발언할 수 있지만 표결권은 없다.
* 국가인권위 위원도 면책특권이 인정되지만 고의 또는 과실이 없을 때 인정된다는 점에서 국회의원의 면책특권과 다르다.
* 권한쟁의심판은 헌법에 의해 설치된 기관만 할 수 있다. 따라서 인권위원회는 권한쟁의를 할 수 없다.
* 인권위원회는 개선, 시정권고, 고발, 징계권고 등을 할 수 있지만 명령권은 없다. 따라서 인권위의 권고는 구속력이 없다.

1 인적 적용범위

이 법은 대한민국 국민과 대한민국의 영역 안에 있는 외국인에 대하여 적용한다. [07국가7급]

02. 국가인권위원회의 운영

국가인권위원회법 제6조(위원장의 직무) ② 위원장이 부득이한 사유로 직무를 수행할 수 없는 때에는 위원장이 미리 지명한 상임위원이 그 직무를 대행한다.
③ 위원장은 국회에 출석하여 위원회의 소관 사무에 관하여 의견을 진술할 수 있으며, 국회의 요구가 있을 때에는 출석하여 보고하거나 답변하여야 한다.
④ 위원장은 국무회의에 출석하여 발언할 수 있으며, 그 소관사무에 관하여 국무총리에게 의안(이 법의 시행에 관한 대통령령안을 포함한다)의 제출을 건의할 수 있다.
제14조(의사의 공개) 위원회의 의사는 공개한다. 다만, 위원회·상임위원회 또는 소위원회가 필요하다고 인정하는 경우에는 공개하지 아니할 수 있다. [12국회8급]
제21조(정부보고서 작성시 위원회 의견청취) 국제인권규약의 규정에 따라 관계 국가기관이 정부보고서를 작성할 때에는 위원회의 의견을 들어야 한다

> **제49조(조사와 조정 등의 비공개)** 위원회의 진정에 대한 <u>조사·조정 및 심의는 비공개</u>로 한다. 다만, 위원회의 의결이있는 때에는 이를 공개할 수 있다.

1 **국가인권위원회의 성격**

국가인권위원회는 헌법상의 기관이 아니라 법률상의 기관이다. 따라서 권한쟁의심판의 당사자능력이 없다.

2 **국가인권위원회의 독립성**

국가인권위원회는 대통령 소속의 위원회가 아니고 독립된 국가기관이므로 대통령의 지휘 감독을 받지 아니한다.

03. 국가인권위원회의 직무와 권한

> **국가인권위원회법 제25조(정책과 관행의 개선 또는 시정권고)** ① 위원회는 인권의 보호와 향상을 위하여 필요하다고 인정하는 경우 관계기관 등에 대하여 정책과 관행의 개선 또는 시정을 권고하거나 의견을 표명할 수 있다.
> ② 제1항의 규정에 의하여 권고를 받은 기관의 장은 그 권고사항을 존중하고 이행하기 위하여 <u>노력하여야 한다</u>.
>
> **제28조(법원 및 헌법재판소에 대한 의견제출)** ① 위원회는 인권의 보호와 향상에 중대한 영향을 미치는 재판이 <u>계속중인 경우</u> <u>법원 또는 헌법재판소의 요청이 있거나 필요하다고 인정하는 때</u>에는 법원의 담당재판부 또는 헌법재판소에 <u>법률상의 사항에 관하여</u> 의견을 제출할 수 있다. [10법무사]
> ② 제4장의 규정에 의하여 위원회가 조사 또는 처리한 내용에 관하여 재판이 <u>계속중인 경우</u>, 위원회는 법원 또는 헌법재판소의 요청이 있거나 필요하다고 인정하는 때에는 법원의 담당재판부 또는 헌법재판소에 <u>사실상 및 법률상의 사항에 관하여</u> 의견을 제출할 수 있다.
>
> **제29조(보고서 작성 등)** ① 위원회는 해마다 전년도의 활동 내용과 인권 상황 및 개선대책에 관한 보고서를 작성하여 대통령과 국회에 보고하여야 한다. 이 경우 보고서에는 <u>군 인권 관련 사항을 포함하여야 한다</u>.
>
> **제45조(고발 및 징계권고)** ① 위원회는 진정을 조사한 결과 진정의 내용이 <u>범죄행위</u>에 해당하고 이에 대하여 형사처벌이 필요하다고 인정할 때에는 <u>검찰총장에게</u> 그 내용을 <u>고발할 수 있다</u>. 다만, 피고발인이 군인 또는 군무원인 경우에는 소속 군 참모총장 또는 국방부장관에게 고발할 수 있다. [12국회8급]
> ② 위원회가 진정을 조사한 결과 인권침해가 있다고 인정할 때에는 피진정인 또는 인권침해에 책임이 있는 자에 대한 징계를 <u>소속기관 등의 장에게 권고할 수 있다</u>.

04. 국가인권위원회의 인권침해조사와 인권구제 등

> **국가인권위원회법 제24조(시설의 방문조사)** ① 위원회(상임위원회 및 소위원회를 포함한다)는 필요하다고 인정하는 경우 그 의결로 구금·보호시설을 <u>방문하여 조사할 수 있다</u>.
> ⑤ 구금·보호시설의 직원은 위원 등이 시설수용자를 면담하는 장소에 <u>입회할 수 있다</u>. 다만, 대화내용을 녹음하거나 녹취하지 못한다.

OX 연습

1. 국회의 입법 또는 법원·헌법재판소의 재판에 의하여 헌법 제10조 내지 제22조에 보장된 인권을 침해당한 경우, 그 인권침해를 당한 사람이나 단체는 국가인권위원회에 그 내용을 진정할 수 있다. [12국회8급]

2. 국가인권위원회는 진정이 없다면 인권침해나 차별행위에 대해 이를 직권으로 조사할 수 없다. [12국회8급]

3. 국가인권위원회는 피해자의 명시한 의사에 반하여 피해자를 위한 법률구조 요청을 할 수 없다. [21경찰승진]

제30조(위원회의 조사대상) ① 다음 각 호의 어느 하나에 해당하는 경우에 인권침해나 차별행위를 당한 사람(이하 "피해자"라 한다) 또는 그 사실을 알고 있는 사람이나 단체는 위원회에 그 내용을 진정할 수 있다. [12국회8급]
1. 국가기관, 지방자치단체 또는 구금·보호시설의 업무수행(국회의 입법 및 법원·헌법재판소의 재판을 제외한다. [12국회8급])과 관련하여 「헌법」 제10조 내지 제22조에 보장된 인권을 침해당하거나 차별행위를 당한 경우
2. 법인, 단체 또는 사인(私人)에 의하여 차별행위를 당한 경우
③ 위원회는 제1항의 진정이 없는 경우에도 인권침해나 차별행위가 있다고 믿을 만한 상당한 근거가 있고 그 내용이 중대하다고 인정할 때에는 이를 직권으로 조사할 수 있다. [12국회8급]

제40조(합의의 권고) 위원회는 조사 중이거나 조사가 끝난 진정에 대하여 사건의 공정한 해결을 위하여 필요한 구제조치를 당사자에게 제시하고 합의를 권고할 수 있다.

제43조(조정위원회의 조정의 효력) 제42조 제2항에 따른 조정과 같은 조 제6항에 따라 이의를 신청하지 아니하는 경우의 조정을 갈음하는 결정은 재판상 화해와 같은 효력이 있다.

제47조(피해자를 위한 법률구조 요청) ① 위원회는 진정에 관한 위원회의 조사, 증거의 확보 또는 피해자의 권리 구제를 위하여 필요하다고 인정하면 피해자를 위하여 대한법률구조공단 또는 그 밖의 기관에 법률구조를 요청할 수 있다.
② 제1항에 따른 법률구조 요청은 피해자의 명시한 의사에 반하여 할 수 없다. [22경찰승진, 17국가7급]

제48조(긴급구제조치의 권고) ① 위원회는 진정을 접수한 후 조사대상 인권침해나 차별행위가 계속 중에 있다는 상당한 개연성이 있고, 이를 방치할 경우 회복하기 어려운 피해발생의 우려가 있다고 인정할 때에는 그 진정에 대한 결정 이전에 진정인이나 피해자의 신청에 의하여 또는 직권으로 피진정인, 그 소속기관 등의 장에게 다음 각 호의 1의 조치를 하도록 권고할 수 있다.

▶ 관련판례

1. 인권위 조사대상에서 법원의 판결을 제외한 것은 합헌이다.(헌재 2004.8.26. 2002헌마302)[기각]
   국가인권위원회는 제대로 운영되고 있는 기존의 국가기관들과 경합하는 것이 아니라 보충하는 방법으로 설립되고 운영되는 것이 바람직하며, 법원의 재판을 포함하여 모든 인권침해에 관한 진정을 빠짐없이 국가인권위원회의 조사대상으로 삼아야만 국가인권기구의 본질에 부합하는 것은 아니다.

2. 국가인권위원회가 한 진정에 대한 각하 또는 기각결정은 항고소송의 대상이 되는 행정처분이므로, 헌법소원심판을 청구하기 전에 먼저 행정심판이나 행정소송을 통해 다투어야 하고, 그러한 사전 구제절차 없이 청구된 헌법소원심판은 보충성 요건을 충족하지 못하여 부적법하다.(헌재 2015.3.26. 2013헌마214) [17국가7급, 16법원직 등]

Answer

1. × 국가인권위원회법 제30조 제1항
2. × 국가인권위원회법 제30조 제3항
3. ○ 국가인권위원회법 제47조

CHAPTER 02 인간의 존엄과 가치·행복추구권·평등권

SECTION 1 | 인간으로서의 존엄과 가치

제1항 | 인간의 존엄과 가치에 대한 입법례

헌법 제10조	모든 국민은 <u>인간으로서의 존엄과 가치</u>를 가지며, <u>행복을 추구할 권리</u>를 가진다. 국가는 개인이 가지는 불가침의 기본적 인권을 확인하고 이를 <u>보장할 의무</u>를 진다.	• 존엄과 가치: 5차 개헌, 독일의 영향 • 행복추구권: 8차 개헌, 미국의 영향 (버지니아 권리장전에서 유래)

제2항 | 인간의 존엄과 가치조항의 규범적 성격 – 기본권성(주관적 권리성) 인정 여부

주관적 권리성, 최고규범성	헌법재판소는 인간의 존엄과 가치의 객관적 헌법원리성과 주관적 권리성을 모두 인정하고 있다. 따라서 인간의 존엄성을 침해하는 경우 헌법소원이 가능하다.

> ➡ **관련판례**
>
> 계구사용행위는 인간의 존엄성을 침해한 것이다.(헌재 2003.12.18. 2001헌마163)[위헌]
> [18국회8급]
> 광주교도소장이 2000.3.7.부터 2001.4.2.까지 <u>총 392일(가죽수갑 388일) 동안 광주교도소에 수용되어 있는 청구인에게 상시적으로 양팔을 사용할 수 없도록 금속수갑과 가죽수갑을 착용하게 한 이 사건 계구사용행위는 … 청구인의 신체의 자유를 침해하고, 나아가 인간의 존엄성을 침해한 것으로 판단된다.</u>

제3항 | 인간의 존엄성의 주체

자연인	국민, 외국인 모두에게 인정된다. 현실적으로 행사할 능력이 있는지와 관계없이 인정된다. 따라서 ① 정신이상자나 기형아, ② 태아를 불문하고 모든 인간은 인간의 존엄과 가치를 갖는다.
법인	인간의 존엄성의 내용에 따라 다르다. 즉, 자연인을 전제로 하는 내용은 법인에게 인정되지 아니한다. 그러나 인격권은 법인에게도 인정된다. [17법원직]

> **관련판례**
>
> 업무방해죄 등으로 벌금 70만 원의 형이 확정되었으나 벌금의 납부를 거부하여 노역장유치명령에 따라 2012.12.8. 06:00경부터 2012.12.18. 13:00경까지 ○○구치소 13동 하층 14실(면적 8.96m², 정원 6명)에 수용한 행위는 청구인의 인간의 존엄과 가치를 침해한 것으로 위헌임을 확인한다.(헌재 2016.12.29. 2013헌마142)[인용] [19·17지방7급]
> <u>국가는 인간의 존엄과 가치에서 비롯되는 위와 같은 국가형벌권 행사의 한계를 준수하여야 하고, 어떠한 경우에도 수형자가 인간으로서 가지는 존엄과 가치를 훼손할 수 없다.</u>

SECTION 2 행복추구권

제1항 | 행복추구권의 의의

Ⅰ 행복추구권의 의의 및 연혁

01. 개념

행복추구권이란 소극적으로는 고통과 불쾌감이 없는 상태를 추구할 권리, 적극적으로는 만족감을 느끼는 상태를 추구할 권리이다.

02. 연혁

행복추구권은 1980년 제8차 개정헌법에서 신설된 규정으로 로크의 사상적 영향을 받은 미국에서 유래(버지니아 권리장전, 미국독립선언서)된 것이라 한다.

Ⅱ 행복추구권의 본질

> **관련판례**
>
> 헌법재판소는 자유권적 성격만을 인정하고 있다.(헌재 1995.7.21. 93헌가14) [15법원직]
> 헌법 제10조의 행복추구권은 국민이 행복을 추구하기 위하여 <u>필요한 급부를 국가에게 적극적으로 요구할 수 있는 것</u>을 내용으로 하는 것이 아니라, 국민이 행복을 추구하기 위한 활동을 국가권력의 간섭 없이 자유롭게 할 수 있다는 <u>포괄적인 의미의 자유권으로서의 성격</u>을 가지므로 국민에 대한 일정한 보상금 수급기준을 정하고 있는 이 사건 규정이 행복추구권을 침해한다고 할 수 없다.

제2항 | 행복추구권의 법적 성격

주관적 공권	다수설과 판례는 행복추구권의 주관적 공권성을 인정한다. 따라서 행복추구권의 침해를 이유로 헌법소원을 할 수 있다.
자연권	행복추구권은 자연법적 권리이다. 즉, 실정법적 권리가 아니다.
포괄적 권리	행복추구권은 포괄적 권리이다. 이 말은 헌법에 열거되지 아니한 권리들을 인간의 존엄과 행복추구권을 근거로 도출할 수 있다는 의미이다. [15법원직]
소극적 권리	헌법재판소는 행복추구권을 소극적 권리로 본다. "국민이 행복을 추구하기 위한 활동을 국가권력의 간섭 없이 자유롭게 할 수 있다는 포괄적인 의미의 자유권으로서의 성격을 가지는 것이다"라고 하여 적극적 성격을 인정하지 않는다.(헌재 1995.7.21. 93헌가14)[합헌] [12국가7급, 07법원직]

▶ 관련판례

1. 기부금품모집허가(헌재 1998.5.28. 96헌가5)[위헌] [19변호사, 09국가7급 등] - 허가 여부가 재량인 경우
   (1) 허가여부를 오로지 행정청의 자유로운 재량행사에 맡기고 있다. 따라서 기부금품을 모집하고자 하는 자는 비록 법 제3조에 규정된 요건을 충족시킨 경우에도 허가를 청구할 법적 권리가 없다. 법 제3조는 기부금품을 모집하고자 하는 국민에게 허가를 청구할 법적 권리를 부여하지 아니함으로써 국민의 기본권(행복추구권)을 침해하는 위헌적인 규정이다.
   (2) 침해의 최소성의 관점에서, 입법자는 그가 의도하는 공익을 달성하기 위하여 우선 기본권을 보다 적게 제한하는 단계인 기본권행사의 '방법'에 관한 규제로써 공익을 실현할 수 있는가를 시도하고 이러한 방법으로는 공익달성이 어렵다고 판단되는 경우에 비로소 그 다음 단계인 기본권행사의 '여부'에 관한 규제를 선택해야 한다.

2. 허가받지 아니한 기부금품모집을 처벌하는 것(헌재 2010.2.25. 2008헌바83)[합헌] [13국회8급] - 허가 여부가 기속인 경우
   허가를 받지 아니하고 기부금품을 모집한 자를 형사처벌하는 구 기부금품모집규제법 제15조 제1항 제1호는 입법재량의 범위를 넘어 과도한 제재를 과하는 것이라 볼 수 없다.

3. 군검찰관의 자의적인 기소유예처분(헌재 1989.10.27. 89헌마56)(헌재 2013.3.28. 2012헌마110)[취소]
   범죄혐의가 없음이 명백한 사안인데도 이에 대하여 검찰관이 자의적이고 타협적으로 기소유예처분을 했다면 이는 헌법 제11조 제1항의 평등권, 헌법 제10조의 행복추구권을 침해한 것이다.

   > 유사판례 ▶ 금전적인 문제로 피해자의 남자친구를 만나기 위하여 집을 찾아갔지만 계속하여 연락이 되지 않자 연락을 위한 수단으로 문 앞에 놓여 있던 피해자의 택배상자를 가져 온 점, 청구인 이외 다른 2명이 택배상자를 들고 나온 것이고 청구인은 위 실행행위에 가담하지 않은 것으로 확인되는 점, 사건 발생 6개월 후 택배상자를 배달된 상태 그대로 돌려준 점 등에 비추어 청구인에게 특수절도의 고의 및 불법영득의사가 없었다고 보아 피청구인이 청구인에 대하여 한 기소유예처분이 자의적인 검찰권의 행사로 청구인의 평등권과 행복추구권을 침해한다.(헌재 2019.6.28. 2018헌마948) [인용]

4. 검사의 기소유예처분 이후에 그 처분에 적용된 법률조항 부분에 대하여 헌법재판소의 한 정위헌결정이 있는 경우, 기소유예처분의 효력을 지속하는 것은 청구인의 평등권과 행복 추구권을 침해한다.(헌재 2014.4.24. 2009헌마248)[위헌, 취소] [예상판례] - 기소유예 처분을 취소한 사례

5. 변호사는 '공무원으로서 직무상 취급한 사건에 관하여 직무를 수행할 수 없다'라는 변 호사법 규정을 위반한 부분에 대하여 공소시효가 완성된 후의 기소유예는 청구인의 평 등권과 행복추구권이 침해되었다 할 것이므로 취소되어야 한다.(헌재 2016.12.29. 2015헌마880)
    [1] 직업의 자유를 침해한 것은 아니다.
    [2] 다른 전문직과의 관계상 평등권을 침해한 것은 아니다.

6. 전국기능경기대회 입상자의 국내기능경기대회 재출전을 금지하고 있는 숙련기술장려법 시행령 제27조 제1항, 제2항 중 각 '전국기능경기대회에 참가하여 입상한 사실이 없는 사 람에게만 참가자격을 부여한 부분'이 헌법에 합치되지 아니한다.(헌재 2015.10.21. 2013 헌마757)[헌법불합치]
    이 사건 시행령조항은 전국기능경기대회 입상자의 국내기능경기대회 재도전을 전 면적, 일률적으로 금지하고 있으므로 이는 청구인들의 행복추구권을 침해한다.

제3항 | 행복추구권의 주체

Ⅰ 자연인(외국인)

인간의 권리를 의미하므로 자연인만이 누릴 수 있다. 외국인도 이를 향유할 수 있다.

Ⅱ 법인

행복추구권에서 도출되는 일반적 행동자유권 및 개성의 자유로운 발현권의 경우 에는 법인에게도 인정하지만, 감정적 의미의 행복을 추구할 권리는 자연인에게만 인정하는 입장이다.

제4항 | 행복추구권의 내용

Ⅰ 헌법에 열거되지 아니한 기본권을 인정하기 위한 요건

헌법에 열거되지 아니한 기본권을 새롭게 인정하려면, ① 그 필요성이 특별히 인 정되고, ② 그 권리내용(보호영역)이 비교적 명확하여 구체적 기본권으로서의 실 체, 즉 권리내용을 규범 상대방에게 요구할 힘이 있고, ③ 그 실현이 방해되는 경 우 재판에 의하여 그 실현을 보장받을 수 있는 구체적 권리로서의 실질에 부합하 여야 한다.

Ⅱ 행복추구권에서 도출되는 개별기본권

헌법재판소는 「일반적 행동자유권」, 「개성의 자유로운 발현권」, 「자기결정권」, 「계약의 자유」, 「문화향유권」, 「휴식권」, 「자기책임의 원리」 등을 도출하고 있다. (헌재 2003.6.26. 2002헌마677)

> **➡ 관련판례**
>
> 1. 평화적 생존권은 인정되지 아니한다. (헌재 2009.5.28. 2007헌마369) [17국가7급]
>   헌법재판소는 미군기지 평택이전 사건에서 평화적 생존권을 인정하였으나 최근 판례를 변경하여 평화적 생존권을 헌법상 보장되는 기본권이 아니라는 판시를 하였다.
> 2. 논리적이고 정제된 법률의 적용을 받을 권리는 인정되지 않는다. (헌재 2011.8.30. 2008 헌마477)
> 3. 출생신고시 자녀의 이름에 사용할 수 있는 한자를 '통상 사용되는 한자'로 제한하고 있는 '가족관계의 등록 등에 관한 법률' 제44조 제3항 중 '통상 사용되는 한자' 부분 및 '가족관계의 등록 등에 관한 규칙' 제37조는 청구인의 자녀의 이름을 지을 권리를 침해하지 않는다. (헌재 2016.7.28. 2015헌마964) [19국가7급, 17변호사]
>   '부모의 자녀의 이름을 지을 자유'가 헌법에 의하여 보호받는 것인지에 관하여 보건대, 자녀의 양육은 부모에게 부여된 권리이자 의무로서 자녀가 정상적인 사회적 인격체로 성장할 수 있도록 돌보는 것이고, 자녀의 사회적 인격상의 첫 단초가 이름을 가지게 되는 것인 만큼, 부모가 자녀의 이름을 지어주는 것은 자녀의 양육과 가족생활을 위하여 필수적인 것이며, 가족생활의 핵심적 요소라 할 수 있다. 따라서 비록 헌법에 명문으로 규정되어 있지는 않지만, '부모의 자녀의 이름을 지을 자유'는 혼인과 가족생활을 보장하는 헌법 제36조 제1항과 행복추구권을 보장하는 헌법 제10조에 의하여 보호받는다고 할 수 있다.
> 4. 음주운전에 도로 외의 곳에서 운전하는 것도 포함하도록 한 도로교통법 제2조 제26호 부분은 일반적 행동자유권을 침해하지 않는다. (헌재 2016.2.25. 2015헌가11) [합헌]

01. 일반적 행동자유권

1 의의

일반적 행동자유권이란 자신이 하고 싶은 일을 적극적으로 자유롭게 행할 수 있는 자유는 물론 소극적으로 자신이 원하지 않는 행위를 하지 않을 자유를 포함하는 권리이다.

2 헌법재판소

보호영역에는 개인의 생활방식과 취미에 관한 사항도 포함된다. 따라서 위험한 스포츠를 즐길 권리와 같은 위험한 생활방식으로 살아갈 권리도 포함된다. 따라서 좌석안전띠를 매지 않을 자유는 헌법 제10조의 행복추구권에서 나오는 일반적 행동자유권의 보호영역에 속한다. [20서울지방7급, 16국회8급, 15서울7급]

병역의무의 이행으로서의 현역병 복무는 국가가 간섭하지 않으면 자유롭게 할 수 있는 행위에 속하지 않으므로, <u>현역병으로 복무할 권리가 일반적 행동자유권에 포함된다고 할 수도 없다.</u>(헌재 2010.12.28. 2008헌마527) [20서울지방7급]

계약의 자유, 기부금품모집행위의 자유, 결혼식 하객에게 주류와 음식물을 접대할 자유, 미결수용자의 변호인 아닌 자와의 접견교통권 등이 있다.(미결수용자의 변호인과의 접견교통권은 변호인의 조력을 받을 권리의 내용이다) [20서울지방7급]

3 대법원

만나고 싶은 사람을 만날 권리, 일시오락 정도에 불과한 도박행위를 할 권리, 자신이 먹고 싶은 음식이나 마시고 싶은 음료수를 자유롭게 선택할 권리 등을 인정한다.

행복추구권의 내용(대판 1994.3.8. 92누1728)
인간이 자신이 먹고 싶은 음식이나 마시고 싶은 <u>음료수를 자유롭게 선택할 수 있다고 하는 것은 인간으로서의 행복을 추구하기 위한 가장 기본적인 수단의 하나로서 행복추구권의 중요한 내용을 이루고 있는바,</u> … <u>보존음료수의 국내판매를 금지하는 것은 허용될 수 없다.</u>

일반적 행동자유권의 침해를 인정한 판례
1. 18세 미만자 당구장출입금지(헌재 1993.5.13. 92헌마80)[위헌] - 법률유보원칙 위반
   당구장 출입자의 자숙이나 시설, 환경의 정화로 당구의 실내 스포츠로서의 이미지 개선은 가능한 것으로 사료되며 당구자체에 청소년이 금기시해야 할 요소가 있는 것으로는 보여지지 않기 때문에 <u>당구를 통하여 자신의 소질과 취미를 살리고자 하는 소년에 대하여 당구를 금하는 것은 헌법상 보장된 행복추구권의 한 내용인 일반적인 행동자유권의 침해가 될 수 있을 것이다.</u>
2. 상속인의 단순승인 간주(헌재 1998.8.27. 96헌가22 등)[헌법불합치]
   상속인이 귀책사유없이 상속채무가 적극재산을 초과하는 사실을 알지 못하여 상속개시 있음을 안 날로부터 3월 내에 한정승인 또는 포기를 하지 못한 경우에도 단순승인을 한 것으로 보는 민법 제1026조 제2호는 기본권제한의 입법한계를 일탈한 것으로 재산권을 보장한 헌법 제23조 제1항, 사적자치권을 보장한 헌법 제10조에 위반된다.

비교판례 → 공동상속인을 참칭상속인에 해당되는 것으로 보고 그에 대한 상속회복청구를 단기의 제척기간의 적용을 받도록 하는 것은 참칭상속인인 공동상속인으로부터 상속재산을 전득한 제3자의 이익과 거래의 안전을 도모함으로써 상속회복청구에 관한 이해관계를 합리적으로 조정하기 위한 것으로서 이는 정당한 공공의 이익을 위한 것이다. 공동상속인이라 하여도 자신의 상속분을 넘는 부분에 대하여 권리를 주장하고 있다면 그 부분에 관하여는 본질적으로 보통의 참칭상속인과 다를 것이 없고, 또한 전혀 무권리자인 참칭상속인이 상속회복청구권의 단기 제척기간에 의한 이익을 받는 점에 비추어 적어도 일부의 권리를 가지고 있는 공동상속인이 그러한 이익을 받는 것을 크게 불합리하다고 할 수는 없다. 따라서 민법 제999조 제1항에 규정한 참칭상속인의 범위에 공동상속인, 특히 고의적으로 단독상속인인 것과 같은 외관을 조작한 공동상속인을 포함하더라도 그것이 현저히 불합리하여 기본권 제한의 입법적 한계를 벗어나 청구인과 같은 진정상속인들의 재산권 등을 침해한다고 볼 수 없다.(헌재 2009.9.24. 2007헌바118) [18서울7급]

3. 결혼식 하객에게 주류와 음식물을 접대할 자유(헌재 1998.10.15 98헌마168) [위헌] [11국가7급 등]

결혼식 등의 당사자가 자신을 축하하러 온 하객들에게 주류와 음식물을 접대하는 행위는 인류의 오래된 보편적인 사회생활의 한 모습으로서 개인의 일반적인 행동의 자유 영역에 속하는 행위이므로 이는 헌법 제37조 제1항에 의하여 경시되지 아니하는 기본권이며 헌법 제10조가 정하고 있는 행복추구권에 포함되는 일반적 행동자유권으로서 보호되어야 할 기본권이다.

4. 서울광장을 통행하거나 서울광장에서 여가활동을 할 자유(헌재 2011.6.30. 2009헌마406)[위헌]

(1) 일반 공중에게 개방된 장소인 서울광장을 개별적으로 통행하거나 서울광장에서 여가활동이나 문화활동을 하는 것은 일반적 행동자유권의 내용으로 보장된다. [19국가7급 등]

(2) 모든 시민의 통행을 전면적으로 제지한 것은 침해의 최소성을 충족한다고 할 수 없다. … 따라서 이 사건통행제지행위는 과잉금지원칙을 위반하여 청구인들의 일반적 행동자유권을 침해한 것이다.

📑 체크포인트

경찰청장이 경찰버스들로 서울특별시 서울광장을 둘러싸 통행을 제지한 경우에 경찰 임무의 하나로서 '기타 공공의 안녕과 질서유지'를 규정한 「경찰관 직무집행법」의 규정은 일반적 수권조항으로서 경찰권 발동의 법적근거가 될 수 있으므로, 통행을 제지한 행위가 법률유보원칙에 위배되는 것은 아니다. (×) [19법원직] ⇒ 일반적 행동자유권을 침해하여 위헌결정되었다. 다만, 재판관 3인의 보충의견으로 '이 사건 통행제지행위가 과잉금지원칙에 위반되어 위헌이라는 데 동의하면서도, 그에 앞서 보다 근본적으로, 헌법상 법률유보의 원칙에 위배되어 위헌이라고 생각한다'고 판시하였다.(헌재 2011.6.30. 2009헌마406)

경찰관직무집행법상의 일반적 수권조항은 통상적으로 경찰권 발동의 근거가 될 수 있지만 이 사건의 경우 근거가 아니라고 본 것이다.

5. 임대차존속기간을 20년으로 제한하는 민법 제651조 제1항은 헌법에 위반된다.(헌재 2013.12.26. 2011헌바234) [22법원직]
   이 사건 법률조항은 입법취지가 불명확하고, 대법원이 해석하는 바와 같이 사회경제적 효율성 측면에서 일정한 목적의 정당성이 인정된다 하더라도 과잉금지원칙을 위반하여 계약의 자유를 침해한다.

6. 수상레저안전법상 조종면허를 받은 사람이 동력수상레저기구를 이용하여 범죄행위를 하는 경우에 조종면허를 필요적으로 취소하도록 규정한 구 수상레저안전법 제13조 제1항 제3호는 직업의 자유 내지 일반적 행동의 자유를 침해한다.(헌재 2015.7.30. 2014헌가13) [20경찰승진]

7. '다른 사람의 자동차등을 훔친 경우'를 필요적 운전면허 취소사유로 규정한 도로교통법 조항은 운전면허 소지자의 직업의 자유 및 일반적 행동의 자유를 침해한다.(헌재 2017.5.25. 2016헌가6) [17국가7급]

8. 배상금 등을 지급받으려는 신청인으로 하여금 '세월호 참사에 관하여 일체의 이의를 제기하지 않을 것을 서약한다'는 취지가 기재된 동의서를 제출하도록 규정하고 있는 '4·16세월호참사 피해구제 및 지원 등을 위한 특별법' 시행령 제15조 중 별지 제15호 서식 가운데 일체의 이의제기를 금지한 부분은 법률유보원칙에 위반하여 청구인들의 일반적 행동의 자유를 침해하므로, 헌법에 위반된다.(헌재 2017.6.29. 2015헌마654) [20변호사, 18국회8급]

9. 거짓이나 그 밖의 부정한 수단으로 운전면허를 받은 경우 모든 범위의 운전면허를 필요적으로 취소하도록 한 구도로교통법 제93조 제1항 단서, 구 도로교통법 제93조 제1항 단서, 도로교통법 제93조 제1항 단서 중 각 제8호의 '거짓이나 그 밖의 부정한 수단으로 운전면허를 받은 경우'에 관한 부분 가운데, 각 '거짓이나 그 밖의 부정한 수단으로 받은 운전면허를 제외한 운전면허'를 필요적으로 취소하도록 한 부분은 모두 헌법에 위반된다.(헌재 2020.6.25. 2019헌가9) [위헌] [22국회8급]

   [1] '부정 취득한 운전면허를 필요적으로 취소하도록 한 부분'
      피해의 최소성 원칙에 위배되지 않는다. … 따라서 법익의 균형성 원칙에도 위배되지 않는다.

   [2] '부정 취득하지 않은 운전면허를 필요적으로 취소하도록 한 부분'
      심판대상조항 중 각 '거짓이나 그 밖의 부정한 수단으로 받은 운전면허를 제외한 운전면허'를 필요적으로 취소하도록 한 부분은, 과잉금지원칙에 반하여 일반적 행동의 자유 또는 직업의 자유를 침해한다.

10. 금융회사등에 종사하는 자에게 거래정보등의 제공을 요구하는 것을 금지하고 위반 시 형사처벌하는 구 금융실명거래 및 비밀보장에 관한 법률 제4조 제1항 본문 중 '누구든지 금융회사등에 종사하는 자에게 거래정보등의 제공을 요구하여서는 아니 된다'는 부분 및 제6조 제1항 중 위 해당 부분, 금융실명거래 및 비밀보장에 관한 법률 제4조 제1항 본문 중 '누구든지 금융회사등에 종사하는 자에게 거래정보등의 제공을 요구하여서는 아니 된다'는 부분 및 제6조 제1항 중 위 해당 부분은 과잉금지원칙에 반하여 일반적 행동자유권을 침해하므로 헌법에 위반된다.(헌재 2022.2.24. 2020헌가5)[위헌]

    [1] 입법목적의 정당성과 수단의 적합성이 인정된다.

[2] 심판대상조항은 정보제공요구의 사유나 경위, 행위 태양, 요구한 거래정보의 내용 등을 전혀 고려하지 아니하고 일률적으로 금지하고, 그 위반 시 형사처벌을 하도록 하고 있다. 이는 입법목적을 달성하기 위하여 필요한 범위를 넘어선 것으로 최소침해성의 원칙에 위반된다.

일반적 행동자유권의 침해를 부인한 판례

1. **표준어 규정(헌재 2009.5.28. 2006헌마618)** [14국가7급]

   (1) 이 사건 표준어 규정은 "표준어는 교양 있는 사람들이 두루 쓰는 현대 서울말로 정함을 원칙으로 한다"는 내용인 바, 이는 표준어의 개념을 정의하는 조항으로서 그 자체만으로는 아무런 법적 효과를 갖고 있지 아니하여 청구인들의 자유나 권리를 금지·제한하거나 의무를 부과하는 등 청구인들의 법적 지위에 영향을 미치지 아니하므로, 이로 인한 기본권 침해의 가능성이나 위험성을 인정하기 어렵다. [각하]

   (2) 이와 같은 지역 방언을 자신의 언어로 선택하여 공적 또는 사적인 의사소통과 교육의 수단으로 사용하는 것은 행복추구권에서 파생되는 일반적 행동의 자유 내지 개성의 자유로운 발현의 한 내용이 된다 할 것이다. [16국회8급, 14국가7급] … 서울말을 표준어의 원칙으로 삼는 것이 기본권을 침해하는 것이라 하기 어렵고, 또한 서울말에도 다양한 형태가 존재하므로 교양 있는 사람들이 사용하는 말을 기준으로 삼는 것은 합리적인 기준이라 할 수 있다. 결국, 이 사건 심판대상인 이 사건 법률조항들이 과잉금지원칙에 위배하여 행복추구권을 침해하는 것으로 보기 어렵다. [기각]

2. **장애인 의무고용(헌재 2003.7.24. 2001헌바96)** [합헌]
   사업주의 계약의 자유 및 경제상의 자유가 일정한 범위 내에서 제한된다고 하여 곧 비례의 원칙을 위반하였다고는 볼 수 없다.

3. 중과실로 인한 보험사고에 보험금을 지급하는 것은 헌법에 위반되지 않는다. (헌재 1999.12.23. 98헌가12) [합헌]

4. **자필증서에 의한 유언에서 날인이 없는 경우 무효(헌재 2008.3.27. 2006헌바82)** [합헌]
   이 사건 법률조항 부분은 헌법 제23조에 의하여 보장되는 유언자의 재산권과 헌법 제10조에 의해서 보장되는 일반적 행동자유권을 제한함에 있어 헌법 제37조 제2항을 위반하였다고 할 수 없다.

5. **인천국제공항도로 사용료징수(헌재 2005.12.22. 2004헌바64)** [합헌]
   인천국제공항고속도로는 영종도에서 육지로 통행할 수 있는 유일한 도로이기는 하나 유일한 통행방법은 아니다. 영종도에 국제공항신도시가 건설된 후 그 곳에 이주해 온 청구인들로서는 이전의 영종도 주민들과 마찬가지로 뱃길을 이용하여 육지로 통행할 수도 있고 이 공항고속도로를 이용할 수도 있다.

6. **안전벨트 미착용(헌재 2003.10.30. 2002헌마518)** [기각] [11국가7급]
   청구인의 좌석안전띠를 매지 않을 자유라는 사익보다 크며, 제도의 연혁과 현황을 종합하여 볼 때 청구인의 일반적 행동자유권을 비례의 원칙에 위반되게 과도하게 침해하는 것이 아니다.

7. 무면허의료행위금지는 헌법에 위반되지 않는다.(헌재 2010.7.29. 2008헌가19) [합헌] [12변호사]

8. 영내거주 군인이 그가 속한 세대의 거주지에서 주민등록을 해야 하는 것은 일반적 행동자유권을 제한하지 않는다.(헌재 2011.6.30. 2009헌마59)

9. 18세 미만자의 노래연습장 출입금지는 일반적 행동자유권을 침해하지 않는다.(헌재 1996.2.29. 94헌마213) [12국가7급]

10. 피청구인이 2011. 4. 15.부터 2011. 7. 12.까지 공주교도소 사동에서 인원점검을 하면서 청구인을 비롯한 수형자들을 정렬시킨 후 차례로 번호를 외치도록 한 행위는 청구인의 인격권 및 일반적 행동의 자유를 침해하지 않는다.(헌재 2012.7.26. 2011헌마332)

11. 가사소송법 제7조 제1항 중 "가정법원의 변론기일에 소환을 받은 당사자는 본인이 출석하여야 한다. 다만, 특별한 사정이 있을 때에는 재판장의 허가를 받아 대리인을 출석하게 할 수 있다."고 한 부분은 가사소송 당사자의 일반적 행동의 자유를 침해하지 않는다.(헌재 2012.10.25. 2011헌마598)

12. 성폭력범죄를 2회 이상 범하여 그 습벽이 인정된 때에 해당하고 성폭력범죄를 다시 범할 위험성이 인정되는 자에 대해 검사의 청구와 법원의 판결로 3년 이상 20년 이하의 기간 동안 전자장치 부착을 명할 수 있도록 한 구'특정 범죄자에 대한 위치추적 전자장치 부착 등에 관한 법률' 제9조 제1항 제2호 중 제5조 제1항 제3호에 관한 부분은 청구인의 사생활의 비밀과 자유 등 기본권을 침해하지 않는다.(헌재 2012.12.27. 2011헌바89)

13. 아동·청소년 대상 성범죄자에게 1년마다 정기적으로 새로 촬영한 사진을 제출하도록 한 구 '아동·청소년의 성보호에 관한 법률' 제34조 제2항 단서와 정당한 사유 없이 사진제출의무를 위반한 경우 형사처벌을 하도록 한 같은 법 제52조 제5항 제2호는 일반적 행동의 자유를 침해하지 않는다.(헌재 2015.7.30. 2014헌바257) [15국가7급]

아동·청소년 대상 성범죄자에 대해 20년간 일률적으로 신상정보등록 대상이 되도록 하는 것은 헌법에 위반된다.

14. 교도소 수용자의 동절기 취침시간을 21:00로 정한 행위는 일반적 행동자유권을 제한 하지만 헌법에 위반되지 않는다.(헌재 2016.6.30. 2015헌마36)

15. 협의 이혼에 있어 신청서 대리제출이 금지된다 하여 이혼당사자가 아닌 청구인에게 어떤 법적 불이익이 발생하는 것은 아니므로 기본권 침해의 자기관련성 요건을 갖추지 못하여 부적법하다.(헌재 2016.6.30. 2015헌마894)
[예상판례]

16. 계속거래계약의 소비자에게 일방적 해지권을 부여한 방문판매 등에 관한 법률 제31조 중 '계속거래'에 관한 부분은 헌법에 위반되지 아니한다.(헌재 2016.6.30. 2015헌바371)

17. 청탁금지법(일명 김영란법)은 헌법에 위반되지 아니한다.(헌재 2016.7.28. 2015헌마236) [17변호사]

[1] 청구인 사단법인 한국기자협회의 심판청구의 적법 여부

사단법인 한국기자협회가 그 구성원인 기자들을 대신하여 헌법소원을 청구할 수도 없으므로, 위 청구인의 심판청구는 기본권 침해의 자기관련성을 인정할 수 없어 부적법하다.

[2] 제한되는 기본권

가. 심판대상조항은 금지명령의 형태로 청구인들에게 특정 행위를 금지하거나 법적 의무를 부과하여 청구인들이 하고 싶지 않은 일을 강요하고 있으므로, 청구인들의 일반적 행동자유권을 제한한다.

나. 심판대상 조항에 의하여 직접적으로 언론의 자유와 사학의 자유가 제한된다고 할 수는 없다.

　　다. 청구인들의 양심의 자유를 직접 제한한다고 볼 수 없다.

18. 비어업인이 잠수용 스쿠버장비를 사용하여 수산자원을 포획·채취하는 것을 금지하는 수산자원관리법 시행규칙 제6조 중 '잠수용 스쿠버장비 사용'에 관한 부분은 청구인의 일반적 행동의 자유를 침해하지 않는다. (헌재 2016.10.27. 2013헌마450) [17국가7급]

19. 건축법 제25조 제2항 본문은 소규모 건축물로서 건축주가 직접 시공하는 건축물의 경우 허가권자가 해당 건축물의 설계에 참여하지 아니한 자 중에서 공사감리자를 지정하도록 하고, 신설된 같은 조 제12항은 허가권자가 감리비용에 관한 기준을 해당 지방자치단체의 조례로 정할 수 있도록 규정하고 있는데 이 조항은 계약의 자유 등 기본권을 침해하지 않는다. (헌재 2017.5.25. 2016헌마516)

20. 제대혈의 매매행위를 금지하고 있는 '제대혈 관리 및 연구에 관한 법률' 제5조 제1항 제1호는 청구인의 계약의 자유 및 재산권을 침해하지 아니한다. (헌재 2017.11.30. 2016헌바38)

21. 농림축산식품부령으로 정하는 양곡에 대하여 국산 미곡등과 같은 종류의 수입 미곡등을 혼합하여 유통하거나 판매하는 행위, 생산연도가 다른 미곡등을 혼합하여 유통하거나 판매하는 행위를 금지하는 것은 헌법에 위반되지 아니한다. (헌재 2017.5.25. 2015헌마869)

22. 지원금 상한제에 대하여 정하고 있는 단말기유통법 규정은 헌법에 위반되지 아니한다. (헌재 2017.5.25. 2014헌마844)

23. 공기총의 소지허가를 받은 자는 그 공기총을 허가관청이 지정하는 곳에 보관하도록 규정한 '총포·도검·화약류 등의 안전관리에 관한 법률' 제14조의2 제1항 중 제12조 제1항 제2호의 공기총에 관한 부분 및 '총포·도검·화약류 등의 안전관리에 관한 법률' 부칙 제3조 제1항 중 제12조 제1항 제2호의 공기총에 관한 부분이 헌법에 위반되지 않는다. (헌재 2019.6.28. 2018헌바400)[합헌]

24. 도로교통법 제63조 중 긴급자동차가 아닌 이륜자동차의 고속도로 등 통행을 금지하는 '이륜자동차는 긴급자동차만 해당한다'는 부분은 헌법에 위반되지 아니한다. (헌재 2020.2.27. 2019헌마203)[기각]

25. 전동킥보드의 최고속도는 25km/h를 넘지 않아야 한다고 규정한 구 '안전확인대상생활용품의 안전기준'부속서 32 제2부 5.3.2.는 소비자의 자기결정권 및 일반적 행동자유권을 침해하지 않는다. (헌재 2020.2.27. 2017헌마339)[기각] [22지방7급, 21국회8급]
심판대상조항은 청구인의 소비자로서의 자기결정권 및 일반적 행동자유권을 제한할 뿐, 그 외에 신체의 자유와 평등권을 침해할 여지는 없다.

26. 명의신탁이 증여로 의제되는 경우 명의신탁의 당사자에게 증여세 과세표준 등의 신고의무를 부과하는 구 '상세 및 증여세법' 조항은 헌법에 위반되지 아니한다. (헌재 2022.2.24. 2019헌바225)[합헌]

27. 방치폐기물 처리이행보증보험계약의 갱신명령을 불이행한 건설폐기물 처리업자의 허가를 취소하는 '건설폐기물의 재활용촉진에 관한 법률' 제25조 제1항 제4호의2는 헌법에 위반되지 않는다. (헌재 2022.2.24. 2019헌바184)[합헌]

1. 육군 장교가 민간법원에서 약식명령을 받아 확정되면 자진신고할 의무를 규정한, '2020년도 장교 진급 지시'의 해당 부분 중 '민간법원에서 약식명령을 받아 확정된 사실이 있는 자'에 관한 부분은 청구인인 육군 장교의 일반적 행동의 자유를 침해한다.

[22경찰1차]

28. 육군 장교가 민간법원에서 약식명령을 받아 확정되면 자진신고할 의무를 규정한 '2020년도 장교 진급 지시' 조항 및 '2021년도 장교 진급 지시' 조항은 일반적 행동의 자유를 침해하지 않는다.(헌재 2021.8.31. 2020헌마12)[기각, 각하] [22경찰1차] 일반적 행동자유권을 제한하지만, 양심의 자유나 진술거부권은 제한하지 않는다.

29. 이동통신사업자가 제공하는 전기통신역무를 타인의 통신용으로 제공하는 것을 원칙적으로 금지하고, 위반 시 형사처벌하는 전기통신사업법 제30조 본문 중 '누구든지 전기통신사업자 가운데 이동통신사업자가 제공하는 전기통신역무를 타인의 통신용으로 제공하여서는 아니 된다.' 부분과 제97조 제7호 중 '전기통신사업자 가운데 이동통신사업자가 제공하는 전기통신역무를 타인의 통신용으로 제공한 자'에 관한 부분은 일반적행동자유권을 제한하지만 헌법에 위반되지 않는다. - 표현의 자유는 제한되지 않는다.(헌재 2022.6.30. 2019헌가14) [합헌]

30. 전기통신금융사기의 피해자가 피해구제 신청을 하는 경우 사기이용계좌를 지급정지하는 '전기통신금융사기 피해방지 및 피해금 환급에 관한 특별법' 제4조 제1항 제1호는 청구인의 재산권을 침해하지 않고, 지급정지가 이루어진 사기이용계좌 명의인의 전자금융거래를 제한하는 구 '전기통신금융사기 피해방지 및 피해금 환급에 관한 특별법' 제13조의2 제1항, '전기통신금융사기 피해방지 및 피해금 환급에 관한 특별법' 제13조의2 제3항은 청구인의 일반적 행동자유권을 침해하지 아니한다.(헌재 2022.6.30. 2019헌마579)[기각]

31. 사회복무요원이 복무기관의 장의 허가 없이 다른 직무를 겸하는 행위를 한 경우 경고처분하고 경고처분 횟수가 더하여질 때마다 5일을 연장하여 복무하도록 하는 병역법 제33조 제2항 본문 제4호 후단은 사회복무요원인 청구인의 직업의 자유 내지 일반적 행동자유권을 침해하지 않는다.(헌재 2022.9.29. 2019헌마938)

32. 어린이 보호구역에서 제한속도 준수의무 또는 안전운전의무를 위반하여 어린이를 상해에 이르게 한 경우 1년 이상 15년 이하의 징역 또는 500만 원 이상 3천만 원 이하의 벌금에, 사망에 이르게 한 경우 무기 또는 3년 이상의 징역에 처하도록 규정한 특정범죄 가중처벌 등에 관한 법률 제5조의13(이른바 '민식이법' 사건)은 청구인들의 일반적 행동자유권을 침해한다고 볼 수 없다.(헌재 2023.2.23. 2020헌마460)[기각]

33. 금융위원회위원장이 2019.12.16. 시중 은행을 상대로 '투기지역·투기과열지구 내 초고가 아파트(시가 15억 원 초과)에 대한 주택구입용 주택담보대출을 2019.12.17.부터 금지한 조치'는 청구인의 재산권 및 계약의 자유를 침해하지 않는다.(헌재 2023.3.23. 2019헌마1399)[기각]

02. 자기결정권

1 의의

자기결정권이란 자기의 사적 영역의 사안에 대하여 국가 등 외부의 간섭 없이 스스로 자유로이 결정할 수 있는 권리를 말한다.

2 자기결정권의 내용

1. 성적 자기결정권

2. 생활양식의 자기결정권

3. Reproduction의 자기결정권

Reproduction의 자기결정권이란 자식을 가질 것인가 아닌가를 결정할 수 있는 권리를 말한다. 헌법재판소는 낙태죄를 처벌하는 것은 임부의 자기결정권을 침해한다는 이유로 헌법불합치 결정하였다. 이 사건에서 자기결정권과 태아의 생명권이 충돌되는 것은 아니라고 보았다.

> 📑 **체크포인트**
>
> 헌법 제10조가 정하고 있는 행복추구권에서 파생하는 자기결정권 내지 일반적 행동자유권은 이성적이고 책임감 있는 사람의 자기 운명에 대한 결정·선택을 존중하되 그에 대한 책임은 스스로 부담함을 전제로 한다. [20서울지방7급]

4. 자기책임의 원리

헌법재판소는 자기책임의 원리에 대해서 자기결정권 내지 일반적 행동자유권의 전제로서 법치주의에 당연히 내재하는 헌법상의 원리라고 판시한 바 있다.

> ▶ **관련판례**
>
> 1. 미군기지의 이전은 공공정책의 결정 내지 시행에 해당하는 것으로서 인근 지역에 거주하는 사람들의 삶을 결정함에 있어서 사회적 영향을 미치게 되나, 개인의 인격이나 운명에 관한 사항은 아니며 각자의 개성에 따른 개인적 선택에 직접적인 제한을 가하는 것이 아니다. 따라서 그와 같은 사항은 헌법상 자기결정권의 보호범위에 포함된다고 볼 수 없다.(헌재 2006.2.23. 2005헌마268) [21국가7급]
> 2. 독립행위가 경합하여 상해의 결과를 발생하게 한 경우 원인된 행위가 판명되지 아니한 때에는 공동정범의 예에 의 하도록 규정한 형법 제263조는 책임주의원칙에 위반되지 않는다.(헌재 2018.3.29. 2017헌가10) [20국회8급]
> 3. '특정범죄 가중처벌 등에 관한 법률 제6조 제7항 중 관세법 제271조 제3항 가운데 제269조 제2항에 관한 부분(해당 수입물품을 다른 물품으로 수입할 목적으로 밀수입을 예비하였거나 신고하지 않고 외국물품을 수입할 목적으로 밀수입을 예비하였다는 공소사실로 기소되었는데, '관세법 제271조에 규정된 죄를 범한 사람은 제2항의 예에 따른 그 정범 또는 본죄에 준하여 처벌한다'는 부분)은 책임주의원칙과 평등원칙에 위반되어 헌법에 위반된다.(헌재 2019.2.28. 2016헌가13)[위헌] [23국회8급]

◢ OX 연습

1. 배우자 있는 자의 간통
행위 및 그와의 상간행위
를 2년 이하의 징역에 처
하도록 규정한 「형법」 제
241조는 선량한 성풍속 및
일부일처제에 기초한 혼인
제도를 보호하고 부부간 정
조의무를 지키게 하기 위한
것으로 그 입법목적의 정
당성은 인정된다.
[22경찰1차]

비교판례 ➔ 구 특가법 제6조 제7항이 관세포탈 등 예비범에 대하여 본죄
에 준하여 가중처벌하도록 규정하고 있는 것은, 동 조항이 특정하고 있
는 관세포탈죄 등만은 그 특성과 위험성을 고려하여 이를 처벌함에 있어
조세범이나 다른 일반범죄와는 달리함으로써 건전한 사회질서의 유지와
국민경제의 발전에 이바지함을 목적으로 한다.(동법 제1조 참조) 이와 같
은 이 사건 예비죄 조항의 입법목적은 우리나라의 경제질서에 관한 헌법
제119조 제2항(경제의 규제·조정), 제125조(무역의 규제·조정) 규정의
정신에 부합하여 정당하다고 인정된다.(헌재 2010.7.29. 2008헌바88)
[20경찰승진]

🔖 체크포인트

'책임 없는 자에게 형벌을 부과할 수 없다'는 형벌에 관한 책임주의는 형사법
의 기본원리로서, 헌법상 법치국가의 원리에 내재하는 원리인 동시에, 헌법
제10조의 취지로부터 도출되는 원리이고, 법인의 경우도 자연인과 마찬가지
로 책임주의원칙이 적용된다. [20국가7급]

3 자기결정권의 보호범위

헌법재판소는 일반적 자유설의 입장에서 "위험한 스포츠를 즐길 권리"와
같은 것도 자기결정권에 포함된다고 한다.

▶ 관련판례

1. 혼인빙자간음죄와 성적 자기결정권(헌재 2009.11.26. 2008헌바58)[위헌]
   [19국가7급]
   (1) 이 사건 법률조항의 경우 입법목적의 정당성이 인정되지 않는다.
       [16법원직]
   (2) 여성을 유아시(幼兒視)함으로써 여성을 보호한다는 미명 아래 사실상
       국가 스스로가 여성의 성적자기결정권을 부인하는 것이 되므로, 이
       사건 법률조항이 보호하고자 하는 여성의 성적자기결정권은 여성의
       존엄과 가치에 역행하는 것이다. … 남성의 성적자기결정권 및 사생
       활의 비밀과 자유를 과잉제한하는 것으로 헌법에 위반된다.
2. 배우자 있는 자의 간통행위 및 그와의 상간행위를 2년 이하의 징역에 처하도록
   규정한 형법 제241조는 성적 자기결정권 및 사생활의 비밀과 자유를 침해하여
   헌법에 위반된다.(헌재 2015.2.26. 2009헌바17 등) [22경찰1차]
   목적의 정당성은 인정되지만 수단의 적합성이 인정되지 않는다.
3. 자기 책임의 원리(면세담배 국내 유통사건)(헌재 2004.6.24. 2002헌가27)[위
   헌] [17법원직]
   제조자는 법령이 정한 일정한 자격을 갖춘 상대방에게 특수용담배임을
   표시하여 특수용담배공급계약에 따라 담배를 제공함으로써 일응의 책임
   을 다 한 것으로 볼 것이고, 그 이후의 단계에서 이루어진 용도 외의 처분
   에 관하여 제조자에게 귀책사유가 있다는 등의 특별한 사정이 없는 한 그
   책임을 제조자에게 묻는 것은 자기책임의 원리에 반한다.

Answer

1. ○ 헌재 2015.2.26.
2009헌바17

4. **양벌규정과 책임원칙** – 헌법재판소는 개인의 행위에 대해 법인 또는 법인의 대표자를 함께 처벌하는 양벌규정에 대하여 계속 위헌 결정을 하고 있다. [17법원직]

> **비교판례** ▸
>
> 1. 불법의 결과 발생에 관하여 독자적인 책임이 없는 법인은, "법인 또는 개인이 그 위반행위를 방지하기 위하여 해당 업무에 관하여 상당한 주의와 감독을 게을리하지 아니한 경우에는 그러하지 아니하다."라는 내용의 이 사건 양벌규정조항 단서에 의해 형사처벌의 대상에서 제외된다. 이와 같이 이 사건 양벌규정조항에 의한 형사처벌 여부가 법인의 독자적인 책임 유무에 따라 결정되므로 이 사건 양벌규정조항은 책임주의 원칙에 어긋나지 않는다.(헌재 2017.10.26. 2017헌바166)
> 2. 의료기기 거래와 관련하여 리베이트를 주고받은 의료기기업자와 의료인을 처벌하는 구 의료기기법 제46조는 헌법에 위반되지 않는다.(헌재 2018.1.28. 2016헌바201)
> 3. 조세범처벌법 제3조 위헌제청(헌재 2013.10.24. 2013헌가18)
>   [1] 구 조세범처벌법 제3조 본문 중 "법인의 대리인, 사용인, 기타의 종업원이 그 법인의 업무 또는 재산에 관하여 제11조의2 제4항 제3호에 규정하는 범칙행위를 한 때에는 그 법인에 대하여서도 본 조의 벌금형에 처한다."는 부분은 책임주의원칙에 반한다.
>   [2] 같은 조 본문 중 "법인의 대표자가 그 법인의 업무 또는 재산에 관하여 제11조의2 제4항 제3호에 규정하는 범칙행위를 한 때에는 그 법인에 대하여서도 본조의 벌금형에 처한다."는 부분은 책임주의원칙에 반하지 않는다. [20서울7급]
> 4. 외국항행선박에서 사용된다는 이유로 교통세를 환급 또는 공제받은 물품이 외국항행선박에 반입되지 아니한 사실이 확인된 때 반출자로부터 환급 또는 공제된 교통세를 징수하는 구 교통세법 제17조 제8항의 제2항 제4호 중 '외국항행선박'에 관한 부분이 자기책임의 원리에 위배되지 않는다.(헌재 2013.5.30. 2011헌바360 등) [20국회8급]
> 5. 구 선박안전법 제84조 제2항 중 '선장이 선박소유자의 업무에 관하여 제1항 제9호의 위반행위를 한 때에는 선박소유자에 대하여도 동항의 벌금형에 처한다.'는 부분은 책임주의원칙에 반하므로 헌법에 위반된다.(헌재 2013.9.26. 2013헌가15) [18국가7급]
> 6. 무신고 수출입행위에 대한 필요적 몰수·추징을 규정한 구 관세법 제282조 제2항 본문 및 신고를 하지 아니하고 물품을 수출한 자'에 관한 부분, 구 관세법 제282조 제4항 중 '제269조 제2항 제1호 가운데 제241조 제1항의 신고를 하지 아니하고 물품을 수입한 경우 제282조 제2항·제3항의 적용에 있어서 제279조의 법인을 범인으로 보는 부분' 및 '제269조 제3항 제1호 가운데 제241조 제1항의 신고를 하지 아니하고 물품을 수출한 경우 제282조 제2항·제3항의 적용에 있어서 제279조의 법인을 범인으로 보는 부분'은 헌법에 위반되지 아니한다.(헌재 2021.7.15. 2020헌바201)[합헌]

5. 금융기관 임·직원의 직무와 관련된 수재행위에 대하여 수재액이 1억 원 이상인 때에는 무기 또는 10년 이상의 징역으로 처벌하도록 규정한 구 특정경제범죄 가중처벌 등에 관한 법률 제5조 제4항 제1호 및 특정경제범죄 가중처벌 등에 관한 법률 제5조 제4항 제1호는 책임과 형벌 간의 비례원칙에 위배되지 않는다. (헌재 2013.7.25. 2012헌바407 등)

6. 근로기준법 제109조 제1항 위헌제청(헌재 2014.4.24. 2013헌가12)

    [1] 건설업 등록을 하지 않은 건설공사 하수급인이 근로자에게 임금을 지급하지 못한 경우에, 하수급인의 직상수급인에 대하여 하수급인과 연대하여 임금을 지급할 의무를 부과하고 직상 수급인이 그 의무를 이행하지 않으면 처벌하도록 한 근로기준법 제109조 제1항 중 구 근로기준법 제44조의2 제1항에 관한 부분은 죄형법정주의의 명확성원칙에 위배되지 않는다.

    [2] 이 사건 법률조항은 자기책임원칙에 위배되지 않는다.

7. 인수자가 없는 시체를 생전의 본인의 의사와는 무관하게 해부용 시체로 제공될 수 있도록 규정하는 '시체 해부 및 보존에 관한 법률' 규정은 청구인의 시체의 처분에 대한 자기결정권을 침해한다. (헌재 2015.11.26. 2012헌마940) [20 변호사, 19국가7급·지방7급, 17서울7급]

    만일 자신의 사후에 시체가 본인의 의사와는 무관하게 처리될 수 있다고 한다면 <u>기본권 주체인 살아있는 자의 자기결정권이 보장되고 있다고 보기는 어렵다. 따라서 본인의 생전 의사에 관계없이 인수자가 없는 시체를 해부용으로 제공하도록 규정하고 있는 이 사건 법률조항은 청구인의 시체의 처분에 대한 자기결정권을 제한한다고 할 것이다.</u>

8. 가집행선고가 실효되는 경우 가집행을 한 자에 대하여 원상회복의무와 손해배상의무를 인정하는 것은 헌법에 위반되지 아니한다. (헌재 2017.5.25. 2014헌바360)

9. 아동·청소년이용음란물을 제작한 자를 무기 또는 5년 이상의 징역에 처하는 '아동·청소년의 성보호에 관한 법률' 제11조 제1항 중 '제작'에 관한 부분은 책임과 형벌 간의 비례원칙에 위반되지 않는다. (헌재 2019.12.27. 2018헌바46)[합헌]

03. 인격권 및 인격의 자유로운 발현권

1 인격권의 의의와 주체

인격권은 상식적 의미의 인격이 아니라, 성명권·명예권·초상권 등을 말한다. 따라서 자연인·법인 모두에게 인정된다. [기출다수]

2 헌법적 근거

헌법 제10조의 인간의 존엄과 가치로부터 인격권을 도출하고 있다.

> ▶ 관련판례

> 1. 일제강점하 반민족행위 진상규명에 관한 특별법(헌재 2010.10.28. 2007헌가 23)[합헌] [12법원직]
>   (1) 이 사건 법률은 유족의 인격권을 제한한다.

(2) 이 사건 법률조항은 조사대상자 등의 인격권을 침해하지 않는다.

> 비교판례 ➔ 사자(死者)에 대한 사회적 명예와 평가의 훼손은 사자(死者)와의 관계를 통하여 스스로의 인격상을 형성하고 명예를 지켜온 그들의 후손의 인격권, 즉 유족의 명예 또는 유족의 사자(死者)에 대한 경애추모의 정을 침해한다고 할 것이다.(헌재 2010. 10.28. 2007헌가23) [23경찰1차]

2. 구치소에서의 항문검사(헌재 2006.6.29. 2004헌마826)[기각]
   교도관이 마약류사범에게 검사의 취지와 방법을 설명하고 반입금지품을 제출하도록 안내한 후 외부와 차단된 검사실에서 같은 성별의 교도관 앞에 돌아서서 하의속옷을 내린 채 상체를 숙이고 양손으로 둔부를 벌려 항문을 보이는 방법으로 실시한 정밀신체검사는 … 과잉금지의 원칙에 위배되었다고 할 수 없다.

3. 수용자 신체검사 위헌확인(헌재 2011.5.26. 2010헌마775)[기각] [22경찰1차, 12법원직]
   수용자를 교정시설에 수용할 때마다 전자영상 검사기를 이용하여 수용자의 항문 부위에 대한 신체검사를 하는 것은 수용자의 인격권 내지 신체의 자유를 침해한다고 볼 수 없다.

4. 방송법 제100조 제1항 제1호 중 '방송사업자가 제33조의 심의규정을 위반한 경우'에 관한 부분은(시청자에 대한 사과) 방송사업자의 인격권을 침해한다.(헌재 2012.8.23. 2009헌가27)[위헌] [22경찰1차, 19서울7급, 16국회8급]
   법인도 법인의 목적과 사회적 기능에 비추어 볼 때 그 성질에 반하지 않는 범위 내에서 인격권의 한 내용인 사회적 신용이나 명예 등의 주체가 될 수 있고 법인이 이러한 사회적 신용이나 명예 유지 내지 법인격의 자유로운 발현을 위하여 의사결정이나 행동을 어떻게 할 것인지를 자율적으로 결정하는 것도 법인의 인격권의 한 내용을 이룬다고 할 것이다.

5. 피청구인(강동경찰서 사법경찰관)이 언론사 기자들의 취재 요청에 응하여 청구인이 경찰서 내에서 양손에 수갑을 찬 채 조사받는 모습을 촬영할 수 있도록 허용한 행위는 청구인의 인격권을 침해하여 위헌이다.(헌재 2014.3.27. 2012헌마652) - 목적의 정당성이 부정된 사례

6. 중혼을 혼인취소의 사유로 정하면서 그 취소청구권의 제척기간 또는 소멸사유를 규정하지 않은 민법 제816조 제1호 중 "제810조의 규정에 위반한 때" 부분은 입법재량의 한계를 일탈하여 후혼배우자의 인격권 및 행복추구권을 침해하지 않는다.(헌재 2014.7.24. 2011헌바275) [18법원직]

▶ 관련판례

인격권을 침해하는 경우

1. 부(父)성주의의 강제는 그 자체로 헌법에 위반되는 것은 아니지만 예외를 인정하지 않는 것이 헌법에 합치되지 아니한다.(헌재 2005.12.22. 2003헌가5)[헌법불합치] [18·10법원직]

2. 유치장 내 화장실 이용강제는 인격권을 침해한다.(헌재 2001.7.19. 2000헌마546)[위헌] [17국가7급]

3. 경찰서유치장에서 신체과잉수색(헌재 2002.7.18. 2000헌마327)[위헌확인]
   피청구인이 청구인들로 하여금 경찰관에게 등을 보인 채 상의를 속옷과 함께 겨드랑이까지 올리고 하의를 속옷과 함께 무릎까지 내린 상태에서 3회에 걸쳐 앉았다 일어서게 하는 방법으로 실시한 정밀신체수색으로 인하여 … 이로 인하여 청구인들로 하여금 인간으로서의 기본적 품위를 유지할 수 없도록 하는 것으로서 수인하기 어려운 정도라고 보여지므로 헌법 제10조의 인간의 존엄과 가치로부터 유래하는 인격권 및 제12조의 신체의 자유를 침해하는 정도에 이르렀다고 판단된다.

4. 구치소 밖에서 재소자용 수의착용(헌재 1999.5.27. 97헌마137)[위헌확인] [16 국회8급, 12·10법원직]
   수사 및 재판단계에서 유죄가 확정되지 아니한 미결수용자에게 재소자용 의류를 입게 하는 것은 미결수용자로 하여금 모욕감이나 수치심을 느끼게 하고, 심리적인 위축으로 방어권을 제대로 행사할 수 없게 하여 실체적 진실의 발견을 저해할 우려가 있으므로, 도주 방지 등 어떠한 이유를 내세우더라도 그 제한은 정당화될 수 없어 헌법 제37조 제2항의 기본권 제한에서의 비례원칙에 위반되는 것으로서, <u>무죄추정의 원칙에 반하고 인간으로서의 존엄과 가치에서 유래하는 인격권과 행복추구권, 공정한 재판을 받을 권리를 침해하는 것이다.</u>

   > **비교판례 →**
   > 1. 외부재판에 출정할 때 운동화착용불허행위는 청구인의 공정한 재판을 받을 권리 및 평등권을 침해하지 않는다.(헌재 2011.2.24. 2009헌마209)
   > 2. 형집행법 제88조가 민사재판의 당사자로 출석하는 수형자에 대하여, 사복착용을 허용하는 형집행법 제82조를 준용하지 아니한 것은 공정한 재판을 받을 권리, 인격권, 행복추구권을 침해하지 않는다.(헌재 2015.12.23. 2013헌마712) [19국가7급, 16국회8급]

5. '국군포로의 송환 및 대우 등에 관한 법률'에서 대한민국에 귀환하여 등록한 포로에 대한 보수 기타 대우 및 지원만을 규정하고, 대한민국으로 귀환하기 전에 사망한 국군포로에 대하여는 이에 관한 입법조치를 하지 않은 입법부작위에 대한 헌법소원심판 청구는 부적법하다. 한편 같은 법 제15조의5 제2항의 위임에 따른 대통령령을 제정하지 아니한 행정입법부작위는 청구인의 명예권을 침해하여 위헌이다.(헌재 2018.5.31. 2016헌마626)[각하, 위헌] [21국회8급]
   국군포로법 제15조의5 제2항은 같은 조 제1항에 따른 예우의 신청, 기준, 방법 등에 필요한 사항은 대통령령으로 정한다고 규정하고 있으므로, 피청구인은 예우의 신청, 기준, 방법 등에 필요한 사항을 대통령령으로 제정할 의무가 있다. 따라서 피청구인이 대통령령을 제정하지 아니한 행위는 <u>청구인의 명예권을 침해한다. 다만, 이러한 행정입법부작위가 청구인의 재산권을 침해하는 것은 아니다.</u>

인격권을 침해하지 않는 경우
1. 피청구인이 교도소 독거실 내 화장실 창문과 철격자 사이에 안전 철망을 설치한 행위는 청구인의 환경권, 인격권 등 기본권을 침해하지 않는다. (헌재 2014.6.26. 2011헌마150)

2. 친생부인의 소의 제척기간을 규정한 민법 제847조 제1항 중 "부(夫)가 그 사유가 있음을 안 날부터 2년내" 부분은 헌법에 위반되지 않는다.(헌재 2015.3.26. 2012헌바357) [22경찰1차, 17법원직]

> 비교판례 → 친생부인의 소의 제척기간을 단기(출생을 안 날로부터 1년)로 정한 것: 인격권, 행복추구권 침해(자세한 내용은 후술)

4. 2018학년도 수능시험의 문항 수 기준 70%를 EBS 교재와 연계하여 출제한다는 '2018학년도 대학수학능력시험 시행기본계획'은 <u>학생들의 자유로운 인격발현권을 침해하지 않으므로</u> 학생인 청구인들의 심판청구를 기각하며, 교사 또는 학부모인 청구인들의 심판청구는 기본권 침해 가능성이 없어 부적법하므로 각하한다.(헌재 2018.2.22. 2017헌마691) [20국가7급]

인격권에 대한 대법원 판례

1. 개명과 인격권(대판 2005.11.16. 2005스26) [20변호사, 10법원직]
   개명 신청인이 신용불량자로 등록되어 있더라도 법령상의 제한을 회피하기 위한 목적에서 개명신청을 하였다거나 다른 불순한 의도나 목적이 개입되어 있는 등 개명신청권의 남용에 해당한다고 볼 만한 사정도 찾아볼 수 없어 이를 이유로 개명을 불허할 수 없다.

2. 보험회사의 불법촬영(대판 2006.10.13. 2004다16280) [16변호사]
   (1) 초상권 및 사생활의 비밀과 자유에 대한 부당한 침해는 불법행위를 구성하는데, 위 침해는 그것이 공개된 장소에서 이루어졌다거나 민사소송의 증거를 수집할 목적으로 이루어졌다는 사유만으로 정당화되지 아니한다.
   (2) 보험회사 직원이 보험회사를 상대로 손해배상청구소송을 제기한 교통사고 피해자들의 장해 정도에 관한 증거자료를 수집할 목적으로 피해자들의 일상생활을 촬영한 행위가 초상권 및 사생활의 비밀과 자유를 침해하는 불법행위에 해당한다.

SECTION 3 | 평등권

헌법 제11조 ① 모든 국민은 법 앞에 평등하다. 누구든지 <u>성별·종교 또는 사회적 신분</u>에 의하여 정치적·경제적·사회적·문화적 생활의 모든 영역에 있어서 차별을 받지 아니한다.
② 사회적 특수계급의 제도는 인정되지 아니하며, <u>어떠한 형태로도</u> 이를 창설할 수 없다.
③ 훈장 등의 영전은 이를 받은 자에게만 효력이 있고, <u>어떠한 특권도 이에 따르지 아니한다</u>.

제1항 | 평등원칙과 평등권

Ⅰ 평등원칙과 평등권의 의의

01. 개념

평등원칙은 「같은 것은 같게, 다른 것은 다르게」 다룸으로써 사회정의를 실현하려는 원리이다.

> ▶ 관련판례
>
> 국가를 상대로 한 당사자소송에는 가집행선고를 할 수 없도록 규정하고 있는 '행정소송법 제43조'는 헌법에 위반된다.(헌재 2022.2.24. 2020헌가12)[위헌] − 자의금지원칙적용 [22변호사]

02. 평등권의 주체

국민과 법인, 외국인 모두 평등권의 주체가 된다. 단, 외국인은 평등을 요구하는 내용에 따른 차별은 있을 수 있다. 예컨대 선거권에서는 외국인에게 평등이 인정되지 않는다.

＊ 평등권은 인간의 권리이므로 외국인도 차별없이 누린다. (×)

Ⅱ 평등원칙(법 앞의 평등)과 평등권의 내용

01. 법 앞의 평등에서 「법」의 의미

의회에 의하여 제정되는 형식적 의미의 법률뿐만 아니라 헌법, 법률, 명령, 규칙 등 「모든 법규범」을 말한다.(성문법과 불문법, 국내법은 물론 국제법도 포함)

02. 「법 앞의」의 의미

1 견해대립

1. 법적용평등설(입법자비구속설)

법의 내용은 문제가 아니고 적용만 평등하면 된다는 입장이다.

2. 법내용평등설(입법자구속설) − 헌법재판소 입장 [09법무사]

법의 내용이 불평등할 경우 그 법을 아무리 평등하게 적용하더라도 그 결과는 불평등할 것이므로 법의 내용도 평등해야 한다. 사법과 행정뿐만 아니라 입법자도 구속한다.(실질적 법치주의)

2 불법영역에서의 평등

불법영역에서 평등은 인정되지 않는다. 예컨대 특정인이 불법적으로 혜택을 받고 있는 경우에 평등원칙을 적용하여 동일한 혜택을 요구하는 것은 인정되지 않는다.

03. 「평등」의 의미

정치적 영역에서는 절대적 평등이 중시되고, 사회적·경제적 영역에서는 상대적 평등이 중시된다.

04. 상향적 평등

따라서 국가가 정책을 실현함에 있어 동시에 모든 집단에게 동일한 혜택을 주지 못할 때 "평등의 원칙은 … 국가가 언제 어디에서 어떤 계층을 대상으로 하여 기본권에 관한 상황이나 제도의 개선을 시작할 것인지를 선택하는 것을 방해하지는 않는다. 즉, 국가는 합리적인 기준에 따라 능력이 허용되는 범위 내에서 법적 가치의 상향적 구현을 위한 제도의 단계적 개선을 추진할 수 있는 길을 선택할 수 있어야 한다."(헌재 1991.2.11. 90헌가27)

> **▶ 관련판례**
>
> 상향적 평등에 대한 헌법재판소 판례
> 1. 중학교의무교육의 단계적 실시는 합헌이다.(헌재 1991.2.11. 90헌가27) [05국회 8급 등]
> 2. 소방공무원이 직무수행 중 사망한 경우 경찰공무원과 차별하여 순직군경에 포함시키지 아니함으로써 국가유공자로 예우하지 않는 것은 합헌이다.(헌재 2005.9.29. 2004헌바53)[합헌] [22경찰승진]
>   소방공무원이 화재진압 중에 사망한 경우에는 국가유공자로 인정하지만 일반적인 업무 중에 사망한 경우에는 인정하지 않는 것이 합헌이라는 의미이다.
> 3. 예비군이 소집통지를 받고 개별이동 중에 사고를 당한 경우, 단체이동과 차별하여 국가유공자보상대상에 포함시키지 않는 것은 합헌이다.(헌재 2005.10.27. 2004헌바37)[합헌]
> 4. 6·25전몰군경자녀수당의 지급대상을 전투기간 중 '전사'한 전몰군경의 자녀로 설정한 국가유공자 등 예우 및 지원에 관한 법률 제16조의3 제1항 중 '전투기간 중 전사한 전몰군경의 자녀'에 관한 부분은 헌법에 위반되지 않는다.(헌재 2018.11.29. 2017헌바252)[합헌]

Ⅲ 차별금지사유

01. 개설

헌법 제11조 제1항은 차별금지사유로서 '성별·종교 또는 사회적 신분'을 규정하고 있는데, 이는 사유를 한정적으로 열거한 것이 아니라 예시한 것에 불과하다.(예시설) 따라서 학력·연령·정치관 등 그 외의 사유로 인한 불합리한 차별도 금지된다.

02. 사회적 신분 – 후천적 신분설

"사회적 신분이란 사회에서 장기간 점하는 지위로서 일정한 사회적 평가를 수반하는 것을 의미한다 할 것이므로 전과자도 사회적 신분에 해당된다고 할 것이며…"(헌재 1995.2.23. 93헌바43)라고 판시하여 후천적 신분설을 채택하고 있다. [15서울7급]

◢ OX 연습

1. 누범을 가중하여 처벌하는 것은 전과자라는 사회적 신분에 의하여 합리적 이유 없이 차별하는 것이어서 헌법 제11조 제1항의 평등의 원칙에 위배된다. [21입시]

▶ 관련판례

1. 누범자에 대한 가중처벌은 … 평등원칙에 위반되지 않는다.(헌재 2011.5.26. 2009헌바63 등) [18법원직, 11국가7급]

2. "산업기능요원으로 편입되어 1년 이상 종사하다가 '편입이 취소되어 입영하는 사람'에 대하여는 대통령령으로 정하는 기준에 따라 복무기간을 단축할 수 있다."라는 규정은 기왕의 복무기간이 1년 미만인 경우 그 전부를 무효화하여 전혀 복무하지 아니한 사람과 마찬가지로 취급하는 것을 정당화할 어떠한 이유도 찾을 수 없으므로 평등권을 침해한다.(헌재 2011.11.24. 2010헌마746)[위헌]

산업기능요원(공중보건의사)의 1년 미만 복무기간을 현역복무기간으로 인정하지 않는 것	위헌
산업기능요원의 복무기간을 공무원 호봉산정으로 인정하지 않는 것	합헌
공중보건의사의 복무기간을 교원연금 기간으로 산정하지 않은 것	위헌

3. 공중보건의사로 복무한 사람이 사립학교 교직원으로 임용된 경우, 공중보건의사로 복무한 기간을 사립학교 교직원 재직기간에 산입하도록 규정하지 아니한 '사립학교 교직원 연금법' 제31조 제2항은 평등원칙에 위반되어 헌법에 합치되지 아니한다.(헌재 2016.2.25. 2015헌가15)[헌법불합치(잠정적용)]

> **비교판례 ▶**
>
> 1. 공중보건의사 편입 취소 사건(헌재 2010.7.29. 2008헌가28)[헌법불합치] [16법원직]
>   국가공무원 임용 결격사유에 해당하여 공중보건의사 편입이 취소된 사람을 현역병으로 입영하게 하거나 공익근무요원으로 소집함에 있어 의무복무기간에 기왕의 복무기간(1년 미만의 경우)을 전혀 반영하지 아니하는 구 병역법 제35조 제3항과 병역법 제35조 제3항 중 각 공중보건의사 관련 부분은 평등의 원칙에 반하여 헌법에 합치되지 아니한다.
> 2. 공익근무요원의 경우와 달리 산업기능요원의 군 복무기간을 공무원 재직기간으로 산입하지 않도록 규정한 '제대군인지원에 관한 법률' 제16조 제1항 중 "제대군인"에 관한 부분과 같은 법 제16조 제3항, 그리고 공무원연금법 제23조 제3항과 공무원연금법 시행령 제16조의2는 청구인의 평등권을 침해하지 않는다.(헌재 2012.8.23. 2010헌마328)
> 3. 공중보건의사가 군사교육에 소집된 기간을 복무기간에 산입하지 않도록 규정한 병역법 제34조 제3항 중 '군사교육소집기간은 복무기간에 산입하지 아니 한다' 부분 가운데 공중보건의사에 관한 부분 및 '농어촌 등 보건의료를 위한 특별조치법' 제7조 제1항 중 「병역법」 제55조에 따라 받는 군사교육소집기간 외에' 부분은 헌법에 위반되지 않는다.(헌재 2020.9.24. 2019헌마472)[기각]
> 4. 현역병 등의 복무기간과는 달리 사관생도의 사관학교 교육기간을 연금 산정의 기초가 되는 복무기간에 산입할 수 있도록 규정하지 아니한 구 군인연금법 제16조 제5항 전문은 청구인들의 평등권을 침해하지 않는다.(헌재 2022.6.30. 2019헌마150)[기각] [235급]

3. 영화업자가 영화근로자와 계약을 체결할 때 근로시간을 구체적으로 밝히도록 하고, 위반 시 처벌하는 '영화 및 비디오물의 진흥에 관한 법률' 제3조의4 중 '근로시간'에 관한 부분, 제96조의2 중 '근로시간'에 관한 부분은 헌법에 위반되지 않는다.(헌재 2022.11.24. 2018헌바514)[합헌]

Answer

1. × 헌재 1995.2.23. 93헌바43

4. 자기의 직계존속을 살해한 자를 일반 살인죄를 저지른 자에 비하여 가중처벌하는 형법 제250조 제2항 중 '자기의 직계존속을 살해한 자' 부분은 평등원칙에 위배되지 않는다.(헌재 2013.7.25. 2011헌바267) − 존속상해치사죄의 가중처벌도 합헌(헌재 2002.3.28. 2000헌바53)
5. 지역농협 임원 선거와 관련하여 거짓의 사실을 공표하거나 공연히 사실을 적시하여 후보자를 비방하기만 하면 범죄가 성립하도록 규정하고 있는 구 농업협동조합법 제172조 제3항 중 '지역농협의 임원 선거와 관련하여 거짓의 사실을 공표하거나 공연히 사실을 적시(摘示)하여 후보자를 비방함으로써 제50조 제3항을 위반한 자'에 관한 부분은 평등원칙에 위배되지 않는다.(헌재 2013.7. 25. 2012헌바112) [14국회8급]

Ⅳ 차별금지영역

01. 영역

차별이 금지되는 영역은 인간의 「모든」 생활영역이다.

02. 헌법재판소

1 투표의 성과가치 영역

1. 국회의원선거에서 최대선거구와 최소선거구간 인구편차가 2:1을 넘은 경우 − 위헌

헌법재판소는 국회의원 선거구 평균인구수 기준 상하 33.3% 편차(상한 인구수와 하한인구수 비율은 2:1)를 기준으로 위헌 여부를 판단하였다. [13국회8급]

2. 지방선거에서는 상하 60%(4:1)에서 50%(3:1)로 변경되었다. [13변호사 등]

2 기탁금, 선거영역

1. 정당추천후보자와 무소속후보자의 기탁금을 1:2로 한 규정 − 헌법불합치

2. 무소속후보자와는 달리 정당후보자에게만 정당연설회를 허용하고 2종의 소형인쇄물을 더 배부할 수 있게한 규정은 평등권 위반으로 보았다. − 한정위헌 [14국가7급]

3. 선거권 연령을 20세(현재는 18세)로 규정한 것은 합헌이다.

Ⅴ 평등원칙의 심사기준

01. 기본적 입장

1 원칙

헌법재판소는 원칙적으로 자의금지원칙을 적용한다. 즉, 합리적 차별은 허용한다.

2 예외 – 엄격한 비례심사를 하는 경우

헌법에서 특별히 평등을 요구하는 경우(예 헌법 제36조 제1항)와 차별로 인하여 관련 기본권에 중대한 제한이 발생하는 경우(예 공무담임권의 심각한 제한)에는 엄격한 비례심사를 한다. [17·14법원직]

> 🔖 **참고** **입법형성권과 평등원칙의 관계**
>
> 입법형성권이 큰 영역에서는 자의금지원칙, 입법형성권이 줄어들면 엄격심사를 한다.

02. 자의금지원칙

1 개념

자의금지원칙이란 합리적 이유가 있는 차별, 즉 '같은 것은 같게 다른 것은 다르게 취급'하는 것을 허용하는 것을 말한다. 따라서 자의금지원칙은 입법자에게 광범위한 형성의 자유가 인정되는 영역에서 적용된다. 헌법재판소의 심사기준이 되는 자의금지는 단지 자의적인 입법의 금지만을 의미하므로 헌법재판소는 입법자의 결정에서 차별을 정당화할 수 있는 합리적인 이유를 찾아볼 수 없는 경우에만 평등원칙의 위반을 선언하게 된다.(헌재 1997.1.16. 90헌마110·136 병합)

2 심사요건 [13법원직]

❶ 차별취급의 존재

본질적으로 동일한 것을 다르게 취급하고 있는 차별취급이 있어야 한다.

❷ 자의적인 차별

차별취급이 존재한다면 이를 자의적인 것으로 볼 수 있어야 한다.

❸ 비교집단의 존재 [17법원직]

차별취급의 존재 여부와 관련하여 상호 배타적인 두 개의 비교집단이 있어야 한다.

❹ 비교집단 판단의 기준

두 개의 비교집단이 본질적으로 동일한가의 판단은 일반적으로 관련 헌법규정과 당해 법규정의 의미와 목적에 달려 있다.

❺ 합리적 이유의 부재

차별대우를 정당화하는 객관적이고 합리적인 이유가 존재한다면 차별대우는 자의적인 것이 아니게 된다.

▶ 관련판례

비교집단이 부정되는 경우

1. 영장실질심사에서 구속영장이 기각된 피의자와 구속적부심사절차에서 '석방결정'이 있었던 피의자 사이에는 비교집단을 인정할 수 없다.(헌재 2003.12.18. 2002헌마593)[기각]

   이 사건의 경우 평등원칙위반을 인정하기 위한 전제조건인 상호 배타적인 '두 개의 비교집단' 자체를 인정하기 어렵기 때문에, 이 사건 법률조항은 평등원칙에 위배되지 아니한다.

2. 자치구 의원선거에서 선거구별 의원 정수가 서로 다른 경우에는 비교집단이 인정되지 않는다.(헌재 2009.3.26. 2006헌마72)[기각]

   청구인들은 이 사건 조례가 1선거구 2인 선출제를 채택하여 1선거구에서 4인까지를 선출할 수 있도록 조례를 제정한 다른 지역 선거구와 비교하여 표의 등가성 면에서 청구인들을 차별하고 있다고 주장한다. 서울특별시 내에 거주하는 주민들과 서울특별시를 제외한 모든 지역에 거주하는 주민들 간에는 평등권침해를 논할 비교집단이 설정되지 않는다고 할 것이어서 위 주장은 더 나아가 살펴볼 필요 없이 이유 없다고 할 것이다.

3. 미결수용자와 형이 확정된 수형자는 비교집단이 설정되지 않는다.(헌재 2011. 2.24. 2009헌마209)

4. 상속세 및 증여세법의 규제를 받는 주식 등의 명의수탁자와 부동산 실권리자명의 등기에 관한 법률의 규제를 받는 부동산의 명의수탁자는 입법목적, 규제 방식, 제재 유형, 제재를 받는 인적범위 등이 상이하기 때문에 본질적으로 동일한 두 개의 비교집단이라고 볼 수 없으므로, 이러한 두 집단을 다르게 취급하였다고 하여 평등원칙에 위배된다고 할 수 없다.(헌재 2013.9.26. 2012헌바259)

5. '5·18민주화운동 관련자 보상 등에 법률'과 '독립유공자예우에 관한 법률'은 입법목적이나 적용대상이 다르고, 보상금의 성격도 다르므로, 위 법률의 적용을 받은 자들과 '독립유공자예우에 관한 법률'의 적용을 받는 자들을 동일한 비교대상이 아니다.(헌재 2015.9.24. 2015헌바48) [19지방7급]

   > * 비교집단이 설정되지 않는 경우
   >   • 의료보험수급자와 의료보호(급여)수급자
   >   • 공무원연금과 산업재해보상법·국민연금

비교집단이 인정되는 경우

1. 공무원보수규정의 봉급액 책정에 있어서 경찰공무원과 군인을 평등권 침해 여부의 판단에 있어서 의미 있는 비교집단으로 볼 수 있다.(헌재 2008.12.26. 2007헌마444)[기각] [22경찰1차]

2. 기초의회의원선거 후보자로 하여금 특정 정당으로부터의 지지 또는 추천 받음을 표방할 수 없도록 한 공직선거 및 선거부정방지법 제84조 중 "자치구·시·군의회의원선거의 후보자" 부분은 다른 지방선거 후보자와는 달리 기초의회의원선거의 후보자에 대해서만 정당표방을 금지하므로 평등원칙에 위배된다.(헌재 2003.1.30. 2001헌가4)[위헌]

3. 퇴역 후 폐질상태가 확정된 군인에 대한 연금지급 거부 사건(헌재 2010.6.24. 2008헌바128)[헌법불합치]
   (1) 공무원연금법의 적용을 받는 공무원과 군인연금법의 적용을 받은 군인은 본질적인 차이가 없는 동일한 집단으로서 의미 있는 비교집단이 된다고 할 것이다.
   (2) 퇴직 이전 폐질상태가 확정된 군인과의 관계에서 두 비교집단은 본질적으로 동일하다.

   > 비교판례 ➡ 헌법재판소가 구 군인연금법 제23조 제1항에 대하여 "공무상 질병 또는 부상으로 퇴직 이후에 폐질상태가 확정된 군인에 대하여 상이연금 지급에 관한 규정을 두지 아니한 것은 헌법에 합치되지 않는다"는 취지의 헌법불합치결정을 하였고, 2011.5.19. 개정된 군인연금법 제23조 제1항, 2013.3.22. 개정된 군인연금법 제23조 제1항이 '군인이 퇴직 후에 공무상 질병 또는 부상으로 인하여 폐질 또는 장애 상태가 된 때'에도 상이연금을 지급하도록 하고 있으나, 신법 조항을 소급하여 적용한다는 경과규정은 두지 않은 것은 헌법에 합치되지 아니한다.(헌재 2016.12.29. 2015헌바208)[헌법불합치(잠정적용)]

4. 퇴직급여법의 적용 여부에 관하여 '계속근로기간이 1년 이상인지 여부'에 따라 퇴직한 근로자를 달리 취급하는 것은 비교대상이 된다.(헌재 2011.7.28. 2009헌마408)[기각] [22국회8급]
5. 형사소송절차의 피해자와 소년심판절차에서의 피해자는 본질적으로 동일한 집단이다. / 단기 소년원 송치에 대해 피해자의 아버지는 재항고권자에 해당하지 않는다는 규정은 헌법에 위반되지 아니한다.(헌재 2012.7.26. 2011헌마232) [22경찰승진]
   형사소송절차에서는 일방 당사자인 검사가 상소 여부를 결정할 수 있고, 피해자도 간접적으로 검사를 통하여 상소 여부에 관여할 수 있음에 반하여, 소년심판절차에서는 검사에게 상소권이 인정되지 아니하여 소년심판절차에서의 피해자도 상소 여부에 관하여 전혀 관여할 수 있는 방법이 없는데, 양 절차의 피해자는 범죄행위로 인하여 피해를 입었다는 점에서 본질적으로 동일한 집단이라고 할 것임에도 서로 다르게 취급되고 있다.

▶ 관련판례

자의금지원칙을 적용한 사례
1. 법인의 약국개설 금지(헌재 2002.9.19. 2000헌바84)[헌법불합치]
   (1) 약사 또는 한약사가 아니면 약국을 개설할 수 없다고 규정한 약사법 제16조 제1항은 법인을 구성하여 약국을 개설·운영하려고 하는 약사들 및 이들 약사들로 구성된 법인의 직업선택의 자유와 결사의 자유를 침해한다.
   (2) 위 조항은 다른 전문직과 달리 약사에게만 업무수행을 위한 법인설립을 제한함으로써 평등권을 침해한다.

> 비교판례 ➡ 자연인 안경사는 법인을 설립하여 안경업소를 개설할 수 없고, 법인은 안경업소를 개설할 수 없으며, 이를 위반한 경우 이 사건 처벌조항에 의하여 형사처벌되는 심판대상조항은 과잉금지원칙에 반하지 아니하여 자연인 안경사와 법인의 직업의 자유를 침해하지 아니한다.(헌재 2021.6.24. 2017헌가31) [22국가7급등]

2. 공익근무요원의 제2국민역 편입 불허(헌재 2007.2.22. 2005헌마548)[기각]
   공익근무요원의 병역처분변경을 규정한 병역법 시행령 제136조가 현역병의 경우와 달리 징역 1년 6월 미만의 실형을 받은 경우 심사를 거쳐 제2국민역에 편입할 수 있는 내용을 포함하지 않은 것이 청구인의 평등권을 침해한 것은 아니다.

3. 남성에게만 병역의무를 부과하는 구 병역법 규정은 평등권을 침해하지 않는다.(헌재 2011.6.30. 2010헌마460) [17법원직, 16변호사]

4. 헌법의 평등원칙은 사회보험인 건강보험의 보험료부과에 있어서는 경제적 능력에 따른 부담이 이루어질 것을 요구한다. 다만, 건강보험제도는 전 국민에게 기본적인 의료서비스를 제공하기 위한 사회보장제도의 일종으로, 입법자는 건강보험제도에 관하여 광범위한 입법형성권을 가진다고 할 것이므로, 보험료부담의 평등원칙 위반 여부는 완화된 심사기준에 따라 판단되어야 한다.(헌재 2012.5.31. 2009헌마299)[기각]
   법 제33조 제2항은 직장가입자와 지역가입자의 재정통합을 통하여 경제적 계층의 형성을 방지하고 소득재분배와 국민연대의 기능을 높이고자 하는 것으로서 입법형성권의 범위를 벗어났다고 보기 어려우므로 청구인들의 평등권과 재산권을 침해하지 않는다.

5. 군인의 퇴직 후 61세 이후에 혼인한 배우자를 유족에서 제외하고 있는 군인연금법 제3조 제1항 제4호 가목 괄호 안 후단 부분은 군인의 재직 당시에 있었던 혼인관계가 도중에 이혼으로 중단되었다가 퇴직 후 61세 이후에 재혼인한 배우자인 청구인의 평등권을 침해하지 않는다.(헌재 2012.6.27. 2011헌바115)

6. 국민참여재판의 대상사건을 합의부 관할사건으로 한정한 국민의 형사재판 참여에 관한 법률 제5조 제1항 제1호는 헌법에 위반되지 아니한다.(헌재 2015.7.30. 2014헌바447)
   국민참여재판의 대상사건을 제한하는 이 사건 법률조항은 헌법에서 특별히 평등을 요구하고 있다거나, 차별적 취급으로 인하여 관련 기본권에 대한 중대한 제한을 초래하는 경우라고 보기 어려우므로 비례의 원칙이 아닌 자의금지 원칙에 의하여 심사한다.

03. 비례원칙(엄격한 심사기준)

1 개념

비례원칙이란 자의금지원칙에 따른 심사, 즉 합리적 이유의 유무를 심사하는 것에 그치지 아니하고 비례원칙에 따른 심사, 즉 차별취급의 목적과 수단 간에 엄격한 비례관계가 성립하는지를 기준으로 한 심사를 말한다.

적용요건

평등위반 여부를 심사함에 있어 엄격한 심사척도에 의할 것인지, 완화된 심사척도에 의할 것인지는 입법자에게 인정되는 입법형성권의 정도에 따라 달라진다. [14법원직]

> ▶ **관련판례**
>
> 제대군인 가산점제도 헌법소원 사건(헌재 1999.12.23. 98헌마363)[위헌] [20 법무사, 11법원직]
> 평등위반 여부를 심사함에 있어 엄격한 심사척도에 의할 것인지, 완화된 심사척도에 의할 것인지는 입법자에게 인정되는 입법형성권의 정도에 따라 달라지게 될 것이다. 먼저 헌법에서 특별히 평등을 요구하고 있는 경우 엄격한 심사척도가 적용될 수 있다. 헌법이 스스로 차별의 근거로 삼아서는 아니 되는 기준을 제시하거나 차별을 특히 금지하고 있는 영역을 제시하고 있다면 그러한 기준을 근거로 한 차별이나 그러한 영역에서의 차별에 대하여 엄격하게 심사하는 것이 정당화된다. 다음으로 차별적 취급으로 인하여 <u>관련 기본권에 대한 중대한 제한을 초래하게 된다면 입법형성권은 축소되어 보다 엄격한 심사척도가 적용되어야 할 것이다.</u> - 엄격심사기준의 적용

* 헌법재판소는 제대군인가산점 사건에서 자의금지를 적용하였다. (×)

3 **비례원칙의 완화적용**

1. 헌법재판소는 구체적 사건에서 비례원칙을 적용하되 완화된 형태로 적용하는 경우가 있다. [13서울7급]
2. 즉, 국가유공자 가산점 제1차 결정에서 국가유공자 가족의 경우에도 가산점의 부여가 헌법에서 요구하는 것으로 보아 가족에 대한 10%의 가산점이 합헌이라고 결정했다. 이 결정이 비례원칙을 완화하여 적용한 것이다.
3. 그 후 제2차 결정에서 유공자 본인의 가산점은 헌법이 요구하는 것이므로 합헌이지만 가족의 경우에 10%는 지나치다는 이유로 헌법불합치 결정을 하였다.

> 📑 **체크포인트**
>
> 국가유공자 본인에 대해서는 헌법이 차별을 허용하므로 완화된 심사를 하고 그 가족에 대해서는 엄격한 심사를 해야 한다. [17변호사]

> **헌법 제32조** ⑥ 국가유공자·상이군경 및 전몰군경의 유가족은 법률이 정하는 바에 의하여 우선적으로 근로의 기회를 부여받는다.

Ⅵ 잠정적 우대조치와 역차별의 문제

01. 잠정적 우대조치의 의의

종래 사회로부터 차별을 받아 온 일정집단에 대해 그 동안의 불이익을 보상
하여 주기 위하여 그 집단의 구성원이라는 이유로 취업 등의 영역에서 직·간
접적으로 이익을 부여하는 조치를 말한다. [15법원직]

02. 잠정적 우대조치의 특징

1 집단의 권리

개인이 아니라 집단의 일원이라는 것을 근거로 하여 혜택을 준다. [15법원직]

2 결과의 평등

기회의 평등보다는 결과의 평등을 추구한다. [15법원직, 04국가7급]

3 잠정적 조치

항구적 정책이 아니라 구제목적이 실현되면 종료하는 임시적 조치이다.
[15법원직]

03. 현행법상의 예

여성채용목표제, 비례대표국회의원 선거에서 여성할당제 등이 있다.

📌 관련판례

잠정적 우대조치(헌재 1999.12.23. 98헌마363)
여성채용목표제는 잠정적 우대조치의 일환으로서 제대군인가산점제도와는 제도
의 취지 및 기능을 달리하는 별개의 제도이다.

제2항 | 평등원칙의 구체적 실현

Ⅰ 근로관계에서 여성과 연소자 차별금지

> **헌법 제32조** ④ 여자의 근로는 특별한 보호를 받으며, 고용·임금 및 근로조건에 있어서 부당한 차별을 받지 아니한다.
> ⑤ 연소자의 근로는 특별한 보호를 받는다.

체크포인트

근로에 있어서 특별보호는 여자와 연소자에 대해서 규정하고, 장애인에 대해서 국가의 보호를 규정하고 있으나 장애인의 근로에 대해서는 명시적 규정이 없다.

Ⅱ 혼인과 가족생활에서의 양성의 평등

> **헌법 제36조** ① 혼인과 가족생활은 개인의 존엄과 양성의 평등을 기초로 성립되고 유지되어야 하며, 국가는 이를 보장한다.

▶ 관련판례

평등원칙에 위반되는 사례

1. 공매절차에서 계약보증금의 국고귀속은 평등원칙에 위반된다.(헌재 2009.4.30. 2007헌가8)[헌법불합치] [22·10법원직]
2. 우체국보험금에 대한 압류금지는 평등원칙에 위반된다.(헌재 2008.5.29. 2006헌바5) [헌법불합치] [22국회8급]
3. (사립학교) 교원징계 재심위원회의 재심결정에 대해 교원에게만 불복을 허용하고 학교법인에게는 불복을 허용하지 않는 것은 헌법에 위반된다.(헌재 2006.2.23. 2005헌가7)[위헌] − 재판청구권도 침해하였다.
4. 특정범죄가중처벌등에관한법률 제11조 제1항 위헌소원(헌재 2003.11.27. 2002헌바24) [위헌]
   (1) 마약류 자체가 가지는 위험성의 측면이나 우리 사회에서 차지하고 있는 비중에 있어서도 향정신성의약품관리법위반사범과 달리 마약사범에 대하여만 가중을 하여야 할 정도로 마약이 향정신성의약품에 비해 더욱 위험하다고 볼 수는 없으며, … 위 특가법 조항은 아무런 합리적 근거 없이 매수와 판매목적소지의 마약사범만을 가중하고 있으므로 형벌체계상의 균형성을 현저히 상실하여 평등원칙에 위반된다 할 것이다.
   (2) 마약의 단순매수를 영리매수와 동일한 법정형으로 처벌하는 규정은 책임과 형벌간의 비례성 원칙 및 실질적 법치국가원리의 위반된다. [18법원직]

   > **비교판례** ▶ 향정신성의약품 교부행위를 무기 또는 5년 이상의 징역에 처하는 마약류관리에 관한 법률 제58조 제1항 제3호 가운데 "수수" 중 '교부' 부분은 헌법에 위반되지 않는다.(헌재 2019.2.28. 2017헌바229)[합헌]

5. 사망 전에 등록한 고엽제후유증환자에 한하여 유족보상을 지급하는 것은 평등원칙에 위반된다.(헌재 2001.6.28. 99헌마516)[헌법불합치(잠정적용)]

6. 군행형법의 적용을 받는 미결수용자에 대해 주 2회만 면회를 허용하는 것은 평등권을 침해하는 것이다.(헌재 2003.11.27. 2002헌마193)[위헌] [15서울7급] - 법령의 효력을 정지시키는 가처분을 인정한 사례

7. 지방자치단체장이 국회의원에 출마할 때 180일 전에 사퇴하게 하는 것은 평등원칙에 위반된다.(헌재 2003.9.25. 2003헌마106)[위헌] - 지자체장 임기 중 타선거 출마금지 [위헌] ⇨ 지자체장의 120일 전 사퇴[합헌]

8. 치과전문의 자격시험불실시(헌재 1998.7.16. 96헌마246)[위헌]
   청구인들은 전공의수련과정을 사실상 마치고도 치과전문의자격시험의 실시를 위한 제도가 미비한 탓에 치과전문의자격을 획득할 수 없었고 이로 인하여 형벌의 위험을 감수하지 않고는 전문과목을 표시할 수 없게 되었으므로 <u>행복추구권을 침해받고 있고, 이 점에서 전공의수련과정을 거치지 않은 일반 치과의사나 전문의시험이 실시되는 다른 의료분야의 전문의에 비하여 불합리한 차별을 받고 있다.</u> - 치과전문의 자격시험을 시행규칙으로 정하지 않은 행정입법 부작위는 헌법에 위배된다.

9. 전문과목을 표시한 치과의원은 그 표시한 전문과목에 해당하는 환자만을 진료하여야 한다고 규정한 의료법 제77조 제3항은 신뢰보호원칙과 명확성 원칙에 위배되지는 않지만, 과잉금지원칙에 위배되어 직업수행의 자유를 침해하고 평등권을 침해한다.(헌재 2015.5.28. 2013헌마799) [20서울지방7급, 16서울7급]

10. 치과전문의 자격 인정 요건으로 '외국의 의료기관에서 치과의사 전문의 과정을 이수한 사람'을 포함하지 아니한 '치과의사전문의의 수련 및 자격 인정 등에 관한 규정' 제18조 제1항은 평등권을 침해한다.(헌재 2015.9.24. 2013헌마197) [16국회8급]

    ◈ **치과전문의 사건 정리**

치과전문의 자격시험 불실시	행복추구권, 평등권 침해. 행정입법부작위 위헌
치과전문의 전문과목만 진료	평등권 직업수행의 자유 침해
외국의료기관에서 전문의과정 이수한 경우 전문의 시험 자격 불인정	평등권 직업수행의 자유 침해
외국치과대학 졸업후 국내에서 예비시험 합격후 국가고시 응시자격부여	합헌

11. 자도소주구입명령제도는 … 평등원칙에 위반된다.(헌재 1996.12.26. 96헌가18)[위헌]

12. 도주차량운전자에 대해 … 살인죄보다 법정형을 무겁게 한 것은 형벌체계상의 정당성과 균형을 상실한 것으로 평등의 원칙에 반한다.(헌재 1992.4.28. 90헌바24)[위헌]

13. 국·공립대학 출신자에 대한 교사우선채용은 평등원칙에 반한다.(헌재 1990.10.8. 89헌마89)[위헌] [11국가7급]

14. 야간 흉기휴대 협박에 대한 가중처벌은 평등원칙에 반한다.(헌재 2004.12.16. 2003헌가12)[위헌]

15. 중혼의 취소청구권자를 규정하면서 직계비속을 제외한 민법 제818조는 평등원칙에 반한다.(헌재 2010.7.29. 2009헌가8)[헌법불합치] [13법원직] - 자의금지원칙 적용

OX 연습

1. 직계존속 및 4촌 이내의 방계혈족에게는 중혼의 취소청구권을 부여하고, 직계비속에게는 중혼의 취소청구권을 부여하지 않은 것은 합리적인 이유가 있으므로 평등의 원칙에 위반되지 않는다. [13국가7급]

Answer

1. × 헌재 2010.7.29. 2009헌가8

CHAPTER 02 인간의 존엄과 가치·행복추구권·평등권 **161**

OX 연습

1. 독립유공자의 손자녀 중 1명에게만 보상금을 지급하도록 하면서, 독립유공자의 선순위 자녀의 자녀에 해당하는 손자녀가 2명 이상인 경우에 다른 기준을 고려하지 않고 나이가 많은 손자녀를 우선하도록 한 것은 상대적으로 나이가 적은 손자녀의 평등권을 침해하지 않는다. [20입시]

2. 후보자의 배우자가 그와 함께 다니는 사람 중에서 지정한 1명에게도 명함을 교부할 수 있도록 한 공직선거법 규정은 평등권을 침해하지 않는다. [18경찰승진]

3. 후보자의 선거운동에서 독자적으로 후보자의 명함을 교부할 수 있는 주체를 후보자의 배우자와 직계존비속으로 제한한 「공직선거법」규정은 배우자나 직계존비속이 있는 후보자와 그렇지 않은 후보자를 합리적 이유없이 달리 취급하고 있기에 평등권을 침해한다. [18국가7급]

Answer
1. × 헌재 2013.10.24. 2011헌마724
2. × 헌재 2013.11.28. 2011헌마267
3. × 헌재 2016.9.29. 2016헌마287

---

16. 1983. 1. 1. 이후 출생한 A형 혈우병 환자에 한하여 유전자재조합제제에 대한 요양급여를 인정하는 '요양급여의 적용기준 및 방법에 관한 세부사항' Ⅱ. 약제 2.약제별 세부인정기준 및 방법 [339] 기타의 혈액 및 체액용 약 Recombinant blood coagulation factor vⅢ 주사제의 대상환자 중 "83. 1. 1. 이후에 출생한" 부분은 1983.1.1. 이전에 출생한 A형 혈우병 환자들인 청구인들의 평등권을 침해한다.(헌재 2012.6.27. 2010헌마716) [16변호사, 13국회8급]

17. 학교용지 확보 등에 관한 특례법 규정에 따른 "주택재건축사업"에 관한 부분이 매도나 현금청산의 대상이 되어 제3자에게 분양됨으로써 기존에 비하여 가구 수가 증가하지 아니하는 개발사업분을 학교용지부담금 부과 대상에서 제외하는 규정을 두지 아니한 것은 평등원칙에 위배된다.(헌재 2013.7.25. 2011헌가32)

> ＊학교용지부담금 관련 판례 정리
> • 수분양자에게 학교용지 부담금을 부과하는 것[위헌]
> • 개발사업자에게 부담금을 부과하는 것[합헌]

18. 독립유공자의 손자녀 중 1명에게만 보상금을 지급하도록 하면서, 독립유공자의 선순위 자녀의 자녀에 해당하는 손자녀가 2명 이상인 경우에 나이가 많은 손자녀를 우선하도록 규정한 독립유공자예우에 관한 법률 제12조 제2항 중 '손자녀 1명에 한정하여 보상금을 지급하는 부분' 및 제4항 제1호 본문 중 '나이가 많은 손자녀를 우선하는 부분'은 청구인의 평등권을 침해한다.(헌재 2013.10.24. 2011헌마724) [16국회8급, 15지방7급] - 생활수준을 고려하여 지급하면 헌법에 위반되지 않는다. [21변호사]

19. 보훈보상대상자의 부모에 대한 유족보상금 지급시 수급권자를 1인에 한정하고 나이가 많은 자를 우선하도록 규정한 '보훈보상대상자 지원에 관한 법률' 제11조 제1항 제2호 중 '부모 중 선순위자 1명에 한정하여 보상금을 지급하는 부분', 같은 법 제12조 제2항 제1호 중 '부모 중 나이가 많은 사람을 우선하는 부분'은 평등권을 침해한다.(헌재 2018.6.28. 2016헌가14)[헌법불합치]

20. 6.25전몰군경자녀에게 6·25전몰군경자녀수당을 지급하면서 그 수급권자를 6·25전몰군경자녀 중 1명에 한정하고, 그 1명도 나이가 많은 자를 우선하도록 정한 부분은 평등권을 침해하여 헌법에 합치되지 아니한다.(헌재 2021.3.25. 2018헌가6)[헌법불합치]

21. 형법상의 범죄와 똑같은 구성요건을 규정하면서 법정형만 상향 조정한 '특정범죄 가중처벌 등에 관한 법률' 제5조의4 제1항 중 형법 제329조에 관한 부분, 같은 법률 제5조의4 제1항 중 형법 제329조의 미수죄에 관한 부분, 같은 법률 제5조의4 제4항 중 형법 제363조 가운데 형법 제362조 제1항의 '취득'에 관한 부분은 헌법에 위반된다.(헌재 2015.2.26. 2014헌가23) [15국가7급]

22. 예비후보자의 배우자가 함께 다니는 사람 중에서 지정한 자도 선거운동을 위하여 명함교부 및 지지호소를 할 수 있도록 한 공직선거법 제60조의3 제2항 제3호 중 '배우자' 관련 부분은 배우자가 없는 청구인의 평등권을 침해한다.(헌재 2013.11.28. 2011헌마267) [23지방7급, 14국회8급]

> 비교판례 ➔ 후보자의 선거운동에서 독자적으로 후보자의 명함을 교부할 수 있는 주체를 후보자의 배우자와 직계존비속으로 제한한 공직선거법 제93조 제1항 제1호 중 제60조의3 제2항 제1호에 관한 부분은 선거운동의 자유와 평등권을 침해하지 않는다.(헌재 2016.9.29. 2016헌마287)

23. 월급근로자로서 6개월이 되지 못한 자를 해고예고제도의 적용예외 사유로 규정하고 있는 근로기준법 제35조 제3호는 근무기간이 6개월 미만인 월급근로자의 근로의 권리를 침해하고 평등원칙에도 위배되어 위헌이다. (헌재 2015.12.23. 2014헌바3) [16국회8급]

> 비교판례 → 일용근로자로서 3개월을 계속 근무하지 아니한 자를 해고예고제도의 적용제외사유로 규정하고 있는 근로기준법 제35조 제1호는 청구인의 근로의 권리를 침해하지 않는다. (헌재 2017.5.25. 2016헌마640) [23지방7급, 22경찰1차]

24. '수사가 진행 중이거나 형사재판이 계속 중이었다가 그 사유가 소멸한 경우'에는 잔여 퇴직급여 등에 대해 이자를 가산하는 규정을 두면서, '재심으로 무죄판결을 받아 그 사유가 소멸한 경우'에는 이자 가산 규정을 두지 않은 군인연금법 제33조 제2항이 평등원칙에 위반되므로 헌법에 합치되지 아니한다. (헌재 2016.7.28. 2015헌바20)[헌법불합치(잠정적용)] [22국회8급]

25. 근로자가 사업주의 지배관리 아래 출퇴근하던 중 발생한 사고로 부상 등이 발생한 경우만 업무상 재해로 인정하는 산업재해보상보험법 제37조 제1항 제1호 다목은 평등원칙에 위배된다. (헌재 2016.9.29. 2014헌바254)[헌법불합치(잠정적용)] [20변호사]

> 비교판례 → 업무상 재해에 통상의 출퇴근 재해를 포함시키는 개정 법률조항을 이 법 시행 후 최초로 발생하는 재해부터 적용하도록 하는 산업재해보상보험법 부칙 제2조 중 '제37조의 개정규정'에 관한 부분은 헌법에 합치되지 않는다. (헌재 2019.9.26. 2018헌바218)[헌법불합치]

26. 대한민국 국적을 가지고 있는 영유아 중에서도 재외국민인 영유아를 보육료·양육수당 지원대상에서 제외하는 보건복지부지침은 국내에 거주하면서 재외국민인 영유아를 양육하는 부모인 청구인들의 평등권을 침해하므로 헌법에 위반된다. (헌재 2018.1.28. 2015헌마1047) [20변호사, 18국가7급]

27. 소년범 중 형의 집행이 종료되거나 면제된 자에 한하여 자격에 관한 법령의 적용에 있어 장래에 향하여 형의 선고를 받지 아니한 것으로 본다고 규정한 구 소년법 제67조 및 현행 소년법 제67조는 집행유예를 선고받은 소년범을 합리적 이유 없이 차별하여 평등원칙에 위반된다. (헌재 2018.1.28. 2017헌가7)[헌법불합치] [18국가7급]

28. 자사고 지원자에게 평준화지역 후기학교의 중복지원을 금지한 초·중등교육법 시행령 제81조 제5항 중 '제91조의3에 따른 자율형 사립고등학교는 제외한다' 부분은 청구인 학생 및 학부모의 평등권을 침해하여 헌법에 위반된다. / 재판관 4[합헌]: 5[위헌]의 의견으로 자사고를 후기학교로 규정한 초·중등교육법 시행령 제80조 제1항은 청구인 학교법인의 사학운영의 자유 및 평등권을 침해하지 아니하여 헌법에 위반되지 아니한다. (헌재 2019.4.11. 2018헌마221)[위헌, 기각] [22·20국가7급 등]

29. 지역구국회의원 예비후보자의 기탁금 반환 사유를 예비후보자의 사망, 당내경선 탈락으로 한정(공천탈락 제외)하고 있는 공직선거법 제57조 제1항 제1호 다목 중 지역구국회의원선거와 관련된 부분은 재산권을 침해한다. (헌재 2018.1.28. 2016헌마541) [헌법불합치(계속적용)] [23국가7급, 20입시]

(1) 목적의 정당성 및 수단의 적합성은 인정된다.

(2) 침해의 최소성원칙에 위반된다.

30. 혼인한 등록의무자 모두 배우자가 아닌 본인의 직계존·비속의 재산을 등록하도록 공직자윤리법이 개정되었음에도 불구하고, 개정 전의 공직자윤리법 조항에 따라 이미 배우자의 직계존·비속의 재산을 등록한 혼인한 여성 등록의무자의 경우에만 종전과 동일하게 계속해서 배우자의 직계존·비속의 재산을 등록하도록 규정한 공직자윤리법 부칙 제2조는 평등원칙에 위배되는 것으로 헌법에 위반된다.(헌재 2021.9.30. 2019헌가3)[위헌] - 목적의 정당성 부정

    제11조 제1항은 성별에 의한 차별을 금지하고 있고, <u>헌법 제36조 제1항은 혼인과 가족생활에 있어서 특별히 양성의 평등대우를 명하고 있으므로, 이 사건 부칙조항이 평등원칙에 위배되는지 여부를 판단함에 있어서는 엄격한 심사척도를 적용하여 비례성 원칙에 따른 심사를 하여야 한다.</u> [22국회8급]

31. 원판결의 근거가 된 가중처벌규정에 대하여 헌법재판소의 위헌결정이 있었음을 이유로 개시된 재심절차에서, 공소장 변경을 통해 위헌결정된 가중처벌규정보다 법정형이 가벼운 처벌규정으로 적용법조가 변경되어 피고인이 무죄재판을 받지는 않았으나 원판결보다 가벼운 형으로 유죄판결이 확정된 경우, 재심판결에서 선고된 형을 초과하여 집행된 구금에 대하여 보상요건을 전혀 규정하지 아니한 '형사보상 및 명예회복에 관한 법률' 제26조 제1항은 평등원칙을 위반하여 청구인들의 평등권을 침해한다.(헌재 2022.2.24. 2018헌마998)[헌법불합치]

32. 외국거주 외국인유족의 퇴직공제금 수급 자격을 인정하지 아니하는 구 건설근로자의 고용개선 등에 관한 법률 제14조 제2항 중 구 산업재해보상보험법 제63조 제1항 가운데 '그 근로자가 사망할 당시 대한민국 국민이 아닌 자로서 외국에서 거주하고 있던 유족은 제외한다'를 준용하는 부분은 심판대상조항은 합리적 이유 없이 '외국거주 외국인유족'을 '대한민국 국민인 유족' 및 '국내거주 외국인유족'과 차별하는 것이므로 평등원칙에 위반된다.(헌재 2023.3.23. 2020헌바471)[위헌]

33. 특별교통수단에 있어 표준휠체어만을 기준으로 휠체어 고정설비의 안전기준을 정하고 있는 교통약자의 이동편의 증진법 시행규칙 제6조 제3항 별표 1의2는 헌법에 합치되지 아니한다.(헌재 2023.5.25. 2019헌마1234) [인용 - 잠정적용 헌법불합치]

    <u>심판대상조항은 교통약자의 이동편의를 위한 특별교통수단에 표준휠체어만을 기준으로 휠체어 고정설비의 안전기준을 정하고 있어 표준휠체어를 사용할 수 없는 장애인은 안전기준에 따른 특별교통수단을 이용할 수 없게 된다. 침대형 휠체어만을 이용할 수 있는 장애인은 장애의 정도가 심하여 특수한 설비가 갖춰진 차량이 아니고서는 사실상 이동이 불가능하다. 그럼에도 불구하고 표준휠체어를 이용할 수 없는 장애인에 대한 고려 없이 표준휠체어만을 기준으로 고정설비의 안전기준을 정하는 것은 불합리하고, … 그 안전기준의 제정이 시급하므로 위와 같은 계획이 있다는 사정만으로 안전기준 제정 지연을 정당화하기 어렵다. 따라서 심판대상조항은 합리적 이유 없이 표준휠체어를 이용할 수 있는 장애인과 표준휠체어를 이용할 수 없는 장애인을 달리 취급하여 청구인의 평등권을 침해한다.</u>

    한편, 청구인은 침해되는 권리로 평등권 이외에 이동권도 들고 있으나 그 취지는 심판대상조항이 표준휠체어만을 기준으로 고정설비의 안전기준을 정하고 있어 합리적 이유 없는 차별이 발생한다는 것이므로 이에 대하여는 별도로 판단하지 아니한다.

장애인 편의시설 미설치 사건(헌재 2023.7.20. 2019헌마709)
① 서울특별시경찰청장이 서울광역수사대 마약수사계에 장애인전용 주차구역을 설치하지 아니한 부작위, ② 서울고등법원장, 청주지방검찰청 충주지청장, 서울특별시경찰청장, 서울서초경찰서장, 서울구치소장, 인천구치소장이 각각 서울고등법원 서관, 청주지방검찰청 충주지청, 서울광역수사대 마약수사계, 서울서초경찰서, 서울구치소, 인천구치소에 장애인용 승강기를 설치하지 아니한 부작위, ③ 청주지방검찰청 충주지청장, 서울특별시경찰청장, 서울서초경찰서장, 서울구치소장, 인천구치소장이 각각 청주지방검찰청 충주지청, 서울광역수사대 마약수사계, 서울서초경찰서, 서울구치소, 인천구치소에 장애인용 화장실을 설치하지 아니한 부작위(이하 이들을 합하여'이 사건 부작위'라 한다), ④ 보건복지부장관이 위 대상시설에 대한 편의시설의 설치·운영에 관한 업무를 총괄하지 아니한 부작위(이하'보건복지부장관의 부작위'라 한다)를 모두 각하한다는 결정을 선고하였다. [각하]

<u>장애인용 승강기 또는 화장실 등 정당한 편의의 미제공과 관련하여 장애인차별금지법에 따른 차별행위가 존재하는지 여부에 대한 판단과 그러한 차별행위가 존재할 경우에 이를 시정하는 적극적 조치의 이행을 청구하기 위하여 법원의 판결을 구할 수 있다. 그런데 이 사건 기록을 살펴보면 청구인이 위와 같은 구제절차를 거쳤다고 볼 만한 자료가 발견되지 아니하므로, 이 부분 심판청구는 보충성 요건을 흠결하여 부적법하다.</u>

보건복지부장관의 부작위에 대한 판단 – 부적법

헌법상 명문 규정이나 헌법의 해석, 법령으로부터 보건복지부장관으로 하여금 위 공공기관들에게 장애인전용 주차구역 등을 설치하거나 시정조치를 하도록 요청할 구체적 작위의무를 도출하기 어렵다. 따라서 이 부분 심판청구는 작위의무 없는 공권력의 불행사에 대한 헌법소원이어서 부적법하다.

34. 외국인 국민건강보험 지역가입자의 보험료 하한 산정기준, 세대구성, 보험료 체납정보 요청, 보험급여 제한 사건

외국인 지역가입자에 대하여 ① 보험료 체납시 다음 달부터 곧바로 보험급여를 제한하는 국민건강보험법 제109조 제10항(보험급여제한 조항)은 헌법에 합치되지 아니하여 2025.6.30.을 시한으로 입법자가 개정할 때까지 계속 적용되도록 하고, ② 납부할 월별 보험료 하한을 전년도 전체 가입자의 보험료 평균을 고려하여 정하는 구'장기체류 재외국민 및 외국인에 대한 건강보험 적용기준 제6조 제1항에 의한 별표 2 제1호 단서(보험료하한 조항) 및 ③ 보험료 납부단위인'세대'의 인정범위를 가입자와 그의 배우자 및 미성년 자녀로 한정한 위 보건복지부고시 제6조 제1항에 의한 별표 2 제4호(세대구성 조항)에 대한 심판청구를 모두 기각하고, ④ 법무부장관이 외국인에 대한 체류 허가 심사를 함에 있어 보험료 체납정보를 요청할 수 있다고 규정한 출입국관리법 제78조 제2항 제3호 중'외국인의 국민건강보험 관련 체납정보'에 관한 부분(정보요청 조항)에 대한 심판청구를 각하한다는 결정을 선고하였다.(헌재 2023.9.26. 2019헌마1165) [①: 헌법불합치, ②·③: 기각, ④: 각하]

• 보험료하한 조항의 평등권 침해 여부 – 소극

보험료하한 조항이 외국인에 대하여 내국인등과 다른 보험료하한 산정기준을 적용함으로써 차별취급을 하고 있다고 하더라도 여기에는 합리적인 이유가 있다.

- 세대구성 조항의 평등권 침해 여부 - 소극

  영주(F - 5)·결혼이민(F - 6)의 체류자격을 가진 외국인은 체류 기간이나 체류 의사 측면에서 다른 체류자격의 외국인들과는 상당한 차이가 있으므로, 세대구성 조항이 일부 체류자격 외국인에 국한하여 내국인과 동일한 기준을 적용한 것은 합리적인 이유가 있다. 이를 종합하면, 세대구성조항은 청구인들의 평등권을 침해하지 않는다.

- 보험급여제한 조항의 평등권 침해 여부 - 적극

  내국인등 지역가입자의 경우 총 체납횟수가 6회 이상이면, 체납한 보험료를 완납할 때까지 그 가입자 및 피부양자에 대하여 보험급여를 실시하지 아니할 수 있다. 따라서 보험급여제한 조항은 합리적인 이유 없이 외국인인 청구인들을 내국인등과 달리 취급한 것이므로, 청구인들의 평등권을 침해한다.

평등원칙에 위반되지 않는다는 사례

1. 대마수입행위를 단순매매보다 가중 처벌하는 것은 헌법에 위반되지 아니한다.(헌재 2007.5.31. 2005헌바108)[합헌]

2. 경력직 변리사 사건(헌재 2010.2.25. 2007헌마956)[기각]
   변호사에게 변리사자격을 주는 것과 특허청 공무원에 대하여 변리사 시험의 일부를 면제하는 것은 평등원칙과 직업선택의 자유를 침해하지 아니한다.

3. 전문대학 미졸업자 편입불허 사건(헌재 2010.11.25. 2010헌마144)[기각] [17법무사, 16변호사]
   '4년제 대학에서 2년 이상 과정을 이수한 자'와 비교하여 보면, 고등교육법이 그 목적과 운영방법에서 전문대학과 대학을 구별하고 있는 이상, 전문대학 과정의 이수와 대학과정의 이수를 반드시 동일하다고 볼 수 없어, 3년제 전문대학의 2년 이상 과정을 이수한 자에게 편입학 자격을 부여하지 아니한 것이 현저하게 불합리한 자의적인 차별이라고 볼 수 없다.

4. 무소속예비후보자의 불출마시 기탁금 국고귀속(헌재 2010.12.28. 2010헌마79)[합헌]
   정당 소속 예비후보자가 경선에서 후보자로 선출되지 않아 공직선거법 제57조의2 제2항에 따라 후보자로 등록될 수 없는 경우에는 기탁금을 반환하는 것과 달리 청구인과 같은 무소속 예비후보자가 후보자로 등록하지 않는 경우에는 기탁금을 반환하지 않도록 하는 공직선거법조항들은 청구인의 평등권을 침해하지 않는다.

5. 구 '부동산 실권리자명의 등기에 관한 법률' 제5조에 의한 과징금 부과 특례 대상을 부동산에 관한 물권을 법률혼 배우자의 명의로 등기한 경우로 한정한 같은 법 제8조 제2호 중 '제5조를 적용하지 아니한다.'는 부분은 사실혼 배우자 명의로 부동산에 관한 물권을 등기한 사람의 평등권을 침해하지 아니한다.(헌재 2010.12.28. 2009헌바400) [17국회8급, 15법무사]

6. 자기 또는 배우자의 직계존속을 고소하지 못하도록 규정한 형사소송법 제224조는 비속을 차별 취급하여 평등권을 침해하는 것이 아니다.(헌재 2011.2.24. 2008헌바56) [17변호사, 12국가7급] - 자의금지원칙 적용

7. 친고죄에 있어서 고소 취소가 가능한 시기를 제1심 판결선고전까지로 제한한 형사소송법 제232조 제1항은 평등권을 침해하지 아니한다.(헌재 2011.2.24. 2008헌바40)

8. 반의사불벌죄에 있어서 처벌을 희망하는 의사를 철회할 수 있는 시기를 제1심 판결선고 전까지로 제한한 형사소송법 제232조 제3항 중 제232조 제1항을 준용하는 부분은 평등원칙에 위배되지 않는다.(헌재 2016.11.24. 2014헌바451)[합헌]

9. 태평양 전쟁 전후 강제동원된 자 중 국외로 강제동원된 자에 대해서만 의료지원금을 지급하는 것은 국내에서 강제 징집되어 복역한 사람의 평등권을 침해하지 아니한다.(헌재 2011.2.24. 2009헌마94)[기각]

10. 형법 제328조 제1항이 가까운 친족 간의 절도죄는 형을 면제하는 반면, 형법 제328조 제2항의 먼 친족 간의 절도죄는 고소가 있어야 공소를 제기할 수 있도록 한 것이 평등원칙에 위반되지 않는다.(헌재 2012.3.29. 2010헌바89)[합헌]

11. 원칙적으로 3년 이상 혼인 중인 부부만이 친양자 입양을 할 수 있도록 규정하여 독신자는 친양자 입양을 할 수 없도록 한 구 민법 제908조의2 제1항 제1호는 독신자의 평등권을 침해하지 않는다.(헌재 2013.9.26. 2011헌가42) [16서울7급, 15법원직 등]

12. 자수를 형의 임의적 감면사유로 규정한 형법 제52조 제1항이 헌법상 평등원칙에 반하지 않는다.(헌재 2013.10.24. 2012헌바278)

13. 제1종 운전면허를 받은 사람이 정기적성검사 기간 내에 적성검사를 받지 아니한 경우에 행정형벌을 과하도록 규정한 구 도로교통법 규정은 평등원칙 및 책임과 형벌 간의 비례원칙에 위반되지 않는다.(헌재 2015.2.26. 2012헌바268)
입법자가 교통사고 발생의 위험을 방지하고 교통질서유지 및 안전을 도모하기 위하여 제1종 운전면허 소지자에게 정기적성검사 의무를 부과하고, 이를 위반할 경우 행정질서벌의 부과만으로는 입법목적을 달성할 수 없다고 판단하여 행정형벌이란 수단을 선택한 것이 명백히 잘못되었다고 보기 어렵다.

14. 주택재개발 정비사업조합의 임원을 형법 제129조(뇌물죄) 등의 적용에 있어 공무원으로 의제하도록 한 구 도시 및 주거환경정비법 제84조 중 형법 제129조 제1, 2항의 각 수수 부분 및 수뢰액이 1억 원 이상인 때에는 가중처벌하도록 한 구 특정범죄 가중처벌 등에 관한 법률 제2조 제1항은 헌법에 위반되지 않는다.(헌재 2015.2.26. 2013헌바200)

15. 비상장주식을 증여세 물납대상에서 제외하는 구 상속세 및 증여세법 제73조 제1항 중 관련 부분은 평등원칙에 위배되지 아니한다.(헌재 2015.4.30. 2013헌바137)

16. 외국 법원의 확정판결에 기초하여 이루어진 가압류의 피보전채무를 상속재산가액에서 차감되는 채무에 포함시키지 아니한 구 상속세 및 증여세법 제14조 제2항은 과잉금지원칙 및 평등원칙에 위배되지 아니한다.(헌재 2015.4.30. 2011헌바177)[예상판례]

17. 근로자의 날을 관공서의 공휴일에 포함시키지 않고 있는 '관공서의 공휴일에 관한 규정' 제2조는 청구인들의 평등권 등을 침해하지 않는다.(헌재 2015.5.28. 2013헌마343)
공무원과 일반근로자는 그 직무 성격의 차이로 인하여 근로조건을 정함에 있어서 그 방식이나 내용에 있어서 차이가 있을 뿐만 아니라 근로자의 날을 법정유급휴일로 정할 필요성에 있어서도 차이가 있다. [23입시]

18. 국가를 부동산 점유취득시효의 주체에서 제외하지 않은 민법 제245조 제1항은 헌법에 위반되지 아니한다.(헌재 2015.6.25. 2014헌바404)
국가가 사경제주체로서 토지를 점유하는 경우 사인에 비하여 우월적 지위를 갖는다고 할 수 없고, 토지의 점유자가 사인인 경우와 아무런 차이가 없다.

19. 국토교통부장관으로부터 표준지공시지가의 조사·평가 등 업무 위탁을 받을 수 있는 감정평가법인을 50인 이상 감정평가사를 둔 법인으로 제한하고 있는 부동산 가격공시 및 감정평가에 관한 법률 시행령 규정은 헌법에 위반되지 않는다.(헌재 2015.7.30. 2013헌마536) - 지적정리업무를 비영리 법인에게만 허용하는 것은 헌법에 합치되지 않는다. [16국회8급]

20. 사회복지사업과 관련한 횡령죄 등을 범하여 형의 집행유예를 선고받고 그 형이 확정된 후 7년이 지나지 아니한 사람은 사회복지시설의 종사자가 될 수 없도록 규정한 사회복지사업법 규정은 청구인의 직업선택의 자유와 평등권을 침해하지 아니한다.(헌재 2015.7.30. 2012헌마1030)

21. 충남 삼성고의 신입생 모집에 있어 삼성 임직원 자녀 전형에 70%를 배정하고 일반전형에 10%를 배정하여 모집비율을 달리 정하고 있더라도, 이는 충남 삼성고가 기업형 자사고라는 특성에 기인한 것으로서 합리적인 이유가 있으므로, 피청구인의 이 사건 승인처분이 지나치게 자의적이어서 청구인들을 불합리하게 차별한 것이라고 볼 수 없다.(헌재 2015.11.26. 2014헌마145) [16국가7급]
청구인들은 이 사건 승인처분에 의하여 고등학교 진학 기회 자체가 봉쇄되거나 박탈된 것이 아니며, 여전히 다른 고등학교에 진학할 수 있고, 충남삼성고의 경우 기존의 일반고등학교를 자사고로 변경한 것이 아니라 추가적으로 고등학교를 신설한 것으로서 청구인들의 고등학교 진학기회를 축소시킨 것도 아니므로, 이 사건 승인처분과 관련하여서는 헌법 제31조 제1항의 교육을 받을 권리의 제한이 문제되지 아니한다.

22. 대한민국고엽제전우회의 회원으로 가입한 사람은 대한민국월남전참전자회의 회원이 될 수 없도록 규정한 '참전유공자예우 및 단체설립에 관한 법률' 제19조 단서는 헌법에 위반되지 아니한다.(헌재 2016.4.28. 2014헌바442) [17국가7급]

23. 민법 시행 이전의 구 관습법 중 "여호주가 사망하거나 출가하여 호주상속인 없이 절가된 경우, 유산은 그 절가된 가(家)의 가족이 승계하고 가족이 없을 때는 출가녀(出家女)가 승계한다."는 부분은 헌법에 위반되지 않는다.(헌재 2016.4.28. 2013헌바396) [17변호사]

24. 공무원의 초임호봉 획정시 인정되는 경력에 산업기능요원의 경력을 반영하지 않도록 한 공무원보수규정 제8조 제2항 중 [별표15]에 따른 [별표 16] 제1호 가목 본문 가운데 산업기능요원의 경력을 제외하는 부분은 헌법에 위반되지 않는다.(헌재 2016.6.30. 2014헌마192)

25. 구 '국가유공자 등 예우 및 지원에 관한 법률' 제31조 제3항 본문 중 선발예정인원이 3명 이하인 채용시험의 경우 국가유공자법상 가점을 받을 수 없도록 한 부분은 청구인의 평등권을 침해하지 않는다.(헌재 2016.9.29. 2014헌마541)
청구인은 직업선택의 자유도 침해된다고 주장하나, 직업의 자유는 사적 영역에서 일반 국민이 자신의 직업을 선택하거나 수행함에 있어 국가의 간섭을 받지 아니할 자유를 의미하는 것으로, 국공립학교 사서교사를 선발하는 것이 문제되는 이 사건에서는 직업의 자유가 문제되지 않는다.

26. 현직 국회의원인지 여부를 불문하고 예비후보자가 선거사무소를 설치하고 그 선거사무소에 간판·현판 또는 현수막을 설치·게시할 수 있도록 한 공직선거법 제60조의3 제1항 제1호 중 '지역구국회의원선거의 예비후보자'에 관한 부분은 청구인의 평등권을 침해할 가능성이 인정되지 아니한다.(헌재 2017.6.29. 2016헌마110) [예상판례]

27. 수석교사 임기 중에 교장 등의 자격을 취득할 수 없도록 한 교육공무원법 제29조의4 제4항은 수석교사로 임용된 청구인들의 평등권을 침해하지 않는다.(헌재 2017.7.27. 2017헌마599)

28. 범인이 형사처분을 면할 목적으로 국외에 있는 경우 그 기간 동안 공소시효가 정지되도록 정한 형사소송법 제253조 제3항은 평등원칙에 위반되지 아니한다.(헌재 2017.11.30. 2016헌바157)

29. 의료인에 대한 자격정지처분의 사유가 발생한 날로부터 5년이 지난 경우 처분을 할 수 없도록 시효규정을 신설하면서, 이미 자격정지처분이 있었던 경우에는 시효규정의 적용대상에서 제외한 의료법 부칙 제4조는 청구인들의 평등권을 침해하지 아니한다. (헌재 2017.11.30. 2016헌마725)

30. 가족 중 순직자가 있는 경우의 병역감경 대상에서 재해사망군인의 가족을 제외하고 있는 병역법 시행령 제130조 제4항 후단 중 순직자 부분은 청구인의 평등권을 침해하지 않으므로 이에 대한 헌법소원심판청구를 기각한다. (헌재 2019.7.25. 2017헌마323)

31. 배출시설 허가 또는 신고를 마치지 못한 가축 사육시설에 대하여 적법화 이행기간의 특례를 규정하면서, '개 사육시설'을 적용대상에서 제외하고 있는 '가축분뇨의 관리 및 이용에 관한 법률' 부칙 조항은 개 사육시설 설치자인 청구인들의 평등권을 침해하지 않는다. (헌재 2019.8.29. 2018헌마297)[각하, 기각]

32. 학교 구성원은 성별 등의 사유를 이유로 차별적 언사나 행동, 혐오적 표현 등을 통해 다른 사람의 인권을 침해하여서는 아니 된다는 점을 규정한 '서울특별시 학생인권조례' 제5조 제3항은 헌법에 위반되지 아니한다. (헌재 2019.11.28. 2017헌마1356) [기각, 각하]

33. 사회복무요원에게 현역병의 봉급에 해당하는 보수를 지급하도록 한 병역법 시행령 제62조 제1항 본문은 현역병에 비하여 사회복무요원을 합리적 근거 없이 차별한다고 볼 수 없으므로 평등권을 침해하지 않는다. (헌재 2019.2.28. 2017헌마374)[기각]

34. 부마민주항쟁 관련자의 명예회복 및 보상 등에 관한 법률 제21조 제1항 및 제22조 제1항은 평등권을 침해하지 아니한다. (헌재 2019.4.11. 2016헌마418)[기각] [21변호사]
    부마항쟁보상법은 부마민주항쟁 관련자에 대하여 관련자와 그 유족이 더 간이한 절차를 통하여 일정한 손해배상 내지 손실보상을 받을 수 있도록 특별한 절차를 마련한 것이므로, 부마항쟁보상법에 따라 지급되는 보상금 등의 수급권은 전통적 의미의 국가배상청구권과 달리 위 법률에 의하여 비로소 인정되는 권리로서, 그 수급권에 관한 구체적인 사항을 정하는 것은 입법자의 입법형성의 영역에 속한다. [22변호사]
    부마민주항쟁을 이유로 30일 미만 구금된 자를 보상금 또는 생활지원금의 지급대상에서 제외하여 부마민주항쟁 관련자 중 8.1%만 보상금 및 생활지원금을 지급받는 결과에 이르게 한 것은 이 법을 별도로 제정한 목적과 취지에 반하지 않는다.

35. 4명 이하의 근로자를 사용하는 사업 또는 사업장에 적용될 근로기준법 조항 중 부당해고를 제한하는 제23조 제1항, 노동위원회 구제절차에 관한 제28조 제1항을 포함하지 않은 근로기준법 시행령 제7조 [별표 1]은 평등권, 근로의 권리를 침해하지 않는다. (헌재 2019.4.11. 2017헌마820)[기각] [20변호사]

36. 투표용지의 후보자 게재순위를 국회에서의 다수의석순에 의하여 정하도록 규정한 공직선거법 제150조 제3항 전단, 제5항 제1호 본문과 투표용지의 후보자 기호를 위 순위에 따라 "1, 2, 3"등의 아라비아 숫자로 표시하도록 규정한 공직선거법 제150조 제2항은 평등권을 침해하지 아니한다. (헌재 2020.2.27. 2018헌마454)[기각]

37. 공중보건의사에 편입되어 군사교육에 소집된 사람을 군인보수법의 적용대상에서 제외하여 군사교육 소집기간 동안의 보수를 지급하지 않도록 한 군인보수법 제2조 제1항 중 '군사교육소집된 자' 가운데 '병역법 제5조 제1항 제3호 나목 4) 공중보건의사'에 관한 부분이 헌법에 위반되지 않는다. (헌재 2020.9.24. 2017헌마643)[기각]

병역의무 이행자들에 대한 보수는 병역의무 이행과 교환적 대가관계에 있는 것이 아니라 병역의무 이행의 원활한 수행을 장려하고 병역의무 이행자들의 처우를 개선하여 병역의무 이행에 전념하게 하려는 정책적 목적으로 지급되는 수혜적인 성격의 보상이므로, 병역의무 이행자들에게 어느 정도의 보상을 지급할 것인지는 입법자에게 상당한 재량이 인정된다.

38. 국공립어린이집, 사회복지법인어린이집, 법인·단체등어린이집 등과 달리 민간어린이집에는 보육교직원 인건비를 지원하지 않는 보건복지부지침은 민간어린이집을 운영하는 청구인의 평등권을 침해하지 않는다. (헌재 2022.2.24. 2020헌마177)[기각]

39. 군사기지·군사시설에서 군인 상호간의 폭행죄에 반의사불벌에 관한 형법조항의 적용을 배제하고 있는 군형법 제60조의6 제1호, 제2호 중 군인이 군사기지·군사시설에서 군인을 폭행한 경우 형법 제260조 제3항을 적용하지 아니하도록 한 부분은 형벌체계상 균형을 상실하여 평등원칙에 위반되지 않는다. (헌재 2022.3.31. 2021헌바62,194)

40. 공무원이 지위를 이용하여 선거운동의 기획행위를 하는 것을 금지하고 이를 위반한 경우 형사처벌하는 한편, 공무원이 지위를 이용하여 범한 공직선거법위반죄의 경우 일반인이 범한 공직선거법위반죄와 달리 공소시효를 10년으로 정한 구 공직선거법 제86조 제1항 제2호 중 '공무원이 지위를 이용하여'에 관한 부분, 제255조 제1항 제10호 가운데 제86조 제1항 제2호 중 '공무원이 지위를 이용하여'에 관한 부분, 공직선거법 제268조 제3항 중 '공무원이 지위를 이용하여 범한 공직선거법위반죄에 대해 공소시효를 10년으로 한 것'에 관한 부분은 모두 헌법에 위반되지 않는다. (헌재 2022.8.31. 2018헌바440)[합헌] [23국회8급]

41. 가사사용인에 대한 퇴직급여법 적용제외 사건
'가구 내 고용활동'에 대해서는 근로자퇴직급여 보장법을 적용하지 않도록 규정한 근로자퇴직급여 보장법 제3조 단서 중 '가구 내 고용활동' 부분이 헌법에 위반되지 아니한다. (헌재 2022.10.27. 2019헌바454)[합헌] [23국회8급]

제3항 | 평등원칙과 평등권의 제한(합리적 차별)

▶ 관련판례

1. 국가인권위원의 공직취임제한(헌재 2004.1.29. 2002헌마788)[위헌]
   (1) 국가인권위원회의 인권위원은 퇴직 후 2년간 교육공무원이 아닌 공무원으로 임명되거나 공직선거및선거부정방지법에 의한 선거에 출마할 수 없도록 규정한 국가인권위원회법 제11조가 인권위원의 참정권등 기본권을 제한함에 있어서 준수하여야 할 과잉금지의 원칙에 위배된다.
   (2) 위 법률조항이 인권위원을 합리적 이유없이 다른 공직자와 차별대우하는 것으로 평등의 원칙에 위배된다.

국가인권위원회위원 공직취임금지	위헌(공무담임권 침해)
경찰청장의 정당가입금지	위헌(정당의 자유 침해)
검찰총장의 공직취임금지	위헌(공무담임권과 직업의 자유 침해)
금융위원회 4급 이상의 사기업취업금지	합헌

2. 경찰공무원 중 경사 이상의 계급에 해당하는 자를 재산등록의무자로 규정한 것은 평등권을 침해하지 않는다.(헌재 2010.10.28. 2009헌마544) [11국가7급]

3. 건강보험공단이 보험급여사유를 발생시켜 보험급여를 하게 한 제3자에 대하여 구상권을 취득할 수 있도록 규정한 국민건강보험법 규정은 평등원칙에 위배되지 않는다.(헌재 2012.5.31. 2011헌바127)

4. 1998.1.1. 이후 유족 중 1명이 보상금을 받은 사실이 있는 6·25전몰군경의 자녀에게는 6·25전몰군경자녀수당을 지급하지 아니한다고 규정한 '국가유공자 등 예우 및 지원에 관한 법률' 제16조의3 제1항 단서 중 전몰군경의 자녀에 관한 부분은 헌법에 위반되지 아니한다.(헌재 2016.2.25. 2015헌바189)[합헌]

CHAPTER 03 자유권적 기본권

OX 연습

1. 모든 인간은 헌법상 생명권의 주체가 된다.
[14법무사]

SECTION 1 | 자유권적 기본권 총론

천부적·초국가적 권리	신이 인간에게 준 권리(당연히 인정) ⇨ 헌법규정은 창설적이 아니라 확인적 성격
포괄적 권리	헌법상 자유권은 예시 ⇨ 규정이 없어도 포괄적 권리로 보장
소극적·방어적 공권	국가가 자유권을 침해하면 방어할 수 있는 대국가적 방어권, 소극적인 부작위를 요구
객관적 가치질서성	자유권은 주관적 공권인 동시에 객관적 가치질서

SECTION 2 | 인신의 자유권

제1항 | 생명권

Ⅰ 생명권의 근거

헌법에 규정이 없다.

> **관련판례**
>
> 생명권은 선험적이고 자연법적인 권리이다.(헌재 1996.11.28. 95헌바1) [11국가7급]
> 인간의 생명은 고귀하고, 이 세상에서 무엇과도 바꿀 수 없는 존엄한 인간존재의 근원이다. 이러한 생명에 대한 권리는 비록 헌법에 명문의 규정이 없다 하더라도 인간의 생존본능과 존재목적에 바탕을 둔 <u>선험적이고 자연법적인 권리로서 헌법에 규정된 모든 기본권의 전제로서 기능하는 기본권 중의 기본권</u>이라 할 것이다.

Ⅱ 생명권의 주체

모든 자연인(외국인 포함)이 주체가 된다. 태아도 생명권의 주체가 되는데, 독일 연방헌법법원은 수정 후 14일이 지난 때부터 태아의 생명권을 인정하고 있다.

Answer

1. ○

▶ 관련판례

배아의 생명권 주체성 - 생명윤리 및 안전에 관한 법률 제13조 제1항 위헌확인(헌재 2010.
5.27. 2005헌마346)[기각]

(1) 초기배아는 기본권 주체성이 인정되지 않는다. [20변호사, 19지방7급, 17법원직, 16국회8
급 등]

(2) 배아생성자가 배아의 관리 또는 처분에 대해 갖는 기본권과 그 제한의 필요성
배아생성자는 배아에 대해 자신의 유전자정보가 담긴 신체의 일부를 제공하고, 또 배
아가 모체에 성공적으로 착상하여 인간으로 출생할 경우 생물학적 부모로서의 지위
를 갖게 되므로, 배아의 관리 또는 처분에 대한 결정권을 가진다. 이러한 배아생성
자의 배아에 대한 결정권은 헌법상 명문으로 규정되어 있지는 아니하지만, 헌법 제
10조로부터 도출되는 일반적 인격권의 한 유형으로서의 헌법상 권리라 할 것이다.

(3) 다만, 배아의 경우 형성 중에 있는 생명이라는 독특한 지위로 인해 국가에 의한 적
극적인 보호가 요구된다는 점 … 배아의 법적 보호라는 헌법적 가치에 명백히 배치
될 경우에는 그 제한의 필요성이 상대적으로 큰 기본권이라 할 수 있다. [16지방7급]

(4) 잔여배아를 5년간 보존하고 이후 폐기하도록 한 생명윤리법 규정은 배아생성자의
배아에 대한 결정권을 침해하지 않는다.

(5) 법학자, 윤리학자, 철학자, 의사 등의 경우 … 청구인들에 대한 기본권침해의 가능
성 및 자기관련성을 인정하기 어렵다. [12국회8급]

Ⅲ 생명권의 한계와 제한

01. 사형제도

1 입법례

유럽연합	사형제도를 폐지하였다.
독일헌법	사형제도를 금지하고 있다. [10법행]
국제연합 규정	국제연합의 시민적 및 정치적 권리에 관한 국제규약(B규약)은 "가장 중한 범죄에 대해서만 사형이 선고될 수 있다"고 규정하여 사형선고의 가능성의 자제를 권고하고 있다.

* 국제연합의 시민적 및 정치적 권리에 관한 국제규약(B규약)은 사형을 금지하고 있다.
(×)

2 우리 헌법재판소

▶ 관련판례

1. 사형제도(헌재 1996.11.28. 95헌바1)[합헌] [12법원직]
생명권 역시 헌법 제37조 제2항에 의한 일반적 법률유보의 대상이 될 수밖
에 없는 것이나, 생명권에 대한 제한은 곧 생명권의 완전한 박탈을 의미한다
할 것이므로, 사형이 비례의 원칙에 따라서 최소한 동등한 가치가 있는 다
른 생명 또는 그에 못지 아니한 공공의 이익을 보호하기 위한 불가피성이
충족되는 예외적인 경우에만 적용되는 한, 그것이 비록 생명을 빼앗는 형
벌이라 하더라도 헌법 제37조 제2항 단서에 위반되는 것으로 볼 수는 없다.

2. 사형제도(헌재 2010.2.25. 2008헌가23)[합헌] [12법원직]

(1) 사형제도가 위헌인지 여부의 문제는 성문 헌법을 비롯한 헌법의 법원을 토대로 헌법규범의 내용을 밝혀 사형제도가 그러한 헌법규범에 위반하는지 여부를 판단하는 것으로서 헌법재판소에 최종적인 결정권한이 있는 반면, <u>사형제도를 법률상 존치시킬 것인지 또는 폐지할 것인지의 문제는</u> 사형제도의 존치가 필요하거나 유용한지 또는 바람직한지에 관한 평가를 통하여 민주적 정당성을 가진 <u>입법부가 결정할 입법정책적 문제이지 헌법재판소가 심사할 대상은 아니다.</u>

(2) <u>생명권 역시 헌법 제37조 제2항에 의한 일반적 법률유보의 대상이 될 수밖에 없다.</u> [12법원직등] … 생명권의 제한이 정당화될 수 있는 예외적인 경우에는 생명권의 박탈이 초래된다 하더라도 곧바로 기본권의 본질적인 내용을 침해하는 것이라 볼 수는 없다.

* <u>사형제도를 법률상 존치시킬 것인지 또는 폐지할 것인지의 문제는 헌법재판소의 심판대상이다.</u> (×)
* 군형법상 상관살해죄에 대해 사형을 유일한 법정형으로 규정한 것은 헌법에 위반된다.

02. 인공임신중절

원칙적으로 낙태를 금하고 있으나 모체의 건강을 해칠 우려 등 일정한 사유가 모자보건법상 요건에 충족되면 예외적으로 낙태가 허용된다.

> **▶ 관련판례**
>
> 임신한 여성의 자기낙태를 처벌하는 형법 제269조 제1항, 의사가 임신한 여성의 촉탁 또는 승낙을 받아 낙태하게한 경우를 처벌하는 형법 제270조 제1항 중 '의사'에 관한 부분은 모두 헌법에 합치되지 아니하며, 위 조항들은 2020.12.31.을 시한으로 입법자가 개정할 때까지 계속 적용된다.(헌재 2019.4.11. 2017헌바127)[헌법불합치] [20변호사 등]
>
> [1] <u>자기낙태죄 조항의 존재와 역할을 간과한 채 임신한 여성의 자기결정권과 태아의 생명권의 직접적인 충돌을 해결해야 하는 사안으로 보는 것은 적절하지 않다.</u> [20국회8급 등]
>
> [2] 제한되는 기본권
>   신한 여성에게 임신의 유지·출산을 강제하고 있으므로, <u>임신한 여성의 자기결정권을 제한하고 있다.</u>
>
> [3] 임신한 여성의 자기결정권 침해 여부
>
> (1) 입법목적의 정당성 및 수단의 적합성
>   • 태아도 헌법상 생명권의 주체가 되며, 국가는 태아의 생명을 보호할 의무가 있다.
>   • 자기낙태죄 조항은 태아의 생명을 보호하기 위한 것으로서 그 입법목적이 정당하고, 낙태를 방지하기 위하여 임신한 여성의 낙태를 <u>형사처벌하는 것은 이러한 입법목적을 달성하는 데 적합한 수단이다.</u>

(2) 침해의 최소성 및 법익의 균형성

- 국가가 생명을 보호하는 입법적 조치를 취함에 있어 인간생명의 발달단계에 따라 그 보호정도나 보호수단을 달리하는 것은 불가능하지 않다. 산부인과 학계에 의하면 현 시점에서 최선의 의료기술과 의료 인력이 뒷받침될 경우 태아는 마지막 생리기간의 첫날부터 기산하여 22주(이하 "임신 22주"라 한다) 내외부터 독자적인 생존이 가능하다고 한다. 이처럼 태아가 모체를 떠난 상태에서 독자적인 생존을 할 수 있는 경우에는, 그렇지 않은 경우와 비교할 때 훨씬 인간에 근접한 상태에 도달하였다고 볼 수 있다.
- 이러한 점들을 고려하면, 태아가 모체를 떠난 상태에서 독자적으로 생존할 수 있는 시점인 임신 22주 내외에 도달하기 전이면서 동시에 임신 유지와 출산 여부에 관한 자기결정권을 행사하기에 충분한 시간이 보장되는 시기(이하 착상 시부터 이 시기까지를 '결정가능기간'이라 한다)까지의 낙태에 대해서는 국가가 생명보호의 수단 및 정도를 달리 정할 수 있다고 봄이 타당하다.
- 따라서, 자기낙태죄 조항은 입법목적을 달성하기 위하여 필요한 최소한의 정도를 넘어 임신한 여성의 자기결정권을 제한하고 있어 침해의 최소성을 갖추지 못하였고, 태아의 생명 보호라는 공익에 대하여만 일방적이고 절대적인 우위를 부여함으로써 법익균형성의 원칙도 위반하였다고 할 것이므로, 과잉금지원칙을 위반하여 임신한 여성의 자기결정권을 침해하는 위헌적인 규정이다.

[4] 의사낙태죄 조항에 대한 판단

동일한 목표를 실현하기 위하여 임신한 여성의 촉탁 또는 승낙을 받아 낙태하게 한 의사를 처벌하는 의사낙태죄 조항도 같은 이유에서 위헌이라고 보아야 한다.

03. 안락사와 존엄사

▶ 관련판례

대법원 판례 – 무의미한 생명연장장치를 제거하는 것은 환자의 자기결정권의 행사로 볼 수 있다.(대판 2009.5.21. 2009다17417) [12국회8급·국가7급 등]
(1) 이미 의식의 회복가능성을 상실하여 더 이상 인격체로서의 활동을 기대할 수 없고 자연적으로는 이미 죽음의 과정이 시작되었다고 볼 수 있는 회복불가능한 사망의 단계에 이른 후에는, 의학적으로 무의미한 신체 침해 행위에 해당하는 연명치료를 환자에게 강요하는 것이 오히려 인간의 존엄과 가치를 해하게 되므로, 이와 같은 예외적인 상황에서 죽음을 맞이하려는 환자의 의사결정을 존중하여 환자의 인간으로서의 존엄과 가치 및 행복추구권을 보호하는 것이 사회상규에 부합되고 헌법정신에도 어긋나지 아니한다. [12국회8급]

(2) 환자가 회복불가능한 사망의 단계에 이르렀을 경우에 대비하여 미리 의료인에게 자신의 연명치료 거부 내지 중단에 관한 의사를 밝힌 경우(이하 '사전의료지시'라 한다)에는, 비록 진료 중단 시점에서 자기결정권을 행사한 것은 아니지만 사전의료지시를 한 후 환자의 의사가 바뀌었다고 볼 만한 특별한 사정이 없는 한 사전의료지시에 의하여 자기결정권을 행사한 것으로 인정할 수 있다.

(3) 한편, 환자의 사전의료지시가 없는 상태에서 회복불가능한 사망의 단계에 진입한 경우에는 … 객관적인 사정과 종합하여, 환자가 현재의 신체상태에서 의학적으로 충분한 정보를 제공받는 경우 연명치료 중단을 선택하였을 것이라고 인정되는 경우라야 그 의사를 추정할 수 있다. [12국회8급]

(4) 환자 측이 직접 법원에 소를 제기한 경우가 아니라면, 환자가 회복불가능한 사망의 단계에 이르렀는지 여부에 관하여는 전문의사 등으로 구성된 위원회 등의 판단을 거치는 것이 바람직하다. [12국회8급]

헌법재판소 판례 – 연명치료중단에 대한 입법부작위(헌재 2009.11.26. 2008헌마385)
[각하] [20입법고시]

(1) 정신적 고통이나 경제적 부담은 간접적, 사실적 이해관계에 그친다고 보는 것이 타당하므로, 연명치료중인 환자의 자녀들이 제기한 이 사건 입법부작위에 관한 헌법소원은 자신 고유의 기본권의 침해에 관련되지 아니하여 부적법하다. [14변호사]

(2) 환자 본인이 제기한 '연명치료 중단 등에 관한 법률'의 입법부작위의 위헌확인에 관한 헌법소원 심판청구는 국가의 입법의무가 없는 사항을 대상으로 한 것으로서 헌법재판소법 제68조 제1항 소정의 '공권력의 불행사'에 대한 것이 아니므로 부적법하다.

제2항 | 신체를 훼손당하지 아니할 권리

I 의의

신체의 완전성과 정신적 온전성을 훼손당하지 아니할 권리를 말한다.

▶ 관련판례

환자는 헌법 제10조에서 규정한 개인의 인격권과 행복추구권에 의하여 생명과 신체의 기능을 어떻게 유지할 것인지에 대하여 스스로 결정하고 의료행위를 선택할 권리를 보유한다. … 의료행위 주체가 위와 같은 설명의무를 소홀히 하여 환자로 하여금 자기결정권을 실질적으로 행사할 수 없게 하였다면 그 자체만으로도 불법행위가 성립할 수 있다.(대판 2017.2.15. 2014다230535) [예상판례]

[1] 국가가 한센병 환자의 치료 및 격리수용을 위하여 운영·통제해 온 국립 소록도병원 등에 소속된 의사나 간호사 또는 의료보조원 등이 한센인들에게 시행한 정관절제수술과 임신중절수술은 신체에 대한 직접적인 침해행위로서 그에 관한 동의 내지 승낙을 받지 아니하였다면 헌법상 신체를 훼손당하지 아니할 권리와 태아의 생명권 등을 침해하는 행위이다.

[2] 국가는 소속 의사 등이 행한 위와 같은 행위로 갑 등이 입은 손해에 대하여 국가배상책임을 부담한다.

[3] 국가가 소멸시효 완성을 주장하는 것은 권리남용으로 허용되지 않는다.

🞲 헌법적 근거

비록 헌법에 명문의 근거를 두고 있지는 않으나, 신체를 훼손당하지 아니할 권리도 헌법적인 권리로 인정되고 있다. 헌법재판소는 신체의 자유(헌법 제12조)의 내용으로 파악하고 있다.

> **▶ 관련판례**
>
> 1. 금치처분을 받은 수형자에 대한 운동금지(헌재 2004.12.16. 2002헌마478)[위헌]
>   금치처분을 받은 수형자에 대한 절대적인 운동의 금지는 징벌의 목적을 고려하더라도 그 수단과 방법에 있어서 필요한 최소한도의 범위를 벗어난 것으로서, 수형자의 헌법 제10조의 인간의 존엄과 가치 및 신체의 안전성이 훼손당하지 아니할 자유를 포함하는 제12조의 신체의 자유를 침해하는 정도에 이르렀다고 판단된다.
> 2. 피청구인인 공주교도소장이 2011. 7. 13. 청구인을 경북북부제1교도소로 이송함에 있어 4시간 정도에 걸쳐 포승과 수갑 2개를 채운 행위는 청구인의 신체의 자유 및 인격권을 침해하지 않는다.(헌재 2012.7.26. 2011헌마426) [20국회8급]

제3항 | 신체의 자유

헌법 제12조 ① 모든 국민은 신체의 자유를 가진다. 누구든지 법률에 의하지 아니하고는 체포·구속·압수·수색 또는 심문을 받지 아니하며, 법률과 적법한 절차에 의하지 아니하고는 처벌·보안처분 또는 강제노역을 받지 아니한다. [22경찰1차, 14법원직]	• 적법절차는 현행헌법에서 도입(미국의 영향)
② 모든 국민은 고문을 받지 아니하며, 형사상 자기에게 불리한 진술을 강요당하지 아니한다. [12법원직]	법률로써도 진술강제는 불가, 자기부죄거부특권이라고도 한다.
③ 체포·구속·압수 또는 수색을 할 때에는 적법한 절차에 따라 검사의 신청에 의하여 법관이 발부한 영장을 제시하여야 한다. 다만, 현행범인인 경우와 장기 3년 이상의 형에 해당하는 죄를 범하고 도피 또는 증거인멸의 염려가 있을 때에는 사후에 영장을 청구할 수 있다. [12법원직]	• 검사의 신청에 의한 영장은 허가장, 법원이 직접 발부한 영장은 명령장 • 영장은 직접적·물리적 강제의 경우에만 적용되고 간접적·심리적 강제에는 적용되지 않는다. 행정상 즉시 강제에도 적용되지 않는다.
④ 누구든지 체포 또는 구속을 당한 때에는 즉시 변호인의 조력을 받을 권리를 가진다. 다만, 형사피고인이 스스로 변호인을 구할 수 없을 때에는 법률이 정하는 바에 의하여 국가가 변호인을 붙인다. [12법원직]	변호인의 조력을 받을 권리는 형사사건 또는 행정절차에서 구속된 경우에 인정되는 개념이다. 민사 등에서는 재판청구권의 내용으로 보장된다. 변호인의 조력을 받을 권리는 수형자에게는 인정되지 않는다. • 피고인 국선: 헌법상 기본권 • 피의자 국선: 형사소송법상 규정 • 헌법소원의 국선: 헌재법에 규정

⑤ 누구든지 체포 또는 구속의 이유와 변호인의 조력을 받을 권리가 있음을 <u>고지받</u>지 아니하고는 체포 또는 구속을 당하지 아니한다. 체포 또는 구속을 당한 자의 가족 등 법률이 정하는 자에게는 그 이유와 일시·장소가 지체 없이 <u>통지</u>되어야 한다.	• 미란다 원칙을 말한다. 현행헌법에서 도입 • 고지는 피구속자에게, 통지는 가족에게 한다.
⑥ 누구든지 체포 또는 구속을 당한 때에는 <u>적부의 심사</u>를 법원에 청구할 권리를 가진다.	적부심사청구권은 피의자에게 인정되는 것이나, 전격기소의 경우에는 피고인에게도 인정된다.
⑦ 피고인의 자백이 고문·폭행·협박·구속의 부당한 장기화 또는 기망 기타의 방법에 의하여 자의로 진술된 것이 아니라고 인정될 때 또는 <u>정식재판</u>에 있어서 피고인의 자백이 그에게 불리한 <u>유일한 증거</u>일 때에는 이를 유죄의 증거로 삼거나 이를 이유로 처벌할 수 없다.	고문 등의 경우에 절대적으로 증거능력이 인정되지 않는다. 자백의 증명력 제한은 정식재판에서만 인정된다.
제13조 ① 모든 국민은 행위 시의 법률에 의하여 범죄를 구성하지 아니하는 행위로 소추되지 아니하며, 동일한 범죄에 대하여 <u>거듭 처벌받지 아니한다.</u>	이중처벌금지에서 말하는 처벌은 형사처벌만을 의미한다. 기판력의 효력으로서 발생하므로 판결의 확정이 있어야 한다.
② 모든 국민은 소급입법에 의하여 참정권의 제한을 받거나 재산권을 박탈당하지 아니한다.	4차 개헌은 소급입법에 의한 처벌의 헌법적 근거를 규정
③ 모든 국민은 자기의 행위가 아닌 친족의 행위로 인하여 불이익한 처우를 받지 아니한다.	• 연좌제 금지는 8차 개헌, 불이익은 일체의 불이익을 말한다. • 반국가행위자처벌에 관한 특별법: 연좌제 위반

*법률과 적법한 절차에 의하는 경우에는 처벌, 보안처분뿐만 아니라 강제노역도 받을 수 있다. [14법원직]

Ⅰ 신체의 자유의 실체적 보장

01. 죄형법정주의 [기출다수]

1 죄형법정주의의 의의

죄형법정주의란 무엇이 처벌될 행위인지, 그에 대한 형벌의 종류와 정도는 어떤 것인지를 입법부가 제정한 법률로써 정해야 한다는 원칙을 말한다.

② 죄형법정주의의 내용과 그 파생원칙

1. 형벌법률주의(관습형법금지의 원칙)

❶ 개념

범죄와 형벌은 성문의 법률로써 규정되어 있어야 한다. 따라서 관습법에 의한 범죄의 성립과 처벌은 금지된다. 한편 위법성조각사유나 책임조각사유 등의 인정은 법률이 아니어도 된다.

❷ 형법법률주의에서 법률의 범위

㉠ 국회에 의해 제정된 형식적 의미의 법률을 말한다. [16법원직] 법률의 효력이 있는 조약, 긴급명령, 긴급재정명령에 의해서 형벌을 부과하는 것은 가능하다.

㉡ 법률의 위임이 있는 경우 명령이나 조례로 형벌을 부과하는 것도 가능하다.

❸ 헌법재판소

㉠ 처벌규정일지라도 구체적 위임이 있으면 명령에 위임할 수 있다. [17·16법원직]

> **형벌위임의 요건**
>
> 형사처벌을 동반하는 처벌법규의 위임은 긴급한 필요가 있거나 미리 법률로써 자세히 정할 수 없는 부득이한 사정이 있는 경우에 한정되어야 한다. 또한 구성요건을 미리 정해서 위임해야 하고 형벌의 종류와 상한을 정해서 위임해야한다.

㉡ 법률의 위임이 있는 경우, 지방자치단체는 조례위반에 대한 제재로서 벌칙을 정할 수 있다.(지방자치법 제22조 단서) [18법원직]

㉢ 행정질서벌에 해당하는 과태료부과는 죄형법정주의의 규율대상이 아니다. [17국가7급]

㉣ 법률적 효력이 있는 조약(마라케쉬협정)에 의한 범죄구성요건의 설정과 형벌규정은 죄형법정주의에 반하지 아니한다. [23국가7급, 12국가7급]

> **▶ 관련판례**
>
> 1. 형벌 구성요건의 실질적 내용을 법률에서 직접 규정하지 아니하고 금고의 정관에 위임한 것은 범죄와 형벌에 관하여는 입법부가 제정한 형식적 의미의 "법률"로써 정하여야 한다는 죄형법정주의 원칙에 위반된다.(헌재 2001.1.18. 99헌바112)[위헌] [16법원직]
> 2. 구 노동조합법 제46조의3은 그 구성요건을 "단체협약에 … 위반한 자"라고만 규정함으로써 범죄구성요건의 외피(外皮)만 설정하였을 뿐 구성요건의 실질적 내용을 직접 규정하지 아니하고 모두 단체협약에 위임하고 있어 죄형법정주의의 기본적 요청인 "법률"주의에 위배되고, 그 구성요건도 지나치게 애매하고 광범위하여 죄형법정주의의 명확성의 원칙에 위배된다.(헌재 1998.3.26. 96헌가20) [16법원직]

◢ OX 연습

1. 과태료는 행정상 의무위반자에게 부과하는 행정질서벌로서 그 기능과 역할이 형벌에 준하는 것이므로 죄형법정주의의 규율대상에 해당한다. [22경찰승진]

2. 형벌 구성요건의 실질적 내용을 법률에서 직접 규정하지 아니하고 새마을금고의 정관에 위임한 것은 범죄와 형벌에 관하여는 입법부가 제정한 형식적 의미의 법률로써 정하여야 한다는 죄형법정주의의 원칙에 위반된다. [22경찰승진]

3. 형벌구성요건의 실질적 내용을 노동조합과 사용자 간의 근로조건에 관한 계약에 지나지 않는 단체협약에 위임하는 것은 죄형법정주의의 기본적 요청인 법률주의에 위배된다. [18국회8급]

Answer

1. × 헌재 2003.12.18. 2002헌바49
2. ○ 헌재 2001.1.18. 99헌바112
3. ○ 헌재 1998.3.26. 96헌가20

3. 청소년유해매체물의 범위를 법률에서 정하지 아니하고, 청소년보호위원회가 결정하도록 하는 것은 죄형법정주의에 위배되지 아니한다. (헌재 2000.6.29. 99헌가16)

4. 행정관청이 노동위원회의 의결을 얻어 위법한 단체협약의 시정을 명한 경우 그 시정명령에 위반한 자를 500만원 이하의 벌금에 처하도록 한 '노동조합 및 노동관계조정법' 제93조 제2호 중 "제31조 제3항의 규정에 의한 명령에 위반한 자" 부분은 죄형법정주의에 위반되지 않는다. (헌재 2012.8.23. 2011헌가22)

5. 징역형 수형자에게 정역의무를 부과하는 형법 제67조는 청구인의 신체의 자유를 침해하지 않는다. (헌재 2012.11.29. 2011헌마318)

6. 약식명령에 대한 정식재판청구권 회복청구 시 필요적 집행정지가 아닌 임의적 집행정지로 규정한 형사소송법 제458조 제1항 중 제348조 제1항을 준용하는 부분은 약식명령에 의한 벌금형을 납부하지 않아 노역장에 유치된 자의 신체의 자유를 침해하지 않는다. (헌재 2014.5.29. 2012헌마104)[예상판례]

7. 관광진흥개발기금 관리·운용업무에 종사토록 하기 위해 문화체육관광부장관에 의해 채용된 민간 전문가에 대해 형법상 뇌물죄의 적용에 있어서 공무원으로 의제하는 관광진흥개발기금법 제13조는 신체의 자유 등을 과도하게 제한하지 않는다. (헌재 2014.7.24. 2012헌바188) [21국가7급]

8. 미신고 시위에 대한 해산명령에 불응하는 자를 처벌하도록 규정한 '집회 및 시위에 관한 법률' 제24조 제5호 중 '제20조 제2항' 가운데 '제6조 제1항에 따른 신고를 하지 아니한 시위'에 관한 부분은 죄형법정주의에 위배되지 않는다. / 심판대상조항은 집회의 자유를 침해하지 않는다. (헌재 2016.9.29. 2014헌바492)

9. 임원의 선거운동 기간 및 선거운동에 필요한 사항을 정관에서 정할 수 있도록 규정한 신용협동조합법 제27조의2 제2항 내지 제4항은 헌법에 위반된다.[위헌] / 자격정지 이상의 형을 받은 전과가 있는 자에 대하여 선고유예를 할 수 없도록 규정한 형법 제59조 제1항 단서는 헌법에 위반되지 않는다. (헌재 2020.6.25. 2018헌바278)[합헌] [21국회8급]

10. 2회 이상 음주운전 금지규정을 위반한 사람을 2년 이상 5년 이하의 징역이나 1천만 원 이상 2천만 원 이하의 벌금에 처하도록 규정한 구 도로교통법 제148조의2 제1항 중 '제44조 제1항을 2회 이상 위반한 사람'에 관한 부분은 헌법에 위반된다. (헌재 2021.11.25. 2019헌바446) [22국회8급]
    [1] 심판대상조항은 죄형법정주의의 명확성원칙에 위반된다고 할 수 없다.
    [2] 책임과 형벌 간의 비례원칙 위반 여부
       예컨대 10년 이상의 세월이 지난 과거 위반행위를 근거로 재범으로 분류되는 음주운전 행위자에 대해서는 책임에 비해 과도한 형벌을 규정하고 있다고 하지 않을 수 없다.

도로교통법 제44조 제1항을 2회 이상 위반한 경우라고 하더라도 죄질을 일률적으로 평가할 수 없고 과거위반 전력, 혈중알코올농도 수준, 운전한 차량의 종류에 비추어, 교통안전 등 보호법익에 미치는 위험 정도가 비교적 낮은 유형의 재범 음주운전행위가 있다. 그런데 심판대상조항은 법정형의 하한을 징역 2년, 벌금 1천만 원으로 정하여 그와 같이 비난가능성이 상대적으로 낮고 죄질이 비교적 가벼운 행위까지 지나치게 엄히 처벌하도록 하고 있으므로, 책임과 형벌 사이의 비례성을 인정하기 어렵다. 그러므로 심판대상조항은 책임과 형벌 간의 비례원칙에 위반된다.

11. 음주운전 금지규정 위반 전력이 1회 이상 있는 사람이 다시 음주측정거부를 한 경우 2년 이상 5년 이하의 징역이나 1천만 원 이상 2천만 원 이하의 벌금에 처하도록 규정한 구 도로교통법 제148조의2 제1항 및 도로교통법 제148조의2 제1항 중 각 '제44조 제1항을 1회 이상 위반한 사람으로서 다시 같은 조 제2항을 위반한 사람'에 관한 부분은 책임과 형벌 간의 비례원칙에 위반된다.(헌재 2022.5.26. 2022헌가3,5) (헌재 2022.5.26. 2022헌가9)

12. 음주운항 금지규정 위반 전력이 1회 이상 있는 사람이 다시 음주운항을 한 경우 2년 이상 5년 이하의 징역이나 2천만 원 이상 3천만 원 이하의 벌금에 처하도록 규정한 해사안전법 제104조의2 제2항 중 '제41조 제1항을 위반하여 2회 이상 술에 취한 상태에서 선박의 조타기를 조작한 운항자'에 관한 부분은 헌법에 위반된다.(헌재 2022.8.31. 2022헌가10)[위헌]

2. 형벌불소급의 원칙

> **헌법 제13조** ① 모든 국민은 행위 시의 법률에 의하여 범죄를 구성하지 아니하는 행위로 소추되지 아니하며, 동일한 범죄에 대하여 거듭 처벌받지 아니한다.

❶ 개념

행위시의 법률에 의해 범죄를 구성하는 행위에 한하여 처벌될 뿐이고 사후입법에 의해 처벌받지 아니한다는 원칙을 의미한다.

❷ 적용범위

실체법에 한정되고 절차법에는 적용되지 않는다.

㉠ 공소시효: 공소시효에 관한 규정은 실체법적 규정이 아니어서 죄형법정주의의 파생원칙인 형벌불소급원칙의 적용 대상에서 제외된다. -「5·18민주화운동에관한특별법에 대한 헌법소원」 사건

ⓛ 보안처분과 소급금지 정리

형벌		과거의 범죄에 대한 책임. 소급금지의 원칙 적용	
보안처분	형벌적 보안처분	보호감호(보호감호소에 수용하므로 징역과 유사하다)	실질적으로 형벌과 유사하므로 소급금지원칙이 적용된다. 다만, 형벌과 병과해도 이중처벌은 아니며, 이미 선고한 보호감호는 사회보호법이 폐지되어도 집행가능하다.
	비형벌적 보안처분	보안관찰, 신상정보 등록	침해가 경미하므로 소급 적용이 가능하다.
		전자장치	
		디엔에이 검사 보관	

▶ 관련판례

보안관찰처분대상자가 교도소 등에서 출소한 후 7일 이내에 출소사실을 신고하도록 정한 구 보안관찰법 제6조 제1항 전문 중 출소 후 신고의무에 관한 부분 및 이를 위반할 경우 처벌하도록 정한 보안관찰법 제27조 제2항 중 구 보안관찰법 제6조 제1항 전문 가운데 출소 후 신고의무에 관한 부분은 헌법에 위반되지 않는다. [22국회8급]

변동신고조항 및 이를 위반할 경우 처벌하도록 정한 보안관찰법 제27조 제2항 중 제6조 제2항 전문에 관한 부분은 과잉금지원칙을 위반하여 청구인의 사생활의 비밀과 자유 및 개인정보자기결정권을 침해한다.(헌재 2021.6.24. 2017헌바479)

❸ 시혜적 소급입법

시혜적 소급입법은 가능하지만 입법자의 의무라고 할 수는 없다. 즉, 시혜적 소급입법을 할 지는 입법자에게 광범위한 형성의 자유가 인정된다. [14법원직, 07국회8급]

▶ 관련판례

형벌불소급원칙 위반 사례

1. 소급입법에 의한 보호감호는 헌법에 위반된다.(헌재 1989.7.14. 88헌가5) [위헌]

2. 1억 원 이상의 벌금형을 선고하는 경우 노역장유치기간의 하한을 정한 형법 제70조 제2항은 과잉금지원칙에 반하여 청구인들의 신체의 자유를 침해하지 않는다. 노역장유치조항을 시행일 이후 최초로 공소제기되는 경우부터 적용하도록 한 형법 부칙 제2조 제1항은 형벌불소급원칙에 위반된다.(헌재 2017.10. 26. 2015헌바239) [22·23국회8급, 20변호사]

형벌불소급원칙에서 의미하는 '처벌'은 형법에 규정되어 있는 형식적 의미의 형벌 유형에 국한되지 않으며, 범죄행위에 따른 제재의 내용이나 실제적 효과가 형벌적 성격이 강하여 신체의 자유를 박탈하거나 이에 준하는 정도로 신체의 자유를 제한하는 경우에는 형벌불소급원칙이 적용되어야 한다. 노역장유치는 그 실질이 신체의 자유를 박탈하는 것으로서 징역형과 유사한 형벌적 성격을 가지고 있으므로 형벌불소급원칙의 적용대상이 된다.

형벌불소급원칙 위반이 아닌 사례

1. 공소시효와 형벌불소급의 원칙(5·18특별법에 대한 헌법소원)(헌재 1996.2. 16. 96헌가2)[합헌]
   우리 헌법이 규정한 <u>형벌불소급의 원칙은 형사소추가 "언제부터 어떠한 조건하에서" 가능한가의 문제에 관한 것이고, "얼마동안" 가능한가의 문제에 관한 것은 아니다. 다시 말하면 헌법의 규정은 "행위의 가벌성"에 관한 것</u>이기 때문에 소추가능성에만 연관될 뿐, 가벌성에는 영향을 미치지 않는 공소시효에 관한 규정은 원칙적으로 그 효력범위에 포함되지 않는다. 행위의 가벌성은 행위에 대한 소추가능성의 전제조건이지만 소추가능성은 가벌성의 조건이 아니므로 공소시효의 정지규정을 과거에 이미 행한 범죄에 대하여 적용하도록 하는 법률이라 하더라도 그 사유만으로 헌법 제12조 제1항 및 제13조 제1항에 규정한 죄형법정주의의 파생원칙인 형벌불소급의 원칙에 언제나 위배되는 것으로 단정할 수는 없다.

2. 친일재산을 그 취득·증여 등 원인행위시에 국가의 소유로 하도록 규정한 <u>친일재산귀속법 제3조 제1항 본문귀속조항은 진정소급입법에 해당하지만, 진정소급입법이라 할지라도 예외적으로 국민이 소급입법을 예상할 수 있었던 경우와 같이 소급입법이 정당화되는 경우에는 허용될 수 있다.</u>(헌재 2011.3.31. 2008헌바141)[합헌] [18변호사, 12국가7급]

3. 행위 당시의 판례에 의하면 처벌대상이 되지 아니하는 것으로 해석되었던 행위를 판례의 변경에 따라 확인된 내용의 형법 조항에 근거하여 처벌한다고 하여 그것이 형벌불소급원칙에 위반된다고 할 수 없다.(헌재 2014.5.29. 2012헌바390, 2014헌바155(병합)) [17국가7급, 16법원직]

4. 성폭력범죄의 처벌 등에 관한 특례법 부칙 제7조 제1항 시행 이전에 형집행이 종료되어 사회에 복귀한 사람에게까지 소급하여 '신상정보 공개조항'을 적용하도록 하는 것은 소급입법금지원칙에 위반되지 않는다.(헌재 2016.12.29. 2015헌바196) [18변호사]

5. 선불식 할부거래업자에게 개정 법률이 시행되기 전에 체결된 선불식 할부계약에 대하여도 소비자피해보상보험계약 등을 체결할 의무를 부과한 '할부거래에 관한 법률' 부칙 제5조 1항 중 제27조 제1항에 관한 부분은 소급입법금지 원칙 및 신뢰보호원칙에 위배되지 아니하고, 선불식 할부거래업자로 하여금 위 보험계약 등을 체결하거나 유지함에 있어 허위의 자료를 제출하지 못하도록 하고, 이를 위반하면 처벌하는 '할부거래에 관한 법률' 규정은 형벌불소급원칙에 위배되지 않는다.(헌재 2017.7.27. 2015헌바240)

6. 성폭력범죄자에 대해 전자장치 부착명령을 청구할 수 있도록 한 구 '특정 범죄자에 대한 위치추적 전자장치 부착 등에 관한 법률' 및 범죄행위 당시에 없었던 부착명령을 출소예정자에게 소급 적용할 수 있도록 한 규정은 헌법에 위반되지 않는다.(헌재 2015.9.24. 2015헌바35) [19국회8급 등]
   [1] 부착명령청구조항은 성폭력범죄를 2회 이상 범하여 그 습벽이 인정될 것을 요건으로 하고 있는데, 이 중 '습벽이 인정된 때' 부분은 명확성원칙에 위반되지 않는다.
   [2] 전자장치 부착명령은 과거의 불법에 대한 응보가 아닌 장래의 재범 위험성을 방지하기 위한 것으로, 그 <u>법적성격은 형벌이 아닌 '보안처분'에 해당되므로, 부착명령청구조항은 이중처벌금지원칙에 위반되지 아니한다.</u>

◢ OX 연습

1. 친일재산을 그 취득·증여 등 원인행위시에 국가의 소유로 하도록 규정한 친일반민족행위자 재산의 국가귀속에 관한 특별법 조항은 진정소급입법에 해당하나 헌법 제13조 제2항에 반하지 않는다.
[20법원9급]

2. 대법원은 행위 당시의 판례에 의하면 처벌대상이 되지 아니하는 것으로 해석되었던 행위를 판례의 변경에 따라 처벌하는 것은 형벌불소급원칙에 반한다고 판시하였다. [21국회9급]

Answer

1. ○ 헌재 2011.3.31. 2008헌바141
2. × 헌재 2014.5.29. 2012헌바390, 2014헌바155(병합)

3. 절대적 부정기형 금지의 원칙

절대적 부정기형이란 자유형에 대한 선고형의 기간을 재판에서 확정하지 않고 행형(行刑)의 경과에 따라 사후에 결정하는 제도를 말한다. 소년범에 대한 상대적 부정기형은 허용된다. [08법무사]

4. 명확성의 원칙

❶ 개념

명확성의 원칙이란 범죄와 형벌을 가능한 한 법률에서 명확하게 규정함으로써 일반국민으로 하여금 어떠한 행위가 금지되고, 그 행위에 대하여 어떤 형벌이 과해지는지 예측할 수 있게 하고, 법관의 자의에 의한 법적용을 배제하기 위한 원칙을 말한다.

＊명확성의 원칙은 영미법상 막연하기 때문에 무효의 원칙에서 도출된다.

❷ 헌법재판소

㉠ 명확성의 정도: 명확성의 원칙은 모든 법률에 있어서 동일한 정도로 요구되는 것은 아니고 개개의 법률이나 법조항의 성격에 따라 요구되는 정도에 차이가 있을 수 있으며 각각의 구성요건의 특수성과 그러한 법률이 제정되게 된 배경이나 상황에 따라 달라질 수 있다. 일반론으로는 어떠한 규정이 부담적 성격을 가지는 경우에는 수익적 성격을 가지는 경우 비하여 명확성의 원칙이 더욱 엄격하게 요구된다.

㉡ 명확성원칙은 범죄의 성립요건뿐만 아니라 위법성조각사유와 같은 소극적 요건에 대해서도 적용된다. [19국가7급]

> 🔖 **체크포인트**
>
> '가정의례의 참뜻에 비추어 합리적인 범위 내'라는 소극적 범죄구성요건은 죄형법정주의의 명확성 원칙을 위배하지 아니하였다. (×) [18법원직]

> ▶ **관련판례**
>
> 명확성의 원칙
>
> **최소한의 명확성(헌재 1998.4.30. 95헌가16)** [19서울7급, 17법원직, 14국회8급, 11국가7급]
>
> 모든 법규범의 문언을 순수하게 기술적 개념만으로 구성하는 것은 입법기술적으로 불가능하고 또 바람직하지도 않기 때문에 어느 정도 가치개념을 포함한 일반적, 규범적 개념을 사용하지 않을 수 없다. 따라서 명확성의 원칙이란 기본적으로 최대한이 아닌 최소한의 명확성을 요구하는 것이다. 그러므로 법문언이 해석을 통해서, 즉 법관의 보충적인 가치판단을 통해서 그 의미내용을 확인해낼 수 있고, 그러한 보충적 해석이 해석자의 개인적인 취향에 따라 좌우될 가능성이 없다면 명확성의 원칙에 반한다고 할 수 없다 할 것이다.

예시입법과 명확성의 원칙

1. 군형법상의 '계간 기타 추행한 자' 부분에서 기타 추행의 의미는 계간이라는 예시에 의해 그 의미 내용이 확정될 수 있으므로 명확성의 원칙에 반하지 아니한다.(헌재 2002.6.27. 2001헌바70)
2. 변호사법상의 "기타 일반의 법률사건과 법률사무"는 건전한 상식과 통상적인 법감정을 가진 일반인이 구체적으로 어떤 사건 또는 사무가 이에 해당하는지 알 수 있다고 보여지고, 법관의 자의적인 해석으로 확대될 염려가 없다고 할 것이므로, 죄형법정주의에서 요구하는 형벌법규의 명확성의 원칙에 위배된다고 볼 수 없다.(헌재 2000.4.27. 98헌바95)

명확성의 원칙에 위배된다고 본 판례

1. 미성년자 보호법상의 '음란성', '잔인성', '범죄의 충동을 일으키게' 부분(헌재 2002.2.28. 99헌가8)[위헌] [22입시·12국회8급]
   (1) 음란성은 법관의 보충적인 해석을 통해서 규범내용이 확정될 수 있으므로 명확성원칙에 위배되지 않는다. - 저속은 명확성원칙에 위반된다.
   (2) '잔인성'과 '범죄의 충동을 일으키게' 부분은 아직 판례에 의해 개념정립이 된 바 없으므로 명확성원칙에 위배된다. [06국가7급]
2. 특정범죄가중처벌법상의 정부관리기업체: '정부', '관리', '기업체'의 세 요소 중 관리의 개념은 명확성원칙에 위배된다.(헌재 1995.9.28. 93헌바50)[위헌]
3. 공중도덕상 유해한 업무에 취업시킬 목적으로 근로자를 파견한 사람을 형사처벌하도록 규정한 구 '파견근로자보호 등에 관한 법률' 제42조 제1항 중 '공중도덕상 유해한 업무' 부분 및 '파견근로자보호 등에 관한 법률' 제42조 제1항 중 '공중도덕상 유해한 업무' 부분은 죄형법정주의의 명확성원칙에 위배된다.(헌재 2016.11.24. 2015헌가23)[위헌] [20변호사]
4. 전기통신사업법상의 공공의 안녕질서 또는 미풍양속을 해하는 내용의 통신을 금하는 전기통신사업법 제53조 제1항은 명확성의 원칙에 위배된다.(헌재 2002.6.27. 99헌마480)[위헌]

   > 비교판례 → 학교보건법상의 '미풍양속을 해하는 행위 및 시설' 부분은 학교의 학습환경에 나쁜 영향을 주는 행위 및 시설을 의미한다고 볼 수 있으므로 명확성 원칙에 위배되지 않는다.(헌재 2008.4.24. 2004헌바92)[합헌] [14국가7급]

5. 산업재해발생에 관한 보고를 하지 않는 경우를 처벌하는 구 산업안전보건법의 "이 법 또는 이 법에 의한 명령의 시행을 위하여 필요한 사항"(헌재 2010.2.25. 2008헌가6)
   이 사건 법률조항은 형사처벌법규의 구성요건을 이루는 조항이면서도 그 내용 중 "이 법 또는 이 법에 의한 명령의 시행을 위하여 필요한 사항"의 의미범위가 명확하지 아니하여 수범자로 하여금 그 내용을 예측하여 자신의 행위를 결정하기 어렵게 하고 있으므로, 죄형법정주의에서 요구하는 명확성의 원칙에 위배된다.

6. 미네르바 사건(헌재 2010.12.28. 2008헌바157)[위헌]
   이 사건 법률조항은 "공익을 해할 목적"의 허위의 통신을 금지하는바, 여기서의 "공익"은 형벌조항의 구성요건으로서 구체적인 표지를 정하고 있는 것이 아니라, 헌법상 기본권 제한에 필요한 최소한의 요건 또는 헌법상 언론·출판의 자유의 한계를 그대로 법률에 옮겨 놓은 것에 불과할 정도로 그 의미가 불명확하고 추상적이다. … 결국, 이 사건 법률조항은 수범자인 국민에 대하여 일반적으로 허용되는 '허위의 통신' 가운데 어떤 목적의 통신이 금지되는 것인지 고지하여 주지 못하고 있으므로 표현의 자유에서 요구하는 명확성의 요청 및 죄형법정주의의 명확성 원칙에 위배하여 헌법에 위반된다.

7. '여러 사람의 눈에 뜨이는 곳에서 공공연하게 알몸을 지나치게 내놓거나 가려야 할 곳을 내놓아 다른 사람에게 부끄러운 느낌이나 불쾌감을 준 사람'을 처벌하는 경범죄처벌법 제3조 제1항 제33호는 죄형법정주의의 명확성원칙에 위배된다.(헌재 2016.11.24. 2016헌가3)[위헌] [20국회8급]
   예컨대 이른바 '바바리맨'의 성기노출행위를 규제할 필요가 있다면 노출이 금지되는 신체부위를 '성기'로 명확히 특정하면 될 것이다. 따라서 심판대상조항은 죄형법정주의의 명확성원칙에 위배된다.

8. 공공수역에 다량의 토사를 유출하거나 버려 상수원 또는 하천·호소를 현저히 오염되게 한 자를 처벌하는 수질 및 수생태계 보전에 관한 법률 조항 중 다량, 토사, 현저히 오염 부분은 명확성원칙에 위배된다.(헌재 2013. 7.25. 2011헌가26) [17서울7급등]

9. 집단급식소에 근무하는 영양사의 직무를 규정한 조항을 위반한 자를 처벌하는, 식품위생법 제96조 중'제52조 제2항을 위반한 자'에 관한 부분은 헌법에 위반된다.(헌재 2023.3.23. 2019헌바141)[위헌]
   [1] 죄형법정주의의 명확성원칙에 위반된다.(재판관 5인은 명확성 위반 4인은 명확성 위반이 아니라고 봄)
   [2] 과잉금지원칙에 위반된다. 처벌조항은 목적의 정당성 및 수단의 적합성이 인정된다. 처벌조항은 침해의 최소성 및 법익의 균형성을 충족하지 않는다.

명확성의 원칙에 위배되지 않는다고 본 판례

1. 폭처법상의 '위험한 물건' 부분은 명확성 원칙에 위배되지 않는다.(헌재 2006.4.27. 2005헌바36)[합헌]

2. 특가법상의 추업에 사용할 목적 부분은 주로 성을 상품화하는 영업으로 이해되므로 명확성 원칙에 위배되지 않는다.(헌재 2006.5.25. 2005헌바4)

3. 지방공무원법상의 '사실상 노무에 종사하는 공무원' 부분은 주로 육체노동 종사자로 해석되므로 명확성 원칙에 위배되지 않는다.(헌재 2005.10. 27. 2003헌바50)[합헌] – 사실상 노무에 종사하는 공무원의 범위를 조례로 위임하는 것은 합헌이지만 조례를 정하지 않은 것은 행정입법부작위로 헌법에 위반된다.

4. 청소년성보호에관한법률상의 '청소년이용음란물' 부분은 실제인물인 청소년이 등장하여야 한다고 보아야 함이 명백함으로 명확성 원칙에 위배되지 않는다.(헌재 2002.4.25. 2001헌가27)[합헌] [12국회8급]

5. 보험모집인의 등록취소 또는 업무정지 사유의 하나로 '모집에 관하여 현저하게 부적당한 행위'를 한 경우를 규정하고 있는 보험업법 제147조 제2항 제2호가 명확성의 원칙에 위반되지 않는다.(헌재 2002.1.31. 2000헌가8)[합헌]

6. 지방자치단체출연 연구원 소속 연구원을 형법상 뇌물죄 규정에 적용함에 있어서 공무원으로 의제하는 '지방자치단체출연 연구원의 설립 및 운영에 관한 법률' 제24조 중 '연구원' 부분에서 지방연구원의 개념은 죄형법정주의 명확성의 원칙에 위배되지 아니한다.(헌재 2010.6.24. 2009헌바43)

7. 형법 제185조 중 육로를 불통하게 하거나 기타 방법으로 교통을 방해한 자를 형사처벌하도록 규정한 부분은 죄형법정주의의 명확성원칙에 반하지 않는다.(헌재 2010.3.25. 2009헌가2)

8. '일제강점하 반민족행위 진상규명에 관한 특별법'상의 정의조항 중 반민규명법 제2조 제6호 내지 제9호의 행위를 한 자'로 규정한 부분이 불명확하다고 할 수 없고, '독립운동에 적극 참여한 자' 부분은 '일제 강점하에서 우리 민족의 독립을 쟁취하려는 운동에 의욕적이고 능동적으로 관여한 자'라는 뜻이므로 그 의미를 넉넉히 파악할 수 있다.(헌재 2011.3.31. 2008헌바141)

9. 폭력행위 등 처벌에 관한 법률 중 '구성원으로 활동한 자'에 관한 부분은 명확성원칙에 위배되지 않는다.(헌재 2011.4.28. 2009헌바56)

10. 구 검사징계법 제2조 제3호가 검사에 대한 징계사유로서 "검사로서의 체면이나 위신을 손상하는 행위를 하였을 때"를 규정하고 있는 것은 명확성원칙에 위배되지 않는다.(헌재 2011.12.29. 2009헌바282) [19서울7급, 13변호사]

11. 공무원은 직무의 내외를 불문하고 품위손상행위를 하여서는 아니 된다고 규정하고 직무의 내외를 불문하고 체면이나 위신을 손상하는 행위를 한 때를 공무원의 징계사유로 규정한 국가공무원법 제63조 및 제78조 제1항 제3호는 명확성원칙 및 과잉금지원칙에 위반되지 않아 헌법에 위반되지 아니한다.(헌재 2016.2.25. 2013헌바435)[합헌]

12. 직접 진찰한 의료인이 아니면 진단서 등을 교부 또는 발송하지 못하도록 규정한 구 의료법 규정 중 '직접 진찰한' 부분은 죄형법정주의의 명확성원칙에 위배되지 않는다.(헌재 2012.3.29. 2010헌바83)[합헌] [15국회8급]

13. 군인의 대통령에 대한 모욕행위를 상관모욕죄로 처벌하는 군형법 제64조 제2항의 상관 중 "명령복종 관계에서 명령권을 가진 사람"에 관한 부분은 헌법에 위반되지 아니한다.(헌재 2016.2.25. 2013헌바111)[합헌]

14. 국가 또는 지방자치단체의 정책결정에 관한 사항이나 기관의 관리·운영에 관한 사항으로서 근무조건과 직접 관련되지 아니하는 사항을 공무원 노동조합의 단체교섭대상에서 제외하고 있는 공무원의 노동조합 설립 및 운영 등에 관한 법률 제8조 제1항 단서 중 '직접' 부분은 명확성원칙에 위반되지 않는다.(헌재 2013.6.27. 2012헌바169)

15. 보호관찰이나 사회봉사 또는 수강을 명한 집행유예를 선고받은 자가 준수사항이나 명령을 위반하고 그 정도가 무거운 때에 집행유예의 선고를 취소할 수 있도록 한 형법 제64조 제2항은 명확성원칙에 위반되지 않는다. / 이 사건 법률조항에 의하여 집행유예가 취소되는 경우 사회봉사 등 의무를 이행하였는지 여부와 관계없이 유예되었던 본형 전부를 집행하는 것은 이중처벌금지원칙에 위반되지 않는다.(헌재 2013.6.27. 2012헌바345 등) [15국가7급]

16. 입찰방해죄의 '입찰'에 협상에 의한 계약체결의 경우도 포함되는 것으로 해석될 수 있어 명확성원칙에 반하지 않고, 입찰의 공정성, 형벌에 관한 입법권자 입법형성의 자유 등에 비추어 과잉금지의 원칙에 위반되어 사적자치의 원칙을 침해한다고 볼 수 없다.(헌재 2014.3.27. 2011헌바126)

17. 공공의 질서 또는 선량한 풍속을 문란하게 할 염려가 있는 상표의 등록을 거절 또는 무효화하는 구 상표법 제7조 제1항 제4호는 어떠한 상표를 등록하여 사용하는 행위가 공정한 상품유통질서나 명예훼손 등 일반 법질서를 해칠 우려가 있거나 상도덕, 윤리질서에 반할 우려가 있는 경우를 포함하는 것으로 예측할 수 있어 명확성 원칙에 반하지 아니한다.(헌재 2014.3.27. 2012헌바55) [19서울7급]

18. 청소년보호법 제23조의3 등 위헌확인(헌재 2014.4.24. 2011헌마659·683(병합))[기각]
    16세 미만 청소년에게 오전 0시부터 오전 6시까지 인터넷게임의 제공을 금지하는 이른바 '강제적 셧다운제'를 규정한 구 청소년보호법 중 '인터넷게임'의 의미는 죄형법정주의의 명확성원칙에 위반되지 않는다.

19. 탈법방법에 의한 문서, 인쇄물의 배부·게시를 금지하고 처벌하는 공직선거법 제255조 제2항 제5호 중 '제93조 제1항의 규정에 위반하여 문서, 인쇄물을 배부·게시한 자' 부분은 명확성원칙에 위배되지 않는다.(헌재 2014.4.24. 2011헌바17, 2012헌바391(병합))

20. 현저한 지리적 명칭이나 기술적 표장에 해당하여 상표법의 보호를 받지 못하는 표지를 이용한 부정경쟁행위를 처벌하는 구 '부정경쟁방지 및 영업비밀보호에 관한 법률' 제18조 제3항 제1호 중 제2조 제1호 나목에 관한 부분은 죄형법정주의의 명확성원칙에 위배되지 않는다.(헌재 2015.2.26. 2013헌바73)

21. 구 아동·청소년의 성보호에 관한 법률 제7조 제5항 중 위력으로써 여자 아동·청소년을 간음한 자를 여자 아동·청소년을 강간한 자에 준하여 처벌하도록 하고 있는 부분은 죄형법형주의의 명확성원칙에 위배되지 않고, 과잉금지원칙에 위배되지 않으며, 형벌체계상의 균형을 상실하여 평등원칙에 위배되지 않는다.(헌재 2015.2.26. 2013헌바107)

22. 이적행위를 처벌하는 국가보안법 제7조 제1항 중 '국가의 존립·안전이나 자유민주적 기본질서를 위태롭게 한다는 정을 알면서 찬양·고무·선전 또는 이에 동조한 자'에 관한 부분은 죄형법정주의의 명확성원칙에 위배되지 않는다.(헌재 2015.4.30. 2012헌바95 등)
    이적표현물 조항은 표현의 자유 및 양심의 자유를 침해하지 않는다.

23. 정비사업 시행자로 하여금 토지 등 소유자에게 개략적인 부담금내역을 통지하도록 한 '도시 및 주거환경정비법' 제46조 제1항 중 '개략적인 부담금내역' 부분은 명확성원칙에 위배되지 아니하므로 헌법에 위반되지 아니한다.(헌재 2015.12.23. 2015헌바66) [예상판례]

24. 어린이집 운영자 등이 거짓이나 그 밖의 부정한 방법으로 보조금을 교부받은 때, 그 전부 또는 일부의 반환을 명할 수 있게 하는 구 영유아보육법 제40조 제3호 중 '어린이집의 설치 운영자'에 관한 부분, 어린이집의 폐쇄를 명할 수 있게 하는 구 영유아보육법 제45조 제1항 제1호 중 '거짓이나 그 밖의 부정한 방법으로 보조금을 교부받은 경우'에 관한 부분, 어린이집 원장의 자격을 정지시킬 수 있게 하는 구 영유아보육법 제46조 제4호 중 '거짓이나 그 밖의 부정한 방법으로 보조금을 교부받은 경우'에 관한 부분은 명확성원칙에 위반되지 아니한다. (헌재 2016.4.28. 2015헌바247)[합헌]

25. 옥외집회 및 시위의 경우 관할경찰관서장으로 하여금 '최소한의 범위'에서 질서유지선을 설정할 수 있도록 하고, 질서유지선의 효용을 해친 경우 형사처벌하도록 하는 '집회 및 시위에 관한 법률' 제13조 제1항의 "최소한의 범위" 부분 및 제24조 제3호 중 제13조 제1항에 관한 부분은 죄형법정주의의 명확성원칙에 위배되지 않는다. (헌재 2016.11.24. 2015헌바218)[합헌]

26. 자본시장과 금융투자업에 관한 법률상 부당권유의 금지, 불확실한 사항에 대하여 단정적 판단을 제공하거나 확실하다고 오인하게 할 소지가 있는 내용을 알리는 행위는 명확성원칙에 위반되지 아니한다. (헌재 2017.5.25. 2014헌바459)

27. 단체나 다중의 위력으로써 형법상 상해죄를 범한 사람을 가중 처벌하는 구 '폭력행위 등 처벌에 관한 법률' 제3조 제1항 중 "단체나 다중의 위력으로써 형법 제257조 제1항(상해)의 죄를 범한 자" 부분은 명확성원칙에 위반되지 않는다. (헌재 2017.7.27. 2015헌바450)

28. 폭행·협박으로 철도종사자의 직무집행을 방해한 자를 5년 이하의 징역 또는 5천만 원 이하의 벌금으로 처벌하도록 규정한 구 철도안전법 규정은 헌법에 위반되지 않는다. / 철도종사자의 의미는 명확성 원칙에 위배되지 않는다. (헌재 2017.7.27. 2015헌바417)
심판대상조항 중 "철도종사자"는 철도안전과 보다 직결되는 운전업무종사자 등뿐만 아니라 여객을 상대로 승무 및 역무서비스를 제공하는 자 등 구 철도안전법상 모든 철도종사자를 의미하는 것으로 해석할 수 있다.

29. 본인부담금 할인방식의 환자유인행위를 금지하고 처벌하는 의료법 제27조 제3항 본문 중 '본인부담금을 할인하여 유인하는 행위'에 관한 부분 및 구 의료법 제88조 가운데 제27조 제3항 본문 중 '본인부담금을 할인하여 유인하는 행위'에 관한 부분은 명확성원칙에 위반되지 않는다. (헌재 2017.12.28. 2016헌바311) [23 5급]

30. 영업으로 유사성교행위를 알선하는 행위를 처벌하는 '성매매알선 등 행위의 처벌에 관한 법률' 제19조 제2항 제1호중 제2조 제1항 제1호 나목의 성매매를 알선하는 행위에 관한 부분은 명확성원칙에 위반되지 않는다. (헌재 2018.12.27. 2017헌바519)[합헌]

31. 유사군복을 판매 목적으로 소지하는 행위에 대하여 1년 이하의 징역 또는 1천만원 이하의 벌금에 처하도록 규정한 '군복 및 군용장구의 단속에 관한 법률' 제8조 제2항 중 '판매목적 소지'에 관한 부분, 제13조 제1항 제2호 중 제8조 제2항의 '판매목적 소지'에 관한 부분은 명확성원칙에 위반되지 않는다. (헌재 2019.4.11. 2018헌가14)[합헌] [21국가7급·20변호사]
직업의 자유 내지 일반적 행동자유권을 침해하지 않는다.

32. 어린이집이 시·도지사가 정한 수납한도액을 초과하여 보호자로부터 필요경비를 수납한 경우, 해당 시·도지사는 「영유아보육법」에 근거하여 시정 또는 변경 명령을 발할 수 있는데, 이 시정 또는 변경 명령 조항의 내용으로 환불명령을 명시적으로 규정하지 않았다고 하여 명확성원칙에 위배된다고 볼 수 없다. (헌재 2017.12.28. 2016헌바249) [20국가7급]

33. 정당한 이유 없이 이 법에 규정된 범죄에 공용(供用)될 우려가 있는 흉기나 그 밖의 위험한 물건을 휴대한 사람을 처벌하도록 규정한 「폭력행위 등 처벌에 관한 법률」 조항에서 '공용(供用)될 우려가 있는'은 흉기나 그 밖의 위험한 물건이 '사용될 위험성이 있는'의 뜻으로 해석할 수 있으므로 죄형법정주의의 명확성원칙에 위배되지 않는다. (헌재 2018.5.31. 2016헌바250) [20국가7급]

34. 사람의 항거불능 상태를 이용하여 간음 또는 추행을 한 자를 형사처벌하는 형법 제299조 중 '항거불능' 부분은 헌법에 위반되지 아니한다. (헌재 2022.1.27. 2017헌바528)[합헌] [23 지방7급]
심판대상조항은 죄형법정주의의 명확성원칙에 위반되지 아니한다.

35. 정보통신시스템 등의 운용을 방해할 수 있는 프로그램의 전달 또는 유포를 금지 및 처벌하도록 한 '정보통신망 이용촉진 및 정보보호 등에 관한 법률' 제48조 제2항 중 '운용을 방해할 수 있는 부분'이 죄형법정주의의 명확성원칙에 위배된다고 볼 수 없다. (헌재 2021.7.15. 2018헌바428)[합헌]

36. 방송편성에 대한 간섭을 금지하는 방송법 제4조 제2항의 '간섭'에 관한 부분 및 그 위반 행위자를 처벌하는 구 방송법 제105조 제1호 중 제4조 제2항의 '간섭'에 관한 부분은 명확성원칙에 위반된다고 볼 수 없다. (헌재 2021.8.31. 2019헌바439)[합헌] [22국회8급]

37. 고속도로 등에서 부득이한 사정이 있는 경우를 제외하고 갓길로 통행할 수 없도록 금지하는 구 도로교통법 제60조 제1항 본문 중 '자동차의 운전자는 고속도로등에서 자동차의 고장 등 부득이한 사정이 있는 경우를 제외하고는 갓길로 통행하여서는 아니 된다.' 부분, 구 도로교통법 제156조 제3호 중 제60조 제1항 본문 가운데 위 해당 부분은 모두 헌법에 위반되지 아니한다. (헌재 2021.8.31. 2020헌바100)[합헌] [22국가7급]

38. '영업주체 혼동행위'를 부정경쟁행위로 정의하고 있는 '부정경쟁방지 및 영업비밀보호에 관한 법률' 제2조 제1호 나목은 헌법에 위반되지 않는다. (헌재 2021.9.30. 2019헌바217)[합헌]

39. 차액가맹금을 정의하면서 '적정한 도매가격'이라는 불확정 개념을 사용하고 있기는 하나, 심판대상조항의 문언적 의미, 입법목적과 취지 및 가맹사업법과 그 시행령의 관련조항 등을 종합하면, 자의적인 법해석 또는 집행을 할 가능성이 있다고 볼 수 없다. 따라서 심판대상조항은 명확성원칙을 위배하여 가맹본부 청구인들의 직업 수행의 자유를 침해한다고 볼 수 없다. (헌재 2021.10.28. 2019헌마288)[기각, 각하]

40. 공유물분할청구의 소에 있어서 법원이 경매에 의한 대금분할을 명할 수 있는 요건을 정한 민법 제269조 제2항이 헌법에 위반되지 아니한다. (헌재 2022.7.21. 2020헌바205)[합헌]

41. 대마를 수입한 자를 무기 또는 5년 이상의 징역에 처하도록 규정한 '마약류 관리에 관한 법률' 제58조 제1항 제5호 중 '대마를 수입한 자' 부분은 죄형법정주의의 명확성원칙에 반하지 않는다. (헌재 2022.3.31. 2019헌바242)

42. 민법에 따라 등기를 하지 아니한 경우라도 부동산을 사실상 취득한 경우 그 취득물건의 소유자 또는 양수인을 취득자로 보도록 한 구 지방세법 제7조 제2항 본문 중 '부동산의 사실상 취득'에 관한 부분은 과세요건 명확주의에 위배되지 않는다. (헌재 2022.3.31. 2019헌바107)

43. 조합 임원의 선출과 관련하여 후보자가 금품을 제공받는 행위를 금지하고 이에 위반한 경우 처벌하는 구 도시 및 주거환경정비법 제21조 제4항 제2호 중 '조합 임원의 선출과 관련하여 후보자가 금품을 제공받는 행위' 부분, 제84조의2 제3호 중 '제21조 제4항 제2호를 위반하여 조합 임원의 선출과 관련하여 금품을 제공받은 후보자' 부분에 대하여 헌법에 위반되지 않는다. (헌재 2022.10.27. 2019헌바324)[합헌]

44. 못된 장난 등으로 다른 사람, 단체 또는 공무수행 중인 자의 업무를 방해한 사람을 20만 원 이하의 벌금, 구류 또는 과료의 형으로 처벌하는 경범죄 처벌법제3조 제2항 제3호에 대한 심판청구를 기각한다는 결정을 선고하였다. (헌재 2022.11.24. 2021헌마426)[기각]

45. 의료기관의 장으로 하여금 보건복지부장관에게 비급여 진료비용에 관한 사항을 보고하도록 한 의료법 제45조의2 제1항 중 '비급여 진료비용'에 관한 부분 및 의원급 의료기관의 비급여 진료비용에 관한 현황조사·분석 결과를 공개하도록 한'비급여 진료비용 등의 공개에 관한 기준'제3조 중 '의료법 제3조 제2항 제1호에 따른 의료기관'의 '비급여 진료비용'에 관한 부분은 헌법에 위반되지 않는다. (헌재 2023.2.23. 2021헌마374)[기각, 각하]

46. 관세법상 반송의 의미를 정의하는 관세법 제2조 제3호 중 '국내에 도착한' 부분, 물품을 반송하려면 세관장에게 신고하도록 하는 관세법 제241조 제1항 중'반송'에 관한 부분, 미신고 반송행위를 처벌하는 관세법 제269조 제3항 제1호 중 '관세법 제241조 제1항에 따른 신고를 하지 아니하고 물품을 반송한 자'에 관한 부분, 반송물품원가 5억 원 이상의 미신고 반송행위를 가중처벌하는'특정범죄 가중처벌 등에 관한 법률'제6조 제3항 중 '관세법 제269조 제3항 제1호 가운데 제241조 제1항에 따른 신고를 하지 아니하고 물품을 반송한 자'에 관한 부분, 위와 같은 가중처벌 시에 반송물품원가에 따른 벌금을 필요적으로 병과하는 '특정범죄 가중처벌 등에 관한 법률'제6조 제6항 제3호 중'관세법 제269조 제3항 제1호 가운데 제241조 제1항에 따른 신고를 하지 아니하고 물품을 반송한 자'에 관한 부분은 헌법에 위반되지 않는다. (헌재 2023.6.29. 2020헌바177)[합헌]
이 사건 정의조항은 죄형법정주의의 명확성원칙에 위배되지 아니한다.

47. 전시·사변 등 국가비상사태에 있어서 전투에 종사하는 자에 대하여는 각령이 정하는 바에 의하여 전투근무수당을 지급하도록 한 구 군인보수법 제17조는 명확성원칙 및 평등원칙에 위반되지 않는다. (헌재 2023.8.31. 2020헌바594)[합헌]

48. '선량한 풍속 기타 사회질서에 위반한 사항을 내용으로 하는 법률행위'를 무효로 하는 민법 제103조는 명확성원칙에 위반되지 않아 헌법에 위반되지 않는다. (헌재 2023.9.26. 2020헌바552)[합헌]

5. 불리한 유추해석금지 원칙

❶ 개념

유추해석금지란 법적용자가 법률에 규정이 없는 사안에 관하여 유사한 사항의 다른 법조항을 적용해서 형사처벌하는 것을 금지한다는 원칙을 말한다.

❷ 헌법재판소

헌법재판소는 재정신청에 대한 공소시효정지를 규정하고 있는 형사소송법 제260조의2의 규정을 헌법소원심판에 유추적용할 수 있는지에 대하여 부정한다.

> **➡ 관련판례**
>
> 벌칙적용 등에 있어서 공무원으로 의제하는 법률조항이 없음에도 국가 또는 지방자치단체 및 이에 준하는 공법인의 사무에 종사한다는 이유만으로 이 사건 법률조항의 '공무원'에 해당한다고 보는 위와 같은 법원의 기존의 해석·적용은, 죄형법정주의의 원칙에 위배되는 것이다. 즉, 국민에게 형사처벌을 부과하는 법률조항의 경우는 죄형법정주의의 원칙상 엄격하게 해석·적용을 해야 하는 것이고, 아무리 처벌의 필요성이 있다고 하더라도 명문의 처벌규정이나 명문의 공무원 의제규정이 없는 이상 처벌의 필요성만을 강조하여 구성요건을 확대해석하거나 유추적용하는 것은 죄형법정주의에서 요구되는 '명확성의 원칙'과 '유추해석금지의 원칙'에 정면으로 반하는 것이다.(헌재 2012.12.27. 2011헌바117) [16법원직]

02. 일사부재리의 원칙(이중처벌금지원칙)

1 의의

일사부재리의 원칙이란 형사판결이 확정되어서 기판력이 발생하면 동일한 사건에 대하여 거듭 심판할 수 없다는 원칙을 말한다.

2 성격

일사부재리는 실체판결의 실체적 확정력의 문제이다. 따라서 일사부재리의 원칙은 기판력이 인정되지않는 공소기각판결이나, 관할위반의 판결에는 인정되지 않는다. 그러나 면소판결에는 인정된다.(면소판결의 법적 성격을 실체관계적 형식재판으로 보기 때문이다)

3 헌법적 근거

헌법 제13조 제1항 후단은 "동일한 범죄에 대해 거듭 처벌받지 아니한다"라고 하여 일사부재리의 원칙(이중처벌금지의 원칙)을 규정하고 있다. 이때의 처벌은 국가의 형벌권실행을 말하므로 국가에 의한 일체의 제재나 불이익처분이 여기에 포함된다고 할 수는 없다. [10사시 등]

4 판례

형벌과 과태료의 병과, 형벌과 과징금의 병과에 대해 헌법재판소는 모두 일사부재리 원칙에 위배되지 않는다고 판시하였다. [09지방7급] 한편 최근 개인정보 보호법에서 개인정보의 유출에 대해 과태료와 과징금을 병과할 수 없다고 규정하고 있다.

> **➡ 관련판례**
>
> 1. 형벌과 행정처분의 병과는 가능하다.(헌재 2003.7.24. 2001헌가25)[합헌]
> 2. 군무이탈의 공소시효가 완성되어도 복귀명령위반죄로 처벌하는 것은 합헌이다.(헌재 1995.5.25. 91헌바20)[합헌]
> 3. 공무원이 퇴직 후 반국가범죄를 범한 경우 퇴직급여의 일부를 환수하는 공무원연금법 규정(헌재 2002.7.18. 2000헌바57)[한정위헌] [20변호사]
>   (1) 헌법 제13조 제1항 후단에 규정된 일사부재리 또는 이중처벌금지의 원칙에 있어서 처벌이라고 함은 원칙적으로 범죄에 대한 국가의 형벌권 실행으로서의 과벌을 의미하는 것이고 국가가 행하는 일체의 제재나 불이익처분이 모두 그에 포함된다고는 할 수 없으므로 이 사건 법률조항에 의하여 급여를 제한한다고 하더라도 그것이 헌법이 금하고 있는 이중적인 처벌에 해당하는 것은 아니라고 할 것이다.
>   (2) 퇴직급여를 환수하는 범죄가 '재직 중의 사유'만인지 '퇴직 후의 사유'도 해당되는지에 관하여 일체의 언급이 없이 해당 범죄의 종류만을 열거하고 있다. 이러한 법문상의 표현은 입법의 결함이라고 할 것이고, 이로 인하여 대립적 해석을 낳고 있는바, 이러한 불명확한 규정에 의하여 '퇴직 후의 사유'를 급여제한의 사유에 해당하는 것으로 본다면, 이는 법규정이 불명확하여 법집행당국의 자의적인 법해석과 집행을 가능하게 하는 것으로서 헌법상의 명확성의 원칙에 어긋나는 조항이라 하겠다.
>   (3) 이 사건 법률조항에 의한 급여제한의 사유가 퇴직 후에 범한 죄에도 적용되는 것으로 보는 것은, 입법목적을 달성하기 위한 방법의 적정성을 결하고, 공무원이었던 사람에게 입법목적에 비추어 과도한 피해를 주어 법익균형성을 잃는 것으로서 과잉금지의 원칙에 위배하여 재산권의 본질적 내용을 침해하는 것으로 헌법에 위반된다 할 것이다.
>   [20변호사]
> 4. 피치료감호자에 대한 치료감호가 가종료되었을 때 필요적으로 3년간의 보호관찰이 시작되도록 규정하고 있는 치료감호법 규정은 거듭처벌금지원칙에 반하지 않는다.(헌재 2012.12.27. 2011헌마285)
> 5. 공무원의 징계 사유가 공금 횡령인 경우에는 해당 징계 외에 공금 횡령액의 5배 내의 징계부가금을 부과하도록 한 지방공무원법 제69조의2 제1항 중 '공금의 횡령'에 관한 부분은 이중처벌금지원칙에 위배되지 않고 무죄추정원칙에도 위배되지 않으며 과잉금지원칙에도 위배되지 않는다.(헌재 2015.2.26. 2012헌바435)
> 6. 외국에서 형의 전부 또는 일부의 집행을 받은 자에 대하여 형을 감경 또는 면제할 수 있도록 규정한 형법 제7조는 이중처벌금지원칙에 위배되지 않지만, 신체의 자유를 침해한다.(헌재 2015.5.28. 2013헌바129)[헌법불합치(잠정적용)]
> [20법무사, 19변호사]

◢ OX 연습

1. 자기책임의 원리는 인간의 자유와 유책성, 그리고 인간의 존엄성을 진지하게 반영한 원리로서 헌법 제10조의 취지로부터 도출되는 것이지, 법치주의에 내재하는 원리는 아니다. [22변호사]

7. 국가보안법의 죄에 관하여 유기징역형을 선고할 때에 그 형의 장기 이하의 자격정지를 병과할 수 있도록 정한 국가보안법 제14조 중 찬양·고무·선전 또는 이에 동조할 목적으로 문서·도화 기타의 표현물을 소지·반포한 자'에 관한 부분은 이중처벌금지원칙에 위반되지 않는다.(헌재 2018.3.29. 2016헌바361)
8. 집행유예 실효사유에 관하여 규정하고 있는 형법 제63조는 청구인의 기본권을 침해하지 않는다.(헌재 2020.6.25. 2019헌마192)[기각]
   집행유예가 실효되는 경우에 부활되는 본형은 이미 판결이 확정된 동일한 사건에 대하여 다시 심판한 결과 새로이 부과되는 것이 아니라 집행유예에 본래부터 내재되어 있던 효과가 발생한 것에 불과하고 동일한 범죄행위에 대하여 국가가 형벌권을 거듭 행사하도록 하는 것이 아니므로, 이중처벌금지원칙은 문제되지 않는다.

03. 연좌제 금지(제8차 개헌)

1 의의

헌법 제13조 제3항은 "모든 국민은 자기의 행위가 아닌 친족의 행위로 인하여 불이익한 처우를 받지 아니한다"라고 하여 자기책임의 원칙과 형사책임개별화원칙에 반하는 연좌제를 금지하고 있다.

2 내용

1. 불이익한 처우의 개념

불이익한 처우란 모든 영역에 있어서 「국가기관에 의한 모든 불이익한 대우」를 말하므로 금지대상은 형벌뿐만 아니라 국가로부터의 어떠한 불이익도 포함된다.

2. 범위

친족만이 아니라 모든 타인의 행위로 인한 불이익한 처우를 금지하라는 뜻이다.

> ☑ 관련판례
>
> 1. 반국가행위자의처벌에관한특별조치법에 의한 재산몰수는 연좌제 금지원칙에 반한다.(헌재 1996.1.25. 95헌가5)[위헌]
>   "…친족의 재산까지도 검사가 적시하기만 하면 증거조사 없이 몰수형이 선고되게 되어 있으므로, 헌법 제13조 제3항에서 금지한 연좌제에 해당될 소지도 크다"라며 위헌결정을 내렸다.
> 2. 배우자의 선거범죄로 인한 당선무효는 헌법에 위반되지 않는다.(헌재 2005.12.22. 2005헌마19)[기각]
>   후보자와 불가분의 선거운명공동체를 형성하여 활동하게 마련인 배우자의 실질적 지위와 역할을 근거로 후보자에게 연대책임을 부여한 것이므로 헌법 제13조 제3항에서 금지하고 있는 연좌제에 해당하지 아니한다.
> 3. 대법원은 선거사무장의 선거범죄로 인한 당선무효에 대해서 연좌제에 해당하지 않는다고 판시하였다.

Answer

1. × 헌재 2004.6.24. 2002헌가27

4. 회계책임자의 선거범죄로 인한 당선무효 사건(헌재 2010.3.25. 2009헌마170)[기각]
5. 국회의원과 일정한 친족관계에 있는 자의 주식매각 또는 백지신탁은 연좌제 금지원칙에 반하지 않는다.(헌재 2012.8.23. 2010헌가65)

Ⅱ 신체의 자유의 절차적 보장(주로 영미법에서 유래)

01. 적법절차의 원칙(제9차 개헌)

1 적법절차의 의의

적법절차란 입법·행정·사법 등 모든 국가작용은 그 절차가 법률로써 규정되어야 한다는 절차적 공정과 함께 국가작용의 발동근거가 되는 법률의 실체적 내용도 공정성·합리성·정당성을 갖추어야 함을 의미한다.

2 적법절차의 연혁

1. 경과

적법절차의 원리(due process of law)는 1215년 영국의 대헌장(Magna Charta)에 규정되었다. 그 후 권리청원을 거쳐 미연방헌법 수정 제5조와 제14조 제1항에 규정되게 되었고 이것이 제2차 세계대전 이후 세계적으로 영향을 미친 것이다. [18법원직]

* 적법절차원리는 창설적 규정이 아니라 주의적 규정이다. 즉, 헌법규정을 기다릴 것 없이 법치국가의 당연한 원리를 강조하고 주의를 불러 일으키기 위한 것에 불과하다.(헌재 1989.9.29. 89헌가86)
* 영미법은 주로 절차적 보장, 대륙법계는 실체적 보장을 강조한다.
* 현행헌법은 적법절차원리를 신체의 자유를 보장하는 조항(제12조)에 규정하고 있다.

2. 형사절차에서 모든 국가작용으로

적법절차원리는 처음에는 형사절차상의 적정에 관한 문제였지만, 모든 공권력의 적정의 문제와 실체법의 적정문제로 발전하였고(절차적 적법절차에서 실체적 적법절차까지 포함하는 개념으로 발전하였고), 미연방헌법에서 각 주의 헌법으로 수용되는 형태를 보였다.

3 「적법절차」조항의 내용

「절차」란 원래 권리의 실질적 내용을 실현하기 위해 채택되어야 할 수단적·기술적 순서나 방법을 말하지만, 여기에서는 특히 고지·청문·변명 등 방어기회의 제공절차를 말한다. 절차의 적법성뿐만 아니라 절차의 적정성까지 보장되어야 한다는 뜻으로 이해되어야 한다.

4 적법절차조항의 적용범위

헌법재판소도 적법절차의 범위에 대하여 절차적 적법절차와 동시에 실체적 적법절차의 개념으로 해석하고 있다.(헌재 1994.12.29. 94헌마201)

1. 형사절차

▶ 관련판례

1. 지문채취는 적법절차에 위배되지 않는다.(헌재 2004.9.23. 2002헌가17) [합헌]
2. 사법경찰관인 피청구인이 위험발생의 염려가 없음에도 불구하고 사건종결 전에 압수물을 폐기한 행위는 적법절차의 원칙에 반하고, 공정한 재판을 받을 권리를 침해하였다.(헌재 2012.12.27. 2011헌마351) [13국가7급]
3. 징계시효 연장을 규정하면서 징계절차를 진행하지 아니함을 통보하지 아니한 경우에는 징계시효가 연장되지 않는다는 예외규정을 두지 아니한 구 지방공무원법 제73조의2 제2항 중 제73조 제2항에 관한 부분은 적법절차원칙에 위배되지 아니한다.(헌재 2017.6.29. 2015헌바29) [23경찰승진, 19국회8급]
4. 대통령이 더불어민주당과 국민의당에 특별검사 후보자추천을 의뢰하고, 두 정당이 합의하여 15년 이상 판사 또는 검사의 직에 있었던 변호사 중에서 특별검사후보자 2명을 추천하도록 규정한 '박근혜 정부의 최순실 등 민간인에 의한 국정농단 의혹 사건 규명을 위한 특별검사의 임명 등에 관한 법률' 제3조 제2항, 제3항은 적법절차원칙에 위반되지 아니한다.(헌재 2019.2.28. 2017헌바196)[합헌]
5. 특정공무원범죄의 범인에 대한 추징판결을 범인 외의 자가 그 정황을 알면서 취득한 불법재산 및 그로부터 유래한 재산에 대하여 그 범인 외의 자를 상대로 집행할 수 있도록 한 '공무원범죄에 관한 몰수 특례법' 제9조의2는 헌법에 위반되지 않는다.(헌재 2020.2.27. 2015헌가4)[합헌]
   확정된 형사판결의 집행에 관한 절차를 어떻게 정할 것인지는 입법자의 입법형성권에 속하는 사항이므로, 심판대상조항에 따라 추징판결을 집행함에 있어서 형사소송절차와 같은 엄격한 절차가 요구된다고 보기는 어렵다. 따라서 심판대상조항은 적법절차원칙에 위배된다고 볼 수 없다.

2. 행정절차

❶ 일사부재리와는 달리 적법절차에서의 처벌이란 반드시 형사상 처벌만이 아니라 「본인에게 불이익이 되는 일체의 제재」를 의미한다. 오늘날의 행정국가화의 경향으로 행정권에 의한 국민의 기본권침해가 상당한 현실을 감안할 때 행정절차에도 적용된다. [15법원직, 09법무사 등]

▶ 관련판례

공소제기된 변호사에 대한 업무정지처분을 법무부장관의 일방적 명령에 의하는 것은 적법절차에 위배된다.(헌재 1990.11.19. 90헌가48)[위헌]
법무부장관의 일방적 명령에 의하여 변호사 업무를 정지시키는 것은 당해 변호사가 자기에게 유리한 사실을 진술하거나 필요한 증거를 제출할 수 있는 청문의 기회가 보장되지 아니하여 적법절차를 존중하지 아니한 것이 된다.

❷ 적법절차원칙은 국가기관과 국민의 관계에서 적용되는 것이고 국가기관에 대한 탄핵소추의 절차에는 적용되지 아니한다. [19·09지방7급, 18법원직 등]

❸ 선거관리위원회의 선거중립준수요청 조치에는 적법절차원칙이 적용
　 되지 아니한다.

> **▶ 관련판례**
>
> 선거관리위원회의 의결에 대해서는 적법절차원칙이 적용되지 않는다.(헌재 2008.
> 1.17. 2007헌마700)[기각]

3. 입법절차

⬡ 입법절차에 있어서 적법절차의 적용

국회와 국민의 관계	적법절차가 적용되지 않는다.
국회 내부절차	적법절차가 적용된다.(날치기하면 안 된다는 의미) [15법원직]

> **▶ 관련판례**
>
> 국회가 행정중심복합도시건설을 위한 특별법을 제정하면서 국민의 의견을 청취하
> 지 않은 것은 적법절차의 원칙에서 파생되는 청문권을 침해하지 않는다.(헌재
> 2005.11.24. 2005헌마579)[각하] [15법원직]

> **▶ 관련판례**
>
> 1. 지방자치단체의 폐치·분합에 관한 사항에 대한 법률의 제정과정에서 주민투
>   표를 실시하지 아니하였다 하여 적법절차원칙을 위반하였다고 할 수 없다.(헌
>   재 1994.12.29. 94헌마201) [05사시]
> 2. 제주도를 중층구조에서 단층구조로 변경하는 것은 헌법에 위반되지 않는다.
>   (헌재 2006.4.27. 2005헌마1190)[기각] [11지방7급]
> 3. 러·일전쟁 개전시부터 1945년 8월 15일까지 친일반민족행위자가 취득한 재
>   산을 친일행위의 대가로 취득한 재산으로 추정하는 친일재산귀속법 제2조 제2
>   호 후문은 재판청구권을 침해하지 아니하고 적법절차원칙에 반하지 아니한
>   다.(헌재 2011.3.31. 2008헌바141) − 기타 평등권과 재산권, 연좌제금지원
>   칙에 반하지 않는다고 본 사례
> 4. 적법절차원칙은 <u>기본권 제한과 관련되든 관련되지 않든 모든 입법작용 및 행
>   정작용에도 광범위하게 적용되므로</u> 헌법 제37조 제2항의 과잉금지원칙과는
>   구별된다.(헌재 1992.12.24. 92헌가8) [23국가7급, 13국회8급·국가7급]
>   현행 헌법이 명문화하고 있는 적법절차의 원칙은 단순히 입법권의 유보
>   제한이라는 한정적인 의미에 그치는 것이 아니라 모든 국가작용을 지배
>   하는 독자적인 헌법의 기본원리로서 해석되어야 할 원칙이라는 점에서
>   입법권의 유보적 한계를 선언하는 <u>과잉입법금지의 원칙과는 구별된다</u>고
>   할 것이다. − 법률유보원칙은 기본권 제한과 관련되는 경우에 적용된다.

◢ OX 연습

1. 범칙금 통고처분을 받고도 납부기간 이내에 범칙금을 납부하지 아니한 사람에 대하여 행정청에 대한 이의제기나 의견진술 등의 기회를 주지 않고 경찰서장이 곧바로 즉결심판을 청구하도록 한 구 「도로교통법」 조항은 적법절차원칙에 위배된다. [16지방7급]

5. 행정상 즉시강제(불법게임물 강제수거)에는 영장주의와 적법절차원칙이 적용되지 않는다.(헌재 2002.10.31. 2000헌가12)[합헌] [08국가7급 등]

6. 치료감호와 적법절차원칙(헌재 2010.4.29. 2008헌마622)[기각] [14법원직] '피고인 스스로 치료감호를 청구할 수 있는 권리'가 헌법상 재판청구권의 보호범위에 포함된다고 보기는 어렵고, 검사뿐만 아니라 피고인에게까지 치료감호 청구권을 주어야만 절차의 적법성이 담보되는 것도 아니므로, 이 사건 법률조항이 청구인의 재판청구권을 침해하거나 적법절차의 원칙에 반한다고 볼 수 없다. − 기타 평등권, 보건에 관한 권리를 침해한다고 볼 수 없다.

7. 자유형(징역, 금고를 말한다) 형기의 '연월'을 역수에 따라 계산하도록 하면서 윤달이 있는 해에 형집행 대상이 되는 경우에 관하여 형기를 감하여 주는 보완규정을 두지 않은 형법 제83조는 과잉금지원칙에 위반하여 신체의 자유를 침해하지 않는다.(헌재 2013.5.30. 2011헌마861) [19국회8급]

8. 모의총포를 '소지'한 경우에 형사처벌하는 것은 헌법에 위반되지 아니한다.(헌재 2013.6.27. 2012헌바273) [20국가7급]

9. 범칙금 통고처분을 받고도 납부기간 이내에 범칙금을 납부하지 아니한 사람에 대하여 행정청에 대한 이의제기나 의견진술 등의 기회를 주지 않고 경찰서장이 곧바로 즉결심판을 청구하도록 한 구 도로교통법 제165조 제1항 본문 제2호는 적법절차원칙에 위배되지 않는다.(헌재 2014.8.28. 2012헌바433) − 통고처분은 헌법소원의 대상이 아니고 항고소송의 대상도 아니다.

10. 교도소장이 징벌혐의의 조사를 위하여 14일간 청구인을 조사실에 분리수용하고 공동행사참가 등 처우를 제한한 행위는 적법절차원칙에 위반되지 않는다.(헌재 2014.9.25. 2012헌마523) [15국가7급]

11. 민사집행법상 재산명시의무를 위반한 채무자에 대하여 법원이 결정으로 20일 이내의 감치에 처하도록 규정한 민사집행법 제68조 제1항은 청구인의 신체의 자유를 침해하지 않는다.(헌재 2014.9.25. 2013헌마11) [23 입시]

12. 사회보호법 부칙 제2조가 사회보호법을 폐지하면서 그 전에 이미 판결이 확정된 보호감호를 종전의 사회보호법에 따라 집행하도록 한 것은 이중처벌금지원칙이나 과잉금지원칙, 평등원칙에 위배되지 아니하고, 보호감호의 관리와 집행에 관한 사항을 치료감호심의위원회가 결정하도록 한 것이 법관의 재판을 받을 권리를 침해하거나 적법절차에 위배되지 아니하여, 청구인의 신체의 자유 등 기본권을 침해하지 아니하고, 헌법에 위반되지 않는다.(헌재 2015.9.24. 2014헌바222)

13. 강제퇴거명령을 받은 사람을 보호할 수 있도록 하면서 보호기간의 상한을 마련하지 아니한 출입국관리법 제63조 제1항은 과잉금지원칙 및 적법절차원칙에 위배되어 피보호자의 신체의 자유를 침해하는 것으로, 헌법에 합치되지 아니한다.(헌재 2023.3.23. 2020헌가1)[잠정적용 헌법불합치] [23국회8급]

   [1] 입법목적의 정당성과 수단의 적합성은 인정된다. 그러나 보호기간의 상한을 두지 아니함으로써 강제퇴거대상자를 무기한 보호하는 것을 가능하게 하는 것은 보호의 일시적·잠정적 강제조치로서의 한계를 벗어나는 것이라는 점, … 등을 고려하면, 심판대상조항은 침해의 최소성과 법익균형성을 충족하지 못한다. 따라서 심판대상조항은 과잉금지원칙을 위반하여 피보호자의 신체의 자유를 침해한다.

Answer

1. × 헌재 2014.8.28. 2012헌바433

[2] 심판대상조항에 따른 보호명령을 발령하기 전에 당사자에게 의견을 제출할 수 있는 절차적 기회가 마련되어 있지 아니하다. 따라서 심판대상조항은 적법절차원칙에 위배되어 피보호자의 신체의 자유를 침해한다.

14. 병에 대한 징계처분으로 일정기간 부대나 함정 내의 영창, 그 밖의 구금장소에 감금하는 영창처분이 가능하도록 규정한 구 군인사법 제57조 제2항 중 '영창'에 관한 부분은 헌법에 위반된다.(헌재 2020.9.24. 2017헌바157)[위헌]

심판대상조항은 병의 복무규율 준수를 강화하고, 복무기강을 엄정히 하기 위하여 제정된 것으로, 군의 지휘명령체계의 확립과 전투력 제고를 목적으로 하는바, 그 입법목적은 정당하고, 심판대상조항은 병에 대하여 강력한 위하력을 발휘하는바, 수단의 적합성도 인정된다. … 심판대상조항은 침해의 최소성 원칙에 어긋난다. [22경찰2차]

15. 수사기관 등에 의한 통신자료 제공요청 사건(헌재 2022.7.21. 2016헌마388)
[23 경찰 1차]

전기통신사업법 제83조 제3항 중'검사 또는 수사관서의 장, 정보수사기관의 장의 수사, 형의 집행 또는 국가안전보장에 대한 위해 방지를 위한 정보수집을 위한 통신자료 제공요청'에 관한 부분에 대하여는 사후통지절차를 마련하지 않은 것이 적법절차원칙에 위배된다는 이유로 2023.12.31.을 시한으로 입법자가 개정할 때까지 계속 적용을 명하는 헌법불합치 결정을 선고하였다. [헌법불합치]

가. 영장주의 위배 여부 – 위배 ×

헌법상 영장주의는 체포·구속·압수·수색 등 기본권을 제한하는 강제처분에 적용되므로, 강제력이 개입되지 않은 임의수사에 해당하는 수사기관 등의 통신자료 취득에는 영장주의가 적용되지 않는다.

나. 명확성원칙 위배 여부 – 위배 ×

청구인들은 이 사건 법률조항 중 '국가안전보장에 대한 위해'의 의미가 불분명하다고 주장한다. 그런데 '국가안전보장에 대한 위해를 방지하기 위한 정보수집'은 국가의 존립이나 헌법의 기본질서에 대한 위험을 방지하기 위한 목적을 달성함에 있어 요구되는 최소한의 범위 내에서의 정보수집을 의미하는 것으로 해석되므로, 명확성원칙에 위배되지 않는다.

다. 과잉금지원칙 위배 여부 – 위배 ×

전기통신사업법은 통신자료 제공요청 방법이나 통신자료 제공현황 보고에 관한 규정 등을 두어 통신자료가 수사 등 정보수집의 목적달성에 필요한 최소한의 범위 내에서 이루어지도록 하고 있다. 따라서 침해의 최소성 및 법익균형성에 위배되지 않는다.

라. 적법절차원칙 위배 여부 – 위배 ○

이 사건 법률조항은 통신자료 취득에 대한 사후통지절차를 두지 않아 적법절차원칙에 위배되어 개인정보자기결정권을 침해한다.

전경에 대한 영창	• 영장주의 적용되지 않음 • 적법절차는 적용되지만 위반되지 않음
병에 대한 영창	• 법정의견은 영장주의가 적용되지 않음. 소수의견은 영장주의 적용됨 • 침해의 최소성 위반으로 위헌

02. 영장주의

◈ 영장주의의 적용대상

영장주의의 적용대상인 경우	영장주의의 적용대상이 아닌 경우
신체에 대한 물리적·직접적 강제력의 행사	신체에 대한 심리적·간접적 강제
지방의회의장이 동행명령장을 발부하고 불응시 강제구인(물리적·직접적)을 하는 것은 영장주의 위반이다.	국회에서 증인에 대한 동행명령장을 발부하고 불응시 국회 모독죄로 형사고발(심리적·간접적)하는 것은 영장주의의 문제가 아니다.

☐ 영장주의의 의의

1. 개념

영장주의란 수사기관이 형사절차에서 체포·구속·압수·수색 등 강제처분을 할 때는 법관이 발부한 영장에 의하도록 하는 제도를 말한다.(헌법 제12조 제3항) 이때의 영장은 원칙적으로 사전영장을 말하는 것이다. [19법원직]

2. 영장신청의 주체 및 영장발부의 주체

❶ 수사단계에서 영장신청의 주체는 검사로 한정된다. 사법경찰관은 검사에게 법원에 영장을 신청하여 줄 것을 청구할 수 있다.

❷ 영장의 발부는 법관만 할 수 있다. 공판단계에서 검사의 신청없이 법원이 직권으로 영장을 발부할 수 있도록(직권구속) 규정한 형사소송법 규정은 헌법에 위반되지 아니한다.(헌재 1997.3.27. 96헌바28) [15국회8급]

❸ 검사의 신청에 대한 영장의 발부는 허가장의 성격을 직권에 의한 발부는 명령장의 성격을 가진다. [08국가7급 등]

> **▶ 관련판례**
>
> 1. 법원의 직권에 의한 구속영장발부(헌재 1997.3.27. 96헌바28)[기각] [08국가7급]
>   헌법 제12조 제3항이 영장의 발부에 관하여 "검사의 신청"에 의할 것을 규정한 취지는 모든 영장의 발부에 검사의 신청이 필요하다는 데에 있는 것이 아니라 수사단계에서 영장의 발부를 신청할 수 있는 자를 검사로 한정함으로써 검사 아닌 다른 수사기관의 영장신청에서 오는 인권유린의 폐해를 방지하고자 함에 있으므로, 공판단계에서 법원이 직권에 의하여 구속영장을 발부할 수 있음을 규정한 형사소송법 제70조 제1항 및 제73조 중"피고인을 … 구인 또는 구금함에는 구속영장을 발부하여야 한다"는 부분은 헌법 제12조 제3항에 위반되지 아니한다.
> 2. 헌법에 규정된 영장신청권자로서의 검사는 검찰권을 행사하는 국가기관인 검사로서 공익의 대표자이자 수사단계에서의 인권옹호기관으로서의 지위에서 그에 부합하는 직무를 수행하는 자를 의미하는 것이지, 검찰청법상 검사만을 지칭하는 것으로 보기 어렵다.(헌재 2021.1.28. 2020헌마264)[각하, 기각] [23변호사]
>   수사처의 권한 행사에 대해서는 여러 기관으로부터의 통제가 이루어질 수 있으므로, 단순히 수사처가 독립된 형태로 설치되었다는 이유만으로 권력분립원칙에 위반된다고 볼 수 없다.

3. 각급선거관리위원회 위원 직원의 선거범죄 조사에 있어서 피조사자에게 자료 제출의무를 부과하는 「공직선거법」 조항에 의한 자료제출요구는 행정조사의 성격을 가지는 것으로 수사기관의 수사와 근본적으로 그 성격을 달리하며, 청구인에 대하여 직접적으로 어떠한 물리적 강제력을 행사하는 강제처분을 수반하는 것이 아니므로 영장주의의 적용대상이 아니다. (헌재 2019.9.26. 2016헌바381) [22국가7급]

4. 검사의 수사권 축소 등에 관한 권한쟁의 사건

이 사건 법률개정행위는 검사의 수사권 및 소추권을 조정·배분하는 내용을 담고 있으므로, 문제된 수사권 및 소추권이 검사의 '헌법상 권한'인지 아니면 '법률상 권한'인지 문제된다.

헌법 제66조 제4항은 "행정권은 대통령을 수반으로 하는 정부에 속한다."라고 규정하는데, 여기에서의 '정부'란 입법부와 사법부에 대응하는 개념으로서의 행정부를 의미한다. 수사 및 소추는 원칙적으로 입법권·사법권에 포함되지 않는 국가기능으로 우리 헌법상 본질적으로 행정에 속하는 사무이므로, 특별한 사정이 없는 한 입법부·사법부가 아닌 '대통령을 수반으로 하는 행정부'에 부여된 '헌법상 권한'이다. 그러나 수사권 및 소추권이 행정부 중 어느 '특정 국가기관'에 전속적으로 부여된 것으로 해석할 헌법상 근거는 없다. (헌재 2023.3.23. 2022헌라4)[각하]

역사적으로 형사절차가 규문주의에서 탄핵주의로 이행되어 온 과정을 고려할 때, 직접 수사권을 행사하는 수사기관이 자신의 수사대상에 대한 영장신청 여부를 스스로 결정하도록 하는 것은 객관성을 담보하기 어려운 구조라는 점도 부인하기 어렵다. 이에 영장신청의 신속성·효율성 증진의 측면이 아니라, 법률전문가이자 인권옹호기관인 검사로 하여금 제3자의 입장에서 수사기관의 강제수사 남용 가능성을 통제하도록 하는 취지에서 영장신청권이 헌법에 도입된 것으로 해석되므로, 헌법상 검사의 영장신청권 조항에서 '헌법상 검사의 수사권'까지 논리필연적으로 도출된다고 보기 어렵다.

> **체크포인트**
> • 「출입국관리법」 제4조 제1항 제1호에 따른 乙의 출국금지결정은 형사재판에 계속 중인 甲의 출국의 자유를 제한하는 행정처분일 뿐이고, 영장주의가 적용되는 신체에 대하여 직접적으로 물리적 강제력을 수반하는 강제처분이라고 할 수는 없다. [17변호사]
> • 헌법은 주거에 대한 압수나 수색 또는 통신제한조치를 할 때는 검사의 신청에 의하여 법관이 발부한 영장을 제시하도록 명시하고 있다. (×) [15국회 8급] ⇨ 헌법은 주거에 대한 압수나 수색에는 영장을 규정하고 있으나, 통신제한 조치를 할 때의 영장은 헌법이 아니라 통신비밀보호법에서 규정하고 있다.

3. 적용범위(구속의 개시와 계속)

영장제도는 구속의 개시뿐만 아니라 구속영장의 효력을 계속 유지할 것인지 아니면 취소 또는 실효시킬 것인지의 여부도 법관의 판단에 의하여만 결정되도록 하려는 것이다.

◢ OX 연습

1. 지방의회에서의 사무감사·조사를 위한 증인의 동행장명령장제도는 증인의 신체의 자유를 억압하여 일정 장소로 인치하는 것으로서 헌법 제12조 제3항의 체포 또는 구속에 준하는 사태로 보아야 하므로, 이를 실행하기 위하여는 법관이 발부한 영장의 제시가 있어야 한다.
[20법무사]

▶ 관련판례

1. 구속영장의 효력을 검사의 의견에 좌우되도록 하는 것은 적법절차와 영장주의에 위배된다.(헌재 1992.12.24. 92헌가8)[위헌]
   헌법재판소는 검사가 10년 이상 구형한 경우에는 법원의 무죄판결에도 불구하고 구속영장의 효력을 지속하도록 한 형사소송법 제331조 단서는 적법절차 외에 영장주의에도 위배된다며 위헌결정을 내렸다.
2. 보석허가결정에 대한 검사의 즉시항고는 영장주의에 위반된다.(헌재 1993.12.23. 93헌가2)[위헌] [20·18변호사, 19국가7급]
   보석허가결정에 대하여 검사의 즉시항고를 허용하여 항고심까지 그 집행이 정지되도록 하는 것은 영장주의에 위배된다.
3. 법원의 구속집행정지결정에 대하여 검사가 즉시항고할 수 있도록 한 형사소송법 제101조 제3항은 헌법상 영장주의 및 적법절차원칙에 위배된다.(헌재 2012.6.27. 2011헌가36) [19법원직]

🔖 참고

집행유예시 즉시석방하지 않고 구치소를 들린 다음 석방하는 것은 헌법에 위반된다.

▶ 관련판례

영장주의 위반 사례
1. 지방의회의장의 동행명령장제도에 증인을 일정 장소에 인치하도록 하는 것은 영장주의에 위반된다.(대판 1995.6.30. 93추83) [06사시]
2. 이명박 특검법의 동행명령제(헌재 2008.1.10. 2007헌마1468)[위헌]
   (1) 재판관 5인 의견: 참고인에 대한 동행명령제도는 참고인의 신체의 자유를 사실상 억압하여 일정 장소로 인치하는 것과 실질적으로 같으므로 헌법 제12조 제3항이 정한 영장주의원칙이 적용되어야 한다. 그럼에도 불구하고 법관이 아닌 특별검사가 동행명령장을 발부하도록 하고 정당한 사유 없이 이를 거부한 경우 벌금형에 처하도록 함으로써, 실질적으로는 참고인의 신체의 자유를 침해하여 지정된 장소에 인치하는 것과 마찬가지의 결과가 나타나도록 규정한 이 사건 동행명령조항은 영장주의원칙을 규정한 헌법 제12조 제3항에 위반되거나 적어도 위 헌법상 원칙을 잠탈하는 것이다. [16서울7급]
   (2) 재판관 2인 의견: 출석의무의 이행을 심리적·간접적으로 강제하는 것이어서, 영장주의의 적용대상이 될 수 없다. 따라서 이 사건 동행명령조항은 영장주의에 위반된다고 볼 수 없다. 그러나 이 사건 동행명령조항은 정당한 사유 없이 동행명령을 거부한 자를 형사처벌하도록 규정함으로써 침해의 최소성에 반하여 청구인들의 신체의 자유를 침해하였다. [16서울7급]
3. 국가보안법위반죄 등 일부 범죄혐의자를 법관의 영장 없이 구속, 압수, 수색할 수 있도록 규정하고 있던 구 인신구속 등에 관한 임시 특례법 제2조 제1항은 영장주의에 위배된다.(헌재 2012.12.27. 2011헌가5)

Answer

1. ○ 대판 1995.6.30. 93추83

이 사건 법률조항은 헌법이 정한 계엄선포시 영장주의에 관한 '특별한 조치'로서 정당화될 수 없다.

영장주의 위반이 아닌 사례

1. 음주측정불응에 음주측정불응죄를 적용하여도 영장주의 위반은 아니다.(헌재 1997.3.27. 96헌가11)[합헌] [16서울7급, 08국가7급]
2. 마약류 수용자에 대한 소변채취는 영장주의의 적용대상이 아니다.(헌재 2006. 7.27. 2005헌마277)[기각] [16서울7급, 15국회8급]
   (1) 교도소 수형자에게 소변을 받아 제출하게 한 것은 <u>권력적 사실행위로서 헌법재판소법 제68조 제1항의 공권력의 행사에 해당한다.</u>
   (2) 청구인이 출소하여 소변채취의 침해행위가 종료되었다고 하더라도, 마약류 수형자에 대한 정기적인 소변채취는 현재 및 <u>앞으로 계속하여 반복적으로 행하여질 것이므로</u>, 헌법적으로 그 해명이 중대한 의미를 가지고 있어 <u>심판청구의 이익을 인정할 수 있다.</u>
   (3) 헌법 제12조 제3항의 영장주의는 법관이 발부한 영장에 의하지 아니하고는 수사에 필요한 강제처분을 하지 못한다는 원칙으로 <u>소변을 받아 제출하도록 한 것은</u> 교도소의 안전과 질서유지를 위한 것으로 수사에 필요한 처분이 아닐 뿐만 아니라 <u>검사대상자들의 협력이 필수적이어서 강제처분이라고 할 수도 없어 영장주의의 원칙이 적용되지 않는다.</u>
3. 범죄피의자의 신원을 확인할 수 없을 때 지문채취를 정당한 이유없이 거부하는 자를 형사처벌하는 것은 영장주의의 적용대상이 아니다.(헌재 2004.9.23. 2002헌가17)[합헌]
4. 현행범인은 누구든지 영장 없이 체포할 수 있도록 규정한 형사소송법 제212조와 구속영장의 청구 시한에 관한 규정을 현행범인 체포에 준용하도록 규정한 같은 법 제213조의2 등은 영장주의에 위반되지 않는다.(헌재 2012.5.31. 2010헌마672)
5. 디엔에이감식시료 채취 대상범죄에 대하여 형의 선고를 받아 확정된 사람으로부터 디엔에이감식시료를 채취할 수 있도록 규정한 이 사건 법률 제5조 제1항 제1호, 제4호, 제6호 및 디엔에이신원확인정보의 이용 및 보호에 관한 법률 제5조 제1항 제8호 중 청구인들과 관련된 부분은 신체의 자유를 침해하지 않는다.(헌재 2014.8.28. 2013헌마215·360(병합)) [20법무사]

2 영장제도의 내용

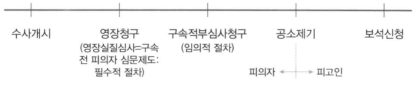

수사개시	영장청구	구속적부심사청구	공소제기	보석신청
	(영장실질심사=구속 전 피의자 심문제도: 필수적 절차)	(임의적 절차)	피의자 ←——→ 피고인	

1. 영장제도의 원칙

❶ 구속 전 피의자 심문은 필수적 절차이다.

❷ **일반영장의 금지**

피의자·피고인의 성명, 주거 등이 구체적으로 명시되지 않은 일반영장은 금지된다.

2. 영장제도의 예외

❶ 긴급체포

장기 3년 이상의 형에 해당하는 범죄를 범하고 도피 또는 증거인멸의 염려가 있을 때에는 영장 없이 체포할 수 있다.(형사소송법 제200조의3) 이에 따라 긴급체포의 경우에는 48시간 이내에 구속영장을 청구하여야 한다.(동법 제200조의4)

* 긴급체포의 경우 48시간 이내에 영장을 청구하면 되고 발부받아야 하는 것은 아니다.

❷ 현행범과 준현행범의 체포 – 현행범 등의 체포와 압수·수색

구속은 영장 없이 불가능하지만, 현행범과 준현행범의 경우 및 긴급체포에는 체포영장 없이도 체포할 수 있다. 즉, 현행범(준현행범 포함)의 체포는 누구나 할 수 있지만(동법 제212조), 검사 등이 체포하거나 인도받은 이후 48시간 이내에 구속영장을 청구하여야 한다.(동법 제213조의2, 제200조의2 제5항) [16서울7급]

> ➡ 관련판례
>
> 체포영장을 집행하는 경우 필요한 때에는 타인의 주거 등 내에서 피의자 수색을 할 수 있도록 한 형사소송법 제216조 제1항 제1호 중 제200조의2에 관한 부분은 영장주의에 위반된다.(헌재 2018.4.26. 2015헌바370)[헌법불합치] [20변호사, 19국가7급 등]
> [1] "필요한 때에는" 부분은 명확성원칙 위반은 아니다.
> [2] 영장주의 위반 여부(적극)
> 체포영장이 발부된 피의자가 타인의 주거 등에 소재할 개연성은 인정되나, 수색에 앞서 영장을 발부받기 어려운 긴급한 사정이 인정되지 않는 경우에도 영장 없이 피의자 수색을 할 수 있다는 것이므로, 위에서 본 헌법 제16조의 영장주의 예외 요건을 벗어난다.

❸ 주거수색에 있어서 영장주의의 예외 요건

헌법 제12조 제3항과는 달리 헌법 제16조 후문은 "주거에 대한 압수나 수색을 할 때에는 검사의 신청에 의하여 법관이 발부한 영장을 제시하여야 한다."라고 규정하고 있을 뿐 영장주의에 대한 예외를 명문화하고 있지 않다. 그러나 헌법 제12조 제3항과 헌법 제16조의 관계, 주거 공간에 대한 긴급한 압수·수색의 필요성, 주거의 자유와 관련하여 영장주의를 선언하고 있는 헌법 제16조의 취지 등을 종합하면, 헌법 제16조의 영장주의에 대해서도 그 예외를 인정하되, 이는 ㉠ 그 장소에 범죄혐의 등을 입증할 자료나 피의자가 존재할 개연성이 소명되고, ㉡ 사전에 영장을 발부받기 어려운 긴급한 사정이 있는 경우에만 제한적으로 허용될 수 있다고 보는 것이 타당하다. [19국가7급]

❺ 비상계엄의 선포와 영장제도

비상계엄이 선포된 경우에는 영장제도에 대한 제한(사전영장주의에 대한 예외가 허용됨)이 가해질 수 있으나(헌법 제77조 제3항), 법률이 정하는 바에 따라야 하고 그때에도 영장제도 자체를 전면 배제할 수는 없다.

03. 영장실질심사제도

구속영장을 청구받은 판사는 지체없이 피의자를 심문하도록 하여 영장실질심사를 필요적 절차로 개정하였다. (형사소송법 제201조의2 제1항) 영장실질심사에서는 국선변호인 제도가 활용된다. 즉, 필요적 변론사건이다.

04. 체포 · 구속적부심사제도(영미법에서 유래)

> **헌법 제12조** ⑥ 누구든지 체포 또는 구속을 당한 때에는 <u>적부의 심사</u>를 법원에 청구할 권리를 가진다.

청구 주체	체포 또는 구속된 피의자, 그 변호인, 법정대리인, 배우자, 직계친족, 형제자매, 동거인 또는 고용주
피고인	형사소송법에는 적부심사청구인을 피의자로 규정하고 있으므로 원칙적으로 피고인은 청구권의 주체가 아니다. [07법원직] 다만, 전격기소의 경우에는 피고인도 구속적부심을 청구할 수 있다.
전격기소	체포·구속적부심 청구는 원칙적으로 피의자에게 인정된다. 왜냐하면 기소 후에는 피고인 신분이 되기 때문이다. 따라서 과거에 피의자가 구속적부심을 청구하면 검사가 기소(전격기소)를 하게 되고 법원은 기각하는 것이 실무였다. 이에 대해 헌법재판소가 절차적 권리 보장을 이유로 헌법불합치(잠정적용) 결정을 하였다. 그 후 형사소송법이 개정되어 전격기소의 경우에는 피고인도 구속적부심을 청구할 수 있게 되었다.

◀ OX 연습

1. 헌법 제27조 제4항에서 "형사피고인은 유죄의 판결이 확정될 때까지는 무죄로 추정된다."고 규정하고 있으므로, 형사피의자 단계에서는 무죄추정의 원칙이 적용되지 않는다. [12국회9급]

2. 무죄추정의 원칙은 형사절차 내에서만 적용되고 형사절차 이외의 기타 일반 법생활 영역에서의 기본권 제한과 같은 경우에는 적용되지 않는다. [14법원9급]

05. 체포·구속 이유 등 고지제도(미란다 원칙)

> 헌법 제12조 ⑤ 누구든지 체포 또는 구속의 <u>이유</u>와 <u>변호인의 조력을 받을 권리가 있음을 고지받지 아니하고는</u> 체포 또는 구속을 당하지 아니한다. 체포 또는 구속을 당한 자의 가족 등 법률이 정하는 자에게는 그 이유와 일시·장소가 지체없이 통지되어야 한다.

미란다 사건에서는 고지하지 않은 경우 그 이후의 수사증거는 위법하여 증거능력을 인정할 수 없다고 보았다. 최근 대법원도 동일한 판시를 하고 있다.

Ⅲ 형사피의자·형사피고인의 형사절차상의 권리

01. 무죄추정의 원칙(제8차 개헌)

> 헌법 제27조 ④ 형사피고인은 유죄의 판결이 확정될 때까지는 <u>무죄로 추정</u>된다. [09법원직]

1 무죄추정의 원칙의 의의

피의자 또는 피고인은 공소제기의 전 후를 불문하고 유죄의 판결이 확정될 때까지는 원칙적으로 죄가 없는 자로 다루어져야 하고, 그 불이익은 필요최소한에 그쳐야 한다는 원칙을 말한다. [14법원직] 무죄추정원칙에서 불구속수사의 원칙과 미결구금일수의 본형산입원칙이 나온다.

2 무죄추정의 원칙의 내용

1. 주체

헌법은 형사피고인에 대해서만 이 원칙을 규정하고 있으나, 그 전 단계인 형사피의자와 피내사자에게도 당연히 동 원칙이 적용된다. [12국회9급, 10국가7급 등]

2. 입증책임

무죄가 추정되므로 유죄의 입증책임은 검사의 몫이며, 합리적 이유나 법률의 규정없이 입증책임이 전환되지 않는다. 이에 대한 입증이 없으면 의심스러울 때는 피고인의 이익으로(in dubio pro reo)라는 원칙에 따라 무죄를 선고해야 한다. [12국회9급]

3. 적용범위

❶ 헌법재판소는 무죄추정의 원칙을 형사사건에 한하여 적용하는 것은 아니다. 형사절차 외에도 기본권제한 처분에 경우에는 동 원칙이 적용된다. [14법원직]

＊ 무죄추정원칙은 형사절차에만 적용되는 절차이다. (×)

Answer

1. × 헌재 1992.4.14. 90헌마82
2. × 헌재 2010.9.2. 2010헌마418

❷ 유죄의 판결에는 실형의 판결은 물론, 형의 면제, 선고유예와 집행유예판결도 포함된다. 그러나 실체적인 문제에 대한 판단없이 재판을 형식적으로 종결하는 공소기각판결, 공소기각결정, 면소판결에는 무죄추정이 유지된다. 다만, 재심청구에는 무죄추정이 인정되지 않는다. (재심은 유죄판결이 확정된 이후의 절차이기 때문이다) [12국회9급]

➡️ 관련판례

무죄추정원칙에 위배된다고 본 사례

1. 형사사건으로 공소제기된 변호사에 대하여 업무정지를 명할 수 있도록 하는 것은 무죄추정원칙에 위반된다. (헌재 1990.11.19. 90헌가48)
2. 공정거래법 위반에 대하여 법위반사실의 공표명령을 하는 것은 무죄추정원칙에 위반된다. (헌재 2002.1.31. 2001헌가4) [14법원직]
3. 형사사건으로 기소된 교원에 대하여 필요적으로 직위해제 하는 것은 무죄추정원칙에 위반된다. (헌재 1994.7.29. 93헌가3) [18법원직]
4. 상소제기 후 상소취하시까지 미결구금일수를 형기에 전부 산입하도록 규정하지 아니한 것은 무죄추정원칙에 위반된다. (헌재 2009.12.29. 2008헌가13) [14변호사]
5. 판결선고 전 구금일수의 전부 또는 일부 산입을 규정한 형법 제57조 제1항 중 일부부분은 무죄추정원칙에 위배된다. (헌재 2009.6.25. 2007헌바25) [20법무사]
6. 압수한 관세법위반 물건을 유죄판결이 확정되기 전에 국고에 귀속시키는 것은 무죄추정원칙에 위반된다. (헌재 1997.5.29. 96헌가17)
7. 지방자치단체장이 금고 이상의 형의 선고를 받고 그 형이 확정되지 않은 경우에 권한을 대행하도록 하는 것은 무죄추정원칙에 위반된다. 평등권, 공무담임권도 침해(헌재 2010.9.2. 2010헌마418) [13변호사, 11지방7급]

무죄추정원칙 위반이 아닌 사례

소년원 수용기간을 항고심 결정에 의한 보호기간에 산입하는 규정을 두지 아니한 소년법 제33조는 청구인의 신체의 자유 등 기본권을 침해하지 아니한다. (헌재 2015.12.23. 2014헌마768) [18법원직]

소년보호사건은 소년의 개선과 교화를 목적으로 하는 것으로서 형사사건과는 구별되어야 하고, 법원의 결정에 따라 소년원 송치처분을 즉시 집행하는 것은 비행을 저지른 소년에 대한 보호의 필요성이 시급하다고 판단하였기 때문이지 소년에게 불이익을 주거나 처벌을 하기 위한 것이 아니다. 또한 항고심에서는 1심 결정과 그에 따른 집행을 감안하여 항고심 판단 시를 기준으로 소년에 대한 보호의 필요성과 그 정도를 판단하여 새로이 처우를 결정하는 것이다.

따라서 이 사건 법률조항이 1심 결정 집행에 의한 소년원 수용기간을 항고심 결정에 의한 보호기간에 산입하지 아니하더라도 이는 무죄추정원칙과는 관련이 없으므로, 이 사건 법률조항은 무죄추정원칙에 위반되지 않는다.

02. 변호인의 조력을 받을 권리

> 헌법 제12조 ④ 누구든지 체포 또는 구속을 당한 때에는 즉시 변호인의 조력을 받을 권리를 가진다. 다만, 형사피고인이 스스로 변호인을 구할 수 없을 때에는 법률이 정하는 바에 의하여 국가가 변호인을 붙인다.

1 변호인의 조력을 받을 권리의 의의

1. 개념

형사절차	구속 여부와 관계없이 피내사자, 피의자, 피고인 모두에게 인정된다.
행정절차	행정절차에서 구금된 경우에 인정된다.(공항입국절차에서 구금된 경우)

* 불구속 피의자도 변호인의 조력을 받을 권리를 가지지만 헌법에 명문의 규정이 있는 것은 아니다. 명문의 규정은 체포 또는 구속을 당한 자이다.

2. 수형자

헌법재판소는 "형사절차가 종료되어 교정시설에 수용중인 수형자는 원칙적으로 변호인의 조력을 받을 권리의 주체가 될 수 없다"고 한다. [15서울7급, 13법원직, 09지방7급 등] 다만, 수형자도 재심을 청구하여 재판을 행하는 경우에는 주체가 될 수 있다.

> **▶ 관련판례**
>
> 1. 「체포되어 구속영장이 청구된 피의자를 신문하는 과정에서 변호사인 청구인이 위 피의자 가족의 의뢰를 받아 접견신청을 하였음에도 검사가 이를 허용하기 위한 조치를 취하지 않은 것은, 변호인이 되려는 청구인의 접견교통권을 침해한 것이고, 위 접견교통권은 헌법상 보장된 기본권에 해당하여 그 침해를 이유로 헌법소원심판을 청구할 수 있다」는 취지로, 청구인의 심판청구를 인용하는 결정을 선고하였다.(헌재 2019.2.28. 2015헌마1204)[인용] [19법원직]
>   피의자 등이 가지는 '변호인이 되려는 자'의 조력을 받을 권리가 실질적으로 확보되기 위해서는 '변호인이 되려는 자'의 접견교통권 역시 헌법상 기본권으로서 보장되어야 한다.
> 2. 인천공항출입국·외국인청장이 인천국제공항 송환대기실에 수용된 난민에 대한 변호인 접견신청을 거부한 행위는 청구인의 변호인의 조력을 받을 권리를 침해한 것이므로 헌법에 위반된다.(헌재 2018.5.31. 2014헌마346) [19변호사·지방7급]
>   헌법 제12조 제4항 본문에 규정된 변호인의 조력을 받을 권리가 행정절차에서 구속된 사람에게도 즉시 보장된다.
> 3. 수형자의 기본권 제한(헌재 2004.12.16. 2002헌마478) [17변호사]
>   [1] 금치 처분을 받은 수형자에 대하여 금치 기간 중 접견, 서신수발을 금지하고 있는 행형법시행령 제145조 제2항 중 접견, 서신수발 부분은 수형자의 통신의 자유 등을 침해하는 것이 아니다.
>   [2] 금치 처분을 받은 수형자에 대하여 금치 기간 중 운동을 금지하는 행형법시행령 제145조 제2항 중 운동 부분은 수형자의 인간의 존엄과 가치, 신체의 자유 등을 침해하는 것이다.

4. 금치처분 받은 수용자에 대한 처우제한 사건(헌재 2016.5.26. 2014헌마45)

[1] 금치기간 중 공동행사 참가, 신문·도서·잡지 외 자비구매물품 사용을 제한하도록 한 형집행법 제112조 제3항 중 제108조 제4호, 제7호의 신문·도서·잡지 외 자비구매물품에 관한 부분은 모두 헌법에 위반되지 아니한다.

[2] 금치기간 중 실외운동을 제한하도록 한 형집행법 제112조 제3항 중 제108조 제13호에 관한 부분은 기본권을 침해하여 헌법에 위반된다. [18변호사]

[3] 금치기간 중 텔레비전 시청을 제한하는 형집행법 제112조 제3항 중 제108조 제6호에 관한 부분은 헌법에 위반되지 아니한다. [18변호사]

3. 변호인이 조력할 권리

과거	원칙적으로 변호인이 피고인을 조력할 권리는 기본권이 아니지만, 핵심적 내용(수사기록의 열람·등사권)은 기본권으로 본다는 입장이었다.
현재	변호인의 변호권을 기본권으로 인정한다.

▶ 관련판례

1. 검찰수사관인 피청구인이 피의자신문에 참여한 변호인인 청구인에게 피의자 후방에 앉으라고 요구한 행위(이하 '이 사건 후방착석요구행위'라 한다)는 변호인인 청구인의 변호권을 침해한다.(헌재 2017.11.30. 2016헌마503) [20국회8급, 18서울7급]

[1] 이 사건 후방착석요구행위는 권력적 사실행위로서 헌법소원의 대상이 되는 공권력의 행사에 해당한다. 피청구인이 청구인에게 변호인 참여신청서의 작성을 요구한 행위는 비권력적 사실행위로서 헌법소원의 대상이 되는 공권력의 행사가 아니다.

[3] 이 사건 후방착석요구행위에 대하여 형사소송법 제417조의 준항고로 다툴 수 있는지 여부가 불명확하므로, 보충성 원칙의 예외가 인정된다. 이 사건 후방착석요구행위는 종료되었으나, 수사기관이 이 사건 지침에 근거하여 후방착석요구행위를 반복할 위험성이 있고, 변호인의 피의자신문참여권의 헌법적 성격과 범위를 확인하고 이를 제한하는 행위의 한계를 확정짓는 것은 헌법적 해명이 필요한 문제에 해당하므로, 심판이익을 인정할 수 있다.

[4] 제한되는 기본권(변호인의 변호권)
변호인의 피의자 및 피고인을 조력할 권리 중 그것이 보장되지 않으면 그들이 변호인의 조력을 받는다는 것이 유명무실하게 되는 핵심적인 부분은 헌법상 기본권으로서 보호되어야 한다.
형사절차에서 피의자신문의 중요성을 고려할 때, 변호인이 피의자신문에 자유롭게 참여할 수 있는 권리는 헌법상 기본권인 변호인의 변호권으로서 보호되어야 한다. 피의자신문시 변호인이 피의자의 옆에서 조력하는 것은 변호인의 피의자신문참여권의 주요부분이므로, 수사기관이 피의자신문에 참여한 변호인에 대하여 후방착석을 요구하는 행위는 변호인의 피의자신문참여를 제한함으로써 헌법상 기본권인 변호인의 변호권을 제한한다. [19변호사·지방7급]

[5] 이 사건 후방착석요구행위는 기본권을 침해한다.
　피의자신문에 참여한 변호인이 피의자 옆에 앉는다고 하여 피의자 뒤에 앉는 경우보다 수사를 방해할 가능성이 높아진다거나 수사기밀을 유출할 가능성이 높아진다고 볼 수 없으므로, 이 사건 후방착석요구행위의 목적의 정당성과 수단의 적절성을 인정할 수 없다. [22경찰간부] 이 사건에서 변호인의 수사방해나 수사기밀의 유출에 대한 우려가 없고, 조사실의 장소적 제약 등과 같이 이 사건 후방착석요구행위를 정당화할 그 외의 특별한 사정도 발견되지 아니하므로, 이 사건 후방착석요구행위는 침해의 최소성 요건을 충족하지 못한다. [19지방7급]
2. 법원의 수사서류 열람·등사 허용 결정에도 불구하고 해당 수사서류의 등사를 거부한 검사의 행위는 피고인인 청구인들의 신속하고 공정한 재판을 받을 권리 및 변호인의 조력을 받을 권리를 침해하여 헌법에 위반된다.(헌재 2017.12.28. 2015헌마632)
3. 별건으로 공소제기 후 확정되어 검사가 보관하고 있는 서류에 대하여 법원의 열람·등사 허용 결정이 있었음에도 검사가 청구인에 대한 형사사건과의 관련성을 부정하면서 해당 서류의 열람·등사를 허용하지 아니한 행위는 청구인의 신속하고 공정한 재판을 받을 권리와 변호인의 조력을 받을 권리를 침해한 것이므로 헌법에 위반된다.(헌재 2022.6.30. 2019헌마356)[위헌] [23경찰1차]

② 변호인의 조력을 받을 권리의 내용(보호영역)

1. 개념
변호인 선임권, 변호인과의 접견교통권, 변호인의 조언을 구할 권리 등을 통하여 공격과 방어의 준비를 할 수 있는 권리도 포함된다.

2. 헌법재판소

변호인과의 대화 내용을 녹음하는 것	국가안전보장 질서유지 공공복리 등 어떤 이유로도 제한하지 못한다.(헌재 1992.1.28. 91헌마111) [20입시]
접견시간이나 장소를 제한하는 것	가능하다.

• 변호인 선임권: 법률로써도 제한할 수 없다.
• 변호인 접견권: 법률로써 제한 가능하다.

> ### ▶ 관련판례
>
> 1. 변호인의 조력을 받을 권리의 내용(헌재 1992.1.28. 91헌마111)[위헌확인]
>   변호인이 피구속자를 접견할 때 교도관이 가시거리내의 참여는 허용되나, 가청거리내의 교도관 참여는 헌법에 위반된다.
> 2. 변호인의 조력을 받을 권리의 내용(헌재 2011.5.26. 2009헌마341) [13법원직]
>   (1) 헌법재판소가 91헌마111 결정에서 미결수용자와 변호인과의 접견에 대해 어떠한 명분으로도 제한할 수 없다고 한 것은 구속된 자와 변호인 간의 접견이 실제로 이루어지는 경우에 있어서의 '자유로운 접견', 즉 '대화내용에 대하여 비밀이 완전히 보장되고 어떠한 제한, 영향, 압력 또는 부당한 간섭 없이 자유롭게 대화할 수 있는 접견'을 제한할 수 없다는 것이지, 변호인과의 접견 자체에 대해 아무런 제한도 가할

수 없다는 것을 의미하는 것이 아니므로 미결수용자의 변호인 접견권 역시 국가안전보장·질서유지 또는 공공복리를 위해 필요한 경우에는 법률로써 제한될 수 있음은 당연하다.

(2) 변호인의 조력을 받을 권리를 보장하는 목적은 피의자 또는 피고인의 방어권 행사를 보장하기 위한 것이므로, 미결수용자 또는 변호인이 원하는 특정한 시점에 접견이 이루어지지 못하였다 하더라도 그것만으로 곧바로 변호인의 조력을 받을 권리가 침해되었다고 단정할 수는 없는 것이고, [14법원직] 변호인의 조력을 받을 권리가 침해되었다고 하기 위해서는 접견이 불허된 특정한 시점을 전후한 수사 또는 재판의 진행 경과에 비추어 보아, 그 시점에 접견이 불허됨으로써 피의자 또는 피고인의 방어권 행사에 어느 정도는 불이익이 초래되었다고 인정할 수 있어야만 한다.

3. 불구속 피의자의 피의자 신문시 변호인과의 상담을 제한한 것은 위헌이다.(헌재 2004.9.23. 2000헌마138)[위헌확인]

불구속 피의자나 피고인의 경우 형사소송법상 특별한 명문의 규정이 없더라도 스스로 선임한 변호인의 조력을 받기 위하여 변호인을 옆에 두고 조언과 상담을 구하는 것은 수사절차의 개시에서부터 재판절차의 종료에 이르기까지 언제나 가능하다. … 따라서 아무런 이유 없이 피의자신문시 청구인들의 변호인과의 조언과 상담요구를 제한한 이 사건 행위는 청구인들의 변호인의 조력을 받을 권리를 침해한다 할 것이다.

4. 법정의 피고인대기실에서의 변호인접견신청거부는 합헌이다.(헌재 2009.10.29. 2007헌마992)[기각]

5. 구치소 내의 변호인접견실에 CCTV를 설치하여 미결수용자와 변호인 간의 접견을 관찰한 행위와 교도관이 미결수용자와 변호인 간에 주고받는 서류를 확인하고, 소송관계서류처리부에 그 제목을 기재하여 등재한 행위는 청구인의 변호인의 조력을 받을 권리와 개인정보자기결정권을 침해하지 않으므로 헌법에 위반되지 않는다.(헌재 2016.4.28. 2015헌마243) [18변호사]

6. 교도소장이 수용자의 변호인이 수용자에게 보낸 서신을 개봉한 후 교부한 행위에 대해, 위 서신개봉행위에 대한 심판청구는 변호인의 조력을 받을 권리를 침해하지 아니한다.(헌재 2021.10.28. 2019헌마973)[기각, 각하] [23국가7급]

3 국선변호인의 조력을 받을 권리

국선변호인은 법원이 직권으로 선임하는 변호인이다.

03. 진술거부권(자기부죄거부특권)

> **헌법 제12조** ② 모든 국민은 고문을 받지 아니하며, 형사상 자기에게 불리한 진술을 강요당하지 아니한다.

1 진술거부권의 의의

피의자나 피고인이 수사절차나 공판절차에서 수사기관 또는 법원의 신문에 대하여 진술을 거부할 수 있는 권리를 말한다.

2 진술거부권의 내용

1. 주체

피의자나 피고인(또는 장차 될 자)을 비롯한 그들의 대리인도 진술거부권을 가진다. 「국민」이라고 규정하고 있으나 피의자·피고인이 된 이상, 외국인도 그 주체가 된다.

2. 내용

❶ 진술의 의미

진술이란 생각이나 지식 등을 언어(말과 문자)를 통하여 표현하는 것이다. 따라서 언어에 의한 것이 아니면 처음부터 진술거부권의 대상이 아니다.

> **▷ 관련판례**
>
> 1. 음주측정의 강제는 진술강요라고 할 수 없다.(헌재 1997.3.27. 96헌가11)[합헌]
> 2. 정치자금의 허위기재(헌재 2005.12.22. 2004헌바25)[합헌] [14변호사]
>   (1) 정치자금을 받고 지출하는 행위는 당사자가 직접 경험한 사실로서 이를 문자로 기재하도록 하는 것은 당사자가 자신의 경험을 말로 표출한 것의 등가물(等價物)로 평가할 수 있으므로, 위 조항들이 정하고 있는 기재행위 역시 "진술"의 범위에 포함된다고 할 것이다. … 진술거부권을 침해한다고 할 수 없다. [14변호사]
>   (2) 정당의 회계책임자는 정치자금의 수입·지출에 관한 명세서 및 영수증을 정치자금법이 정하는 회계보고를 마친 후 3년간 보존하여야 하는데, 이 조항이 규정하고 있는 회계장부·명세서·영수증을 보존하는 행위는 진술거부권의 보호대상이 되는 "진술", 즉 언어적 표출의 등가물로 볼 수 없으므로, 위 조항은 헌법 제12조 제2항의 진술거부권을 침해하지 않는다.
> 3. 재산목록을 제출하고 그 진실함을 법관 앞에서 선서하는 것은 개인의 인격형성에 관계되는 내심의 가치적·윤리적 판단에 해당하지 않아 양심의 자유의 보호대상이 아니고, 감치의 제재를 통해 이를 강제하는 것이 형사상 불이익한 진술을 강요하는 것이라고 할 수 없으므로, 심판대상조항은 청구인의 양심의 자유 및 진술거부권을 침해하지 아니한다.(헌재 2014.9. 25. 2013헌마11) [22경찰승진] − 일반적 행동자유권 제한

❷ 인정범위

형사상 불리한 진술이므로 형사상 불리한 진술이기만 하면 형사절차만이 아니라 행정절차 등 모든 절차에서도 인정된다. "형사절차뿐 아니라 행정절차나 국회에서의 조사절차 등에서도 보장된다"고 하여 형사절차에 한하지 않는다.

❸ 법률로써도 강제불가

진술거부권은 법률로써도 진술을 강제할 수 없다.

3 진술거부권의 고지 및 불고지의 효과

피의자나 피고인을 신문하는 경우 진술거부권을 미리 고지하여야 한다. (형사소송법 제200조 제2항, 규칙 제127조) 수사기관이 피의자를 신문하면서 진술거부권을 고지하지 않고 자백을 취득한 경우 대법원 판례는 위법수집증거배제법칙에 의하여 진술의 임의성이 인정되는 경우에도 증거능력을 부정하고 있다. 위법수집증거배제법칙에서 독수독과이론이 나온다.

04. 고문을 당하지 아니할 권리

헌법 제12조 제2항은 「모든 국민은 고문을 받지 아니하며…」라고 하여 고문금지에 관한 규정을 두고 있고, 형법은 고문을 범죄로 규정하여 형벌적 제재를 가하고 있으며, 형사소송법도 고문에 의한 자백의 증거능력을 절대적으로 부인하고 있다.

05. 자백의 증거능력 및 증명력 제한의 원칙

> **헌법 제12조** ⑦ 피고인의 자백이 고문·폭행·협박·구속의 부당한 장기화 또는 기망 기타의 방법에 의하여 자의로 진술된 것이 아니라고 인정될 때 또는 정식재판에 있어서 피고인의 자백이 그에게 불리한 유일한 증거일 때에는 이를 유죄의 증거로 삼거나 이를 이유로 처벌할 수 없다. [06국가7급 등]

06. 형사기록의 열람·복사청구권

과거에는 헌법소원이 가능하였다. 그러나 이후 검찰보존사무규칙이 개정되고, 또한 공공기관의 정보공개에 관한 법률의 제정과 시행으로 인하여, 이제는 확정된 형사소송기록 등의 열람·등사 거부처분에 대해서는 행정쟁송절차를 거쳐 권리의 구제를 구할 수 있게 되었다. 그 결과 이제는 거부처분 등에 대한 헌법소원심판청구는 보충성원칙에 위배되어 부적법한 청구로 각하된다.

＊ 형사기록의 열람·복사 신청에 대한 거부는 헌법소원의 대상이다. (×)

07. 신속한 공개재판을 받을 권리

헌법 제27조 제3항은 "모든 국민은 신속한 재판을 받을 권리를 가진다. [23경찰2차] 형사피고인은 상당한 이유가 없는 한 지체없이 공개재판을 받을 권리를 가진다"고 하여 형사피고인의 인권보장을 위하여 신속한 공개재판을 받을 권리를 보장하고 있다.

＊ 헌법은 신속·공정·공개재판을 규정하고 있다. (×) ⇨ 공정재판에 대해서는 규정이 없다.

법원은 민사소송법 제184조에서 정하는 기간 내에 판결을 선고하도록 노력해야 하겠지만, 이 기간 내에 반드시 판결을 선고해야 할 법률상의 의무가 발생한다고 볼 수 없으며, 헌법 제27조 제3항 제1문에 의거한 신속한 재판을 받을 권리의 실현을 위해서는 구체적인 입법형성이 필요하고, <u>신속한 재판을 위한 어떤 직접적이고 구체적인 청구권이 이 헌법규정으로부터 직접 발생하지 아니하므로</u>, 보안관찰처분들의 취소청구에 대해서 법원이 그 처분들의 효력이 만료되기 전까지 신속하게 판결을 선고해야 할 헌법이나 법률상의 작위의무가 존재하지 아니한다.(헌재 1999.9.16. 98헌마75) [22법원직, 19법원직]

SECTION 3   사생활의 자유권

제1항 | 사생활 자유권의 구조와 체계

헌법 제16조 모든 국민은 주거의 자유를 침해받지 아니한다. 주거에 대한 압수나 수색을 할 때에는 검사의 신청에 의하여 법관이 발부한 영장을 제시하여야 한다.	주거에 대한 압수나 수색은 영장이 필요하다.
제17조 모든 국민은 사생활의 비밀과 자유를 침해받지 아니한다.	• 8차 개헌에서 도입 • 미, 독, 일은 헌법에 명문규정 없음
제18조 모든 국민은 통신의 비밀을 침해받지 아니한다.	통신이란 격지자 간의 매체를 통한 의사전달을 말한다.

제2항 | 사생활의 비밀과 자유

Ⅰ 사생활의 비밀과 자유의 의의 [17국가7급]

사생활 비밀의 자유	사생활의 내용을 공개 당하지 않을 권리(소극적·자유권적 성격)
사생활(형성)의 자유	사생활의 형성과 전개를 방해받지 아니할 권리(소극적·자유권적 성격)
개인정보자기결정권	자신의 정보를 관리·통제할 수 있는 권리(적극적·청구권적 성격)

Ⅱ 사생활의 비밀과 자유의 주체 [05입법]

외국인을 포함한 자연인은 당연히 주체가 된다. 법인은 원칙적으로 주체가 아니라고 보는 것이 일반적이다.

1. 자신의 명예를 보호하기 위하여 대외적으로 해명하는 행위는 표현의 자유에 속하는 영역이라고 할 수 있을 뿐 사생활의 자유에 의하여 보호되는 영역은 아니다.(헌재 2001.8.30. 99헌바92) [14법원직, 06사시]
2. 좌석안전띠 미착용시 범칙금 부과(헌재 2003.10.30. 2002헌마518) [15지방7급, 12국회8급·법원직]
   운전할 때 운전자가 좌석안전띠를 착용하는 문제는 더 이상 사생활영역의 문제가 아니다.
3. 인터넷언론사의 공개된 게시판·대화방에서 스스로의 의사에 의하여 정당·후보자에 대한 지지·반대의 글을 게시하는 행위가 양심의 자유나 사생활 비밀의 자유에 의하여 보호되는 영역이라고 할 수 없다.(헌재 2010.2.25. 2008헌마324) [19국가7급, 12법원직] – 표현의 자유의 영역이다.
4. 어린이집에 폐쇄회로 텔레비전(CCTV) 설치를 원칙적으로 의무화하고, 보호자의 CCTV 영상정보 열람 요청 및 어린이집 참관에 대해 정한 영유아보육법 조항들은 어린이집 원장이나 보육교사 등의 사생활의 비밀, 직업수행의 자유를 침해하지 아니한다.(헌재 2017.12.28. 2015헌마994) [19법원직]
5. 인체면역결핍바이러스에 감염된 사람이 혈액 또는 체액을 통하여 다른 사람에게 전파매개행위를 하는 것을 금지하고 이를 위반한 경우 3년 이하의 징역형으로 처벌한다고 규정한 '후천성면역결핍증 예방법' 제19조, 제25조 제2호는 모두 헌법에 위반되지 아니한다.(헌재 2023.10.26. 2019헌가30)[합헌]
   감염인의 제한 없는 방식의 성행위 등과 같은 사생활의 자유 및 일반적 행동자유권이 제약되는 것에 비하여 국민의 건강 보호라는 공익을 달성하는 것은 더욱 중대하다. 따라서 심판대상조항은 과잉금지원칙을 위반하여 감염인의 사생활의 자유 및 일반적 행동자유권을 침해하지 아니한다.

01. 개인정보자기결정권(자기정보의 관리통제)

개인정보자기결정권이란 자신에 관한 정보를 자율적으로 결정하고 관리할 수 있는 권리를 말한다. 헌법재판소는 "개인정보자기결정권은 자신에 관한 정보가 언제 누구에게 어느 범위까지 알려지고 또 이용되도록 할 것인지를 그 정보주체가 스스로 결정할 수 있는 권리, 즉 정보주체가 개인정보의 공개와 이용에 관하여 스스로 결정할 권리"(헌재 2005.5.26. 2004헌마190)라고 한다. [12법원직·국가7급]

개인정보자기결정권을 침해하지 않는 사례
1. 구치소장이 청구인과 배우자의 접견을 녹음한 행위는 청구인의 사생활의 비밀과 자유를 침해하지 않는다.(헌재 2012.12.27. 2010헌마153) [17국가7급]
   구치소장이 검사의 요청에 따라 청구인과 배우자의 접견녹음파일을 제공한 행위는 청구인의 개인정보자기결정권을 침해하지 않는다.
2. 아동 청소년 성매수죄로 유죄가 확정된 자는 신상정보 등록대상자가 되도록 규정한 '성폭력범죄의 처벌 등에 관한 특례법'은 평등권이나 개인정보자기결정권을 침해하지 않는다.(헌재 2016.2.25. 2013헌마830) [16국회8급]

1. 대법원은 헌법 제17조는 개인의 사생활 활동이 타인으로부터 침해되거나 사생활이 함부로 공개되지 아니할 소극적인 권리를 보장하는 것에 국한되고, 자신에 대한 정보를 자율적으로 통제할 수 있는 적극적인 권리까지 보장하는 것은 아니라고 판시한 바 있다. [15경찰승진]

Answer
1. × 대판 1998.7.24. 96다42789

◢ OX 연습

1. 통계청장이 인구주택총조사의 방문 면접조사를 실시하면서, 담당 조사원을 통해 청구인에게 인구주택총조사 조사표의 조사항목들에 응답할 것을 요구한 행위는 청구인의 개인정보자기결정권을 침해한다.
[20경찰승진]
2. 개인별로 주민등록번호를 부여하면서 주민등록번호 변경에 관한 규정을 두고 있지 않은 「주민등록법」은 개인정보자기결정권을 침해한다고 볼 수 없다.
[16서울7급]
3. 통신매체이용음란죄로 유죄판결이 확정된 사람을 일률적으로 신상정보등록 대상자가 되도록 하는 것은 침해의 최소성에 위배되어 개인정보자기결정권을 침해한다. [16국가7급]
4. 형제자매에게 가족관계 등록부 등의 기록사항에 관한 증명서 교부청구권을 부여하는 가족관계의 등록 등에 관한 법률 조항은 개인정보자기결정권을 침해하지 않는다. [18경찰승진]

Answer

1. × 헌재 2017.7.27.
2015헌마1094
2. × 헌재 2015.12.23.
2013헌바68
3. ○ 헌재 2016.3.31.
2015헌마688
4. × 헌재 2016.6.30.
2015헌마924

3. 학교폭력 관련 조치사항을 학교생활기록의 '행동특성 및 종합의견'에 입력하도록 규정한 지침 제16조 제2항 및 이렇게 입력된 조치사항을 졸업과 동시에 삭제하도록 규정한 위 지침 제18조 제5항은 청구인의 개인정보자기결정권을 침해하지 아니한다.(헌재 2016.4.28. 2012헌마630) [16국가7급]

4. 수사경력자료의 보존 및 보존기간에 관한 규정인 형의 실효 등에 관한 법률 제8조의2 제1항 제1호 및 제2항 제2호 중 기소유예의 불기소처분이 있는 경우에 관한 부분은 청구인의 개인정보자기결정권을 침해한다고 볼 수 없다.(헌재 2016.6.30. 2015헌마828) [18변호사, 16국가7급]

5. 피청구인 통계청장이 2015. 11. 1.부터 2015. 11. 15.까지 2015 인구주택총조사의 방문 면접조사를 실시하면서, 담당 조사원을 통해 청구인에게 피청구인이 작성한 2015 인구주택총조사 조사표의 조사항목들에 응답할 것을 요구한 행위는 청구인의 개인정보자기결정권을 침해하지 아니한다.(헌재 2017.7.27. 2015헌마1094)

6. 공중밀집장소추행죄로 유죄판결이 확정된 자를 신상정보 등록대상자가 된다고 규정한 구 성폭력범죄의 처벌 등에 관한 특례법 제42조 제1항 중 "제11조의 범죄로 유죄판결이 확정된 자는 신상정보 등록대상자가 된다." 부분은 청구인의 개인정보자기결정권 등을 침해하지 아니하여 헌법에 위반되지 아니한다.(헌재 2017.12.28. 2016헌마1124) [18법원직]

7. 법무부장관으로 하여금 변호사시험 합격자의 성명을 공개하도록 하는 변호사시험법 제11조 중 명단 공고는 헌법에 위반되지 않는다.(헌재 2020.3.26. 2018헌마77)[기각] [22경찰승진]

개인정보자기결정권을 침해하는 사례

1. 주민등록번호 변경에 관한 규정을 두고 있지 않은 주민등록법 제7조는 청구인들의 개인정보자기결정권을 침해한다.(헌재 2015.12.23. 2013헌바68)[헌법불합치(잠정적용)] [19변호사, 18·16법원직 등]
   주민등록번호 유출 또는 오·남용으로 인하여 발생할 수 있는 피해 등에 대한 아무런 고려 없이 주민등록번호 변경을 일률적으로 허용하지 않은 것은 그 자체로 개인정보자기결정권에 대한 과도한 침해가 될 수 있다.

2. 통신매체이용음란죄[비교적 경미한 범죄인 스마트폰을 이용하여 성적수치심을 일으키는 글을 피해자(여, 14세)에게 도달하게 하였다는 범죄사실]로 유죄판결이 확정된 자는 신상정보 등록대상자가 된다고 규정한 '성폭력범죄의 처벌 등에 관한 특례법' 부분은 청구인의 개인정보 자기결정권을 침해하여 헌법에 위반된다.(헌재 2016.3.31. 2015헌마688)[위헌] [22경찰1차, 18지방7급·국회8급]

3. 가족관계등록부 등의 기록사항에 관한 증명서 교부청구권자를 규정한 '가족관계의 등록 등에 관한 법률' 제14조 제1항 본문 중 '형제자매'에 이부(異父) 또는 이복(異腹) 형제자매가 포함되는 것으로 해석하는 한 헌법에 위반된다.(헌재 2016.6.30. 2015헌마924) [20서울7급, 16국가7급]
   이 사건 법률조항은 과잉금지원칙을 위반하여 청구인의 개인정보자기결정권을 침해한다.

   유사판례 → 가족관계의 등록 등에 관한 법률 제14조 제1항 본문 중 '직계혈족이 제15조에 규정된 증명서 가운데 가족관계 증명서 및 기본증명서의 교부를 청구' 하는 부분에 대하여 위헌선언을 하되, 2021.12.31.을 시한으로 개정될 때까지 계속 적용한다는 결정을 선고하였다.(헌재 2020.8.28. 2018헌마927)

이 사건 법률조항으로 말미암아 가정폭력 가해자인 직계혈족이 그 자녀의 가족관계증명서 및 기본증명서를 청구하여 발급받음으로써 거기에 기재되어 있는 가정폭력 피해자인 (전) 배우자의 개인정보가 유출됨으로써 (전) 배우자가 입는 피해는 실로 중대하다고 볼 수 있으므로 이 사건 법률조항에 대해서는 법익의 균형성을 인정하기 어렵다. [21법원직]

비교판례 ➡ 정보주체는 심판대상조항으로 인하여 전혼에서 얻은 자녀, 사실혼에서 얻은 자녀 등 현재의 혼인 외에서 얻은 자녀와 사망한 자녀[이하 위와 같이 가족관계 상세증명서에만 기재되는 자녀들을 '상세증명서 추가 기재 자녀'라 한다]에 관한 내밀한 개인정보를 자신의 의사에 반하여 배우자나 직계혈족에게 공개 당하게 된다. 그러나 상세증명서 추가 기재 자녀에 관한 개인정보는 경우에 따라 가족간의 신뢰의 근간을 이루는 중요한 정보에 해당되어 가족과 공유하는 것이 적절한 측면도 있으므로 배우자나 직계혈족에 대한 관계에서도 보호가치가 높다고 단정하기 어렵다. … 나아가 가족관계 관련 법령은 가족관계증명서 발급 청구에 관한 부당한 목적을 파악하기 위하여 '청구사유기재'라는 나름의 소명절차를 규정하는 점 등을 아울러 고려하면 심판대상조항은 그 입법목적과 그로 인해 제한되는 개인정보자기결정권 사이에 적절한 균형을 달성한 것으로 평가할 수 있다. 심판대상조항은 과잉금지원칙에 위배되어 청구인의 개인정보자기결정권을 침해하지 아니한다.(헌재 2022.11.24. 2021헌마130) [23소방간부]

4. 통신비밀보호법 제5조 제2항 중 인터넷회선 감청[인터넷 통신망에서 정보 전송을 위해 쪼개어진 단위인 전기신호 형태의 '패킷'(packet)을 수사기관이 중간에 확보하여 그 내용을 지득하는 이른바 '패킷감청']에 관한 부분은 집행 단계 이후 객관적 통제 수단이 제대로 마련되어 있지 않아 청구인의 통신 및 사생활의 비밀과 자유를 침해한다.(헌재 2018.8.30. 2016헌마263)[헌법불합치(잠정적용)] [19지방7급]
   이 사건 법률조항은 입법목적의 정당성과 수단의 적합성이 인정된다. 이상을 종합하면, 이 사건 법률조항은 인터넷회선 감청의 특성을 고려하여 그 집행 단계나 집행 이후에 수사기관의 권한 남용을 통제하고 관련 기본권의 침해를 최소화하기 위한 제도적 조치가 제대로 마련되어 있지 않은 상태에서, 범죄 수사 목적을 이유로 인터넷회선 감청을 통신제한조치 허가 대상 중 하나로 정하고 있으므로 침해의 최소성 요건을 충족한다고 할 수 없다.

5. 국민건강보험공단이 2013. 12. 20. 서울용산경찰서장에게 청구인들의 요양급여내역을 제공한 행위는 청구인들의 개인정보자기결정권을 침해한 것으로 위헌임을 확인한다.(헌재 2018.8.30. 2014헌마368)[위헌] [20입시, 19국회8급]
   [1] 영장주의원칙 위배 여부(소극)
      이 사건 사실조회행위는 강제력이 개입되지 아니한 임의수사에 해당하므로, 이에 응하여 이루어진 이 사건 정보제공행위에도 영장주의가 적용되지 않는다. 그러므로 이 사건 정보제공행위는 영장주의원칙에 위배되지 않는다.

6. ① 수사기관이 수사의 필요성 있는 경우 전기통신사업자에게 위치정보 추적자료를 제공요청할 수 있도록 한 통신비밀보호법 제13조 제1항 중 '검사 또는 사법경찰관은 수사를 위하여 필요한 경우 전기통신사업법에 의한 전기통신사업자에게 제2조 제11호 바목, 사목의 통신사실 확인자료의 열람이나 제출을 요청할 수 있다' 부분, ② 수사 종료 후 위치정보 추적자료를 제공받은 사실 등을 통지하도록 한 통신비밀보호법 제13조의3 제1항 중 제2조 제11호 바목, 사목의 통신사실 확인자료에 관한 부분은 개인정보자기결정권과 통신의 자유를 침해한다.(헌재 2018.6.28. 2012헌마191)[헌법불합치(잠정적용)] [19지방7급]

[1] 이 사건 요청조항에 대한 판단[헌법불합치]
　㉠ 명확성원칙에 위반되지 않는다.
　㉡ 과잉금지원칙에 위반된다.
　입법목적의 정당성과 수단의 적정성이 인정된다. '수사의 필요성'만을 그 요건으로 하고 있어 절차적 통제마저도 제대로 이루어지기 어려운 현실인 점 등을 고려할 때, 이 사건 요청조항은 침해의 최소성과 법익의 균형성이 인정되지 아니한다.

[2] 이 사건 허가조항은 영장주의에 위반되지 않는다.[기각]
　이 사건 허가조항은 수사기관이 전기통신사업자에게 위치정보 추적자료 제공을 요청함에 있어 관할 지방법원 또는 지원의 허가를 받도록 규정하고 있다. 따라서 이 사건 허가조항은 헌법상 영장주의에 위배되지 아니한다.
　[19국가7급]

[3] 이 사건 통지조항은 개인정보자기결정권을 침해한다.[헌법불합치]
　수사의 밀행성 확보는 필요하지만, 헌법상 적법절차원칙을 통하여 수사기관의 권한남용을 방지하고 정보주체의 기본권을 보호하기 위해서는, 위치정보 추적자료 제공과 관련하여 정보주체에게 적절한 고지와 실질적인 의견진술의 기회를 부여해야 한다. 이러한 점들을 종합할 때, 이 사건 통지조항은 헌법상 적법절차원칙에 위배되어 청구인들의 개인정보자기결정권을 침해한다.

7. 수사의 필요성이 있는 경우 기지국수사를 허용한 통신비밀보호법 제13조 제1항 중 '검사 또는 사법경찰관은 수사를 위하여 필요한 경우 전기통신사업법에 의한 전기통신사업자에게 제2조 제11호 가목 내지 라목의 통신사실 확인자료의 열람이나 제출을 요청할 수 있다' 부분은 개인정보자기결정권과 통신의 자유를 침해한다.(헌재 2018.6.28. 2012헌마538)[헌법불합치(잠정적용)] [19지방7급]
　이 사건 허가조항은 수사기관이 전기통신사업자에게 통신사실 확인자료 제공을 요청함에 있어 관할 지방법원 또는 지원의 허가를 받도록 규정하고 있다. 따라서 이 사건 허가조항은 헌법상 영장주의에 위배되지 아니한다.

8. 소년에 대한 수사경력자료의 보존기간과 삭제에 대하여 규정하면서, 법원에서 불처분결정된 소년부송치 사건에 대하여는 규정하지 않은 구 형실효법 제8조의2 제1항, 제3항 및 현행 형실효법 제8조의2 제1항, 제3항은 과잉금지원칙에 위반하여 당사자의 개인정보자기결정권을 침해한다.(헌재 2021.6.24. 2018헌가2)[헌법불합치] [22경찰1차·경찰승진]

02. 개인정보자기결정권의 헌법적 근거

▶ 관련판례

개인정보자기결정권의 헌법상 근거로는 헌법 제17조의 사생활의 비밀과 자유, 헌법 제10조 제1문의 인간의 존엄과 가치 및 행복추구권에 근거를 둔 일반적 인격권 또는 위 조문들과 동시에 우리 헌법의 자유민주적 기본질서 규정 또는 국민주권원리와 민주주의원리 등을 고려할 수 있으나, 개인정보자기결정권으로 보호하려는 내용을 위 각 기본권들 및 헌법원리들 중 일부에 완전히 포섭시키는 것은 불가능하다고 할 것이므로, 그 헌법적 근거를 굳이 어느 한 두개에 국한시키는 것은 바람직하지 않은 것으로 보이고, 오히려 개인정보자기결정권은 이들을 이념적 기초로 하는 독자적 기본권으로서 헌법에 명시되지 아니한 기본권이라고 보아야 할 것이다.(헌재 2005.5.26. 2004헌마190) [19서울7급, 12국가7급]

03. 개인정보 보호법의 주요내용

1 보호대상정보

개인정보 보호법 제2조(정의) 이 법에서 사용하는 용어의 뜻은 다음과 같다.	
개인정보	1. "개인정보"란 살아 있는 개인에 관한 정보로서 다음 각 목의 어느 하나에 해당하는 정보를 말한다. 　가. 성명, 주민등록번호 및 영상 등을 통하여 개인을 알아볼 수 있는 정보 　나. 해당 정보만으로는 특정 개인을 알아볼 수 없더라도 다른 정보와 쉽게 결합하여 알아볼 수 있는 정보. 이 경우 쉽게 결합할 수 있는지 여부는 다른 정보의 입수 가능성 등 개인을 알아보는 데 소요되는 시간, 비용, 기술 등을 합리적으로 고려하여야 한다. 　다. 가목 또는 나목을 제1호의2에 따라 가명처리함으로써 원래의 상태로 복원하기 위한 추가 정보의 사용·결합 없이는 특정 개인을 알아볼 수 없는 정보(이하 "가명정보"라 한다) 1의2. "가명처리"란 개인정보의 일부를 삭제하거나 일부 또는 전부를 대체하는 등의 방법으로 추가 정보가 없이는 특정 개인을 알아볼 수 없도록 처리하는 것을 말한다.
개인정보 처리자	5. "개인정보처리자"란 업무를 목적으로 개인정보파일을 운용하기 위하여 스스로 또는 다른 사람을 통하여 개인정보를 처리하는 공공기관, 법인, 단체 및 개인 등을 말한다. [12지방9급]
영상정보 처리기기	7. "고정형 영상정보처리기기"란 일정한 공간에 설치되어 지속적 또는 주기적으로 사람 또는 사물의 영상 등을 촬영하거나 이를 유·무선망을 통하여 전송하는 장치로서 대통령령으로 정하는 장치를 말한다. 7의2. "이동형 영상정보처리기기"란 사람이 신체에 착용 또는 휴대하거나 이동 가능한 물체에 부착 또는 거치(据置)하여 사람 또는 사물의 영상 등을 촬영하거나 이를 유·무선망을 통하여 전송하는 장치로서 대통령령으로 정하는 장치를 말한다.

* 생존하는 자연인에 대해서만 적용되므로 법인이나 사자에 대해서는 적용되지 않는다.

▶ 관련판례

1. 개인정보자기결정권의 보호대상은 개인의 내밀한 영역에 국한되지 않고 공적 생활에서 형성되었거나 이미 공개된 개인정보까지 포함한다.(헌재 2005.5. 26. 99헌마513) [16·14·13·12법원직, 12국가7급]
2. 의료급여 수급권자의 진료정보를 국민건강보험공단에 제공하는 것은 개인정보자기결정권을 침해하지 아니한다.(헌재 2009.9.24. 2007헌마1092) [12국회8급]
3. <u>지문은 개인정보자기결정권을 제한하지만, 주민등록발급을 위해 수집된 지문을 경찰청장이 보관하여 범죄수사목적에 이용하는 것은 개인정보자기결정권을 침해하는 것이 아니다.</u>(헌재 2005.5.26. 99헌마513) [14·13법원직, 12국가7급]

4. 법률정보 제공 사이트를 운영하는 회사가 공립대학교 법학과 교수의 사진, 성명, 성별, 출생연도, 직업, 직장, 학력, 경력 등 개인정보를 위 법학과 홈페이지 등을 통해 수집하여 위 사이트 내 '법조인' 항목에서 유료로 제공한 경우, 위 회사가 영리 목적으로 개인정보를 수집하여 제3자에게 제공하였더라도 그에 의하여 얻을 수 있는 법적 이익이 정보처리를 막음으로써 얻을 수 있는 정보주체의 인격적 법익에 비하여 우월하므로, 개인정보자기결정권을 침해하는 위법한 행위로 평가할 수 없다.(대판 2016.8.17. 2014다235080)
[21변호사등] - 법률소비자의 선택의 자료를 제공하기 위한 공익을 고려한 판례로 보인다.(사견)

2 개인정보 보호의 원칙(제3조)

명확성, 비례원칙, 정당성원칙	① 개인정보처리자는 개인정보의 처리 목적을 명확하게 하여야 하고 그 목적에 필요한 범위에서 최소한의 개인정보만을 적법하고 정당하게 수집하여야 한다.
목적성원칙	② 개인정보처리자는 개인정보의 처리 목적에 필요한 범위에서 적합하게 개인정보를 처리하여야 하며, 그 목적 외의 용도로 활용하여서는 아니 된다.

3 개인정보 보호위원회

제7조(개인정보 보호위원회) ① 개인정보 보호에 관한 사무를 독립적으로 수행하기 위하여 국무총리 소속으로 개인정보 보호위원회(이하 "보호위원회"라 한다)를 둔다.

4 동의를 받는 방법(제22조)

구분동의	① 개인정보처리자는 이 법에 따른 개인정보의 처리에 대하여 정보주체(제22조의2 제1항에 따른 법정대리인을 포함한다. 이하 이 조에서 같다)의 동의를 받을 때에는 각각의 동의 사항을 구분하여 정보주체가 이를 명확하게 인지할 수 있도록 알리고 동의를 받아야 한다.

5 민감정보의 처리 제한

> **개인정보 보호법 제23조(민감정보의 처리 제한)** ① 개인정보처리자는 <u>사상·신념,</u> <u>노동조합·정당의 가입·탈퇴, 정치적 견해, 건강, 성생활 등에 관한 정보, 그</u> <u>밖에 정보주체의 사생활을 현저히 침해할 우려가 있는 개인정보로서 대통령령</u> <u>으로 정하는 정보(이하 "민감정보"라 한다)를 처리하여서는 아니 된다.</u> 다만, 다음 각 호의 어느 하나에 해당하는 경우에는 그러하지 아니하다.
> 1. 정보주체에게 제15조 제2항 각 호 또는 제17조 제2항 각 호의 사항을 알리고 다른 개인정보의 처리에 대한 동의와 별도로 동의를 받은 경우
> 2. 법령에서 민감정보의 처리를 요구하거나 허용하는 경우

📕 체크포인트

민감정보는 일체 처리하지 못한다. (×)

* 민감정보에 종교는 포함되지 않는다.

▶ 관련판례

<u>국회의원 갑 등이 '각급학교 교원의 교원단체 및 교원노조 가입현황 실명자</u> <u>료'를 인터넷을 통하여 공개한 행위는 해당 교원들의 개인정보자기결정권 등</u> <u>을 침해하는 것으로 위법하다.</u>(대판 2014.7.24. 2012다49933) [18지방7급 등]

> **제25조(고정형 영상정보처리기기의 설치·운영 제한)** ① 누구든지 다음 각 호의 경우를 제외하고는 공개된 장소에 고정형 영상정보처리기기를 설치·운영하여서는 아니 된다.
> 1. 법령에서 구체적으로 허용하고 있는 경우
> 2. 범죄의 예방 및 수사를 위하여 필요한 경우
> 3. 시설의 안전 및 관리, 화재 예방을 위하여 정당한 권한을 가진 자가 설치·운영하는 경우
> 4. 교통단속을 위하여 정당한 권한을 가진 자가 설치·운영하는 경우
> 5. 교통정보의 수집·분석 및 제공을 위하여 정당한 권한을 가진 자가 설치·운영하는 경우
> 6. 촬영된 영상정보를 저장하지 아니하는 경우로서 대통령령으로 정하는 경우
> ② 누구든지 불특정 다수가 이용하는 목욕실, 화장실, 발한실(發汗室), 탈의실 등 개인의 사생활을 현저히 침해할 우려가 있는 장소의 내부를 볼 수 있도록 고정형 영상정보처리기기를 설치·운영하여서는 아니 된다. 다만, 교도소, 정신보건 시설 등 법령에 근거하여 사람을 구금하거나 보호하는 시설로서 대통령령으로 정하는 시설에 대하여는 그러하지 아니하다.
> ③ 제1항 각 호에 따라 고정형 영상정보처리기기를 설치·운영하려는 공공기관의 장과 제2항 단서에 따라 고정형 영상정보처리기기를 설치·운영하려는 자는 공청회·설명회의 개최 등 대통령령으로 정하는 절차를 거쳐 관계 전문가 및 이해관계인의 의견을 수렴하여야 한다.

④ 제1항 각 호에 따라 고정형 영상정보처리기기를 설치·운영하는 자(이하 "고정형영상정보처리기기운영자"라 한다)는 정보주체가 쉽게 인식할 수 있도록 다음 각 호의 사항이 포함된 안내판을 설치하는 등 필요한 조치를 하여야 한다. 다만, 「군사기지 및 군사시설 보호법」 제2조제2호에 따른 군사시설, 「통합방위법」 제2조제13호에 따른 국가중요시설, 그 밖에 대통령령으로 정하는 시설의 경우에는 그러하지 아니하다. 〈각호생략〉
⑤ 고정형영상정보처리기기운영자는 고정형 영상정보처리기기의 설치 목적과 다른 목적으로 고정형 영상정보처리기기를 임의로 조작하거나 다른 곳을 비춰서는 아니 되며, 녹음기능은 사용할 수 없다.

제25조의2(이동형 영상정보처리기기의 운영 제한) ① 업무를 목적으로 이동형 영상정보처리기기를 운영하려는 자는 다음 각 호의 경우를 제외하고는 공개된 장소에서 이동형 영상정보처리기기로 사람 또는 그 사람과 관련된 사물의 영상(개인정보에 해당하는 경우로 한정한다. 이하 같다)을 촬영하여서는 아니 된다.
1. 제15조제1항 각 호의 어느 하나에 해당하는 경우
2. 촬영 사실을 명확히 표시하여 정보주체가 촬영 사실을 알 수 있도록 하였음에도 불구하고 촬영 거부 의사를 밝히지 아니한 경우. 이 경우 정보주체의 권리를 부당하게 침해할 우려가 없고 합리적인 범위를 초과하지 아니하는 경우로 한정한다.
3. 그 밖에 제1호 및 제2호에 준하는 경우로서 대통령령으로 정하는 경우
② 누구든지 불특정 다수가 이용하는 목욕실, 화장실, 발한실, 탈의실 등 개인의 사생활을 현저히 침해할 우려가 있는 장소의 내부를 볼 수 있는 곳에서 이동형 영상정보처리기기로 사람 또는 그 사람과 관련된 사물의 영상을 촬영하여서는 아니 된다. 다만, 인명의 구조·구급 등을 위하여 필요한 경우로서 대통령령으로 정하는 경우에는 그러하지 아니하다.
③ 제1항 각 호에 해당하여 이동형 영상정보처리기기로 사람 또는 그 사람과 관련된 사물의 영상을 촬영하는 경우에는 불빛, 소리, 안내판 등 대통령령으로 정하는 바에 따라 촬영 사실을 표시하고 알려야 한다.

6 영업양도 등에 따른 개인정보의 이전 제한(제27조)

정보이전 가능	① 개인정보처리자는 영업의 전부 또는 일부의 양도·합병 등으로 개인정보를 다른 사람에게 이전하는 경우에는 미리 다음 각 호의 사항을 대통령령으로 정하는 방법에 따라 해당 정보주체에게 알려야 한다. 〈각호생략〉

7 손해배상책임(제39조)

입증책임 전환	① 정보주체는 개인정보처리자가 이 법을 위반한 행위로 손해를 입으면 개인정보처리자에게 손해배상을 청구할 수 있다. 이 경우 그 개인정보처리자는 고의 또는 과실이 없음을 입증하지 아니하면 책임을 면할 수 없다.

* 개인정보처리로 인한 손해배상에서 원고가 정보처리자의 고의·과실을 입증해야 한다. (×) ⇨ 고의·과실에 대한 입증책임이 전환되어 있다. 입증책임의 일반원칙과 다르다는 점을 유의하여야 한다.

개인정보 보호법 제39조의9(손해배상의 보장) ① 정보통신서비스 제공자등은 제39조 및 제39조의2에 따른 손해배상책임의 이행을 위하여 보험 또는 공제에 가입하거나 준비금을 적립하는 등 필요한 조치를 하여야 한다.

8 **집단분쟁조정(제49조)**

대상	① 국가 및 지방자치단체, 개인정보 보호단체 및 기관, 정보주체, 개인정보처리자는 정보주체의 피해 또는 권리침해가 <u>다수의 정보주체에게 같거나 비슷한 유형으로 발생하는 경우</u>로서 대통령령으로 정하는 사건에 대하여는 분쟁조정위원회에 일괄적인 분쟁조정(이하 "집단분쟁조정"이라 한다)을 의뢰 또는 신청할 수 있다.

9 **단체소송**

단체소송이란 피해자들이 단체를 만들어서 소송을 하는 것이 아니라 법이 정한 단체가 피해자들을 대신해서 원고가 되어 소송을 하는 것을 말한다. 즉, 권리침해가 없는 자(당사자적격이 없는 자)가 원고가 되는 것을 말한다.

> **개인정보 보호법 제51조(단체소송의 대상 등)** <u>다음 각 호의 어느 하나에 해당하는 단체는 개인정보처리자가 제49조에 따른 집단분쟁조정을 거부하거나 집단분쟁조정의 결과를 수락하지 아니한 경우에는 법원에 권리침해 행위의 금지·중지를 구하는 소송(이하 "단체소송"이라 한다)을 제기할 수 있다.</u>
> 1. 「소비자기본법」 제29조에 따라 공정거래위원회에 등록한 소비자단체로서 다음 각 목의 요건을 모두 갖춘 단체
>   가. 정관에 따라 상시적으로 정보주체의 권익증진을 주된 목적으로 하는 단체일 것
>   나. 단체의 정회원수가 1천명 이상일 것
>   다. 「소비자기본법」 제29조에 따른 등록 후 3년이 경과하였을 것
>
> **제64조(시정조치 등)** ① 보호위원회는 이 법을 위반한 자(중앙행정기관, 지방자치단체, 국회, 법원, 헌법재판소, 중앙선거관리위원회는 제외한다)에 대하여 다음 각 호에 해당하는 조치를 명할 수 있다.
> 1. 개인정보 침해행위의 중지
> 2. 개인정보 처리의 일시적인 정지
> 3. 그 밖에 개인정보의 보호 및 침해 방지를 위하여 필요한 조치

10 **양벌규정과 과태료**

> **개인정보 보호법 제76조(과태료에 관한 규정 적용의 특례)** 제75조의 과태료에 관한 규정을 적용할 때 제64조의2에 따라 과징금을 부과한 행위에 대하여는 과태료를 부과할 수 없다. [출제예상] - 과징금과 과태료를 병과할 수 없다.

개인정보 보호법상 강제수단은 징역, 벌금, 몰수·추징 과징금, 과태료가 있다.

> ▶ **관련판례**
>
> 1. 교육정보시스템(NEIS)상의 학생의 성명, 생년월일, 졸업일자 등은 그 자체로 개인의 존엄과 인격권에 심대한 영향을 미칠 수 있는 민감한 정보라고 보기 어렵다.(헌재 2005.7.21. 2003헌마282) [09법원직 등]
> 2. 국민기초생활보장법에 따라 급여를 신청할 때 금융거래정보자료제공동의서를 제출토록 하는 것은 개인정보자기결정권을 침해하지 아니한다.(헌재 2005.11.24. 2005헌마112)

Ⅲ 사생활의 비밀과 자유의 제한 – 사생활의 비밀·자유와 언론의 자유의 충돌

01. 기본권 충돌의 해결을 위한 이론

1 권리 포기의 이론

일정한 사정하에서는 사생활의 비밀과 자유를 포기한 것으로 보는 이론이다. 예컨대 자살자의 경우에는 자살을 함으로써 자신과 친족의 사생활에 관한 비밀유지권을 포기한 것으로 보려는 이론이다.

2 공익의 이론

국민의 알 권리의 대상이 되는 사항(예 보도적 가치, 교육적 가치, 계몽적 가치 등)을 국민에게 알리는 것은 공익을 위한 것으로서 공개하더라도 위법한 행위가 아니라고 한다.

3 공적 인물의 이론

공적 인물은 그 사생활이 공개되더라도 일반인에 비하여 수인해야 할 범위가 넓다는 이론이다. 연예인, 정치인, 운동선수 등이 이러한 공적 인물에 해당한다.

> **➡ 관련판례**
>
> 공직선거 후보자의 실효된 범죄경력 공개는 합헌이다.(헌재 2008.4.24. 2006헌마402)(헌재 2013.12.26. 2013헌마385)[기각] [18법원직, 10법행]
> (1) 공직선거에 후보자로 등록하고자 하는 자가 제출하여야 하는 금고 이상의 형의 범죄경력에 실효된 형을 포함시키고 있는 공직선거법 제49조 제4항 제5호는 공무담임권을 침해하지 아니한다.
> (2) 이 사건 법률조항은 사생활의 비밀과 자유를 침해하지 아니한다.
> (3) 이 사건 법률조항은 평등권을 침해하지 아니한다.

4 인격영역의 이론

사생활의 비밀에 속하는 사항이라도 그 성격에 따라 비밀성이나 개인의 인격에 미치는 의미가 다를 수 있다는 점에 근거하여 독일의 판례와 학설에 의해 발전된 것이 인격영역이론이다. 이 이론은 인간의 생활영역을 가장 개방적인 영역에서 가장 폐쇄적인 영역에 이르기까지 단계적으로 분류하여, 내밀영역, 비밀영역, 사적영역, 사회적 영역, 공개적 영역으로 나눈다.

> **➡ 관련판례**
>
> 1. 4급 이상 공무원의 병역면제사유인 질병명공개는 사생활의 비밀과 자유를 침해하는 것이다.(헌재 2007.5.31. 2005헌마1139)[헌법불합치(잠정적용)] [18·12 법원직, 15국가7급 등]

'공직자 등의 병역사항 신고 및 공개에 관한 법률' 제8조 제1항 본문 가운데 '4급 이상의 공무원 본인의 질병명에 관한 부분에 의하여 그 공개가 강제되는 질병명은 내밀한 사적 영역에 근접하는 민감한 개인정보로서, 특별한 사정이 없는 한 타인의 지득(知得), 외부에 대한 공개로부터 차단되어 개인의 내밀한 영역 내에 유보되어야 하는 정보이다. 이러한 성격의 개인정보를 공개함으로써 사생활의 비밀과 자유를 제한하는 국가적 조치는 엄격한 기준과 방법에 따라 섬세하게 행하여지지 않으면 아니된다. … 결론적으로, 이 사건 법률조항이 공적 관심의 정도가 약한 4급 이상의 공무원들까지 대상으로 삼아 모든 질병명을 아무런 예외 없이 공개토록 한 것은 입법목적 실현에 치중한 나머지 사생활 보호의 헌법적 요청을 현저히 무시한 것이고, 이로 인하여 청구인들을 비롯한 해당 공무원들의 헌법 제17조가 보장하는 기본권인 사생활의 비밀과 자유를 침해하는 것이다.

2. 금융감독원의 4급 이상 직원에 대하여 공직자윤리법상 재산등록의무를 부과하는 공직자윤리법 규정은 금융감독원의 4급 직원인 청구인들의 사생활의 비밀의 자유 및 평등권을 침해하지 않는다.(헌재 2014.6.26. 2012헌마331) [20·17국가7급]

금융감독원의 4급 이상 직원에 대하여 퇴직일로부터 2년간 사기업체등에의 취업을 제한하는 구 공직자윤리법 규정은 청구인들의 직업의 자유 및 평등권을 침해하지 않는다.

5 공적기록의 이론

공무원시험합격자의 발표에 나타난 개인의 이름과 같은 공적기록에 대해서는 폭넓은 공개가 가능하다고 보는 이론이다.

02. 판례

▶ 관련판례

사생활의 비밀을 침해하지 않는 사례
1. 교도소 내 CCTV 설치(헌재 2008.5.29. 2005헌마137)[기각] [20국가7급, 11법원직]
   (1) 교도소 내 엄중격리대상자에 대하여 이동 시 계구를 사용하고 교도관이 동행계호하는 행위 및 1인 운동장을 사용하게 하는 처우가 신체의 자유를 과도하게 제한하는 것은 아니다.
   (2) 엄중격리대상자의 수용거실에 CCTV를 설치하여 24시간 감시하는 행위는 법률유보의 원칙에 위배되어 사생활의 자유·비밀을 침해하는 것이 아니다. [09국회8급 등]
   이 사건 CCTV 설치행위는 행형법 및 교도관직무규칙 등에 규정된 교도관의 계호활동 중 육안에 의한 시선계호를 CCTV 장비에 의한 시선계호로 대체한 것에 불과하므로, 이 사건 CCTV 설치행위에 대한 특별한 법적 근거가 없더라도 일반적인 계호활동을 허용하는 법률규정에 의하여 허용된다고 보아야 한다. 한편 CCTV에 의하여 감시되는 엄중격리대상자에 대하여 지속적이고 부단한 감시가 필요하고 자살·자해나 흉기 제작 등의 위험성 등을 고려하면, 제반사정을 종합하여 볼 때 기본권 제한의 최소성 요건이나 법익균형성의 요건도 충족하고 있다.

2. 수용자의 부재중에 거실 및 작업장 검사를 하도록 정하고 있는 법무부훈령인 계호업무지침[각하]과 춘천교도소장의 검사행위(헌재 2011.10.25. 2009헌마691) [20국가7급]
이 사건 검사행위가 과잉금지원칙에 위배하여 사생활의 비밀 및 자유를 침해하였다고 할 수 없다. … 적법절차원칙에도 위배되지 아니한다. [기각]

제3항 | 주거의 자유

헌법 제16조 모든 국민은 주거의 자유를 침해받지 아니한다. 주거에 대한 압수나 수색을 할 때에는 검사의 신청에 의하여 법관이 발부한 영장을 제시하여야 한다.

제4항 | 통신의 자유

헌법 제18조 모든 국민은 통신의 비밀을 침해받지 아니한다.

① 통신의 자유의 의의

통신의 자유란 격지자 간에 우편물이나 전기통신 등의 매체수단에 의하여 그 의사나 정보를 자유롭게 전달할 수 있으며, 전달 또는 교환하는 경우에 그 내용 등이 본인의 의사에 반하여 공개되지 아니할 자유를 말한다. [14국회8급]

▶ 관련판례

헌법 제18조로 보장되는 기본권인 통신의 자유란 통신수단을 자유로이 이용하여 의사소통할 권리이다. '통신수단의 자유로운 이용'에는 자신의 인적 사항을 누구에게도 밝히지 않는 상태로 통신수단을 이용할 자유, 즉 통신수단의 익명성 보장도 포함된다. [23법원직] 심판대상조항은 휴대전화를 통한 문자·전화·모바일 인터넷 등 통신기능을 사용하고자하는 자에게 반드시 사전에 본인확인 절차를 거치는 데 동의해야만 이를 사용할 수 있도록 하므로, 익명으로 통신하고자 하는 청구인들의 통신의 자유를 제한한다. 반면, 심판대상조항이 통신의 비밀을 제한하는 것은 아니다. 가입자의 인적사항이라는 정보는 통신의 내용·상황과 관계없는 '비 내용적 정보'이며 휴대전화 통신계약체결단계에서는 아직 통신수단을 통하여 어떠한 의사소통이 이루어지는 것이 아니므로 통신의 비밀에 대한 제한이 이루어진다고 보기는 어렵기 때문이다.(헌재 2019.9.26. 2017헌마1209) [22경찰1차]
심판대상조항에 의하여 휴대전화 통신계약체결을 원하는 자가 이동통신사에 제공하는데 동의해야 하는 정보는 성명, 생년월일, 주소(여기까지는 온라인·대면 가입 공통), 대면 가입의 경우에는 주민등록번호와 신분증 발급일자, 온라인 가입의 경우에는 공인인증정보나 신용카드정보로서, 개인의 동일성을 식별할 수 있게 하는 정보에 해당한다. 가입자가 이러한 정보 제공에 동의하지 않으면 이동통신사는 휴대전화 통신계약체결을 거부할 수 있다. 따라서 심판대상조항은 가입자의 개인정보에 대한 제공·이용 여부를 스스로 결정할 권리를 제한하고 있으므로, 개인정보 자기결정권을 제한한다.

사생활의 비밀과 자유에 포섭될 수 있는 사적 영역에 속하는 통신의 자유는 헌법이 제18조에서 별도의 기본권으로 보장하고 있고, 개인정보의 제공으로 인한 사생활의 비밀과 자유가 제한되는 측면은 개인정보자기결정권의 보호영역과 중첩되는 범위에서 관련되어 있다. 따라서 <u>심판대상조항이 청구인들의 통신의 자유, 개인정보자기결정권을 침해하는지 여부를 판단하는 이상 사생활의 비밀과 자유 침해 여부에 관하여는 별도로 판단하지 아니한다.</u>

개인정보자기결정권, 통신의 자유가 제한되는 불이익과 비교했을 때, 명의도용피해를 막고, 차명휴대전화의 생성을 억제하여 보이스피싱 등 범죄의 범행도구로 악용될 가능성을 방지함으로써 잠재적 범죄 피해 방지 및 통신망 질서 유지라는 더욱 중대한 공익의 달성효과가 인정된다. 따라서 <u>심판대상조항은 청구인들의 개인정보자기결정권 및 통신의 자유를 침해하지 않는다.</u> [20법원직]

Ⅱ 통신의 자유의 주체

자연인뿐만 아니라 법인 등 단체에게도 보장된다. 국민에 한하지 않고 외국인도 주체가 될 수 있으며, 서신의 경우는 수신인과 발신인 모두가 주체가 된다.

Ⅲ 통신의 자유의 한계와 제한

◇ 통신비밀보호법상 통신의 자유 제한사유

	주체	대상인	제한내용
범죄수사를 위한 통신제한 (2월+2월)	검사	각 피의자별 또는 각 피내사자별로	• 법원의 허가 필요 • 긴급시 허가 불요 (36시간 내 허가 要)
	사법경찰관은 검사에 대하여 각 피의자별 또는 각 피내사자별로 통신제한 조치에 대한 허가를 신청하고, 검사는 법원에 대하여 그 허가를 청구할 수 있다.		
국가안보를 위한 통신제한 (4월+4월)	정보기관의 장	내국인(일방 또는 쌍방이 내국인인 경우)	• 정보기관의 장이 신청 • 고등법원 수석판사의 허가 [23국가7급]
		• 대한민국에 적대하는 국가, 반국가활동의 혐의가 있는 외국의 기관·단체와 외국인, 대한민국의 통치권이 사실상 미치지 아니하는 한반도 내의 집단이나 외국에 소재하는 그 산하단체의 구성원의 통신 • 군용전기통신법 제2조의 규정에 의한 군용전기통신(작전수행을 위한 전기통신에 한한다)	대통령 승인

긴급통신제한	사법경찰관, 검사, 정보기관의 장	검사, 사법경찰관 또는 정보수사기관의 장은 국가안보를 위협하는 음모행위, 직접적인 사망이나 심각한 상해의 위험을 야기할 수 있는 범죄 또는 조직범죄등 중대한 범죄의 계획이나 실행 등 긴박한 상황에 있고 제5조 제1항 또는 제7조제1항 제1호의 규정에 의한 요건을 구비한 자에 대하여 제6조 또는 제7조 제1항 및 제3항의 규정에 의한 절차를 거칠 수 없는 긴급한 사유가 있는 때에는 법원의 허가없이 통신제한조치를 할 수 있다.	36시간 내 법원의 허가를 받지 못하면 즉시중지
		정보수사기관의 장은 국가안보를 위협하는 음모행위, 직접적인 사망이나 심각한 상해의 위험을 야기할 수 있는 범죄 또는 조직범죄 등 중대한 범죄의 계획이나 실행 등 긴박한 상황에 있고 제7조 제1항 제2호에 해당하는 자에 대하여 대통령의 승인을 얻을 시간적 여유가 없거나 통신제한조치를 긴급히 실시하지 아니하면 국가안전보장에 대한 위해를 초래할 수 있다고 판단되는 때에는 소속 장관(국가정보원장을 포함)의 승인을 얻어 통신제한조치를 할 수 있다.	36시간 이내에 대통령의 승인을 얻지 못한 때에는 즉시 그 긴급 통신제한조치를 중지하여야 한다.

검사 또는 사법경찰관이 제7항 단서에 따라 통신제한조치의 연장을 청구하는 경우에 통신제한조치의 총 연장기간은 1년을 초과할 수 없다. 다만, 내란죄 등의 중대범죄에 해당하는 범죄의 경우에는 통신제한조치의 총 연장기간이 3년을 초과할 수 없다.

▶ 관련판례

1. 미결수용자의 서신검열·지연교부(헌재 1995.7.21. 92헌마144) [10법원직]
   변호인 아닌 자와의 서신검열은 합헌[기각], 변호인과의 서신검열은 변호인의 조력을 받을 권리를 침해한 것이다.
2. 수용자가 국가기관에 청원하기 위하여 서신을 발송할 경우에 교도소장의 허가를 받도록 하는 것은 통신비밀의 자유를 침해하지 않는다.(헌재 2001.11.29. 99헌마713)[기각] [10법원직]
3. 육군 신병교육 지침서 중 '신병훈련소에서 교육훈련을 받는 동안 전화사용을 통제하는 부분'은 법률유보원칙 등에 위배되지 아니하고, 청구인의 통신의 자유 등 기본권을 침해하지 않는다.(헌재 2010.10.28. 2007헌마890) [16국가7급]

4. 통신제한조치기간의 연장을 허가함에 있어 총연장기간 또는 총연장횟수의 제한을 두지 아니한 것은 헌법에 합치되지 않는다.(헌재 2010.12.28. 2009헌가30)[헌법불합치(잠정적용)] [14국회8급, 11지방7급]
5. 통비법 제3조에 위반하여 지득한 통신 또는 대화의 내용을 공개하거나 누설한 자를 처벌하는 조항의 '대화의 내용'에 관한 부분은 헌법에 위반되지 아니한다.(헌재 2011.8.30. 2009헌바42)
6. 형의 집행 및 수용자의 처우에 관한 법률 제43조 제3항 등 위헌확인(헌재 2012.2.23. 2009헌마333) [14변호사]
   수용자가 밖으로 내보내는 모든 서신을 봉함하지 않은 상태로 교정시설에 제출하도록 규정하고 있는 '형의 집행 및 수용자의 처우에 관한 법률 시행령' 제65조 제1항은 청구인의 통신비밀의 자유를 침해한다. [위헌] [17지방7급]
7. 청구인은 살인죄로 사형을 선고받고 그 판결이 확정되어 현재 부산구치소에 수용 중인데, '어느 사형수의 독백'이라는 제목의 소설집필문을 작성한 뒤 부산구치소장에게 이를 외부 출판사로 발송해 줄 것을 의뢰하였으나, 부산구치소장이 이 사건 집필문의 내용이 '형의 집행 및 수용자의 처우에 관한 법률' 제43조 제5항 제4호 내지 제7호에 해당한다는 이유로 발송을 불허하기로 결정하고 이를 영치한 행위는 헌법에 위반되지 아니한다.(헌재 2016.5.26. 2013헌마98) [18변호사, 16국가7급]
   청구인은 심판대상조항에 의해 표현의 자유 또는 예술창작의 자유가 제한된다고 주장하나, 심판대상조항은 집필문을 창작하거나 표현하는 것을 금지하거나 이에 대한 허가를 요구하는 조항이 아니라 이미 표현된 집필문을 외부의 특정한 상대방에게 발송할 수 있는지 여부에 대해 규율하는 것이므로, 제한되는 기본권은 헌법 제18조에서 정하고 있는 통신의 자유로 봄이 상당하다. 따라서 심판대상조항이 사전검열에 해당한다는 청구인의 주장에 대해서는 판단하지 아니하고, 통신의 자유 침해 여부에 대해서만 판단하기로 한다.
8. 국가기관의 감청설비 보유·사용에 대한 관리와 통제를 위한 법적, 제도적 장치가 마련되어 있으므로, 국가기관이 인가 없이 감청설비를 보유, 사용할 수 있다는 사실만 가지고 바로 국가기관에 의한 통신비밀침해행위를 용이하게 하는 결과를 초래함으로써 통신의 자유를 침해한다고 볼 수는 없다.(헌재 2001.3.21. 2000헌바25) [16국가7급]
9. ① 피청구인 교도소장이 대한법률구조공단으로부터 청구인에게 발송된 총 7건의 서신 및 국가인권위원회로부터 청구인에게 발송된 1건의 서신을 개봉한 행위, ② 피청구인 교도소장이 교도소에 송달된 수원지방검찰청의 정보공개 결정통지서 및 수원지방법원의 판결문 등 총 5건의 문서를 열람한 행위는 청구인의 통신의 자유를 침해하지 않는다.(헌재 2021.9.30. 2019헌마919)[기각]
10. 피청구인 구치소장이 구치소에 수용 중인 수형자에게 온 서신에 '허가 없이 수수되는 물품'인 녹취서와 사진이 동봉되어 있음을 확인하여 서신수수를 금지하고 발신인인 청구인에게 위 물품을 반송한 것은 청구인의 통신의 자유를 침해하지 않는다.(헌재 2019.12.27. 2017헌마413) [22경찰승진]
11. 방송통신심의위원회가 2019.2.11. 주식회사 케이티 외 9개 정보통신서비스제공자 등에 대하여 895개 웹사이트에 대한 이용자들의 접속을 차단하도록 시정을 요구한 행위는 헌법에 위반되지 아니한다.(헌재 2023.10.26. 2019헌마158)[기각]
   이 사건 시정요구는 불법정보 등의 유통을 차단함으로써 정보통신에서의 건전한 문화를 창달하고 정보통신의 올바른 이용환경을 조성하고자 하는 것으로서 그 목적이 정당하다. 보안접속 프로토콜을 사용하는 경우에도 접근을 차단할 수 있도록 SNI를 확인하여 불법정보 등을 담고 있는 특정 웹사이트에 대한 접속을 차단하는 것은 수단의 적합성이 인정된다. 침해의 최소성 및 법익의 균형성도 인정된다. 따라서 이 사건 시정요구는 청구인들의 통신의 비밀과 자유 및 알 권리를 침해하지 아니한다.

제5항 | 거주 · 이전의 자유

> **헌법 제14조** 모든 국민은 거주·이전의 자유를 가진다.

Ⅰ 거주 · 이전의 자유의 의의

거주·이전의 자유란 국민이 자신이 원하는 곳에 주소나 거소를 설정하고, 또 이전할 자유 및 일단 정한 주소·거소를 그의 의사에 반하여 옮기지 아니할 자유를 말한다.

Ⅱ 거주 · 이전의 자유의 주체

국민인 자연인과 법인에게 주체성이 인정된다. 외국인은 입국의 자유는 제한된다. 단, 입국한 외국인의 출국의 자유는 허용된다. [20·19변호사]

➡ 관련판례

법인은 거주·이전의 자유 주체이다.(헌재 1998.2.27. 97헌바79)[합헌] [19·12국가7급]
지방세법 제138조 제1항 제3호가 <u>법인의 대도시내의 부동산등기에 대하여 통상세율의 5배를 규정하고 있다</u> 하더라도 그것이 대도시 내에서 업무용 부동산을 취득할 정도의 재정능력을 갖춘 법인의 담세능력을 일반적으로 또는 절대적으로 초과하는 것이어서 그 때문에 법인이 대도시내에서 향유하여야 할 직업수행의 자유나 <u>거주·이전의 자유의 자유가 형해화할 정도에 이르러 그 기본적인 내용이 침해되었다고 볼 수 없다.</u>

Ⅲ 거주 · 이전의 자유의 내용

01. 국내에서의 거주 · 이전의 자유

거주·이전의 자유는 국내에서 자유롭게 이주할 자유를 말한다. 그러나 북한으로 자유롭게 이주할 자유는 인정되지 않는다. 미성년자는 부모의 거소지정권과 교육권이 우선하므로 가출의 자유는 포함되지 않는다.

02. 국외이주와 해외여행의 자유 [01국가7급]

1 국외이주의 자유 [19국가7급]

국외이주의 자유는 대한민국의 통치권이 미치지 아니하는 곳으로 이주할 수 있는 자유로 거주·이전의 자유에 포함된다. 해외이주법은 국외이주를 신고사항으로 규정하고 있다.

> **📑 참고**
>
> 거주·이전의 자유는 세계인권선언과 국제인권규약에서도 규정하고 있다.

2 해외여행의 자유

대한민국의 통치권이 미치지 아니하는 곳으로 여행할 수 있는 자유로서 거주·이전의 자유에 포함된다. 병역의무자의 국외여행허가제는 헌법에 위반되지 않는다.(헌재 2009.7.30. 2007헌바120)

> ▶ **관련판례**
>
> 제1국민역의 경우 특별한 사정이 없는 한 27세까지만 단기 국외여행을 허용하는 병역의무자 국외여행 업무처리규정 제6조 제1항 별표 1은 거주·이전의 자유를 침해하지 않는다.(헌재 2013.6.27. 2011헌마475)

03. 주민등록 여부와 거주·이전의 자유

> ▶ **관련판례**
>
> 현역병으로 근무하는 자인 영내에 기거하는 군인은 그가 속한 세대의 거주지에서 등록하여야 한다고 규정하고 있는 주민등록법 규정은 헌법에 위반되지 아니하다.(헌재 2011.6.30. 2009헌마59)
> 기본권 제한 여부
> <u>주민등록은 행정법상의 제도로서 주민등록을 하는 것 자체를 거주하는 사람의 권리로 인정할 수 없고, 한편 누구든지 주민등록 여부와 무관하게 거주지를 자유롭게 이전할 수 있으므로 주민등록 여부가 거주·이전의 자유와 직접적인 관계가 있다고 보기도 어렵다.</u> 더욱이 영내로의 주민등록 가능 여부가 해당 현역병의 거주·이전의 자유에 영향을 미친다고 보기 어렵다. 따라서 이 사건 법률조항은 영내 기거하는 현역병의 거주·이전의 자유를 제한하지 않는다 할 것이다. 선거권도 제한되지 않는다.

04. 일시적 이동과 거주·이전의 자유

> ▶ **관련판례**
>
> 1. 경찰청장이 서울광장의 통행을 제지한 것은 일반적 행동자유권을 침해하여 위헌이다.(헌재 2011.6.30. 2009헌마406)[위헌] [19국가7급, 13변호사]
>   이 사건 통행제지행위로 인하여 청구인들의 거주·이전의 자유가 제한된다고 할 수는 없다.
> 2. 세입자입주권의 매매계약에 있어 매도자는 어떠한 경우에도 현 거주지에서 세입자 카드가 발급될 때까지 살아야 한다는 조건을 붙였다고 하더라도 그 계약상의 조건이 계약당사자의 자유로운 의사에 기하여 약정된 것인 이상 그러한 조건이 거주이전의 자유를 제한하는 약정으로서 헌법에 위반되고 사회질서에 반하는 약정으로서 무효로 된다고 할 수 없다.(대판 1991.5.28. 90다19770) [16국가7급]
> 3. 한약업사의 허가 및 영업행위에 대하여 지역적으로 제한을 가한 것은 오로지 국민건강의 유지·향상이라는 공공의 복리를 위하여 마련된 것이고, 그 제한의 정도 또한 목적을 달성하기 위하여 적정한 것이라 할 것이므로 헌법 제11조의 평등의 원칙에 위배된다거나 헌법 제14조의 거주 이전의 자유 및 헌법 제15조의 직업선택의 자유 등 기본권을 침해하는 것으로 볼 수 없다.(헌재 1991.9.16. 89헌마231) [16국가7급]

4. 외교부장관의 허가 없이 여행금지국가를 방문한 사람을 처벌하는 여권법 제26조 제3호는 거주 이전의 자유를 침해하지 않는다.(헌재 2020.2.27. 2016헌마945) [기각]

05. 국적변경의 자유

국적변경의 자유는 거주·이전의 자유에 포함된다는 것이 통설이다. [19국가7급] 그러나 무국적자가 될 자유는 포함되지 않는다.

> ➡ 관련판례
>
> 1. 추징금 미납자에 대한 출국금지는 … 헌법에 위반되지 아니한다.(헌재 2004.10.28. 2003헌가18)[합헌]
> 2. 아프가니스탄 등 전쟁 또는 테러위험이 있는 해외 위난지역에서 여권사용을 제한하거나 방문 또는 체류를 금지한 외교통상부 고시는 청구인들의 거주·이전의 자유를 침해하지 아니한다.(헌재 2008.6.26. 2007헌마1366)[기각]
> 3. 국적이탈 및 국적변경의 자유(헌재 2004.10.28. 2003헌가18) [10법행]
>   거주·이전의 자유에는 우리국적을 가진 자가 한국국적을 포기하고 외국국적을 취득할 수 있는 자유가 포함된다. 국적법은 자진하여 외국국적을 취득한 경우 우리나라의 국적을 상실한다고 규정하고 있다.(국적법 제15조) 다만, 병역기피나 탈세의 목적으로 국적을 변경하는 자유까지 보장하는 것은 아니며, 또한 무국적의 자유까지 보장하는 것은 아니다.

SECTION 4	정신적 자유권

제1항 | 양심의 자유

> **헌법 제19조** 모든 국민은 양심의 자유를 가진다.

I 양심의 자유의 의의

> ➡ 관련판례
>
> 1. 양심이란 인간의 윤리적·도덕적 내심영역의 문제이고, 헌법이 보호하려는 양심은 어떤 일의 옳고 그름을 판단함에 있어서 그렇게 행동하지 아니하고는 자신의 인격적인 존재가치가 허물어지고 말 것이라는 강력하고 진지한 마음의 소리이지, [14법원직] 막연하고 추상적인 개념으로서의 양심이 아니다. 음주측정에 응해야 할 것인지, 거부해야 할 것인지 그 상황에서 고민에 빠질 수는 있겠으나 그러한 고민은 선(善)과 악(惡)의 범주에 관한 진지한 윤리적 결정을 위한 고민이라 할 수 없으므로 그 고민 끝에 어쩔 수 없이 음주측정에 응하였다 하여 내면적으로 구축된 인간양심이 왜곡·굴절된다고 할 수도 없다. 따라서 음

주측정요구와 그 거부는 양심의 자유의 보호영역에 포괄되지 아니하므로 이 사건 법률조항을 두고 헌법 제19조에서 보장하는 양심의 자유를 침해하는 것이라고 할 수 없다.(헌재 1997.3.27. 96헌가11) [20서울지방7급, 06국가7급 등]

2. 양심적 병역거부에 대한 처벌은 헌법에 위반되지 아니한다.(헌재 2004.8.26. 2002헌가1)[합헌]

   (1) '양심의 자유'가 보장하고자 하는 '양심'은 민주적 다수의 사고나 가치관과 일치하는 것이 아니라, 개인적 현상으로서 지극히 주관적인 것이다. 양심은 그 대상이나 내용 또는 동기에 의하여 판단될 수 없으며, 특히 양심상의 결정이 이성적·합리적인가, 타당한가 또는 법질서나 사회규범, 도덕률과 일치하는가 하는 관점은 양심의 존재를 판단하는 기준이 될 수 없다. [19국가7급, 14법원직]

   (2) 일반적으로 민주적 다수는 법질서와 사회질서를 그의 정치적 의사와 도덕적 기준에 따라 형성하기 때문에, 그들이 국가의 법질서나 사회의 도덕률과 양심상의 갈등을 일으키는 것은 예외에 속한다. 양심의 자유에서 현실적으로 문제가 되는 것은 사회적 다수의 양심이 아니라, 국가의 법질서나 사회의 도덕률에서 벗어나려는 소수의 양심이다. 따라서 양심상의 결정이 어떠한 종교관·세계관 또는 그 외의 가치체계에 기초하고 있는가와 관계없이, 모든 내용의 양심상의 결정이 양심의 자유에 의하여 보장된다. [19국가7급, 08지방7급 등]

3. 양심적 병역거부(헌재 2004.8.26. 2002헌가1)[합헌]

   (1) 양심적 병역거부는 헌법에 명문의 규정이 있는 경우에만 인정된다.
   양심의 자유는 단지 국가에 대하여 가능하면 개인의 양심을 고려하고 보호할 것을 요구하는 권리일 뿐, 양심상의 이유로 법적 의무의 이행을 거부하거나 법적 의무를 대신하는 대체의무의 제공을 요구할 수 있는 권리가 아니다. 따라서 양심의 자유로부터 대체복무를 요구할 권리도 도출되지 않는다. 우리 헌법은 병역의무와 관련하여 양심의 자유의 일방적인 우위를 인정하는 어떠한 규범적 표현도 하고 있지 않다. 양심상의 이유로 병역의무의 이행을 거부할 권리는 단지 헌법 스스로 이에 관하여 명문으로 규정하는 경우에 한하여 인정될 수 있다.

   (2) 양심의 자유에 대한 법익교량의 특수성 [08사시 등]
   비례원칙의 일반적 심사과정은 양심의 자유에 있어서는 그대로 적용되지 않는다. 양심의 자유의 경우 비례의 원칙을 통하여 양심의 자유를 공익과 교량하고 공익을 실현하기 위하여 양심을 상대화하는 것은 양심의 자유의 본질과 부합될 수 없다. 양심상의 결정이 법익교량과정에서 공익에 부합하는 상태로 축소되거나 그 내용에 있어서 왜곡·굴절된다면, 이는 이미 '양심'이 아니다. 따라서 양심의 자유의 경우에는 법익교량을 통하여 양심의 자유와 공익을 조화와 균형의 상태로 이루어 양 법익을 함께 실현하는 것이 아니라, 단지 '양심의 자유'와 '공익' 중 양자택일, 즉 양심에 반하는 작위나 부작위를 법질서에 의하여 '강요받는가 아니면 강요받지 않는가'의 문제가 있을 뿐이다.

   (3) 입법자의 의무 [18법원직 등]
   입법자는 헌법 제19조의 양심의 자유에 의하여 공익이나 법질서를 저해하지 않는 범위 내에서 법적 의무를 대체하는 다른 가능성이나 법적 의무의 개별적인 면제와 같은 대안을 제시함으로써 양심상의 갈등을 완화해야 할 의무가 있으며, 이러한 가능성을 제공할 수 없다면, 적어도 의무위반시 가해지는 처벌이나 징계에 있어서 그의 경감이나 면제를 허용함으로써 양심의 자유를 보호할 수 있는 여지가 있는가를 살펴보아야 한다.

4. 헌법상 보장되는 양심의 자유는 우리 헌법이 실현하고자 하는 가치의 핵이라고 할 '인간의 존엄과 가치'와 직결되는 기본권인 반면, 이 사건 법률조항은 헌법상 기본의무인 국방의 의무를 형성하기 위한 법률인데, 국방의 의무는 국가의 존립과 안전을 위한 불가결한 헌법적 가치를 담고 있으므로 <u>헌법적으로 양심의 자유와 국방의 의무 중 어느 것이 더 가치 있는 것이라 말하기는 곤란하다.</u>(헌재 2011.8.30. 2011헌바16(병합))

헌법 제37조 제2항의 비례원칙은, 단순히 기본권제한의 일반원칙에 그치지 않고, 모든 국가작용은 정당한 목적을 달성하기 위하여 필요한 범위 내에서만 행사되어야 한다는 국가작용의 한계를 선언한 것이므로, 비록 이 사건 법률조항이 헌법 제39조에 규정된 국방의 의무를 형성하는 입법이라 할지라도 그에 대한 심사는 헌법상 비례원칙에 의하여야 한다.

> ★ 체크포인트
>
> 입법자는 헌법 제19조의 양심의 자유에 의하여 공익이나 법질서를 저해하지 않는 범위 내에서 법적 의무를 대체하는 다른 가능성이나 법적 의무의 개별적인 면제와 같은 대안을 제시함으로써 양심상의 갈등을 완화해야 할 의무가 있으며, 유사시에만 병역의무를 부과한다는 조건하에서 병역의무를 면제해 주는 것과 같은 대안을 진지하게 검토하여야 한다. (×) [18법원직]

5. 병역의 종류에 양심적 병역거부자에 대한 대체복무제를 규정하지 아니한 병역법 제5조 제1항은 헌법에 합치되지 아니한다.[헌법불합치(잠정적용)] / 양심적 병역거부자의 처벌 근거가 된 병역법 제88조 제1항 본문 제1호 및 제2호는 헌법에 위반되지 아니한다.(헌재 2018.6.28. 2011헌바379)[합헌] [22경찰1차, 20서울지방7급]

[1] 적법요건에 대한 판단

비군사적 성격을 갖는 복무도 입법자의 형성에 따라 병역의무의 내용에 포함될 수 있고, 대체복무제는 그 개념상 병역종류조항과 밀접한 관련을 갖는다. 따라서 <u>청구인들은 입법자가 병역의 종류에 관하여 병역종류조항에 입법은 하였으나 그 내용이 대체복무제를 포함하지 아니하여 불충분하다는 부진정입법부작위를 다투는 것이라고 봄이 상당하다.</u> 이 사건 법률조항은 병역거부, 즉 부작위에 의한 양심실현의 자유를 제한한다. [20·19변호사]

[2] 본안 판단

가. 양심적 병역거부의 의미

'양심적' 병역거부라는 용어를 사용한다고 하여 병역의무이행은 '비양심적'이 된다거나, 병역을 이행하는 병역의무자들과 병역의무이행이 국민의 숭고한 의무라고 생각하는 대다수 국민들이 '비양심적'인 사람들이 되는 것은 결코 아니다.

나. 제한되는 기본권

이 사건 법률조항은 양심의 자유를 제한한다.

다. 병역종류조항의 위헌 여부

(1) 목적의 정당성 및 수단의 적합성

병역종류조항은, 병역부담의 형평을 기하고 병역자원을 효과적으로 확보하여 효율적으로 배분함으로써 국가안보를 실현하고자 하는 것이므로 정당한 입법목적을 달성하기 위한 적합한 수단이다.

(2) 침해의 최소성

- 양심적 병역거부자의 수는 병역자원의 감소를 논할 정도가 아니고, 이들을 처벌한다고 하더라도 교도소에 수감할 수 있을 뿐 병역자원으로 활용할 수는 없으므로, 대체복무제 도입으로 병역자원의 손실이 발생한다고 할 수 없다. 전체 국방력에서 병역자원이 차지하는 중요성이 낮아지고 있는 점을 고려하면, 대체복무제를 도입하더라도 우리나라의 국방력에 의미 있는 수준의 영향을 미친다고 보기는 어렵다.
- 국가가 관리하는 객관적이고 공정한 사전심사절차와 엄격한 사후관리 절차를 갖추고, 현역복무와 대체복무 사이에 복무의 난이도나 기간과 관련하여 형평성을 확보해 현역복무를 회피할 요인을 제거한다면, 심사의 곤란성과 양심을 빙자한 병역기피자의 증가 문제를 해결할 수 있다. 따라서 대체복무제를 도입하면서도 병역의무의 형평을 유지하는 것은 충분히 가능하다.
- 따라서 대체복무제라는 대안이 있음에도 불구하고 군사훈련을 수반하는 병역의무만을 규정한 병역종류조항은, 침해의 최소성 원칙에 어긋난다.
- 양심적 병역거부자에 대한 대체복무제를 규정하지 아니한 병역종류조항은 과잉금지원칙에 위배하여 양심적 병역거부자의 양심의 자유를 침해한다.

> 📑 체크포인트
> 특정한 내적인 확신 또는 신념이 양심으로 형성된 이상 그 내용 여하를 떠나 양심의 자유에 의해 보호되는 양심이 될 수 있으므로, 헌법상 양심의 자유에 의해 보호받는 '양심'으로 인정할 것인지의 판단은 그것이 깊고, 확고하며, 진실된 것인지 여부에 따르게 된다. 그리하여 양심적 병역거부를 주장하는 사람은 자신의 '양심'을 외부로 표명하여 증명할 최소한의 의무를 진다.(헌재 2018.6.28. 2011헌바379) [19입시]

5. 양심적 병역거부를 이유로 유죄판결을 받은 청구인들의 개인통보에 대하여 자유권규약위원회(Human Rights Committee)가 채택한 견해(Views)에 따른, 전과기록 말소 및 충분한 보상 등 구제조치를 이행하는 법률을 제정할 입법의무가 피청구인인 대한민국 국회에게 발생하였다고 볼 수 없으므로, 그러한 법률을 제정하지 아니한 입법부작위의 위헌확인을 구하는 헌법소원심판청구는 부적법하다.(헌재 2018.7.26. 2011헌마306)[각하] [21지방7급]

6. 공정거래위원회의 법위반사실의 공표명령은 양심의 자유를 침해하는 것이 아니다.(헌재 2002.1.31. 2001헌바43) [21국가7급 등]
공정거래위원회의 법위반사실의 공표명령은 … '특정한 내용의 행위를 함으로써 공정거래법을 위반하였다는 사실'을 일간지 등에 공표하라는 것이어서 단지 사실관계와 법을 위반하였다는 점을 공표하라는 것이지 행위자에게 사죄 내지 사과를 요구하고 있는 것으로는 보이지 않는다. 따라서 이 사건 법률조항의 경우 사죄 내지 사과를 강요함으로 인하여 발생하는 양심의 자유의 침해문제는 발생하지 않는다.

Ⅱ 양심의 자유의 법적 성격

양심의 자유는 전국가적 자연법상의 권리로서 정신적 영역의 자유권 중 가장 소극적 성격의 자유권이다.

Ⅲ 양심의 자유의 주체

양심의 자유는 자연인만이 주체가 될 수 있다. 자연인인 이상 국민과 외국인을 불문한다. 헌법재판소는 법인에게 사죄광고를 명하는 것은 법인의 대표자의 양심의 자유를 제약하는 것으로 보아 법인은 양심의 자유의 주체가 될 수 없다고 본다. [18법원직]
* 법인은 양심의 자유의 주체는 아니지만 인격권의 주체성은 인정된다.

Ⅳ 양심의 자유의 내용

01. 양심형성(결정)의 자유

양심형성의 자유는 내심에 머무르는 한 성질상 제한이 불가능한 기본권으로 보는 것이 일반적이다. [20서울지방7급, 15서울7급, 14법원직, 10사시 등]

02. 양심실현의 자유

1 의의

헌법재판소는 "헌법 제19조가 보호하고 있는 양심의 자유는 양심형성의 자유와 양심적 결정의 자유를 포함하는 내심적 자유뿐만 아니라, 양심적 결정을 외부로 표현하고 실현할 수 있는 양심실현의 자유를 포함한다고 할 수 있다"(헌재 1998.7.16. 96헌바35)라고 하여 긍정설을 취하고 있다. [18법원직] 대법원은 과거에 양심실현의 자유는 양심의 자유에 포함되지 않는다고 보았으나, 최근에는 포함된다고 보는 입장이다. [13서울7급]

2 종류

침묵의 자유	1. 침묵의 자유는 형성된 양심을 언어로 외부에 표명하도록 강제되지 아니하는 자유를 말한다. - 양심을 표명하도록 강제되지 아니하는 자유 2. 불리한 진술거부권이나 취재원 묵비권 혹은 증언거부 등은 객관적 사실에 관한 진술의 거부이므로 가치적 판단을 그 내용으로 하는 침묵의 자유에 포함되지 않는다.
양심추지의 금지	양심추지의 금지란 양심을 일정한 행동에 의해 간접적으로 표명하도록 강제받지 아니할 자유를 말한다. 「사상조사」나 「십자가 밟기」 등이 대표적인 예이다.
부작위에 의한 양심실현의 자유	자신의 양심에 반하는 행위를 강제당하지 아니하거나 양심에 반하는 작위의무로부터의 해방을 말한다. 병역을 강제하는 것은 부작위에 의한 양심실현의 자유를 제한하는 것이다. 그러나 침해는 아니다.
작위에 의한 양심실현의 자유	양심상의 행위명령과 그에 대한 법적인 금지명령이 충돌하는 경우를 말한다. 작위에 의한 양심실현의 자유는 상대적으로 많은 제한이 가능하다.

03. 문제되는 사안

① 준법서약서 제도

> **▶ 관련판례**
>
> 준법서약제는 양심의 자유를 침해하지 아니한다.(헌재 2002.4.25. 98헌마425) [기각]
>
> (1) 내용상 단순히 국법질서나 헌법체제를 준수하겠다는 취지의 서약을 할 것을 요구하는 이 사건 준법서약은 국민이 부담하는 일반적 의무를 장래를 향하여 확인하는 것에 불과하며, 어떠한 가정적 혹은 실제적 상황하에서 특정의 사유(思惟)를 하거나 특별한 행동을 할 것을 새로이 요구하는 것이 아니다. 따라서 이 사건 준법서약은 어떤 구체적이거나 적극적인 내용을 담지 않은 채 단순한 헌법적 의무의 확인·서약에 불과하다 할 것이어서 양심의 영역을 건드리는 것이 아니다. [15서울7급, 13변호사]
>
> (2) 양심의 자유는 내심에서 우러나오는 윤리적 확신과 이에 반하는 외부적 법질서의 요구가 서로 회피할 수 없는 상태로 충돌할 때에만 침해될 수 있다. … 가석방은 행형기관의 교정정책 혹은 형사정책적 판단에 따라 수형자에게 주는 은혜적 조치일 뿐이고 수형자에게 주어지는 권리가 아니어서, 준법서약서의 제출을 거부하는 당해 수형자는 결국 위 규칙조항에 의하여 가석방의 혜택을 받을 수 없게 될 것이지만, 단지 그것뿐이며 더 이상 법적 지위가 불안해지거나 법적 상태가 악화되지 아니한다. 이와 같이 위 규칙조항은 내용상 당해 수형자에게 하등의 법적 의무를 부과하는 것이 아니며 이행강제나 처벌 또는 법적 불이익의 부과 등 방법에 의하여 준법서약을 강제하고 있는 것이 아니므로 당해 수형자의 양심의 자유를 침해하는 것이 아니다.

② 사죄광고

> **▶ 관련판례**
>
> 1. 민법 제764조의 "명예회복에 적당한 처분"에 사죄광고를 포함시키는 것은 헌법에 위반된다.(헌재 1991.4.1. 89헌마160)[한정위헌]
>   법인(동아일보)에 사죄광고를 명하는 것은 법인 대표자의 양심의 자유를 침해하는 것이다.
>   방송위원회가 방송사에 대해 사과를 명령하는 것은 법인의 인격권을 침해하는 것으로 보지만, 법원이 동아일보에 사과를 명령하는 것은 양심의 자유 침해로 보았다.
> 2. 취업규칙에서 사용자가 사고나 비위행위 등을 저지른 근로자에게 시말서를 제출하도록 명령할 수 있다고 규정하는 경우, 그 시말서가 단순히 사건의 경위를 보고하는 데 그치지 않고 더 나아가 근로관계에서 발생한 사고 등에 관하여 '자신의 잘못을 반성하고 사죄한다는 내용'이 포함된 사죄문 또는 반성문을 의미하는 것이라면, 이는 헌법이 보장하는 내심의 윤리적 판단에 대한 강제로서 양심의 자유를 침해하는 것이므로, 그러한 취업규칙 규정은 헌법에 위배되어 근로기준법 제96조 제1항에 따라 효력이 없고, 그에 근거한 사용자의 시말서 제출명령은 업무상 정당한 명령으로 볼 수 없다.(대판 2010.1.14. 2009두6605) [10법무사]

3. 가해학생에 대한 조치로 피해학생에 대한 서면사과를 규정한 구'학교폭력 예방 및 대책에 관한 법률'(이하'구 학교폭력예방법'이라 한다) 제17조 제1항 제1호는 가해학생의 양심의 자유와 인격권을 침해하지 않는다.(헌재 2023.2.23. 2019헌바93)[합헌] [23국회8급]

> **▶ 관련판례**
>
> 연말정산을 위한 의료비 내역 제공은 의사의 양심의 자유를 제한하지만 침해하는 것은 아니다.(헌재 2008.10.30. 2006헌마1401) [10지방7급]

제2항 | 종교의 자유

> **헌법 제20조** ① 모든 국민은 종교의 자유를 가진다.
> ② 국교는 인정되지 아니하며, 종교와 정치는 분리된다. [10법무사]

Ⅰ 종교의 자유

01. 종교의 자유의 의의

종교의 자유란 자신이 선호하는 종교를 자신이 원하는 방법으로 신봉하는 자유를 말한다. 종교의 자유에는 신앙의 자유, 종교적 행위의 자유, 종교교육의 자유 등이 포함된다.

02. 종교의 자유의 주체

1 자연인

종교의 자유는 인간의 권리이므로 외국인에게도 인정된다.

2 법인

법인에게는 종교의 자유 중 신앙의 자유는 그 성질상 인정되지 않지만, 선교의 자유, 예배의 자유, 종교 교육의 자유 등은 인정된다.

03. 종교의 자유의 내용

1 신앙의 자유

신앙이란 신과 피안의 세계에 대한 인간의 내적(주관적) 확신을 말한다. [18지방7급] 신앙의 자유에는 자신이 믿을 종교를 선택·변경할 자유와 종교를 믿지 않을 무신앙의 자유를 포함한다. 또한 신앙을 고백할 자유와 신앙고백을 강요당하지 않을 자유를 포함하며, 신앙이나 불신앙으로 인하여 특별한 불이익을 받지 않을 자유를 포함한다. 신앙의 자유는 내심의 자유로서 절대적으로 보장된다고 본다. [18지방7급]

* 신앙의 자유와 양심형성의 자유는 성질상 제한이 불가능한 절대적 기본권이다. 따라서 법률로서도 제한될 수 없다.

② 종교적 행위의 자유

1. 선교의 자유

선교의 자유는 자기의 종교적 신앙을 타인에게 포교하는 자유를 말하며, 이에는 다른 종교를 비판하거나, 다른 종교의 신자에 대하여 개종을 권고할 수 있는 자유도 포함된다.

> **➡ 관련판례**
>
> 1. 종교의 자유에는 선교의 자유가 포함된다.(대판 1996.9.6. 96다19246) [15법원직, 10법행]
>   <u>종교의 자유에는 자기가 신봉하는 종교를 선전하고 새로운 신자를 규합하기 위한 선교의 자유가 포함되고 선교의 자유에는 다른 종교를 비판하거나 다른 종교의 신자에 대하여 개종을 권고하는 자유도 포함되는바</u>, 종교적 선전, 타 종교에 대한 비판 등은 동시에 표현의 자유의 보호대상이 되는 것이나, 그 경우 종교의 자유에 관한 헌법 제20조 제1항은 표현의 자유에 관한 헌법 제21조 제1항에 대하여 특별 규정의 성격을 갖는다 할 것이므로 <u>종교적 목적을 위한 언론·출판의 경우에는 그 밖의 일반적인 언론·출판에 비하여 보다 고도의 보장을 받게 된다.</u>
> 2. 아프가니스탄 등 전쟁 또는 테러위험이 있는 해외위난 지역에서 여권사용을 제한하거나 방문 또는 체류를 금지하는 것은 선교의 자유를 침해한 것이 아니다.(헌재 2008.6.26. 2007헌마1366)
>   종교전파의 자유는 국민에게 그가 선택한 임의의 장소에서 자유롭게 행사할 수 있는 권리까지 보장한다고 할 수 없다. [18지방7급, 17법원직 등]

2. 종교교육의 자유

종교의 자유에는 종교교육의 자유가 포함되므로, 종교적 재산이 설립한 사립학교에서는 종교교육이 허용된다. 이에 비해 국·공립학교에서는 일반적인 종교교육은 허용될 수 있으나, 특정한 종교에 대한 교육은 허용되지 않는다. 사립학교가 종교의 자유를 이유로 학생들에게 특정 종교교육을 실시할 때, 학생의 무신앙의 자유와 충돌하는 경우가 있다.

> **➡ 관련판례**
>
> 1. 종교의 자유와 사립학교(대판 1998.11.10. 96다37268)
>   <u>사립대학은 종교교육 내지 종교선전을 위하여 학생들의 신앙을 가지지 않을 자유를 침해하지 않는 범위 내에서 학생들로 하여금 일정한 내용의 종교교육을 받을 것을 졸업요건으로 하는 학칙을 제정할 수 있다.</u>

2. 고등학교에서의 강제적인 종교교육은 불법행위에 해당한다.(대판 2010.4. 22. 2008다38288) [18지방7급]
   종립학교가 고등학교 평준화정책에 따라 강제배정된 학생들을 상대로 특정 종교의 교리를 전파하는 종파적인 종교행사와 종교과목 수업을 실시하면서 참가 거부가 사실상 불가능한 분위기를 조성하고 대체과목을 개설하지않는 등 신앙을 갖지 않거나 학교와 다른 신앙을 가진 학생의 기본권을 고려하지 않은 것은, 우리 사회의 건전한 상식과 법감정에 비추어 용인될 수 있는 한계를 벗어나 학생의 종교에 관한 인격적 법익을 침해하는 위법한 행위이고, 그로 인하여 인격적 법익을 침해받는 학생이 있을 것임이 충분히 예견가능하고 그 침해가 회피가능하므로 과실 역시 인정된다.

▶ 관련판례

1. 피청구인인 부산구치소장이 미결수용자의 신분으로 부산구치소에 수용되었던 기간 중 청구인의 조사수용 내지 징벌(금치)집행 중이었던 기간을 제외한 기간 및 미지정 수형자(추가 사건이 진행 중인 자 등)의 신분으로 수용되어있던 기간 동안, 교정시설 안에서 매주 화요일에 실시하는 종교집회 참석을 제한한 행위는 청구인의 종교의 자유를 침해한다.(헌재 2014.6.26. 2012헌마782) [16법원직, 15국가7급]
2. 미결수용자를 대상으로 한 개신교 종교행사를 4주에 1회, 일요일이 아닌 요일에 실시한 행위는 헌법에 위반되지 않는다.(헌재 2015.4.30. 2013헌마190)

Ⅱ 국교부인과 정교분리의 원칙

▶ 관련판례

1. 사법시험 1차 시험을 일요일에 시행하는 것은 종교의 자유의 본질적 내용을 침해하는 것으로 볼 수 없다.(헌재 2001.9.27. 2000헌마159)[기각]
2. 사법시험 시행일자를 토요일 또는 토요일이 포함된 기간으로 지정한 것이 종교의 자유 등 기본권을 침해한 것이 아니다.(헌재 2010.6.24. 2010헌마41)[기각]
3. 법학적성시험 일요일 시행(헌재 2010.4.29. 2009헌마399)[기각]
4. 학교정화구역안의 납골시설 절대적 금지는 헌법에 위반되지 아니한다.(헌재 2009. 7.30. 2008헌가2)[합헌] [12국가7급]
5. 천주교성당 일대의 문화관광지 조성은 정교분리원칙에 위배되지 않는다.(대판 2009.5. 28. 2008두16933)
6. 종교시설의 건축행위에 대한 조세 부과(헌재 2010.2.25. 2007헌바131등)[합헌]
   종교의 자유에서 종교에 대한 적극적인 우대조치를 요구할 권리가 직접 도출되거나 우대할 국가의 의무가 발생하지 아니한다. 종교시설의 건축행위에만 기반시설부담금을 면제한다면 국가가 종교를 지원하여 종교를 승인하거나 우대하는 것으로 비칠 소지가 있어 헌법 제20조 제2항의 국교금지·정교분리에 위배될 수도 있다고 할 것이므로 종교시설의 건축행위에 대하여 기반시설부담금 부과를 제외하거나 감경하지 아니하였더라도, 종교의 자유를 침해하는 것이 아니다. [21경찰승진]

7. 피청구인 육군훈련소장이 2019.6.2. 청구인들에 대하여 육군훈련소 내 종교 시설에서 개최되는 개신교, 불교, 천주교, 원불교 종교행사 중 하나에 참석하도록 한 행위는 청구인들의 종교의 자유를 침해한다.(헌재 2022.11.24. 2019헌마941)[인용] [23국가7급등]

이 사건 종교행사 참석조치는 국가의 종교에 대한 중립성을 위반하고, 국가와 종교의 밀접한 결합을 초래하여 정교분리원칙에 위배된다. 이 사건 종교행사 참석조치는 과잉금지원칙에 위배되어 청구인들의 종교의 자유를 침해한다.

전통적으로 종교 단체 내부의 문제는 사법심사가 적절치 않은 부분으로 인정되어 왔다. 그러나 종교단체내부의 징계 등이 개인의 권리·의무와 관련될 때에는 사법심사가 가능하다는 것이 대법원의 입장이다.

제3항 | 언론·출판의 자유

헌법 제21조 ① 모든 국민은 언론·출판의 자유와 집회·결사의 자유를 가진다.
② 언론·출판에 대한 허가나 검열과 집회·결사에 대한 허가는 인정되지 아니한다.
③ 통신·방송의 시설기준과 신문의 기능을 보장하기 위하여 필요한 사항은 법률로 정한다.
④ 언론·출판은 타인의 명예나 권리 또는 공중도덕이나 사회윤리를 침해하여서는 아니된다. 언론·출판이 타인의 명예나 권리를 침해한 때에는 피해자는 이에 대한 피해의 배상을 청구할 수 있다. - 개별적 헌법유보조항 [20법무사]으로 언론의 자유의 한계에 관한 규정이 아니라 제한에 관한 규정이다.

Ⅰ 언론·출판의 자유의 의의

01. 언론·출판의 자유의 개념

현대적 의미에서는 전달하는 자유 외에 정보원에 접근하여 알 수 있는 권리와 반론권, 언론기관 설립의 자유, 취재의 자유와 편집·편성권(편성권은 기본권의 대사인효의 문제이다), 내부적 자유, 액세스권까지 포괄하는 의미로 사용된다.

알권리 등	현대적 의미에서는 전달하는 자유 외에 정보원에 접근하여 알 수 있는 권리와 반론권, 언론 기관설립의 자유 등이 포함된다.
편집권 등	취재의 자유와 편집·편성권, 내부적 자유, 액세스권까지 포괄하는 의미로 사용된다. 편집·편성권, 내부적 자유는 기본권의 대사인효의 문제이다.

02. 언론·출판의 자유의 연혁

우리나라에서는 건국헌법에서 이를 규정한 후, 제3차 개헌에서 허가와 검열의 금지를 추가하였고, 제5차 개헌에서는 언론·출판의 자유의 한계를 명시하였으며 영화·연예에 대한 허가와 검열이 가능하였다. 제7차 개헌에서는 허가제와 검열제 금지규정을 삭제하였고, 제9차 개헌에서 허가제와 검열제 금지규정이 부활되었다.

03. 언론·출판의 자유의 현대적 의의 – 정치적 자유권의 성격

오늘날 언론·출판의 자유는 민주정치에 있어서 필수불가결한 자유로서 정치적 자유권으로 인정되고 있다.

Ⅱ 언론·출판의 자유의 법적 성격

오늘날 언론·출판의 자유의 성격은 주관적 권리임과 동시에 민주국가의 객관적 질서의 구성요소이고, 제도 보장의 성격도 있으며, 알 권리와 관련하여 청구권의 성격도 있다.

Ⅲ 언론·출판의 자유의 주체

언론·출판의 자유는 개인뿐만 아니라 법인에게도 보장되는 권리이고, 외국인의 언론자유도 일반적으로 인정되지만 정치적 표현의 자유는 제한될 수 있다.

Ⅳ 언론·출판의 자유의 내용

01. 의사표현의 자유

1 의사표현의 매개체

표현의 자유에서 의사표현 또는 전파의 매개체는 연설·연극·방송·음악·영화·소설·도화·사진·조각 등 어떠한 형태이건 가능하며 그 제한이 없다. [19·14·13법원직] 헌법재판소는 음란물·게임물도 의사표현의 매개체가 된다고 한다. [17국가7급, 15서울7급]

2 허위사실의 표현

허위사실의 표현도 언론·출판의 자유의 보호영역에는 해당한다. 다만, 국가안전보장, 질서유지, 공공복리를 위해서 제한할 수 있다.(헌재 2010.12. 28. 2008헌바157)

3 집필도 표현의 자유에 의해 보호된다.

의사표현 이전의 단계인 집필에 대해서 헌법재판소는 "집필은 문자를 통한 모든 의사표현의 기본전제가 된다는 점에서 당연히 표현의 자유의 보호영역에 속해 있다고 보아야 한다."(헌재 2005.2.24. 2003헌마289)고 판시하였다. [15변호사]

4 익명표현의 자유도 인정된다.

자신을 밝히지 아니한 채 익명 또는 가명으로 자신의 사상이나 견해를 표명하고 전파할 자유도 포함된다.(헌재 2010.2.25. 2008헌마324) [15변호사]

◀ OX 연습

1. 광고가 단순히 상업적인 상품이나 서비스에 관한 사실을 알리는 경우에는 그 내용이 공익을 포함하고 있더라도 헌법 제21조의 표현의 자유에 의하여 보호되는 것은 아니다. [22경찰승진]
2. 상업광고도 표현의 자유의 보호영역에 속하는 것이므로 상업광고 규제에 관한 비례의 원칙 심사에 있어서 피해의 최소성 원칙에서는 같은 목적을 달성하기 위하여 달리 덜 제약적인 수단이 없을 것인지 혹은 입법목적을 달성하기 위하여 필요한 최소한의 제한인지를 심사한다. [17국가7급]

Answer

1. × 헌재 2002.12.18. 2000헌마764
2. × 헌재 2005.10.27. 2003헌가3

(2) 이 사건 조항이 의료인의 기능과 진료방법에 대한 광고를 금지하고 이에 대하여 벌금형에 처하도록 한 것은 입법목적을 달성하기 위하여 필요한 범위를 넘어선 것이므로, '피해의 최소성' 원칙에 위반된다. … 결국 이 사건 조항은 헌법 제37조 제2항의 비례의 원칙에 위배하여 표현의 자유와 직업수행의 자유를 침해하는 것이다.

3. 식품이나 식품의 용기·포장에 "음주전후" 또는 "숙취해소"라는 표시를 금지하고 있는 식품 등의 표시기준부분은 영업의 자유 등의 기본권을 침해한다.(헌재 2000.3. 30. 99헌마143)[위헌] [16국회8급, 15지방7급]

4. <u>식품첨가물에 질병치료의 효능이 있다는 내용 또는 의약품으로 혼동할 우려가 있는 표시를 금지하는 것은 표현의 자유를 침해하지 아니한다.</u>(헌재 2000.3.30. 97헌마 108 ; 헌재 2019.7.25. 2017헌바513)

5. 세무사의 자격이 있는 자 중 변호사 자격이 있는 자로 하여금 세무사 또는 이와 유사한 명칭을 사용하지 못하도록한 세무사법 규정은 표현의 자유 및 직업의 자유를 침해하지 않는다.(헌재 2008.5.29. 2007헌마248)[기각]

6. 의료법 제56조 제2호 등 위헌소원(헌재 2014.9.25. 2013헌바28)
   의료법인·의료기관 또는 의료인이 '치료효과를 보장하는 등 소비자를 현혹할 우려가 있는 내용의 광고'를 한 경우 형사처벌하도록 규정한 의료법 규정은 죄형법정주의의 명확성원칙에 위배되지 않고, 의료인 등의 표현의 자유, 직업수행의 자유를 침해하지 않는다.

7. 특정구역 안에서 업소별로 표시할 수 있는 옥외광고물의 총수량을 1개로 제한하고, 세로형간판, 옥상간판, 현수막 등을 설치할 수 없도록 하며, 건물의 2층 이하에 입주한 업소에 한하여 가로형 간판을, 지하층 및 3층 이상에 입주한 업소에 한하여 돌출간판을 각 설치하도록 하면서, 창문이용광고물은 1층에 입주한 업소에 한하여 설치할 수 있도록 하는 '옥외광고물 표시제한 특정구역 지정고시' 조항들은 청구인들의 표현의 자유, 직업수행의 자유 및 평등권을 침해하지 아니한다.(헌재 2016.3.31. 2014헌마794)[기각] [17국회8급]

03. 상징적 표현

자신의 의사를 알리기 위해 언어를 사용하지 않고 일정한 상징을 사용하는 행위를 상징적 표현이라고 한다. 이러한 상징적 표현도 표현의 자유로 보호된다.(헌재 1998.2.27. 96헌바2) [07사시]

04. 알 권리

정보공개청구권의 헌법적 근거는 알 권리. 알 권리의 헌법적 근거는 언론·출판의 자유

정보수령권:신문, 소극적 성격
정보수집권:취재, 능동적 성격 → 자발적 정보를 대상(공개된 정보)
정보공개청구권
:비자발적 정보를 대상
(비공개정보)

개별적 정보공개청구권:이해관계 있는 자가 청구
일반적 정보공개청구권:이해관계와 상관없이 누구나 청구할 수 있는 권리

* 헌재는 정보공개법 제정 전에도 알 권리에 근거하여 정보공개청구권을 인정(주관적 공권성 인정)
* 일반적 정보공개청구권을 알 권리의 핵심이라고 판시
* 정보공개청구권은 개별법 없이도 인정 ⇨ 현재는 정보공개법 제정
* 정보공개법상 정보공개청구의 주체는 "모든 국민"
* 이해관계 없는 시민단체도 정보공개청구권이 인정된다.

1 알 권리의 법적 성격(알 권리의 복합성) [15법원직, 08국회8급]

헌법재판소는 "알 권리는 표현의 자유와 표리일체의 관계에 있으며 자유권적 성질과 청구권적 성질을 공유하는 것이다. 나아가 현대 사회가 고도의 정보화 사회로 이행해 감에 따라 알 권리는 한편으로 생활권적 성질까지도 획득해 나가고 있다"(헌재 1991.5.13. 90헌마133)라고 판시하고 있다.

2 알 권리의 주체

알 권리는 자연인, 외국인, 법인, 권리능력 없는 사단·재단 모두에게 인정된다. 공공기관의 정보공개에 관한 법률은 이해당사자만이 아니라 모든 국민에게 정보공개청구권을 인정하고, 일정한 경우에 외국인에게도 인정한다. [15법원직]

> **▶ 관련판례**
>
> 1. 수용자와 알 권리
>   교도소에서 교화상 부적당하다고 인정되는 기사에 대해 신문 일부를 삭제한 후 수용자에게 구독케 한 행위는 알 권리를 침해하지 아니한다.(헌재 1998.10.29. 98헌마4)
> 2. 여론조사와 알 권리(헌재 1998.5.28. 97헌마362)
>   선거기간 중 여론조사의 공표를 금지하는 것은 선거의 공정성에 비추어 국민의 알 권리를 침해하지 아니한다.
> 3. 정보공개청구권은 구체적 권리로서 법률의 제정이 없어도 실현가능하다.(헌재 1989.9.4. 88헌마22)
> 4. 확정된 형사소송기록의 복사신청에 대한 서울지방검찰청의정부지청장의 거부행위는 청구인의 헌법상의 기본권인 "알 권리"를 침해한 것이다.(헌재 1991.5. 13. 90헌마133)
> 5. 원칙적으로 국가에게 이해관계인의 공개청구 이전에 적극적으로 정보를 공개할 것을 요구하는 것까지 알 권리로 보장되는 것은 아니다.(헌재 2004.12.16. 2002헌마579) [08사시]
>   (1) 일반적으로 국민의 권리의무에 영향을 미치거나 국민의 이해관계와 밀접한 관련이 있는 정책결정 등에 관하여 적극적으로 그 내용을 알 수 있도록 공개할 국가의 의무는 기본권인 알 권리에 의하여 바로 인정될 수는 없고 이에 대한 구체적인 입법이 있는 경우에야 비로소 가능하다.
>   (2) 이와 같이 알 권리에서 파생되는 정부의 공개의무는 특별한 사정이 없는 한 국민의 적극적인 정보수집행위, 특히 특정의 정보에 대한 공개청구가 있는 경우에야 비로소 존재하므로, 청구인들의 정보공개청구가 없었던 이 사건의 경우 이 사건 조항을 사전에 마늘재배농가들에게 공개할 정부의 의무는 인정되지 아니한다. [12국회8급]
>   (3) 앞서 살펴본 바와 같이 이 사건 조항을 공개할 정부의 의무는 인정되지 아니하므로 정부의 공개의무가 있음을 전제로 한 청구인들의 이 사건 부작위에 대한 심판청구는 부적법한 것으로 판단된다.

6. 국민은 헌법상 보장된 알 권리의 한 내용으로서 국회에 대하여 입법과정의 공개를 요구할 권리를 가지며, 국회의 의사에 대하여는 직접적인 이해관계 유무와 상관없이 일반적 정보공개청구권을 가진다고 할 수 있다.(헌재 2009.9.24. 2007헌바17) [15법원직]

국회사무총장이 회의별 참석자 명단은 공개하였으나, 회의별 참석자의 발언내용 및 결정내용에 대하여 찬성 또는 반대한 위원의 명단은 국회법 제57조 제5항 단서 및 공공기관의 정보공개에 관한 법률 제9조 제1항에 따라 비공개한다는 결정을 한 것은 알 권리를 침해하지 않는다.

7. 인터넷 등 전자적 방법에 의한 판결서 열람·복사의 범위를 개정법 시행 이후 확정된 사건의 판결서로 한정하고 있는 군사법원법 부칙 제2조는 청구인의 정보공개청구권을 침해하지 않는다.(헌재 2015.12.23. 2014헌마185)

8. '디엔에이신원확인정보의 이용 및 보호에 관한 법률'상 디엔에이감식시료 채취 대상자가 감식시료 채취에 부동의하였지만 디엔에이감식시료채취영장이 발부되어 디엔에이감식시료가 채취되었고, 청구인은 대검찰청에 자신의 디엔에이신원확인정보 검색결과에 대하여 정보공개 청구를 하였으나, 대검찰청은 청구인이 디엔에이신원확인정보의 검색결과를 회보받을 수 있는 대상이 아니므로 공개할 수 없다고 답변한 것은 청구인의 알 권리를 침해할 가능성이 없으므로 부적법하다.(헌재 2016.2.25. 2013헌마488)[각하]

9. 변호사시험 성적을 합격자에게 공개하지 않도록 규정한 변호사시험법 제18조 제1항 본문은 청구인들의 알 권리(정보공개청구권)를 침해한다.(헌재 2015.6. 25. 2011헌마769 등)

　　[1] 변호사시험 성적의 비공개는 기존 대학의 서열화를 고착시키는 등의 부작용을 낳고 있으므로 수단의 적절성이 인정되지 않는다.

　　[2] 시험 성적의 비공개가 청구인들의 법조인으로서의 직역 선택이나 직업수행에 있어서 어떠한 제한을 두고 있는 것은 아니므로 심판대상조항이 청구인들의 직업선택의 자유를 제한하고 있다고 볼 수 없다.
　　[18·16국회8급]

10. 변호사시험 성적 공개 청구기간을 개정 변호사시험법 시행일로부터 6개월로 제한하는 변호사시험법 부칙 제2조 중 '이 법 시행일부터 6개월 내에' 부분은 청구인의 정보공개청구권을 침해하여 헌법에 위반된다.(헌재 2019.7.25. 2017헌마1329) [23 입시]

　　[1] 성적 공개 청구기간을 일정한 기간으로 제한하는 것은 입법목적 달성을 위한 적합한 수단이다.

　　[2] 변호사시험 합격자는 성적 공개 청구기간 내에 열람한 성적 정보를 인쇄하는 등의 방법을 통해 개별적으로 자신의 성적 정보를 보관할 수 있으나, 성적 공개 청구기간이 지나치게 짧아 정보에 대한 접근을 과도하게 제한하는 이상, 이러한 점을 들어 기본권 제한이 충분히 완화되어 있다고 보기도 어렵다. 이상을 종합하면, 특례조항은 과잉금지원칙에 위배되어 청구인의 정보공개청구권을 침해한다.

11. 정보위원회 회의는 공개하지 아니한다고 정하고 있는 국회법 제54조의2 제1항 본문은 청구인의 알권리를 침해한다.(헌재 2022.1.27. 2018헌마1162)[각하, 위헌]

심판대상조항 부분: 의사공개원칙에 위배되어 위헌

12. 피청구인 대통령의 지시로 피청구인 문화체육관광부장관이 야당 소속 후보를 지지하였거나 정부에 비판적 활동을 한 문화예술인이나 단체를 정부의 문화예술 지원사업에서 배제할 목적으로, 문화예술인 지원사업에서 배제하도록한 일련의 지시 행위는 위헌임을 확인한다.(헌재 2020.12.23. 2017헌마416)[위헌 확인]

[1] 이 사건 정보수집 등 행위에 대한 판단(위헌 확인)
  • 이 사건 정보수집 등 행위는 그것이 지지 선언 등의 형식으로 공개적으로 이루어진 것이라고 하더라도 여전히 개인정보자기결정권의 보호 범위 내에 속한다.
  • 정부가 문화예술 지원사업에서 배제할 목적으로 문화예술인들의 정치적 견해에 관한 정보를 처리할 수 있도록 수권하는 법령상 근거가 존재하지 않으므로 이 사건 정보수집 등 행위는 법률유보원칙에 위반된다.
  • 나아가, 이 사건 정보수집 등 행위는 청구인들의 정치적 견해를 확인하여 야당 후보자를 지지한 이력이 있거나 현 정부에 대한 비판적 의사를 표현한 자에 대한 문화예술 지원을 차단하는 위헌적인 지시를 실행하기 위한 것으로, 그 목적의 정당성도 인정할 여지가 없어 헌법상 허용될 수 없는 공권력 행사이다. [22지방7급]

[2] 이 사건 지원배제 지시에 대한 판단(위헌 확인)
  이 사건 지원배제 지시는 법적 근거가 없으며, 그 목적 또한 정부에 대한 비판적 견해를 가진 청구인들을 제재하기 위한 것으로 헌법의 근본원리인 국민주권주의와 자유민주적 기본질서에 반하므로, 청구인들의 표현의 자유를 침해한다.

[3] 평등권 침해
  청구인들의 정치적 견해를 기준으로 이들을 문화예술계 지원사업에서 배제되도록 한 것은 자의적인 차별행위로서 청구인들의 평등권을 침해한다.

13. 신문의 편집인·발행인 또는 그 종사자, 방송사의 편집책임자, 그 기관장 또는 종사자, 그 밖의 출판물의 저작자와 발행인으로 하여금 아동보호사건에 관련된 '아동학대행위자'를 특정하여 파악할 수 있는 인적 사항이나 사진 등을 신문 등 출판물에 싣거나 방송매체를 통하여 방송할 수 없게 금지하는 '아동학대범죄의 처벌 등에 관한 특례법' 제35조 제2항 중 '아동학대행위자'에 관한 부분은 알권리를 침해하지 않는다.(헌재 2022.10.27. 2021헌가4)[합헌] [23국회8급]

05. 공공기관의 정보공개에 관한 법률 주요 내용

1 총칙적 사항

1. 목적

> **공공기관의 정보공개에 관한 법률 제1조(목적)** 이 법은 공공기관이 보유·관리하는 정보에 대한 국민의 공개 청구 및 공공기관의 공개 의무에 관하여 필요한 사항을 정함으로써 국민의 알 권리를 보장하고 국정에 대한 국민의 참여와 국정 운영의 투명성을 확보함을 목적으로 한다.

☑ **조문해설** 공개청구의 대상이 되는 정보는 공공기관이 보유·관리하는 정보를 말한다. 따라서 작성주체는 문제되지 않는다. 따라서 공무원이 아닌 개인이 작성한 문서도 공공기관이 보유하면 본법의 적용대상이 된다.

2. 정보공개의 원칙

> **공공기관의 정보공개에 관한 법률 제3조(정보공개의 원칙)** 공공기관이 보유·관리하는 정보는 국민의 알 권리 보장 등을 위하여 이 법에서 정하는 바에 따라 적극적으로 공개하여야 한다.

☑ **조문해설** 정보는 공개가 원칙이고 예외적으로 비공개 사유가 법정되어 있다.

3. 적용범위(제4조)

원칙적 적용	① 정보의 공개에 관하여는 다른 법률에 특별한 규정이 있는 경우를 제외하고는 이 법이 정하는 바에 의한다.
조례제정	② 지방자치단체는 그 소관사무에 관하여 법령의 범위 안에서 정보공개에 관한 조례를 정할 수 있다.
적용 제외	③ 국가안전보장에 관련되는 정보 및 보안업무를 관장하는 기관에서 국가안전보장과 관련된 정보분석을 목적으로 수집되거나 작성된 정보에 대하여는 이 법을 적용하지 아니한다. 다만, 제8조 제1항의 규정에 의한 정보목록의 작성·비치 및 공개에 대하여는 그러하지 아니한다.

② 정보공개청구권자(제5조)

모든 국민	① 모든 국민은 정보의 공개를 청구할 권리를 가진다.
외국인	② 외국인의 정보공개청구에 관하여는 대통령령으로 정한다. **시행령 제3조(외국인의 정보공개청구)** 법 제5조 제2항의 규정에 의하여 정보공개를 청구할 수 있는 외국인은 다음 각 호의 1에 해당하는 자이어야 한다. 1. 국내에 일정한 주소를 두고 거주하거나 학술·연구를 위하여 일시적으로 체류하는 자 2. 국내에 사무소를 두고 있는 법인 또는 단체

* 모든 국민이 공개대상정보의 공개를 청구할 수 있고, 당해정보와 이해관계 있는 자에 한정되지 않는다.(행정절차에서 정보공개는 처분의 상대방 및 이해관계인으로 한정되어 있다)

③ 행정정보의 공표

1. 정기적으로 공개해야 하는 정보

> **공공기관의 정보공개에 관한 법률 제7조(정보의 사전적 공개 등)** ① 공공기관은 다음 각 호의 어느 하나에 해당하는 정보에 대해서는 공개의 구체적 범위, 주기, 시기 및 방법 등을 미리 정하여 정보통신망 등을 통하여 알리고, 이에 따라 정기적으로 공개하여야 한다. 다만, 제9조제1항 각 호의 어느 하나에 해당하는 정보에 대해서는 그러하지 아니하다.
> 1. 국민생활에 매우 큰 영향을 미치는 정책에 관한 정보
> 2. 국가의 시책으로 시행하는 공사(工事) 등 대규모 예산이 투입되는 사업에 관한 정보
> 3. 예산집행의 내용과 사업평가 결과 등 행정감시를 위하여 필요한 정보
> 4. 그 밖에 공공기관의 장이 정하는 정보

2. 정보공개시스템을 통한 정보 공개

> **공공기관의 정보공개에 관한 법률 제8조의2(공개대상 정보의 원문공개)** 공공기관 중 중앙행정기관 및 대통령령으로 정하는 기관은 전자적 형태로 보유·관리하는 정보 중 공개대상으로 분류된 정보를 국민의 정보공개 청구가 없더라도 정보통신망을 활용한 정보공개시스템 등을 통하여 공개하여야 한다.

🔁 관련판례

1. 저속한 간행물을 출판한 출판사의 등록취소는 성인의 알 권리를 침해한 것이다.(헌재 1998.4.30. 95헌가16)[위헌]
   또 청소년보호라는 명목으로 성인이 볼 수 있는 것까지 전면 금지시킨다면 이는 성인의 알 권리의 수준을 청소년의 수준으로 맞출 것을 국가가 강요하는 것이어서 성인의 알 권리까지 침해하게 된다.
2. 청소년이용음란물의 제작을 처벌하는 것은 성인의 알 권리를 침해하지 않는다.(헌재 2002.4.25. 2001헌가27)[합헌]
3. 치과의사국가고시 문제에 관한 정보의 비공개(헌재 2009.9.24. 2007헌바107)[합헌]
4. 구속적부심에서 변호인의 고소장과 피의자신문조서의 열람청구를 거부한 것은 변호인의 알 권리를 침해한 것이다.(헌재 2003.3.27. 2000헌마474)[위헌확인]
5. 법원이 형을 선고받은 피고인에게 재판서를 송달하지 않는 것이 피고인의 알 권리를 침해하지 아니한다.(헌재 1995.3.23. 92헌바1)[합헌]
6. 사법시험 2차시험 답안지열람(대판 2003.3.14. 2000두6114)
   채점결과 열람에 대해서는 공개될 경우 업무의 공정한 수행에 현저한 지장을 초래한다고 인정할 만한 상당한 이유가 있으므로 공개거부가 적법하고, 답안지 자체의 열람에 대해서는 답안지의 열람으로 인하여 시험업무의 수행에 현저한 지장을 초래한다고 볼 수 없으므로 열람거부처분은 위법하다고 판시하였다.
7. 형사소송규칙 제39조 중 '속기록, 녹음물 또는 영상녹화물은 재판이 확정되면 폐기한다'는 부분은 형사 피고인이었던 청구인의 알 권리를 침해하지 않는다.(헌재 2012.3.29. 2010헌마599)[기각]
8. 구 군형법 제94조 중 군무원이 '연설, 문서 또는 그 밖의 방법으로 정치적 의견을 공표한 사람' 부분 가운데 제1조 제3항 제1호의 군무원에 관한 부분은 헌법에 위반되지 않는다.(헌재 2018.7.26. 2016헌바139)[합헌] [21국가7급등]
   [1] 헌법상 군무원의 정치적 표현의 자유와 정치적 중립의무
      헌법상 군무원은 국민의 구성원으로서 정치적 표현의 자유를 보장받지만, 그 지위와 업무의 특수성으로 인하여 국가공무원으로서 헌법 제7조에 따른 정치적 중립을 요청받을 뿐만 아니라, 국군의 구성원으로서 헌법 제5조 제2항에 따라 정치적 중립의 요청이 더욱 강조되기 때문에, 그 정치적 표현에 엄격한 제한이 따를 수밖에 없다. [20국가7급]
   [2] 죄형법정주의의 명확성원칙에 위반되지 않는다.

9. 대한민국을 모욕할 목적으로 국기를 손상, 제거, 오욕한 행위를 처벌하는 형법 제105조 중 "국기" 부분은 헌법에 위반되지 않는다.(헌재 2019.12.27. 2016헌바96)[합헌] [23 5급]

대부분 국민은 국가상징물로서 국기가 가지는 고유의 상징성과 위상을 인정하고, 이에 대한 존중의 감정을 가지고 있다. 이러한 상징성과 위상은 비단 공용에 공하는 국기에 국한되는 것이 아니다.

06. 액세스권(Access권)

언론중재 및 피해구제 등에 관한 법률 제17조(추후보도청구권) ① 언론등에 의하여 범죄혐의가 있거나 형사상의 조치를 받았다고 보도 또는 공표된 자는 그에 대한 형사절차가 무죄판결 또는 이와 동등한 형태로 종결되었을 때에는 그 사실을 안 날부터 3개월 이내에 언론사등에 이 사실에 관한 추후보도의 게재를 청구할 수 있다.

구분	정정보도청구권	반론보도청구권
내용	사실적 주장에 관한 언론보도 등이 진실하지 아니함으로 인하여 피해를 입은 자가 제기하는 것	사실적 주장에 관한 언론보도 등으로 인하여 피해를 입은 자가 그 보도 내용에 관한 반론보도를 언론사에 청구하는 것
차이점	진실하지 아니한 보도를 대상으로 한다.	보도 내용의 진실 여부를 불문한다.
고의·과실, 위법성	요구하지 않는다. [18지방7급]	요구하지 않는다.
소송절차	본안절차로 진행(증명)	가처분절차로 진행(소명)

* 액세스권은 사인 간의 문제이고, 알 권리는 사인과 국가 간에 발생하는 문제이다.

➡ 관련판례

액세스권은 구체적 권리로서의 실질이 명확하게 확립된 개념이라고 볼 수 없다. (헌재 2015.4.30. 2012헌마890)

헌법재판소는 정정보도청구의 소를 가처분절차에 의하도록 한 부분에 대해서는 위헌 결정, 반론보도청구를 가처분절차에 의하도록 한 부분은 합헌 결정하였다.

➡ 관련판례

1. 신문법 및 언론중재피해구제법 사건(헌재 2006.6.29. 2005헌마165 등)

   (1) 정정보도청구를 가처분 절차에 의하게 한 것은 헌법에 위반된다.[위헌]

   언론중재법 제26조 제6항 본문 전단은 정정보도청구의 소를 민사집행법상의 가처분절차에 의하여 재판하도록 규정하고 있다. 그 결과 정정보도청구의 소에서는 그 청구원인을 구성하는 사실의 인정을 '증명'(證明) 대신 '소명'(疏明)으로 할 수 있게 되었다. 문제는 언론중재법상의 정정보도청구 소송은 통상의 가처분과는 달리 그 자체가 본안소송이고 별도의 본안소송이 따로 있는 것이 아니라는 데서 발생한다. … 정정보도청구의 소에서, 승패의 관건인 '사실적 주장에 관한 언론보도가 진실하지 아니함'이라는 사실의 입증에 대하여, 통상의 본안절차에서 반드시 요구하고 있는 증명을 배제하고 그 대신 간이한 소명으로 이를 대체하는 것인데 이것이 헌법상의 공정한 재판을 받을 권리, 특히 소송을 당한 언론사의 방어권을 심각하게 제약하는 것임은 굳이 설명을 필요로 하지 않는다.

    (2) 정정보도청구에 언론사의 고의·과실, 위법성을 요하지 않는 것은 헌법에 위반되지 않는다. [22·12국회8급]

    (3) 언론중재법 시행전 언론보도에 대해서도 소급적용(고의·과실, 위법성을 요하지 않는 것)하는 것은 진정소급입법으로서 헌법에 위반된다.

  2. 신문사업자의 겸영금지 등(헌재 2006.6.29. 2005헌마314 등) [22·12국회8급]

    (1) 이종미디어 간 겸영금지[합헌] [09국가7급 등]

    (2) 동종미디어 간의 일률적 겸영금지[헌법불합치]

    (3) 발행부수, 광고수입 등과 같은 사항을 추가적으로 신고·공개하도록 하는 것[합헌]

    (4) 신문사업자를 일반사업자에 비하여 더 쉽게 시장지배적 사업자로 추정되도록 규정하는 것[위헌]

07. 보도의 자유

취재원 묵비권(취재원 비닉권)을 인정할 것인지에 대해 논란이 있으나 부정하는 것이 다수설로 보인다. 취재원 비닉권이란 기자가 보도한 내용에 대하여 취재의 원천이 무엇인지를 밝히지 않을 수 있는 권리를 말한다.

Ⅴ 언론·출판의 자유의 제한

01. 사전제한금지 – 허가제와 검열제의 금지

1 검열제의 금지

1. 검열의 절대적 금지

헌법은 언론·출판에 대한 검열을 절대적으로 금지하고 있다. [18변호사]

> **▶ 관련판례**
>
> 검열의 절대적 금지(헌재 1996.10.4. 93헌가13) [14법원직 등]
> 헌법 제21조 제1항이 언론·출판에 대한 검열금지를 규정한 것은 비록 헌법 제37조 제2항이 국민의 자유와 권리를 국가안전보장·질서유지 또는 공공복리를 위하여 필요한 경우에 한하여 법률로써 제한할 수 있도록 규정하고 있다고 할지라도 언론·출판에 대하여는 검열을 수단으로 한 제한만은 법률로써도 허용되지 아니 한다는 것을 밝힌 것이다.

> **📑 체크포인트**
>
> • 언론·출판에 대해 법률로 검열을 규정하는 것은 가능하다. (×)
> • 언론·출판에 대한 모든 형태의 사전적 규제는 금지된다. (×)

2. 검열에 해당하기 위한 요건 [20서울지방7급, 16국회8급 등]

4가지 요건 모두에 해당해야 검열이다.

행정권이 주체가 된 심사여야 한다.	행정기관인지에 대한 판단은 형식에 의하는 것이 아니라 실질에 따라 판단해야 한다. 즉, 국가의 관여가 인정되면 형식적으로는 민간기구라도 실질적으로는 행정기관이다. 독립적인 위원회인 '공연윤리위원회'와 민간자율기구인 '영상물등급위원회'는 국가의 관여가 인정되므로 행정기관에 해당한다. 따라서 법원에 의한 방영금지가처분 결정은 행정권이 주체가 된 것이 아니므로 검열이 아니다.
사전제출의무	허가를 받기 위한 표현물의 사전제출의무가 있어야 한다.
내용에 대한 심사	표현물의 내용에 대한 심사여야 한다. 따라서 방법에 대한 사전 제한은 검열이 아니다. [18변호사]
강제수단	허가를 받지 아니한 의사표현의 금지 및 심사절차를 관철할 수 있는 강제수단 등의 요건을 갖추어야 한다. 주로 영업정지(영업취소), 과태료나 형벌의 부과이다.

헌정사

3공헌법은 영화나 연예에 대한 검열이 가능하였다.

🔁 관련판례

검열제에 대한 헌법재판소 판례의 기준

1. 영화, 음반, 비디오물의 사전심의제는 검열에 해당한다.(헌재 2000.2.24. 99헌가17 등)
2. 텔레비전 방송광고의 사전심의제는 검열에 해당한다.
3. 비디오물의 등급분류제는 검열에 해당하지 않는다.
4. 영화등급분류보류제, 비디오등급분류보류제는 검열에 해당한다. 왜냐하면 등급분류를 계속보류하면 사실상 표현물을 유통시킬 수 없기 때문이다.(헌재 2008.10.30. 2004헌가18 등) [11국회8급]
5. 외국비디오물 수입추천제, 외국음반 국내제작 추천제는 검열에 해당한다. [08국가7급] 국내에 유통시키기 위해서는 추천을 받아야 하는데 추천을 거부하면 사실상 유통이 불가능하기 때문이다.(헌재 2006.10.26. 2005헌가14)
6. 법원에 의한 방영금지가처분은 검열이 아니다. [16법원직, 08국회8급 등]
7. 건어물방송광고에 대한 사전심의는 검열에 해당한다.(헌재 2008.6.26. 2005헌마506)[위헌] [19서울7급, 12국회8급, 09국가7급 등]
   한국광고자율심의기구는 행정기관적 성격을 가진 방송위원회로부터 위탁을 받아 이 사건 텔레비전 방송광고 사전심의를 담당하고 있는바, 한국광고자율심의기구는 민간이 주도가 되어 설립된 기구이기는 하나, 그 구성에 행정권이 개입하고 있고, 행정법상 공무수탁사인으로서 그 위탁받은 업무에 관하여 국가의 지휘·감독을 받고 있으며, … 한국광고자율심의기구가 행하는 이 사건 텔레비전 방송광고 사전심의는 행정기관에 의한 사전검열로서 헌법이 금지하는 사전검열에 해당한다.
8. 건강기능식품광고에 대한 사전심의는 검열에 해당한다.(헌재 2018.6.28. 2016헌가8) [20국가7급, 19국회8급]

9. 사전심의를 받지 아니한 의료광고를 금지하고 이를 위반한 경우 처벌하는 의료법 규정에 따른 심의를 받지 아니한 광고 부분 및 의료법 제89조 가운데 제56조 제2항 제9호 중 '제57조에 따른 심의를 받지 아니한 광고'에 관한 부분은 모두 헌법에 위반된다.(헌재 2015.12.23. 2015헌바75) [16국회8급]

10. 의료기기와 관련하여 심의를 받지 아니하거나 심의받은 내용과 다른 내용의 광고를 하는 것을 금지하고, 이를 위반한 경우 행정제재와 형벌을 부과하도록 한 의료기기법 제24조 제2항 제6호 및 구 의료기기법 제36조 제1항 제14호 중 '제24조 제2항 제6호를 위반하여 의료기기를 광고한 경우' 부분, 구 의료기기법 제52조 제1항 제1호 중 '제24조 제2항 제6호를 위반한 자' 부분은 모두 헌법에 위반된다.(헌재 2020.8.28. 2017헌가35)[위헌]

2 허가제의 금지

헌법 제21조 제2항은 언론·출판에 대한 허가제를 금지하고 있다. 여기서의 금지되는 허가제는 내용에 대한 허가로써 결국 허가의 개념은 검열과 같은 것으로 볼 수 있다. 그러므로 내용이 아닌 방법이나 시설기준에 대한 허가는 헌법상 허용된다. [16국회8급]

> ▶ 관련판례
>
> 검열제가 아닌 사례
> 1. 정기간행물의 등록제(헌재 1992.6.26. 90헌가23)[합헌]
> 2. 옥외광고물의 사전허가는 내용이 아닌 방법의 제한이므로 사전허가에 해당하지 않는다.(헌재 1998.2.27. 96헌바2)[합헌]
> 3. 종합유선방송의 사전허가는 시설에 대한 기준을 말하므로 사전허가가 아니다.(헌재 2001.5.31. 2000헌바43)[합헌] [08국가7급 등]

> 🔖 체크포인트
>
> 헌법 제21조 제4항은 "언론·출판은 타인의 명예나 권리 또는 공중도덕이나 사회윤리를 침해하여서는 아니 된다."고 규정하고 있는바, 이는 언론·출판의 자유에 따르는 책임과 의무를 강조하는 동시에 언론·출판의 자유에 대한 제한의 요건을 명시한 규정으로 볼 것이고, 헌법상 표현의 자유의 보호영역한계를 설정한 것이라고는 볼 수 없기 때문에, 음란표현도 헌법 제21조가 규정하는 언론·출판의 자유의 보호영역에는 해당하되, 다만 헌법 제37조 제2항에 따라 제한할 수 있는 것이다.(헌재 2009.5.28. 2006헌바109) [17국가7급]

02. 사후제한의 원리

1 일반적 법률유보에 의한 제한[사전제한(검열) 불가 ⇨ 사후제한 가능]

언론·출판의 자유의 우월적 지위에 비추어 다른 기본권을 제한하는 법률보다 더 엄격한 기준이 적용된다.

2 언론규제입법의 합헌성 판단기준

1. 명백하고 현존하는 위험의 원칙

명백·현존위험의 원칙은 언론을 규제하기 위해서는 법률상 금지되는 해악을 초래할 명백하고 현존하는 위험이 있다는 점을 입증해야만 가능하다는 원칙을 말한다. 이 원칙은 1919년 Schenck판결에서 홈즈(Holmes)대법관에 의해 주장되었다.

2. 명확성의 원칙

법치주의 원칙상 명확성의 원칙은, 언론·출판의 자유와 같은 표현의 자유를 제한하는 법률에서는 보다 강화되어「막연하기 때문에 무효」와「과도광범하여 무효」라는 법리로 구체화된다.

▶ 관련판례

1. **불온통신의 단속(헌재 2002.6.27. 99헌마480)[위헌]** [19서울7급, 06사시]
   표현의 자유를 규제하는 입법에 있어서 명확성의 원칙은 특별히 중요한 의미를 지닌다. 무엇이 금지되는 표현인지가 불명확한 경우에, 자신이 행하고자 하는 표현이 규제의 대상이 아니라는 확신이 없는 기본권주체는 대체로 규제를 받을 것을 우려해서 표현행위를 스스로 억제하게 될 가능성이 높기 때문에 <u>표현의 자유를 규제하는 법률은 규제되는 표현의 개념을 세밀하고 명확하게 규정할 것이 헌법적으로 요구된다.</u> [09국가9급]

2. **영화진흥법의 제한상영가 부분은 명확성 원칙에 위배되고, 상영등급분류의 구체적 기준을 위임하는 것은 포괄위임금지원칙에 위반된다.(헌재 2008.7.31. 2007헌가4)** [13국가7급]
   영진법은 '제한상영가' 등급의 영화를 '상영 및 광고·선전에 있어서 일정한 제한이 필요한 영화'라고 규정하고 있는데, 이 규정은 제한상영가 등급의 영화가 어떤 영화인지를 말해주기보다는 제한상영가 등급을 받은 영화가 사후에 어떠한 법률적 제한을 받는지를 기술하고 있는바, 이것으로는 제한상영가 영화가 어떤 영화인지를 알 수가 없고, 따라서 영진법 제21조 제3항 제5호는 명확성원칙에 위배된다.

3. 반국가단체나 그 구성원 등의 활동을 찬양·고무·선전·동조한 사람을 처벌하도록 정하고 있는 국가보안법 제7조 제1항 중 '찬양·고무·선전 또는 이에 동조한 자'에 관한 부분 및 이적행위를 할 목적으로 문서·도화 기타의 표현물을 제작·운반·반포한 사람을 처벌하도록 정하고 있는 국가보안법 제7조 제5항 중 '제1항 가운데 찬양·고무·선전 또는 이에 동조할 목적으로 제작·운반·반포한 자'에 관한 부분은 헌법에 위반되지 아니한다.
   ② 이적행위를 할 목적으로 문서·도화 기타의 표현물을 소지·취득한 사람을 처벌하도록 정하고 있는 국가보안법 제7조 제5항 중 '제1항 가운데 찬양·고무·선전 또는 이에 동조할 목적으로 소지·취득한 자'에 관한 부분이 헌법에 위반되지 아니한다.(헌재 2023.9.26. 2017헌바42)[합헌, 각하]

---

3. 우월적 지위의 원칙

우월적 지위의 원칙은 1938년 스톤(Stone)대법관에 의해 주장되었다.

4. 합헌성 추정의 배제

정신적 자유를 제한하는 법률에 대해서는 합헌성 추정이 배제된다는 원칙이다.

> ▶ **관련판례**
>
> 명예훼손적 표현의 피해자가 공적 인물인지 아니면 사인인지, 그 표현이 공적인 관심 사안에 관한 것인지 순수한 사적인 영역에 속하는 사안인지의 여부에 따라 헌법적 심사기준에는 차이가 있어야 한다.(헌재 1999.6.24. 97헌마265)

Ⅵ 인터넷과 표현의 자유

헌법재판소의 기본적인 입장은 인터넷은 방송의 특성이 없다고 한다. 그래서 인터넷에 대해서는 질서위주의 사고로 규제해서는 안 된다고 판시하였다.

> ▶ **관련판례**
>
> 1. 청소년유해매체물의 <u>전자적 표시제도는 표현의 자유를 침해하는 것이 아니다.</u>(헌재 2004.1.29. 2001헌마894)[기각]
> 2. 실명확인을 위한 기술적 조치를 하지 아니하거나 실명인증의 표시가 없는 정보를 삭제하지 않는 경우 과태료를 부과하도록 정한 공직선거법 조항은 게시판 등 이용자의 익명표현의 자유 및 개인정보자기결정권과 인터넷언론사의 언론의 자유를 침해한다.(헌재 2021.1.28. 2018헌마456) [21국가7급등]
>   인터넷언론사는 선거운동기간 중 당해 홈페이지 게시판 등에 정당·후보자에 대한 지지·반대 등의 정보를 게시하는 경우 실명을 확인받는 기술적 조치를 하도록 정한 공직선거법 조항 중 "인터넷언론사" 및 "지지·반대" 부분은 명확성원칙에 위배되지 않는다.
> 3. 인터넷게시판을 설치·운영하는 정보통신서비스 제공자에게 본인확인조치의무를 부과하여 게시판 이용자로 하여금 <u>본인확인절차를 거쳐야만 게시판을 이용할 수 있도록 하는 본인확인제</u>를 규정한 '정보통신망 이용촉진 및 정보보호 등에 관한 법률' 제44조의5 제1항 제2호, 같은 법 시행령 제29조, 제30조 제1항은 과잉금지원칙에 위배하여 <u>인터넷게시판 이용자의 표현의 자유, 개인정보자기결정권 및 인터넷게시판을 운영하는 정보통신서비스 제공자의 언론의 자유를 침해한다.</u>(헌재 2012.8.23. 2010헌마47) [19서울7급, 14변호사, 13국회8급]
>
> > [비교판례] ▶ 공공기관등 게시판 본인확인제 사건 [23국회8급]
> > 공공기관등으로 하여금 정보통신망 상에 게시판을 설치·운영하려면 게시판 이용자의 본인 확인을 위한 방법 및 절차의 마련 등 대통령령으로 정하는 필요한 조치를 하도록 규정한 '정보통신망 이용촉진 및 정보보호 등에 관한 법률' 제44조의5 제1항 제1호에 대한 심판청구를 기각하는 결정을 선고하였다.(헌재 2022.12.22. 2019헌마654)[기각]
> > 1. 제한되는 기본권
> >   심판대상조항은 표현의 자유 중 게시판 이용자가 자신의 신원을 누구에게도 밝히지 아니한 채 익명으로 자신의 사상이나 견해를 표명하고 전파할 익명표현의 자유를 제한한다.

2. 익명표현의 자유 침해 여부

　　심판대상조항에 따른 본인확인조치 의무는 그 적용범위가 공공기관등이 설치·
　운영하는 게시판에 한정되어 있다. 심판대상조항이 규율하는 게시판은 그 성
　격상 대체로 공공성이 있는 사항이 논의되는 곳으로서 공공기관등이 아닌 주
　체가 설치·운영하는 게시판에 비하여 통상 누구나 이용할 수 있는 공간이므
　로, 공동체 구성원으로서의 책임이 더욱 강하게 요구되는 곳이라고 할 수 있
　다. 따라서 심판대상조항은 침해의 최소성을 충족한다. 심판대상조항은 과잉
　금지원칙을 준수하고 있으므로 청구인의 익명표현의 자유를 침해하지 않는다.

4. 정보통신망을 통하여 일반에게 공개된 정보로 말미암아 사생활 침해나 명예훼손 등 타인
　의 권리가 침해된 경우 그 침해를 받은 자가 삭제요청을 하면 정보통신서비스 제공자는
　권리의 침해 여부를 판단하기 어렵거나 이해당사자 간에 다툼이 예상되는 경우에는 해당
　정보에 대한 접근을 임시적으로 차단하는 조치를 하여야 한다고 규정하고 있는 정보통신
　망 이용촉진 및 정보보호 등에 관한 법률 제44조의2 제2항 중 '임시조치'에 관한 부분 및
　제4항은 청구인의 표현의 자유를 침해하지 아니한다.(헌재 2012.5.31. 2010헌마88)

5. 정보통신망법 제44조의7 제1항 제8호 및 방송통신위원회가 일정한 요건 하에 서비스제
　공자 등에게 불법정보의 취급거부 등을 명하도록 한 정보통신망법 제44조의7 제3항은 언
　론의 자유를 침해하지 않는다.(헌재 2014.9.25. 2012헌바325)

6. 인터넷신문의 취재 및 편집 인력 5명 이상을 상시 고용하고, 이를 확인할 수 있는 서류를
　제출할 것을 규정한 '신문 등의 진흥에 관한 법률 시행령' 규정은 인터넷신문사업자인 청
　구인들의 언론의 자유를 침해하므로 헌법에 위반된다.(헌재 2016.10.27. 2015헌마1206)
　[20서울지방7급, 18변호사, 16지방7급]

　[1] 인터넷신문 기자단체, 인터넷신문사의 임원, 기자들 및 독자들인 청구인은 심판
　　　대상조항의 수범 대상자가 아니고, 법적 지위에 직접적인 영향을 받는다고 보기
　　　어려우므로 기본권침해의 자기관련성을 인정하기 어렵다.

　[2] '인터넷신문'은 지면이 아닌 인터넷을 통하여 발행·배포되는 신문을 뜻하는 것
　　　임이 분명하므로 정의조항은 명확성원칙에 위배되지 아니한다. 직업의 자유는
　　　제한되지 않는다.

　[3] 사전허가금지원칙 위반이 아니다.

7. 언론보도의 피해자가 아닌 자의 시정권고 신청권을 규정하지 아니한 '언론중재 및 피해구
　제 등에 관한 법률' 제32조 제1항은 표현의 자유를 침해하지 않는다.(헌재 2015.4.30.
　2012헌마890)

　　청구인은 심판대상조항이 피해자 아닌 자의 시정권고 신청권을 규정하지 않아 액세
　스(access)권을 침해한다고 주장한다. 그런데 청구인이 주장하는 액세스(access)
　권은 그 주체, 객체, 내용 등, 구체적인 권리로서의 실질이 명확하게 확립된 개념이
　라고 볼 수 없고, 청구인의 위와 같은 주장은 심판대상조항이 신문, 방송 등 매스미
　디어의 잘못된 보도에 대하여 신청에 의한 시정권고를 규정하지 않아 당해 매스미
　디어를 이용하여 이를 비판할 수 있는 청구인의 표현의 자유를 침해하였다는 주장
　으로 포섭할 수 있으므로, 심판대상조항이 표현의 자유를 침해하는지 여부를 중심
　으로 살펴본다.

8. 대한민국 또는 헌법상 국가기관에 대하여 모욕, 비방, 사실 왜곡, 허위사실 유포 또는 기타
　방법으로 대한민국의 안전, 이익 또는 위신을 해하거나 해할 우려가 있는 표현이나 행위에
　대하여 형사처벌 하도록 규정한 구 형법 제104조의2(국가모독죄 조항)는 과잉금지원칙에
　위배되어 표현의 자유를 침해하므로 헌법에 위반된다.(헌재 2015.10.21. 2013헌가20)

9. 의료인에게 거짓이나 과장된 내용의 의료광고를 하지 못하게 하고, 이를 위반한 자를 처벌하는 의료법 규정은 헌법에 위반되지 아니한다.(헌재 2015.12.23. 2012헌마685)

10. 비방할 목적으로 정보통신망을 이용하여 공공연하게 사실을 드러내어 다른 사람의 명예를 훼손한 자를 처벌하고 있는 구 정보통신망 이용촉진 및 정보보호 등에 관한 법률 제70조 제1항은 헌법에 위반되지 아니한다.(헌재 2016.2.25. 2013헌바105)[합헌] [18지방7급]
    비방할 목적은 명확성원칙에 위배되지 않고 표현의 자유를 침해하지 아니한다.

11. 인터넷언론사에 대해 선거일 전 90일부터 선거일까지 후보자 명의의 칼럼 등을 게재하는 것을 제한하는 구 '인터넷 선거보도 심의기준 등에 관한 규정' 제8조 제2항 본문과 그 현행 규정 제8조 제2항은 헌법에 위반된다.(헌재 2019.11.28. 2016헌마90) [20국회8급]
    이 사건 시기제한조항의 입법목적은 인터넷 선거보도의 공정성과 선거의 공정성을 확보하려는 것이므로, 그 입법목적은 정당하고, 이 사건 시기제한조항은 그 입법목적을 달성하기 위하여 적합한 수단이다.
    이 사건 시기제한조항은 다음과 같은 이유로 침해의 최소성원칙에 반한다. 결국 이 사건 시기제한조항은 과잉금지원칙에 반하여 청구인의 표현의 자유를 침해한다.

12. 공직선거법 제90조 제1항 제1호 중 '화환 설치'에 관한 부분 및 공직선거법 제256조 제3항 제1호 아목 중'제90조 제1항 제1호의 화환 설치'에 관한 부분은 모두 헌법에 합치되지 아니한다.(헌재 2023.6.29. 2023헌가12)[헌법불합치]
    화환의 설치는 경제적 차이로 인한 선거 기회 불균형을 야기할 수 있으나, 그러한 우려가 있다고 하더라도 공직선거법상 선거비용 규제 등을 통해서 해결할 수 있다. 또한 공직선거법상 후보자 비방 금지 규정 등을 통해 무분별한 흑색선전 등의 방지도 가능하다. 이러한 점들을 종합하면, 심판대상조항은 목적 달성에 필요한 범위를 넘어 장기간 동안 선거에 영향을 미치게 하기 위한 화환의 설치를 금지하는 것으로, 과잉금지원칙에 위반되어 정치적 표현의 자유를 침해한다.

13. 북한 지역으로 전단 등 살포를 하여 국민의 생명·신체에 위해를 끼치거나 심각한 위험을 발생시키는 것을 금지(대북 전단 등의 살포 금지)하고, 이를 위반한 경우 처벌하는'남북관계 발전에 관한 법률' 제24조 제1항 제3호 및 제25조 중 제24조 제1항 제3호에 관한 부분은 과잉금지원칙을 위반하여 청구인들의 표현의 자유를 침해한다.(헌재 2023.9.26. 2020헌마1724)[위헌]

제4항 | 집회·결사의 자유

헌법 제21조 ① 모든 국민은 언론·출판의 자유와 집회·결사의 자유를 가진다.
② 언론·출판에 대한 <u>허가나 검열</u>과 집회·결사에 대한 <u>허가</u>는 인정되지 아니한다.

Ⅰ 집단적 표현의 자유

집회와 결사의 자유는 다수인이 공동의 목적을 가지고 회합하거나 결합하는 자유를 말한다. 집회·결사의 자유는 집단적 표현의 자유이다.

Ⅱ 집회의 자유

01. 집회의 자유의 기능

> **▶ 관련판례**
>
> 집회의 자유의 헌법적 의미와 기능(헌재 2003.1.30. 2000헌바67)
> (1) 헌법은 집회의 자유를 국민의 기본권으로 보장함으로써, 평화적 집회 그 자체는 공공의 안녕질서에 대한 위험이나 침해로서 평가되어서는 아니 되며, 개인이 집회의 자유를 집단적으로 행사함으로써 불가피하게 발생하는 일반대중에 대한 불편함이나 법익에 대한 위험은 보호법익과 조화를 이루는 범위 내에서 국가와 제3자에 의하여 수인되어야 한다는 것을 헌법 스스로 규정하고 있는 것이다.
> (2) 집회의 자유는 개인의 <u>인격발현의 요소이자 민주주의를 구성하는 요소</u>라는 <u>이중적 헌법적 기능</u>을 가지고 있다. [14·09법원직 등]
> (3) 집회의 자유는 타인과의 의견교환을 통하여 공동으로 인격을 발현하는 자유를 보장하는 기본권이자 동시에 국가권력에 의하여 개인이 타인과 사회공동체로부터 고립되는 것으로부터 보호하는 기본권이다. 즉, <u>공동의 인격 발현을 위하여 타인과 함께 모인다는 것은 이미 그 자체로서 기본권에 의하여 보호될 만한 가치가 있는 개인의 자유영역</u>인 것이다.
> (4) 집회의 자유는 사회·정치현상에 대한 불만과 비판을 공개적으로 표출케 함으로써 <u>정치적 불만이 있는 자를 사회에 통합하고 정치적 안정에 기여하는 기능</u>을 한다. 특히 집회의 자유는 집권세력에 대한 정치적 반대의사를 공동으로 표명하는 효과적인 수단으로서 현대사회에서 언론매체에 접근할 수 없는 <u>소수집단에게 그들의 권익과 주장을 옹호하기 위한 적절한 수단을 제공</u>한다는 점에서, 소수의견을 국정에 반영하는 창구로서 그 중요성을 더해 가고 있다. 이러한 의미에서 <u>집회의 자유는 소수의 보호를 위한 중요한 기본권</u>인 것이다. … 헌법이 집회의 자유를 보장한 것은 관용과 다양한 견해가 공존하는 다원적 '<u>열린 사회</u>'에 대한 헌법적 결단인 것이다. [16변호사]

> **➕ 집회의 자유의 기능**
> 1. 개인의 인격실현과 개성신장을 촉진시키며 의사표현의 실효성을 증대
> 2. 대의기능이 약화된 경우의 직접민주주의 수단
> 3. 소수의 의견을 국정에 반영함으로써 소수를 보호하는 기능
> 4. 일반대중의 의사표현의 자유를 보완하는 기능
> 5. 사회를 통합하고 정치적 안정에 기여하는 기능

02. 집회의 자유의 주체

자연인 외에 법인도 제한된 범위 내에서 집회의 자유의 주체가 될 수 있다. [10법원직] 외국인에 대해서는 견해가 대립한다.

03. 집회의 자유의 구체적 내용

집회의 자유는 적극적으로 집회를 개최하는 자유, 집회를 진행하는 자유, 집회에 참가하는 자유를 내용으로 하며, 소극적으로 집회를 개최하지 아니할 자유와 집회에 참가하지 아니할 자유가 포함된다.

* 집회의 자유는 소극적 성격과 적극적 성격을 모두 가지고 있다.

1 집회의 개념요소

1. 개념

집회는 다수인(2인 이상)이, 공동목적을 가지고, 특정장소에서, 평화적인 방법으로 일시적으로 회합하는 것이다.

▶ 관련판례

구 집회 및 시위에 관한 법률에 의하여 보장 및 규제의 대상이 되는 집회란 '특정 또는 불특정 다수인이 공동의 의견을 형성하여 이를 대외적으로 표명할 목적 아래 일시적으로 일정한 장소에 모이는 것'을 말하고, 모이는 장소나 사람의 다과에 제한이 있을 수 없으므로, 2인이 모인 집회도 위법의 규제 대상이 된다고 보아야 한다.(대판 2012.5.24. 2010도11381) - 1인 시위는 집시법의 적용대상이 아니다. [16국가7급]

2. 집단적 시위와 행진은 집회에 포함된다.

2 집회에 있어서 공동의 목적의 범위 – 최광의설

타인과 접촉하기 위한 목적, 즉 내적인 유대관계만 있으면 족하다고 한다. 헌법재판소의 입장이기도 하다.(헌재 2009.5.28. 2007헌마22) [22경찰2차, 11국회8급]

3 평화적 집회와 비평화적 집회의 구별기준

헌법은 폭력적인 집회를 보호하지 않는다. [17법원직] 평화적 집회와 비평화적 집회를 구별하는 기준에 대해서는 심리적 폭력설과 물리적 폭력설이 대립하고 있으나, 현행 집회 및 시위에 관한 법률도 물리적 폭력설에 입각하고 있다.(법 제12조)

4 집회장소의 의미 – 특정 장소에서의 집회의 자유

▶ 관련판례

1. 외교기관 인근에서의 집회·시위의 금지는 헌법에 위반된다.(헌재 2003.10. 30. 2000헌바67)[위헌]
   (1) 집회장소는 특별한 상징적 의미를 가진다. 특정 장소가 시위의 목적과 특별한 연관성이 있기 때문에 시위장소로서 선택되는 경우가 빈번하다. … 따라서 집회의 자유는 다른 법익의 보호를 위하여 정당화되지 않는 한, 집회장소를 항의의 대상으로부터 분리시키는 것을 금지한다. [17·14법원직, 06법행]
   (2) 이 사건 법률조항은 전제된 위험상황이 구체적으로 존재하지 않는 경우에도 이를 함께 예외 없이 금지하고 있는데, 이는 입법목적을 달성하기에 필요한 조치의 범위를 넘는 과도한 제한인 것이다. 그러므로 이 사건 법률조항은 최소침해의 원칙에 위반되어 집회의 자유를 과도하게 침해하는 위헌적인 규정이다.
2. 누구든지 각급 법원의 경계지점으로부터 100미터 이내의 장소에서 옥외집회 또는 시위를 할 경우 형사처벌한다고 규정한 '집회 및 시위에 관한 법률' 제11조 제1호 중 "각급 법원" 부분은 모두 헌법에 합치하지 아니한다.(헌재 2018.7. 26. 2018헌바137)[헌법불합치] [19변호사]

OX 연습

1. 국회의사당의 경계지점으로부터 100미터 이내의 장소에서 옥외집회를 금지하는 것은 국회의 기능이나 역할에 비추어 볼 때 집회의 자유를 침해하는 것이 아니다. [205급]

3. 누구든지 국회의사당의 경계지점으로부터 100미터 이내의 장소에서 옥외집회 또는 시위를 할 경우 형사처벌 한다고 규정한 '집회 및 시위에 관한 법률' 제11조 제1호 중 '국회의사당'에 관한 부분 및 제23조 중 제11조 제1호 가운데 '국회의사당'에 관한 부분은 모두 헌법에 합치하지 아니한다.(헌재 2018.5.31. 2013헌바322)[헌법불합치] [20서울지방7급, 19변호사]

　　[1] 심판대상조항의 옥외집회장소의 제한은 입법자에 의한 것으로 헌법 제21조 제2항의 '사전허가제 금지'에는 위반되지 않으나, 헌법 제37조 제2항이 정하는 기본권 제한의 한계 내에 있는지 여부가 문제된다.

　　[2] 목적의 정당성 및 수단의 적합성은 인정된다.

　　　심판대상조항은 입법목적을 달성하는 데 필요한 최소한도의 범위를 넘어, 규제가 불필요하거나 또는 예외적으로 허용하는 것이 가능한 집회까지도 이를 일률적 · 전면적으로 금지하고 있으므로 침해의 최소성 원칙에 위배된다.

4. 누구든지 국무총리 공관의 경계지점으로부터 100미터 이내의 장소에서 행진을 제외한 옥외집회 · 시위를 할 경우 형사처벌하도록 규정한 '집회 및 시위에 관한 법률' 제11조 제3호 및 제23조 중 제11조 제3호에 관한 부분은 모두 헌법에 합치되지 아니한다.(헌재 2018.6.28. 2015헌가28)[헌법불합치(잠정적용)] [20서울지방7급, 19변호사]

5. 대통령 관저 인근에서 집회를 금지하고 이를 위반하여 집회를 주최한 자를 처벌하는 ① 구 '집회 및 시위에 관한 법률' 제11조 제2호 중 '대통령 관저(官邸)' 부분 및 제23조 제1호 중 제11조 제2호 가운데 '대통령 관저(官邸)'에 관한 부분은 헌법에 합치되지 아니한다.(헌재 2022.12.22. 2018헌바48)

　　심판대상조항의 입법목적은 정당하고, 대통령 관저 인근에 옥외집회 및 시위 금지장소를 설정하는 것은 입법목적 달성을 위한 적합한 수단이다. 막연히 폭력 · 불법적이거나 돌발적인 상황이 발생할 위험이 있다는 가정만을 근거로 하여 대통령 관저 인근에서 열리는 모든 집회를 금지하는 것은 정당화되기 어렵다. 심판대상조항은 침해의 최소성에 위배된다. 따라서 심판대상조항은 과잉금지원칙에 위배되어 집회의 자유를 침해한다.

6. 국회의장 공관 인근에서 집회를 금지하고 이를 위반하여 집회를 주최한 자를 처벌하는 ① 구 '집회 및 시위에 관한 법률' 제11조 제2호 중 '국회의장 공관'에 관한 부분 및 제23조 제3호 중 제11조 제2호 가운데 '국회의장 공관'에 관한 부분은 헌법에 합치되지 아니한다.(헌재 2023.3.23. 2021헌가1)[헌법불합치]

7. 서울종로경찰서장이 2015.5.1. 22:13경부터 23:20경까지 사이에 최루액을 물에 혼합한 용액을 살수차를 이용하여 청구인들에게 살수한 행위는 헌법에 위반된다.(헌재 2018.5.31. 2015헌마476)[위헌] [20국회8급]

04. 집회의 자유의 제한

1 허가제 금지

　　헌법 제21조는 집회에 대한 허가를 금지한다. 다만, 집회가 미치는 공공의 불이익 때문에 신고제는 가능하다.

Answer

1. × 헌재 2018.5.31. 2013헌바322

집회의 금지와 해산은 원칙적으로 공공의 안녕질서에 대한 직접적인 위협이 명백하게 존재하는 경우에 한하여 허용될 수 있다. 집회의 금지와 해산은 집회의 자유를 보다 적게 제한하는 다른 수단, 즉 조건을 붙여 집회를 허용하는 가능성을 모두 소진한 후에 비로소 고려될 수 있는 최종적인 수단이다.(헌재 2003.10.30. 2000헌바67)

• 집회에 대한 허가제는 절대적으로 금지된다. [16법원직]
• 금지되는 허가제는 행정권에 의한 금지이므로 법률로써 일반적으로 집회를 제한하는 것은 헌법이 금지하는 사전허가제가 아니다. [17법원직]

2 집회 및 시위에 관한 법률

1. 옥외집회의 개념

집회 및 시위에 관한 법률 제2조(정의) 이 법에서 사용하는 용어의 뜻은 다음과 같다.
1. "옥외집회"란 천장이 없거나 사방이 폐쇄되지 아니한 장소에서 여는 집회를 말한다. [18지방7급, 14국회8급]
2. "시위"란 여러 사람이 공동의 목적을 가지고 도로, 광장, 공원 등 일반인이 자유로이 통행할 수 있는 장소를 행진하거나 위력 또는 기세를 보여, 불특정한 여러 사람의 의견에 영향을 주거나 제압을 가하는 행위를 말한다.

공중이 자유로이 통행할 수 없는 대학구내에서의 시위라 하더라도 그것이 불특정 다수인의 의견에 영향을 가하는 것이면 집회 및 시위에 관한 법률상의 규제대상이 된다.(헌재 1994.4.28. 91헌바14) [11지방7급]

2. 절대적으로 금지되는 집회

집회 및 시위에 관한 법률 제5조(집회 및 시위의 금지) ① 누구든지 다음 각 호의 어느 하나에 해당하는 집회나 시위를 주최하여서는 아니 된다. [15법원직]
1. 헌법재판소의 결정에 따라 해산된 정당의 목적을 달성하기 위한 집회 또는 시위
2. 집단적인 폭행, 협박, 손괴, 방화 등으로 공공의 안녕 질서에 직접적인 위협을 끼칠 것이 명백한 집회 또는 시위
② 누구든지 제1항에 따라 금지된 집회 또는 시위를 할 것을 선전하거나 선동하여서는 아니 된다.

＊ 해산된 정당의 목적을 달성하기 위한 집회나 집단적인 폭력을 사용하는 집회는 절대적 금지사유로 **옥내, 옥외집회를 불문하고 금지된다.**

3. 옥외집회의 사전 신고제와 금지통고

> **집회 및 시위에 관한 법률 제6조(옥외집회 및 시위의 신고 등)** ① 옥외집회나 시위를 주최하려는 자는 그에 관한 다음 각 호의 사항 모두를 적은 신고서를 옥외집회나 시위를 시작하기 720시간 전부터 48시간 전에 관할 경찰서장에게 제출하여야 한다. 다만, 옥외집회 또는 시위 장소가 두 곳 이상의 경찰서의 관할에 속하는 경우에는 관할 시·도경찰청장에게 제출하여야 하고, 두 곳 이상의 시·도경찰청 관할에 속하는 경우에는 주최지를 관할하는 시·도경찰청장에게 제출하여야 한다.
>
> **제8조(집회 및 시위의 금지 또는 제한 통고)** ① 제6조 제1항에 따른 신고서를 접수한 관할경찰관서장은 신고된 옥외집회 또는 시위가 다음 각 호의 어느 하나에 해당하는 때에는 신고서를 <u>접수한 때부터 48시간 이내</u>에 집회 또는 시위를 <u>금지할 것을 주최자에게 통고할 수 있다</u>. 다만, 집회 또는 시위가 집단적인 폭행, 협박, 손괴, 방화 등으로 공공의 안녕 질서에 <u>직접적인 위험을 초래한 경우에는 남은 기간의 해당 집회 또는 시위에 대하여 <u>신고서를 접수한 때부터 48시간이 지난 경우에도 금지 통고를 할 수 있다</u>.
> <u>신고가 있는 경우 그 목적으로 보아서로 상반되거나 방해가 된다고 인정되면 각 옥외집회 또는 시위 간에 시간을 나누거나 장소를 분할하여 개최하도록 권유하는 등 각 옥외집회 또는 시위가 서로 방해되지 아니하고 평화적으로 개최·진행될 수 있도록 노력하여야 한다.</u>
> ③ 관할경찰관서장은 제2항에 따른 권유가 받아들여지지 아니하면 뒤에 접수된 옥외집회 또는 시위에 대하여 제1항에 준하여 그 집회 또는 시위의 금지를 통고할 수 있다.

* 옥내집회는 제5조의 절대적 금지사유에 해당하지 않는 한 사전신고 없이 할 수 있다.

4. 금지통고에 대한 이의신청(제9조)

5. 옥외집회와 시위의 금지 장소

> **집회 및 시위에 관한 법률 제11조(옥외집회와 시위의 금지 장소)** 누구든지 다음 각 호의 어느 하나에 해당하는 청사 또는 저택의 경계 지점으로부터 100 미터 이내의 장소에서는 옥외집회 또는 시위를 하여서는 아니 된다.
> 1. 국회의사당. 다만, 다음 각 목의 어느 하나에 해당하는 경우로서 국회의 기능이나 안녕을 침해할 우려가 없다고 인정되는 때에는 그러하지 아니하다.
>   가. 국회의 활동을 방해할 우려가 없는 경우
>   나. 대규모 집회 또는 시위로 확산될 우려가 없는 경우
> 2. 각급 법원, 헌법재판소. 다만, 다음 각 목의 어느 하나에 해당하는 경우로서 각급 법원, 헌법재판소의 기능이나 안녕을 침해할 우려가 없다고 인정되는 때에는 그러하지 아니하다.
>   가. 법관이나 재판관의 직무상 독립이나 구체적 사건의 재판에 영향을 미칠 우려가 없는 경우
>   나. 대규모 집회 또는 시위로 확산될 우려가 없는 경우

3. 대통령 관저(官邸), 국회의장 공관, 대법원장 공관, 헌법재판소장 공관
4. 국무총리 공관. 다만, 다음 각 목의 어느 하나에 해당하는 경우로서 국무총리 공관의 기능이나 안녕을 침해할 우려가 없다고 인정되는 때에는 그러하지 아니하다.
　가. 국무총리를 대상으로 하지 아니하는 경우
　나. 대규모 집회 또는 시위로 확산될 우려가 없는 경우
5. 국내 주재 외국의 외교기관이나 외교사절의 숙소. 다만, 다음 각 목의 어느 하나에 해당하는 경우로서 외교기관 또는 외교사절 숙소의 기능이나 안녕을 침해할 우려가 없다고 인정되는 때에는 그러하지 아니하다.
　가. 해당 외교기관 또는 외교사절의 숙소를 대상으로 하지 아니하는 경우
　나. 대규모 집회 또는 시위로 확산될 우려가 없는 경우
　다. 외교기관의 업무가 없는 휴일에 개최하는 경우

6. 야간 옥외집회의 금지

> **집회 및 시위에 관한 법률 제10조(옥외집회와 시위의 금지 시간)** 누구든지 해가 뜨기 전이나 해가 진 후에는 옥외집회 또는 시위를 하여서는 아니 된다. 다만, 집회의 성격상 부득이하여 주최자가 질서유지인을 두고 미리 신고한 경우에는 관할경찰관서장은 질서 유지를 위한 조건을 붙여 해가 뜨기 전이나 해가 진 후에도 옥외집회를 허용할 수 있다. - 위 제10조의 야간옥외집회의 금지에 대해 헌법재판소는 헌법불합치결정을 하였다. 그 후 다시 한정위헌 결정을 하였다.

▶ 관련판례

구 집회 및 시위에 관한 법률 제10조 등 위헌제청(헌재 2014.4.24. 2011헌가29)
[1] 일출시간 전, 일몰시간 후에는 옥외집회 또는 시위를 금지하고, 다만 옥외집회의 경우 예외적으로 관할 경찰관서장이 허용할 수 있도록 한 구 '집회 및 시위에 관한 법률' 제10조는 헌법 제21조 제2항이 규정하는 <u>허가제 금지에 위반되지 아니한다.</u> [19변호사, 15국가7급]
[2] 이 사건 법률조항 및 이에 위반하여 옥외집회 또는 시위에 참가한 자를 형사처벌하는 구 '집회 및 시위에 관한 법률' 제20조 제3호 중 '제10조 본문'에 관한 부분은 집회의 자유를 침해한다.
[3] 규제가 불가피하다고 보기 어려움에도 옥외집회 또는 시위를 절대적으로 금지한 부분에 한하여 한정위헌결정을 한 사례 [16법원직·국가7급 등]
헌법재판소는, 2010헌가2 결정으로 '집회 및 시위에 관한 법률' 제10조 중 '시위' 부분 등에 대하여 한정위헌결정을 한 바 있고, 이 사건에 있어서 가능한 한 심판대상조항들 중 위헌인 부분을 가려내야 할 필요성은 2010헌가2 결정에서와 마찬가지로 인정되므로, 심판대상조항들은 '일몰시간 후부터 같은 날 24시까지의 옥외집회 또는 시위'에 적용되는 한 헌법에 위반된다.

7. 신고 없이 옥외집회를 할 수 있는 경우

> **집회 및 시위에 관한 법률 제15조(적용의 배제)** 학문, 예술, 체육, 종교, 의식, 친목, 오락, 관혼상제 및 국경행사에 관한 집회에는 제6조부터 제12조까지의 규정을 적용하지 아니한다. [22법원직]

이상의 경우는 옥외집회의 경우에도 신고를 요하지 아니한다.

▣ 관련판례

집회의 자유를 침해하지 않는 사례

1. 신고범위를 뚜렷이 벗어난 옥외집회를 금지 및 처벌하는 집회 및 시위에 관한 법률 제22조 제3항의 제16조 제3호 중 "뚜렷이" 부분은 명확성원칙에 위배되지 않으므로 헌법에 위반되지 아니한다.(헌재 2013.12.26. 2013헌바24)

2. 피청구인이 집회에 참가한 청구인들을 촬영한 행위는 청구인들의 일반적 인격권, 개인정보자기결정권, 집회의 자유를 제한하지만 침해하지 않으므로 그에 관한 심판청구는 기각한다.(헌재 2018.8.30. 2014헌마843)[합헌] [19국가7급]

집회의 자유를 침해한 사례

1. 재판에 영향을 미칠 염려가 있거나 미치게 하기 위한 집회 또는 시위를 금지하고 이를 위반한 자를 형사처벌하는 구 '집회 및 시위에 관한 법률' 제3조 제1항 제2호 및 구 집시법 제14조 제1항 본문 중 제3조 제1항 제2호 부분은 집회의 자유를 침해한다.(헌재 2016.9.29. 2014헌가3) [17변호사]

   [1] 재판에 대한 정당한 비판은 오히려 사법작용의 공정성 제고에 기여할 수도 있는 점을 고려하면 사법의 독립성을 확보하기 위한 적합한 수단이라 보기 어렵다. 따라서 이 사건 제2호 부분은 과잉금지원칙에 위배되어 집회의 자유를 침해한다.

   [2] 헌법의 민주적 기본질서에 위배되는 집회 또는 시위를 금지하고 이에 위반한 자를 형사처벌하는 구 집시법 제3조 제1항 제3호 및 구 집시법 제14조 제1항 본문 중 제3조 제1항 제3호 부분은 집회의 자유를 침해한다. [19변호사]

2. 피청구인들이 2015.11.14. 19:00경 종로구청입구 사거리에서 살수차를 이용하여 물줄기가 일직선 형태로 청구인 백▽▽에게 도달되도록 살수한 행위는 청구인 백▽▽의 생명권 및 집회의 자유를 침해한다.(헌재 2020.4.23. 2015헌마149)

   [1] 청구인 백▽▽의 배우자와 자녀들인 기존 청구인들의 심판청구에 관하여 기본권 침해의 자기관련성을 인정할 수 없다.

   [2] 청구인 백▽▽의 이 사건 직사살수행위에 대한 심판청구에 관하여 심판의 이익이 인정되고, 청구인 백▽▽의 사망에도 불구하고 예외적으로 심판절차가 종료된 것으로 볼 수 없다.

   [3] 이 사건 직사살수행위는 불법 집회로 인하여 발생할 수 있는 타인 또는 경찰관의 생명·신체의 위해와 재산·공공시설의 위험을 억제하기 위하여 이루어진 것이므로 그 목적이 정당하다.

   이 사건 직사살수행위 당시 청구인 백▽▽는 살수를 피해 뒤로 물러난 시위대와 떨어져 홀로 경찰 기동버스에 매여 있는 밧줄을 잡아당기고 있었다. 따라서 이 사건 직사살수행위 당시 억제할 필요성이 있는 생명·신체의 위해 또는 재산·공공시설의 위험 자체가 발생하였다고 보기 어려우므로, 수단의 적합성을 인정할 수 없다.

3. 초·중등학교의 교육공무원이 정치단체(명확성 위반)의 결성에 관여하거나 이에 가입하는 행위를 금지한 국가 공무원법 제65조 제1항 중 '국가공무원법 제2조 제2항 제2호의 교육공무원 가운데 초·중등교육법 제19조 제1항의 교원은 그 밖의 정치단체의 결성에 관여하거나 이에 가입할 수 없다.' 부분은 청구인들의 <u>정치적 표현의 자유 및 결사의 자유를 침해한다.</u>(헌재 2020.4.23. 2018헌마551) [22경찰간부·국회8급등]
   초·중등학교의 교육공무원이 정당의 발기인 및 당원이 될 수 없도록 규정한 정당법 제22조 제1항 단서 제1호 본문 중 국가공무원법 제2조 제2항 제2호의 교육공무원 가운데 초·중등교육법 제19조 제1항의 교원에 관한 부분 및 초·중등학교의 교육공무원이 정당의 결성에 관여하거나 이에 가입하는 행위를 금지한 국가공무원법 제65조 제1항 중 '국가공무원법 제2조 제2항 제2호의 교육공무원 가운데 초·중등교육법 제19조 제1항의 교원은 정당의 결성에 관여하거나 이에 가입할 수 없다.' 부분은 청구인들의 <u>정당가입의 자유 등을 침해하지 않는다.</u>

4. 사회복무요원이 정당이나 그 밖의 정치단체에 가입하는 등 정치적 목적을 지닌 행위를 금지한 병역법 제33조 제2항 본문 제2호 중 '그 밖의 정치단체에 가입하는 등 정치적 목적을 지닌 행위'에 관한 부분은 헌법에 위반된다.(헌재 2021.11.25. 2019헌마534)[위헌]
   <u>입법목적은 정당하나, 사회복무요원의 정치적 중립성 보장과 아무런 관련이 없는 단체에 가입하는 등의 사회적 활동까지 금지하므로 수단의 적합성이 인정되지 않는다.</u>

5. 집회·시위를 위한 인천애뜰 잔디마당의 사용허가를 예외 없이 제한하는'인천애(愛)뜰의 사용 및 관리에 관한 조례 제7조 제1항 제5호 가목은 과잉금지원칙에 위배되어 청구인들의 집회의 자유를 침해한다.(헌재 2023.9.26. 2019헌마1417)[위헌]
   [1] 심판대상조항은 법률의 위임 내지는 이에 근거하여 규정된 것이므로, 법률유보원칙에 위배되는 것으로 볼 수 없다.
   [2] 입법목적은 정당하고, 집회·시위를 위한 잔디마당 사용허가를 전면적·일률적으로 제한하는 것은 이에 적합한 수단이다. 잔디마당이 현재 일반인에게 널리 개방되어 자유로운 통행과 휴식 등 공간으로 활용되고 있는 이상, 이곳이 여전히 국토계획법상 공공청사 부지에 속하고, 집회·시위를 목적으로 한 분수광장의 사용이 용이하다는 점만으로, 심판대상조항에 따른 제한이 정당화될 수 없다. 따라서 심판대상조항은 침해의 최소성 요건을 갖추지 못하였다.

Ⅲ 결사의 자유

01. 결사의 자유의 의의

결사의 개념	결사란 다수의 자연인 또는 법인이 공동의 목적을 위하여 상당기간 동안 계속해서 단체를 결성함을 말한다.
헌법상 보호되는 결사	헌법이 보호하는 결사는 가입과 탈퇴의 자유가 인정되는 자발적인 단체를 말한다.
결사의 자유의 대상이 아닌 결사	가입강제가 인정되는 공법상의 결사는 결사의 자유에 의해 보호되지 않는다. [17국가7급]

구 주택건설촉진법상의 주택조합은 주택이 없는 국민의 주거 생활의 안정을 도모하고 모든 국민의 주거수준 향상을 기한다는 공공목적을 위하여 법이 구성원의 자격을 제한적으로 정해 놓은 특수조합이어서, 이는 헌법상 결사의 자유가 뜻하는 헌법상 보호법익의 대상이 되는 단체가 아니다. [17국가7급 추가채용]

▶ 관련판례

1. 수협의 조합장선거의 특징, 선거구조, 선거현실, 후보자가 아닌 사람에게 선거운동을 허용하는 경우 발생가능한 문제점 등을 종합하여 보면, 조합장선거의 후보자가 아닌 사람의 선거운동을 전면 금지하고 이를 위반하면 형사처벌하도록 한 입법자의 선택은 충분히 수긍할 수 있다. 따라서 심판대상조항들이 침해의 최소성 원칙에 반한다고 보기는 어렵다.(헌재 2017.6.29. 2016헌가1)

   [1] 제청법원은 심판대상조항들이 조합장선거 후보자의 선거운동의 자유를 침해한다고 주장하나, 사법인적인 성격을 지니는 수협의 조합장선거에서 조합장을 선출하거나 선거운동을 하는 것은 헌법에 의하여 보호되는 선거권의 범위에 포함되지 아니한다.(헌재 2012.12.27. 2011헌마562 등) 또 제청법원은 심판대상조항들이 선거인의 알 권리도 침해한다고 주장하나, 이러한 주장은 선거인이 자신의 의견표명(투표)에 앞서 의견형성의 조건이 부족하다는 점을 다투는 것으로서 조합장선거의 후보자가 다른 사람의 도움을 받아 자유로이 자신의 선거공약 등을 표현할 자유와 표리관계에 있으므로, 결사의 자유 등 침해 여부를 판단하면서 함께 살펴보는 것으로 충분하다. (헌재 2016.11.24. 2015헌바62) [19국가7급]

2. 직선제 조합장선거의 경우 선거운동기간을 후보자등록마감일의 다음 날부터 선거일 전일까지로 한정하면서 예비후보자 제도를 두지 아니한 구 '공공단체등 위탁선거에 관한 법률' 제24조 제2항 및 법정된 선거운동방법만을 허용하면서 합동연설회 또는 공개토론회의 개최나 언론기관 및 단체가 주최하는 대담·토론회를 허용하지 아니하는 구 '공공단체등 위탁선거에 관한 법률' 제24조 제3항 제1호는 헌법에 위반되지 아니한다.(헌재 2017.7.27. 2016헌바372)

3. 공동주택의 동별 대표자의 중임을 한 번으로 제한하고 있는 구 주택법 시행령 제50조 제8항 후단은 청구인의 결사의 자유와 평등권을 침해하지 않고 법률유보원칙 등에도 위배되지 않아 헌법에 위반되지 않는다.(헌재 2017.12.28. 2016헌마311)

4. 주택조합조합원 자격을 무주택자로 한정하는 것은 합헌(헌재 1994.2.24. 92헌바43)[합헌]
   헌법 제21조 제1항이 보장하고 있는 결사의 자유에 의하여 보호되는 "결사" 개념에는 법이 특별한 공공목적에 의하여 구성원의 자격을 정하고 있는 특수단체의 조직활동까지 그에 해당하는 것으로 볼 수 없다. 주택건설촉진법상의 주택조합은 주택이 없는 국민의 주거생활의 안정을 도모하고 모든 국민의 주거수준의 향상을 기한다는(동법 제1조) 공공목적을 위하여 법이 구성원의 자격을 제한적으로 정해 놓은 특수조합이어서 이는 헌법상의 결사의 자유가 뜻하는 헌법상 보호법익의 대상이 되는 단체가 아니며 또한 위 법률조항이 위 법률 소정의 주택조합 중 지역조합과 직장조합의 조합원 자격을 무주택자로 한정하였다고 해서 그로 인하여 유주택자가 위 법률과 관계없는 주택조합의 조합원이 되는 것까지 제한받는 것도 아니다. 그러므로 주택건설촉진법 제3조 제9호는 유주택자의 결사의 자유를 침해하는 것이 아니다.

02. 결사의 자유의 주체

1 자연인

자연인에게 당연히 인정되는데 외국인에 대해서는 인정된다는 것이 다수설이다. 다만, 상호주의에 따른 제한이 있을 수 있다.

2 법인

법인 등 결사체도 그 조직과 의사 형성, 업무수행에 있어서 자기결정권을 갖기 때문에 결사의 자유의 주체가 될 수 있다. 다만, 공법인은 예외적으로만 결사의 자유의 주체가 된다.

> **▶ 관련판례**
>
> 1. 축협법상의 축협은 사법인이므로 축협의 복수설립금지는 결사의 자유를 침해한다.(헌재 1996.4.25. 92헌바47)[위헌] [16국회8급]
> 2. 축협중앙회는 공법인성과 사법인성을 겸유한 특수법인으로서 축협중앙회는 그 회원조합들과 별도로 결사의 자유의 주체가 된다. … 축협중앙회를 해산하여 신설되는 농협중앙회에 통합하도록 하는 농업협동조합법이 결사의 자유를 침해한 것은 아니다.(헌재 2000.6.1. 99헌마553)[기각] [11지방7급, 04사시]
> 3. 농지개량조합은 공법인으로서 결사의 자유의 주체가 될 수 없다.(헌재 2000.11.30. 99헌마190)[기각] [11지방7급]
> 4. 상공회의소는 사법인으로서 결사의 자유의 주체가 된다. … 상공회의소가 설립될 수 있는 행정구역에서 광역시에 속해 있는 군을 제외하고 있는 상공회의소법 제5조 제1항 본문 중 "광역시의 군을 제외한다"는 부분이 상공회의소와 회원의 결사의 자유를 침해하는 것은 아니다.(헌재 2006.5.25. 2004헌가1)[합헌]

03. 결사의 자유의 구체적 내용

적극적으로 단체결성의 자유, 단체존속의 자유, 단체활동의 자유, 결사에의 가입·잔류의 자유가 있으며, 소극적으로는 단체로부터 탈퇴할 자유와 결사에 가입하지 않을 자유가 있다.

> **▶ 관련판례**
>
> 1. 대한변리사회는 사법상의 결사로서 … 가입강제는 결사의 자유를 침해하지 않는다. (헌재 2008.7.31. 2006헌마666)[기각]
> 2. 대한안마사협회는 사법상의 결사로서 … 시각장애인의 가입강제는 결사의 자유를 침해하지 않는다.(헌재 2008.10.30. 2006헌가15)
> 3. 지역농협 이사 선거의 경우 전화(문자메시지를 포함한다)·컴퓨터통신(전자우편을 포함한다)을 이용한 지지 호소의 선거운동방법을 금지하고, 이를 위반한 자를 처벌하는 구 농업협동조합법 제50조 제4항 및 농업협동조합법 제50조 제4항은 청구인들의 결사의 자유, 표현의 자유를 침해한다.(헌재 2016.11.24. 2015헌바62)[위헌] [21경찰승진등]
> 4. 민법 제78조의 "사단법인은 총사원 4분의 3 이상의 동의가 없으면 해산을 결의하지 못한다. 그러나 정관에 다른 규정이 있는 때에는 그 규정에 의한다."는 규정은 결사의 자유를 침해하지 아니한다.(헌재 2017.5.25. 2015헌바260)

OX 연습

1. 새마을금고의 임원선거와 관련하여 법률에서 정하고 있는 방법 외의 방법으로 선거운동을 할 수 없도록 하고 이를 위반한 경우 형사처벌 하도록 정하고 있는 「새마을금고법」 규정은 표현의 자유를 침해하지 않는다. [19서울7급]

2. 헌법 제31조 제4항의 교육의 자주성이나 대학의 자율성은 헌법 제22조 제1항이 보장하고 있는 학문의 자유의 확실한 보장수단으로 꼭 필요하지만 이는 대학에게 부여된 헌법상의 기본권은 아니다.
[15법무사]

5. 새마을금고 임원 선거와 관련하여 선거운동의 방법을 제한하고, 그 외의 방법으로 선거운동을 한 사람을 처벌하도록 정하고 있는 새마을금고법 제22조 제3항 및 제85조 제3항 중 제22조 제3항에 관한 부분은 결사의 자유 및 표현의 자유를 침해하지 않는다. (헌재 2018.2.22. 2016헌바364)

제5항 | 학문과 예술의 자유

> **헌법 제22조** ① 모든 국민은 학문과 예술의 자유를 가진다.
> ② 저작자·발명가·과학기술자와 예술가의 권리는 법률로써 보호한다.

Ⅰ 학문의 자유

01. 학문의 자유의 주체 [14서울7급]

학문의 자유는 대학이나 연구소의 구성원만이 아니라 모든 국민에게 보장되는 기본권이다. 다만, 교수의 자유는 대학교 이상의 교육기관의 교수만 주체가 된다. 학문의 자유는 집단적 권리성이 있으므로 대학이나 연구단체도 학문의 자유의 주체가 될 수 있다.

02. 학문의 자유의 내용

교수의 자유는 일반국민에게 인정되는 것이 아니고 대학이나 고등교육기관에 종사하는 교육자 등에게 인정된다. 이런 점에서 초·중·고교의 교사가 누리는 수업(교육)의 자유와도 구별된다.

1 대학의 자치

1. 대학자치의 의의

대학의 자치는 대학의 학사·인사·관리·운영 등을 대학이 스스로 자율적으로 결정할 수 있다는 의미이다. 대학의 자치는 학문의 자유를 실현하기 위한 제도적 보장으로서의 의미를 지닌다. [20변호사]

2. 대학자치의 헌법적 근거

대학의 자치의 근거규정에 대해서 학설이 대립하나 헌법재판소는 "교육의 자주성이나 대학의 자율성은 헌법 제22조 제1항이 보장하고 있는 학문의 자유의 확실한 보장수단으로 꼭 필요한 것으로서 이는 대학에게 부여된 헌법상의 기본권이다"[20변호사, 14서울7급, 10국가7급]라고 판시하여 헌법 제22조 제1항의 학문의 자유와 헌법 제31조 제4항에 근거한 헌법상의 기본권으로 보고 있다.

Answer

1. ○ 헌재 2018.2.22. 2016헌바364
2. × 헌재 1992.10.1. 92헌마68

3. 대학자치의 주체

헌법재판소는 경우에 따라 대학 전구성원이 자율성을 갖는 경우도 있다고 보아 교수에 한정하지 않는다.(헌재 2006.4.27. 2005헌마1047) [22경찰1차·11지방7급]

4. 대학자치의 내용

대학의 자치는 학사, 인사, 관리·운영의 3가지를 내용으로 한다.

➡ 관련판례

1. 국립대학 교수의 총장선출권은 헌법상의 기본권이다. 그러나 총장직선제를 하지 않는 것이 기본권침해는 아니다.(헌재 2006.4.27. 2005헌마1047)[기각] [19변호사]
   청구인들에게 대학총장 후보자 선출에 참여할 권리가 있고 이 권리는 대학의 자치의 본질적인 내용에 포함된다고 할 것이므로 결국 헌법상의 기본권으로 인정할 수 있다.

2. 사립대학교수의 총장선출권은 인정되지 않는다.(대판 1996.5.31. 95다26971)
   교수들이 사립대학의 총장선임에 실질적으로 관여할 수 있는 지위에 있다거나 학교법인의 총장선임행위를 다툴 확인의 이익을 가진다고 볼 수 없다.

3. 교육인적자원부장관의 학칙시정요구(헌재 2003.6.26. 2002헌마337)[각하]
   (1) 학칙시정요구는 공권력행사이다.
   (2) 교수들의 자기관련성은 인정되지 않는다.

4. 국립대학법인 서울대학교 설립·운영에 관한 법률 위헌확인(헌재 2014.4.24. 2011헌마612)[각하, 기각]
   [1] 국립대학 서울대학교를 법인인 '국립대학법인 서울대학교'로 전환하고, 소속 교직원을 공무원에서 퇴직시키거나 법인 서울대의 교직원으로 임용하는 내용 등을 담고 있는 '구 국립대학법인 서울대학교 설립·운영에 관한 법률' 각 규정에 대하여 다른 대학 교직원, 서울대학교 재학생 및 일반시민의 기본권 침해 가능성 내지 자기관련성은 인정되지 않는다.
   [2] 국·공유재산을 서울대학교에 무상 양도하거나, 재정 지원하도록 한 구 '국립대학법인 서울대학교 설립·운영에 관한 법률' 규정은 서울대학교 교직원의 평등권을 침해할 가능성이 없다.

5. 서울대학교가 입시과목에서 일본어를 제외한 것(헌재 1992.10.1. 92헌마68) [기각] [10국가7급]
   (1) 서울대학교는 공권력 행사의 주체인 동시에 기본권의 주체이기도 하다.
   (2) 서울대학교의 "94학년도 대학입학고사 주요 요강"은 헌법소원의 대상이다. [10국가7급 등]
   국립대학인 서울대학교의 "94학년도 대학입학고사 주요 요강"은 사실상의 준비행위 내지 사전안내로서 행정쟁송의 대상이 될 수 있는 행정처분이나 공권력의 행사는 될 수 없지만 그 내용이 국민의 기본권에 직접 영향을 끼치는 내용이고 앞으로 법령의 뒷받침에 의하여 그대로 실시될 것이 틀림없을 것으로 예상되어 그로 인하여 직접적으로 기본권 침해를 받게 되는 사람에게는 사실상의 규범작용으로 인한 위험성이 이미 현실적으로 발생하였다고 보아야 할 것이므로 이는 헌법소원의 대상이 되는 헌법재판소법 제68조 제1항 소정의 공권력의 행사에 해당된다고 할 것이며, 이 경우 헌법소원외에 달리 구제방법이 없다.

(3) 학생의 선발전형도 대학자율의 범위에 속하므로 기본권 침해가 아니다.

6. 세무대학폐지(헌재 2001.2.22. 99헌마613)[기각]
   (1) 세무대학설치법과 폐지법은 처분적 법률이다.
   (2) 세무대학은 기본권 주체이다.
   (3) 대학의 자율성은 그 보호영역이 대학자체의 계속적 존립에까지 미치는 것은 아니다. [10지방7급]

7. 교육부장관이 강원대학교 법학전문대학원의 2015학년도 및 2016학년도 신입생 각 1명의 모집을 정지한 행위는 과잉금지원칙에 반하여 헌법 제31조 제4항이 정하는 대학의 자율권을 침해한다.(헌재 2015.12.23. 2014헌마1149)[인용(취소)]

Ⅱ 예술의 자유

01. 예술의 자유의 주체

1 자연인

예술의 자유는 모든 인간에게 보장되는 자유이다.

2 법인

예술창작의 자유는 인격적인 표현으로서의 의미를 갖는다는 점에서 자연인 개인을 전제로 한다. 그러나 예술작품의 발행·전시의 자유는 미술관이나 출판사 등 법인이나 단체도 향유할 수 있다.

> ▶ 관련판례
>
> 1. 예술의 자유의 내용과 주체(헌재 1993.5.13. 91헌바17)
>   (1) 예술창작의 자유는 예술창작활동을 할 수 있는 자유로서 창작소재, 창작형태 및 창작과정 등에 대한 임의로운 결정권을 포함한 모든 예술창작활동의 자유를 그 내용으로 한다. 따라서 음반 및 비디오물로써 예술창작활동을 하는 자유도 이 예술의 자유에 포함된다.
>   (2) 예술표현의 자유는 창작한 예술품을 일반대중에게 전시·공연·보급할 수 있는 자유이다. 예술품보급의 자유와 관련해서 예술품보급을 목적으로 하는 예술출판자 등도 이러한 의미에서의 예술의 자유의 보호를 받는다고 하겠다. 따라서 비디오물을 포함하는 음반제작자도 이러한 의미에서의 예술표현의 자유를 향유한다고 할 것이다.
> 2. 극장운영자에게도 예술의 자유의 주체성이 인정된다.(헌재 2004.5.27. 2003헌가1) [09사시]

CHAPTER
04 경제적 기본권

| SECTION 1 | 재산권 |

헌법 제23조 ① 모든 국민의 재산권은 보장된다. 그 내용과 한계는 법률로 정한다.	사유재산제(제도보장) 기본권 형성적 법률유보
② 재산권의 행사는 공공복리에 적합하도록 하여야 한다.	무보상의 사회적 제약(내용규정)
③ 공공필요에 의한 재산권의 수용·사용 또는 제한 및 그에 대한 보상은 법률로써 하되 정당한 보상을 하여야 한다.	요보상의 공공침해, 보상의 방법은 법률로써, 보상의 내용은 정당한 보상. 정당한 보상은 원칙적으로 시가 보상이지만 공시지가 보상도 가능하다.

* 공공복리는 공공필요보다 넓은 개념이다.

제1항 | 재산권의 주체

I 모든 국민

재산권의 주체는 모든 국민이다. 자연인은 물론이고 법인도 재산권의 주체가 되며, 국가와 지방자치단체도 그 주체가 된다. 외국인은 조약에 따라 정해진다.

II 국가와 지방자치단체

지방자치단체는 재산권의 주체가 되지 못한다는 헌법재판소 결정은 지방자치단체가 재산권 귀속의 주체가 되지 못한다는 의미가 아니라 일반국민과 같이 재산권의 보호를 주장하면서 헌법소원을 제기할 수 없다는 말이다.

제2항 | 재산권의 범위(객체)

I 재산권의 범위

재산권의 범위는 입법에 의해서 정해진다. 그런 의미에서 재산권에 관한 법률유보를 기본권 형성적 법률유보라고 표현한다.

Ⅱ 재산권에 포함되는 것

01. 공법상의 권리가 헌법상의 재산권으로 보호받기 위한 요건

🔷 재산권의 요건

사적 재산권의 요건	공법상 권리의 재산권 인정 요건
• 사적 유용성 • 원칙적 처분 가능성 • 구체적 권리	사적인 재산권의 요건 + 수급자의 상당한 자기기여 + 생존 확보에 기여

➡ 관련판례

일본군위안부 피해자들의 배상청구권은 헌법상 보장되는 재산권이다.(헌재 2011.8.30. 2006헌마788) [12국가7급]
[1] 일본국에 의하여 광범위하게 자행된 반인도적 범죄행위에 대하여 일본군위안부 피해자들이 일본에 대하여 가지는 배상청구권은 헌법상 보장되는 재산권일 뿐 아니라, 그 배상청구권의 실현은 무자비하게 지속적으로 침해된 인간으로서의 존엄과 가치 및 신체의 자유를 사후적으로 회복한다는 의미를 가지는 것이므로, 그 배상청구권의 실현을 가로막는 것은 헌법상 재산권 문제에 국한되지 않고 근원적인 인간으로서의 존엄과 가치의 침해와 직접 관련이 있다.
[2] 대한민국이 일본과 협상하지 않는 부작위는 헌법에 위반된다.

02. 재산권 자체도 재산권에 포함된다.

➡ 관련판례

고엽제 후유증환자의 유족보상수급권(헌재 2001.6.28. 99헌마516)[헌법불합치]
(1) 고엽제 후유증환자의 유족보상수급권은 법정요건을 갖추기 전에는 재산권이 아니다. [20국가7급]
고엽제법에 의한 고엽제후유증환자 및 그 유족의 보상수급권은 법률에 의하여 비로소 인정되는 권리로서 재산권적 성질을 갖는 것이긴 하지만 그 발생에 필요한 요건이 법정되어 있는 이상 이러한 요건을 갖추기 전에는 헌법이 보장하는 재산권이라고 할 수 없다.
(2) 등록유무를 기준으로 차별하는 것은 헌법에 합치되지 않는다.(평등권침해)
고엽제후유증환자의 유족에 대한 보상을 행함에 있어서는 환자 본인의 사망원인이 된 질병이 월남전의 참전중에 고엽제 살포에 노출되어 이환된 질병인지 여부를 가리는 것이 가장 본질적인 문제가 되는 것이지 환자가 죽기 전에 등록신청을 하였는지 여부는 본질적인 문제가 아니다.

헌법재판소가 재산권으로 인정한 사례 [기출다수]
1. 공무원의 퇴직급여 청구권은 헌법상의 재산권에 해당한다.(헌재 1995.7.21. 94헌바27)
2. 토지수용법상의 환매권은 헌법상의 재산권에 해당한다.(헌재 1994.2.24. 92헌가15) [12국가7급]
3. 정당한 지목을 등록함으로써 얻는 이익은 헌법상의 재산권에 해당한다.(헌재 1999.6.24. 97헌마315) [22경찰간부등]
4. 건설업영업권은 헌법상의 재산권에 해당한다.(헌재 2001.3.2. 2000헌마27)

5. 실용신안권은 헌법상의 재산권에 해당한다.(헌재 2002.4.25. 2001헌마200)
6. 정리회사의 주식은 헌법상의 재산권의 객체이다.(헌재 2003.12.18. 2001헌바91 등)
7. 국민연금수급권은 공법상의 재산권에 해당한다.(헌재 1996.10.4. 96헌가6)
8. 유언자의 유언의 자유(헌재 2008.12.26. 2007헌바128) [23국회8급, 11국회8급]
9. 의료보험수급권은 공법상의 재산권에 해당한다.(헌재 2000.6.29. 99헌마289) [10국가7급] - 의료보험수급권은 우리가 병원에 가서 싸게 진료 받을 수 있는 권리를 말한다.(저자 주)

> 비교판례 ➡
>
> 1. 의료보험조합의 적립금은 재산권이 아니다.(헌재 2000.6.29. 99헌마289) [10국가7급] - 적립금은 매달 내는 보험금을 말한다. 1년간 병원에 가지 않았다고 그 돈을 돌려받을 수는 없는 것이기 때문이다.(저자 주)
> 2. 의료급여수급권은 재산권이 아니다.(헌재 2009.9.24. 2007헌마1092) - 의료급여수급권은 생활능력이 없는 저소득 국민에게 국가가 일방적으로 보장하는 공적부조의 일종으로 건강보험과는 별도로 의료급여법에 따른 것이다. 즉, 상당한 자기기여가 없기 때문이다.(저자 주) [20국가7급]

10. 우편물의 수취인인 청구인은 우편물의 지연배달에 따른 손해배상청구권을 갖게 되는바, 이는 헌법이 보장하는 재산권의 내용에 포함되는 권리이다.(헌재 2013.6.27. 2012헌마426) [15법원직]
11. 우편법상의 손해배상을 청구할 수 있는 자를 발송인의 승인을 받은 수취인으로 규정한 우편법 제42조 중 '그 승인을 받은 수취인' 부분은 수취인의 재산권을 침해하지 않는다.(헌재 2015.4.30. 2013헌바383)
12. 헌법이 보장하고 있는 재산권은 경제적 가치가 있는 모든 공법상·사법상의 권리를 뜻하며, 사적 유용성 및 그에 대한 원칙적인 처분권을 내포하는 재산가치 있는 구체적인 권리를 의미한다. 이 사건 조항을 통하여 인정되는 '<u>수용청구권</u>'은 사적유용성을 지닌 것으로서 재산의 사용, 수익, 처분에 관계되는 법적 권리이므로 헌법상 <u>재산권에 포함된다</u>고 볼 것이다.(헌재 2005.7.21. 2004헌바57) - 다만, 불법적인 사용의 경우에 인정되는 '수용청구권'이란 재산권은 존재하지 않으므로, 이 사건 조항이 그러한 재산권을 제한할 수는 없다. [22경찰승진·경찰간부]

Ⅲ 재산권에 포함되지 않는 것

단순한 기대이익, 경제적인 기회, 반사적 이익이나 우연히 발생한 법적 지위 등은 재산권에 속하지 않는다. 그러나 연금수급기대권은 재산권이다.

➡ 관련판례

헌법재판소가 재산권으로 인정하지 않은 사례
1. <u>공무원의 보수청구권</u>은, 법률 및 법률의 위임을 받은 하위법령에 의해 그 구체적 내용이 형성되면 재산적 가치가 있는 공법상의 권리가 되어 재산권의 내용에 포함되지만, 법령에 의하여 구체적 내용이 형성되기 전의 권리, 즉 공무원이 국가 또는 지방자치단체에 대하여 어느 수준의 보수를 청구할 수 있는 권리는 단순한 기대이익에 불과하여 재산권의 내용에 포함된다고 볼 수 없다.(헌재 2008.12.26. 2007헌마444)

2. 문화재에 대한 선의취득의 배제(헌재 2009.7.30. 2007헌마870) [16법원직]

   동산문화재의 양수인의 입장에서든, 무권리자인 양도인의 입장에서든 이 사건 선의취득 배제 조항으로 인하여 <u>문화재매매업자인 청구인의 재산권이 침해된다고 볼 수는 없다.</u>

3. 현재의 장소에서 계속 약국을 운영할 권리는 재산권이 아니다.(헌재 2003.10.30. 2001헌마700)

4. 상공회의소의 의결권 및 상공회의소의 재산은 재산권이 아니다.(헌재 2006.5.25. 2004헌가1)

5. 불법적인 사용에 대한 수용청구권은 인정되지 않는다.(헌재 2005.7.21. 2004헌바57) [22경찰간부]

6. 시혜적 입법에 의해 얻을 수 있는 재산상 이익은 재산권이 아니다.(헌재 2002.12.18. 2001헌바55)

   공무원의 명예퇴직수당에 대한 퇴직소득공제율은 100분의 75로 되어 있으면서 공무원 아닌 자의 명예퇴직 수당에 대해서는 100분의 50의 퇴직소득공제율을 적용하는 것이 공무원 아닌 자의 … 재산권에 관계되는 시혜적 입법의 시혜대상에서 제외되었다는 이유만으로 재산권침해가 생기는 것은 아니고, 시혜적 입법의 시혜대상이 될 경우 얻을 수 있는 재산상 이익의 기대가 성취되지 않았다고 하여도 그러한 단순한 재산상 이익의 기대는 헌법이 보호하는 재산권의 영역에 포함되지 않으므로, 이 사건에서 재산권침해가 문제되지는 않는다.

7. 농지개량조합의 재산은 헌법상의 재산권이 아니다.(헌재 2000.11.30. 99헌마190)

8. 국립공원 입장료 수입은 재산권이 아니다.(헌재 2001.6.28. 2000헌바44)

9. 공제회가 관리·운용하는 학교안전공제 및 사고예방 기금은 헌법 제23조 제1항에 의하여 보호되는 공제회의 재산권에 해당하지 않는다.(헌재 2015.7.30. 2014헌가7) [21경찰승진]

   학교안전사고에 대하여 국가배상법을 준용하여 노동능력상실률에 따른 일실수입 전액을 지급하도록 하는 학교안전법 제37조는 평등원칙에 반하지 않는다.

10. 위로금의 액수를 국외강제동원 희생자 1명당 2천만 원으로 정한 '대일항쟁기 강제동원 피해조사 및 국외강제동원희생자 등 지원에 관한 특별법' 제4조 제1호에 규정된 위로금은 국외강제동원 희생자 유족의 재산권의 대상에 포함되지 않는 등 부적법하다.(헌재 2015.12.23. 2010헌마620)[각하]

11. 일제에 의하여 군무원으로 강제동원되어 그 노무 제공의 대가를 지급받지 못한 미수금피해자에게 당시의 일본국 통화 1엔에 대하여 대한민국 통화 2천원으로 환산한 미수금 지원금을 지급하도록 한 구 '태평양전쟁 전후 국외강제동원희생자 등 지원에 관한 법률' 제5조 제1항은 헌법에 위반되지 않는다.(헌재 2015.12.23. 2009헌바317)

12. 국민연금법상 연금수급권 내지 연금수급기대권이 재산권의 보호대상인 사회보장적 급여라고 한다면 사망일시금은 사회보험의 원리에서 다소 벗어난 장제부조적·보상적 성격을 갖는 급여로 사망일시금은 헌법상 재산권에 해당하지 아니하므로, 이 사건 사망일시금 한도 조항이 청구인들의 재산권을 제한한다고 볼 수 없다.(헌재 2019.2.28. 2017헌마432) [22경찰승진]

13. 청구인이 잠수기어업허가를 받아 키조개 등을 채취하는 직업에 종사한다고 하더라도 이는 원칙적으로 자신의 계획과 책임하에 행동하면서 법제도에 의하여 반사적으로 부여되는 기회를 활용하는 것에 불과하므로 잠수기어업허가를 받지 못하여 상실된 이익 등 청구인 주장의 재산권은 헌법 제23조에서 규정하는 재산권의 보호범위에 포함된다고 볼 수 없다.(헌재 2008.6.26. 2005헌마173) [22경찰승진]

14. 법률에 따라 국내에서 출원공개된 경우 신규성 상실의 예외를 제한하는 디자인보호법 제36조 제1항 단서 중'법률에 따라 국내에서 출원공개된 경우'에 관한 부분은 헌법에 위반되지 아니한다.(헌재 2023.7.20. 2020헌바497)[합헌]

    심판대상조항이 재산권을 제한하는지 여부(소극)

    디자인보호법은 디자인권자에게 독점적 실시권을 부여하여 경제적 이익을 보장하고(제92조), 디자인권의 이전을 허용하므로(제96조), 디자인보호법상의 요건을 갖춰 등록을 마친 디자인권은 재산권에 포함된다. 그러나 <u>이 사건 출원디자인은 디자인등록거절결정이 되었으므로 청구인은 이 사건 출원디자인에 관하여는 독점배타적인 디자인권을 취득한 사실이 없다. 그렇다면 심판대상조항은 청구인의 재산권을 제한하지 않으므로, 재산권 침해 여부에 관하여는 더 나아가 살펴보지 아니한다.</u>

15. '감염병의 예방 및 관리에 관한 법률'상 집합제한 조치로 발생한 손실을 보상하는 규정을 두지 않은 '감염병의 예방 및 관리에 관한 법률'조항에 대한 청구를 기각하는 결정을 선고하였다.(헌재 2023.6.29. 2020헌마1669)[기각]

    [1] 감염병예방법 제49조 제1항 제2호에 근거한 집합제한 조치로 인하여 청구인들의 일반음식점 영업이 제한되어 영업이익이 감소되었다 하더라도, <u>청구인들이 소유하는 영업 시설·장비 등에 대한 구체적인 사용·수익 및 처분권한을 제한받는 것은 아니므로, 보상규정의 부재가 청구인들의 재산권을 제한한다고 볼 수 없다.</u>

    [2] 심판대상조항이 감염병의 예방을 위하여 집합제한 조치를 받은 영업장의 손실을 보상하는 규정을 두고 있지 않다고 하더라도 청구인들의 평등권을 침해한다고 할 수 없다.

제3항 | 재산권 행사의 공공복리 적합의무(제23조 제2항)

◈ 경계이론과 분리이론

구분	경계이론(독일행정법원)	분리이론(독일연방헌재)
이론적 배경	가치보장을 우선한다.	존속보장을 우선한다.
기준	침해의 강도	법률의 내용과 형식
구별	침해가 약하면 사회적 제약 ⇨ 강도가 일정 한도를 넘어서면 자동으로 침해로 전환	법률의 내용과 형식이 일반적·추상적이면(민법) 사회적 제약이고, 개별적·구체적이면(토지수용법) 공공침해이다. 다만, 수인한도를 넘는 제약은 예외적으로 보상을 요하는 사회적 제약이 된다.
	사례 • 개발제한구역지역에서 전·답·임야(종래의 용도로 사용할 수 있는 경우): 두 이론 모두 사회적 제약으로 본다. • 대지(종래의 용도로 사용할 수 없는 경우): 경계이론에 의하면 침해의 강도가 수인한도를 넘어서 자동으로 보상을 요하는 공공침해가 되고, 분리이론에 의하면 예외적으로 보상을 요하는 사회적 제약이다.	

1. 개발제한구역으로 지정
되어 종래의 지목과 토지
현황에 의한 이용방법에 따
른 토지의 사용을 할 수 없
거나 실질적으로 사용·수
익을 전혀 할 수 없는 경우
에는 헌법상 반드시 금전
보상이 요청된다.

[19법원9급]

양자의 차이	사회적 제약과 공공침해는 질적인 차이가 아닌 양적 차이이다.	사회적 제약과 공공침해는 질적인 차이가 있다.
보상규정이 없는 경우	유추적용설로 해결한다. 따라서 법원의 판결로 보상이 가능하다.	헌재의 위헌결정에 따라 법을 제정 또는 개정하여 입법보상을 한다.
결부조항	결부조항을 중요시 하지 않는다.	결부조항을 중요시 한다.

> ✪ **손실보상에 대한 2가지 관점**
>
> 1. 가치보장을 중시하는 견해
>   가치보장은 산업혁명 과정에서 국가의 대규모 공사를 정당화하기 위한 이론이다. 가치보장에 의하면 토지의 수용에 있어서 수용 자체는 다툴 수 없고 보상에 대해서만 다툴 수 있다. 경계이론의 출발점이다. '인용하라, 그리고 청산하라.'라는 법언으로 설명된다.
>
> 2. 존속보장을 중시하는 견해
>   재산권의 종류에 따라서는 손실보상만으로는 충분하지 않은 경우도 있다는 점을 고려한다. 재산권의 기능이 다양화되면서 재산권 자체의 존속을 보장하는 것이 재산권 보장의 핵심이라고 본다. 공용수용에 대하여 수용 자체를 다툴 수 있게 한다. 분리이론의 출발점이다. '방어하라. 그리고 청산하라.'라는 법언으로 설명된다.

* 헌법재판소는 개발제한구역 사건에서 **분리이론에 입각한 판시**를 하였다.

▶ **관련판례**

1. 개발제한구역사건(헌재 1998.12.24. 89헌마214)[헌법불합치] [17법원직, 16변호사 등]
    (1) 개발제한구역의 지정으로 인한 <u>개발가능성의 소멸과 그에 따른 지가의 하락이나 지가상승률의 상대적 감소는 토지소유자가 감수해야 하는 사회적 제약의 범주에 속하는 것으로 보아야 한다. 자신의 토지를 장래에 건축이나 개발목적으로 사용할 수 있으리라는 기대가능성이나 신뢰 및 이에 따른 지가상승의 기회는 원칙적으로 재산권의 보호범위에 속하지 않는다. 구역지정 당시의 상태대로 토지를 사용·수익·처분할 수 있는 이상, 구역지정에 따른 단순한 토지이용의 제한은 원칙적으로 재산권에 내재하는 사회적 제약의 범주를 넘지 않는다.</u> [14변호사, 09국가7급 등]
    (2) 도시계획법 제21조에 규정된 <u>개발제한구역제도 그 자체는 원칙적으로 합헌적인 규정인데, 다만 개발제한구역의 지정으로 말미암아 일부 토지소유자에게 사회적 제약의 범위를 넘는 가혹한 부담이 발생하는 예외적인 경우(나대지)에 대하여 보상규정을 두지 않은 것에 위헌성이 있는 것이고,</u> [12국가7급] <u>보상의 구체적 기준과 방법은 헌법재판소가 결정할 성질의 것이 아니라 광범위한 입법형성권을 가진 입법자가 입법정책적으로 정할 사항이므로, 입법자가 보상입법을 마련함으로써 위헌적인 상태를 제거할 때까지 위 조항을 형식적으로 존속케 하기 위하여 헌법불합치결정을 하는 것인 바, 입법자는 되도록 빠른 시일내에 보상입법을 하여 위헌적 상태를 제거할 의무가 있고, 행정청은 보상입법이 마련되기 전에는 새로 개발제한구역을 지정하여서는 아니되며, 토지소유자는 보상입법을 기다려 그에 따른 권리행사를 할 수 있을 뿐 개발제한구역의 지정이나 그에 따른 토지재산권의 제한 그 자체의 효력을 다투거나 위 조항에 위반하여 행한 자신들의 행위의 정당성을 주장할 수는 없다.</u>

2. 국토해양부장관, 시·도지사가 도시관리계획으로 '역사문화미관지구'를 지정하고 그 경우 해당 지구 내 토지소유자들에게 지정목적에 맞는 건축제한 등 재산권 제한을 부과하면서도 아무런 보상조치를 규정하지 않고 있는, 구 '국토의 계획 및 이용에 관한 법률' 규정은 토지소유자들의 재산권을 침해하지 않는다.(헌재 2012.7.26. 2009헌바328)

제4항 | 재산권의 제한(제23조 제3항)

Ⅰ 재산권의 제한과 보상

01. 재산권 제한의 목적

재산권 제한의 목적은 헌법 제37조 제2항의 「국가안전보장·질서유지·공공복리」를 위한 일반적 경우와 헌법 제23조 제3항의 「공공필요」를 위한 경우이다.

02. 재산권 제한의 형식

1 법률에 의한 제한

1. 결부조항의 개념(불가분조항)

결부조항이란 동일한 법률 안에 재산권의 제한과 보상의 방법 및 기준을 함께 규정하여야 한다는 조항을 말한다.

2. 검토

결부조항으로 보게 되면 보상이 없는 법률은 부진정입법부작위가 되고, 결부조항이 아닌 것으로 보면 보상이 없는 부분이 진정입법부작위가 된다.

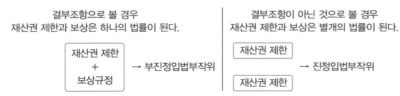

2 법률 이외의 형식에 의한 제한

기본권의 하나인 재산권도 원칙적으로 법률의 형식으로 제한하여야 하지만, 법률과 같은 효력을 가지는 긴급재정경제명령·긴급명령, 법률과 법률의 위임을 받은 법규명령은 물론 조례로도 재산권을 제한할 수 있다.

03. 재산권 제한의 조건으로서의 보상 및 그 내용

1 정당한 보상

재산권에 사용·수용·제한의 경우에는 법률로써 정당한 보상을 지급하여야 한다. 정당한 보상이란 재산의 객관적 가액, 곧 시가 전부를 보상(완전보상)하는 것을 말한다.

2 **판례** [18·16변호사]

헌법재판소는 "헌법 제23조 제3항이 규정하는 정당한 보상이란 원칙적으로 피수용재산의 객관적인 재산가치를 완전하게 보상하는 것이어야 한다는 완전보상을 의미한다"(헌재 1999.12.23. 98헌바13 등)라고 하였다. 그러나 공시지가에 의한 보상도 가능함을 밝히고 있다.

> * 재산권 제한에 대한 보상은 헌법 규정으로는 정당한 보상이고, 판례는 시가보상과 공시지가보상 모두를 인정한다. 다만, 개발이익은 정당한 보상에 포함되지 않는다.

04. 재산권 제한의 한계

> ➡ **관련판례**
>
> 1. 실화책임에 관한 법률(헌재 2007.8.30. 2004헌가25)[헌법불합치] [08국가7급]
>   실화책임법은 입법목적을 달성하는 수단으로서, 경과실로 인한 화재의 경우에 실화자의 손해배상책임을 감면하여 조절하는 방법을 택하지 아니하고, 실화자의 배상책임을 전부 부정하고 실화피해자의 손해배상청구권도 부정하는 방법을 채택하였다. 그러나 화재피해의 특수성을 고려하여 과실 정도가 가벼운 실화자를 가혹한 배상책임으로부터 구제할 필요가 있다고 하더라도, 그러한 입법목적을 달성하기 위하여 실화책임법이 채택한 방법은 입법목적의 달성에 필요한 정도를 벗어나 지나치게 실화자의 보호에만 치중하고 실화피해자의 보호를 외면한 것이어서 합리적이라고 보기 어렵고, 실화피해자의 손해배상청구권을 입법목적상 필요한 최소한도를 벗어나 과도하게 많이 제한하는 것이다.
> 2. 통일부장관이 2010.5.24. 발표한 북한에 대한 신규투자 불허 및 진행 중인 사업의 투자확대 금지 등을 내용으로 하는 대북조치는 헌법 제23조 제3항 소정의 재산권의 공용제한에 해당하지 않는다. 2010.5.24.자 대북조치로 인하여 재산상 손실을 입은 자에 대한 보상입법을 마련하지 아니한 입법부작위에 대한 심판청구는 부적법하다.(헌재 2022.5.26. 2016헌마95)[각하]

Ⅱ 보상규정 없는 공용수용과 구제

> ➡ **관련판례**
>
> 재산권을 침해한다고 본 사례
> 1. 국세를 저당권 등의 담보물권에 의해 담보된 채권보다 1년 우선시키는 국세기본법 규정은 재산권을 침해한다.(헌재 1990.9.3. 89헌가95)
> 2. 도시계획시설결정 후 10년 넘도록 아무런 보상을 하지 않는 것(헌재 1999.10.21. 97헌바26)[헌법불합치] [09국가7급]
>   도시계획시설로 지정된 토지가 나대지인 경우, 토지소유자는 더 이상 그 토지를 종래 허용된 용도(건축)대로 사용할 수 없게 됨으로써 토지의 매도가 사실상 거의 불가능하고 경제적으로 의미있는 이용가능성이 배제된다. 이러한 경우, 사업시행자에 의한 토지매수가 장기간 지체되어 토지소유자에게 토지를 계속 보유하도록 하는 것이 경제적인 관점에서 보아 더 이상 요구될 수 없다면, 입법자는 매수청구권이나 수용신청권의 부여, 지정의 해제, 금전적 보상 등 다양한 보상가능성을 통하여 재산권에 대한 가혹한 침해를 적절하게 보상하여야 한다.

3. 택지소유상한제도(헌재 1999.4.29. 94헌바37)[위헌] [14변호사, 09국가7급]

어느 누구라도 어떤 경우에도 660m2를 초과하는 택지를 취득할 수 없게 하고 일률적으로 부담금을 부과하는 것은 헌법에 위배된다. - 법률 전체가 위헌

4. 공무원 또는 공무원이었던 자가 재직중의 사유로 금고 이상의 형을 받은 때에는 대통령령이 정하는 바에 의하여 퇴직급여 및 퇴직수당의 일부를 감액하여 지급하도록 한 공무원연금법 제64조 제1항 제1호는 재산권을 침해하고 평등의 원칙에 위배된다.(헌재 2007. 3.29. 2005헌바33)[헌법불합치] [08국가7급]

5. 명의신탁 장기미등기자에게 일률적으로 30/100의 과징금을 부과하는 것(헌재 2001. 5.31. 99헌가18) [09국가7급]

    (1) 부동산실명법 시행 후 법을 위반한 명의신탁자 및 법 시행일로부터 1년 이내에 실명등기를 하지 아니한 기존 명의신탁자 등에 대하여 부동산가액의 100분의 30에 해당하는 과징금을 부과할 수 있도록 규정한 부동산실명법 규정은 과잉금지의 원칙이나 평등의 원칙에 위배된다. [헌법불합치(적용중지)]

    (2) 외국국적동포에 대하여 부동산실명법 적용의 예외를 규정한 재외동포의출입국과법적지위에관한법률 제11조 제2항은 헌법상 평등의 원칙에 위배되지 않는다. [12법원직]

6. 불공정거래행위에 대한 과징금을 파산채권과는 별도의 재단채권으로 하여 우선변제권을 인정하고 있는 구파산법규정은 과잉금지원칙에 위반되어 재산권을 침해하고, 평등권도 침해한다.(헌재 2009.11.26. 2008헌가9)[위헌] [예상판례]

7. 정리계획에 의하여 새로이 정리회사의 주주가 된 자가 3년 내에 주권의 교부를 청구하지 아니한 때에는 주주로서의 권리를 잃도록 한 구 회사정리법 제262조 제4항은 과잉금지원칙에 위반하여 재산권을 침해하고 평등원칙에 반하여 헌법에 위반된다.(헌재 2012.5. 31. 2010헌가85)

8. 부당환급받은 세액을 징수하는 근거규정인 개정조항을 개정된 법 시행 후 최초로 환급세액을 징수하는 분부터 적용하도록 규정한 법인세법 부칙 제9조는 진정소급입법으로서 재산권을 침해한다.(헌재 2014.7.24. 2012헌바105) [19국회8급]

9. 국민연금법 제64조 제1항은 배우자의 국민연금 가입기간 중의 혼인 기간이 5년 이상인 자에게 분할연금 수급권을 부여하면서, 법률혼 기간의 산정에 있어 부부 사이에 실질적인 혼인관계가 존재하였는지를 묻지 않고 연금을 분할지급하도록 하고 있는데 이는 헌법에 합치되지 않는다.(헌재 2016.12.29. 2015헌바182)[헌법불합치(잠정적용)] [20국회8급]

10. 지역구국회의원 예비후보자의 기탁금 반환 사유를 예비후보자의 사망, 당내경선 탈락으로 한정하고 있는 공직선거법 제57조 제1항 제1호 다목 중 지역구국회의원선거와 관련된 부분은 재산권을 침해한다.(헌재 2018.1.28. 2016헌마541)[헌법불합치(계속적용)] [22국회8급] - 공천탈락을 배제한 것이 위헌

    목적의 정당성 및 수단의 적합성은 인정되지만 침해의 최소성원칙, 법익균형성에 위반된다.

11. 행정기관이 개발촉진지구 지역개발사업으로 실시계획을 승인하고 이를 고시하기만 하면 고급골프장 사업과 같이 공익성이 낮은 사업에 대해서까지도 시행자인 민간개발자에게 수용권한을 부여하는 구 '지역균형개발 및 지방중소기업 육성에 관한 법률' 제19조 제1항의 '시행자' 부분 중 '제16조 제1항 제4호'에 관한 부분은 헌법 제23조 제3항에 위배된다. (헌재 2014.10.30. 2011헌바129·172(병합)) [18·16변호사]

12. 환매권의 발생기간을 제한하고 있는 '공익사업을 위한 토지 등의 취득 및 보상에 관한 법률' 제91조 제1항 중 '토지의 협의취득일 또는 수용의 개시일부터 10년 이내에' 부분은 재산권을 침해한다.(헌재 2020.11.26. 2019헌바131) - 헌법불합치결정을 선고하면서 적용중지를 명한 사례 [23국가7급, 21국회8급등]

1. 환매권의 발생기간을 제한하고 있는 「공익사업을 위한 토지 등의 취득 및 보상에 관한 법률」 조항 중 '토지의 협의취득일 또는 수용의 개시일부터 10년 이내에' 부분의 위헌성은 헌법상 재산권인 환매권의 발생기간을 제한한 것 자체에 있다. [23국가7급]

2. 수용의 주체가 민간기업이라는 것 자체만으로 공공필요성을 갖추지 못한 것으로 볼 수는 없다.

[17법원9급]

1. × 이 사건 법률조항의 위헌성은 환매권의 발생기간을 제한한 것 자체에 있다기보다는 그 기간을 10년 이내로 제한한 것에 있다. 이 사건 법률조항의 위헌성을 제거하는 다양한 방안이 있을 수 있고 이는 입법재량 영역에 속한다. 이 사건 법률조항의 적용을 중지하더라도 환매권 행사기간 등 제한이 있기 때문에 법적 혼란을 야기할 뚜렷한 사정이 있다고 보이지는 않는다. 이 사건 법률조항 적용을 중지하는 헌법불합치결정을 하고, 입법자는 가능한 한 빠른 시일 내에 이와 같은 결정 취지에 맞게 개선입법을 하여야 한다.(헌재 2020.11.26. 2019헌바131)

2. ○ 헌재 2009.9.24. 2007헌바114

13. 지방의회의원으로서 받게 되는 보수가 연금에 미치지 못하는 경우에도 연금 전액의 지급을 정지하는 것이 재산권을 과도하게 제한하여 헌법에 위반된다.(헌재 2022.1.27. 2019헌바161)[헌법불합치] [22지방7급등]

14. 요양기관이 의료법 제33조 제2항을 위반하였다는 사실을 수사기관의 수사 결과로 확인한 경우 국민건강보험공단으로 하여금 요양급여비용의 지급을 보류할 수 있도록 규정한 구 국민건강보험법 제47조의2 제1항 중 '의료법 제33조 제2항'에 관한 부분은 헌법에 합치되지 아니하고, 위 법률조항의 적용을 중지하며, 국민건강보험법 제47조의2 제1항 전문 중 '의료법 제33조 제2항'에 관한 부분은 과잉금지원칙에 반하여 요양기관 개설자의 재산권을 침해한다.(헌재 2023.3.23. 2018헌바433)[잠정적용 헌법불합치]

[1] 이 사건 지급보류조항은 무죄추정의 원칙에 위반된다고 볼 수 없다.

[2] 지급보류처분의 '처분요건'뿐만 아니라 위와 같은 사정변경이 발생할 경우 잠정적인 지급보류상태에서 벗어날 수 있는 '지급보류처분의 취소'에 관하여도 명시적인 규율이 필요하고, 그 '취소사유'는 '처분요건'과 균형이 맞도록 규정되어야 한다. 또한 무죄판결이 확정되기 전이라도 하급심 법원에서 무죄판결이 선고되는 경우에는 그때부터 일정 부분에 대하여 요양급여비용을 지급하도록 할 필요가 있다. 나아가, 앞서 본 사정변경사유가 발생할 경우 지급보류처분이 취소될 수 있도록 한다면, 이와 함께 지급보류기간 동안 의료기관의 개설자가 수인해야 했던 재산권 제한상황에 대한 적절하고 상당한 보상으로서의 이자 내지 지연손해금의 비율에 대해서도 규율이 필요하다.

재산권을 침해하지 않는다고 본 사례

1. 불법행위로 인한 손해배상청구권의 단기소멸시효는 재산권을 침해하는 것이 아니다.(헌재 2005.5.26. 2004헌바90)[합헌]

2. 무면허매립지의 국유화는 재산권을 침해하는 것이 아니다.(헌재 2005.4.28. 2003헌바73)[합헌]

매립면허 없는 자가 공유수면을 매립하였을 경우 이를 원상회복하여야 하는 것이 원칙이나, 원상회복을 할 수 없거나 원상회복의 필요가 없다고 인정되는 경우에 국가(건설부장관)는 매립자의 신청에 따라 그 원상회복의무를 면제할 수 있는 바, 이와 같이 <u>원상회복의무를 면제</u>하였을 때에 국가는 무면허 매립자가 시행한 매립공사구역 내의 시설 기타의 물건을 국유화할 수 있는 것이다.

3. 국립공원 지정은 재산권을 침해하는 것이 아니다.(헌재 2003.4.24. 99헌바110)[합헌]

4. 공공시설의 무상국가귀속(헌재 2003.8.21. 2000헌가11)

이 사건 조항의 입법목적은 일정한 호수(戶數) 이상의 주택건설사업과정에서 필수적으로 요구되는 공공시설의 원활한 확보와 그 시설의 효율적인 유지·관리를 통하여 쾌적한 주거환경을 조성하고자 하는 데 있어 그 정당성이 인정된다. 그리고 사업주체가 설치한 공공시설의 소유권을 바로 국가 등으로 귀속하게 함으로써 이를 보다 효율적으로 유지·관리하면서 공공의 이익에 제공할 수 있으므로, 이러한 입법수단은 위 입법목적을 달성하기 위한 효과적인 수단이라 할 수 있다.

5. 민간기업에 의한 토지수용(헌재 2009.9.24. 2007헌바114)[합헌] [13변호사]

헌법 제23조 제3항은 정당한 보상을 전제로 하여 재산권의 수용 등에 관한 가능성을 규정하고 있지만, 재산권 수용의 주체를 한정하지 않고 있다. <u>위 헌법조항의 핵심은 당해 수용이 공공필요에 부합하는가, 정당한 보상이 지급되고 있는가 여부 등에 있는 것이지, 그 수용의 주체가 국가인지 민간기업인지 여부에 달려 있다고 볼 수 없다.</u>

6. 건축허가를 받은 자가 그 허가를 받은 날로부터 1년 이내에 공사에 착수하지 아니한 경우 건축허가를 필수적으로 취소하도록 규정한 건축법 규정은 건축주의 재산권을 침해하지 아니한다.(헌재 2010.2.25. 2009헌바70) [16서울7급]

7. 농지소유자가 농지를 농업경영에 이용하지 아니하여 농지처분명령을 받았음에도 불구하고 정당한 사유 없이 이를 이행하지 아니하는 경우 당해 농지의 토지가액의 100분의 20에 상당하는 이행강제금을 그 처분명령이 이행될 때까지 매년 1회 부과할 수 있도록 하는 구 농지법 제65조 제1항, 제4항은 재산권을 침해하지 않는다.(헌재 2010.2.25. 2008헌바80) - 경자유전원칙의 실현으로 본 판례 [20서울지방7급]

8. 성매매에 제공되는 사실을 알면서 건물을 제공하는 것을 처벌하는 것은 재산권을 침해하지 아니하고 책임주의원칙에 위배되지 않으며, 형벌체계상의 정당성이나 균형성을 상실하여 평등원칙에 위반되지 않는다.(헌재 2012.12.27. 2011헌바235)[기각]

9. 자필증서에 의한 유언 방식으로 날인을 요구하는 것(헌재 2008.3.27. 2006헌바82)[합헌]

10. 자필증서에 의한 유언에서 주소를 자서하도록 요구하는 것(헌재 2008.12.26. 2007헌바128)[합헌]

11. 명예퇴직공무원이 재직 중의 사유로 금고 이상의 형을 받은 때에는 명예퇴직수당을 필요적 환수토록 한 국가공무원법 규정은 재산권을 침해하지 않는다.(헌재 2010.11.25. 2010헌바93) [12국가7급]

12. 거주자가 신고를 하지 아니하고 취득한 외국에 있는 부동산을 필요적으로 몰수·추징하도록 규정한 구 외국환거래법 규정 중 '제18조 제1항의 규정에 의한 신고를 하지 아니하고 자본거래를 한 자가 당해 행위로 인하여 취득한 부동산에 관하여 적용되는 부분'은 헌법에 위반되지 않는다.(헌재 2012.5.31. 2010헌가97)

13. 명의신탁이 조세 회피의 목적으로 이용되는 경우에 증여세를 부과하고, 주주명부가 작성되어 있지 않은 경우 주식등변동상황명세서의 기재 등에 의하여 명의개서를 판정하는, 구 상속세법등은 재산권, 계약의 자유, 평등권 등을 과도하게 제한하지 아니하므로 헌법에 위반되지 아니한다.(헌재 2012.5.31. 2009헌바170)

14. 담보권의 목적인 재산의 매각대금에서 정부가 과세표준과 세액을 결정·경정 또는 수시부과결정하는 국세를 징수하는 경우 당해 국세의 납세고지서 발송일 후에 설정된 담보권의 피담보채권에 우선하여 국세를 징수할 수 있도록한 구 국세기본법 제35조 제1항 제3호 나목 중 '국세'에 관한 부분은 담보권자인 청구인의 재산권을 침해하지 않는다.(헌재 2012.8.23. 2011헌바97) [예상판례]

15. 채무자 회생 및 파산에 관한 법률 규정은 청구인의 재산권을 침해하지 아니한다.(헌재 2013.3.28. 2012헌마569)

16. 집합건물에서 전 소유자가 체납한 관리비 중 공용부분에 관한 부분에 대해서 그 특별승계인에게 청구할 수 있도록한 구 집합건물의 소유 및 관리에 관한 법률 제18조는 명확성원칙에 위배되지 않는다. / 이 사건 법률조항은 재산권을 침해하지 않는다.(헌재 2013.5.30. 2011헌바201)

17. 농업 경영에 이용하지 않는 경우에 농지소유를 원칙적으로 금지하고 있는 농지법 제6조 제1항에도 불구하고, 예외적인 경우에는 농지소유를 허용하면서, 그러한 예외에 종중은 포함하지 않고 있는 구 농지법 제6조 제2항은 종중의 재산권을 침해하지 않는다.(헌재 2013.6.27. 2011헌바278)

18. 구 '공익사업을 위한 토지 등의 취득 및 보상에 관한 법률' 제78조 제6항이 공익사업의 시행으로 인하여 농업 등을 계속할 수 없게 된 농민 등에 대한 생활대책 수립의무를 규정하지 아니한 것은 청구인의 재산권을 침해하지 않는다.(헌재 2013.7.25. 2012헌바71) [17법원직]

1. 연금수급권의 내용은 사회경제적 상황을 고려한 입법자의 정책적 판단에 의하여 변경될 수 있어 조기노령연금의 수급개시연령에 대한 신뢰는 보호가치가 크지 않으므로, 조기노령연금을 수급할 수 있는 연령이 59세에서 60세로 인상하는 법률은 재산권을 침해하지 않는다. [21법무사]

2. 헌법재판소는 도로의 지표 지하 50미터 이내의 장소에서는 관할 관청의 허가나 소유자 또는 이해관계인의 승낙이 없으면 광물을 채굴할 수 없도록 규정한 구 「광업법」 조항에 대하여, 다른 권리와의 충돌가능성이 내재되어 있는 광업권의 특성을 감안하더라도 위와 같은 제한은 광업권자가 수인하여야 하는 사회적 제약의 범주를 벗어나 광업권자의 재산권을 침해한다고 판시하였다. [15변호사]

'생업의 근거를 상실하게 된 자에 대하여 일정 규모의 상업용지 또는 상가분양권 등을 공급하는' 생활대책은 헌법 제23조 제3항에 규정된 정당한 보상에 포함되는 것이라기보다는 생활보상의 일환으로서 국가의 정책적인 배려에 의하여 마련된 제도이므로, 그 실시 여부는 입법자의 입법정책적 재량의 영역에 속한다. 이 사건 법률조항이 공익사업의 시행으로 인하여 농업 등을 계속할 수 없게 되어 이주하는 농민 등에 대한 생활대책 수립의무를 규정하고 있지 않다는 것만으로 재산권을 침해한다고 볼 수 없다.

19. 국민연금법 부칙 제8조가 청구인의 조기노령연금의 수급개시연령을 59세에서 60세로 올린 것은 장래 조기노령연금을 받을 기대를 가진 청구인의 재산권과 평등권을 침해하지 아니한다.(헌재 2013.10.24. 2012헌마906)

20. 광업권주의를 취하는 법제상의 특성과 채굴작업의 성격상 광업권에 대해서는 공익과의 조화를 위해 그 한계를 정함에 있어 폭넓은 입법재량이 인정되는바, 이 사건 심판대상조항은 도로 등 영조물 주변 50m 범위 내에서는 관할관청의 허가 또는 소유자 등의 승낙이 없으면 광물을 채굴할 수 없도록 정하면서 보상의무를 따로 규정하지 않고 있는데, 이는 비례의 원칙에 위배하지 않고 광업권자가 수인하여야 하는 사회적 제약의 범주 내에서 광업권을 제한하는 것이므로, 광업권자의 재산권을 침해하지 않는다.(헌재 2014.2.27. 2010헌바483) [16국회8급, 15변호사]

21. 상가임대차보호법이 대통령령으로 정하는 보증금액을 초과하는 임대차에 대하여는 적용되지 않는 것은 헌법에 위반되지 아니한다.(헌재 2014.3.27. 2013헌바198)

22. 살처분은 가축의 전염병이 전파가능성과 위해성이 매우 커서 타인의 생명, 신체나 재산에 중대한 침해를 가할 우려가 있는 경우 이를 막기 위해 취해지는 조치로서, 가축 소유자가 수인해야 하는 사회적 제약의 범위에 속한다.(헌재 2014.4.24. 2013헌바110) [22국회8급]

살처분 보상금을 대통령령으로 정하도록 위임한 구 가축전염병예방법 제48조 제1항 제2호는 포괄위임입법금지원칙에 위배되지 않는다.

23. 가입기간이 10년 미만이거나, 사망, 국적 상실, 국외 이주의 경우를 제외하고는 반환일시금을 지급할 수 없도록 하고 있는 국민연금법 제77조 제1항은 청구인의 재산권을 침해하지 않는다.(헌재 2014.5.29. 2012헌마248)

24. 공무원이 유족 없이 사망하였을 경우, 연금수급자의 범위를 직계존비속으로만 한정하고 있는 공무원연금법 제30조 제1항은 공무원의 형제자매 등 다른 상속권자들의 재산권(상속권)을 침해하지 않는다. / 이 사건 법률조항은 산재보험법이나 국민연금법상 형제자매에게 일정한 범위 내에서 연금수급권을 인정하는 것과 비교하여 평등권을 침해하지 않는다.(헌재 2014.5.29. 2012헌마555) [18·16법원직]

공무원연금제도와 산재보험제도는 사회보장 형태로서 사회보험이라는 점에 공통점이 있을 뿐, 보험가입자, 보험관계의 성립 및 소멸, 재정조성 주체 등에서 큰 차이가 있어, 공무원연금법상의 유족급여수급권자와 산재보험법상의 유족급여수급권자가 본질적으로 동일한 비교집단이라고 보기 어렵다.

25. 개인파산절차에서 면책을 받은 채무자가 악의로 채권자목록에 기재하지 않은 청구권에 대해서만 면책의 예외를 인정하고, 파산채권자에게 채무자의 악의를 입증하도록 하는 '채무자 회생 및 파산에 관한 법률' 제566조 단서 제7호는 파산채권자의 재산권과 평등권을 침해하지 않는다.(헌재 2014.6.26. 2012헌가22)

26. 채권자가 가압류법원이 정한 제소기간 이내에 본안의 소를 제기하였음을 증명하는 서류를 제출하지 아니한 경우 가압류를 취소하도록 규정한 민사집행법 제287조 제3항은 재산권을 침해하거나 적법절차원칙에 위반되지 않는다.(헌재 2014.6.26. 2013헌바74)

27. 사실혼 배우자에게 상속권을 인정하지 않는 민법 제1003조 제1항 중 '배우자' 부분은 청구인의 상속권을 침해하지 않는다.(헌재 2014.8.28. 2013헌바119) [18지방7급, 16법무사 등]

    [1] 이 사건 법률조항은 청구인의 평등권을 침해하지 않는다.

    [2] 이 사건 법률조항은 헌법 제36조 제1항에 위반되지 않는다.

    <u>법적으로 승인되지 아니한 사실혼은 헌법 제36조 제1항의 보호범위에 포함되지 아니하므로, 이 사건 법률 조항은 헌법 제36조 제1항에 위반되지 않는다.</u>

28. 퇴역연금 수급자가 군인연금법·공무원연금법 및 사립학교교직원 연금법의 적용을 받는 군인·공무원 또는 사립학교교직원으로 임용된 경우 그 재직기간 중 해당 연금 전부의 지급을 정지하도록 하고 있는 구 군인연금법 규정은 연금수급권자의 재산권을 침해하지 아니하고, 평등원칙에 위배되지 않아 헌법에 위반되지 않는다.(헌재 2015.7.30. 2014헌바371)

29. 국유림 내 산림청장과 광업권자의 석재매매계약이 해제되는 경우 해당 산지안의 매각된 석재는 국가에 귀속한다고 규정한 구 산지관리법 제36조 제2항 본문은 청구인의 재산권인 광업권을 침해하지 아니한다.(헌재 2015.7.30. 2014헌바151)

30. 환경부장관 또는 해양수산부장관이 습지보호지역 등에서 광업권자로부터 광업권을 매수할 수 있도록 한 구 습지보전법 제20조의2 제1항 중 '광업권'에 관한 부분은 재산권을 침해하지 않는다.(헌재 2015.10.21. 2014헌바170)

31. 비영업용 소형승용자동차의 구입 등에 관한 매입세액을 공제하지 않도록 규정한 구 부가가치세법 규정은 헌법에 위반되지 않는다.(헌재 2015.12.23. 2014헌바467)

32. 채무자인 회사 자본의 10분의 1 이상에 해당하는 채권을 갖는 채권자가 회생절차개시신청을 할 수 있도록 하는 채무자 회생 및 파산에 관한 법률 제34조 제2항 제1호 가목은 헌법에 위반되지 아니한다.(헌재 2015.12.23. 2014헌바149)

33. 공무원의 퇴직연금 지급개시연령을 제한한 구 공무원연금법 제46조 제1항 제1호 및 부칙 제10조 제2항 제6호는 헌법에 위반되지 않는다.(헌재 2015.12.23. 2013헌바259)

    퇴직연금에 대한 기대는 재산권의 성질을 가지고 있으나 확정되지 아니한 형성 중에 있는 권리이다. 따라서 <u>이 사건 법률조항들은 아직 완성되지 아니하고 진행과정에 있는 사실 또는 법률관계를 규율대상으로 하는 이른바 '부진정소급입법'에 해당되는 것이어서 원칙적으로 허용된다.</u> 결국 이 사건 법률조항들에 있어서는 소급입법에 의한 재산권 침해는 문제될 여지가 없고, 다만 청구인이 지니고 있는 기존의 법적인 상태에 대한 신뢰를 법치국가적인 관점에서 헌법적으로 보호해 주어야 할 것인지 여부가 문제될 뿐이다.

34. 증여계약의 합의해제에 따라 신고기한 이내에 증여받은 재산을 반환하는 경우 처음부터 증여가 없었던 것으로 보는 대상에서 금전을 제외함으로써 증여세를 부과하는 구 상속세 및 증여세법 제31조 제4항 본문 중 "금전을 제외한다" 부분은 청구인의 계약의 자유 및 재산권을 침해하지 아니하고, 평등원칙에 위배되지 아니한다.(헌재 2015.12.23. 2013헌바117) [22법원직]

35. 개발부담금을 개발부담금 납부 고지일 후에 저당권 등으로 담보된 채권에 우선하여 징수할 수 있도록 한 '개발이익 환수에 관한 법률' 제22조 제2항은 헌법에 위반되지 아니한다.(헌재 2016.6.30. 2013헌바191) [예상판례]

    <u>개발부담금은 '국가 또는 지방자치단체가 재정수요를 충족시키기 위하여 반대급부 없이 법률에 규정된 요건에 해당하는 모든 자에 대하여 일반적 기준에 의하여 부과하는 금전급부'라는 조세로서의 특징을 지니고 있으므로, 실질적인 조세로 보아야 한다.</u>

36. '공익사업을 위한 토지 등의 취득 및 보상에 관한 법률' 제91조 제4항 중 '토지의 가격이 취득일 당시에 비하여 현저히 상승한 경우 환매금액에 대한 협의가 성립하지 아니한 때에는 사업시행자로 하여금 환매금액의 증액을 청구할 수 있도록 한 부분'은 환매권자의 재산권을 침해하지 않는다.(헌재 2016.9.29. 2014헌바400)

37. 변호사법 제58조 제1항 중 법무법인에 관하여 합명회사 사원의 무한연대책임을 정한 상법 제212조, 신입사원에게 동일한 책임을 부과하는 상법 제213조, 퇴사한 사원에게 퇴사등기 후 2년 내에 동일한 책임을 부과하는 상법 제225조 제1항을 준용하는 부분은 청구인들의 재산권을 침해하지 않는다.(헌재 2016.11.24. 2014헌바203)[합헌]

38. 2002. 1. 1. 이후 민사집행법에 의한 경매절차에 따라 토양오염관리대상시설을 인수한 자를 오염원인자로 간주하여 토양정화책임을 부과하고 이를 위반한 경우 형사처벌하도록 규정한 구 토양환경보전법 중 각 '2002. 1. 1. 이후 민사집행법에 의한 경매절차에 따라 토양오염관리대상시설을 인수한 자'에 관한 부분은 신뢰보호원칙에 위배되지 않고, 재산권을 침해하지 않는다.(헌재 2016.11.24. 2013헌가19)[합헌]

39. 학교법인이 그 기본재산을 매도하고자 할 때 관할청의 허가를 받아야 한다고 규정한 사립학교법은 헌법에 위반되지 아니한다.(헌재 2016.12.29. 2016헌바144)

40. 민법 제379조의 '이자 있는 채권의 이율은 다른 법률의 규정이나 당사자의 약정이 없으면 연 5푼으로 한다.'는 부분과 제548조(해제의 효과, 원상회복의무) 제2항의 '반환할 금전에는 그 받은 날로부터 이자를 가하여야 한다.'는 부분은 재산권을 침해하지 않는다.(헌재 2017.5.25. 2015헌바421)

41. 집합투자기구(펀드)로부터의 이익에 대한 소득금액을 계산할 때 손익 통산을 허용하지 않는 소득세법 규정은 헌법에 위반되지 않는다.(헌재 2017.7.27. 2016헌바290)
   입법자는 어떠한 소득을 과세대상으로 할 것인지, 어떠한 소득에 대하여 어떠한 범위에서 손실을 공제해 줄 것인지를 정책적으로 판단할 수 있다.

42. 국세환급금을 체납 국세 등에 충당하도록 한 국세기본법 제51조 제2항 제2호는 명확성원칙과 재산권을 침해하지 아니한다.(헌재 2017.7.27. 2015헌바286)

43. 액화석유가스를 연료로 사용하는 자동차 또는 그 사용자의 범위를 제한하는 '액화석유가스의 안전관리 및 사업법시행규칙' 제40조는 LPG승용자동차를 소유하고 있거나 운행하려는 청구인들의 일반적 행동 자유권 및 재산권을 침해하지 아니한다.(헌재 2017.12.28. 2015헌마997)

44. 기존 한정면허제도를 폐지하면서 구 해운법에 의하여 한정면허를 받은 사업자를 개정된 해운법에 따른 일반면허를 받은 것으로 의제하는 경과조치를 규정한 해운법 부칙 제3조는 헌법에 위반되지 않는다.(헌재 2018.2.22. 2015헌마552)

45. 피상속인에 대한 부양의무를 이행하지 않은 직계존속의 경우를 상속결격사유로 규정하지 않은 민법 제1004조는 재산권을 침해하지 않는다.(헌재 2018.2.22. 2017헌바59)

46. 농업회사법인이 취득한 부동산을 해당 용도로 직접 사용한 기간이 2년 미만인 상태에서 매각하거나 다른 용도로 사용하는 경우 감면된 취득세를 추징하도록 규정한 구 지방세특례제한법은 헌법에 위반되지 아니한다.(헌재 2018.2.22. 2016헌바420)

47. 공무원연금법상 급여의 압류를 금지하는 조항은 헌법에 위반되지 않고, 지급된 급여 중 1개월간 생계비에 해당하는 금액의 압류를 금지하는 공무원연금법 조항도 헌법에 위반되지 않는다.(헌재 2018.7.26. 2016헌마260)[기각]
   "공무원연금법이 급여수급권 전액에 대하여 채권자의 압류를 금지한 근본취지는 채무자인 공무원 및 그 유족의 인간다운 생활을 보장하기 위한 것이다. 그런데 채무자의 사정은 천차만별이고 채권자의 생활상황이 오히려 채무자보다 더 어려운 경우도 있을 수 있으므로, 채무자와 채권자의 사정을 전혀 고려하지 아니한 채 획일적으로 압류를 전액 금지하면 채권자의 희생 아래 채무자를 과도하게 보호하는 경우가 생길 수 있다. 이와 같은 결과는 헌법에 정면으로 위반되지는 않더라도 헌법정신에 합당하다고 보기 어렵다. 그러므로 입법자는 공무원연금법에도 민사소송법 제579조의2(현행 민사집행법 제246조 제3항)의 규정과 같이 채권자와 채무자의 생활형편 등 여러 가지 사정을 고려하여 채권자와 채무자 사이의 대립되는 이익을 합리적으로 조정할 수 있도록 압류금지범위를 변경할 수 있는 제도적 장치를 마련하는 것이 바람직하다."[예상판례]

48. 유치원의 학교에 속하는 회계의 예산과목 구분을 정한 '사학기관 재무·회계 규칙' 제15조의2 제1항 단서 및 별표 5, 별표 6은 사립유치원 설립·경영자인 청구인들의 사립유치원 운영의 자유, 재산권, 평등권을 침해한다고 볼 수 없다.(헌재 2019.7.25. 2017헌마1038)

49. 청중이나 관중으로부터 당해 공연에 대한 반대급부를 받지 아니하는 경우에는 상업용 목적으로 공표된 음반 또는 상업용 목적으로 공표된 영상저작물을 재생하여 공중에게 공연할 수 있다고 규정한 저작권법 제29조 제2항 본문 및 저작인접권의 목적이 되는 실연·음반 및 방송에 관하여 공연권제한조항을 준용하는 저작권법 제87조 제1항 중 '제29조 제2항 본문' 부분은 저작재산권자 및 저작인접권자의 재산권을 침해하지 아니한다.(헌재 2019.11.28. 2016헌마1115) [21입시]

50. 피상속인의 4촌 이내의 방계혈족을 4순위 법정상속인으로 규정한 민법 제1000조 제1항 제4호는 헌법에 위반되지 아니한다.(헌재 2020.2.27. 2018헌가11)[합헌]
혈족상속의 전통은 혈족들이 경제적으로 상호부조하고 깊은 정서적 유대감을 공유하던 과거의 혈족사회에서 유래한 것이기는 하나, 오늘날 변화된 사회상을 고려하더라도 그 의미를 현저히 상실하여 상속권 부여의 기준이 되지 못할 정도에 이르렀다고 보기 어렵다.(헌재 2018.5.31. 2015헌바78)

51. 농지 소유자로 하여금 원칙적으로 농지의 위탁경영을 할 수 없도록 한 농지법 제9조는 헌법에 위반되지 않는다.(헌재 2020.5.27. 2018헌마362)[기각]
• 위탁경영 금지조항으로 농지의 공익적 기능을 유지할 수 있고 궁극적으로 건전한 국민경제의 발전을 도모할 수 있게 된다. 이러한 공익은 위탁경영 금지조항으로 인하여 제한되는 청구인의 재산권보다 현저히 크다고 할 것이므로, 위탁경영 금지조항은 법익의 균형성도 인정된다.
• 그러므로 위탁경영 금지조항은 청구인의 재산권을 침해하지 않는다.

52. 임대차 목적물인 상가건물이 유통산업발전법 제2조에 따른 대규모점포의 일부인 경우 임차인의 권리금 회수기회 보호 등에 관한 '상가건물 임대차보호법' 제10조의4를 적용하지 않도록 하는 구 '상가건물 임대차보호법' 제10조의5 제1호 중 대규모점포에 관한 부분은 헌법에 위반되지 않는다.(헌재 2020.7.16. 2018헌바242)[합헌]

53. 한강을 취수원으로 하는 수돗물의 최종수요자들에게 물이용부담금을 부과하는 한강수계 상수원수질개선 및 주민지원 등에 관한 법률 제19조 제1항 및 제5항은 헌법에 위반되지 않는다.(헌재 2020.8.28. 2018헌바425)[합헌]

54. 상가건물 임대차의 계약갱신요구권 행사 기간을 5년에서 10년으로 연장하면서, 이를 개정법 시행 후 갱신되는 임대차에 대하여도 적용하도록 규정한 '상가건물 임대차보호법' 부칙 제2조 중 '갱신되는 임대차'에 관한 부분은 헌법에 위반되지 않는다.(헌재 2021.10.28. 2019헌마106)[합헌] [23경찰승진, 22경찰1차]
이 사건 부칙조항은 아직 진행과정에 있는 사안을 규율대상으로 하는 부진정소급입법에 해당한다. 따라서 이 사건 부칙조항은 소급입법에 의한 재산권침해에 해당하지 아니한다. 신뢰보호원칙에 위배되어 재산권을 침해하지 않는다.

55. 사업주체가 공급질서 교란행위를 이유로 주택공급계약을 취소한 경우 선의의 제3자 보호규정을 두고 있지 않는 구 주택법 제39조 제2항은 입법형성권의 한계를 벗어나서 선의의 제3자의 재산권을 침해하지 않는다.(헌재 2022.3.31. 2019헌가26)

56. 집합건물 공용부분에 발생한 일부 하자에 대하여 구분소유자의 하자담보청구권 제척기간을 사용검사일 등부터 5년 이하로 제한한 집합건물의 소유 및 관리에 관한 법률 제9조의2 제1항 제2호 중 '공용부분'에 관한 부분, 구 집합건물의 소유 및 관리에 관한 법률 제9조의2 제2항 제2호는 재산권을 침해하지 않는다.(헌재 2022.10.27. 2020헌바368)[합헌]

57. 임차인이 3기의 차임액에 해당하는 금액에 이르도록 차임을 연체한 사실이 있는 경우 임대인의 권리금 회수기회 보호의무가 발생하지 않는 것으로 규정한 상가건물 임대차보호법 제10조의4 제1항 단서 중 제10조 제1항 단서 제1호에 관한 부분은 헌법에 위반되지 아니한다.(헌재 2023.6.29. 2021헌바264)[합헌]

Ⅲ 특별부담금의 허용과 그 한계

01. 개념

재정조달 목적의 부담금	재정조달, 즉 국가가 돈이 필요해서 부과하는 부담금. TV수신료
정책실현 목적의 부담금	쓰레기 봉투처럼 특정 정책을 위한 부담금. 유도적부담금이라고도 한다.

02. 특별부담금의 헌법적 정당화 요건

1 재정조달 목적 부담금의 헌법적 정당화 요건 [12변호사]

> ▶ 관련판례

1. 재정조달 목적 부담금의 헌법적 정당화 요건(헌재 2008.11.27. 2007헌마860)
   (1) 부과가 헌법적으로 정당화되기 위하여는 ① 조세에 대한 관계에서 예외적으로만 인정되어야 하며 국가의 일반적 과제를 수행하는 데에 부담금 형식을 남용하여서는 아니 되고, ② 부담금 납부의무자는 일반국민에 비해 부담금을 통해 추구하고자 하는 공적 과제에 대하여 특별히 밀접한 관련성을 가져야 하며, ③ 부담금이 장기적으로 유지되는 경우 그 징수의 타당성이나 적정성이 입법자에 의해 지속적으로 심사되어야 한다.
   (2) 특히 부담금 납부의무자는 그 부과를 통해 추구하는 공적 과제에 대하여 '특별히 밀접한 관련성'이 있어야 한다는 점에 있어서 ① 일반인과 구별되는 동질성을 지녀 특정집단이라고 이해할 수 있는 사람들이어야 하고(집단적 동질성), ② 부담금의 부과를 통하여 수행하고자 하는 특정한 경제적·사회적 과제와 특별히 객관적으로 밀접한 관련성이 있어야 하며(객관적 근접성), ③ 그러한 과제의 수행에 관하여 조세외적 부담을 져야 할 책임이 인정될 만한 집단이어야 하고(집단적 책임성), ④ 만약 부담금의 수입이 부담금 납부의무자의 집단적 이익을 위하여 사용될 경우에는 그 부과의 정당성이 더욱 제고된다.(집단적 효용성)

2. 아파트 수분양자에 대한 학교용지부담금 부과사건(헌재 2005.3.31. 2003헌가 20)[위헌] [12변호사, 10지방7급]

   의무교육에 필요한 학교시설은 국가의 일반적 과제이고, 학교용지는 의무 교육을 시행하기 위한 물적 기반으로서 필수조건임은 말할 필요도 없으므로 이를 달성하기 위한 비용을 <u>국가의 일반재정으로 충당하여야 한다.</u> 따라서 적어도 의무교육에 관한 한 일반재정이 아닌 부담금과 같은 별도의 재정수단을 동원하여 특정한 집단으로부터 그 비용을 추가로 징수하여 충당하는 것은 의무교육의 무상성을 선언한 헌법에 반한다.

3. 수분양자가 아닌 <u>개발사업자를 부과대상으로 하는</u> '학교용지 확보 등에 관한 특례법'은 헌법 제31조 제3항의 <u>의무교육 무상원칙에 위배되지 아니한다.</u>(헌재 2008.9.25. 2007헌가1)

4. 학교용지를 기부채납한 자와 기존 학교건물을 증축하여 기부채납한 자는 특례법상 목적 달성에 기여하였다는 점에서 동일하다 할 것임에도, 특례법 제5조 제4항이 학교용지를 확보하여 기부채납한 자에 대하여만 이중의 부담을 방지할 수 있는 필요적 면제 규정을 두고, 학교건물을 증축하여 기부채납한 자에 대해서는 이를 위한 일체의 규정을 두지 아니한 것은 합리적인 이유가 없는 차별로 학교건물을 증축하여 기부채납한 자의 평등권을 침해한다.(헌재 2008.9.25. 2007헌가9)

5. 회원제로 운영하는 골프장 시설의 입장료에 대한 부가금을 국민체육진흥기금의 재원으로 규정한 구 국민체육진흥법 제20조 제1항 제3호 및 위 부가금을 국민체육진흥계정의 재원으로 규정한 국민체육진흥법 제20조 제1항 제3호는 모두 헌법에 위반된다.(헌재 2019.12.27. 2017헌가21)[위헌]

   [1] 골프장 부가금은 국민체육진흥계정의 재원을 마련하는 데에 그 목적이 있을 뿐, 그 부과 자체로써 골프장 부가금 납부의무자의 행위를 특정한 방향으로 유도하거나 골프장 부가금 납부의무자 이외의 다른 집단과의 형평성 문제를 조정하고자 하는 등의 목적이 있다고 보기 어렵다는 점 등을 고려할 때, <u>재정조달 목적 부담금에 해당한다.</u>

   [2] <u>'국민체육의 진흥'은 국민체육진흥법이 담고 있는 체육정책 전반에 관한 여러 규율사항을 상당히 폭넓게 아우르는 것으로서 이를 특별한 공적 과제로 보기에는 무리가 있다.</u> … 하지만 골프 이외에도 많은 비용이 필요한 체육 활동이 적지 않을뿐더러, 체육시설 이용 비용의 다과(多寡)에 따라 '국민체육의 진흥'이라는 공적 과제에 대한 객관적 근접성의 정도가 달라진다고 단정할 수도 없다. <u>골프장 부가금 납부의무자와 '국민체육의 진흥'이라는 골프장 부가금의 부과 목적 사이에는 특별히 객관적으로 밀접한 관련성이 인정되지 않는다.</u>

   심판대상조항이 규정하고 있는 골프장 부가금은 일반 국민에 비해 특별히 객관적으로 밀접한 관련성을 가진다고 볼 수 없는 골프장 부가금 징수 대상 시설 이용자들을 대상으로 하는 것으로서 합리적 이유가 없는 차별을 초래하므로, 헌법상 평등원칙에 위배된다.

⊕ 학교용지 부담금 정리
- 수분양자에게 부과 [위헌] – 의무교육의 무상원칙 위반, 특별부담금의 헌법적 한계 위반
- 개발사업자에게 부과 [합헌]
- 가구수가 증가하지 않는 개발사업자에게 부과 [위헌] – 평등원칙 위반

② 정책실현목적 부담금의 헌법적 정당화 요건

> **▶ 관련판례**
>
> 1. 정책실현목적 부담금의 헌법적 정당화 요건(헌재 2004.7.15. 2002헌바42)
>   (1) 정책실현목적 부담금의 경우 재정조달목적은 오히려 부차적이고 그 보다는 부과 자체를 통해 일정한 사회적·경제적 정책을 실현하려는 목적이 더 주된 경우가 많다. 이 때문에, 재정조달목적 부담금의 정당화 여부를 논함에 있어서 고려되었던 사정들 중 일부는 정책실현목적 부담금의 경우에 똑같이 적용될 수 없다.
>   (2) 그런데 정책실현목적 부담금의 경우에는, 특별한 사정이 없는 한, 부담금의 부과가 정당한 사회적·경제적 정책목적을 실현하는 데 적절한 수단이라는 사실이 곧 합리적 이유를 구성할 여지가 많다. 그러므로 이 경우에는 '재정조달 대상인 공적 과제와 납부의무자 집단 사이에 존재하는 관련성' 자체보다는 오히려 '재정조달 이전 단계에서 추구되는 특정 사회적·경제적 정책목적과 부담금의 부과 사이에 존재하는 상관관계'에 더 주목하게 된다. 따라서 재정조달목적 부담금의 헌법적 정당화에 있어서는 중요하게 고려되는 '재정조달 대상 공적 과제에 대한 납부의무자 집단의 특별한 재정책임 여부' 내지 '납부의무자 집단에 대한 부담금의 유용한 사용 여부' 등은 정책실현목적 부담금의 헌법적 정당화에 있어서는 그다지 결정적인 의미를 가지지 않는다고 할 것이다.
> 2. 경유차 소유자로부터 환경개선부담금을 부과·징수하도록 정한 환경개선비용 부담법 제9조 제1항은 헌법에 위반되지 아니한다.(헌재 2022.6.30. 2019헌바440)[합헌]
>   환경개선부담금은 정책실현목적의 유도적 부담금으로 분류될 수 있다.

03. 특별부담금에 대한 헌법재판소 판례

위헌이라고 본 사례	① 아파트 수분양자들의 학교용지부담금(재정충당부담금) ② 문화예술진흥부담금(재정충당부담금) ③ 교통안전분담금(재정충당부담금): 포괄위임금지원칙에 위반
합헌이라고 본 사례	① 영화상영관 입장권 부과금(재정충당부담금) ② 텔레비전 방송 수신료(재정충당부담금) ③ 개발사업자의 학교용지부담금(재정충당부담금) ④ 집단에너지공급시설의 건설비용부담금(재정충당부담금) ⑤ 카지노사업자의 납부금(재정충당부담금) ⑥ 개발제한구역훼손부담금(유도적 부담금) ⑦ 국외여행자납부금(재정조달 목적과 유도적 부담금 두 가지의 성격) 　　[17국가7급] ⑧ 수질개선부담금(유도적 부담금) ⑨ 폐기물 부담금(유도적 부담금) ⑩ 장애인고용부담금(유도적 부담금)

SECTION 2	직업선택의 자유

> **헌법 제15조** 모든 국민은 <u>직업선택의 자유</u>를 가진다. – 제5차 개헌

제1항 | 직업선택의 자유의 의의

Ⅰ 개념

직업선택의 자유란 자신이 원하는 직업을 자유로이 선택하고 이에 종사하는 등 직업에 관한 종합적이고 포괄적인 자유를 말한다. [16법원직 등]

Ⅱ 직업의 개념요소

생활의 기본적 수요 충족	돈을 벌기 위한 수단
계속적 활동	어느 정도의 계속성만 있으면 됨. 휴가 중에 하는 일, 수습직도 포함
공공무해성은 불요	게임환전물도 직업에 해당, 성매매도 직업에는 해당

> **▶ 관련판례**
>
> 1. **직업의 개념**(헌재 2003.9.25. 2002헌마519)[기각] [17변호사 등]
>   직업의 개념표지들은 개방적 성질을 지녀 엄격하게 해석할 필요는 없는바, '계속성'과 관련하여서는 주관적으로 활동의 주체가 어느 정도 계속적으로 해당 소득활동을 영위할 의사가 있고, 객관적으로도 그러한 활동이 계속성을 띨 수 있으면 족하다고 해석되므로 휴가기간 중에 하는 일, 수습직으로서의 활동 따위도 이에 포함된다고 볼 것이고, 또 '생활수단성'과 관련하여서는 단순한 여가활동이나 취미활동은 직업의 개념에 포함되지 않으나 겸업이나 부업은 삶의 수요를 충족하기에 적합하므로 직업에 해당한다고 말할 수 있다. … <u>대학생이 방학기간을 이용하여 또는 휴학 중에 학비 등을 벌기 위해 학원강사로서 일하는 행위는 어느 정도 계속성을 띤 소득활동으로서 직업의 자유의 보호영역에 속한다고 봄이 상당하다.</u>
> 2. 게임 결과물의 환전업은 헌법이 보장하는 직업에 해당하지만 처벌하는 것이 직업의 자유를 침해하는 것은 아니다.(헌재 2010.2.25. 2009헌바38)[합헌] [14변호사]

제2항 | 직업선택의 자유의 법적 성격

직업의 자유는 인격발전에 관한 권리이며, 경제적 기본권의 성격이 있으므로 주관적 공권이자 자유시장경제 질서의 객관적 법질서의 요소이기도 하다. [22경찰2차, 14국회8급, 10국가7급]

◢ OX 연습

1. 직업의 자유는 인류보편적인 성격을 지니고 있으므로, 이미 근로관계가 형성되어 있는 경우뿐만 아니라 근로관계가 형성되기 전 단계인 특정한 직업을 선택할 수 있는 권리도 외국인에게는 인정되는 기본권이다. [19서울7급]

제3항 | 직업선택의 자유의 주체

Ⅰ 자연인

> ➡ 관련판례

1. 외국인고용법이 외국인 근로자에게 사업장 변경을 3회로 제한한 것은 헌법에 위반되지 않는다.(헌재 2011.9.29. 2007헌마1083)[기각] [20·13변호사, 16·14국가7급, 13국회8급]
   (1) 관련 기본권의 확정
      직장변경의 횟수를 제한하고 있는 <u>이 사건 법률조항은 위와 같은 근로의 권리를 제한하는 것은 아니라 할 것이다. … 이는 직업선택의 자유 중 직장 선택의 자유를 제한하고 있다.</u>
   (2) 자유로운 직업을 선택·결정을 할 자유는 외국인도 누릴 수 있는 인간의 권리로서의 성질을 지닌다고 볼 것이다. [17법원직 등]
      <u>외국인도 제한적으로라도 직장 선택의 자유를 향유할 수 있다고 보아야 한다. 한편 외국인에게 직장 선택의 자유에 대한 기본권주체성을 인정한다는 것이 곧바로 이들에게 우리 국민과 동일한 수준의 직장 선택의 자유가 보장된다는 것을 의미하는 것은 아니라고 할 것이다.</u>
2. 의료인의 면허된 의료행위 이외의 의료행위를 금지하고 처벌하는 의료법 규정에 관한 부분에 대한 심판청구에 대하여 외국인인 청구인의 직업의 자유 및 평등권에 관한 기본권주체성은 인정되지 않는다.(헌재 2014.8.28. 2013헌마359) [17변호사 등]
3. 외국인근로자의 사업장 변경 사유를 제한하는 외국인근로자의 고용 등에 관한 법률 제25조 제1항, 구 외국인근로자의 책임이 아닌 사업장변경 사유 제4조 및 제5조는 기본권을 침해하지 않는다.(헌재 2021.12.23. 2020헌마395)[기각, 각하]

Ⅱ 법인

사법인은 직업의 자유의 주체가 되지만 공법인(공공단체·지방자치단체)은 주체가 될 수 없다. 헌법재판소는 법인도 직업수행의 자유의 주체는 될 수 있다고 판시하였다.

제4항 | 직업선택의 자유의 내용

Ⅰ 개설

헌법은 직업선택의 자유라고 규정하고 있지만 직업선택의 자유, 선택한 직업을 어떻게 수행하느냐의 직업행사(수행)의 자유, 영업의 자유·경쟁의 자유, 원하는 직업에 종사하는 데 필요한 전문지식을 습득하기 위한 직업교육장선택의 자유가 포함된다. [15법원직]

Answer

1. × 헌재 2014.8.28. 2013헌마359

관련판례

1. 직업교육장선택의 자유(헌재 2009.2.26. 2007헌마1262)[기각]

   [1] 법학전문대학원 입학자 중 법학 외의 분야 및 당해 법학전문대학원이 설치된 대학 외의 대학에서 학사학위를 취득한 자가 차지하는 비율이 입학자의 3분의 1 이상이 되도록 규정한 것은 청구인들의 직업선택의 자유를 침해하지 않는다.

   [2] 직업선택의 자유에는 자신이 원하는 직업 내지 직종에 종사하는 데 필요한 전문지식을 습득하기 위한 직업 교육장을 임의로 선택할 수 있는 '직업교육장선택의 자유'도 포함된다.

2. 법학전문대학원의 석사학위를 취득한 자만이 변호사시험에 응시할 수 있도록 규정한 변호사시험법 제5조(헌재 2012.4.24. 2009헌마608)[기각]

3. 법학전문대학원 출신 변호사들에게 6개월간의 법률사무 종사 또는 연수 의무를 부과한 변호사법 제31조의2 제1항은 직업수행의 자유를 침해하지 않는다. / 심판대상조항은 법률사무종사기관의 취업자와 미취업자, 또는 사법연수생과 법학전문대학원 출신 변호사를 차별하여 평등권을 침해하지 않는다.(헌재 2013.10.24. 2012헌마480)

II 문제되는 경우

01. 무직업의 자유

헌법상 근로의 의무는 단순한 윤리적 의무에 불과하므로 무직업의 자유도 인정된다는 것이 다수설이다.

02. 겸직의 자유

헌법재판소는 "헌법 제15조는 모든 국민은 직업선택의 자유를 가진다고 규정하고 있는데 그 뜻은 누구든지 자기가 선택한 직업에 종사하여 이를 영위하고 언제든지 임의로 그것을 바꿀 수 있는 자유와 여러 개의 직업을 선택하여 동시에 함께 행사할 수 있는 자유, 즉 겸직의 자유도 가질 수 있다는 것이다"라고 판시하였다. [17입시]

제5항 | 직업선택의 자유의 제한과 그 한계 – 단계이론

단계이론 [16법원직]

```
        3단계 제한
(객관적 사유에 의한 직업결정의 자유 제한)

        2단계 제한              많은  ↑심사
(주관적 사유에 의한 직업결정의 자유 제한)  제한   기준
                              ↓가능  강화
        1단계 제한
(직업행사의 자유에 대한 제한)
```

OX 연습

1. 직업선택의 자유에는 자신이 원하는 직업 내지 직종에 종사하는데 필요한 전문지식을 습득하기 위한 직업교육장을 임의로 선택할 수 있는 '직업교육장 선택의 자유'도 포함된다. [21경찰승진]

⊕ 근로의 의무의 성격
- 자유시장주의: 윤리적 의무
- 공산주의: 법적 의무

Answer

1. ○ 헌재 2009.2.26. 2007헌마1262

◀ OX 연습

1. 입법자는 일정한 전문 분야에 관한 자격제도를 마련함에 있어서 그 제도를 마련한 목적을 고려하여 정책적인 판단에 따라 제도의 내용을 구성할 수 있으므로 자격요건에 관한 법률조항은 합리적인 근거 없이 현저히 자의적인 경우에만 헌법에 위반된다.

[16법무사]

Ⅰ 단계이론의 의의 [10국가7급]

01. 개념

단계이론이란 직업의 자유를 제한할 때 우선 1단계로 침해가 가장 적은 직업행사(수행)의 자유를 제한하고 1단계 제한으로 입법목적의 달성이 어려울 때 제2단계인 주관적 사유에 의한 직업선택의 자유를 제한하며, 2단계로도 공익달성이 어려운 최후의 경우에 3단계 제한인 객관적 사유에 의한 직업선택의 자유가 제한되어야 한다는 이론이다. 독일연방헌법재판소가 1958년「약국판결」에서 발전시킨 이론이다.

02. 판례

헌법재판소도 단계이론을 받아들이고 있다. 한편 단계이론은 기본권 제한과 관련된 비례의 원칙, 특히「침해의 최소성 원칙을 직업의 자유의 제한에 적용한 것」이다.

* 단계이론은 과잉금지원칙 중 법익의 균형성을 발전시킨 이론이다. (×)

> ▶ 관련판례
>
> 과잉금지의 원칙을 적용함에 있어서도, 어떠한 직업분야에 관한 자격제도를 만들면서 그 자격요건을 어떻게 설정할 것인가에 관하여는 국가에게 폭넓은 입법재량권이 부여되어 있는 것이므로 다른 방법으로 직업선택의 자유를 제한하는 경우에 비하여 보다 유연하고 탄력적인 심사가 필요하다 할 것이다.(헌재 2003.9.25. 2002헌마519) [16법원직·국회8급 등]

Ⅱ 단계이론에 따른 심사기준

01. 제1단계: 직업(수행)행사의 자유 제한

> **직업행사의 자유에 대한 제한의 예**
>
> 백화점의 바겐세일 횟수제한, 택시의 격일제 영업제도, 유흥업소 및 식당의 영업시간 제한 등이 이에 해당한다.

직업수행의 자유는 공공복리 등 공익상의 이유로 비교적 폭넓은 법률상의 규제가 가능하다. 직업결정의 자유에 비하여 상대적으로 그 침해의 정도가 작기 때문이다. 그러나 헌법 제37조 제2항의 비례의 원칙에 위배되어서는 안 된다. [19국가7급]

Answer

1. ○ 헌재 2003.9.25. 2002헌마519

▶ 관련판례

한국방송광고공사와 이로부터 출자를 받은 회사가 아니면 지상파방송사업자에 대해 방송광고 판매대행을 할 수 없도록 규정하고 있는 구 방송법 규정은 방송광고판매대행업자인 청구인의 직업수행의 자유와 평등권을 침해한다.(헌재 2008.11.27. 2006헌마352)[헌법불합치]
직업수행의 자유에 대한 제한이지만 그 실질이 직업수행의 자유를 형해화시키는 경우에는 그것이 직업선택이 아닌 직업수행의 자유에 대한 제한이라고 하더라도 엄격한 심사기준이 적용된다 할 것이다.

02. 제2단계: 주관적 사유에 의한 직업선택의 자유 제한

1 개념

주관적 사유에 의한 직업선택의 자유 제한은 직업의 성질상 일정한 전문성·기술성 등을 요하는 경우 시험합격 등과 같은 조건을 요구하는 것을 말한다.

* 일정한 자격을 요구하는 경우는 대부분 주관적 사유에 의한 직업선택의 자유에 대한 제한이다.

2 제한의 정도

주관적 요건 자체가 그 제한 목적과 합리적인 관계가 있어야 한다는 비례의 원칙이 적용된다. [15법원직]

▶ 관련판례

1. 군법무관 임용시험에 합격한 군법무관들에게 군법무관시보로 임용된 때부터 10년간 근무하여야 변호사 자격을 유지하게 한 것은 군법무관들의 직업선택의 자유를 침해하지 않는다.(헌재 2007.5.31. 2006헌마767)
2. 변호사자격(헌재 2009.10.29. 2008헌마432)[기각]
   사회질서유지 및 사회정의 실현이라는 변호사의 사명을 고려할 때 변호사의 결격 사유인 금고 이상의 형의 원인이 된 범죄행위가 그 직무관련범죄로 한정되는 것은 아니므로 이 점에 있어 변호사의 결격사유를 정하는 입법재량을 일탈하였다고 보기는 어렵다.
3. 침술사 민간자격 금지 사건(헌재 2010.7.29. 2010헌바252)[합헌]
   국민의 생명·건강에 직결되는 분야에 대한 민간자격의 신설·관리·운영을 금지하고 이를 위반하는 경우 형사처벌하도록 하는 자격기본법 규정은 죄형법정주의의 명확성원칙, 직업선택의 자유 등에 위배되지 않는다.
4. 사법시험 정원제는 합헌이다.(헌재 2010.5.27. 2008헌바110)[합헌] [16국회8급]
5. 변호사 아닌 자의 법률사무취급을 포괄적으로 금지함으로써 법률사무를 변호사에게 독점시키는 결과를 가져오는 것이 일반국민의 직업선택의 자유를 침해하지 않는다.(헌재 2000.4.27. 98헌바95)[합헌] [09지방7급]

6. 세무사 자격 보유 변호사로 하여금 세무사로서 세무사의 업무를 할 수 없도록 규정한 세무사법 제6조 제1항, 세무조정업무를 할 수 없도록 규정한 법인세법 제60조 제9항 제3호 및 소득세법 제70조 제6항 제3호는 헌법에 합치되지 아니하고, 위 각 법률조항은 2019. 12. 31.을 시한으로 개정될 때까지 계속 적용한다.(헌재 2018.4.26. 2015헌가19) [21입시]
세법 및 관련 법령에 대한 해석·적용에 있어서는 일반 세무사나 공인회계사보다 법률사무 전반을 취급·처리하는 법률 전문직인 변호사에게 오히려 그 전문성과 능력이 인정된다. 그럼에도 불구하고 심판대상조항은 세무사 자격 보유 변호사로 하여금 세무대리를 일체 할 수 없도록 전면적으로 금지하고 있으므로, 수단의 적합성을 인정할 수 없다. 그렇다면, 심판대상조항은 과잉금지원칙을 위반하여 세무사 자격 보유 변호사의 직업선택의 자유를 침해하므로 헌법에 위반된다.

7. 변호사의 자격이 있는 자에게 더 이상 세무사 자격을 자동으로 부여하지 않는 구 세무사법, 이 사건 법률조항의 시행일과 변호사의 세무사 자격에 관한 경과조치를 정하고 있는 세무사법 부칙 제1조 중 세무사법 제3조에 관한 부분 및 제2조는 헌법에 위반되지 않는다.(헌재 2021.7.15. 2018헌마279)[기각] [23해경간부]

Ⅲ 제3단계: 객관적 사유에 의한 직업선택의 자유 제한

01. 개념

객관적 사유에 의한 직업선택의 자유 제한은 기본권 주체와는 무관한 객관적 사유 때문에 직업선택의 자유를 제한하는 것이다. 기본권 주체의 개인적인 능력이나 자격과는 무관하게 제한하는 것으로서, 직업의 자유에 대한 가장 강력한 제한이므로 예외적인 경우에만 허용된다.

02. 제한의 정도

엄격한 비례의 원칙이 적용된다. 따라서 월등하게 중요한 공익을 위하여 명백하고 확실한 위험을 방지하기 위한 경우에만 정당화될 수 있다.(헌재 2002. 4.2. 2001헌마614)

> **▶ 관련판례**
>
> 1. 의료법 시행규칙에 있던 비맹제외기준이 위헌결정을 받은 후 국회가 동 조항을 의료법에 규정한 것은 위헌결정의 기속력에 반하지 않는다.(헌재 2008.10.30. 2006헌마1098)[기각] [14·12변호사]
> 결정이유에까지 기속력을 인정한다고 하더라도, 결정주문을 뒷받침하는 결정이유에 대하여 적어도 위헌결정의 정족수인 재판관 6인 이상의 찬성이 있어야 할 것이고, 이에 미달할 경우에는 결정이유에 대하여 기속력을 인정할 여지가 없는데, 헌법재판소가 2006. 5. 25. '안마사에 관한 규칙'제3조 제1항 제1호와 제2호 중 각 "앞을 보지 못하는" 부분에 대하여 위헌으로 결정한 2003헌마715등 사건의 경우 그 결정이유에서 비맹제외기준이 과잉금지원칙에 위반한다는 점과 관련하여서는 재판관 5인만이 찬성하였을 뿐이므로 위 과잉금지원칙 위반의 점에 대하여 기속력이 인정될 여지가 없다.

2. 시각장애인에게만 안마사자격을 부여하는 의료법 제82조 제1항 중 「장애인복지법」에 따른 시각장애인 중' 부분, 안마사가 아니면 안마시술소 등을 개설할 수 없도록 한 의료법 제82조 제3항 부분은 직업선택의 자유 및 평등권을 침해하지 않는다.(헌재 2017.12.28. 2017헌가15)

⚙ **단계이론 사례**

직업행사의 자유에 대한 제한으로 본 사례
1. 액화석유가스의 판매지역제한[합헌]
2. 대덕연구단지 내 LPG 충전소 설치금지[합헌]
3. 재해발생우려지역에서 채석금지[합헌]
4. 약국 이외의 장소에서 의약품판매금지[합헌]
5. 의료기관시설에서의 약국개설 금지[합헌]
6. 학교환경위생정화구역 안에서의 PC방 금지[합헌]
7. 찜질방에 밤 10시 이후 청소년 출입제한[합헌]
8. 터키탕업소에서의 이성입욕보조자 금지[합헌]

주관적 사유에 의한 직업결정의 자유의 제한으로 본 사례
감정평가사자격, 법무사자격, 변호사자격 등 주로 자격증과 관련된 사안들이다.

객관적 사유에 의한 직업결정의 자유의 제한으로 본 사례
경비업자의 겸업금지사건[위헌], 안마사자격(비맹제외기준)

▶ **관련판례**

직업의 자유를 침해했다고 본 사례
1. 복수면허 의사에 대한 하나의 의료기관 개설(헌재 2007.12.27. 2004헌마1021)[헌법불합치] [22경찰2차, 08국가7급 등]
   복수면허 의료인들에게 단수면허 의료인과 같이 하나의 의료기관만을 개설할 수 있다고 한 이 사건 법률조항은 '다른 것을 같게' 대우하는 것으로 합리적인 이유를 찾기 어렵다. 이 사건 심판대상 법률조항은 복수면허 의료인인 청구인들의 직업의 자유, 평등권을 침해한다.

   > 비교판례 ▶ 의료인으로 하여금 둘 이상의 의료기관 운영을 금지한 의료법 제33조 제8항 본문 중 '운영' 부분 및 이를 위반한 자를 처벌하는 구 의료법 제87조 제1항 제2호 중 제33조 제8항 본문 가운데 '운영' 부분은 헌법에 위반되지 않는다.(헌재 2019.8.29. 2014헌바212)[합헌] [22지방7급, 21변호사]

2. 경비업의 겸영금지(헌재 2002.4.25. 2001헌마614)[위헌] [16국회8급]
   경비업을 경영하고 있는 자들이나 다른 업종을 경영하면서 새로이 경비업에 진출하고자 하는 자들로 하여금, 경비업을 전문으로 하는 별개의 법인을 설립하지 않는 한 경비업과 그 밖의 업종을 겸영하지 못하도록 금지하고 있는 경비업법 규정은 직업의 자유의 제한에 대한 헌법적 한계인 과잉금지원칙을 준수하지 못하여 위헌이다. - 객관적 사유에 의한 직업선택의 자유에 대한 제한이므로 엄격한 비례원칙을 적용하여 위헌 판시

유사판례 ▸

1. 시설경비업을 허가받은 경비업자로 하여금 허가받은 경비업무 외의 업무에 경비원을 종사하게 하는 것을 금지하고, 이를 위반한 경비업자에 대한 허가를 취소하도록 정하고 있는 경비업법 제7조 제5항 중 '시설경비업무'에 관한 부분과 경비업법 제19조 제1항 제2호 중 '시설경비업무'에 관한 부분은 경비업자의 직업의 자유를 침해한다.(헌재 2023.3.23. 2020헌가19)[적용중지 헌법불합치]

   입법목적의 정당성 및 수단의 적합성은 인정된다. 심판대상조항은 침해의 최소성에 위배된다.

2. 시설경비업을 허가받은 경비업자로 하여금 허가받은 경비업무 외의 업무에 경비원을 종사하게 하는 것을 금지하고, 이를 위반한 경비업자에 대한 허가를 취소하도록 정하고 있는 경비업법 제7조 제5항 중 '시설경비업무'에 관한 부분과 경비업법 제19조 제1항 제2호 중 '시설경비업무'에 관한 부분은 시설경비업을 수행하는 경비업자의 직업의 자유를 침해한다.(헌재 2023.3.23. 2020헌가19)[적용중지 헌법불합치]

3. 건축사가 업무범위를 위배했을 때 2년간 필요적으로 등록을 취소하게 하는 것은 위헌이다.(헌재 1995.2.23. 93헌가1)

4. 법인형태의 약국개설금지는 헌법불합치(헌재 2002.9.19. 2000헌바84)

5. 자동차운전전문학원의 수료생이 교통사고를 일으킨 비율이 일정수준을 넘으면 일정기간 동안 학원의 운영을 정지시키는 것은 위헌이다.(헌재 2005.7.21. 2004헌가30)

6. 행정사자격시험 미실시는 법률유보원칙에 위배되고 직업선택의 자유를 침해하여 위헌(헌재 2010.4.29. 2007헌마910)

7. 선거범죄로 인하여 100만 원 이상의 벌금형이 선고되면 임원의 결격사유가 됨에도, 새마을금고법 제21조가 선거범죄와 다른 죄가 병합되어 경합범으로 재판하는 이 사건 법률조항은 과잉금지원칙에 반하여 새마을금고 임원이나 임원이 되고자 하는 사람의 직업선택의 자유를 침해한다.(헌재 2014.9.25. 2013헌바208) [예상판례]

   [1] 이 사건 법률조항은 명확성 원칙에 위반되지 않는다.

   [2] 이 사건 법률조항은 헌법상 평등원칙에 위배된다.

   비교판례 ▸ 선거범과 다른 죄의 경합범을 선거범으로 의제하는 것은 헌법에 위반되지 아니한다.(헌재 1997.12.24. 97헌마16)[기각] [09국가7급]

   선거범과 다른 죄의 경합범으로 벌금 100만원 이상을 선고받아 확정된 경우 그 전부를 선거범으로 의제함으로써 선거권 및 피선거권이 제한되도록 한 것은 과잉금지원칙에 위반되지 아니한다.

8. 학원설립·운영자가 '학원의 설립·운영 및 과외교습에 관한 법률'을 위반하여 벌금형을 선고받은 경우 등록의 효력을 잃도록 규정하고 있는 학원법 제9조 제2항 본문 중 제9조 제1항 제4호에 관한 부분은 과잉금지원칙을 위배하여 직업선택의 자유를 침해한다.(헌재 2014.1.28. 2011헌바252) [20서울지방7급, 16국회8급]

   비교판례 ▸

   (1) '학원의 설립·운영 및 과외교습에 관한 법률'을 위반하여 벌금형을 선고받은 후 1년이 지나지 아니한 자는 학원설립·운영의 등록을 할 수 없도록 규정한 학원법 제9조 제1항 제4호는 과잉금지원칙에 위배되어 직업선택의 자유를 침해하지 않는다.

(2) 법인의 임원이 학원법을 위반하여 벌금형을 선고받은 경우, 법인의 학원설립·운영 등록이 효력을 잃도록 규정하고 있는 학원법 규정은 과잉금지원칙에 위배되어 직업수행의 자유를 침해한다. (헌재 2015.5.28. 2012헌마653) [16국회8급]

9. 어떠한 직업분야에 관한 자격제도를 만들면서 그 자격요건 내지 결격사유를 어떻게 설정할 것인가에 관하여 입법자에게 폭넓은 입법재량이 인정되기는 하나, 일단 자격요건을 구비하여 자격을 부여받았다면 사후적으로 결격사유가 발생했다고 해서 당연히 그 자격을 박탈할 수 있는 것은 아니다. (헌재 2014.1.28. 2011헌바252) [15법원직]

10. 운전면허를 받은 사람이 자동차 등을 이용하여 살인 또는 강간 등 행정안전부령이 정하는 범죄행위를 한 때 운전면허를 취소하도록 하는 구 도로교통법 제93조 제1항 제11호는 법률유보원칙에 위배되지 않는다. / 그러나 심판대상조항은 직업의 자유 및 일반적 행동의 자유를 침해한다. (헌재 2015.5.28. 2013헌가6) [23 법무사, 19법원직, 17국가7급]

11. '마약류 관리에 관한 법률'을 위반하여 금고 이상의 실형을 선고받고 그 집행이 끝나거나 면제된 날부터 20년이 지나지 아니한 것을 택시운송사업의 운전업무 종사자격의 결격사유 및 취소사유로 정한 '여객자동차 운수사업법' 관련규정은 헌법에 합치되지 않는다. (헌재 2015.12.23. 2014헌바446)[헌법불합치(잠정적용)]

12. 성범죄로 형을 선고받아 확정된 자(성범죄 의료인)로 하여금 그 형의 집행을 종료한 날부터 10년 동안 의료기관을 개설하거나 위 기관에 취업할 수 없도록 한 구 '아동·청소년의 성보호에 관한 법률' 제44조 제1항, '아동·청소년의 성보호에 관한 법률' 제56조 제1항 제12호 중 '성인대상 성범죄로 형을 선고받아 확정된 자'에 관한 부분은 헌법에 위반된다. 위와 같은 취업제한이 위의 구 '아동·청소년의 성보호에 관한 법률'조항 시행 후 형이 확정된 자부터 적용하도록 하는 같은 법 부칙조항은 헌법에 위반되지 아니한다. (헌재 2013.3.31. 2013헌마585) [17변호사]
[1] "성인대상 성범죄" 부분은 헌법상 명확성 원칙에 위배되지 않는다.
[2] 그러나 이 사건 취업제한조항이 성범죄로 형을 선고받아 확정된 자에 대하여 10년 동안 일률적으로 의료기관에 대한 취업을 금지하는 것은 과도한 제한이다. 따라서 이 사건 법률조항은 청구인들의 직업선택의 자유를 침해한다. [19법원직, 17지방7급]

13. 소송사건의 대리인인 변호사가 수용자를 접견하고자 하는 경우 소송계속 사실을 소명할 수 있는 자료를 제출하도록 요구하고 있는 '형의 집행 및 수용자의 처우에 관한 법률 시행규칙' 제29조의2 제1항 제2호 중 '수형자 접견'에 관한 부분은 변호사인 청구인의 직업수행의 자유를 침해하여 헌법에 위반된다. (헌재 2021.10.28. 2018헌마60)[위헌] [22경찰간부]
심판대상조항은 이른바 '집사 변호사' 등 소송사건과 무관하게 수형자를 접견하는 변호사의 접견권 남용행위를 방지함으로써, 한정된 교정시설 내의 수용질서 및 규율을 유지하고, 수용된 상태에서 소송수행을 해야 하는 수형자들의 변호사접견을 원활하게 실시하기 위한 것으로서, 그 입법목적은 정당하다. 집사 변호사라면 소 제기 여부를 진지하게 고민할 필요가 없으므로 얼마든지 불필요한 소송을 제기하고 변호사접견을 이용할 수 있다. 심판대상조항은 수단의 적합성이 인정되지 아니한다.

14. 변호사법 제23조 제2항 제7호의 위임을 받아 변호사 광고에 관한 구체적인 규제 사항 등을 정한 대한변호사협회의 변호사 광고에 관한 규정은 헌법소원심판의 대상이 되는 공권력의 행사에 해당한다. (헌재 2022.5.26. 2021헌마619) [23법무사]

[1] 이 사건 규정 제4조 제14호 중 '협회의 유권해석에 반하는 내용의 광고' 부분, 제8조 제2항 제4호 중 '협회의 유권해석에 위반되는 행위를 목적 또는 수단으로 하여 행하는 경우' 부분(이하 '유권해석위반 광고금지규정'이라 한다)은 법률유보원칙에 위반되어 청구인들의 표현의 자유, 직업의 자유를 침해한다.

[2] 이 사건 규정 제5조 제2항 제1호 중 '변호사등과 소비자를 연결'(대가를 받고 알선) 부분
위 규정들은 과잉금지원칙에 위배되지 아니한다.

[3] 제8조 제2항 제2호(이하 '대가수수 직접 연결 금지규정'이라 한다)의 규율 대상 이 사건 규정 제5조 제2항 제1호 중 '변호사등을 광고·홍보·소개하는 행위' 부분(이하 '대가수수 광고금지규정'이라 한다)은 과잉금지원칙에 위반되어 청구인들의 표현의 자유, 직업의 자유를 침해한다.

가. 유권해석위반 광고금지규정 위반이 징계사유가 될 수 있음을 고려하면 적어도 <u>수범자인 변호사는 유권해석을 통해 금지될 수 있는 내용들의 대강을 알 수 있어야 함에도, 규율의 예측가능성이 현저히 떨어지고 법집행기관의 자의적인 해석을 배제할 수 없는 문제가 있다. 따라서 위 규정은 수권법률로부터 위임된 범위 내에서 명확하게 규율 범위를 정하고 있다고 보기 어려우므로, 법률유보원칙에 위반되어 청구인들의 표현의 자유, 직업의 자유를 침해한다.</u>
변호사광고에 대한 합리적 규제는 필요하지만, 광고표현이 지닌 기본권적 성질을 고려할 때 광고의 내용이나 방법적 측면에서 꼭 필요한 한계 외에는 폭넓게 광고를 허용하는 것이 바람직하다. 각종 매체를 통한 변호사 광고를 원칙적으로 허용하는 변호사법 제23조 제1항의 취지에 비추어 볼 때, 변호사등이 다양한 매체의 광고업자에게 광고비를 지급하고 광고하는 것은 허용된다고 할 것인데, 이러한 행위를 일률적으로 금지하는 <u>위 규정은 수단의 적합성을 인정하기 어렵다.</u>

15. 변호사시험 일시·장소 및 응시자준수사항 공고' 및'코로나19 관련 제10회 변호사시험 응시자 유의사항 등 알림'중 코로나19 확진환자의 응시를 금지하고, 자가격리자 및 고위험자의 응시를 제한한 부분은 청구인들의 직업선택의 자유를 침해하여 헌법에 위반된다.(헌재 2023.2.23. 2020헌마1736)[위헌확인]
변호사시험은 법학전문대학원의 석사학위를 취득한 달의 말일부터 5년 내에만 응시할 수 있고 질병 등으로 인한 예외가 인정되지 않는데, 이 사건 응시제한으로 인해 확진환자 등은 적어도 1년간 변호사시험에 응시조차 할 수 없게 되므로 그에 따라 입게 되는 불이익은 매우 중대하다. 그러므로 이 사건 응시제한은 과잉금지원칙을 위반하여 청구인들의 직업선택의 자유를 침해한다.

> **비교판례** → '2021학년도 강원도 공·사립 중등학교 교사 임용후보자 선정경쟁 제1차 시험 합격자 및 제2차 시험 시행계획 공고' 중 ① 코로나19 확진자의 응시를 금지한 부분은 심판의 이익이 인정되지 않고, ② 자가격리자에 대하여 시험응시 가능 여부를 정하면서 이의제기를 제한한 부분 및 시험장에서 확진자와 접촉한 응시자에 대하여 다음날 시험을 별도시험장·별도시험실에서의 비대면 평가로 응시하도록 조치할 수 있다고 정하면서 이의제기를 제한한 부분은 기본권 침해가능성이 인정되지 않아, 청구인들의 심판청구가 모두 부적법하다는 결정을 선고하였다.(헌재 2023.2.23. 2021헌마48)[각하]

▶ 관련판례

직업의 자유를 침해한 것이 아니라고 본 사례

1. 건설업자가 '금고 이상의 실형을 선고받고 그 집행이 종료되거나 그 집행이 면제된 날부터 3년이 경과되지 아니한 자 또는 그 형의 집행유예선고를 받고 그 유예기간 중에 있는 자(법인의 경우 임원이 여기에 해당되는 경우 포함)'에 해당하는 경우 건설업 등록을 필요적으로 말소하도록 한 구 건설산업기본법은 건설업자의 직업선택의 자유를 침해하지 아니한다.(헌재 2010.4.29. 2008헌가8)

> 비교판례 ➡ 임원이 금고 이상의 형을 선고받은 경우 법인의 건설업 등록을 필요적으로 말소하도록 규정한 구 건설산업기본법 제83조 단서 제3호 본문 중 제13조 제1항 제4호 가운데 법인에 관한 부분은 청구인의 직업수행의 자유를 침해한다.(헌재 2014.4.24. 2013헌바25)

2. 공인중개사 자격시험 제1차 시험과 제2차 시험을 동시에 시행하는 경우 제1차 시험에 불합격한 자의 제2차 시험을 무효로 하도록 규정하고 있는 '공인중개사의 업무 및 부동산 거래신고에 관한 법률 시행령'은 1차 시험 불합격자의 직업의 자유를 침해하지 아니한다.(헌재 2008.12.26. 2006헌마273)

3. 건축사자격시험의 응시자격으로서 건축사예비시험 합격 및 건축사예비시험 응시자격 취득 후 일정기간 실무경력을 함께 요구하는 건축사법 제14조 등 관련규정이 입법형성권을 불합리하거나 자의적으로 행사하여 청구인의 직업선택의 자유나 평등권을 침해하지 아니한다.(헌재 2008.5.29. 2005헌마195)

4. 금고 이상의 실형을 선고받고 그 형의 집행이 종료되거나 면제되지 아니한 자는 중도매업 허가를 받을 수 없다고 규정한 농수산물유통및가격안정에관한법률은 직업선택의 자유를 침해하지 아니한다.(헌재 2005. 5.26. 2002헌바67)

5. 파산선고를 받은 사립학교 교원의 지위가 박탈된다고 하여도 그것이 교원의 사회적 책임과 교직에 대한 국민의 신뢰를 제고한다는 공익에 비해 더 비중이 크다고는 볼 수 없다는 점에서, 이 사건 법률조항이 과잉금지원칙에 위반하여 청구인의 직업선택의 자유를 침해한다고 볼 수 없다.(헌재 2008.11.27. 2005헌가21)

6. 특허, 실용신안, 디자인 또는 상표의 침해로 인한 손해배상, 침해금지 등의 민사소송에서 변리사에게 소송대리를 허용하지 않고 있는 구 변리사법 제8조는 청구인들의 직업의 자유를 침해하지 않는다.(헌재 2012.8.23. 2010헌마740) [13국가7급]

7. 공동주택의 입주자대표회의 및 주택관리업자는 제외한 채 관리사무소장에게만 손해배상책임을 부과하고, 그 보장을 위하여 보증보험 가입 등을 강제하고 있는 주택법 제55조의2는 관리사무소장의 직업수행의 자유를 침해하지 않는다.(헌재 2012. 12.27. 2011헌마44)

8. 의약품 도매상 허가를 받기 위해 필요한 창고면적의 최소기준을 규정하고 있는 약사법 규정은 직업수행의 자유를 침해하지 않는다.(헌재 2014.4.24. 2012헌마811) [20서울지방7급]
   이 사건 법률조항들은 헌법상 중소기업 보호·육성의무를 위반하지 않았다.

9. 의료법에 따라 개설된 의료기관이 당연히 국민건강보험 요양기관이 되도록 규정한 국민건강보험법 규정은 청구인들의 의료기관 개설자로서의 직업수행의 자유를 침해하지 않는다.(헌재 2014.4.24. 2012헌마865)
   이 사건 법률조항은 청구인들의 의료기관 개설자로서의 평등권을 침해하지 않고, 청구인들의 의료소비자로서의 자기결정권을 침해하지 않는다.

◀ OX 연습

1. 입법자가 변리사제도를 형성하면서 변리사의 업무 범위에 특허침해소송의 소송대리를 포함하지 않은 것은 변리사의 직업의 자유를 침해하는 것이다.
[13국가7급]

Answer

1. × 헌재 2012.8.23. 2010헌마740

10. 물리치료사가 의사, 치과의사의 지도하에 업무를 할 수 있도록 정한 구 '의료기사 등에 관한 법률' 제1조 중 "의사 또는 치과의사의 지도하에 진료 또는 의화학적 검사에 종사하는 자" 중 물리치료사에 관한 부분은 한의사를 의사 및 치과의사에 비하여 합리적 이유 없이 차별하여 한의사의 평등권을 침해하지 않는다.(헌재 2014.5.29. 2011헌마552) [16국회8급]

11. 유치원 주변 학교환경위생 정화구역에서 성관련 청소년유해물건을 제작·생산·유통하는 청소년유해업소를 예외없이 금지하는 구 학교보건법 제6조 제1항 제19호는 포괄위임금지원칙 및 죄형법정주의의 명확성원칙에 위배되지 않고 직업의 자유를 침해하는 것도 아니며 평등원칙에도 위배되지 않는다.(헌재 2013.6.27. 2012헌바140 등)

12. 국제결혼중개업의 등록요건으로 1억 원 이상의 자본금을 요구하는 결혼중개업법 제24조의3은 직업선택의 자유를 침해하지 아니한다.(헌재 2014.3.27. 2012헌마745)

13. 금고 이상의 실형을 선고받고 그 집행이 끝나거나 집행이 면제된 날로부터 3년이 지나지 아니한 사람은 행정사가 될 수 없도록 규정한 행정사법 제6조 제3호는 청구인의 직업선택의 자유 및 평등권을 침해하지 않는다.(헌재 2015.3.26. 2013헌마131)

14. 사립대학 교원이 국회의원으로 당선된 경우 임기개시일 전까지 그 직을 사직하도록 규정한 국회법 제29조 제2항 단서 제3호 중 사립대학 교원에 관한 부분은 청구인의 직업의 자유, 평등권을 침해하지 않는다.(헌재 2015.4.30. 2014헌마621)

15. 헌법개정 또는 국회의 해산으로 인하여 국회의원의 임기가 단축되거나 종료된 경우를 제외하고 국회의원 재직기간이 1년 미만인 사람에 대하여 연로회원지원금을 지급하지 않도록 규정한 대한민국헌정회 육성법은 평등권을 침해하지 않는다.(헌재 2015.4.30. 2013헌마666)

16. '공인중개사의 업무 및 부동산 거래신고에 관한 법률' 위반행위로 벌금형을 선고받고 3년이 경과되지 않은 경우, 중개사무소 개설등록을 필요적으로 취소하도록 정한 구 '공인중개사의 업무 및 부동산 거래신고에 관한 법률' 제38조 제1항 제3호 본문 중 '제10조 제1항 제11호' 부분은 공인중개사의 직업의 자유와 평등권을 침해하지 않는다.(헌재 2015.5.28. 2013헌가7)

17. 현금영수증 의무발행업종 사업자로 하여금 건당 10만 원 이상의 현금거래시 현금영수증을 의무발급 하도록 하고, 위반 시 현금영수증 미발급 거래대금의 100분의 50에 상당하는 과태료를 부과하도록 한 법인세법 제117조의2 제4항 본문, 구 조세범처벌법 제15조 제1항 본문 중 법인세법 제117조의2 제4항 본문에 관한 부분은 모두 헌법에 위반되지 않는다.(헌재 2019.8.29. 2018헌바265) [20국가7급]

18. 직접생산 확인을 받은 제품을 하청생산하는 경우 그 중소기업자가 받은 모든 제품에 대하여 필요적으로 직접생산 확인을 취소하도록 규정한 '중소기업제품 구매촉진 및 판로지원에 관한 법률' 제11조 제3항 중 제2항 제3호에 관한 부분은 헌법에 위반되지 않는다.(헌재 2015.9.24. 2013헌바393) [21경찰승진]

19. 의지·보조기 제조업자로 하여금 의지·보조기 기사를 1명 이상 두도록 하고, 이를 위반한 경우 형사처벌하고 있는 장애인복지법은 죄형법정주의의 명확성원칙에 위배되지 않고, 직업수행의 자유를 침해하지 않는다.(헌재 2016.2.25. 2013헌바260)

20. 일정한 경력을 갖춘 공무원에 대하여 행정사 자격시험의 전부 또는 일부를 면제하도록 한 행정사법 규정은 일반 응시자인 청구인들의 평등권 및 직업선택의 자유를 침해하지 않는다.(헌재 2016.2.25. 2013헌마626)

21. 성매매를 한 자를 형사처벌하도록 규정한 '성매매알선 등 행위의 처벌에 관한 법률' 제21조 제1항은 헌법에 위반되지 않는다.(헌재 2016.3.31. 2013헌가2) [20서울지방7급]

[1] 심판대상조항은 성매매를 형사처벌하여 성매매 당사자(성판매자와 성구매자)의 성적 자기결정권, 사생활의 비밀과 자유 및 성판매자의 직업선택의 자유를 제한하고 있다.

[2] 성매매는 그 자체로 폭력적, 착취적 성격을 가진 것으로 경제적 약자인 성판매자의 신체와 인격을 지배하는 형태를 띠므로 대등한 당사자 사이의 자유로운 거래행위로 볼 수 없다.

[3] 불특정인을 상대로 한 성매매와 특정인을 상대로 한 성매매는, 건전한 성풍속 및 성도덕에 미치는 영향, 제3자의 착취 문제 등에 있어 다르다고 할 것이므로, 불특정인에 대한 성매매만을 금지대상으로 규정하고 있는 것이 평등권을 침해한다고 볼 수도 없다.

22. 수중형 체험활동 운영자에게 연안체험활동 안전관리 계획서를 작성하여 신고하도록 하는 '연안사고 예방에 관한 법률' 제12조 제1항 본문 중 '수중형 체험활동'에 관련된 부분, 수중형 체험활동 참가자에게 발생한 생명·신체의 손해를 배상하기 위하여 보험에 가입하도록 하는 '연안사고 예방에 관한 법률' 제13조 제1항 중 '수중형 체험활동'에 관련된 부분은 청구인의 직업수행의 자유와 계약의 자유를 침해하지 아니한다.(헌재 2016.7.28. 2015헌마923) [17국가7급]

23. 변호사시험의 응시기간과 응시횟수를 법학전문대학원의 석사학위를 취득한 달의 말일 또는 취득예정기간 내 시행된 시험일부터 5년 내에 5회로 제한한 변호사시험법 제7조 제1항(이하 '응시기회제한조항'이라 한다)은 변호사시험에 5회 모두 불합격한 청구인들의 직업선택의 자유를 침해하지 않는다.(헌재 2016.9.29. 2016헌마47) [20서울지방7급]

다른 자격시험 내지 사법시험 응시자와 변호사시험 응시자를 본질적으로 동일한 비교집단으로 볼 수 없으므로, 응시기회제한조항이 청구인들의 평등권을 침해할 가능성은 없다.

24. 보육교사 2급 자격을 취득하기 위해 이수해야 하는 보육 관련 교과목 중 일부를 대면 교과목으로 지정한 '영유아보육법 시행규칙' 제12조 제1항 [별표 4] 제2호의 대면 교과목에 관한 부분 중 보육실습에 관한 부분을 제외한 부분에 의한 기본권침해의 자기관련성이 학점은행제 원격교육훈련기관 운영자인 청구인들에게 존재하지 않는다.(헌재 2016.11.24. 2016헌마299)

이 사건 규정은 보육교사 자격을 취득하고자 하는 청구인들의 직업의 자유를 침해하지 않는다.

25. 문화재수리 등에 관한 법률위반과 다른 죄의 경합범으로 징역형의 집행유예를 선고받았다는 이유로 문화재청장이 청구인들의 문화재수리기술자 자격을 취소한 것은 직업의 자유, 명확성 원칙, 평등원칙에 위반되지 아니한다.(헌재 2017.5.25. 2015헌바373)

26. 전문문화재수리업자에 대하여 하도급을 금지하고 이를 위반하는 경우 형벌을 부과하도록 한 '문화재수리 등에 관한 법률' 제25조 제1항 중 '전문문화재수리업자'에 관한 부분과 제59조 제5호 가운데 제25조 제1항 중 '전문문화재수리업자'에 관한 부분은 청구인들의 직업수행의 자유를 침해하지 않으므로 헌법에 위반되지 않는다.(헌재 2017.11.30. 2015헌바377)

27. 허위로 진료비를 청구하여 환자나 진료비 지급 기관 등을 속임으로써 사기죄로 금고 이상의 형을 선고받고 그 형의 집행이 종료되지 아니하였거나 집행을 받지 아니하기로 확정되지 아니한 의료인에 대하여 필요적으로 면허를 취소하도록 정하고 있는 의료법 제65조 제1항 단서 제1호 가운데 제8조 제4호 중 형법 제347조(허위로 진료비를 청구하여 환자나 진료비를 지급하는 기관이나 단체를 속인 경우만을 말한다) 위반에 관한 부분은 직업의 자유, 평등권을 침해하지 않는다.(헌재 2017.6.29. 2016헌바394)

28. 생산자·수입자 또는 판매자로 하여금 산양삼 유통·판매 또는 통관을 하는 경우 품질표시를 하도록 하고, 이를 위반하면 형사처벌하는 '임업 및 산촌 진흥촉진에 관한 법률' 제18조의6 제2항 가운데 '특별관리임산물 중 산양삼에 관한 부분'과 제32조 제4호 가운데 '특별관리임산물 중 산양삼의 품질 미표시자에 관한 부분'은 직업수행의 자유를 침해하지 않는다.(헌재 2017.7.27. 2017헌가8)

29. 제조업의 직접생산공정업무를 근로자파견의 대상업무에서 제외하고, 이에 관하여 근로자파견의 역무를 제공받는 것을 금지하며, 위반시 처벌하는 '파견근로자보호 등에 관한 법률' 부분은 직업수행의 자유를 침해하지 않는다.(헌재 2017.12.28. 2016헌바346) [205급]

30. 담배제조업을 하려는 자는 대통령령이 정하는 바에 따라 기획재정부장관의 허가를 받아야 한다고 규정한 담배사업법 제11조 제1항 본문에 대한 심판청구는 부적법하므로 각하, 담배제조업의 허가를 받기 위해서는 300억 원 이상의 자본금, 연간 50억 개비 이상의 담배를 제조할 수 있는 시설 등을 갖추어야 한다고 규정한 담배사업법 시행령 제4조 제1항 제1호 및 제2호는 청구인의 직업선택의 자유를 침해하지 아니한다.(헌재 2018.2.22. 2017헌마438)

31. 의료기관의 시설 또는 부지의 일부를 분할·변경 또는 개수(改修)하여 약국을 개설하는 경우 약국의 개설등록을 받지 않는다고 규정한 약사법 제20조 제5항 제3호는 직업수행의 자유를 침해하지 않는다.(헌재 2018.2.22. 2016헌바401) [18국가7급]

32. 허가받은 지역 밖에서 응급환자이송업의 영업을 하면 처벌하는 '응급의료에 관한 법률' 제51조 제1항 후문, 구 '응급의료에 관한 법률' 제60조 제1항 제3호 중 제51조 제1항 후문 부분은 헌법에 위반되지 않는다.(헌재 2018.2.22. 2016헌바100) [19국가7급] 이 사건 심리 중 사망한 청구인에 대한 심판절차는 사망한 때 종료되었다.[심판종료선언]

33. 특정인의 사생활 등을 조사하는 일을 업으로 하는 행위와 탐정 유사 명칭의 사용 금지를 규정한 '신용정보의 이용 및 보호에 관한 법률' 제40조 후단은 헌법에 위반되지 아니하고, 그 위반자를 형사 처벌하는 규정인 제50조 제3항 제3호 중 제40조 후단 제4호 본문, 제5호 부분은 부적법하다.(헌재 2018.6.28. 2016헌마473)[일부 기각, 일부 각하]

34. 연락운송 운임수입의 배분에 관한 협의가 성립하지 아니한 때에는 당사자의 신청을 받아 국토교통부장관이 결정하도록 한 도시철도법 제34조 제2항은 헌법에 위반되지 않는다.(헌재 2019.6.28. 2017헌바135)[합헌] [20국가7급]

35. 도로교통법 제53조 제3항 전단 중 '학원의 설립·운영 및 과외교습에 관한 법률'에 따라 설립된 학원 및 '체육시설의 설치·이용에 관한 법률'에 따라 설립된 체육시설에서 어린이통학버스를 운영하는 자에 관한 부분(이하 '이 사건 보호자동승조항'이라 한다)은 청구인들의 직업수행의 자유를 침해하지 않는다.(헌재 2020.4.23. 2017헌마479) [22국회8급등]

유예기간을 두고 있는 법령의 경우, 헌법소원심판의 청구기간 기산점을 그 법령의 시행일이 아니라 유예기간 경과일이라고 본 사례

유예기간을 경과하기 전까지 청구인들은 이 사건 보호자동승조항에 의한 보호자동승의무를 부담하지 않는다. 이 사건 보호자동승조항이 구체적이고 현실적으로 청구인들에게 적용된 것은 유예기간을 경과한 때부터라 할 것이므로, 이 때부터 청구기간을 기산함이 상당하다. 종래 이와 견해를 달리하여, 법령의 시행일 이후 일정한 유예기간을 둔 경우 이에 대한 헌법소원심판 청구기간의 기산점을 법령의 시행일이라고 판시한 우리 재판소 결정들은, 이 결정의 취지와 저촉되는 범위 안에서 변경한다.

36. 2019학년도 약학대학 정원 중 덕성여자대학교의 정원을 80명, 동덕여자대학교의 정원을 40명, 숙명여자대학교의 정원을 80명, 이화여자대학교의 정원을 120명으로 배정한 '2019학년도 대학 보건·의료계열 학생정원 조정계획'은 약학대학에 편입학하고자 하는 남성인 청구인의 직업선택의 자유를 침해하지 않는다.(헌재 2020.7. 16. 2018헌마566)[합헌]

이 사건 조정계획이 과잉금지원칙을 위배하여 <u>청구인의 직업선택의 자유를 침해하였는지 여부를 중심으로 판단한다.</u> 이 사건 조정계획은 청구인의 직업선택의 자유를 침해한다고 볼 수 없다.

37. 업무상 재해로 휴업하여 당해 연도 출근의무가 없는 근로자에게도 유급휴가를 주도록 되어 있는 구 근로기준법 제60조 제1항, 근로기준법 제60조 제4항은 사용자의 직업수행의 자유를 침해하지 않는다.(헌재 2020.9.24. 2017헌바433)[합헌]

38. 지역아동센터 시설별 신고정원의 80% 이상을 돌봄취약아동으로 구성하도록 정한 보건복지부 지침 '2019년 지역아동센터 지원 사업안내' 부분은 청구인 운영자들의 직업수행의 자유 및 청구인 아동들의 인격권을 침해하지 않는다.(헌재 2022.1.27. 2019헌마583)[기각]

39. 자연인 안경사는 법인을 설립하여 안경업소를 개설할 수 없고, 법인은 안경업소를 개설할 수 없으며, 이를 위반한 경우 이 사건 처벌조항에 의하여 형사처벌되므로, 심판대상조항은 자연인 안경사와 법인의 직업의 자유를 제한한다. 그러므로 심판대상조항이 헌법 제37조 제2항의 과잉금지원칙에 반하여 직업의 자유를 침해하는지 여부가 문제된다. 한편, 사안과 가장 밀접한 관계에 있고 또 침해의 정도가 큰 주된 기본권인 직업의 자유 침해 여부를 심사하는 이상 결사의 자유 침해 여부는 별도로 판단하지 않는다.(헌재 2021.6.24. 2017헌가31) [23국가7급]

40. 게임 내에서 사용되는 가상의 화폐로서 대통령령이 정하는 게임머니 등과 같이 일정한 기준에 해당하는 게임결과물에 대한 환전업 등을 금지하고 처벌하는, '게임산업진흥에 관한 법률' 제32조 제1항 제7호에 관한 부분은 헌법에 위반되지 않는다. (헌재 2022.2.24. 2017헌바438)[합헌]

41. 의료인이 아닌 사람도 문신시술을 업으로 행할 수 있도록 그 자격 및 요건을 법률로 정할 입법의무는 인정되지 않는다.(헌재 2022.3.31. 2021헌마1213, 1385) [23법무사]

42. 택시운전근로자의 최저임금에 산입되는 범위를 정한 최저임금법 제6조 제5항 중 '생산고에 따른 임금을 제외한' 부분은 헌법에 위반되지 아니한다.(헌재 2023.2.23. 2020헌바11)[합헌]

43. 이자제한법에서 정한 최고이자율을 초과하여 이자를 받은 자를 1년 이하의 징역 또는 1천만 원 이하의 벌금에 처하도록 한 이자제한법 제8조 제1항은 헌법에 위반되지 아니한다.(헌재 2023.2.23. 2022헌바22)[합헌]

44. 간행물 판매자에게 정가 판매 의무(도서정가제)를 부과하고, 가격할인의 범위를 가격할인과 경제상의 이익을 합하여 정가의 15퍼센트 이하로 제한하는 출판문화산업진흥법 제22조 제4항 및 제5항은 청구인의 직업의 자유를 침해한다고 할 수 없다. (헌재 2023.7.20. 2020헌마104)[기각]

45. 동물약국 개설자가 수의사 또는 수산질병관리사의 처방전 없이 판매할 수 없는 동물용의약품을 규정한 '처방대상 동물용의약품 지정에 관한 규정'제3조에 대한 동물보호자인 청구인들의 심판청구를 모두 각하하고, 동물약국 개설자인 청구인들의 심판청구를 모두 기각하였다.(헌재 2023.6.29. 2021헌마199)[각하, 기각]

[1] 적법요건에 대한 판단 동물보호자인 청구인들의 심판청구 – 부적법

심판대상조항은 '동물약국 개설자'를 그 직접적인 규율대상으로 하고 있으며, 동물보호자인 청구인들과 같은 동물용의약품 소비자는 직접적인 규율대상이 아닌 제3자에 불과하다. 따라서 동물보호자인 청구인들의 심판청구는 기본권 침해의 자기관련성이 인정되지 아니하여 부적법하다.

[2] 본안에 대한 판단

동물약국 개설자인 청구인들의 직업수행의 자유 침해 여부 – 소극

심판대상조항의 입법목적은 수의사 등의 동물용의약품에 대한 전문지식을 통해 동물용의약품 오·남용 및 그로 인한 부작용 피해를 방지하여 동물복지의 향상을 도모함은 물론, 이를 통해 동물용의약품 오·남용에 따른 내성균 출현과 축산물의 약품 잔류 등을 예방하여 국민건강의 증진을 이루고자 함에 있으며 이러한 입법목적은 정당하다.

46. 문화체육관광부장관이 정부광고 업무를 한국언론진흥재단에 위탁하도록 한 위 법률 시행령 제6조 제1항은 광고대행업에 종사하는 청구인들의 직업수행의 자유를 침해하지 아니한다.(헌재 2023.6.29. 2019헌마227)[각하, 기각]

47. 아동학대관련범죄로 처벌을 받은 어린이집 원장 또는 보육교사에 대하여 행정청이 재량으로 자격을 취소할 수 있도록 한 영유아보육법 제48조 제1항 제3호 중 '아동복지법 제17조 제5호를 위반하여 아동복지법 제71조 제1항 제2호에 따라 처벌받은 경우'에 관한 부분은 헌법에 위반되지 않는다.(헌재 2023.5.25. 2021헌바234)[합헌]

심판대상조항은 과잉금지원칙에 반하여 직업선택의 자유를 침해하지 않는다.

48. 허가된 어업의 어획효과를 높이기 위하여 다른 어업의 도움을 받아 조업활동을 하는 행위를 금지한 수산자원관리법 제22조 제2호는 헌법에 위반되지 아니한다.(헌재 2023.5.25. 2020헌바604)[합헌]

심판대상조항은 수산자원의 남획을 방지함으로써 지속가능한 어업이 이루어지도록 하고, 다른 어업인과의 분쟁을 감소시켜 어업질서를 유지하기 위한 것으로 그 입법목적이 정당하다. 심판대상조항이 공조조업을 금지하는 것은 위와 같은 입법목적의 달성에 기여하는 적합한 수단이다.

SECTION 3　소비자의 권리

제1항 | 소비자의 권리의 의의

헌법 제124조 국가는 건전한 소비행위를 계도하고 생산품의 품질향상을 촉구하기 위한 소비자보호운동을 법률이 정하는 바에 의하여 보장한다. – 제8차 개헌

제2항 | 소비자의 권리의 내용

▶ 관련판례

1. 광우병 파동에서 조·중·동에 대한 광고중단압박운동을 한 것에 대해 형법상의 업무방해죄를 적용한 것은 헌법에 위반되지 아니한다.(헌재 2011.12.29. 2010헌바54)[각하, 합헌] [14국가7급]
   헌법이 보장하는 소비자보호운동이란 '공정한 가격으로 양질의 상품 또는 용역을 적절한 유통구조를 통해 적절한 시기에 안전하게 구입하거나 사용할 소비자의 제반 권익을 증진할 목적으로 이루어지는 구체적 활동'을 의미한다.
   불매운동의 목표로서 '소비자의 권익'이란 원칙적으로 사업자가 제공하는 물품이나 용역의 소비생활과 관련된 것으로서 상품의 질이나 가격, 유통구조, 안전성 등 시장적 이익에 국한된다. [19지방7급]

2. 소비자가 구매력을 무기로 상품이나 용역에 대한 자신들의 선호를 시장에 실질적으로 반영하기 위한 집단적 시도인 소비자불매운동은 본래 '공정한 가격으로 양질의 상품 또는 용역을 적절한 유통구조를 통해 적절한 시기에 안전하게 구입하거나 사용할 소비자의 제반 권익을 증진할 목적'에서 행해지는 소비자보호운동의 일환으로서 헌법 제124조를 통하여 제도로서 보장되나, 그와는 다른 측면에서 일반 시민들이 특정한 사회, 경제적 또는 정치적 대의나 가치를 주장·옹호하거나 이를 진작시키기 위한 수단으로서 소비자불매운동을 선택하는 경우도 있을 수 있고, 이러한 소비자불매운동 역시 반드시 헌법 제124조는 아니더라도 헌법 제21조에 따라 보장되는 정치적 표현의 자유나 헌법 제10조에 내재된 일반적 행동의 자유의 관점 등에서 보호받을 가능성이 있으므로, 단순히 소비자불매운동이 헌법 제124조에 따라 보장되는 소비자보호운동의 요건을 갖추지 못하였다는 이유만으로 이에 대하여 아무런 헌법적 보호도 주어지지 아니한다거나 소비자불매운동에 본질적으로 내재되어 있는 집단행위로서의 성격과 대상 기업에 대한 불이익 또는 피해의 가능성만을 들어 곧바로 형법 제314조 제1항의 업무방해죄에서 말하는 위력의 행사에 해당한다고 단정하여서는 아니 된다.(대판 2013.3.14. 2010도410) [17서울7급]

CHAPTER

05 정치적 기본권

민주정치와 정치적 기본권

▶ 관련판례

1. 경찰청장의 퇴직 후 정당가입·설립의 제한(헌재 1999.12.23. 99헌마135)[위헌] [18법원직]

   (1) 제한되는 기본권(공무담임권이 아니라 정당의 자유가 제한된다.)

   피선거권에 대한 제한은 이 사건 법률조항이 가져오는 간접적이고 부수적인 효과에 지나지 아니하므로 헌법 제25조의 공무담임권(피선거권)은 이 사건 법률조항에 의하여 제한되는 청구인들의 기본권이 아니다. 또한 청구인들은 직업의 자유도 침해되었다고 주장하나, 공무원직에 관한 한 공무담임권은 직업의 자유에 우선하여 적용되는 특별법적 규정이고, 위에서 밝힌 바와 같이 공무담임권(피선거권)은 이 사건 법률조항에 의하여 제한되는 청구인들의 기본권이 아니므로, 직업의 자유 또한 이 사건 법률조항에 의하여 제한되는 기본권으로서 고려되지 아니한다.

   (2) 정당의 자유가 제한되고 침해된다.

   민주적 의사형성과정의 개방성을 보장하기 위하여 정당설립의 자유를 최대한으로 보호하려는 헌법 제8조의 정신에 비추어, 정당의 설립 및 가입을 금지하는 법률조항은 이를 정당화하는 사유의 중대성에 있어서 적어도 '민주적 기본질서에 대한 위반'에 버금가는 것이어야 한다고 판단된다. [14변호사] 다시 말하면, 오늘날의 의회민주주의가 정당의 존재없이는 기능할 수 없다는 점에서 심지어 '위헌적인 정당을 금지해야 할 공익'도 정당설립의 자유에 대한 입법적 제한을 정당화하지 못하도록 규정한 것이 헌법의 객관적인 의사라면, 입법자가 그 외의 공익적 고려에 의하여 정당설립금지조항을 도입하는 것은 원칙적으로 헌법에 위반된다. … 청구인의 정당설립 및 가입의 자유를 침해한다.

2. 검찰총장 퇴임 후 공직취임금지 및 정당가입 금지(헌재 1997.7.16. 97헌마26)[위헌] [18법원직]

   (1) 고등검사장이 장차 검찰총장에 임명될 가능성이 있다는 사정만으로는 검찰총장이었던 자의 기본권을 제한하고 있는 법률조항이 고등검사장의 직위에 있는 청구인들의 기본권을 직접 그리고 현재 침해하고 있다고 볼 수 없다. — 자기관련성 부정

   (2) 검찰청법 제12조 제4항은 검찰총장 퇴임 후 2년 이내에는 법무부장관과 내무부장관직뿐만 아니라 모든 공직에의 임명을 금지하고 있으므로 심지어 국·공립대학교 총·학장, 교수 등 학교의 경영과 학문연구직에의 임명도 받을 수 없게 되어 있다. 그 입법목적에 비추어 보면 그 제한은 필요최소한의 범위를 크게 벗어나 직업선택의 자유와 공무담임권을 침해하는 것으로서 헌법상 허용될 수 없다. [09지방7급]

(3) 검찰총장 퇴직 후 일정기간 동안 정당의 발기인이나 당원이 될 수 없도록 하는 검찰청법 제12조 제5항, 부칙 제2항은 … 결국 검찰총장에서 퇴직한지 2년이 지나지 아니한 자의 <u>정치적 결사의 자유와 참정권(선거권과 피선거권) 등 우월적 지위를 갖는 기본권을 과잉금지원칙에 위반되어 침해하고 있다고 아니 할 수 없다.</u>

참정권

제1항 | 참정권의 주체

Ⅰ 국민

참정권은 국민의 권리이므로 국민이면 참정권의 주체가 된다.

Ⅱ 외국인

외국인도 일정한 요건을 갖추면 지방선거에서 선거권을 행사할 수 있다.(기본권은 아니고 법률상 권리이다)

외국인에게 인정되지 않는 선거	대통령선거, 국회의원선거, 국민투표
외국인에게 인정되는 선거	지방의회의원선거, 지방자치단체장선거, 주민투표, 주민소환, 조례제정·개정청구권

제2항 | 참정권의 내용

Ⅰ 직접참정권

01. 직접참정권의 유형

1 국민발안권

국민발안권이란 국민이 헌법개정안이나 법률안을 제안할 수 있는 권리를 말한다. 우리 헌정사에서는 제2차 개정헌법에서 헌법개정안에 대한 국민발안제를 규정하여, 6차 개헌까지 지속되다가 제7차 개정헌법에서 폐지되었다. [20·16국가7급]

2 국민투표제

국민투표권
헌법 제72조의 국민투표권의 성격(헌재 2005.11.24. 2005헌마579) [23법무사, 19 국가7급, 18법원직]
헌법 제72조는 국민투표에 부쳐질 중요정책인지 여부를 대통령이 재량에 의하여 결정하도록 명문으로 규정하고 있고 헌법재판소 역시 위 규정은 대통령에게 국민투표의 실시 여부, 시기, 구체적 부의사항, 설문내용 등을 결정할 수 있는 임의적인 국민투표발의권을 독점적으로 부여하였다고 하여 이를 확인하고 있다. 따라서 특정의 국가정책에 대하여 다수의 국민들이 국민투표를 원하고 있음에도 불구하고 대통령이 이러한 희망과는 달리 국민투표에 회부하지 아니한다고 하여도 이를 헌법에 위반된다고 할 수 없고 국민에게 특정의 국가정책에 관하여 국민투표에 회부할 것을 요구할 권리가 인정된다고 할 수도 없다.

3 국민소환권

국민소환권이란 국민이 공직자를 임기만료 전에 그 직에서 해직시킬 수 있는 권리를 말한다. 우리 헌정사에서는 한 번도 채택된 적이 없는 제도이다. 국민소환을 인정하기 위해서는 헌법에 명문의 규정이 있어야 한다.

4 주민소환권, 주민투표권

주민소환권, 주민투표권도 직접민주주의를 실현하는 수단이다. 다만, 주민소환권, 주민투표권은 헌법상의 기본권이 아니라 법률(주민소환법)상의 권리에 불과하다.

02. 현행헌법과 직접참정권

1 헌법개정안에 대한 국민투표권 – 필수적 국민투표 [23지방7급, 16법원직]

헌법 제130조 제2항의 국민투표가 이에 해당하며, 전형적인 레퍼렌덤에 속한다.

헌법 제130조	
① 국회는 헌법개정안이 공고된 날로부터 60일 이내에 의결하여야 하며, 국회의 의결은 재적의원 3분의 2 이상의 찬성을 얻어야 한다. ② 헌법개정안은 국회가 의결한 후 30일 이내에 국민투표에 붙여 국회의원선거권자 과반수의 투표와 투표자 과반수의 찬성을 얻어야 한다. ③ 헌법개정안이 제2항의 찬성을 얻은 때에는 헌법개정은 확정되며, 대통령은 즉시 이를 공포하여야 한다.	• 헌법개정은 대통령의 공포로 확정되는 것이 아니라 국민투표로 확정된다. • 최초로 국민투표로 확정된 헌법은 5차 개헌, 헌법개정에 국민투표를 규정: 5차 개헌, 국민투표를 최초로 규정한 헌법은 2차 개헌(주권의 제약, 영토변경), 헌법개정에 대한 국민발안제는 2차 개헌에서 도입하여 6차 개헌까지 인정 • 국회의결과 국민투표를 모두 거친 헌법은 6차 개헌과 현행헌법

② 중요정책에 대한 국민투표권 – 임의적 국민투표

헌법 제72조
대통령은 필요하다고 인정할 때에는 외교·국방·통일 기타 국가안위에 관한 중요정책을 국민투표에 붙일 수 있다. [15법원직] 정족수에 관한 규정이 없고, 국민투표의 결과에 대한 구속력에 대한 규정이 없다. 구속력이 없다고 보는 것이 다수설이다.

• 국민투표의 최초도입은 2차 개헌(주권의 제약 또는 영토변경의 경우), 헌법개정에 국민투표 도입은 5차 개헌
• 3공헌법은 국민투표로 확정되었으나, 2공헌법의 규정에 따른 것이 아님

▶ 관련판례

국민투표의 한계

1. 대통령의 재신임투표 가능성(헌재 2004.5.14. 2004헌나1)[기각] [23국회8급, 16법원직]
   (1) 대통령에게 국민투표 부의권을 부여하는 헌법 제72조는 가능하면 대통령에 의한 국민투표의 정치적 남용을 방지할 수 있도록 <u>엄격하고 축소적으로 해석되어야 한다. 이러한 관점에서 볼 때, 헌법 제72조의 국민투표의 대상인 '중요정책'에는 대통령에 대한 '국민의 신임'이 포함되지 않는다.</u> 대통령은 헌법상 국민에게 자신에 대한 신임을 국민투표의 형식으로 물을 수 없을 뿐만 아니라, 특정 정책을 국민투표에 붙이면서 이에 자신의 신임을 결부시키는 대통령의 행위도 위헌적인 행위로서 헌법적으로 허용되지 않는다. 물론, <u>대통령이 특정 정책을 국민투표에 붙인 결과 그 정책의 실시가 국민의 동의를 얻지 못한 경우, 이를 자신에 대한 불신임으로 간주하여 스스로 물러나는 것은 어쩔 수 없는 일이나, 정책을 국민투표에 붙이면서 "이를 신임 투표로 간주하고자 한다"는 선언은 국민의 결정행위에 부당한 압력을 가하고 국민투표를 통하여 간접적으로 자신에 대한 신임을 묻는 행위로서, 대통령의 헌법상 권한을 넘어서는 것이다.</u> [15국가7급 등]
   (2) <u>헌법은 대통령에게 국민투표를 통하여 직접적이든 간접적이든 자신의 신임여부를 확인할 수 있는 권한을 부여하지 않는다. 뿐만 아니라, 헌법은 명시적으로 규정된 국민투표 외에 다른 형태의 재신임 국민투표를 허용하지 않는다.</u> 이는 주권자인 국민이 원하거나 또는 국민의 이름으로 실시하더라도 마찬가지이다. 국민은 선거와 국민투표를 통하여 국가권력을 직접 행사하게 되며, <u>국민투표는 국민에 의한 국가권력의 행사방법의 하나로서 명시적인 헌법적 근거를 필요로 한다.</u> 따라서 국민투표의 가능성은 국민주권주의나 민주주의 원칙과 같은 일반적인 헌법원칙에 근거하여 인정될 수 없으며, 헌법에 명문으로 <u>규정되지 않는 한 허용되지 않는다.</u> [09지방7급]
   (3) 헌법상 허용되지 않는 재신임 국민투표를 국민들에게 <u>제안한 것은 그 자체로서 헌법 제72조에 반하는 것으로 헌법을 실현하고 수호해야 할 대통령의 의무를 위반한 것이다.</u> [22변호사, 12국가7급, 11지방7급]
2. 대통령의 재신임투표 제안은 공권력의 행사가 아니다.(헌재 2003.11.27. 2003헌마694)[각하] [19변호사]

1. 사법적인 성격을 지니는 농업협동조합의 조합장 선거에서 조합장을 선출하거나 조합장으로 선출될 권리, 조합장선거에서 선거운동을 하는 것은 헌법에 의하여 보호되는 선거권의 범위에 포함되지 않는다.

[21변호사]

1. 헌법 제72조의 국민투표를 통하여 헌법개정안을 확정할 수 없다.
2. 헌법 제72조의 국민투표로 법률안을 확정할 수 없다.

> 📌 **체크포인트**
>
> • 헌법은 대의민주주의를 기본으로 하고 있어, 중요 정책에 관한 사항이라 하더라도 반드시 국민의 직접적인 의사를 확인하여 결정해야 하는 것은 아니다.(헌재 2005.11.24. 2005헌마579) [15법원직]
> • 특정의 국가정책에 대하여 다수의 국민들이 국민투표를 원하고 있음에도 불구하고 대통령이 이러한 희망과는 달리 국민투표에 회부하지 아니한다고 하여도 이를 헌법에 위반된다고 할 수 없다.(헌재 2005.11.24. 2005헌마579) [15법원직]

Ⅱ 간접참정권

간접참정권에는 선거권과 공무담임권이 있다.

SECTION 3 선거권과 선거제도

제1항 | 선거권

> **헌법 제24조** 모든 국민은 법률이 정하는 바에 의하여 선거권을 가진다.

> 📑 **관련판례**
>
> 농협법은 지역농협을 법인으로 하면서(제4조), 공직선거에 관여해서는 아니 되고(제7조), 조합의 재산에 대하여 국가 및 지방자치단체의 조세 외의 부과금이 면제되도록 규정하고 있어(제8조) 이를 공법인으로 볼 여지가 있으나, 한편 … 조합원의 출자로 자금을 조달하며(제21조), 지역농협의 결성이나 가입이 강제되지 아니하고, 조합원의 임의탈퇴 및 해산이 허용되며(제28조, 제29조), 조합장은 조합원들이 직접 선출하거나 총회에서 선출하도록 하고 있으므로(제45조), 기본적으로 사법인적 성격을 지니고 있다 할 것이다. 이처럼 사법적인 성격을 지니는 농협의 조합장선거에서 조합장을 선출하거나 조합장으로 선출될 권리, 조합장선거에서 선거운동을 하는 것은 헌법에 의하여 보호되는 선거권의 범위에 포함되지 않는다.(헌재 2012.2.23. 2011헌바154) [17국가7급, 16변호사]

Ⅰ 선거의 형태

총선거	임기가 만료된 후 전원을 새로 선거하는 것을 말한다.
재선거	선거로 당선된 자가 임기개시 전에 당선무효, 사망 등으로 다시 선거하는 것을 말한다.
보궐선거	임기개시 후에 당선무효, 사망 등으로 결원이 발생하여 하는 선거를 말한다.

Ⅲ 보궐선거의 실시 문제

대통령 선거	궐위사유 발생일로부터 60일 이내에 해야 한다. 잔임기간이 1년 이 내라도 반드시 실시해야 하며, 임기는 새로 시작된다.
지역구 국회의원, 지자체장 선거	선거일부터 임기만료일까지의 기간이 1년 미만인 경우에는 실시하 지 아니할 수 있다. 임기는 전임자의 잔여임기이다.
비례대표 국회의원, 비례대표 지방의원	비례대표국회의원 및 비례대표지방의회의원에 궐원이 생긴 때에는 선거구선거관리위원회는 궐원통지를 받은 후 10일 이내에 그 궐원된 의원이 그 선거 당시에 소속한 정당의 비례대표국회의원후보자 명부 및 비례대표지방의회의원후보자명부에 기재된 순위에 따라 궐원된 국회의원 및 지방의회의원의 의석을 승계할 자를 결정하여야 한다. 다만, 그 정당이 해산되거나 임기만료일 전 120일 이내에 궐원이 생긴 때에는 그러하지 아니하다.
지역구 지방의원	지방의회의 의원정수의 4분의 1 이상이 궐원되지 아니한 경우에는 실시하지 아니할 수 있다. 이 경우 지방의회의 의원정수의 4분의 1 이상이 궐원되어 보궐선거 등을 실시하는 때에는 그 궐원된 의원 전원에 대하여 실시하여야 한다.

제2항 | 선거제도

Ⅰ 선거인과 대의기관의 관계(대표자가 선거인의 의사에 구속되는지가 주된 논점)

01. 정치적 대표설(통설)

대표자가 선거인의 의사를 존중해야 할 의무는 법적 책임이 아니고 정치적인 책임이 된다. 그 결과 기속위임(강제위임)이 아니라 자유위임(무기속위임)의 관계로 설정된다.

* 정치적 대표설은 선거인과 대표자의 관계를 자유위임으로 본다.

02. 법적 대표설

대표자는 선거인을 법적으로 대표하기 때문에 선거인의 의사에 구속된다는 기속위임의 관계로 본다.

Ⅱ 선거제도의 기본원칙

> **헌법 제24조** 모든 국민은 법률이 정하는 바에 의하여 선거권을 가진다.
>
> **제41조** ① 국회는 국민의 보통·평등·직접·비밀선거에 의하여 선출된 국회의원으로 구성한다.
>
> **제67조** ① 대통령은 국민의 보통·평등·직접·비밀선거에 의하여 선출한다.
>
> **제118조** ② 지방의회의 조직·권한·의원선거와 지방자치단체의 장의 선임방법 기타 지방자치단체의 조직과 운영에 관한 사항은 법률로 정한다.

* 자유선거의 원칙은 명문의 규정은 없으나 선거제도의 기본원칙으로 함께 인정된다.

01. 보통선거의 원칙(선거권의 유무의 문제) ↔ 제한선거

보통선거는 재력이나 사회적 신분, 종교, 인종 등을 불문하고 일정연령 이상의 모든 국민에게 선거권과 피선거권을 인정하는 원칙을 말한다. 제한선거에 대응되는 개념이다.

＊ 제한선거는 근대 입헌주의, **보통선거는 현대 사회국가원리와 연결**된다.

> ▶ 관련판례
>
> 재외국민의 선거권을 인정하지 않는 것은 보통선거의 원칙을 위반한 것이다.(헌재 2007.6.28. 2004헌마644)[헌법불합치] [18법원직, 08국가7급]

02. 평등선거의 원칙(선거내용의 평등) ↔ 차등선거

1 개념

평등선거원칙은 투표의 수적평등(one man one vote), 투표의 성과가치(one vote one value)의 평등, 그리고 선거참여자의 기회균등 등을 그 내용으로 한다. [14국가7급]

2 선거구간 인구편차의 허용한계(투표가치의 평등)

1. 국회의원 지역구 선거와 선거구 인구 불균형(선거구 획정의 문제)

❶ 선거구간 인구편차의 허용한계

1995년 판례	전국선거구 평균인구수를 기준으로 상하 60% 편차(최대선거구와 최소선거구 인구편차 4:1)까지 허용
2001년 판례	평균인구수 기준 상하 50%의 편차(인구편차 3:1)
2014년 판례	평균인구수 기준 상하 33.3%의 편차(인구편차 2:1)

＊ 선거구간 인구편차의 기준은 전국선거구 평균인구수이다. 최대선거구나 최소선거구가 아니다.

❷ 인접하지 않은 선거구 획정의 위헌 여부

원칙	인접하지 않은 선거구를 하나로 획정하는 것은 특별한 사유가 없는 한 Garrymendering에 해당하여 헌법에 위반된다.
위헌 사례	충북 보은, 영동을 하나의 선거구로 하는 것은 특별한 사유가 없으므로 위헌이다.
합헌 사례	인천 서구(검단동) 강화군을 하나의 선거구로 하는 것은 인구를 맞추기 위한 어쩔 수 없는 선택이므로 헌법에 위반되지 않는다.

＊ 선거구의 일부가 위헌이면 전체가 위헌이 된다.

> **▶ 관련판례**
>
> 국회의원 선거구 인구편차가 2:1을 넘는 것은 헌법에 위반된다.(헌재 2014.10.30. 2014헌마53(병합)) [16변호사·국회8급 등]
> 선거구구역표의 일부에 위헌적 요소가 있는 경우 선거구구역표 전체를 위헌이라고 할 수 있다.

2. 지방의회의원 선거

시·도의원 지역선거구 획정에 있어서는 선거구 평균 인구수를 기준으로 하여 상하 50%(인구편차 3:1)의 기준으로 판단한다.(헌재 2018.6.28. 2014헌마166) [12법원직]

> **▶ 관련판례**
>
> 지방의회의원선거와 평등선거의 원칙(헌재 2007.3.29. 2005헌마985 등)
> (1) 평등선거의 원칙은 평등의 원칙이 선거제도에 적용된 것으로서 투표의 수적(數的) 평등, 즉 1인 1표의 원칙(one person, one vote)과 투표의 성과가치(成果價値)의 평등, 즉 1표의 투표가치가 대표자선정이라는 선거의 결과에 대하여 기여한 정도에 있어서도 평등하여야 한다는 원칙(one vote, one value)을 그 내용으로 할 뿐만 아니라, 일정한 집단의 의사가 정치과정에서 반영될 수 없도록 차별적으로 선거구를 획정하는 이른바 '게리맨더링'에 대한 부정을 의미하기도 한다.
> (2) 지방의회의원 선거구획정에 관한 입법재량과 그 한계 [10국회8급]
> (광역의회의원 선거에서) 인구편차에 의한 투표가치의 불평등은 인구비례가 아닌 행정구역별로 시·도의원 정수를 2인으로 배분하고 있는 공직선거법 제22조 제1항에서 시원적(始原的)으로 생기고 있으므로 공직선거법 제22조 제1항도 결과적으로 청구인들의 헌법상 보장된 선거권과 평등권을 침해한다고 할 것이다.

3 비례대표제와 저지조항의 문제

비례대표제란 선거에서 각 정당이 득표한 수에 비례하여 의석을 배분하는 제도를 말한다. 사표의 발생률이 높은 다수대표제의 단점을 보완하려는 취지에서 고안된 비례대표제는 평등선거의 원리와 잘 조화되며 소수자의 보호에 유리한 제도로 평가된다. 그러나 비례대표제는 군소정당이 난립할 경우 발생할 수 있는 정국불안을 완화시키기 위하여 일정비율 이상을 득표 혹은 일정 수 이상의 의석을 획득한 정당에게만 의석을 분배하는 저지조항을 도입하고 있다.

◢ OX 연습

1. 직접선거의 원칙의 핵심적 요소는 '선거결과가 선거권자에 의하여 직접 결정되어야 한다.'는 것인데, 여기서 선거권자에 의하여 직접 결정되어야 할 선거결과는 개별 의원의 선출만을 의미할 뿐이지, 정당의 비례적 의석확보는 포함하지 않는다. [10국회8급]
2. 정당명부에 대한 별도의 투표가 없는 1인1표제 하에서의 비례대표제는 선거권자의 투표행위가 아니라 정당의 명부작성행위가 최종적·결정적인 의미를 갖게 되므로 직접선거의 원칙에 위배된다. [16국회8급]

🔶 저지조항 정리

국회의원선거	1. 임기만료에 따른 비례대표국회의원선거에서 전국 유효투표총수의 100분의 3 이상을 득표한 정당 2. 임기만료에 따른 지역구국회의원선거에서 5 이상의 의석을 차지한 정당
지방의원선거	비례대표지방의회의원선거에 있어서는 당해 선거구선거관리위원회가 유효투표총수의 100분의 5 이상을 득표한 각 정당에 배분

📑 참고

저지조항(봉쇄조항)이란 의원총선거에서 일정비율(3%) 이상을 득표한 정당에게만 비례대표의석을 배분하는 규정을 말한다. 한편 기본의석조항은 지역구선거에서 최소한 일정수 이상의 의석을 얻은 정당만이 비례대표의석배분에 참여할 수 있도록 하는 조항을 말한다.

▶ 관련판례

1. 비례대표제와 1인 1표제(헌재 2001.7.19. 2000헌마91)[위헌] [기출다수]
   공선법에서 1인 1표제를 채택하여 정당에 대한 별도의 투표없이 개인에 대한 투표를 정당에 대한 투표로 의제하는 것은 위헌이다. [14국가7급 등]
   (1) 민주주의 원리에 부합하지 않는다.
   (2) 평등선거 원칙에 위배되고, 평등권이 침해된다.
   (3) 직접선거 원칙에 위배된다.
2. 준연동형 비례대표제를 규정한 공직선거법 제189조 제2항에 대한 심판청구를 모두 기각하고, 나머지 심판청구를 모두 각하한다는 결정을 선고하였다.(헌재 2023.7.20. 2019헌마1443)[기각, 각하]

03. 직접선거의 원칙

직접선거란 간접선거에 대응하는 개념으로, 선거인에 의한 투표로 대표자가 종국적으로 결정되는 것, 즉 중간선거인을 부인하는 선거원칙을 말한다.

04. 비밀선거의 원칙

비밀선거는 공개선거에 대응하는 것으로서 투표에 의하여 나타나는 선거인의 의사결정을 제3자가 알지 못하게 하는 선거원칙이다. 그러나 투표의 비밀을 침해하지 않는 범위 내에서 이루어지는 출구조사는 이에 위배되지 않는다고 할 것이다.

▶ 관련판례

신체에 장애가 있는 선거인에 대해 투표보조인이 가족이 아닌 경우 반드시 2인을 동반하도록 한 공직선거법 제157조 제6항은 헌법에 위반되지 않는다.(헌재 2020. 5.27. 2017헌마867)[기각] [23입시]

Answer

1. × 헌재 2001.7.19. 2000헌마91
2. ○ 헌재 2001.7.19. 2000헌마91

05. 자유선거의 원칙

우리 헌법에서 자유선거원칙을 명문으로 규정하고 있지는 않으나 [19국회8급] 일반적인 선거원칙으로 인정된다. 따라서 선거를 의무로 규정하는 것은 헌법 개정 차원에서는 몰라도 법률로 규정할 수는 없다.

OX 연습

1. 자유선거의 원칙은 헌법에서 명문으로 규정하고 있다. [15법무사]

> ▶ **관련판례**
>
> 1. **자유선거의 의미(헌재 1994.7.29. 93헌가4)** [14국가7급 등]
>   자유선거의 원칙은 비록 우리 헌법에 명시되지는 않았지만 민주국가의 선거제도에 내재하는 법원리인 것으로서 국민주권의 원리, 의회민주주의의 원리 및 참정권에 관한 규정에서 그 근거를 찾을 수 있다. 이러한 <u>자유선거의 원칙은 선거의 전 과정에 요구되는</u> 선거권자의 의사형성의 자유와 의사실현의 자유를 말하고, 구체적으로는 투표의 자유, 입후보의 자유, 나아가 <u>선거운동의 자유</u>를 뜻한다. [14법원직]
> 2. 공개장소에서 비례대표국회의원후보자의 연설·대담을 허용하지 아니한 공직선거법 조항들이 비례대표국회의원후보자인 청구인의 선거운동의 자유 및 정당활동의 자유를 침해하지 아니한다.(헌재 2013.10.24. 2012헌마311) [20입시]
> 3. **사전투표용지 일련번호에 관한 사건**
>   [1] ① ㉮ '큐알(QR) 코드가 표기된 사전투표용지 발급행위'와 ㉯ 사전투표용지의 일련번호를 떼지 아니하고 선거인에게 교부하도록 한 공직선거법 조항 및 ② 투표용지에의 도장의 날인을 인쇄날인으로 갈음할 수 있도록 한 공직선거관리규칙은 헌법에 위반되지 아니한다.(헌재 2023.10.26. 2022헌마231)[기각]
>   [2] 사전투표용지 인쇄날인에 관한 사건(헌재 2023.10.26. 2022헌마232,239, 266)
>   이 사건 규칙 조항이 이러한 도장의 날인을 인쇄날인으로 갈음할 수 있도록 하고 있는 것은 그 날인을 선거일 투표와 달리해야 할 특별한 이유가 없음에 기인한 것으로서, 앞서 살펴본 공직선거법 조항들에 근거한 것으로 볼 수 있다. 따라서 심판대상조항이 법률유보원칙에 위배되어 청구인들의 선거권을 침해한다고 볼 수 없다.

Ⅲ. 보통선거의 원칙과 선거권·피선거권의 제한

01. 선거권

형식주의	공직선거법 제3조는 "이 법에서 「선거인」이란 선거권이 있는 사람으로서 선거인명부 또는 재외선거인 명부에 올라 있는 사람을 말한다"고 하여 선거권이 있는 경우에도 선거인 명부에 등재되지 않으면 선거인이 될 수 없도록 규정하고 있다.(형식주의)

* 선거권의 연령은 헌법이 아니라 공직선거법이 규정하고 있다.

* **선거권이 있는 경우에도 선거인 명부에 등재되지 않으면 선거인이 될 수 없다.**

Answer

1. ✕ 헌재 2008.10.30. 2005헌바32

1. 부재자투표 내지 거소
투표 대상에 국외 구역을
항해하는 선박에 장기 기
거하는 선원들을 포함시키
지 않고, 거소투표방법으로
등기우편만을 인정하고 있
는 것은 선거권 행사를 제
한하여 위헌이다.
[12법원9급]
2. 「공직선거법」상 선거일
현재 1년 이상의 징역 또
는 금고의 형의 선고를 받
고 그 집행이 종료되지 아
니하거나 그 집행을 받지
아니하기로 확정되지 아니
한 사람 및 그 형의 집행유
예를 선고받고 유예기간 중
에 있는 사람은 선거권이
없다. [22경찰1차]
3. 선거일 현재 선거범으
로서 100만원 이상의 벌
금형의 선고를 받고 그 형
이 확정된 후 5년 또는 형
의 집행유예의 선고를 받
고 그 형이 확정된 후 10
년을 경과하지 아니한 사
람은 선거권이 없다.
[20경찰승진]

> ▶ **관련판례**
>
> 1. 선거연령을 20세로 규정한 것은 헌법에 위반되지 않는다.(헌재 1997.6.26. 96헌마 89)[기각] [08국가7급 등] – 그 후 법이 개정되어 지금은 18세 이상이면 선거권을 가진다.
> 2. 해상에 장기 기거하는 선원들에 대해서는 부재자투표 대상자로 규정하지 않고 있으며, 이들이 투표할 수 있는 방법을 정하지 않고 있는 것은 그들의 선거권을 침해한다.(헌재 2007.6.28. 2005헌마772) [13변호사, 12법원직, 09법무사]
> 3. 선거범과 다른 죄의 경합범을 선거범으로 의제하는 것은 헌법에 위반되지 아니한다.(헌재 1997.12.24. 97헌마16)[기각] [09국가7급] – 지금은 공선법이 개정되어 선거범과 다른 범죄를 경합범으로 처벌하지 않는다. 다만, 새마을금고의 선거에서 선거범과 다른 죄를 경합범으로 처벌하는 것은 헌법에 위반된다.

02. 국적에 의한 선거권의 제한(외국인의 선거권)

선거권과 같은 참정권은 성질상 국민의 권리로 분류되어 외국인의 주체성이 인정되지 않는다고 보는 것이 일반적이다. 그러나 우리나라는 공직선거법과 주민투표법 제5조 제2항에서 일정한 조건을 갖춘 외국인에게 지방선거권과 주민소환권, 주민투표권을 인정하고 있다. [18·14법원직]

03. 선거권이 없는 자

> **공직선거법 제18조(선거권이 없는 자)** ① 선거일 현재 다음 각 호의 어느 하나에 해당하는 사람은 선거권이 없다.
> 1. 금치산선고를 받은 자
> 2. 1년 이상의 징역 또는 금고의 형의 선고를 받고 그 집행이 종료되지 아니하거나 그 집행을 받지 아니하기로 확정되지 아니한 사람. 다만, 그 형의 집행유예를 선고받고 유예기간 중에 있는 사람은 제외한다.
> 3. 선거범, 「정치자금법」 제45조(정치자금부정수수죄) 및 제49조(선거비용관련 위반행위에 관한 벌칙)에 규정된 죄를 범한 자 또는 대통령·국회의원·지방의회의원·지방자치단체의 장으로서 그 재임중의 직무와 관련하여 「형법」(「특정범죄 가중처벌 등에 관한 법률」 제2조에 의하여 가중처벌되는 경우를 포함한다) 제129조(수뢰, 사전수뢰) 내지 제132조(알선수뢰)·「특정범죄 가중처벌 등에 관한 법률」 제3조(알선수재)에 규정된 죄를 범한 자로서, <u>100만원 이상의 벌금형의 선고를 받고 그 형이 확정된 후 5년 또는 형의 집행유예의 선고를 받고 그 형이 확정된 후 10년을 경과하지 아니하거나 징역형의 선고를 받고 그 집행을 받지 아니하기로 확정된 후 또는 그 형의 집행이 종료되거나 면제된 후 10년을 경과하지 아니한 자</u>(형이 실효된 자도 포함한다)
> 4. 법원의 판결 또는 다른 법률에 의하여 선거권이 정지 또는 상실된 자

> ▶ **관련판례**
>
> 1. '점자형 선거공보의 면수 이내에서' 부분 및 선거방송에서 한국수어 또는 자막의 방영을 재량사항으로 규정한 공직선거법 제70조 제6항, 제71조 제3항 중 제70조 제6항에 관한 부분, 제72조 제2항, 제82조의2 제12항은 헌법에 위반되지 않는다. (헌재 2020.8.28. 2017헌마813)[기각]

2. 집행유예자의 선거권을 부정하는 것은 위헌이고, 수형자의 선거권을 부정하는 것은 헌법에 합치되지 않는다.(헌재 2014.1.28. 2013헌마167(병합)) [18법원직, 17서울7급 등]

   [1] 심판대상조항은 청구인들의 선거권을 침해하고, 보통선거원칙에 위반하여 집행유예자와 수형자를 차별취급 하는 것이므로 평등원칙에도 어긋난다.

   [2] 심판대상조항 중 수형자에 관한 부분의 위헌성은 지나치게 전면적·획일적으로 수형자의 선거권을 제한한다는 데 있다. 그런데 그 위헌성을 제거하고 수형자에게 헌법합치적으로 선거권을 부여하는 것은 입법자의 형성재량에 속하므로 심판대상조항 중 수형자에 관한 부분에 대하여 헌법불합치결정을 선고한다. − 지금은 공선법이 개정되어 '1년 이상의 징역 또는 금고의 형의 선고를 받고 그 집행이 종료되지 아니하거나 그 집행을 받지 아니하기로 확정되지 아니한 사람'은 선거권이 없지만 1년 미만의 형이나 집행유예자에게는 선거권이 인정된다.

   > 비교판례 ➡ 1년 이상의 징역의 형의 선고를 받고 복역 중이거나 가석방된 사람으로 잔여형기를 마치지 아니하여 "1년 이상의 징역의 형의 선고를 받고 그 집행이 종료되지 아니한 사람"에 해당한다는 이유로, 2016.4.13. 실시된 제20대 국회의원선거에서 선거권을 행사하지 못하는 것은 헌법에 위반되지 아니한다.(헌재 2017.5.25. 2016헌마292)

3. 공직선거법 제15조 제1항 등 위헌확인(헌재 2014.4.24. 2012헌마287)
   [1] 지방의회의원 등 선거권 조항은 19세 미만인 사람의 선거권 등을 침해하지 않는다.
   [2] 25세 이상의 국민에게 국회의원 및 지방의회의원과 지방자치단체의 장의 피선거권을 부여하고 있는 공직선거법 제16조 제2항은 25세 미만인 사람의 공무담임권 등을 침해하지 않는다.
   [3] 19세 미만의 미성년자는 선거운동을 할 수 없도록 규정하고 있는 공직선거법 제60조 제1항 본문 제2호는 19세 미만인 사람의 선거운동의 자유를 침해하지 않는다.

4. 한국철도공사 상근직원에 대하여 선거운동을 금지하고 이를 처벌하는 것은 헌법에 위반된다.(헌재 2018.2.22. 2015헌바124) [18국가7급]

5. 광주광역시ㅁㅁ공단의 상근직원이 당원이 아닌 자에게도 투표권을 부여하는 당내경선에서 경선운동을 할 수 없도록 금지·처벌하는 공직선거법 부분은 정치적 표현의 자유를 침해하므로 헌법에 위반된다.(헌재 2021.4.29. 2019헌가11)[위헌]

6. 안성시시설관리공단의 상근직원이 당원이 아닌 자에게도 투표권을 부여하는 당내경선에서 경선운동을 할 수 없도록 하고 이를 위반할 경우 처벌하는 공직선거법 제57조의6 제1항 본문의 '제60조 제1항 제5호 중 제53조 제1항 제6호 가운데 지방공기업법 제2조에 규정된 지방공단인 안성시시설관리공단의 상근직원'에 관한 부분 및 같은 법 제255조 제1항 제1호 중 위 해당부분은 헌법에 위반된다.(헌재 2022.12.22. 2021헌가36)[위헌]

7. 중소기업중앙회 회장선거에 관한 선거운동을 제한하고, 이를 위반하면 형사처벌하는 중소기업협동조합법 제125조 전문 중 제53조 제1항을 준용하는 부분 및 제137조 제2항 중 제125조 전문에서 제53조 제1항을 준용하는 부분은 헌법에 위반되지 않는다.(헌재 2021.7.15. 2020헌가9)[합헌]

8. 선거권자의 연령을 선거일 현재를 기준으로 산정하도록 규정한 공직선거법 제17조에 대한 심판청구를 기각하는 결정을 선고하였다.(헌재 2021.9.30. 2018헌마300)[기각]

OX 연습

1. 대통령으로 선거될 수 있는 자는 국회의원의 피선거권이 있고 선거기간개시일 현재 40세에 달하여야 한다. [22경찰승진]

헌정사
제7차·제8차 헌법에는 대통령 피선거권으로 5년 이상의 국내거주요건이 헌법에 규정되어 있었다.

Answer
1. × 헌법 제67조

헌법 제24조는 선거권연령의 구분을 입법자에게 위임하고 있다. 선거권연령의 구분이 입법자의 몫이라 하여도 선거권연령에 이르지 못한 국민들과 선거권연령에 이른 국민들 사이에 차별취급이 발생하므로, 이에 관한 입법은 기본권 보장이라는 헌법의 기본이념과 연령에 의한 선거권제한을 인정하는 보통선거제도의 취지에 따라 합리적인 이유와 근거에 기해 합목적적으로 이루어져야 하고, 자의적 입법은 허용될 수 없다.

9. 공직선거법 제218조의16 제3항 중 '재외투표기간 개시일 전·후에 귀국한 재외선거인등'에 대해 선거권을 인정하지 않는 것은 헌법에 합치되지 아니한다.(헌재 2022.1.27. 2020헌마895)[헌법불합치] [23변호사]
재외투표기간 개시일 전에 귀국한 사람에 한하여 국내에서 투표할 수 있도록 한 것은 입법목적을 위한 적합한 수단이다. 재외투표기간 개시일에 임박하여 또는 재외투표기간 중에 재외선거사무 중지결정이 있었고 그에 대한 재개결정이 없었던 예외적인 경우 재외투표기간 개시일 이후에 귀국한 재외선거인등의 귀국투표를 허용하여 재외선거인등의 선거권을 보장하면서도 중복투표를 차단하여 선거의 공정성을 훼손하지 않을 수 있는 대안이 존재하므로, 심판대상조항은 침해의 최소성 원칙에 위배된다.

04. 피선거권

대통령의 피선거권	선거일 현재 5년 이상 국내에 거주하고 있는 40세 이상의 국민은 대통령의 피선거권이 있다. 이 경우 공무로 외국에 파견된 기간과 국내에 주소를 두고 일정기간 외국에 체류한 기간은 국내거주기간으로 본다.(공선법 제16조 제1항) 대통령 피선거권으로 40세 이상을 요구하는 것은 헌법 제67조 제4항이 직접 규정하고 있으므로 변경하려면 헌법개정이 필요하다. 국내거주 5년 이상의 요건은 헌법에는 없고 공선법에만 규정이 있으므로 법률로 개정이 가능하다.
국회의원 피선거권	공선법이 18세 이상으로 규정하고 있다. 헌법에는 규정이 없다.
지방자치단체장, 지방의회의원	선거일 현재 계속하여 60일 이상 해당 지방자치단체의 관할구역에 주민등록이 되어 있는 주민으로서 18세 이상의 국민은 그 지방의회의원 및 지방자치단체의 장의 피선거권이 있다.

관련판례

1. 지방자치단체장의 임기중 타선거 출마 금지는 헌법에 위반된다.(헌재 1995.5.27. 98헌마214)[위헌]
2. 지방자치단체장의 임기중 타선거 출마시 180일 전까지 사퇴는 위헌(헌재 2003.9.25. 2003헌마106)[위헌]
"지방자치단체의 장은 선거구역이 당해 지방자치단체의 관할구역과 같거나 겹치는 지역구 국회의원선거에 입후보하는 때에는 당해 선거의 선거일전 180일전까지 그 직을 그만두어야 한다."는 규정에 대해서 헌법재판소는 위헌결정을 내렸다. - 현재는 사퇴시한이 선거일 전 120일까지로 변경되었고 120일 부분은 헌법에 위반되지 않는다.

3. 지방자치단체 장의 피선거권 자격요건으로서 60일 이상 당해 지방자치단체의 관할 구역 내에 주민등록이 되어 있을 것을 요구하는 공직선거및선거부정방지법 규정은 공무담임권을 침해하지 아니한다.(헌재 2004.12.16. 2004헌마376)
4. 지방공사 직원의 지방의회의원 겸직을 금지하고 있는 지방자치법규정은 헌법에 위반되지 아니한다.(헌재 2004.12.16. 2002헌마333·451(병합) 전원재판부)
   [13변호사]
   [1] 지방공사 직원의 지방의회의원 겸직을 금지하고 있는 지방자치법 제33조 제1항 5호 중 "지방공사의 직원" 부분에 대한 심판청구에 대해 지방선거에 출마하여 낙선 또는 당선된 자는 자기관련성이 인정된다.
   [2] 이 사건 법률조항은 지방공사직원직과 지방의회의원직의 상근성 내지 직무전념성의 관점에서 공공복리를 위하여 필요한 기본권의 제한에 해당된다.

| 지방공사 직원 | 직원의 지방의회 입후보 금지는 위헌, 당선 후 겸직 금지는 합헌 |
| 지방공사 임원 | 임원의 지방의회 입후보 금지는 합헌 |

5. 지방공무원이 국회의원재선거에 출마하는 경우 후보자등록신청 전까지 그 직에서 사퇴하도록 규정한 공직선거법 제53조 제2항 제2호 중 '지방공무원이 국회의원재선거에 입후보하는 경우'에 관한 부분은 청구인의 공무담임권 및 평등권을 침해하지 아니한다.(헌재 2014.3.27. 2013헌마185)
6. 선거일 전 90일까지 그 직을 그만두도록 규정한 공직선거법 및 '지방교육자치에 관한 법률'상의 해당 조항('입후보자 사직조항')과 교육공무원의 선거운동을 금지하는 공직선거법 및 '지방교육자치에 관한 법률'상의 해당 조항('교육공무원 선거운동 금지조항')은 헌법에 위반되지 않는다.(헌재 2019.11.28. 2018헌마222)[기각]

05. 기탁금 제도

1 기탁금 제도의 개념과 기능

기탁금은 선거에 출마하고자 하는 자가 일정금액을 납부하여야 하는 제도를 말하는데 입후보의 난립방지와 선거과정에서 생긴 불법행위에 대한 제재금의 기능을 가진다.

2 기탁금제도 자체는 위헌이 아니다.

3 고액의 기탁금 및 국고귀속 규정의 위헌성 – 기탁금의 차별은 헌법에 위반된다.

국회의원 입후보시에 무소속후보자는 2천만원, 정당추천후보자는 1천만원의 기탁금을 규정한 국회의원선거법 제33조(헌재 1989.9.8. 88헌가6) – 정당인과 비정당인을 불합리하게 차별하는 것으로 헌법 제41조의 선거원칙에 반하고 헌법 제11조의 평등보호규정에 위배된다.

> 🔁 **관련판례**
>
> 비례대표 기탁금조항(지역구와 비례대표의 기탁금을 동일하게 하는 것)은 과잉금지원칙을 위반하여 청구인들의 공무담임권 등을 침해한다.(헌재 2016.12.29. 2015헌마1160)[헌법불합치(적용중지)] [18지방7급]

🔷 기탁금 반환요건

전액 반환	① 당선한 경우, ② 후보자가 사망한 경우, ③ 낙선했더라도 15% 이상 득표한 경우, ④ 비례대표에서 소속정당의 비례대표 후보자 중 당선자가 있는 경우
반액 반환	낙선자가 10% 이상 15% 미만의 득표를 한 경우
기탁금 국고귀속	10% 미만 득표, 후보자 사퇴, 후보자 등록무효, 비례대표에서 소속정당의 비례대표 후보자 중 당선자가 없는 경우

기탁금 반환조건 판례
- 유효투표 1/3 이상: 위헌
- 유효투표 20% 이상: 위헌
- 유효투표 15% 이상: 합헌

🔷 기탁금에 대한 헌법재판소 결정

대통령선거	3억원 5억원 [12국가7급]	합헌 헌법불합치	헌재 1995.5.25. 92헌마269
국회의원선거	2,000만원(무소속) 1,000만원(정당추천)	헌법불합치, 잠정적용	헌재 1989.9.8. 88헌가6
국회의원선거	2,000만원	단순위헌	헌재 2001.7.19. 2000헌마91
시·도지사선거	5,000만원	합헌	헌재 1996.8.29. 95헌마108
광역자치단체 의회의원선거	700만원	헌법불합치, 잠정적용	헌재 1991.3.11. 91헌마21
기초자치단체 의회의원선거	200만원	합헌	헌재 1995.5.25. 91헌마44

* 대통령선거의 기탁금은 2012년 공선법 개정으로 지금은 3억원으로 되어 있다.

▶ 관련판례

대구교육대학교 총장임용후보자선거에서 후보자가 제1차 투표에서 최종 환산득표율의 100분의 15 이상을 득표한 경우에만 기탁금의 반액을 반환하도록 하고 나머지 기탁금은 발전기금에 귀속되도록 규정한 '대구교육대학교 총장임용후보자 선정규정' 제24조 제2항은 헌법에 위반된다. / 위 선거에서 후보자가 되려는 사람은 1,000만 원의 기탁금을 납부하도록 규정한 같은 규정 제23조 제1항 제2호 및 제24조 제1항은 헌법에 위반되지 않는다.(헌재 2021.12.23. 2019헌마825)[위헌 기각]

전북대 총장선거 기탁금 1000만원	공무 담임권 침해
대구대 총장선거 기탁금 1000만원	1000만원은 합헌 15% 이상 득표시 기탁금 반액 반환 (재산권 침해)
경북대 총장선거 기탁금 3000만원	합헌

Ⅳ 선거제도의 유형과 내용(대표제와 선거구제) [23법무사]

대표제	다수대표제	절대다수대표제	50% 이상의 득표를 한 1명을 선출하는 제도
		상대다수대표제	1표라도 많은 득표를 한 1명을 선출하는 제도
	소수대표제		한 선거구에서 2인 이상의 대표를 선출하는 제도
	비례대표제		정당의 득표율에 따라 의석을 배분하는 제도
	직능대표제		직업별로 선거인단을 조직하여 그 대표를 의회에 보내는 제도
선거구제	소선거구		1선거구에서 1명의 대표를 선출하는 제도
	중선거구		1선거구에서 2명 이상 4명(또는 5명)의 대표를 선출하는 제도(기초의회)
	대선거구		1선거구에서 4명(또는 6명) 이상의 대표를 선출하는 제도

⊕ 제7차 개헌
국회의원 중선구제

⊕ 제3차 개헌
참의원 대선거구제

01. 다수대표제

선거인으로부터 다수표를 얻은 사람을 당선자로 결정하는 대표제를 말한다. 절대다수대표제와 상대다수대표제로 나뉜다. 절대다수대표제에서는 제1회 투표에서 절대다수를 얻은 후보자가 없으면 결선투표를 한다. 다수대표제가 소선거구제와 결합되면 양당제도의 확립과 다수세력의 형성에 유리하여 정국의 안정을 가져올 수 있다. 그러나 사표가 많이 발생하며, 경우에 따라서는 다른 정당보다 득표수에서 앞섰음에도 의석수에서 뒤지는 바이어스(Bias)현상이 나타날 수 있다.

02. 소수대표제

한 선거구에서 다수당만이 의원을 독점하는 것을 보완하기 위한 제도로 한 선거구에서 2인 이상의 대표를 선출하는 제도를 말한다.

03. 비례대표제

1 비례대표제의 개념과 취지

비례대표제는 각 정당에게 득표수에 비례하여 의석을 배분하는 제도로써 다수대표제의 단점을 보완하려는 취지에서 고안되었다. 이는 정당제도의 확립을 필수적인 전제로 하여, 1919년 Weimar 헌법에서 정착되기 시작했는데 가장 중립적인 선거제도, 가장 공정하고 왜곡 없는 국민의사의 반영 제도라고 할 수 있으며, 국민의사의 정확한 반영 내지 대표의 정확성이라는 점에서는 가장 이상적인 제도라 할 수 있다.

* 비례대표제는 3공화국에서 처음 도입되었고(국회법), 헌법에 최초로 규정된 것은 8차 개헌이다.

2 비례대표제의 장·단점

장점	• 사표 방지 ⇨ 투표의 결과가치평등 구현 ⇨ 다원적 국민대표 선출 • 평등선거의 원리와 잘 조화되며 소수의 보호에 유리하다. 후보자와 유권자의 결탁이 불가능하다.
단점	• 선거가 정당에 의하여 주도되어 주권자인 선거권자가 소외될 수 있다. • 정당지도부의 횡포가 우려된다. • 유권자와 후보자간의 유대감이 강하지 않으며 간접선거제로 변질될 수 있다. • 군소정당의 출현시 정국이 불안정해질 수 있다. ⇨ 봉쇄조항 필요(3%)

Ⅴ 현행헌법과 선거제도

01. 선거제도의 기본내용

1 선거구와 의원정수

1. 선거구

❶ 지역구 국회의원은 소선거구 다수대표제로 선출한다.

❷ 비례대표국회의원은 전국구로 선출한다.

❸ 기초의회(자치구·시·군)의원선거는 중선거구제를 채택하여 하나의 선거구에서 2~4인을 선출한다.

> 헌법 제41조 ② 국회의원의 수는 법률로 정하되, 200인 이상으로 한다.
>
> 공직선거법 제20조(선거구) ① 대통령 및 비례대표국회의원은 전국을 단위로 하여 선거한다.
> ② 비례대표시·도의원은 당해 시·도를 단위로 선거하며, 비례대표자치구·시·군의원은 당해 자치구·시·군을 단위로 선거한다.

2. 의원정수

> 공직선거법 제21조(국회의 의원정수) ① 국회의 의원정수는 지역구국회의원 253명과 비례대표국회의원 47명을 합하여 300명으로 한다.
> ② 하나의 국회의원지역선거구(이하 "국회의원지역구"라 한다)에서 선출할 국회의원의 정수는 1인으로 한다.

2 선거기간과 선거일

1. 선거기간

> 공직선거법 제33조(선거기간) ① 선거별 선거기간은 다음 각호와 같다.
> 1. 대통령선거는 23일
> 2. 국회의원선거와 지방자치단체의 의회의원 및 장의 선거는 14일
> ③ "선거기간"이란 다음 각 호의 기간을 말한다.
> 1. 대통령선거: 후보자등록마감일의 다음 날부터 선거일까지
> 2. 국회의원선거와 지방자치단체의 의회의원 및 장의 선거: 후보자등록마감일 후 6일부터 선거일까지

* 선거기간과 선거운동기간은 다르다. 선거기간은 후보자등록마감일의 다음날부터 선거일까지지만, 선거운동기간은 후보자등록마감일의 다음날부터 선거일 전일까지이다.

2. 선거일

❶ 선거일법정주의: 공직선거법은 임기만료에 의한 선거와 국회의원의 보궐선거에 대해서는 선거일법정주의를 취한다.

❷ 선거일공고주의: 대통령의 궐위로 인한 선거 또는 재선거는 선거일 공고주의를 택하고 있다.

> **헌법 제68조** ① 대통령의 임기가 만료되는 때에는 임기만료 70일 내지 40일전에 후임자를 선거한다.
> ② 대통령이 궐위된 때 또는 대통령 당선자가 사망하거나 판결 기타의 사유로 그 자격을 상실한 때에는 60일 이내에 후임자를 선거한다.
>
> **공직선거법 제34조(선거일)** ① 임기만료에 의한 선거의 선거일은 다음 각호와 같다.
> 1. 대통령선거는 그 임기만료일전 70일 이후 첫번째 수요일
> 2. 국회의원선거는 그 임기만료일전 50일 이후 첫번째 수요일
> 3. 지방의회의원 및 지방자치단체의 장의 선거는 그 임기만료일전 30일 이후 첫번째 수요일
> ② 제1항의 규정에 의한 선거일이 국민생활과 밀접한 관련이 있는 민속절 또는 공휴일인 때와 선거일전일이나 그 다음날이 공휴일인 때에는 그 다음 주의 수요일로 한다.
>
> **제35조(보궐선거 등의 선거일)** ① 대통령의 궐위로 인한 선거 또는 재선거(제3항의 규정에 의한 재선거를 제외한다. 이하 제2항에서 같다)는 <u>그 선거의 실시사유가 확정된 때부터 60일 이내에 실시하되, 선거일은 늦어도 선거일 전 50일까지 대통령 또는 대통령권한대행자가 공고하여야 한다.</u>
> ② 보궐선거·재선거·증원선거와 지방자치단체의 설치·폐지·분할 또는 합병에 의한 지방자치단체의 장 선거의 선거일은 다음 각 호와 같다.
> 1. 국회의원·지방의회의원의 보궐선거·재선거 및 지방의회의원의 증원선거는 매년 1회 실시하고, 지방자치단체의 장의 보궐선거·재선거는 매년 2회 실시하되, 다음 각 목에 따라 실시한다. 이 경우 각 목에 따른 선거일에 관하여는 제34조제2항을 준용한다.
>   가. 국회의원·지방의회의원의 보궐선거·재선거 및 지방의회의원의 증원선거는 4월 첫 번째 수요일에 실시한다. 다만, 3월 1일 이후 실시사유가 확정된 선거는 그 다음 연도의 4월 첫 번째 수요일에 실시한다.
>   나. 지방자치단체의 장의 보궐선거·재선거 중 전년도 9월 1일부터 2월 말일까지 실시사유가 확정된 선거는 4월 첫 번째 수요일에 실시한다.
>   다. 지방자치단체의 장의 보궐선거·재선거 중 3월 1일부터 8월 31일까지 실시사유가 확정된 선거는 10월 첫 번째 수요일에 실시한다.

3 후보자추천

> **공직선거법 제47조(정당의 후보자추천)** ③ 정당이 비례대표국회의원선거 및 비례대표지방의회의원선거에 후보자를 추천하는 때에는 그 후보자 중 100분의 50 이상을 여성으로 추천하되, 그 후보자명부의 순위의 매 홀수에는 여성을 추천하여야 한다. [20국회8급등]

④ 정당이 임기만료에 따른 지역구국회의원선거 및 지역구지방의회의원선거에 후보자를 추천하는 때에는 각각 전국지역구총수의 100분의 30 이상을 여성으로 추천하도록 노력하여야 한다. [20입시]

4 선거공영제의 채택

> 헌법 제116조 ① 선거운동은 각급 선거관리위원회의 관리 하에 법률이 정하는 범위 안에서 하되, 균등한 기회가 보장되어야 한다. [19국가7급]
> ② 선거에 관한 경비는 법률이 정하는 경우를 제외하고는 정당 또는 후보자에게 부담시킬 수 없다.

5 선거의 공정성 확보를 위한 제도적 장치

1. 선거구획정위원회

> 공직선거법 제24조(국회의원선거구획정위원회) ① 국회의원지역선거구의 공정한 획정을 위하여 임기만료에 따른 국회의원선거의 선거일 전 18개월부터 해당 국회의원선거에 적용되는 국회의원지역선거구의 명칭과 그 구역이 확정되어 효력을 발생하는 날까지 국회의원선거구획정위원회를 설치·운영한다.
> ② 국회의원선거구획정위원회는 중앙선거관리위원회에 두되, 직무에 관하여 독립의 지위를 가진다.

2. 공무원의 중립의무 [12국가7급]

선거에서 중립을 지켜야 하는 공무원은 국회의원과 지방의회의원을 제외한 모든 공무원이다.

> ▶ 관련판례
>
> 1. 대통령은 공선법상 정치적 중립을 지켜야 하는 공무원에 해당한다.(헌재 2004. 5.14. 2004헌나1)[기각] [12국가7급·변호사]
>   공선법 제9조의 「공무원」이란, 위 헌법적 요청을 실현하기 위하여 선거에서의 중립의무가 부과되어야 하는 모든 공무원, 즉 구체적으로 「자유선거원칙」과 「선거에서의 정당의 기회균등」을 위협할 수 있는 모든 공무원을 의미한다. 여기에서의 공무원이란 원칙적으로 국가와 지방자치단체의 모든 공무원, 즉 좁은 의미의 직업공무원은 물론이고, 적극적인 정치활동을 통하여 국가에 봉사하는 정치적 공무원을 포함한다. [09회회8급] 다만, 국회의원과 지방의회의원은 정당의 대표자이가 선거운동의 주체로서의 지위로 말미암아 선거에서의 정치적 중립성이 요구될 수 없으므로, 공선법 제9조의 「공무원」에 해당하지 않는다. 대통령은 행정부의 수반으로서 공정한 선거가 실시될 수 있도록 총괄·감독해야 할 의무가 있으므로, 당연히 선거에서의 중립의무를 지는 공직자에 해당하는 것이고, 이로써 공선법 제9조의 「공무원」에 포함된다.

2. ① 공무원이 그 지위를 이용하여 선거운동을 하는 것을 금지 및 처벌하는 구 공직선거법 제85조 제2항 전문 중 공무원 가운데 '지방의회의원' 부분 및 ② 공직선거법 제255조 제3항 제2호 중 위 제85조 제2항 전문의 공무원 가운데 '지방의회의원' 부분, 그리고 ③ 선거운동에 이용할 목적으로 기관·단체·시설에 금전·물품 등 재산상의 이익을 제공하거나 그 제공의 의사를 표시하거나 그 제공을 약속한 자를 처벌하는 공직선거법 제230조 제1항 제2호는 모두 헌법에 위반되지 아니한다.(헌재 2020.3.26. 2018헌바3)[합헌]

> 비교판례 ➤ 공무원이 그 지위를 이용하였는지 여부에 관계없이 선거운동의 기획행위를 일체 금지하는 것은 헌법에 위반된다.(헌재 2008.5.29. 2006헌마1096)

3. 선거에 의하여 취임하는 지방자치단체의 장의 선거운동을 금지하는 공직선거법 제60조 제1항 제4호 부분 및 이에 위반한 경우 형사처벌하도록 한 공직선거법 제255조 제1항 제2호 부분이 헌법에 위반되지 않는다.(헌재 2020.3.26. 2018헌바90)[합헌]
   '국민 전체에 대한 봉사자'라는 신분과 지위의 특수성에 비추어 공무원에 대해서는 일반 국민보다 강화된 기본권 제한이 가능하다.
4. 공무원으로서 선거에서 특정정당·특정인을 지지하기 위하여 타인에게 정당에 가입하도록 권유 운동을 한 경우 형사처벌하도록 규정한 국가공무원법 조항(정당가입권유금지조항)은 헌법에 위반되지 않는다. (헌재 2021.8.31. 2018헌바149)[합헌] [22경찰2차]

02. 당내경선

공직선거법 제57조의2(당내경선의 실시) ① 정당은 공직선거후보자를 추천하기 위하여 경선(이하 "당내경선"이라 한다)을 실시할 수 있다.
② 정당이 당내경선[당내경선의 후보자로 등재된 자(이하 "경선후보자"라 한다)를 대상으로 정당의 당헌·당규 또는 경선후보자간의 서면합의에 따라 실시한 당내경선을 대체하는 여론조사를 포함한다]을 실시하는 경우 경선후보자로서 당해 정당의 후보자로 선출되지 아니한 자는 당해 선거의 같은 선거구에서는 후보자로 등록될 수 없다. 다만, 후보자로 선출된 자가 사퇴·사망·피선거권 상실 또는 당적의 이탈·변경 등으로 그 자격을 상실한 때에는 그러하지 아니하다. [14서울7급 등]
③「정당법」제22조(발기인 및 당원의 자격)의 규정에 따라 당원이 될 수 없는 자는 당내 경선의 선거인이 될 수 없다.
제57조의4(당내경선사무의 위탁) ①「정치자금법」제27조(보조금의 배분)의 규정에 따라 보조금의 배분대상이 되는 정당은 당내경선사무 중 경선운동, 투표 및 개표에 관한 사무의 관리를 당해 선거의 관할선거구선거관리위원회에 위탁할 수 있다.
② 관할선거구선거관리위원회가 제1항에 따라 당내경선의 투표 및 개표에 관한 사무를 수탁관리하는 경우에는 그 비용은 국가가 부담한다. 다만, 투표 및 개표참관인의 수당은 당해 정당이 부담한다. [18서울7급]

* 정당의 당원이 아닌 자는 당내경선의 선거인이 될 수 없다. (×) ⇨ 정당의 당원이 아닌 자도 당내경선의 선거인이 될 수 있다. 당내경선은 당원과 **당원이 아닌 자에게 투표권을 부여**하여 실시한다. 당내경선을 선거관리위원회에 위탁할 수 있는 것은 **보조금배분대상 정당만 할 수 있다.**

◢ OX 연습

1. 공직선거법이 자치구·시의 장의 선거에서 예비후보자의 선거운동기간보다 군의 장의 선거에서 예비후보자의 선거운동기간을 단기간으로 정한 것은 합리적 이유 있는 차별로서 평등원칙에 위배되지 않는다. [21법무사]

➡ 관련판례

정당이 공직선거 후보자를 추천하기 위하여 당내경선을 실시할 수 있다고 규정한 공직선거법 제57조의2 제1항은 당내 경선에 참여하고자 하는 청구인의 공무담임권과 평등권을 침해할 가능성이 없다.(헌재 2014.11.27. 2013헌마814) [15국회8급]
청구인이 정당의 내부경선에 참여할 권리는 헌법이 보장하는 공무담임권의 내용에 포함된다고 보기 어렵고, 청구인의 소속 정당이 당내경선을 실시하지 않는다고 하여 청구인이 공직선거의 후보자로 출마할 수 없는 것이 아니므로, 심판대상조항으로 인하여 청구인의 공무담임권이 침해될 여지는 없다.

03. 선거운동

1 선거운동의 개념

> **공직선거법 제58조(정의 등)** ① 이 법에서 "선거운동"이라 함은 당선되거나 되게 하거나 되지 못하게 하기 위한 행위를 말한다. 다만, 다음 각호의 1에 해당하는 행위는 선거운동으로 보지 아니한다. 〈각호생략〉
> ② 누구든지 자유롭게 선거운동을 할 수 있다. 그러나 이 법 또는 다른 법률의 규정에 의하여 금지 또는 제한되는 경우에는 그러하지 아니하다.

➡ 관련판례

선거운동의 개념(헌재 2004.5.14. 2004헌나1) [04법행]
선거운동의 개념에 대해 헌재는 '선거운동이라 함은 특정 후보자의 당선 내지 이를 위한 득표에 필요한 모든 행위 또는 특정후보자의 낙선에 필요한 모든 행위 중 당선 또는 낙선을 위한 것이라는 목적의사가 객관적으로 인정될 수 있는 능동적 계획적 행위를 말한다'고 판시하였다. 즉, 당사자의 특정, 목적성, 목적의 객관적 인식가능성, 능동성, 계획성을 요구하고 있다.

2 선거운동자유의 원칙

1. 선거운동은 최대한의 보장이 원칙이다. 정치적 표현의 자유, 알 권리 충족, 선거권 행사 등과 밀접한 관련이 있기 때문이다. 그러나 선거의 공정성, 형평성이라는 또 다른 공익에 의해 무제한 허용되는 것은 아니다.

2. 개정 공선법에서는 예비후보자에 대한 선거운동을 일정한 범위에서 인정하고 있다. 예비후보자란 선거에 입후보하고자 하는 자로서 선거후보자 등록일 이전에 선거관리위원회에 예비후보자로 등록한 자를 말한다.

> **공직선거법 제60조의2(예비후보자등록)** ① 예비후보자가 되려는 사람(비례대표국회의원선거 및 비례대표지방의회의원선거는 제외한다)은 다음 각 호에서 정하는 날(그 날후에 실시사유가 확정된 보궐선거등에 있어서는 그 선거의 실시사유가 확정된 때)부터 관할선거구선거관리위원회에 예비후보자등록을 서면으로 신청하여야 한다.
> 1. 대통령선거: 선거일 전 240일
> 2. 지역구국회의원선거 및 시·도지사선거: 선거일 전 120일

Answer

1. ○ 헌재 2020.11.26. 2018헌마260

3. 지역구시·도의회의원선거, 자치구·시의 지역구의회의원 및 장의 선거: 선
거기간개시일 전 90일
4. 군의 지역구의회의원 및 장의 선거: 선거기간개시일 전 60일
② 제1항에 따라 예비후보자등록을 신청하는 사람은 다음 각 호의 서류를 제출
하여야 하며, 제56조 제1항 각 호에 따른 해당 선거 <u>기탁금의 100분의 20에
해당하는 금액을 중앙선거관리위원회규칙으로 정하는 바에 따라 관할선거구선
거관리위원회에 기탁금으로 납부하여야 한다.</u>

▶ 관련판례

예비후보자의 선거운동
공직선거법이 자치구·시의 장의 선거에서 예비후보자의 선거운동기간보다
군의 장의 선거에서 예비후보자의 선거운동기간을 단기간으로 정한 것은 합
리적 이유 있는 차별로서 평등원칙에 위배되지 않는다. [21법무사]
군은 주로 농촌 지역에 위치하고 있어 도시 지역인 자치구·시보다 대체로
인구가 적다. 또한, 군의 평균 선거인수는 자치구·시의 평균 선거인수에 비
하여 적다. 심판대상조항은 이러한 차이를 고려하여 자치구·시의 장의 선거
에서보다 군의 장의 선거에서 예비후보자의 선거운동기간을 단기간으로 정
한 것인바, 이러한 차별취급은 자의적인 것이라 할 수 없다. 따라서 이 조항
은 청구인의 평등권을 침해하지 않는다.(헌재 2020.11.26. 2018헌마260)

③ 선거운동의 제한과 규제

▶ 관련판례

1. 선거운동 제한의 입법에 대한 위헌심사는 엄격한 기준이 적용된다.(헌재 1994.
7.29. 93헌가6)
선거운동은 국민주권 행사의 일환일 뿐 아니라 정치적 표현의 자유의 한
형태로서 민주사회를 구성하고 움직이게하는 요소이므로, 선거운동의 허
용범위는 아무런 제약 없이 입법자의 재량에 맡겨진 것이 아니고 그 제한
입법의 위헌 여부에 대하여는 엄격한 심사기준이 적용된다.
2. 국회의원선거 연령의 하한을 규정한 법률조항에 대한 위헌심사는 입법자
가 입법목적 달성을 위해 선택한 수단이 현저하게 불합리하고 불공정하
며 자의적인 입법인지의 여부로 판단한다.(헌재 2020.8.28. 2017헌마187)

1. 시간상의 제한

공직선거법 제59조(선거운동기간) 선거운동은 선거기간개시일부터 선거일 전일
까지에 한하여 할 수 있다. 다만, 다음 각 호의 어느 하나에 해당하는 경우에
는 그러하지 아니하다.
1. 제60조의3(예비후보자 등의 선거운동)제1항 및 제2항의 규정에 따라 예비
후보자 등이 선거운동을 하는 경우

2. 문자메시지를 전송하는 방법으로 선거운동을 하는 경우. 이 경우 자동 동보통신의 방법(동시 수신대상자가 20명을 초과하거나 그 대상자가 20명 이하인 경우에도 프로그램을 이용하여 수신자를 자동으로 선택하여 전송하는 방식을 말한다. 이하 같다)으로 전송할 수 있는 자는 후보자와 예비후보자에 한하되, 그 횟수는 8회(후보자의 경우 예비후보자로서 전송한 횟수를 포함한다)를 넘을 수 없으며, 중앙선거관리위원회규칙에 따라 신고한 1개의 전화번호만을 사용하여야 한다.
3. 인터넷 홈페이지 또는 그 게시판·대화방 등에 글이나 동영상 등을 게시하거나 전자우편(컴퓨터 이용자끼리 네트워크를 통하여 문자·음성·화상 또는 동영상 등의 정보를 주고받는 통신시스템을 말한다. 이하 같다)을 전송하는 방법으로 선거운동을 하는 경우. 이 경우 전자우편 전송대행업체에 위탁하여 전자우편을 전송할 수 있는 사람은 후보자와 예비후보자에 한한다.

▶ 관련판례

1. 부재자투표시간을 오전 10시 [위헌] 부터 오후 4시 [합헌] 까지로 정하고 있는 공직선거법 규정(헌재 2012.2.23. 2010헌마601)[헌법불합치(잠정적용)]
[23국회8급, 13변호사·국회8급·국가7급]
2. 선거운동기간을 제한하고 이를 위반한 사전선거운동을 형사처벌하도록 규정한 구 공직선거법 제59조 중 선거운동 기간 전에 개별적으로 대면하여 말로 하는 선거운동에 관한 부분, 공직선거법 제254조 제2항 중 '그 밖의 방법'에 관한 부분 가운데 개별적으로 대면하여 말로 하는 선거운동을 한 자에 관한 부분은 표현의 자유를 침해하여 헌법에 위반된다.(헌재 2022.2.24. 2018헌바146)[위헌] 돈이 들지 않는 방법으로서 후보자 간 경제력 차이에 따른 불균형 문제나 사회·경제적 손실을 초래할 위험성이 낮은 개별적으로 대면하여 말로 지지를 호소하는 선거운동까지 포괄적으로 금지함으로써 선거운동 등 정치적 표현의 자유를 과도하게 제한하고 있고, 기본권 제한과 공익목적 달성 사이에 법익의 균형성도 갖추지 못하였다. 결국 이 사건 선거운동기간조항 중 각 선거운동기간 전에 개별적으로 대면하여 말로 하는 선거운동에 관한 부분은 과잉금지원칙에 반하여 선거운동 등 정치적 표현의 자유를 침해한다.

2. 인적 제한

> **공직선거법 제60조(선거운동을 할 수 없는 자)** ① 다음 각 호의 어느 하나에 해당하는 사람은 선거운동을 할 수 없다. 다만, 제1호에 해당하는 사람이 예비후보자·후보자의 배우자인 경우와 제4호부터 제8호까지의 규정에 해당하는 사람이 예비후보자·후보자의 배우자이거나 후보자의 직계존비속인 경우에는 그러하지 아니하다.
> 1. 대한민국 국민이 아닌 자. 다만, 제15조 제2항 제3호에 따른 외국인이 해당 선거에서 선거운동을 하는 경우에는 그러하지 아니하다.
> 2. 미성년자(18세 미만의 자를 말한다. 이하 같다)
> 3. 제18조(선거권이 없는 자)제1항의 규정에 의하여 선거권이 없는 자
> 9. 선상투표신고를 한 선원이 승선하고 있는 선박의 선장

* 외국인은 선거운동을 할 수 없으나 지방선거에서 선거권을 가진 외국인은 해당 선거에서 선거운동을 할 수 있다.
* 후보자의 배우자는 선거운동을 할 수 있다.

▶ 관련판례

사회복무요원(공익근무요원)이 선거운동을 할 경우 경고처분 및 연장복무를 하게 하는 병역법 중 선거운동에 관한 부분은 사회복무요원의 선거운동의 자유를 침해하지 않는다.(헌재 2016.10.27. 2016헌마252) [예상판례]

사회복무요원은 공무원은 아니지만, 병역의무를 이행하고 공무를 수행하는 사람으로서 공무원에 준하는 공적 지위를 가지므로, 그 지위 및 직무의 성질상 정치적 중립성이 보장되어야 한다.

3. 수단상의 제한

▶ 관련판례

1. 공직선거법에서 금지하는 선거운동으로 '그 밖에 이와 유사한 것'에, '정보통신망을 이용하여 인터넷 홈페이지 또는 그 게시판·대화방 등에 글이나 동영상 등 정보를 게시하거나 전자우편을 전송하는 방법'이 포함되는 것으로 해석하는 한 헌법에 위반된다.(헌재 2011.12.29. 2007헌마1001)[한정위헌]

   일반유권자의 정치적 표현 내지 선거운동 속에 비방·흑색선전 등의 부정적 요소가 개입될 여지가 있다 하여 '일정한 기간 정치적 표현을 전면적으로 금지'하는 것은 허용될 수 없다 할 것이다. 나아가, 인터넷상 일반유권자의 정치적 표현의 자유는 실질적 민주주의의 구현을 위하여 적극 장려되어야 하는 측면도 있다.

2. 대통령선거·지역구국회의원선거 및 지방자치단체의 장선거의 후보자로 하여금 시각장애선거인에게 책자형 선거공보와 같은 면수로 제작된 점자형 선거공보를 제공하거나, 음성으로 출력되는 전자적 표시가 삽입된 책자형 선거공보를 선택적으로 제공하도록 규정하고 있다. 점자의 특성을 고려하지 않은 채 책자형 선거공보와 동일한 면수로 점자형 선거공보를 작성하도록 제한하고, 대다수 시각장애선거인이 음성으로 출력되는 전자적 표시를 이용하기 어려운 상황임에도 음성으로 출력되는 전자적 표시로 점자형 선거공보를 대체할 수 있도록 하는 것은 시각장애인의 선거권 등을 침해하지 아니한다.(헌재 2016.12.29. 2016헌마548)

3. 구 공직선거법 제250조 제1항과 공직선거법 제64조 제1항 중 "중퇴한 경우에는 그 수학기간을 함께 기재하여야 한다"는 부분은 명확성 원칙, 선거운동의 자유 등을 침해하지 않는다.(헌재 2017.12.28. 2015헌바232)

4. 선거권제한조항은 착신전환 등을 통한 중복 응답 등 범죄로 100만 원 이상의 벌금형의 선고를 받고 형이 확정된 후 5년이 경과하지 아니한 경우에 선거권을 제한하여 그 대상과 기간이 제한적이다. 법원이 벌금 100만 원 이상의 형을 선고한다면, 여기에는 피고인의 행위가 선거의 공정을 침해할 우려가 높다는 판단과 함께 피고인의 선거권을 일정 기간 박탈하겠다는 판단이 포함되어 있다고 보아야 한다. 선거권 제한을 통하여 달성하려는 선거의 공정성 확보라는 공익이 선거권을 행사하지 못함으로써 침해되는 개인의 사익보다 크다. 따라서 선거권제한조항은 선거권을 침해하지 아니한다.(헌재 2022.3.31. 2019헌마986) [22법원직]

4. 단체의 선거운동금지

현 공선법은 원칙적으로 단체에 의한 선거운동을 허용하되 선거운동을 할 수 없는 단체를 한정적으로 열거하고 있다.

> **공직선거법 제87조(단체의 선거운동금지)** ① 다음 각 호의 어느 하나에 해당하는 기관·단체(그 대표자와 임직원 또는 구성원을 포함한다)는 그 기관·단체의 명의 또는 그 대표의 명의로 선거운동을 할 수 없다.
> 1. 국가·지방자치단체
> 2. 제53조(공무원 등의 입후보)제1항 제4호 내지 제6호에 규정된 기관·단체
> 3. 향우회·종친회·동창회, 산악회 등 동호인회, 계모임 등 개인간의 사적모임

＊ 노동조합은 선거운동을 할 수 있다. 단, 공무원 노조와 교원노조, 공명선거활동을 하는 노동조합은 선거운동을 할 수 없다. 한편 노동조합은 정치자금을 제공할 수 없다. 단체의 정치자금은 일체 금지되기 때문이다.

▶ 관련판례

1. 단체의 선거운동금지(헌재 1995.5.25. 95헌마105)[기각]
   공직선거에 있어서 후보자를 추천하거나 이를 지지 또는 반대하는 등 선거활동을 함에 있어서 "정당"과 "정당이 아닌 기타의 단체"에 대하여 그 보호와 규제를 달리한다 하더라도 이는 일응 헌법에 근거를 둔 합리적인 차별이라 보아야 할 것이고, 따라서 정당이 아닌 단체에게 정당만큼의 선거운동이나 정치활동을 허용하지 아니하였다 하여 곧 그것이 그러한 단체의 평등권이나 정치적 의사표현의 자유를 제한한 것이라고는 말할 수 없다.

2. 선거기간 중 선거에 영향을 미치게 하기 위한 집회나 모임(향우회·종친회·동창회·단합대회·야유회가 아닌 것에 한정) 개최 금지 사건(헌재 2022.7.21. 2018헌바164)
   ① 공직선거법 제103조 제3항 중 '누구든지 선거기간 중 선거에 영향을 미치게 하기 위하여 그 밖의 집회나 모임을 개최할 수 없다' 부분, ② 구 공직선거법 제256조 제2항 제1호 카목 가운데 ① 조항 부분, ③ 공직선거법 제256조 제3항 제1호 카목 가운데 ① 조항 부분은, 집회의 자유, 정치적 표현의 자유를 침해하여 헌법에 위반된다. [위헌]
   [1] 죄형법정주의의 명확성원칙 위배 여부 – 소극
   　심판대상조항은 향우회·종친회·동창회·단합대회 또는 야유회 등과 유사한 것인지 여부를 불문하고, '향우회·종친회·동창회·단합대회 또는 야유회'를 제외한 '모든 집회나 모임'의 개최를 금지하는 것이 명확하다. 그렇다면 심판대상조항은 죄형법정주의의 명확성원칙에 위배되지 않는다.
   [2] 집회의 자유, 정치적 표현의 자유 침해 여부 – 적극
   　심판대상조항은 선거운동의 부당한 경쟁, 후보자들 사이의 경제력 차이에 따른 불균형이라는 폐해를 막고, 선거의 공정성과 평온성을 침해하는 탈법적인 행위를 차단하여 선거의 평온과 공정을 해하는 결과의 발생을 방지함으로써 선거의 자유와 공정을 보장하려는 것이므로, 입법목적의 정당성과 수단의 적합성이 인정된다.

심판대상조항은 선거의 공정이나 평온에 대한 구체적인 위험이 없는 경우에까지도 특정한 사실이나 견해를 표명하는 것을 금지하고 억압하여, 규제가 불필요하거나 또는 예외적으로 허용하는 것이 가능한 경우에도, 선거기간 중의 <u>선거에 영향을 미치게 하기 위한 일반 유권자의 집회나 모임을 일률적·전면적으로 금지하고 있으므로 침해의 최소성에 반한다.</u> 따라서 심판대상조항은 법익의 균형성에도 위배된다. 심판대상조항은 과잉금지원칙에 반하여 집회의 자유, 정치적 표현의 자유를 침해한다.

3. 집회나 모임(향우회·종친회·동창회·단합대회·야유회가 아닌 것에 한정) 개최, 현수막 그 밖의 광고물 게시, 광고, 문서·도화 첩부·게시, 확성장치사용을 금지하는 공직선거법 조항 사건(헌재 2022.7.21. 2018헌바357)

   [1] ① 공직선거법 제103조 제3항 중 '누구든지 선거기간 중 선거에 영향을 미치게 하기 위하여 그 밖의 집회나 모임을 개최할 수 없다' 부분, ② 공직선거법 제256조 제3항 제1호 카목 가운데 ① 조항 부분은, 집회의 자유, 정치적 표현의 자유를 침해하여 헌법에 위반된다. [위헌]

   [2] 공직선거법 규정에 의한 공개장소에서의 연설·대담장소 또는 대담·토론회장에서 연설·대담·토론용으로 사용하는 경우를 제외하고는 선거운동을 위하여 확성장치를 사용할 수 없도록 하고, 이를 위반할 경우 처벌하도록 한 공직선거법 제91조 제1항 및 구 공직선거법 제255조 제2항 제4호 중 '제91조 제1항의 규정에 위반하여 확성장치를 사용하여 선거운동을 한 자' 부분은 헌법에 위반되지 않는다.

4. 현수막, 그 밖의 광고물 설치·게시, 그 밖의 표시물 착용, 벽보 게시, 인쇄물 배부·게시, 확성장치사용을 금지하는 공직선거법 조항 사건(헌재 2022.7.21. 2017헌바100)

   [1] ① 공직선거법 제90조 제1항 제1호 중 '현수막, 그 밖의 광고물 설치·게시'에 관한 부분, 같은 항 제2호 중 '그 밖의 표시물 착용'에 관한 부분, 공직선거법 제256조 제3항 제1호 아목 중 '제90조 제1항 제1호의 현수막, 그 밖의 광고물 설치·게시, 같은 항 제2호의 그 밖의 표시물 착용'에 관한 부분, ② 공직선거법 제93조 제1항 본문 중 '벽보 게시, 인쇄물 배부·게시'에 관한 부분 및 제255조 제2항 제5호 중 '제93조 제1항본문의 벽보 게시, 인쇄물 배부·게시'에 관한 부분은 <u>모두 헌법에 합치되지 아니한다.</u>

5. 선거에 영향을 미치게 하기 위한 시설물 설치 등 금지 사건 (헌재 2022.7.21. 2017헌가1)

   누구든지 일정 기간 동안 선거에 영향을 미치게 하기 위한 광고물 설치·진열·게시, 표시물 착용을 할 수 없도록 하고, 이에 위반한 경우 처벌하도록 한 공직선거법 제90조 제1항 제1호 중 '그 밖의 광고물 설치·진열·게시'에 관한 부분, 같은 항 제2호 중 '그 밖의 표시물 착용'에 관한 부분 및 공직선거법 제256조 제3항 제1호 아목 중 '제90조 제1항 제1호의 그 밖의 광고물 설치·진열·게시, 같은 항 제2호의 그 밖의 표시물 착용'에 관한 부분은 헌법에 합치되지 아니한다. [헌법불합치]

6. 표시물 사용 선거운동 금지 사건(헌재 2022.7.21. 2017헌가4)
   누구든지 선거운동기간 중 표시물을 사용하여 선거운동을 할 수 없도록 하고, 이에 위반한 경우 처벌하도록 한 공직선거법 제68조 제2항 및 제255조 제1항 제5호 중 '제68조 제2항'에 관한 부분은 모두 헌법에 합치되지 아니한다. [헌법불합치]
   심판대상조항은 선거에서의 균등한 기회를 보장하고(헌법 제116조 제1항), 선거의 공정성을 확보하기 위한 것으로서 정당한 입법목적 달성을 위한 적합한 수단에 해당한다. 공직선거법상 후보자 비방 금지나 허위사실공표 금지 규정 등이 이미 존재함에 비추어 보면, 심판대상조항이 선거의 과열로 인한 무분별한 흑색선전, 허위사실유포나 비방 등을 방지하기 위한 불가피한 수단에 해당한다고 보기도 어렵다. 이를 종합하면, 심판대상조항은 목적 달성에 필요한 범위를 넘어 표시물을 사용한 선거운동을 포괄적으로 금지·처벌하는 것으로서 침해의 최소성을 충족하지 못한다.

7. 선거에 영향을 미치게 하기 위한 광고물게시 등 금지 사건
   누구든지 선거운동기간 전부터 일정한 기간 동안 선거에 영향을 미치게 하기 위하여 그 밖의 광고물게시를 할 수 없도록 하고, 이에 위반한 경우 처벌하도록 한 공직선거법 제256조 제3항 제1호 아목 중 '제90조 제1항 제1호의 그 밖의 광고물 게시'에 관한 부분은 모두 헌법에 합치되지 아니함을 확인한다.(헌재 2022.11.24. 2021헌바301)[헌법불합치 확인]
   [1] 선거운동을 정의한 공직선거법 제58조 제1항 본문 및 단서 제1호는 헌법에 위반되지 아니한다. [합헌]
   [2] 선거운동기간 전에 공직선거법에 의하지 않은 선전시설물·용구를 이용한 선거운동을 금지하고, 이에 위반한 경우 처벌하도록 한 공직선거법 제254조 제2항 중 '선전시설물·용구'에 관한 부분은 헌법에 위반되지 아니한다. [합헌]

8. 공직선거법 제93조 제1항 본문 중 '인쇄물 살포'에 관한 부분 및 제255조 제2항 제5호 중 '제93조 제1항 본문의 인쇄물 살포'에 관한 부분은 모두 과잉금지원칙에 반하여 정치적 표현의 자유를 침해한다.(헌재 2023.3.23. 2023헌가4)[잠정적용 헌법불합치]

5. 제3자편의 선거운동

> **▶ 관련판례**
>
> 제3자편의 낙선운동은 후보자측이 자기의 당선을 위하여 경쟁 후보자에 대하여 벌이는 낙선운동과 조금도 다를 것이 없다.(헌재 2001.8.30. 2000헌마202)

6. 호별방문금지

공직선거법 제106조 제1항과 제3항은 선거운동기간이든 아니든 호별방문을 금지하고 있다.

1. 공직선거법 제106조 제1항에서 호별방문을 제한하고 있는 것은 선거운동을 위한 경우 등으로 한정되어 있을 뿐 <u>후보자 추천을 받기 위한 호별방문은 허용되고 있는 점</u>, … 후보자가 되고자 하는 자뿐만 아니라 그 가족, 지지자 등 누구든지 추천을 받기 위해 추천장을 소지하고 호별방문 등을 할 수 있는 점 등에 비추어 보면, 추천인의 날인 대신에 서명이나 무인을 허용하지 아니한 것이 무소속 국회의원 후보자로 되는 것을 현저히 곤란하게 하여 공무담임권을 침해하는 정도라고 보기는 어렵다.(헌재 2009.9. 24. 2008헌마265)

2. 중소기업중앙회 임원 선거와 관련하여 '정관으로 정하는 기간에는' 선거운동을 위하여 정회원에 대한 호별방문 등의 행위를 한 경우 이를 처벌하도록 규정한 구 중소기업협동조합법 제137조 제2항 중 '제125조에서 준용하는 제53조 제3항'에 관한 부분은 죄형법정주의에 위배된다.(헌재 2016. 11.24. 2015헌가29)[위헌] [18국회8급]

7. 여론조사 결과공표의 제한

> **공직선거법 제108조(여론조사의 결과공표금지 등)** ① 누구든지 선거일 전 6일부터 선거일의 투표마감시각까지 선거에 관하여 정당에 대한 지지도나 당선인을 예상하게 하는 여론조사(모의투표나 인기투표에 의한 경우를 포함한다. 이하 이 조에서 같다)의 경위와 그 결과를 공표하거나 인용하여 보도할 수 없다.

8. 기부행위의 제한

기부행위의 제한

1. '후보자가 되고자 하는 자'의 기부행위 제한(헌재 2009.4.30. 2007헌바29 등) (헌재 2014.2.27. 2013헌바106)[합헌] [23법무사, 16변호사]
   기부행위 제한의 적용을 받는 자에 '후보자가 되고자 하는 자'까지 포함하면서 기부행위의 제한기간을 폐지하여 상시 제한하도록 한 것은 과잉금지원칙에 위배하여 인격권, 행복추구권, 평등권, 공무담임권을 침해하지 아니한다.

2. 공직선거법상 기부금지규정을 위반하여 기부를 받은 자에 대해 그 가액의 50배에 해당하는 과태료를 부과하는 공직선거법 규정은 과잉금지원칙에 위배된다.(헌재 2009.3.26. 2007헌가22)[헌법불합치] [14국회8급]
   <u>이 사건 심판대상조항에 따른 과태료 제재 자체가 위헌이라고 판단한 것이 아니라, 이 사건 심판대상조항에 따라 위반행위자에 대하여 부과되는 과태료의 기준 및 액수가 책임원칙에 부합되지 않게 획일적일 뿐만 아니라 지나치게 과중하다</u>는 이유에서 비롯된 것이다.

4 선거사범의 처벌과 당선무효사유

선거비용의 초과지출	제한액의 200분의 1 초과	사무장 등이 300만원 이상의 벌금형
회계보고서 미제출, 허위기재	배우자, 회계책임자 등이 300만원 이상의 벌금형	
당선인의 선거범죄	공선법의 모든 선거범죄	당선인이 100만원 이상의 벌금형

04. 당선인 결정

1 원칙

모든 선거에서 유효투표의 다수를 얻은 자를 당선인으로 한다. 즉, 투표율이나 득표율과 상관없이 무조건 다수득표자가 당선된다.

2 후보자가 1인일 때 당선인 결정방식

공직선거법 제188조(지역구국회의원당선인의 결정·공고·통지)		
	후보자가 1인	최고득표자가 2인 이상
대통령	선거권자총수의 3분의 1 이상 득표 [22경찰1차, 12국가7급]	최고득표자가 2인 이상인 때에는 국회의 재적의원 과반수가 출석한 공개회의에서 다수표를 얻은 자를 당선자로 한다. [21국가7급]
지역구 국회의원	• 후보자등록마감시각부터 투표마감시각까지 – 무투표당선 [16지방7급]	연장자
지방의회의원	지역구 국회의원과 동일	
지방자치단체장	지역구 국회의원과 동일	

05. 선거에 관한 이의와 쟁송

1 선거소송과 당선소송의 비교

구분	선거소송(공선법 제222조)	당선소송(공선법 제223조)
사유	선거의 효력에 관하여 이의가 있을 때	당선의 효력에 이의가 있을 때
원고	선거인, 정당, 후보자	정당, 후보자
피고	관할 선거관리위원회 위원장(대통령 선거는 중앙선관위원장)	• 대통령 선거: 당선인, 중선위원장, 국회의장, 법무부장관 • 국회의원 선거: 관할선관위원장, 당선인 • 지방의회의원 및 단체장 선거: 당선인, 관할선관위원장 • 당선인이 사퇴·사망한 경우: 법무부장관(대선), 관할 고등검찰청 검사장(기타)

제소기일	• 대통령·국회의원 선거: 선거일로부터 30일 이내 • 지방의회의원·단체장 선거: 선거일로부터 14일 이내 소청 ⇨ 소청결정서를 받은 날로부터 10일 이내 소제기	• 대통령·국회의원 선거: 당선인 결정일로부터 30일 이내 • 지방의회의원·단체장 선거: 선거일로부터 14일 이내 소청 ⇨ 소청결정서를 받은 날로부터 10일 이내 소제기

* 선거소청(일종의 행정심판)을 거치는 것은 지방선거에 대해서이다.
* 대통령 선거, 국회의원 선거: 선거소청을 거치지 않고 대법원에 제소
* 시·도지사 선거, 비례대표 시·도의원 선거: 선거소청을 거친 후 대법원에 제소
* 그 외의 지방 선거: 선거소청을 거친 후 고등법원 ⇨ 대법원

2 사정판결 [18법원직 등]

> **공직선거법 제224조(선거무효의 판결 등)** 소청이나 소장을 접수한 선거관리위원회 또는 대법원이나 고등법원은 선거쟁송에 있어 선거에 관한 규정에 위반된 사실이 있는 때라도 <u>선거의 결과에 영향을 미쳤다고 인정하는 때에 한하여</u> 선거의 전부나 일부의 무효 또는 당선의 무효를 결정하거나 판결한다.

SECTION 4 정당의 자유와 정당제도

Ⅰ 정당과 정당제 민주주의

01. 개념

정당이란 선거참여 등을 통해 국민의 정치적 의사형성에 참여하는 것을 기본적 목적으로 하는 국민의 자발적 정치 결사를 의미한다.

* 정당법 제2조 "정당이라 함은 국민의 이익을 위하여 책임있는 정치적 주장이나 정책을 추진하고 공직선거의 후보자를 추천 또는 지지함으로써 국민의 정치적 의사형성에 참여함을 목적으로 하는 국민의 자발적 조직을 말한다."

02. 판례

헌법재판소는 "정당의 개념에 대해 ① 국가와 자유민주주의 또는 헌법질서를 긍정할 것, ② 공익의 실현에 노력할 것, ③ 선거에 참여할 것, ④ 정강이나 정책을 가질 것, ⑤ 국민의 정치적 의사형성에 참여할 것, ⑥ 계속적이고 공고한 조직을 구비할 것, ⑦ 구성원들이 당원이 될 수 있는 자격을 구비할 것 등을 들 수 있다. 즉, 정당은 정당법 제2조에 의한 정당의 개념표지 외에 예컨대 독일의 정당법(제2조)이 규정하고 있는 바와 같이 「상당한 기간 또는 계속해서」, 「상당한 지역에서」 국민의 정치적 의사형성에 참여해야 한다는 개념표지가 요청된다고 할 것이다"라고 판시하였다. [14변호사]

◀ OX 연습

1. 정당해산심판제도는 정부의 일방적인 행정처분에 의해 진보적 야당이 등록취소되어 사라지고 말았던 우리 현대사에 대한 반성의 산물로서, 제5차 헌법개정을 통해 헌법에 도입된 것이다. [18경찰승진]

Ⅱ 현행헌법과 정당제도

01. 헌정사에 있어서 정당조항의 변천

건국헌법	헌법에는 규정이 없고 국회법에 있었다. – 승인·합법화 단계
제3차 개헌	헌법에 정당에 관한 규정을 처음으로 규정 – 위헌정당해산규정
제5차 개헌	대통령·국회의원선거 입후보시 정당추천을 필수화, 탈당·해산시 의원직 상실(제명의 경우는 의원직 유지) – 극단적 정당국가, 복수정당제 규정
제7차 개헌	무소속 입후보 허용 ⇨ 정당국가적 경향 완화, 국회의원 중선거구제
제8차 개헌	정당운영자금 국고보조 조항 신설 [23년입시등]
제9차 개헌	정당목적의 민주화 추가

02. 헌법 제8조의 규범적 의미

1 개설

헌법 제8조는 일반결사에 관한 헌법 제21조의 특별법적 규정으로서 정당의 설립·활동·존속에 있어서는 제8조가 우선적으로 적용된다. 또한 헌법 제8조의 복수정당제와 정당설립자유는 자유민주적 기본질서의 핵심적 내용이므로 헌법개정의 한계에 해당한다.

2 헌법 제8조 해석

헌법 제8조 ① 정당의 <u>설립은 자유</u>이며, <u>복수정당제는 보장</u>된다. [13법원직]	• 정당설립에 대한 허가제는 위헌 • 정당의 자유는 국민이 개인적으로 갖는 기본권일 뿐만 아니라 단체로서의 정당이 가지는 기본권이기도 하다.
② 정당은 그 <u>목적</u>·조직과 활동이 민주적이어야 하며, 국민의 정치적 의사형성에 참여하는데 필요한 조직을 가져야 한다.	• 목적의 민주성은 현행헌법에서 도입 • 정당의 자유에 대한 헌법적 근거는 제8조 제2항이 아니라 제1항이다.
③ 정당은 법률이 정하는 바에 의하여 국가의 보호를 받으며, 국가는 법률이 정하는 바에 의하여 <u>정당운영에 필요한 자금</u>을 보조할 수 있다. [19법무사 등]	운영자금은 8차 개헌, 선거경비는 헌법 제116조 제2항(선거공영제)
④ 정당의 <u>목적이나</u> 활동이 민주적 기본질서에 위배될 때에는 <u>정부</u>는 헌법재판소에 그 해산을 <u>제소할 수 있고</u>, 정당은 헌법재판소의 심판에 의하여 <u>해산된다</u>. [18법원직 등]	• 목적과 활동 중 하나만 해당하면 해산 가능 • 해산은 창설적 효력. 조문상으로는 자유민주적 기본질서가 아니고 민주적 기본질서이지만, 다수설은 자유민주적 기본질서로 해석한다.

Answer

1. × 헌재 2014.12.19. 2013헌다1

정당의 보호(헌재 1999.12.23. 99헌마135) [11국회8급]

<u>자유민주적 기본질서를 부정하고 이를 적극적으로 제거하려는 조직도, 국민의 정치적 의사형성에 참여하는 한, '정당의 자유'의 보호를 받는 정당에 해당하며,</u> 오로지 헌법재판소가 그의 위헌성을 확인한 경우에만 정당은 정치생활의 영역으로부터 축출될 수 있다는 의미를 가진다.

03. 정당의 헌법상 지위와 법적 성격

1 정당의 헌법상 지위

헌법재판소는 정당에 대하여 조직면에서는 사적단체, 기능면에서는 공적기능을 수행하는 것으로 보고 있다.(헌재 1991.3.11. 91헌마21)

2 정당의 법적 성격

"정당의 법적 지위는 적어도 그 소유재산의 귀속관계에 있어서는 법인격 없는 사단으로 보아야 한다"(헌재 1993.7.29. 92헌마262)고 판시하여 법인격 없는 사단으로 보고 있다. [15법원직]

3 정당의 기본권 주체성

헌법재판소는 정당의 기본권 주체성과 헌법소원청구능력을 인정하고 있다. [12법원직]

＊ 정당의 기본권 주체성이 인정되는 것과 교섭단체의 기본권 주체성이 부정되는 것을 구별하여야 한다. 정당은 원외조직으로서 권리능력 없는 사단이므로 기본권의 주체가 되지만, 교섭단체는 원내조직으로서 국가기관의 일종이기 때문이다.

4 정당의 공권력 행사주체성

정당은 공권력 행사의 주체가 될 수 없다.(헌재 2007.10.30. 2007헌마1128)

Ⅲ 정당의 설립과 조직

01. 정당설립의 실질적 요건

1 정당의 조직

정당법 제3조(구성) 정당은 수도에 소재하는 <u>중앙당</u>과 특별시·광역시·도에 각각 소재하는 <u>시·도당</u>(이하 "시·도당"이라 한다)으로 구성한다.

제6조(발기인) 창당준비위원회는 중앙당의 경우에는 200명 이상의, 시·도당의 경우에는 100명 이상의 발기인으로 구성한다. [19국가7급]

제17조(법정시·도당수) 정당은 <u>5 이상의 시·도당</u>을 가져야 한다. [18변호사, 13법원직]

제18조(시·도당의 법정당원수) ① 시·도당은 <u>1천인 이상의 당원</u>을 가져야 한다. [13법원직]
② 제1항의 규정에 의한 법정당원수에 해당하는 수의 당원은 당해 시·도당의 관할구역 안에 주소를 두어야 한다.

제19조(합당) ① 정당이 새로운 당명으로 합당(이하 "신설합당"이라 한다)하거나 다른 정당에 합당(이하 "흡수합당"이라 한다)될 때에는 합당을 하는 정당들의 대의기관이나 그 수임기관의 합동회의의 결의로써 합당할 수 있다.
② 정당의 합당은 제20조(합당된 경우의 등록신청) 제1항·제2항 및 제4항의 규정에 의하여 중앙선거관리위원회에 등록 또는 신고함으로써 성립한다. 다만, 정당이 「공직선거법」제2조(적용범위)의 규정에 의한 선거(이하 "공직선거"라 한다)의 후보자등록신청개시일부터 선거일까지의 사이에 합당된 때에는 선거일 후 20일에 그 효력이 발생한다.
⑤ 합당으로 신설 또는 존속하는 정당은 합당 전 정당의 권리·의무를 승계한다.

제37조(활동의 자유) ② 정당이 특정 정당이나 공직선거의 후보자(후보자가 되고자 하는 자를 포함한다)를 지지·추천하거나 반대함이 없이 자당의 정책이나 정치적 현안에 대한 입장을 인쇄물·시설물·광고 등을 이용하여 홍보하는 행위와 당원을 모집하기 위한 활동(호별방문을 제외한다)은 통상적인 정당활동으로 보장되어야 한다.
③ 정당은 국회의원지역구 및 자치구·시·군, 읍·면·동별로 당원협의회를 둘 수 있다. 다만, 누구든지 시·도당 하부조직의 운영을 위하여 당원협의회 등의 사무소를 둘 수 없다.

▶ 관련판례

1. 지구당 및 연락소 폐지는 헌법에 위반되지 아니한다.(헌재 2004.12.16. 2004헌마456)[기각]
2. 정당등록 요건으로 '5 이상의 시·도당'과 '시·도당은 1천인 이상의 당원'을 요구하는 것은 정당의 자유를 침해하지 아니한다.(헌재 2006.3.30. 2004헌마246)[기각] [15법원직, 14변호사]
3. 정당의 당원협의회 사무소 설치를 금지하고 위반시 처벌하는 내용의 정당법 제37조 제3항 단서 및 제59조 제1항 3호는 헌법에 위반되지 아니한다.(헌재 2016.3.31. 2013헌가22) [20서울지방7급]
4. "누구든지 2 이상의 정당의 당원이 되지 못한다."라고 규정하고 있는 정당법 제42조 제2항은 정당의 당원인 청구인들의 정당 가입·활동의 자유를 침해하지 않는다.(헌재 2022.3.31. 2020헌마1729)
5. 등록을 정당의 설립요건으로 정한 정당법 제4조 제1항(정당등록조항), 정당법상 등록된 정당이 아니면 정당이라는 명칭을 사용하지 못하게 하는 정당법 제41조 제1항 및 제59조 제2항 중 제41조 제1항에 관한 부분(정당명칭사용금지조항), 정당은 수도 소재 중앙당과 5 이상의 시·도당을 갖추어야 한다고 정한 정당법 제3조, 제4조 제2항 중 제17조에 관한 부분, 제17조(전국정당조항), 시·도당은 1천인 이상의 당원을 가져야 한다고 정한 정당법 제4조 제2항 중 제18조에 관한 부분 및 제18조(법정당원수조항)에 대하여 합헌 및 기각결정을 선고하였다.(헌재 2023.9.26. 2021헌가23)[합헌, 기각]

2 당원의 자격

제22조(발기인 및 당원의 자격) ① 16세 이상의 국민은 공무원 그 밖에 그 신분을 이유로 정당가입이나 정치활동을 금지하는 다른 법령의 규정에 불구하고 누구든지 정당의 발기인 및 당원이 될 수 있다. 다만, 다음 각 호의 어느 하나에 해당하는 자는 그러하지 아니하다.

• 국·공립대 교수와 사립대 교수는 정당가입이 가능하지만, 초·중·고 교사는 불가
• 헌법상 정당가입이 금지된 자: 헌법재판소 재판관, 선관위 위원

1. 「국가공무원법」 제2조(공무원의 구분) 또는 「지방공무원법」 제2조(공무원의 구분)에 규정된 공무원. 다만, 대통령, 국무총리, 국무위원, 국회의원, 지방의회의원, 선거에 의하여 취임하는 지방자치단체의 장, 국회 부의장의 수석비서관·비서관·비서·행정보조요원, 국회 상임위원회·예산결산특별위원회·윤리특별위원회위원장의 행정보조요원, 국회의원의 보좌관·비서관·비서, 국회 교섭단체대표의원의 행정비서관, 국회 교섭단체의 정책연구위원·행정보조요원과 「고등교육법」 제14조(교직원의 구분) 제1항·제2항에 따른 교원은 제외한다.

2. 「고등교육법」 제14조 제1항·제2항에 따른 교원을 제외한 사립학교의 교원

3. 법령의 규정에 의하여 공무원의 신분을 가진 자

4. 「공직선거법」 제18조 제1항에 따른 선거권이 없는 사람

② 대한민국 국민이 아닌 자는 당원이 될 수 없다.

제23조(입당) ① 당원이 되고자 하는 자는 다음 각 호의 어느 하나에 해당하는 방법으로 시·도당 또는 그 창당준비위원회에 입당신청을 하여야 한다. 이 경우 <u>18세 미만인 사람이 입당신청을 하는 때에는 법정대리인의 동의서를 함께 제출하여야 한다.</u>

제24조(당원명부) ① 시·도당에는 당원명부를 비치하여야 한다.

② 중앙당은 시·도당의 당원명부에 근거하여 당원명부를 전산조직에 의하여 통합 관리할 수 있다. 이 경우 시·도당의 당원명부와 중앙당이 전산조직에 의하여 관리하는 당원명부가 일치하지 아니한 때에는 당원명부의 효력은 시·도당의 당원명부가 우선한다.

③ 제1항 및 제2항의 명부는 법원이 재판상 요구하는 경우와 관계 선거관리위원회가 당원에 관한 사항을 확인하는 경우를 제외하고는 이의 열람을 강요당하지 아니한다.

④ 범죄수사를 위한 당원명부의 조사에는 법관이 발부하는 영장이 있어야 한다. 이 경우 조사에 관여한 관계 공무원은 당원명부에 관하여 지득한 사실을 누설하지 못한다.

제25조(탈당) ① 당원이 탈당하고자 할 때에는 다음 각 호의 어느 하나에 해당하는 방법으로 소속 시·도당에 탈당신고를 하여야 하며, 소속 시·도당에 탈당신고를 할 수 없을 때에는 그 중앙당에 탈당신고를 할 수 있다.

1. 자신이 서명 또는 날인한 탈당신고서를 제출하는 방법

2. 「전자서명법」 제2조제2호에 따른 전자서명이 있는 전자문서로 탈당신고서를 제출하는 방법

3. 정당의 당헌·당규로 정하는 바에 따라 정보통신망을 이용하는 방법. 이 경우 「정보통신망 이용촉진 및 정보보호 등에 관한 법률」 등 관계 법령에 따라 본인확인을 거쳐야 한다.

② 제1항의 규정에 의한 탈당의 효력은 탈당신고서가 소속 시·도당 또는 중앙당에 접수된 때에 발생한다.

*입당의 효력은 입당신청인이 당원명부에 등재된 때에 발생하지만, 탈당의 효력은 탈당신고서가 소속 시·도당 또는 중앙당에 접수된 때에 발생한다.

02. 정당설립의 절차적 요건

1 중앙당의 등록

정당법 제4조(성립) ① 정당은 중앙당이 중앙선거관리위원회에 <u>등록함으로써</u> 성립한다.

*정당은 등록함으로써 성립하며, 정당에 대한 허가절차는 헌법적으로 허용되지 아니한다.(헌재 1999.12.23. 99헌마135)

➡ 관련판례

정당의 중앙당은 수도에 소재하도록 규정한 정당법 제3조 중 '수도에 소재하는 중앙당'에 관한 부분 및 정당법상 정당의 당원이 될 수 없는 공무원과 사립학교의 교원은 후원회의 회원이 될 수 없다고 규정한 구 정치자금법 제8조 제1항 단서 중 '정당법 제22조 제1항의 규정에 의하여 정당의 당원이 될 수 없는 자'에 관한 부분에 대한 청구를 각하하고, [각하] 정당의 시·도당은 1천인 이상의 당원을 가져야 한다고 규정한 정당법 제18조 제1항은 정당의 자유를 침해하지 않는다.(헌재 2022.11.24. 2019헌마445)[기각]

2 선거관리위원회의 심사권

정당법 제15조(등록신청의 심사) 등록신청을 받은 관할 선거관리위원회는 형식적 요건을 구비하는 한 이를 거부하지 못한다. 다만, 형식적 요건을 구비하지 못한 때에는 상당한 기간을 정하여 그 보완을 명하고, 2회 이상 보완을 명하여도 응하지 아니할 때에는 그 신청을 각하할 수 있다. [23·20국회8급]

* 위헌적 요소가 있는 정당도 형식적인 요건을 갖춘 경우에는 등록신청을 거부하지 못한다. 정당설립에 허가제를 채택하는것은 헌법 제8조 제1항에 위배된다. 형식적 요건이란 5개 이상의 시·도와 각 시·도당은 1,000명 이상의 당원을 말한다.

Ⅳ 정당의 기구

정당법 제29조(정당의 기구) ① 정당은 민주적인 내부질서를 유지하기 위하여 당원의 총의를 반영할 수 있는 대의기관 및 집행기관과 소속 국회의원이 있는 경우에는 의원총회를 가져야 한다.
② 중앙당은 정당의 예산과 결산 및 그 내역에 관한 회계검사 등 정당의 재정에 관한 사항을 확인·검사하기 위하여 예산결산위원회를 두어야 한다.

제38조(정책연구소의 설치·운영) ① 「정치자금법」 제27조(보조금의 배분)의 규정에 의한 보조금 배분대상정당(이하 "보조금 배분대상정당"이라 한다)은 정책의 개발·연구활동을 촉진하기 위하여 중앙당에 별도 법인으로 정책연구소(이하 "정책연구소"라 한다)를 설치·운영하여야 한다.
② 국가는 정책연구소의 활동을 지원할 수 있다.

Ⅴ 당내 민주주의

정당법 제32조(서면결의의 금지) ① 대의기관의 결의와 소속 국회의원의 제명에 관한 결의는 서면이나 대리인에 의하여 의결할 수 없다.

제33조(정당소속 국회의원의 제명) 정당이 그 소속 국회의원을 제명하기 위해서는 당헌이 정하는 절차를 거치는 외에 그 소속 국회의원 전원의 2분의 1 이상의 찬성이 있어야 한다. [18변호사]

당에서의 제명	당헌의 절차와 소속 국회의원 전원의 2분의 1 이상의 찬성이 필요하다. 제명이 된다고 의원의 신분이 상실되는 것은 아니다.
국회에서의 제명	재적의원 3분의 2 이상 찬성이 필요하다. 국회에서의 제명은 의원직 상실사유이다.

> **▶ 관련판례**
>
> 정당의 합당과 권리·의무의 승계(대판 2002.2.8. 2001다68969)
> 합당으로 인한 권리의무의 승계조항은 강행규정으로서 … 이와 달리 정하였더라도 그 결의는 효력이 없는 것이다.

Ⅵ 위헌정당의 해산

01. 위헌정당해산의 실질적 요건

1 해산대상으로서의 정당

기성정당이어야 한다. 이에는 정당의 하부조직이나 내부조직(각 시·도당, 전문위원회, 청년회, 정당훈련원, 출판부 등)은 포함되나, 정당의 방계조직·위장조직은 제외된다. 방계조직·위장조직은 일반결사(헌법 제21조)와 동일하게 취급되어 행정처분으로도 해산될 수 있다. [19법원직]

2 목적이나 활동의 위헌성

정당은 그 목적이나 활동이 민주적 기본질서에 위배될 때에 한하여 해산된다. 정당의 목적은 당헌·당강령, 당수와 당간부의 연설, 당의 출판물·선전자료 등을 총체적으로 판단하여 결정한다. 정당의 활동에는 당수와 당간부의 활동이 포함되며, 평당원의 활동은 개인적인 동기에 의한 활동이 아니라 정당의 활동으로 볼 수 있는 활동만을 기준으로 검토하여 결정한다. [19국가7급]

3 민주적 기본질서의 의미

헌법 제8조 제4항의 민주적 기본질서를 자유민주적 기본질서로 보고 있다.

02. 위헌정당해산의 절차적 요건

1 정부의 제소

1. 제소권자

제소권자는 정부이다. 제소시 반드시 국무회의의 심의를 거쳐야 한다.

2. 정부의 해산 제소

정부의 해산제소권이 의무인가 재량인가에 대해서는 학설대립이 있다. 헌법문언이나 위헌정당해산제도의 보충적 성격상 재량설이 다수설이다.

2 헌법재판소의 해산심리 및 결정

1. 심리의 방식은 구두변론주의와 공개주의를 원칙으로 한다.
2. 결정정족수는 7인 이상의 출석·심리와 6인 이상의 찬성으로 의결한다.
3. 청구인의 신청이 있거나 헌법재판소의 직권으로 정당활동을 정지시키는 가처분 결정을 할 수 있다.
4. 헌법재판소의 심리결과 위헌정당이 아니라고 결정한 경우, 동일한 정당에 대하여 동일한 사유로 다시 제소할 수 없다.(일사부재리의 원칙)

   * 헌법재판소법상 가처분이 명문으로 규정된 경우는 위헌정당해산과 권한쟁의심판이다. 그 외의 경우는 판례에 의해 인정되기도 하고 부정되기도 한다.
   * 구두심리가 원칙인 절차: 탄핵심판, 정당해산심판, 권한쟁의심판

> **➡ 관련판례**
>
> 위헌정당해산심판에 민사소송법을 준용하는 것은 헌법에 위반되지 않고 가처분절차도 헌법에 위반되지 않는다.(헌재 2014.2.27. 2014헌마7)
> [1] 정당해산심판제도의 성격
>   정당해산제도는 정당 존립의 특권을 보장함(정당의 보호)과 동시에, 정당 활동의 자유에 관한 한계를 설정한다.(헌법의 보호)는 이중적 성격을 가진다.
> [2] 소송절차 일반에 준용되는 절차법으로서의 민사소송에 관한 법령을 준용하도록 한 것이 현저히 불합리하다고 볼 수 없다. 또한 '헌법재판의 성질에 반하지 아니하는 한도'에서만 민사소송에 관한 법령을 준용하도록 규정하여 정당해산심판의 고유한 성질에 반하지 않도록 적용범위를 한정하고 있다.
> [3] 민사소송에 관한 법령의 준용이 배제되어 법률의 공백이 생기는 부분에 대하여는 헌법재판소가 정당해산심판의 성질에 맞는 절차를 창설하여 이를 메울 수밖에 없다. … 따라서 준용조항은 청구인의 재판청구권, 즉 공정한 재판받을 권리를 침해한다고 볼 수 없다. [20경찰승진]

03. 강제해산의 효과

1 창설적 효력과 기속력

1. 창설적 효력

헌법재판소의 해산결정 시점부터 정당은 모든 특권을 상실하고 불법단체가 된다. 헌법재판소에 의한 해산 결정은 창설적 효력을 가지므로 중앙선거관리위원회의 등록말소절차는 행정상 후속조치에 불과하다. 그러므로 중앙선거관리위원회의 정당해산공고는 확인적·선언적 효력을 가진다.

2. 해산결정의 집행

해산결정의 통지를 받은 선거관리위원회는 정당의 등록을 말소하고 그 뜻을 지체없이 공고하여야 한다.

3. 위헌정당결정의 기속력

헌법재판소의 위헌정당해산결정은 모든 국가기관을 기속한다. 따라서 위헌정당해산결정에 대해서는 법원에 제소할 수 없다.

2 대체정당의 창설금지, 유사명칭의 사용금지, 잔여재산 국고귀속

1. 대체정당 창설금지

정당이 헌법재판소의 결정으로 해산된 때에는 그 정당의 대표자 및 간부는 해산된 정당의 강령(또는 기본정책)과 동일하거나 유사한 것으로 정당을 창당하지 못한다.(정당법 제40조) [23국회8급]

2. 같은 명칭 사용금지

헌법재판소의 결정에 의하여 해산된 정당의 명칭과 같은 명칭은 정당의 명칭으로 다시 사용하지 못한다.(정당법 제41조 제2항) [20서울지방7급]

3. 잔여재산 국고귀속

헌법재판소의 해산결정에 의하여 해산된 정당의 잔여재산은 국고에 귀속한다.(정당법 제48조 제2항)

> * 위헌정당으로 제소된 정당이 헌법재판소의 종국 결정 전에 자진해산하였다 하더라도 그 잔여재산은 「정당법」에 따라 국고에 귀속된다. (×) [15국회8급]

3 위헌정당의 목적을 달성하려는 집회와 시위의 금지

위헌정당의 목적을 달성하려는 집회와 시위는 절대적으로 금지된다.

4 소속 의원의 자격상실 여부

헌법재판소는 의원직 보유여부에 관한 명문의 규정이 없는 경우에 국민대표성(자유위임)을 후퇴시켜 의원직 상실결정을 하였다. 다만, 지방직 의원에 대해서는 판시하지 않았다. [23국회8급, 19서울7급, 16법원직]

Ⅶ 정당의 소멸

* 정당의 소멸사유에는 헌법재판소의 위헌정당해산결정, 선거관리위원회의 등록취소, 자진해산이 있다.

01. 정당의 등록취소

> **정당법 제44조(등록의 취소)** ① 정당이 다음 각 호의 어느 하나에 해당하는 때에는 당해 선거관리위원회는 그 등록을 취소한다.
> 1. 제17조(법정시·도당수) 및 제18조(시·도당의 법정당원수)의 요건을 구비하지 못하게 된 때. 다만, 요건의 흠결이 공직선거의 선거일 전 3월 이내에 생긴 때에는 선거일 후 3월까지, 그 외의 경우에는 요건흠결시부터 3월까지 그 취소를 유예한다.
> 2. 최근 4년간 임기만료에 의한 국회의원선거 또는 임기만료에 의한 지방자치단체 의장선거나 시·도의회의원 선거에 참여하지 아니한 때 [13법원직]
> 3. 임기만료에 의한 국회의원선거에 참여하여 의석을 얻지 못하고 유효투표총수의 100분의 2 이상을 득표하지 못한 때 [위헌] [10국회8급]

OX 연습

1. 임기만료에 의한 국회의원선거에 참여하여 의석을 얻지 못하고 유효투표총수의 100분의 2 이상을 득표하지 못한 정당에 대해 등록취소하도록 한 「정당법」 조항은 헌법에 위반되지 않는다. [21경찰승진]
2. 정당은 그 대의기관의 결의로써 해산할 수 있으며, 정당이 해산한 때에는 그 대표자는 지체 없이 그 뜻을 국회에 신고하여야 한다. [18지방7급]
3. 위헌정당으로 강제해산된 경우와 달리 등록이 취소된 경우에는 정당의 명칭을 곧바로 다시 사용할 수 있다. [13서울7급]

대통령선거, 기초의회의원 선거의 불참은 등록취소사유가 아니다.

> **▶ 관련판례**
>
> 임기만료에 의한 국회의원선거에 참여하여 의석을 얻지 못하고 유효투표총수의 100분의 2 이상을 득표하지 못한 때 정당등록을 취소하는 것은 헌법에 위반된다. 그리고 그러한 정당의 명칭을 일정기간 사용하지 못하게 하는 것도 헌법에 위반된다. (헌재 2014.1.28. 2012헌마431 등) [20서울지방7급, 19지방7급, 18변호사 등]
> 정당명칭사용금지조항은 정당등록취소조항을 전제로 하고 있으므로, 위와 같은 이유에서 정당설립의 자유를 침해한다.

02. 정당의 자진해산

> **정당법 제45조(자진해산)** ① 정당은 그 대의기관의 결의로써 해산할 수 있다.
> ② 제1항의 규정에 의하여 정당이 해산한 때에는 그 대표자는 지체 없이 그 뜻을 관할 선거관리위원회에 신고하여야 한다. [19국가7급, 18지방7급]

03. 유사명칭의 사용금지와 잔여재산의 귀속

> **정당법 제41조(유사명칭 등의 사용금지)** ① 이 법에 의하여 등록된 정당이 아니면 그 명칭에 정당임을 표시하는 문자를 사용하지 못한다.
> **제48조(해산된 경우 등의 잔여재산 처분)** ① 정당이 제44조(등록의 취소) 제1항의 규정에 의하여 등록이 취소되거나 제45조(자진해산)의 규정에 의하여 자진해산한 때에는 그 잔여재산은 당헌이 정하는 바에 따라 처분한다.
> ② 제1항의 규정에 의하여 처분되지 아니한 정당의 잔여재산 및 헌법재판소의 해산결정에 의하여 해산된 정당의 잔여재산은 국고에 귀속한다. [11국회8급]

Ⅷ 정당과 정치자금

01. 정치자금의 의의

"정치자금"이란 당비, 후원금, 기탁금, 보조금과 정당의 당헌·당규 등에서 정한 부대수입 그 밖에 정치활동을 위하여 정당(중앙당창당준비위원회를 포함한다), 공직선거에 의하여 당선된 자, 공직선거의 후보자 또는 후보자가 되고자 하는 자, 후원회·정당의 간부 또는 유급사무직원 그 밖에 정치활동을 하는 자에게 제공되는 금전이나 유가증권 그 밖의 물건과 그 자의 정치활동에 소요되는 비용을 말한다. (정자법 제3조) [08법원직]

> **▶ 관련판례**
>
> 정치자금에 대한 규제는 대의제 민주주의의 필연적 귀결이다. (헌재 2004.6.24. 2004헌바16)

Answer

1. × 헌재 2014.1.28. 2012헌마431
2. × 정당법 제45조
3. × 정당법 제41조

02. 현행 정치자금법의 기본원칙

> **정치자금법 제2조(기본원칙)** ① 누구든지 이 법에 의하지 아니하고는 정치자금을 기부하거나 받을 수 없다.
> ③ 정치자금은 정치활동을 위하여 소요되는 경비로만 지출하여야 하며, 사적 경비로 지출하거나 부정한 용도로 지출하여서는 아니된다. 이 경우 "사적 경비"라 함은 다음 각 호의 어느 하나의 용도로 사용하는 경비를 말한다.
> ④ 이 법에 의하여 <u>1회 120만원을 초과</u>하여 정치자금을 기부하는 자와 다음 각 호에 해당하는 금액을 초과하여 정치자금을 지출하는 자는 <u>수표나 신용카드·예금계좌입금 그 밖에 실명이 확인되는 방법</u>으로 기부 또는 지출하여야한다. 다만, 현금으로 연간 지출할 수 있는 정치자금은 연간 지출총액의 100분의 20(선거비용은 선거비용제한액의 100분의 10)을 초과할 수 없다.
> ⑤ 누구든지 <u>타인의 명의나 가명으로 정치자금을 기부할 수 없다.</u>

▶ 관련판례

정치자금의 규제
정치자금 불법수수와 당연퇴직(헌재 2008.1.17. 2006헌마1075)[기각]
국회의원 당선자가 정치자금 불법수수로 100만원 이상의 벌금형을 받은 경우 당연퇴직되는 것은 공무담임권이나 평등권을 침해하는 것이라 볼 수 없다.

03. 기부의 제한

> **정치자금법 제31조(기부의 제한)** ① <u>외국인, 국내·외의 법인 또는 단체는 정치자금을 기부할 수 없다.</u>
> ② 누구든지 국내·외의 법인 또는 단체와 <u>관련된 자금으로 정치자금을 기부할 수 없다.</u>

▶ 관련판례

1. 단체관련자금의 기부금지(헌재 2010.12.28. 2008헌바89)[합헌]
   이 사건 기부금지 조항은 죄형법정주의의 명확성원칙에 위반되지 않고, 과잉금지원칙에 위반하여 정치활동의 자유 등을 침해하지 아니한다. [14법원직]
2. 교원의 선거운동을 금지하고 있는 구 공직선거법 제60조 제1항 제4호 중 '국가공무원법 제2조에 규정된 국가공무원 중 교육공무원'에 관한 부분 및 같은 항 제5호 중 '제53조 제1항 제7호에 해당하는 자' 부분은 과잉금지원칙을 위배하여 선거운동의 자유를 침해하지 않는다.(헌재 2012.7.26. 2009헌바298)

* 누구든지 단체와 관련된 자금으로 정치자금을 기부할 수 없도록 하는 것은 정치활동의 자유 내지 정치적 의사표현의 자유에 대한 제한이 될 수 있다. (○) [14법원직]

04. 당비

"당비"란 명목여하에 불구하고 정당의 당헌·당규 등에 의하여 정당의 당원이 부담하는 금전이나 유가증권 그 밖의 물건을 말한다.

정치자금법 제4조(당비) ① 정당은 소속 당원으로부터 당비를 받을 수 있다.
② 정당의 회계책임자는 타인의 명의나 가명으로 납부된 당비는 국고에 귀속시켜야 한다. [13국가7급]

정당법 제31조(당비) ① 정당은 당원의 정예화와 정당의 재정자립을 도모하기 위하여 당비납부제도를 설정·운영하여야 한다.
② 정당의 당원은 같은 정당의 타인의 당비를 부담할 수 없으며, 타인의 당비를 부담한 자와 타인으로 하여금 자신의 당비를 부담하게 한 자는 당비를 낸 것이 확인된 날부터 1년간 당해 정당의 당원자격이 정지된다.

05. 후원금

1 개념

"후원금"이란 이 법의 규정에 의하여 후원회에 기부하는 금전이나 유가증권 그 밖의 물건을 말한다. 후원금은 직접 후원회지정권자에게 기부하는 것이 아니라 후원회에 기부하는 것이다.

2 후원회지정권자

1. 후원회를 둘 수 있는 자를 후원회지정권자라 한다.

정치자금법 제6조(후원회지정권자) 다음 각 호에 해당하는 자(이하 "후원회지정권자"라 한다)는 각각 하나의 후원회를 지정하여 둘 수 있다.
1. 중앙당(중앙당창당준비위원회를 포함한다)
2. 국회의원(국회의원선거의 당선인을 포함한다)
2의2. 지방의회의원(지방의회의원선거의 당선인을 포함한다)
2의3. 대통령선거의 후보자 및 예비후보자(이하 "대통령후보자등"이라 한다)
3. 정당의 대통령선거후보자 선출을 위한 당내경선후보자(이하 "대통령선거경선후보자"라 한다)
4. 지역선거구(이하 "지역구"라 한다)국회의원선거의 후보자 및 예비후보자(이하 "국회의원후보자등"이라 한다). 다만, 후원회를 둔 국회의원의 경우에는 그러하지 아니하다.
5. 중앙당 대표자 및 중앙당 최고 집행기관(그 조직형태와 관계없이 당헌으로 정하는 중앙당 최고 집행기관을 말한다)의 구성원을 선출하기 위한 당내경선후보자(이하 "당대표경선후보자등"이라 한다)
6. 지역구지방의회의원선거의 후보자 및 예비후보자(이하 "지방의회의원후보자등"이라 한다). 다만, 후원회를 둔 지방의회의원의 경우에는 그러하지 아니하다.
7. 지방자치단체의 장선거의 후보자 및 예비후보자(이하 "지방자치단체장후보자등"이라 한다)

➡ 관련판례

정당에 대한 후원을 금지하고 위반시 형사처벌하는 정치자금법 제45조 제1항 본문의 '이 법에 정하지 아니한 방법'은 헌법에 합치되지 아니한다.(헌재 2015.12. 23. 2013헌바168)[헌법불합치(잠정적용)] [19·16지방7급]
[1] 정당의 역할과 기능에 비추어 정당에 대한 정치자금 기부는 개체로서의 국민이 자신의 정치적 견해를 표명하는 매우 효과적인 수단일 뿐만 아니라 정당에 영향력을 행사하는 중요한 방법의 하나가 된다.
[2] 이 사건 법률조항은 수단의 적합성과 침해최소성 원칙에 위배된다.

2. 후원회를 둘 수 없는 자

	당내경선 후보자	예비후보자	후보자	당선 후
대통령	○	○	○	×
지역구 국회의원		○	○	○
비례대표국회의원			×	○
중앙당 대표자	○			
지방자치단체장		○	○	×
지방의회의원		○	○	○

* 정당 – 중앙당(중앙당창당준비위원회를 포함)은 후원회를 둘 수 있다.

* 당선 후에도 후원회를 둘 수 있는 자는 국회의원(비례대표 포함), 시·도의원이다.

▶ **관련판례**

후원회지정권자

1. 특별시장·광역시장·특별자치시장·도지사·특별자치도지사 선거의 예비후보자를 후원회지정권자에서 제외하고, 자치구의 지역구의회의원 선거의 예비후보자를 후원회지정권자에서 제외하고 있는 정치자금법 조항에 관한 심판청구 사건에서,(헌재 2019.12.27. 2018헌마301) [20국회8급]
   [1] 광역자치단체장선거의 예비후보자에 관한 부분은 청구인들 평등권을 침해하여 헌법에 위반된다.[헌법불합치]
   [2] 자치구의회의원선거의 예비후보자에 관한 부분에 대하여는 재판관들의 의견이 인용의견 5인, 기각의견 4인으로 나뉘어 헌법과 헌법재판소법에서 정한 인용의견을 위한 정족수 6인에 이르지 못하여 기각하였다.[기각]
2. 국회의원을 후원회지정권자로 정하면서 지방자치법 제2조 제1항 제1호의 '도'의회의원과 같은 항 제2호의 '시'의회의원을 후원회지정권자에서 제외하고 있는 정치자금법 제6조 제2호는 지방의회의원인 청구인들의 평등권을 침해한다.(헌재 2022.11.24. 2019헌마528)[헌법불합치] [23국가7급]

3 기부한도

1. 후원인의 기부한도

> **정치자금법 제8조(후원회의 회원)** ① 누구든지 자유의사로 하나 또는 둘 이상의 후원회의 회원이 될 수 있다. 다만, 제31조(기부의 제한) 제1항의 규정에 의하여 기부를 할 수 없는 자와 「정당법」 제22조(발기인 및 당원의 자격)의 규정에 의하여 정당의 당원이 될 수 없는 자는 그러하지 아니하다.
>
> **제10조(후원금의 모금·기부)** ① 후원회는 제7조(후원회의 등록신청 등)의 규정에 의하여 등록을 한 후 후원인(회원과 회원이 아닌 자를 말한다. 이하 같다)으로부터 후원금을 모금하여 이를 당해 후원회지정권자에게 기부한다. 이 경우 후원회가 모금한 후원금 외의 차입금 등 금품은 기부할 수 없다.
> ② 후원회가 후원금을 모금한 때에는 모금에 직접 소요된 경비를 공제하고 지체 없이 이를 후원회지정권자에게 기부하여야 한다.

* 누구든지 둘 이상의 후원회의 회원이 될 수 있고, 후원회 회원이 아닌 자도 후원금을 낼 수 있다.

정치인에게 직접 정치자금을 기부한 경우 해당 후원회가 기부받은 것으로 의제하면서도 무상대여의 방법으로 기부한 경우는 제외하는 정치자금법 제10조 제3항 중 금전의 무상대여에 관한 부분 및 정치인에게 직접 정치자금을 무상대여한 경우 처벌하는 정치자금법 제45조 제1항 본문 중 이 법에 정하지 아니한 방법으로 정치자금을 기부한 자 가운데 금전의 무상대여에 관한 부분은 각 헌법에 위반되지 않는다.(헌재 2017.8.31. 2016헌바45)

2. 후원회의 기부한도

후원인이 후원회에 연간 납입할 수 있는 액수는 하한(1만원)과 상한(2천만원)이 모두 정해져 있다.

4 후원금 모금방법

정치자금법 제14조(후원금 모금방법) ① 후원회는 우편·통신(전화, 인터넷전자결제시스템 등을 말한다)에 의한 모금, 중앙선거관리위원회가 제작한 정치자금영수증(이하 "정치자금영수증"이라 한다)과의 교환에 의한 모금 또는 신용카드·예금계좌 등에 의한 모금 그 밖에 이 법과「정당법」및「공직선거법」에 위반되지 아니하는 방법으로 후원금을 모금할 수 있다. 다만, <u>집회에 의한 방법으로는 후원금을 모금할 수 없다.</u>

제16조(정치자금영수증과의 교환에 의한 모금) ① 후원회 또는 후원회로부터 위임을 받은 자는 정치자금영수증을 후원금과 교환하는 방법으로 모금을 할 수 있다.

5 후원회 해산시 잔여재산의 처분

당원인 경우	해산시의 소속정당에 인계
당원이 아닌 경우	사회복지시설에 인계

1. 후원금의 반환(헌재 2009.12.29. 2007헌마1412)[위헌] [15변호사]
   대통령선거경선후보자가 당내경선에 참여하지 아니하여 후원회를 둘 수 없게 된 때 기부받은 후원금 총액을 국고에 귀속시키는 것은 헌법에 위반된다. ⋯ 이 사건 법률조항은 <u>대통령선거경선후보자로서 정당의 경선에 참여하여 낙선한 사람과 그렇지 않은 사람을 구별하여 이미 사용한 후원금의 반환 여부에 관하여 차별취급하고 있는바, 그와 같은 차별에 합리적인 이유가 있다고 보기 어려우므로 청구인의 평등권을 침해한다.</u>
2. 국회의원예비후보자가 당내경선에 참여하지 아니하여 후원회를 둘 수 없게 된 때 기부받은 후원금 총액을 국고에 귀속시키는 것은 헌법에 위반된다.(헌재 2009.12.29. 2008헌마141)[위헌]

06. 기탁금

1 개념

"기탁금"이란 정치자금을 정당에 기부하고자 하는 개인이 이 법의 규정에 의해 선거관리위원회에 기탁하는 금전이나 유가증권 그 밖의 물건을 말한다.

*기탁금은 정당에 기부하는 것이기는 하나 기탁은 정당이 아닌 선관위에 하는 것이다.

2 기탁금을 기탁할 수 있는 자

> 정치자금법 제22조(기탁금의 기탁) ① 기탁금을 기탁하고자 하는 개인(당원이 될 수 없는 공무원과 사립학교 교원을 포함한다)은 각급 선거관리위원회(읍·면·동선거관리위원회를 제외한다)에 기탁하여야 한다.
> ③ 누구든지 타인의 명의나 가명 또는 그 성명 등 인적 사항을 밝히지 아니하고 기탁금을 기탁할 수 없다. 이 경우 기탁자의 성명 등 인적 사항을 공개하지 아니할 것을 조건으로 기탁할 수 있다.

*기탁은 개인만 할 수 있고 법인 또는 단체는 할 수 없다. 기탁은 반드시 기명으로 해야 하며, 타인의 명의나 가명, 무기명으로 할 수 없다. 그러나 기탁자의 성명 등 인적 사항을 공개하지 아니할 것을 조건으로 기탁할 수는 있다. 기탁금에도 한도가 있다.
*당원이 될 수 없는 공무원과 사립학교 교원은 기탁할 수 없다. (×)

07. 국고보조금

1 개념

"보조금"이란 정당의 보호·육성을 위하여 국가가 정당에 지급하는 금전이나 유가증권을 말한다.(정자법 제3조 제6호)

2 종류

보조금에는 선거지원보조금과 정당운영보조금(경상보조금), 여성추천보조금, 장애인추천보조금, 청년추천보조금이 있다.

> 정치자금법 제25조(보조금의 계상) ① 국가는 정당에 대한 보조금으로 최근 실시한 임기만료에 의한 국회의원선거의 선거권자 총수에 보조금 계상단가를 곱한 금액을 매년 예산에 계상하여야 한다. 이 경우 임기만료에 의한 국회의원선거의 실시로 선거권자 총수에 변경이 있는 때에는 당해 선거가 종료된 이후에 지급되는 보조금은 변경된 선거권자 총수를 기준으로 계상하여야 한다.
>
> 제26조의3(공직후보자 청년추천보조금) ① 국가는 임기만료에 의한 지역구국회의원선거, 지역구시·도의회의원선거 및 지역구자치구·시·군의회의원선거에서 청년후보자(39세 이하 후보자를 말한다. 이하 같다)를 추천한 정당에 지급하기 위한 보조금(이하 "청년추천보조금"이라 한다)으로 최근 실시한 임기만료에 의한 국회의원선거의 선거권자 총수에 100원을 곱한 금액을 임기만료에 의한 국회의원선거, 시·도의회의원선거 또는 자치구·시·군의회의원선거가 있는 연도의 예산에 계상하여야 한다.

1. 정당에 정치자금을 기부하고자 하는 자는 무기명으로 선거관리위원회에 기탁금을 기탁할 수 있다. [10국회8급]
2. 보조금 계상의 기준이 되는 선거는 최근 실시한 임기만료에 의한 대통령선거이다. [17국회8급]

3 보조금의 용도

> **정치자금법 제28조(보조금의 용도제한 등)** ① 보조금은 정당의 운영에 소요되는 경비로서 다음 각 호에 해당하는 경비 외에는 사용할 수 없다.
> ② 경상보조금을 지급받은 정당은 그 경상보조금 총액의 100분의 30 이상은 정책연구소 [「정당법」 제38조(정책연구소의 설치·운영)에 의한 정책연구소를 말한다. 이하 같다]에, 100분의 10 이상은 시·도당에 배분·지급하여야 하며, 100분의 10 이상은 여성정치발전을 위하여, 100분의 5 이상은 청년정치발전을 위하여 사용하여야 한다. 이 경우 여성정치발전을 위한 경상보조금의 규체적인 사용용도는 다음 각 호와 같다. (각호생략)

4 보조금의 감액과 반환

> **정치자금법 제29조(보조금의 감액)** 중앙선거관리위원회는 다음 각호의 규정에 따라 당해 금액을 회수하고, 회수가 어려운 때에는 그 이후 당해 정당에 지급할 보조금에서 감액하여 지급할 수 있다.
> 1. 보조금을 지급받은 정당(정책연구소 및 정당선거사무소를 포함한다)이 보조금에 관한 회계보고를 허위·누락한 경우에는 허위·누락에 해당하는 금액의 2배에 상당하는 금액
> 2. 제28조(보조금의 용도제한 등) 제1항의 규정에 의한 용도 외의 용도로 사용한 경우에는 그 용도를 위반하여 사용한 보조금의 2배에 상당하는 금액

5 보조금의 지급기준

◈ 국고보조금의 배분

전체의 50%	동일정당의 소속의원으로 교섭단체(20석 이상)를 구성한 정당에 균등지급
5%	교섭단체를 구성하지 못한 정당 중 5석 이상의 의석을 가진 정당 (5석 이상 19석 이하)에 균등지급
2%	① 최근 실시된 국회의원 총선거에서 유효투표총수의 2/100 이상 득표하였으나 의석은 없는 정당 ② 국회의원 총선거에서 유효투표총수의 2/100 미만을 얻었으나 의석은 있으며, 지자체 선거에서 유효투표총수의 0.5/100 이상을 득표한 정당 ③ 최근 실시된 국회의원선거에 참여하지 아니한 정당으로서, 지자체 선거에서 유효투표총수의 2/100 이상을 득표한 정당
잔여분	잔여분 중 50/100은 의석수 비율에 따라, 50/100은 득표율에 따라 배분

＊ 의석이 없는 정당도 보조금을 배분받을 수 있다. 특히 최근에 실시된 임기만료에 의한 국회의원선거에 참여하지 아니한 정당의 경우에도 보조금을 배분받을 수 있다.

> ▶ **관련판례**
>
> 1. 초·중등교원의 정당가입 금지와 선거운동 금지는 정치적 자유권을 침해하는 것이 아니다.(헌재 2004.3.25. 2001헌마710)[기각]
> 2. 정치자금법상 회계보고된 자료의 열람기간을 3월간으로 정한 정치자금법 제42조 제2항 본문 중 '3월간' 부분은 알권리를 침해하여 헌법에 위반된다.(헌재 2021.5.27. 2018헌마1168)[위헌] [22국가7급]

공무담임권과 직업공무원 제도

제1항 | 공무담임권

> 헌법 제25조 모든 국민은 법률이 정하는 바에 의하여 공무담임권을 가진다. [20법무사]

Ⅰ 공무담임권의 의의

공무담임권이란 모든 공공단체의 직무를 담임하는 권리를 말하므로 선거를 통하여 공직에 선출될 수 있는 피선거권과 공직에 임명될 수 있는 공직취임권을 포함하는 개념이다. [14변호사·법원직]

Ⅱ 공무담임권의 내용

공무담임권은 공직취임권과 신분보유권, 승진에 있어 기회균등으로 이루어진다. [21국가7급, 20법무사]

▶ 관련판례

<u>공무담임권은 공직취임의 기회 균등뿐만 아니라 취임한 뒤 승진할 때에도 균등한 기회 제공을 요구한다.</u> 군 복무 기간이 경력평정에서도 일부만 산입되므로 경력평정점수도 상대적으로 적게 부여된다. 이는 승진임용절차 개시 및 승진임용점수 산정과 관련된 법적 불이익에 해당하므로, 승진경쟁인원 증가에 따라 승진 가능성이 낮아지는 사실상의 불이익 문제나 단순한 내부승진인사 문제와 달리 공무담임권의 제한에 해당한다.(헌재 2018.7.16. 2017헌마1183) [19국가7급]

공무담임권이 아닌 것
1. 자기가 원하는 특정장소에서 공직을 수행할 권리는 공무담임권에 의해 보호되지 않는다.(헌재 2008.6.26. 2005헌마1275) [20법무사]
2. 특정보직을 받아 공무를 수행할 권리는 공무담임권에 의해 보호되지 않는다.(헌재 2008.6.26. 2005헌마1275)

▶ 관련판례

형의 선고와 공무원 퇴직
1. 금고 이상의 형의 선고유예를 받은 경우에 당연퇴직(헌재 2003.10.30. 2002헌마684) [위헌] [17법원직, 12국가7급]
   헌법 제7조 제2항(직업공무원제도) 침해가 아니라 공무담임권 침해로 위헌 [18서울7급]

   🔖 체크포인트

   벌금형의 선고유예판결을 공무원 결격사유로 하지 않으면서 금고형의 선고유예판결을 결격사유로 하는 것은 합리성과 형평에 반한다.

◀ OX 연습

1. 청원경찰이 금고 이상
의 형의 선고유예를 받은
경우 당연퇴직되도록 규정
한 「청원경찰법」 관련 조
항은 청원경찰이 저지른 범
죄의 종류나 내용에 따른
적절한 제재로서 청원경찰
의 직업의 자유를 침해하
는 것이 아니다. [16법무사]
2. 경찰공무원이 자격정지
이상의 형의 선고유예를 받
은 경우 당연퇴직하도록 규
정하고 있는 구 경찰공무
원법 조항은 공무담임권을 침
해하지 않는다.
[18경찰승진]

> **해설**
> (×) 금고형이 벌금형보다 중한 형이므로 벌금형의 선고유예 판결을 공무원 결격사유로
> 하지 않으면서 금고형의 선고유예 판결을 결격사유로 하였다고 해서 위 규정이 합리성과
> 형평에 반한다고 볼 수 없다.(헌재 1990.6.25. 89헌마220) — 평등원칙 위반은 아니지
> 만 과잉금지원칙 위반으로 위헌결정되었다.

2. 금고 이상의 형의 집행유예를 받은 경우에 당연퇴직[합헌] [14변호사, 12국가7급]

3. 형사기소된 공무원의 필요적 직위해제[위헌] [17지방7급]

4. 형사기소된 공무원의 임의적 직위해제[합헌]

5. 국가공무원법 제69조 위헌소원(헌재 2013.7.25. 2012헌바409)
   [1] 수뢰죄를 범하여 금고 이상의 형의 선고유예를 받은 국가공무원은 당연퇴직하도
       록 한 국가공무원법 제69조 단서 중 '형법 제129조 제1항'에 관한 부분은 과잉금
       지원칙에 반하여 청구인의 공무담임권을 침해하지 않는다. [17지방7급, 15국회8급]
   [2] 심판대상조항이 경찰공무원이나 군인에 비하여 일반공무원을 불합리하게 차별
       하여 평등원칙에 위반되지 않는다.
   [3] 별도의 징계절차를 거치지 아니하고 당연퇴직하도록 규정한 심판대상조항은 적
       법절차원칙에 위반되지 않는다.

6. 청원경찰이 금고 이상의 형의 선고유예를 받은 경우 당연 퇴직되도록 규정한 청원경찰법
   제10조의6 제1호 중 제5조 제2항에 의한 국가공무원법 제33조 제5호에 관한 부분이 헌
   법에 위반된다.(헌재 2018.1.28. 2017헌가26) [23지방7급, 18국가9급]

7. 청원경찰이 법원에서 <u>자격정지의 형</u>을 선고받은 경우 국가공무원법을 준용하여 당연퇴직
   하도록 한 청원경찰법 제10조의6 제1호 중 제5조 제2항에 의한 국가공무원법 제33조 제
   6호 '법원의 판결에 따라 자격이 정지된 자' 부분은 과잉금지원칙을 위반하여 청구인의 직
   업의 자유를 침해하지 아니한다.(헌재 2011.10.25. 2011헌마85)

8. 자격정지 이상의 선고유예를 받고 그 선고유예기간 중에 있는 자에 대하여 당연퇴직을 규
   정하고 있는 경찰공무원법 규정은 헌법에 위반되지 않는다. [21경찰승진]
   범죄행위로 인하여 형사처벌을 받은 경찰공무원에게 그에 상응하는 신분상의 불이
   익을 과하는 것은 국민의 신뢰 손상 방지, 원활한 경찰권의 행사 등 국민전체의 이
   익을 위해 불가피하고, 자격정지 이상의 선고유예판결을 받은 경우 그러한 범죄의
   중대성 및 경찰공무원 신분의 중대성에 비추어 볼 때 이 사건 규정이 입법자의 재량
   을 일탈하여 공무담임권, 재산권 및 행복추구권을 침해하는 위헌의 법률조항이라
   할 수 없다.(헌재 1998.4.30. 96헌마7)

9. 경찰공무원이 자격정지 이상의 형의 선고유예를 받은 경우 공무원직에서 당연퇴직하도록
   규정하고 있는 이 사건 법률조항은 자격정지 이상의 <u>선고유예 판결을 받은 모든 범죄를
   포괄하여 규정하고 있을 뿐만 아니라 심지어 오늘날 누구에게나 위험이 상존하는 교통사
   고 관련범죄 등 과실범의 경우마저 당연퇴직의 사유에서 제외하지 않고 있으므로 최소침
   해성의 원칙에 반한다.</u> 또한, 오늘날 사회국가 원리에 입각한 공직제도의 중요성이 강조
   되면서 개개 공무원의 공무담임권 보장의 중요성은 더욱 큰 의미를 가지고 있다. 일단 공
   무원으로 채용된 공무원을 퇴직시키는 것은 공무원이 장기간 쌓은 지위를 박탈해 버리는
   것이므로 같은 입법목적을 위한 것이라고 하여도 당연퇴직 사유를 임용결격사유와 동일
   하게 취급하는 것은 타당하다고 할 수 없다. 따라서 이 사건 법률조항은 헌법 제25조의
   공무담임권을 침해한 위헌 법률이다. 따라서 이 사건 법률조항은 헌법 제25조의 공무담임
   권을 침해한 위헌 법률이다.(헌재 2004.9.23. 2004헌가12) [22경찰승진]

Answer

1. × 헌재 2018.1.25.
2017헌가26
2. × 헌재 1998.4.30.
96헌마7

공무담임권 침해 사례

1. 공무원 또는 공무원이었던 자가 재직중의 사유로 금고 이상의 형을 받은 때에 퇴직급여 및 퇴직수당의 일부를 감액하여 지급하도록 한 공무원연금법 규정은 재산권을 침해하고 평등의 원칙에 위배된다.(헌재 2007.3.29. 2005헌바33)[헌법불합치] [12국가7급]
   공무원의 신분이나 직무상 의무와 관련이 없는 범죄의 경우에도 퇴직급여 등을 제한하는 것은, 공무원범죄를 예방하고 공무원이 재직중 성실히 근무하도록 유도하는 입법목적을 달성하는 데 적합한 수단이라고 볼 수 없다. 그리고 특히 <u>과실범의 경우에는 공무원이기 때문에 더 강한 주의의무 내지 결과발생에 대한 가중된 비난가능성이 있다고 보기 어려우므로,</u> 퇴직급여 등의 제한이 공무원으로서의 직무상 의무를 위반하지 않도록 유도 또는 강제하는 수단으로서 작용한다고 보기 어렵다.

2. 공무원이 '직무와 관련 없는 과실로 인한 경우' 및 '소속상관의 정당한 직무상의 명령에 따르다가 과실로 인한 경우'를 제외하고 재직 중의 사유로 금고 이상의 형을 받은 경우, 퇴직급여 등을 감액하도록 규정한 공무원연금법 제64조 제1항 제1호는 헌법불합치결정의 기속력에 반하지 않는다.(헌재 2013.8.29. 2012헌바48 등)
   2009. 12. 31. 개정된 이 사건 감액조항을 2009. 1. 1.까지 소급하여 적용하도록 규정한 공무원연금법 부칙 제1조 단서, 제7조 제1항 단서 후단은 소급입법금지원칙에 위배된다.

3. 비례대표 기탁금조항(지역구와 비례대표의 기탁금 동일조항)은 과잉금지원칙을 위반하여 청구인들의 공무담임권 등을 침해한다.(헌재 2016.12.29. 2015헌마1160)[헌법불합치(적용중지)] [19지방7급]
   <u>정당에 대한 선거로서의 성격을 가지는 비례대표국회의원선거는 인물에 대한 선거로서의 성격을 가지는 지역구 국회의원선거와 근본적으로 그 성격이 다르고,</u> 비례대표 기탁금조항은 공직선거법상 허용된 선거운동을 통하여 선거의 혼탁이나 과열을 초래할 여지가 지역구국회의원선거보다 훨씬 적다고 볼 수 있음에도 지역구국회의원선거에서의 기탁금과 동일한 고액의 기탁금을 설정하고 있다. 따라서 위 기탁금액은 위 과태료 등 사전 확보 목적을 달성하기에도 지나치게 과다한 금액에 해당한다. … 이상을 종합하면, 비례대표 기탁금조항은 침해의 최소성 원칙에 위반된다.

4. 총장후보자 지원자에게 기탁금 1,000만 원을 납부하도록 한 '전북대학교 총장임용후보자 선정에 관한 규정' 제15조 제1항 제9호, '전북대학교 총장임용후보자 선정에 관한 규정' 제15조 제3항은 청구인의 공무담임권을 침해하므로 헌법에 위반된다.(헌재 2018.4.26. 2014헌마274)[각하, 위헌] [19변호사]

   > 비교판례➡ 대구교육대학교 총장임용후보자선거에서 후보자가 되려는 사람은 1,000만 원의 기탁금을 납부하도록 규정한 같은 규정 제23조 제1항 제2호 및 제24조 제1항은 헌법에 위반되지 않는다.(헌재 2021.12.23. 2019헌마825)[기각]

5. 국가공무원법 제33조 제6호의4 나목 중 아동복지법 제17조 제2호 가운데 '아동에게 성적 수치심을 주는 <u>성희롱</u> 등의 성적 학대행위로 형을 선고받아 그 형이 확정된 사람은 국가공무원법 제2조 제2항 제1호의 일반직공무원으로 임용될 수 없도록 한 것'에 관한 부분 및 군인사법 제10조 제2항 제6호의4 나목 중 아동복지법 제17조 제2호 가운데 '아동에게 성적 수치심을 주는 성희롱 등의 성적 학대행위로 형을 선고받아 그 형이 확정된 사람은 부사관으로 임용될 수 없도록 한 것'에 관한 부분이 헌법에 합치되지 아니한다.(헌재 2022.11.24. 2020헌마1181)[헌법불합치] [23지방7급]

심판대상조항은 공직에 대한 국민의 신뢰를 확보하고 아동의 건강과 안전을 보호하기 위한 것으로서, 그 입법목적이 정당하다. 아동에 대한 성희롱 등의 성적 학대행위로 인하여 형을 선고받아 확정된 사람을 공직에 진입할 수 없도록 하는 것은 위와 같은 입법목적 달성에 기여할 수 있으므로, <u>수단의 적합성도 인정된다.</u>

그러나 심판대상조항은 아동과 관련이 없는 직무를 포함하여 모든 일반직공무원 및 부사관에 임용될 수 없도록 한다. 또한, 심판대상조항은 영구적으로 임용을 제한하고, 아무리 오랜 시간이 경과하더라도 결격사유가 해소될 수 있는 어떠한 가능성도 인정하지 않는다. 아동에 대한 성희롱 등의 성적 학대행위로 형을 선고받은 경우라고 하여도 범죄의 종류, 죄질 등은 다양하므로, 개별 범죄의 비난가능성 및 재범 위험성 등을 고려하여 상당한 기간 동안 임용을 제한하는 덜 침해적인 방법으로도 입법목적을 충분히 달성할 수 있다. 따라서 심판대상조항은 과잉금지원칙에 위반되어 청구인의 공무담임권을 침해한다.

6. 국가공무원이 피성년후견인이 된 경우 당연퇴직되도록 한 구 국가공무원법 제69조 제1호 중 제33조 제1호 가운데 '피성년후견인'에 관한 부분, 구 국가공무원법 제69조 제1항 중 제33조 제1호 가운데 '피성년후견인'에 관한 부분 및 국가공무원법 제69조 제1항 중 제33조 제1호에 관한 부분은 모두 헌법에 위반된다.(헌재 2022.12.22. 2020헌가8)[위헌] [23국가7급]

   [1] 제한되는 기본권

   심판대상조항은 피성년후견인을 당연퇴직사유로 규정하여 공무원의 신분을 박탈하고 있으므로, 공무담임권을 제한한다.

   [2] 과잉금지원칙 위반 여부(적극)

   심판대상조항은 직무수행의 하자를 방지하고 국가공무원제도에 대한 국민의 신뢰를 보호하기 위한 것으로서, 그 입법목적이 정당하다. 이러한 목적을 달성하기 위해 정신적 제약으로 사무를 처리할 능력이 지속적으로 결여되어 성년후견이 개시된 국가공무원을 개시일자로 퇴직시키는 것은, <u>수단의 적합성도 인정된다.</u>

   결국 심판대상조항과 같은 정도로 입법목적을 달성하면서도 공무담임권의 침해를 최소화할 수 있는 대안이 있으므로, <u>심판대상조항은 침해의 최소성에 반한다.</u> 결국 심판대상조항은 과잉금지원칙에 반하여 공무담임권을 침해한다.

7. 국가공무원법 제33조 제6호의4 나목 중 구 아동·청소년의 성보호에 관한 법률 제11조 제5항 가운데 '아동·청소년이용음란물임을 알면서 이를 소지한 죄로 형을 선고받아 그 형이 확정된 사람은 국가공무원법 제2조 제2항 제1호의 일반직공무원으로 임용될 수 없도록 한 것'에 관한 부분 및 지방공무원법 제31조 제6호의4 나목 중 구 아동·청소년의 성보호에 관한 법률 제11조 제5항 가운데'아동·청소년이용음란물임을 알면서 이를 소지한 죄로 형을 선고받아 그 형이 확정된 사람은 지방공무원법 제2조 제2항 제1호의 일반직공무원으로 임용될 수 없도록 한 것'에 관한 부분은 모두 헌법에 합치되지 아니한다.(헌재 2023.6.29. 2020헌마1605)[헌법불합치]

   아동·청소년이용음란물소지죄로 형을 선고받은 경우라고 하여도 범죄의 종류, 죄질 등은 다양하므로, 개별 범죄의 비난가능성 및 재범 위험성 등을 고려하여 상당한 기간 동안 임용을 제한하는 덜 침해적인 방법으로도 입법목적을 충분히 달성할 수 있다. 따라서 심판대상조항은 과잉금지원칙에 위배되어 청구인들의 공무담임권을 침해한다.

공무담임권 침해가 아닌 사례

1. 공무원에 대해 국가 또는 지방자치단체의 정책에 집단적으로 반대·방해하는 행위를 금지하고, 정치적 주장을 표시·상징하는 복장 등을 착용하는 행위를 금지하는 것은 공무원의 신분과 지위의 특수성을 고려할 때 공무원의 정치적 표현의 자유 등 기본권을 침해하지 않는다.(헌재 2012.5.31. 2009헌마705)

2. 2013. 1. 1.부터 판사임용자격에 일정기간 법조경력을 요구하는 법원조직법 부칙 제1조 단서 중 제42조 제2항에 관한 부분 및 제2조는 신뢰보호원칙에 반하여 2011. 7. 18. 법원조직법 개정 당시 사법시험에 합격하였으나 아직 사법연수원에 입소하지 않은 청구인들의 공무담임권을 침해하지 않는다.(헌재 2014.5.29. 2013헌마127·199(병합))

3. 군인사법 제15조 제1항 중 부사관으로 최초로 임용되는 사람의 최고연령을 27세로 정한 부분은 청구인들의 공무담임권을 침해하지 않는다.(헌재 2014.9.25. 2011헌마414) [22국가7급, 16변호사]

- 군부사관 임용나이 제한[합헌]
- 경찰대 입학나이 제한[합헌]
- 9급 공무원 임용나이 제한[합헌]
- 5급 공무원 임용나이 제한[위헌]
- 소방관, 경찰관 임용나이 제한[헌법불합치]

4. 대통령선거 예비후보자등록을 신청하는 사람에게 대통령선거 기탁금의 100분의 20인 6,000만 원을 기탁금으로 납부하도록 정한 공직선거법 규정은 청구인의 공무담임권을 침해하지 않으므로 헌법에 위반되지 않는다.(헌재 2015.7.30. 2012헌마402)

5. 10년 미만의 법조경력을 가진 사람의 판사임용을 위한 최소 법조경력요건을 2013년부터 2017년까지는 3년, 2018년부터 2021년까지는 5년, 2022년부터 2025년까지는 7년으로 정하여 단계적으로 법조일원화가 진행되도록 하는 법원조직법 부칙 제2조는 청구인들의 공무담임권을 침해하지 아니한다.(헌재 2016.5.26. 2014헌마427)

6. 금고 이상의 형의 선고유예를 받고 그 기간 중에 있는 자를 임용결격사유로 삼고, 위 사유에 해당하는 자가 임용되더라도 이를 당연무효로 하는 구 국가공무원법 제33조 제1항 제5호는 헌법에 위반되지 않는다.(헌재 2016.7.28. 2014헌바437) [22경찰1차]

7. 채용 예정 분야의 해당 직급에 근무한 실적이 있는 군인을 전역한 날부터 3년 이내에 군무원으로 채용하는 경우 특별채용시험으로 채용할 수 있도록 한 구 군무원인사법 제7조 제2항 중 '전역한 날부터 3년 이내' 부분과, 임용예정일을 기준으로 전역 후 3년 이내인 자를 예비전력관리 업무담당자로 선발하도록 하는 예비전력관리 업무담당자 선발 규칙 제5조 제2항은 청구인의 공무담임권을 침해하지 아니한다.(헌재 2016.10.27. 2015헌마734)

8. 교육공무법 제10조의4 중 미성년자에 대하여 성범죄를 범하여 형을 선고받아 확정된 자와 성인에 대한 성폭력범죄를 범하여 벌금 100만 원 이상의 형을 선고받아 확정된 자는 초·중등교육법상의 교원에 임용될 수 없도록 한 부분은 청구인의 공무담임권을 침해하지 않는다.(헌재 2019.7.25. 2016헌마754)[기각] [21국가7급]

9. 7급 세무직 공무원 공개경쟁채용시험에서 특정 자격증(변호사·공인회계사·세무사) 소지자에게 가산점을 부여하는 구 공무원임용시험령 제31조 제2항 별표 11, 12 각 부분은 공무담임권을 침해하지 않는다.(헌재 2020.6.25. 2017헌마1178)[기각]

10. 공무원이 징계처분을 받은 경우 대통령령등으로 정하는 기간 동안 승진임용 및 승급을 제한하는 국가공무원법 제80조 제6항 본문은 포괄위임금지원칙에 위반되지 않는다.(헌재 2022.3.31. 2020헌마211) [23지방7급]
'공무원수당 등에 관한 규정' 제7조 제2항 중 '감봉처분을 받은 공무원'에 관한 부분은 재산권을 침해하지 않는다. 이 사건 법률조항의 문언상 의미와 입법취지 및 관련 조항 전체를 유기적·체계적으로 종합하여 고려하면, 이 사건 법률조항의 위임을 받은 대통령령등에는 강등·정직·감봉·견책이라는 징계의 종류 또는 징계사유에 따라 개별 징계처분의 취지를 담보할 정도의 승진임용 또는 승급 제한기간이 규정될 것을 예측할 수 있다. 위 조항은 포괄위임금지원칙에 위배된다고 할 수 없다.

제2항 | 직업공무원 제도

Ⅰ 직업공무원 제도의 의의

직업공무원 제도란 정권교체와 관계없이 행정의 독자성을 유지하기 위하여 헌법 또는 법률에 의하여 공무원의 신분이 보장되는 공무원 제도를 말한다. [16국가7급]

국가공무원법
제26조의3(외국인과 복수국적자의 임용) ① 국가기관의 장은 국가안보 및 보안·기밀에 관계되는 분야를 제외하고 대통령령등으로 정하는 바에 따라 외국인을 공무원으로 임용할 수 있다.
② 국가기관의 장은 다음 각 호의 어느 하나에 해당하는 분야로서 대통령령등으로 정하는 분야에는 복수국적자(대한민국 국적과 외국 국적을 함께 가진 사람을 말한다. 이하 같다)의 임용을 제한할 수 있다.
1. 국가의 존립과 헌법 기본질서의 유지를 위한 국가안보 분야
2. 내용이 누설되는 경우 국가의 이익을 해하게 되는 보안·기밀 분야
3. 외교, 국가 간 이해관계와 관련된 정책결정 및 집행 등 복수국적자의 임용이 부적합한 분야

▶ 관련판례

1. 직업공무원 제도(헌재 1997.4.24. 95헌바48)
   직업공무원제도는 <u>주관적 권리가 아닌 객관적 법규범이라는 점에서 기본권과 구별되기는 하지만</u> 일단 헌법에 의해 제도로서 보장된 이상 입법자는 그 제도를 설정하고 유지할 입법의무를 지게 될 뿐만 아니라 <u>헌법에 규정되어 있기 때문에 법률로써 이를 폐지할 수 없고</u>, 비록 그 내용을 제한한다고 하더라도 그 본질적 내용을 침해할 수는 없다.
2. 지방자치단체의 직제가 폐지 또는 과원된 경우에 해당 공무원을 직권면직할 수 있도록 규정하고 있는 지방공무원법규정은 직업공무원제도를 위반한 것이 아니다.(헌재 2004.11. 25. 2002헌바8)[합헌] [19·17법원직 등]

Ⅱ 헌법 제7조

헌법 제7조	
① 공무원은 <u>국민전체에 대한 봉사자</u>이며, 국민에 대하여 책임을 진다.	광의의 공무원 개념. 5차 개헌(자유위임의 근거), 9차 개헌(국군의 정치적 중립 처음 규정)
② 공무원의 <u>신분과 정치적 중립성</u>은 법률이 정하는 바에 의하여 보장된다.	협의의 공무원 개념(직업공무원제, 제도보장) ⇨ 제37조 제2항이 적용되지 않는다. 3차 개헌

신분이 보장되고 정치적 중립성이 요구되는 직업공무원은 경력직 공무원만을 의미(1급 공무원 제외)한다. 따라서 정치적 공무원, 임시직 공무원, 별정직 공무원은 공무원법상의 신분보장을 받지 못한다. [17변호사 등]

Ⅲ 직업공무원 제도의 내용

공무원의 정치적 중립성	원칙	• 정치활동 금지, 정당가입 금지, 선거운동 금지 • 헌법이 직접 정당가입을 금지: 헌법재판소재판관, 선거관리위원회 위원
	예외	• 정당가입이 가능한 공무원: 정무직, 별정직, 조교수 이상의 교원 • 선거에서 중립성이 요구되지 않는 공무원: 국회의원, 지방의원

Ⅳ 사실상공무원의 문제

01. 사실상공무원의 개념

사실상공무원이란 임용당시 하자로 임용자격이 없음에도 불구하고 임용되어 공무원의 신분을 지니다가 그 하자가 발견되어 퇴직할 때까지의 자를 말한다. 임용은 무효이지만, 사실상공무원이 한 일은 유효이다. [21국가7급]

02. 사실상공무원의 공무원으로서의 지위 인정 여부

대법원은 "임용당시 공무원임용결격사유가 있었다면 비록 국가의 과실에 의하여 임용결격자임을 밝혀내지 못하였다 하더라도 그 임용행위는 당연무효로 보아야 한다."는 입장이다.

> ▶ 관련판례
>
> **사실상공무원**
> 1. 임용결격자가 공무원으로 임용되어 사실상 근무하여 온 경우 공무원연금법상 퇴직급여 등을 청구할 수 없다.(대판 1996.7.12. 96누3333) [21국가7급]
> 2. 예비후보자등록 시 일정한 기탁금을 납부하도록 하고, 예비후보자가 후보자등록을 하지 않는 등 일정한 경우에 기탁금을 국고에 귀속하도록 규정한 공직선거법 제57조 제1항 제1호 다목 및 제60조의2 제2항 후단은 청구인의 공무담임권 등을 침해하지 아니한다.(헌재 2010.12.28. 2010헌마79)
> 3. 지역구국회의원선거에서 구·시·군선거방송토론위원회가 개최하는 대담·토론회의 초청자격을 제한하고 있는 공직선거법 제82조의2 제4항 제3호 중 '지역구국회의원선거'에 관한 부분은 공무담임권을 제한하는 것이 아니며, 청구인의 선거운동의 기회균등원칙과 관련한 평등권을 침해하는 것이 아니다.(헌재 2011.5.26. 2010헌마451)
> 4. 구 국가공무원법 제66조 제1항이 금지하는 '공무 외의 일을 위한 집단행위'의 의미 및 위 규정은 명확성의 원칙과 과잉금지의 원칙에 위반되지 않는다. / 이 사건 행위 중 릴레이1인시위, 릴레이 언론기고, 릴레이 내부 전산망 게시는 모두 후행자가 선행자에 동조하여 동일한 형태의 행위를 각각 한 것에 불과하고, 여럿이 같은 시간에 한 장소에 모여 집단의 위세를 과시하는 방법으로 의사를 표현하거나 여럿이 단체를 결성하여 그 단체 명의로 의사를 표현하는 경우, 여럿이 가담한 행위임을 표명하는 경우 또는 정부활동의 능률을 저해하기 위한 집단적 태업행위에 해당한다거나 이에 준할 정도로 행위의 집단성이 있다고 보기 어렵다. 다만, 원고 1 등 7명의 피켓 전시는 위 원고들이 1인시위에 사용하였던 피켓을 모아서 함께 전시하였다는 점에서 행위의 집단성을 인정할 수 있다고 보인다.(대판 2017.4.13. 2014두8469) [19법원직]

◢ OX 연습

1. 공무원 임용 당시에는 연령정년에 관한 규정만 있었는데 사후에 계급정년제도를 신설하여 정년이 단축되도록 하는 것은 정년 규정을 변경하는 입법이 구 법질서에 대하여 기대했던 당사자의 신뢰보호 내지 신분관계의 안정이라는 이익을 지나치게 침해하지 않는 한 공무원의 신분보장에 반하지 않는다.
[10국회8급]

Answer

1. ○ 헌재 1994.4.28. 91헌바15

[1] 이는 공무가 아닌 어떤 일을 위하여 공무원들이 하는 모든 집단행위를 의미하는 것이 아니라, 언론·출판·집회·결사의 자유를 보장하고 있는 헌법 제21조 제1항, 공무원에게 요구되는 헌법상의 의무 및 이를 구체화한 국가공무원법의 취지, 국가공무원법상의 성실의무 및 직무전념의무 등을 종합적으로 고려하여 '공익에 반하는 목적을 위한 행위로서 직무전념의무를 해태하는 등의 영향을 가져오는 집단적 행위'라고 해석된다.

[2] 국가공무원법 제63조에서 정한 품위 유지의 의무에서 '품위'는 명확성의 원칙과 과잉금지의 원칙에 위배되지 않는다. 여기서 '품위'는 공직의 체면, 위신, 신용을 유지하고, 주권자인 국민의 수임을 받은 국민 전체봉사자로서의 직책을 다함에 손색이 없는 몸가짐을 뜻하는 것으로서, 직무의 내외를 불문하고, 국민의 수임자로서의 직책을 맡아 수행해 나가기에 손색이 없는 인품을 말한다.

[3] 공무원이 외부에 자신의 상사 등을 비판하는 의견을 발표하는 행위는 공무원으로서의 체면이나 위신을 손상시키는 행위에 해당한다.

CHAPTER 06 청구권적 기본권

SECTION 1 | 청구권적 기본권의 의의

의의	청구권적 기본권은 국민이 국가에 대하여 일정한 행위를 요구할 수 있는 적극적인 권리를 말한다.
특징	청구권적 기본권은 다른 실체적 기본권의 보장을 위한 절차적 기본권이라는 점에서 기본권 보장을 위한 기본권(수단적 권리)이다. [14법원직]

SECTION 2 | 청원권

> **헌법 제26조** ① 모든 국민은 법률이 정하는 바에 의하여 국가기관에 <u>문서</u>로 청원할 권리를 가진다. [23법무사]
> ② 국가는 청원에 대하여 <u>심사할 의무</u>를 진다.

제1항 | 청원권의 의의

청원권은 국민이 국가기관에 문서로 자기의 의견이나 희망을 진술할 수 있는 권리로서 국가기관은 청원을 수리할 뿐만 아니라 이를 심사하여 청원자에게 그 처리결과를 통지할 의무까지 진다.

* 청원은 반드시 문서로 하여야 한다. 헌법은 청원의 심사의무만 규정하고 있으며, 청원법은 수리, 심사, 통지의무를 규정하고 있다.

제2항 | 청원권의 주체

헌법은 청원권의 주체를 국민이라 하고 있지만, 청원권은 외국인에게도 인정된다. 자연인만이 아니라 법인도 청원권의 주체가 된다. [08지방7급] 단, 사실상 노무에 종사하는 공무원을 제외하고 공무원은 직무관련 청원과 집단적 청원을 할 수 없다.

* 외국인과 법인도 청원권의 주체이다.

OX 연습

1. 법률·명령·조례·규칙 등의 제정·개정 또는 폐지는 「청원법」상 청원사항에 해당하지 않는다.
[13법원9급]
2. 국가기관은 청원사항을 심사하여 심판서나 재결서에 준하는 이유를 명시한 처리결과를 통지하여야 한다. [16경찰승진]
3. 청원소관서는 청원법이 정하는 절차와 범위내에서 청원사항을 성실·공정·신속히 심사하고 청원인에게 그 처리결과를 통지할 의무가 있고, 그 처리내용은 공권력의 행사 또는 불행사에 해당하므로 청원인은 그 처리내용이 기대하는 바에 미치지 못하는 경우라면 헌법소원심판을 제기하는 것이 허용된다. [18법무사]

제3항 | 청원권의 내용

I 청원사항

청원법 제5조(청원사항) 국민은 다음 각 호의 어느 하나에 해당하는 사항에 대하여 청원기관에 청원할 수 있다.
1. 피해의 구제
2. 공무원의 위법·부당한 행위에 대한 시정이나 징계의 요구
3. 법률·명령·조례·규칙 등의 제정·개정 또는 폐지
4. 공공의 제도 또는 시설의 운영
5. 그 밖에 청원기관의 권한에 속하는 사항

* 공무원에 대한 징계의 요구가 가능하므로 **청원은 국민소환제적 기능**을 한다. 제5조의 청원사항은 예시적인 것이다. 공공기관의 권한에 속하는 사항은 모두 청원대상이 될 수 있으며, 자신과 이해관계가 없는 사항에 대한 사항도 청원할 수 있다. [04국가7급]

➡ 관련판례

1. 청원의 결과에 대해 헌법소원을 제기하지 못한다.(헌재 1997.7.16. 93헌마239)[각하]
청원사항의 처리결과에 심판서나 재결서에 준하여 이유를 명시할 것까지를 요구하는 것은 청원권의 보호범위에 포함되지 아니하므로 [19국가7급] 청원 소관서는 청원법이 정하는 절차와 범위 내에서 청원사항을 성실·공정·신속히 심사하고 청원인에게 그 청원을 어떻게 처리하였거나 처리하려고 하는지를 알 수 있는 정도로 결과 통지함으로써 충분하고, 비록 그 처리내용이 청원인이 기대하는 바에 미치지 않는다고 하더라도 헌법소원의 대상이 되는 공권력의 행사 내지 불행사라고는 볼 수 없다. [12국회8급]
2. 청원권과 행정소송(대판 1990.5.25. 90누1458)
청원에 대한 심사처리결과의 통지 유무는 행정소송의 대상이 되는 행정처분이라고 할 수 없다.

II 청원의 불수리 및 금지

청원법 제6조(청원 처리의 예외) 청원기관의 장은 청원이 다음 각 호의 어느 하나에 해당하는 경우에는 처리를 하지 아니할 수 있다. 이 경우 사유를 청원인(제11조제3항에 따른 공동청원의 경우에는 대표자를 말한다)에게 알려야 한다.
1. 국가기밀 또는 공무상 비밀에 관한 사항
2. 감사·수사·재판·행정심판·조정·중재 등 다른 법령에 의한 조사·불복 또는 구제절차가 진행 중인 사항
3. 허위의 사실로 타인으로 하여금 형사처분 또는 징계처분을 받게 하는 사항
4. 허위의 사실로 국가기관 등의 명예를 실추시키는 사항
5. 사인간의 권리관계 또는 개인의 사생활에 관한 사항
6. 청원인의 성명, 주소 등이 불분명하거나 청원내용이 불명확한 사항

제16조(반복청원 및 이중청원) ① 청원기관의 장은 동일인이 같은 내용의 청원서를 같은 청원기관에 2건 이상 제출한 반복청원의 경우에는 나중에 제출된 청원서를 반려하거나 종결처리할 수 있고, 종결처리하는 경우 이를 청원인에게 알려야 한다. [19국가7급]

Answer

1. × 청원법 제5조
2. × 헌재 1997.7.16. 93헌마239
3. × 헌재 1994.2.24. 93헌마213

② 동일인이 같은 내용의 청원서를 2개 이상의 청원기관에 제출한 경우 소관이 아닌 청원기관의 장은 청원서를 소관 청원기관의 장에게 이송하여야 한다. 이 경우 반복청원의 처리에 관하여는 제1항을 준용한다.

제25조(모해의 금지) 누구든지 타인을 모해(謀害)할 목적으로 허위의 사실을 적시한 청원을 하여서는 아니 된다.

* 청원은 이중청원이 안 되지만 부패방지 및 국민권익위원회에 관한 법률에서는 이중의 진정을 허용하고 있다.

Ⅲ 청원대상기관

청원법 제4조(청원기관) 이 법에 따라 국민이 청원을 제출할 수 있는 기관(이하 "청원기관"이라 한다)은 다음 각 호와 같다.
1. 국회·법원·헌법재판소·중앙선거관리위원회, 중앙행정기관(대통령 소속 기관과 국무총리 소속 기관을 포함한다)과 그 소속 기관
2. 지방자치단체와 그 소속 기관
3. 법령에 따라 행정권한을 가지고 있거나 행정권한을 위임 또는 위탁받은 법인·단체 또는 그 기관이나 개인 [21서울7급]

* **개인이나 단체에게도 청원을 할 수 있으므로** 청원대상 기관이 국가나 지자체에 한정되는 것이 아님을 주의할 필요가 있다.

Ⅳ 청원의 방법과 절차

01. 청원 방법

청원법 제10조(온라인청원시스템) ① 행정안전부장관은 서면으로 제출된 청원을 전자적으로 관리하고, 전자문서로 제출된 청원을 효율적으로 접수·처리하기 위하여 정보처리시스템(이하 "온라인청원시스템"이라 한다)을 구축·운영하여야 한다.

구두나 익명으로는 할 수 없다.	청원은 청원인의 성명과 주소 또는 거소를 기재하고 서명한 문서로 하여야 한다.(청원법 제9조)
제3자를 통한 청원은 가능	국민은 여러 가지 이해관계 또는 국정에 관하여 자신의 의견이나 희망을 해당 기관에 직접 진술하는 외에 그 본인을 대리하거나 중개하는 제3자를 통해 진술하더라도 이는 청원권으로서 보호된다.(헌재 2005.11.24. 2003헌바108) 그런데 이 사건 법률조항은 공무원의 직무에 속하는 사항에 관하여 금품을 대가로 다른 사람을 중개하거나 대신하여 그 이해관계나 의견 또는 희망을 해당 기관에 진술할 수 없게 하므로, <u>일반적 행동자유권 및 청원권을 제한한다</u>.(헌재 2012.4.24. 2011헌바40) - 그러나 침해는 아니다.

02. 국회 및 지방의회에 대한 청원

1 방법

국회청원	국회에 청원을 하려는 자는 의원의 소개를 받거나 국회규칙으로 정하는 기간 동안 국회규칙으로 정하는 일정한 수 이상의 국민의 동의를 받아 청원서를 제출하여야 한다. [21국회8급]
지방의회청원	지방의원의 소개가 있어야 한다.

➡ 관련판례

의회청원에 있어서 의원의 소개(헌재 2006.6.29. 2005헌마604)[기각]
헌법재판소는 의원의 소개를 요하는 국회법과 지방자치법에 대해 합헌 결정하였다. 그 이유는 청원의 남용을 예방하고 심사의 효용을 높이고자 하는 데 있다. 또 의회에 대한 청원이 수리되면 일반의안과 동일한 의사절차를 거치게 하기 위함이다. [19국가7급, 12국회8급]

2 국회가 채택한 청원의 처리

> **국회법 제123조(청원서의 제출)** ① 국회에 청원을 하려는 자는 의원의 소개를 받거나 국회규칙으로 정하는 기간 동안 국회규칙으로 정하는 일정한 수 이상의 국민의 동의를 받아 청원서를 제출하여야 한다.
>
> **제124조(청원요지서의 작성과 회부)** ① 의장은 청원을 접수하였을 때에는 청원요지서를 작성하여 인쇄하거나 전산망에 입력하는 방법으로 각 의원에게 배부하는 동시에 그 청원서를 소관 위원회에 회부하여 심사하게 한다. [21서울7급]
> ② 청원요지서에는 청원자의 주소·성명, 청원의 요지, 소개 의원의 성명과 접수 연월일을 적는다.
>
> **제125조(청원 심사·보고 등)** ① 위원회는 청원 심사를 위하여 청원심사소위원회를 둔다.
>
> **제126조(정부이송과 처리보고)** ① 국회가 채택한 청원으로서 정부에서 처리함이 타당하다고 인정되는 청원은 의견서를 첨부하여 정부에 이송한다.

3 국무회의의 심사

정부에 제출 또는 회부된 정부의 정책에 관계되는 청원의 심사는 국무회의의 심의를 거쳐야 한다. [16국가7급]

03. 수용자 또는 수형자의 청원

수형자는 처우에 대하여 청원하고자 할 때 법무부장관 또는 순회점검공무원에게 청원할 수 있다.

수용자의 청원(헌재 2001.11.29. 99헌마713)[기각]
수용자가 국무총리실 등에 교도소 내의 폭행·가혹행위를 조사하여 달라는 내용의 청원을 서신의 형태로 할 때 교도소장의 허가를 받도록 한 것은 청원권을 침해한 것이 아니다. … 국가기관에 대한 청원의 경우 이에 대한 아무런 제한 없이 청원할 수 있도록 한다면 이를 이용하여 검열 없이 외부에 서신을 발송하는 탈법수단으로 이용할 우려가 있다.

📑 참고

로비스트의 허용 여부(헌재 2005.11.24. 2003헌바108)[기각]
전문가나 전문가 집단의 로비활동은 적극적으로 권장할 사항으로 보인다. 그러나 금전적 대가를 받는 알선 내지 로비활동을 합법적으로 보장할 것인지 여부는 그 시대 국민의 법 감정이나 사회적 상황에 따라 달라진다고 보아야 한다. … 다원화되고 있는 현대사회에서 국가기관 등의 정책결정 및 집행과정에 로비스트와 같은 중개자나 알선자를 통해 자신의 의견이나 자료를 제출할 수 있도록 허용한다면, 국민은 언제나 이러한 의견 전달통로를 이용해 국정에 참여할 수 있을 것이므로 국민주권의 상시화가 이루어질 수 있을 것이다. 그러나 금전적 대가를 받는 알선 내지 로비활동을 합법적으로 보장할 것인지 여부는 그 시대 국민의 법 감정이나 사회적 상황에 따라 입법자가 판단할 사항으로, … 공무원의 직무에 속한 사항의 알선에 관하여 금품 등을 수수하는 모든 행위를 형사처벌하고 있다고 하더라도 이것이 청원권이나 일반적 행동자유권을 침해하는 것으로 볼 수 없다.

SECTION 3 | 재판청구권

헌법 제27조 ① 모든 국민은 헌법과 법률이 정한 법관에 의하여 법률에 의한 재판을 받을 권리를 가진다. [20법무사]	헌법과 법률이 정한 법관이 아닌 재판을 받지 않을 권리를 말한다. [21국가7급]	➕ **헌법 제110조** ④ 비상계엄하의 군사재판은 군인·군무원의 범죄나 군사에 관한 간첩죄의 경우와 초병·초소·유독음식물공급·포로에 관한 죄 중 법률이 정한 경우에 한하여 단심으로 할 수 있다. 다만, 사형을 선고한 경우에는 그러하지 아니하다.
② 군인 또는 군무원이 아닌 국민은 대한민국의 영역 안에서는 중대한 군사상 기밀·초병·초소·유독음식물공급·포로·군용물에 관한 죄 중 법률이 정한 경우와 비상계엄이 선포된 경우를 제외하고는 군사법원의 재판을 받지 아니한다. [20법무사]	일반국민도 군사재판을 받는 경우가 있다. 비상계엄의 경우에만 한정되는 것이 아니다.	
③ 모든 국민은 신속한 재판을 받을 권리를 가진다. 형사피고인은 상당한 이유가 없는 한 지체 없이 공개재판을 받을 권리를 가진다. [23경찰2차, 20법무사]	신속한 재판과 공개재판은 명문규정이 있으나 공정한 재판은 명문규정이 없다. 다만, 공정한 재판을 받을 권리는 당연히 헌법상의 기본권이다.	

④ 형사피고인은 유죄의 판결이 확정될 때까지는 <u>무죄로 추정</u>된다.	• 무죄추정원칙은 8차 개헌 • 법위반사실의 공표명령은 무죄추정원칙 위반
⑤ 형사피해자는 법률이 정하는 바에 의하여 당해 사건의 재판절차에서 진술할 수 있다.	• 재판절차진술권은 현행헌법에서 도입 • 교특법위반사건에서 중상해의 경우에도 공소제기를 못하게 하는 것은 피해자의 재판절차진술권 침해, 평등권도 침해. 다만, 기본권 보호의무 위반은 아니다.

제1항 | 재판청구권의 의의

Ⅰ 재판청구권의 개념

재판청구권이란 사법권의 독립이 보장된 법원에서 신분이 보장된 자격 있는 법관에 의하여 재판을 받을 권리와 적법한 절차에 따르는 공정한 심판을 받을 권리를 말한다. 재판청구권은 적어도 한번 헌법과 법률이 정한 법관에 의한 사실심과 법률심을 받을 것을 보장해야 한다.(헌재 1992.6.26. 90헌바25)

Ⅱ 재판의 개념

> ▶ 관련판례
>
> 범죄인인도심사를 서울고등법원의 전속관할로 하고 대법원에의 상소를 허용하지 않는 것이 재판청구권을 침해하는 것은 아니다.(헌재 2003.1.30. 2001헌바95)[합헌] [18변호사, 13법원직] 법원에 의한 <u>범죄인인도심사는</u> 국가형벌권의 확정을 목적으로 하는 형사절차와 같은 전형적인 <u>사법절차의 대상에 해당되는 것은 아니며,</u> 법률(범죄인인도법)에 의하여 인정된 특별한 절차라 볼 것이다. … 범죄인인도 여부에 관한 법원의 결정은 법원이 범죄인을 해당 국가에 인도하여야 할 것인지 아닌지를 판단하는 것일 뿐 <u>그 자체가 형사처벌이라거나 그에 준하는 처벌로 보기 어렵다. 그렇다면 애초에 재판청구권의 보호대상이 되지 않는 사항에 대하여 법원의 심사를 인정한 경우, 이에 대하여 상소할 수 없다고 해서 재판청구권이 새로이 제한될 수 있다고는 통상 보기 어려울 것이다.</u>

제2항 | 재판청구권의 주체

기본권의 주체가 될 수 있는 자는 누구나 재판청구권의 주체가 된다. 따라서 재판을 받을 권리는 외국인과 법인에게도 보장되며, 법인 아닌 재단이나 사단에게도 인정된다. [16국회8급] 국가·지방자치단체는 헌법소원을 할 수 없지만 재판청구권의 주체는 된다.

제3항 | 재판청구권의 내용

Ⅰ 「헌법과 법률이 정한 법관에 의한」 재판을 받을 권리

01. 「헌법과 법률이 정한 법관에 의한」 재판을 받을 권리

물적 독립(헌법 제103조)과 인적 독립(헌법 제106조, 법원조직법 제46조)이 보장된 법관에 의한 재판을 받을 권리를 의미한다.

* 물적 독립은 재판의 독립을 말하고, 인적 독립은 법관의 신분보장을 말한다.

02. 헌법과 법률이 정한 법관에 의하지 않은 재판을 받지 않을 권리

1 약식절차

약식절차는 약식명령으로서 벌금 또는 과료와 같은 재산형에 한하여 과할 수 있는 간이소송절차이고, 이에 불복할 경우에는 정식재판을 청구할 수 있으므로 재판청구권의 침해라고 볼 수 없다.

2 군사재판

군사법원은 헌법조문상 특별법원으로 되어 있지만, 해석상 예외법원(법관 아닌 자가 재판에 관여)으로 보았으나 최근 군사법원법이 개정되었다.

> **헌법 제110조** ① 군사재판을 관할하기 위하여 특별법원으로서 군사법원을 둘 수 있다.
> ② 군사법원의 상고심은 대법원에서 관할한다.
>
> **군사법원법**
> **제2조(신분적 재판권)** ① 군사법원은 다음 각 호의 어느 하나에 해당하는 사람이 범한 죄에 대하여 재판권을 가진다. 〈각호 생략〉
> ② 제1항에도 불구하고 <u>법원은</u> 다음 각 호에 해당하는 범죄 및 그 경합범 관계에 있는 죄에 대하여 재판권을 가진다. 다만, 전시·사변 또는 이에 준하는 국가비상사태 시에는 그러하지 아니하다.
> 1. 「군형법」 제1조제1항부터 제3항까지에 규정된 사람이 범한 「성폭력범죄의 처벌 등에 관한 특례법」 제2조의 성폭력범죄 및 같은 법 제15조의2의 죄, 「아동·청소년의 성보호에 관한 법률」 제2조제2호의 죄
> 2. 「군형법」 제1조제1항부터 제3항까지에 규정된 사람이 사망하거나 사망에 이른 경우 그 원인이 되는 범죄
> 3. <u>「군형법」 제1조제1항부터 제3항까지에 규정된 사람이 그 신분취득 전에 범한 죄</u>
>
> **제10조(고등법원의 심판사항)** ① 고등법원은 군사법원의 재판에 대한 항소사건, 항고사건 및 그 밖에 다른 법률에 따라 고등법원의 권한에 속하는 사건에 대하여 심판한다.
> ② 제1항의 고등법원은 「각급 법원의 설치와 관할구역에 관한 법률」 별표 1에 따른 서울고등법원에 둔다.
>
> **제22조 (군사법원의 재판관)** ① 군사법원에서는 군판사 3명을 재판관으로 한다.
> ② 제1항에도 불구하고 약식절차에서는 군판사 1명을 재판관으로 한다.

▣ 관련판례

1. 군사재판(헌재 1996.10.31. 93헌바25)
   <u>심판관을 일반장교 중에서 임명할 수 있도록 규정하였다고 하여 바로 위 조항들 자체가</u> 청구인이 주장하는 바와 같이 군사법원의 헌법적 한계를 일탈하여 사법권의 독립과 재판의 독립을 침해하고 죄형법정주의에 반하거나 인간의 존엄과 가치, 행복추구권, 평등권, 신체의 자유, 정당한 <u>재판을 받을 권리 및 정신적 자유를 본질적으로 침해하는 것</u>이라고 할 수 없다.

2. '전투용에 공하는 시설'을 손괴한 군인 또는 군무원이 아닌 국민이 군사법원에서 재판받도록 하는, 구 군사법원법 제2조 제1항 제1호 중 '구 군형법 제1조 제4항 제4호' 가운데 '구 군형법 제69조 중 전투용에 공하는 시설의 손괴죄를 범한 내국인에 대하여 적용되는 부분'은 헌법과 법률이 정한 법관에 의한 재판을 받을 권리를 침해한다.(헌재 2013.11.28. 2012헌가10) [19법원직 등]

3. 가사비송 조항이 상속재산분할에 관한 사건을 가사비송사건으로 규정하였다고 하여도 이것이 입법재량의 한계를 일탈하여 상속재산분할에 관한 사건을 제기하고자 하는 자의 공정한 재판을 받을 권리를 침해한다고 볼 수 없다.(헌재 2017.4.27. 2015헌바24) [21경찰승진]

4. 현역병의 군대 입대 전 범죄에 대한 군사법원의 재판권을 규정하고 있는 군사법원법(헌재 2009.7.30. 2008헌바162)[합헌] [14국가7급]
   군대의 특수성으로 인하여 일단 군인신분을 취득한 군인이 군대 외부의 일반법원에서 재판을 받는 것은 군대조직의 효율적인 운영을 저해하고, 현실적으로도 군인이 수감 중인 상태에서 일반법원의 재판을 받기 위해서는 상당한 비용·인력 및 시간이 소요되므로 이러한 군의 특수성 및 전문성을 고려할 때 군인신분 취득 전에 범한 죄에 대하여 군사법원에서 재판을 받도록 하는 것은 합리적인 이유가 있다.

③ 통고처분

재정범에 대한 국세청장등의 통고처분과 교통범칙자나 경범죄처벌법상의 범칙자에 대한 경찰서장의 통고처분은 법관이 아닌 행정직공무원에 의한 것이지만, 처분을 받은 당사자의 임의의 승복을 발효요건으로 하고, 불응시에는 정식재판의 절차가 보장되어 있으므로, 재판청구권을 침해하지 아니한다.

개념 및 종류	법관이 아닌 행정직공무원에 의한 범칙금 부과이다. 재정범에 대한 국세청장 등의 통고처분과 교통범칙자나 경범죄처벌법상의 범칙자에 대한 경찰서장의 통고처분이다.
성질	당사자의 임의의 승복을 발효요건으로 하고, 불응시에는 정식재판의 절차가 보장되어 있으므로, 재판청구권을 침해하지 아니한다. 헌법재판소도 통고처분을 행정심판이나 행정소송의 대상에서 제외하고 있는 관세법 제38조 제3항 제2호를 합헌이라고 판시하였다.
효과	범칙금을 납부하면 일사부재리효가 발생한다.

4 행정심판(행정기관에 의한 재결 또는 결정)

1. 재판의 전심절차

조문	헌법 제107조 ③ 재판의 전심절차로서 행정심판을 할 수 있다. 행정심판의 절차는 법률로 정하되, 사법절차가 <u>준용되어야</u> 한다. [19국가7급]
판례	"사법절차"를 특징지우는 요소로는 판단기관의 독립성·공정성, 대심적(對審的) 심리구조, 당사자의 절차적권리보장 등을 들 수 있으나, 위 헌법조항은 행정심판에 사법절차가 "준용"될 것만을 요구하고 있으므로 위와 같은 사법절차적 요소를 엄격히 갖춰야 할 필요는 없다고 할지라도, 적어도 사법절차의 본질적 요소를 전혀 구비하지 아니하고 있다면 "준용"의 요구에마저 위반된다.(헌재 2000.6.1. 98헌바8)

* 필요적 전치에 사법절차가 준용되지 않으면 위헌이고, 임의적 전치에는 사법절차가 준용되지 않아도 위헌이 아니다.

2. 행정심판과 재판의 관계

재판청구권은 적어도 한 번 헌법과 법률이 정한 법관에 의한 사실심과 법률심을 받을 것을 보장해야 하기 때문에 행정심판이 사실심의 최종심이 되는 것은 재판청구권을 침해하는 것이 된다. [15국회8급]

> **▶ 관련판례**
>
> 재판청구권의 침해
> 1. 특허쟁송에서 특허청의 심판과 항고심판에서 사실심이 끝나고 하급심을 거치지 않고 바로 법률심인 대법원의 재판을 받는 것은 재판청구권을 침해한다.(헌재 1995.9.28. 92헌가11)[헌법불합치(잠정적용)] [18변호사]
>   사실심을 특허청이 하고 대법원이 법률심만 하는 것은 재판청구권의 침해이다.
> 2. 대한변호사협회변호사징계위원회나 법무부변호사징계위원회의 징계에 관한 결정은 비록 그 징계위원 중 일부가 법관이 참여한다고 하더라도 이를 헌법과 법률이 정한 법관에 의한 재판이라고 볼 수 없으므로, 법무부변호사징계위원회의 결정이 법률에 위반된 것을 이유로 하는 경우에 한하여 법률심인 대법원에 즉시항고할 수 있도록 한 변호사법 제81조 제4항 내지 제6항은, 법관에 의한 사실확정 및 법률적용의 기회를 박탈한 것으로서 헌법상 국민에게 보장된 "법관에 의한" 재판을 받을 권리를 침해하는 위헌규정이다.(헌재 2000.6.29. 99헌가9)[위헌] [16변호사, 11국회8급]
>
> > **비교판례 ▶** 변호사가 공소제기되어 그 재판의 결과 등록취소에 이르게 될 가능성이 매우 크고, 그대로 두면 장차 의뢰인이나 공공의 이익을 해칠 구체적인 위험성이 있는 경우 법무부변호사징계위원회의 결정을 거쳐 법무부장관이 업무정지를 명할 수 있도록 한 변호사법 제102조 제1항 본문 및 제2항 중 각 '공소제기된 변호사'에 관한 부분은 명확성원칙에 위반되지 않는다.(헌재 2014.4.24. 2012헌바45)
> > 이 사건 법률조항은 무죄추정의 원칙에 위반되지 않고, 직업수행의 자유를 침해하지 않는다.

◀ OX 연습

1. 행정심판이 필요적 전심절차로 규정되어 있는 경우에는 반드시 사법절차가 준용되어야 하지만, 임의적 전심절차로 규정되어 있는 경우에는 당사자의 선택권이 보장되어 있으므로 그러하지 아니하다.
[15법무사]
2. 대한변호사협회징계위원회에서 징계를 받은 변호사는 법무부변호사징계위원회에서의 이의절차를 밟은 후 곧바로 대법원에 즉시항고 하도록 한 법률조항은 법무부변호사징계위원회를 사실확정에 관한 사실상 최종심으로 기능하게 하므로 헌법에 위반된다. [16변호사]

Answer

1. ○ 헌재 2001.6.28. 2000헌바30
2. ○ 헌재 2000.6.29. 99헌가9

3. 지방세심의위원회의 이의신청 및 심사청구를 거치지 아니하고는 지방세부과처분에 대한 행정소송을 제기할 수 없도록 하는 것은 재판청구권을 침해한다. (헌재 2001.6.28. 2000헌바30)[위헌] [11국회8급]

4. 경북북부제O교도소장이 출정비용납부거부 또는 상계동의거부를 이유로 청구인의 행정소송 변론기일에 청구인의 출정을 각 제한한 행위는 청구인의 재판청구권을 침해한 것이다.(헌재 2012.3.29. 2010헌바475)[위헌] [15서울7급]

5. 변호사와 접견하는 경우에도 수용자의 접견은 원칙적으로 접촉차단시설이 설치된 장소에서 하도록 규정하고 있는 형의 집행 및 수용자의 처우에 관한 법률 시행령 제58조 제4항은 재판청구권을 침해한다.(헌재 2013.8.29. 2011헌마122)[헌법불합치(잠정적용)] [15서울7급 등] - 그러나 변호인의 조력을 받을 권리를 제한하는 것은 아니다.

> 비교판례 ➡ 접촉차단시설이 설치되지 않은 장소에서 수용자와 접견할 수 있는 예외 대상의 범위에 소송대리인이 되려는 변호사를 포함시키지 않은 구 '형의 집행 및 수용자의 처우에 관한 법률 시행령' 제58조 제4항 제2호는 변호사인 청구인의 직업수행의 자유를 침해하지 않으므로 헌법에 위반되지 않는다.(헌재 2022.2.24. 2018헌마1010)[각하, 기각] [22경찰간부]
> 소송대리인이 되려는 변호사의 수용자 접견의 주된 목적은 소송대리인 선임 여부를 확정하는 것이고 소송준비와 소송대리 등 소송에 관한 직무활동은 소송대리인 선임 이후에 이루어지는 것이 일반적이므로 소송대리인 선임 여부를 확정하기 위한 단계에서는 접촉차단시설이 설치된 장소에서 접견하더라도 그 접견의 목적을 수행하는데 필요한 의사소통이 심각하게 저해될 것이라고 보기 어렵다.

6. 수형자인 청구인이 헌법소원 사건의 국선대리인인 변호사를 접견함에 있어서 그 접견내용을 녹음, 기록한 피청구인의 행위는 청구인의 재판을 받을 권리를 침해한다.(헌재 2013.9.26. 2011헌마398) [15국가7급]

7. 디엔에이감식시료채취영장 발부 과정에서 채취대상자가 자신의 의견을 진술하거나 영장발부에 대하여 불복하는 등의 절차를 두지 아니한 '디엔에이신원확인정보의 이용 및 보호에 관한 법률' 제8조는 과잉금지원칙을 위반하여 청구인들의 재판청구권을 침해한다.(헌재 2018.8.30. 2016헌마344)[헌법불합치(잠정적용)] [19서울7급]
이 사건 영장절차 조항의 재판청구권 침해 여부(적극)
[1] 이 사건 영장절차 조항은 신체의 자유를 제한하는 디엔에이감식시료 채취 과정에서 중립적인 법관이 구체적 판단을 거쳐 발부한 영장에 의하도록 함으로써 법관의 사법적 통제가 가능하도록 한 것이므로, 그 목적의 정당성 및 수단의 적합성은 인정된다.
[2] 이 사건 영장절차 조항은 채취대상자인 청구인들의 재판청구권을 과도하게 제한하므로, 침해의 최소성 원칙에 위반된다.

8. 인신보호법상 구제청구 사건에서 '피수용자인 구제청구자'의 즉시항고 제기기간을 '3일'로 정한 인신보호법 제15조의 해당 부분은 청구인의 재판청구권을 침해한다.(헌재 2015.9.24. 2013헌가21) [18지방7급]

9. 즉시항고의 제기기간을 3일로 제한하고 있는 형사소송법 제405조는 재판청구권을 침해하여 헌법에 합치되지 아니한다.(헌재 2018.12.27. 2015헌바77)[헌법불합치(잠정적용)]

10. 19세 미만 성폭력범죄 피해자의 진술이 수록된 영상물에 관하여 조사 과정에 동석하였던 신뢰관계인 등이 그 성립의 진정함을 인정한 경우 이를 증거로 할 수 있도록 정한, '성폭력범죄의 처벌 등에 관한 특례법' 제30조 제6항 중 '제1항에 따라 촬영한 영상물에 수록된 피해자의 진술은 공판준비기일 또는 공판기일에 조사 과정에 동석하였던 신뢰관계에 있는 사람 또는 진술조력인의 진술에 의하여 그 성립의 진정함이 인정된 경우에 증거로 할 수 있다' 부분 가운데 19세 미만 성폭력범죄 피해자에 관한 부분은 과잉금지원칙을 위반하여 청구인의 공정한 재판을 받을 권리를 침해한다.(헌재 2021.12.23. 2018헌바524)[위헌] [22지방7급]

[1] 수단의 적합성도 인정된다.

[2] 피해의 최소성

피고인의 반대신문권을 보장하면서도 미성년 피해자를 보호할 수 있는 조화적인 방법을 상정할 수 있음에도, 영상물의 원진술자인 미성년 피해자에 대한 피고인의 반대신문권을 실질적으로 배제하여 피고인의 방어권을 과도하게 제한하는 심판대상조항은 피해의 최소성 요건을 갖추지 못하였다.

11. 국가정보원직원법 제17조 제2항 중 "직원(퇴직한 자를 포함한다)이 사건당사자로서 직무상의 비밀에 속한 사항을 진술하고자 할 때에는 미리 원장의 허가를 받아야 한다."는 부분은 과잉금지의 원칙에 위배하여 소송당사자의 재판청구권을 침해한다.(헌재 2002.11.28. 2001헌가28)[헌법불합치]

재판청구권의 침해가 아니라고 본 사례

1. 유류분 반환청구권의 행사기간을 1년으로 제한하는 것은 재판청구권 침해가 아니다.(헌재 2010.12.28. 2009헌바20)[합헌]

2. 사법보좌관에게 소송비용액 확정결정절차를 처리하도록 한 이 사건 조항이 그 입법재량권을 현저히 불합리하게 또는 자의적으로 행사하였다고 단정할 수 없으므로 헌법 제27조 제1항에 위반된다고 할 수 없다.(헌재 2009.2.26. 2007헌바8) [18변호사 등]

사법보좌관의 처분에 대한 이의신청을 허용함으로써 동일 심급 내에서 법관으로부터 다시 재판받을 수 있는 권리를 보장하고 있는데, 이 사건 조항에 의한 소송비용액 확정결정절차의 경우에도 이러한 이의절차에 의하여 법관에 의한 판단을 거치도록 함으로써 법관에 의한 사실확정과 법률해석의 기회를 보장하고 있다.

3. 법관이 아닌 반민규명위원회의 친일반민족행위자결정은 재판청구권 침해가 아니다.(헌재 2009.9.24. 2006헌마1298)

4. 형사소송법 제297조 제1항 전문 중 "재판장은 증인이 피고인의 면전에서 충분한 진술을 할 수 없다고 인정한 때에는 피고인을 퇴정하게 하고 진술하게 할 수 있다."는 부분은 피고인의 공정한 재판을 받을 권리를 침해하지 않는다.(헌재 2012.7.26. 2010헌바62) [22경찰1차]

5. 청구인들(불법체류 외국인)이 강제퇴거명령에 대하여 취소소송과 집행정지신청을 제기하였음에도 피청구인이 강제퇴거명령을 집행한 것은 청구인들의 재판청구권을 침해하지 아니하였다.(헌재 2012.8.23. 2008헌마430)

6. 소송비용을 패소한 당사자가 부담하도록 규정한 민사소송법 제98조는 소송당사자의 재판청구권을 침해하지 않는다.(헌재 2013.5.30. 2012헌바335)

◀ OX 연습

1. 사법보좌관에 의한 소송비용액 확정결정절차를 규정한 「법원조직법」 조항은 소송비용액 확정절차의 경우에 이의절차 등 법관에 의한 판단을 거치도록 하고 있기 때문에 헌법 제27조 제1항에 위반되지 않는다. [21경찰승진]

Answer

1. ○ 헌재 2009.2.26. 2007헌바8

7. 재판업무의 수행상 필요가 있는 경우 고등법원 부로 하여금 그 관할구역 안의 지방법원 소재지에서 사무를 처리할 수 있도록 한 법원조직법 제27조 제4항은 청구인들의 재판받을 권리를 침해하지 않는다.(헌재 2013.6.27. 2012헌마1015)

8. 재정신청사건의 심리 중 그 기록의 열람 또는 등사를 금지하고 있는 형사소송법 제262조의2 본문은 청구인의 재판청구권을 침해하지 않는다.(헌재 2013.9.26. 2012헌바34)

9. 소송을 대리한 변호사에게 당사자가 지급하였거나 지급할 보수는 대법원규칙이 정하는 금액의 범위 안에서 소송비용으로 인정한다고 규정한 민사소송법 제109조 제1항은 헌법에 위반되지 않는다.(헌재 2016.6.30. 2013헌바370)

10. 보상금증감청구소송의 제소기간을 재결서를 받은 날부터 60일 이내로 제한하는 '공익사업을 위한 토지 등의 취득 및 보상에 관한 법률' 제85조 제1항 전문 중 '토지소유자가 제34조에 따른 재결에 불복할 때에는 재결서를 받은 날부터 60일 이내에 보상금의 증감에 관한 행정소송을 제기할 수 있다.' 부분은 헌법에 위반되지 않는다.(헌재 2016.7.28. 2014헌바206)

11. 민사소송법상 재심사유인 '판결에 영향을 미칠', '중요한 사항', '판단을 누락'이라는 부분은 명확성원칙에 위배되지 않고 재판청구권을 침해하지 아니한다.(헌재 2016.12.29. 2016헌바43)

12. 의제주류판매업면허취소처분에 관하여 취소소송을 제기하기 위하여는 국세기본법에 따른 심사청구 또는 심판청구를 거쳐야 하므로, 청구인들이 위와 같은 행정심판을 거치지 않으면 의제주류판매업면허취소처분에 대한 취소소송은 부적법하게 되어 처분의 적법성에 대한 법원의 재판을 받을 수 없다 하더라도 헌법에 위반되지 아니한다.(헌재 2016.12.29. 2015헌바229)

13. 증인신문절차에서 재판부와 검사는 증인의 모습을 볼 수 있으나 변호인들은 증인의 모습을 볼 수 없도록 증인과 변호인들 사이에 차폐시설을 설치한 상태에서 증인신문을 실시한 것은 헌법에 위반되지 아니한다.(헌재 2016.12.29. 2015헌바221)

14. 개인회생절차에서의 면책취소신청 기각결정에 대한 즉시항고권을 규정하고 있지 아니한 '채무자 회생 및 파산에 관한 법률' 제627조는 재판청구권을 침해하지 아니한다.(헌재 2017.7.27. 2016헌바212)

15. 취하간주의 경우 변호사보수를 소송비용에 산입하여 원고가 부담하도록 한 민사소송법 규정은 재판청구권을 침해하지 않는다.(헌재 2017.7.27. 2015헌바1)

16. 국세정보통신망에 저장하는 방법에 의한 전자송달의 효력발생시점을 송달할 서류가 국세정보통신망에 저장된 때로 정하고 있는 국세기본법 제12조 제1항 단서 중 '국세정보통신망에 저장하는 경우에는 저장된 때' 부분은 재판청구권을 침해하거나 적법절차원칙에 위반되지 아니한다.(헌재 2017.10.26. 2016헌가19)

17. 취소소송 등의 제기시 집행부정지원칙을 규정한 행정소송법 제23조 제1항 및 집행정지의 요건을 규정한 행정소송법 제23조 제2항은 재판청구권을 침해하지 않는다.(헌재 2018.1.28. 2016헌바208) [20국가7급]

18. 매각허가결정에 대한 즉시항고시 보증으로 매각대금의 10분의 1에 해당하는 금전 또는 유가증권을 공탁하도록하고, 이를 증명하는 서류를 제출하지 않은 경우 결정으로 각하하도록 규정한 민사집행법 제130조 제3항, 제4항은 재판청구권을 침해하지 않는다.(헌재 2018.1.28. 2016헌바220)

19. 사실오인 또는 양형부당을 이유로 원심판결에 대한 상고를 할 수 있는 경우를 "사형, 무기 또는 10년 이상의 징역이나 금고가 선고된 사건"의 경우로만 제한한 형사소송법 제383조 제4호, 위력으로써 13세 미만의 사람을 추행한 경우 강제추행한 것에 준하여 처벌하도록 규정한 '성폭력범죄의 처벌 등에 관한 특례법' 제7조 제5항 중 "위력으로써 13세 미만의 사람을 추행한 사람은 제3항의 예에 따라 처벌한다."는 부분은 모두 헌법에 위반되지 않는다.(헌재 2018.1.28. 2016헌바272)

5 배심제 및 참심제

1. 배심제

배심원이 사실심에만 관여하고 법률심에 관여하지 않는 영·미상의 제도이다. 배심제는 법률개정으로 우리나라에 도입이 가능하다고 보는 것이 일반적이다.

2. 참심제

사실심 외에 법률심에까지 참심원이 참여하는 독일·프랑스형의 제도이다. 헌법에 반한다는 것이 일반적인 견해이다.

3. 국민의 형사참여재판에 관한 법률

❶ 대상사건

> **국민의 형사재판 참여에 관한 법률 제5조(대상사건)** ① 다음 각 호에 정하는 사건을 국민참여재판의 대상사건(이하 "대상사건"이라 한다)으로 한다.
> 1. 「법원조직법」 제32조 제1항(제2호 및 제5호는 제외한다)에 따른 합의부 관할 사건
> 2. 제1호에 해당하는 사건의 미수죄·교사죄·방조죄·예비죄·음모죄에 해당하는 사건
> 3. 제1호 또는 제2호에 해당하는 사건과 「형사소송법」 제11조에 따른 관련 사건으로서 병합하여 심리하는 사건
> ② 피고인이 국민참여재판을 원하지 아니하거나 제9조 제1항에 따른 배제결정이 있는 경우는 국민참여재판을 하지 아니한다.

❷ 필요적 국선변호와 배제결정

> **국민의 형사재판 참여에 관한 법률 제7조(필요적 국선변호)** 이 법에 따른 국민참여재판에 관하여 변호인이 없는 때에는 법원은 직권으로 변호인을 선정하여야 한다.

제9조(배제결정) ① 법원은 공소제기 후부터 공판준비기일이 종결된 다음날 까지 다음 각 호의 어느 하나에 해당하는 경우 국민참여재판을 하지 아니 하기로 하는 결정을 할 수 있다.

1. 배심원·예비배심원·배심원후보자 또는 그 친족의 생명·신체·재산에 대한 침해 또는 침해의 우려가 있어서 출석의 어려움이 있거나 이 법에 따른 직무를 공정하게 수행하지 못할 염려가 있다고 인정되는 경우 [22 경찰1차]

* 국민의 형사참여재판에 관한 법률의 적용 대상 사건이라고 반드시 배심재판을 하는 것은 아니다.

❸ 통상절차 회부

국민의 형사재판 참여에 관한 법률 제11조(통상절차 회부) ① 법원은 피고인 의 질병 등으로 공판절차가 장기간 정지되거나 피고인에 대한 구속기간의 만료, 성폭력범죄 피해자의 보호, 그 밖에 심리의 제반 사정에 비추어 국 민참여재판을 계속 진행하는 것이 부적절하다고 인정하는 경우에는 직권 또는 검사·피고인·변호인이나 성폭력범죄 피해자 또는 법정대리인의 신 청에 따라 결정으로 사건을 지방법원 본원 합의부가 국민참여재판에 의하 지 아니하고 심판하게 할 수 있다.

❹ 배심원의 권한과 의무, 배심원의 수

국민의 형사재판 참여에 관한 법률 제12조(배심원의 권한과 의무) ① 배심원 은 국민참여재판을 하는 사건에 관하여 <u>사실의 인정</u>, <u>법령의 적용</u> 및 <u>형의 양정</u>에 관한 의견을 제시할 권한이 있다.

제13조(배심원의 수) ① 법정형이 사형·무기징역 또는 무기금고에 해당하는 대상사건에 대한 국민참여재판에는 9인의 배심원이 참여하고, 그 외의 대 상사건에 대한 국민참여재판에는 7인의 배심원이 참여한다. 다만, 법원은 피고인 또는 변호인이 공판준비절차에서 공소사실의 주요내용을 인정한 때에는 5인의 배심원이 참여하게 할 수 있다.

② 법원은 사건의 내용에 비추어 특별한 사정이 있다고 인정되고 검사·피 고인 또는 변호인의 동의가 있는 경우에 한하여 결정으로 배심원의 수를 7인 과 9인 중에서 제1항과 달리 정할 수 있다.

제18조(직업 등에 따른 제외사유) 다음 각 호의 어느 하나에 해당하는 사람을 배심원으로 선정하여서는 아니 된다.

1. 대통령
2. 국회의원·지방자치단체의 장 및 지방의회의원
3. 입법부·사법부·행정부·헌법재판소·중앙선거관리위원회·감사원의 정 무직 공무원
4. 법관·검사
5. 변호사·법무사
6. 법원·검찰 공무원
7. 경찰·교정·보호관찰 공무원
8. 군인·군무원·소방공무원 또는 「향토예비군설치법」에 따라 동원되거 나 교육훈련의무를 이행 중인 향토예비군

* 변호사 등 법률전문가는 배심원이 될 수 없다.

❺ 무이유부기피신청

법관을 대상으로 하는 것이 아니라 배심원을 대상으로 하는 것이다.

> **국민의 형사재판 참여에 관한 법률 제30조(무이유부기피신청)** ① 검사와 변호인은 각자 다음 각 호의 범위 내에서 배심원 후보자에 대하여 이유를 제시하지 아니하는 기피신청(이하 "무이유부기피신청"이라 한다)을 할 수 있다.
> 1. 배심원이 9인인 경우는 5인
> 2. 배심원이 7인인 경우는 4인
> 3. 배심원이 5인인 경우는 3인

* 무이유부기피신청은 검사와 변호인 모두 할 수 있다.

❻ 공판준비절차와 공판준비기일

> **국민의 형사재판 참여에 관한 법률 제36조(공판준비절차)** ① 재판장은 제8조에 따라 피고인이 국민참여재판을 원하는 의사를 표시한 경우에 사건을 공판준비절차에 부쳐야 한다. 다만, 공판준비절차에 부치기 전에 제9조 제1항의 배제 결정이 있는 때에는 그러하지 아니하다.
> **제37조(공판준비기일)** ④ 공판준비기일에는 배심원이 참여하지 아니한다.
> **제44조(배심원의 증거능력 판단 배제)** 배심원 또는 예비배심원은 법원의 증거능력에 관한 심리에 관여할 수 없다.

* 공판준비기일에는 배심원이 참여하지 않는다.

❼ 심리절차

> **국민의 형사재판 참여에 관한 법률 제46조(재판장의 설명·평의·평결·토의 등)** ① 재판장은 변론이 종결된 후 법정에서 배심원에게 공소사실의 요지와 적용법조, 피고인과 변호인 주장의 요지, 증거능력, 그 밖에 유의할 사항에 관하여 설명하여야 한다. 이 경우 필요한 때에는 증거의 요지에 관하여 설명할 수 있다.
> ② 심리에 관여한 배심원은 제1항의 설명을 들은 후 유·무죄에 관하여 평의하고, 전원의 의견이 일치하면 그에 따라 평결한다. 다만, 배심원 과반수의 요청이 있으면 심리에 관여한 판사의 의견을 들을 수 있다. [14국가7급, 10법원직]
> ③ 배심원은 유·무죄에 관하여 전원의 의견이 일치하지 아니하는 때에는 평결을 하기 전에 심리에 관여한 판사의 의견을 들어야 한다. 이 경우 유·무죄의 평결은 다수결의 방법으로 한다. 심리에 관여한 판사는 평의에 참석하여 의견을 진술한 경우에도 평결에는 참여할 수 없다.
> ④ 제2항 및 제3항의 평결이 유죄인 경우 배심원은 심리에 관여한 판사와 함께 양형에 관하여 토의하고 그에 관한 의견을 개진한다. 재판장은 양형에 관한 토의 전에 처벌의 범위와 양형의 조건 등을 설명하여야 한다. [10법원직]
> ⑤ 제2항부터 제4항까지의 평결과 의견은 법원을 기속하지 아니한다. [10법원직]
> **제49조(판결서의 기재사항)** ① 판결서에는 배심원이 재판에 참여하였다는 취지를 기재하여야 하고, 배심원의 의견을 기재할 수 있다.
> ② 배심원의 평결결과와 다른 판결을 선고하는 때에는 판결서에 그 이유를 기재하여야 한다.

4. 중요내용

❶ 국민의 형사재판 참여에 관한 법률은 배심제적 요소와 참심제적 요소를 혼합하여 규정하고 있다.

❷ 피고인은 공소장부본을 송달받은 날로부터 7일 이내에 국민참여재판을 원하는지 여부에 관한 의사가 기재된 서면을 제출하여야 한다.

❸ 피고인이 국민참여재판을 원하는 의사를 표시한 경우에는 공판준비절차에 부쳐야 한다.

❹ 배심원은 피고인 또는 증인에 대해 신문권이 없다. 그러나 재판장에게 신문하여 줄 것을 요청할 수 있는 신문요청권이 있다.

> **➡ 관련판례**
>
> 1. 우리 헌법상 헌법과 법률이 정한 법관에 의한 재판을 받을 권리는 직업법관에 의한 재판을 주된 내용으로 하는 것이므로 국민참여재판을 받을 권리가 헌법 제27조 제1항에서 규정한 재판을 받을 권리의 보호범위에 속한다고 볼 수 없다.(헌재 2009.11.26. 2008헌바12) [23국가7급등, 19·16변호사, 15국가7급, 12법원직 등]
> 2. 국민참여재판으로 진행하는 것이 적절하지 아니하다고 인정되는 경우 법원이 국민참여재판을 하지 아니하는 결정을 할 수 있도록 한 구 '국민의 형사재판 참여에 관한 법률' 제9조 제1항 제3호는 무죄추정원칙, 적법절차원칙에 위배되지 아니하고, 형사피고인의 재판청구권을 침해하지 아니한다.(헌재 2014.1.28. 2012헌바298) [18변호사]
> 3. 국민의 형사재판 참여에 관한 법률이 3년 이상의 징역형 선고가 가능한 흉기상해죄를 국민참여재판의 대상 범죄에서 배제한 것은 청구인의 재판받을 권리, 평등권, 국민주권주의에 위반되지 않는다.(헌재 2016.12.29. 2015헌바63) 국민주권주의는 모든 국가권력이 국민의 의사에 기초해야 한다는 의미로, 사법권의 민주적 정당성을 위한 국민참여재판을 도입한 근거가 되고 있으나, 그렇다고 하여 국민주권주의 이념이 곧 사법권을 포함한 모든 권력을 국민이 직접 행사하여야 하고 이에 따라 모든 사건을 국민참여재판으로 할 것을 요구한다고 볼 수 없다. 따라서 국민참여재판의 대상을 제한하는 심판대상조항이 국민주권주의에 위배될 여지가 없다.
> 4. 국민참여재판 배심원의 자격을 만 20세 이상으로 정한 국민의 형사재판 참여에 관한 법률 제16조 중 '만 20세 이상' 부분은 헌법에 위반되지 않는다.(헌재 2021.5.27. 2019헌가19)[합헌] [22국회8급]

Ⅱ 「법률에 의한 재판」을 받을 권리

01. 실체법

1 민사·행정재판

실체법은 형식적 의미의 법률에 한정되지 아니한다. 따라서 모든 성문법과 이에 저촉되지 않는 불문법(관습법·조리)에 의한 재판이 가능하다.

2 형사재판의 실체법

형사재판은 죄형법정주의가 적용되므로 형식적 의미의 법률이어야 한다. 다만, 피고인에게 유리한 관습법의 적용은 허용된다.

02. 절차법

절차법에 관한 한 민사·형사·행정 재판을 불문하고 모든 재판에서 형식적 의미의 법률이어야 한다. 다만, 대법원규칙과 헌법재판소 규칙은 예외적으로 소송절차를 규정할 수 있다.

Ⅲ 「재판」을 받을 권리

01. 대법원의 재판을 받을 권리가 재판을 받을 권리에 포함되는지 여부

헌법재판소는 「모든 사건에 대해 대법원의 재판을 받을 권리가 보장되는 것은 아니다」고 판시한다. [16변호사, 14법원직]

> **▶ 관련판례**
>
> 1. 심급제도는 사법에 의한 권리보호에 관하여 한정된 법발견 자원의 합리적인 분배의 문제인 동시에 재판의 적정과 신속이라는 서로 상반되는 두 가지의 요청을 어떻게 조화시키느냐의 문제로 돌아가므로 기본적으로 입법자의 형성의 자유에 속하는 사항이다.(헌재 1995.1.20. 90헌바1)
> 2. 헌법 제27조에서 규정한 재판을 받을 권리에 모든 사건에 대해 상고법원의 구성법관에 의한 상고심 절차에 의한 재판을 받을 권리까지도 포함된다고 단정할 수 없다.(헌재 1992.6.26. 90헌바25) [10국회8급]
> 3. 헌법재판소는 상고이유제한과 상고허가제도를 규정한 소송촉진등에관한특례법 제11조 및 제12조에 대해서도 합헌결정을 내렸다. [12법원직]

02. 헌법재판을 받을 권리

> **▶ 관련판례**
>
> 재판청구권에는 공정한 헌법재판을 받을 권리도 포함된다. / 국회가 선출하여 임명된 헌법재판소 재판관 중 공석이 발생한 경우, 국회는 공석인 재판관의 후임자를 선출하여야 할 헌법상 작위의무가 있다.(헌재 2014.4.24. 2012헌마2) [19국회8급, 16변호사]

03. 재심청구권 [15국회8급]

헌법재판소는 재심을 청구할 권리는 재판을 받을 권리에 당연히 포함될 수는 없다고 한다.

> **▷ 관련판례**
>
> 1. 어떤 사유를 재심사유로 하여 재심을 허용할 것인가 하는 것은 입법자가 확정된 판결에 대한 법적 안정성, 재판의 신속, 적정성, 법원의 업무부담 등을 고려하여 결정하여야 할 입법정책의 문제이며, 재심청구권도 입법형성권의 행사에 의하여 비로소 창설되는 법률상의 권리일 뿐, 청구인의 주장과 같이 헌법 제27조 제1항, 제37조 제1항에 의하여 직접 발생되는 기본적 인권은 아니다.(헌재 2000.6.29. 99헌바66)[합헌] [15·10국회8급]
> 2. 과학기술의 발전으로 인해 기존의 확정판결에서 인정된 사실과는 다른 새로운 사실이 드러난 경우를 민사소송법상 재심의 사유로 인정하고 있지 않는 민사소송법 규정은 재판청구권 및 평등권을 침해하지 않는다.(헌재 2009.4.30. 2007헌바121) [21경찰승진]
>   재심제도의 규범적 형성에 있어서 입법자는 확정판결을 유지할 수 없을 정도의 중대한 하자가 무엇인지를 구체적으로 가려내어야 하는바, 이는 사법에 의한 권리보호에 관하여 한정된 사법자원의 합리적인 분배의 문제인 동시에 법치주의에 내재된 두 가지의 대립적 이념, 즉 법적 안정성과 정의의 실현이라는 상반된 요청을 어떻게 조화시키느냐의 문제로 돌아가므로, 결국 이는 불가피하게 입법자의 형성적 자유가 넓게 인정되는 영역이라고 할 수 있다. [14법원직]

* 재심제도의 규범적 형성에 있어서는 입법자의 형성적 자유가 축소된다. (×)

Ⅳ 「신속한 공개재판」을 받을 권리

01. 신속한 재판

신속한 재판은 공정한 재판과 함께 법치국가의 사법질서를 형성하는 중요한 요소이다. 우리 헌법도 제27조 제3항에서 "모든 국민은 신속한 재판을 받을 권리를 가진다"라고 규정하여 신속한 재판을 받을 권리를 보장하고 있다.

> **▷ 관련판례**
>
> 법원은 민사소송법 제184조에서 정하는 기간 내에 판결을 선고하도록 노력해야 하겠지만, 이 기간 내에 반드시 판결을 선고해야 할 법률상의 의무가 발생한다고 볼 수 없으며, 헌법 제27조 제3항 제1문에 의거한 신속한 재판을 받을 권리의 실현을 위해서는 구체적인 입법형성이 필요하고, 신속한 재판을 위한 어떤 직접적이고 구체적인 청구권이 이 헌법규정으로부터 직접 발생하지 아니하므로, 보안관찰처분들의 취소청구에 대해서 법원이 그 처분들의 효력이 만료되기 전까지 신속하게 판결을 선고해야 할 헌법이나 법률상의 작위의무가 존재하지 아니한다.(헌재 1999.9.16. 98헌마75) [19법원직]

> **✪ 신속한 재판을 받을 권리를 침해한다고 본 판례**
>
> 1. 국가보안법 제7조(찬양·고무), 제10조(불고지)와 같이 구성요건이 간단한 사건에 대해 구속기간을 연장하는 것은 신속한 재판을 받을 권리를 침해하는 것이다.(헌재 1992.4.14. 90헌마82) [18변호사]
> 2. 군사법원법상 군사법경찰관의 구속기간의 연장을 허용하는 것은 신속한 재판을 받을 권리를 침해하는 것이다.(헌재 2003.11.27. 2002헌마193)

3. 항소법원에 소송기록을 송부할 경우 검사를 거치도록 규정한 형사소송법 규정은 신속·공정한 재판을 받을 권리를 침해하는 것이다.(헌재 1995.11.30. 92헌마44)
4. 변호인의 변론준비를 위한 수사기록 열람·등사신청을 거부한 검사의 처분은 피고인의 신속·공정한 재판을 받을 권리를 침해하는 것이다.(헌재 1997.11.27. 94헌마60)

⚙️ **신속한 재판을 받을 권리를 침해한 것이 아니라고 본 판례**

1. 부동산 강제집행절차에서 남을 가망이 없는 경우에 경매취소를 규정하는 민사집행법 제102조는 신속한 재판을 받을 권리를 침해하지 아니한다.(헌재 2007.3.29. 2004헌바93)
2. 국가보안법상 반국가단체결성 등의 죄에 있어 구속기간을 연장하는 것은 신속한 재판을 받을 권리를 침해하지 아니한다.(헌재 1997.8.21. 96헌마48)
3. 체납처분의 목적물인 재산의 추산가액이 체납처분비와 우선채권금액에 충당하고 남을 여지가 없더라도, 다른 과세관청의 교부청구가 있는 경우에는 체납처분을 중지하지 아니할 수 있도록 한 국세징수법 제85조 제2항 단서 중 '제56조에 따른 교부청구'에 관한 부분은 재산권을 침해하지 아니한다.(헌재 2017.12.28. 2016헌바160)

02. 공개재판을 받을 권리

> **헌법 제109조** 재판의 심리와 판결은 공개한다. 다만, 심리는 국가의 안전보장 또는 안녕질서를 방해하거나 선량한 풍속을 해할 염려가 있을 때에는 법원의 결정으로 공개하지 아니할 수 있다.

헌법 제109조 단서는 "다만, 심리는 국가의 안전보장 또는 안녕질서를 방해하거나 선량한 풍속을 해할 염려가 있을 때에는 법원의 결정으로 공개하지 아니할 수 있다"고 규정하여 심리의 비공개 가능성을 규정하고 있으나 판결의 선고는 반드시 공개하여야 한다.

* 재판의 비공개는 국가안전보장, 안녕질서 방해, 선량한 풍속의 3가지 사유에 의해 인정된다.

Ⓥ 「공정한 재판」을 받을 권리

비록 헌법에 명문의 규정은 없지만, 권리구제의 실효성을 확보하기 위해서는 공정한 재판을 받을 권리도 재판청구권의 내용으로 당연히 보장된다.

▶ 관련판례

1. 기피신청이 소송의 지연을 목적으로 함이 명백한 경우에 신청을 받은 법원 또는 법관이 이를 기각할 수 있도록 규정한 형사소송법 제20조 제1항은 공정한 재판을 받을 권리를 침해하는 것이 아니다.(헌재 2006.7.27. 2005헌바58)
2. 법관 기피신청에 대한 재판을 당해 법관 소속 법원 합의부에서 하는 것은 헌법에 위배되지 않는다.(헌재 2013.3.28. 2011헌바219)

Ⅵ 형사피해자의 재판절차진술권(제9차 개헌)

형사피해자란 범죄행위로 말미암아 법률상 불이익을 받게 되는 자를 말하는데, 이러한 형사피해자는 당해사건의 재판절차에 증인으로 출석하여 자신이 입은 피해의 내용과 사건에 관하여 의견을 진술할 수 있다.(헌법 제29조 제5항) [12법원직] 여기의 형사피해자는 모든 범죄행위로 인한 피해자로서, 생명과 신체에 대한 피해를 입은 자에 한정되는 범죄피해자구조청구권(헌법 제30조)의 범죄피해자보다 넓은 개념이다. [14국가7급]

▶ 관련판례

1. 형사피해자의 범위(헌재 1992.2.25. 90헌마91) [16국회8급]
   "헌법조항의 형사피해자의 개념은 반드시 형사실체법상의 보호법익을 기준으로 한 피해자개념에 한정하여 결정할 것이 아니라 형사실체법상으로는 직접적인 보호법익의 향유주체로 해석되지 않는 자라 하더라도 문제된 범죄행위로 말미암아 법률상 불이익을 받게 되는 자의 뜻으로 풀이하여야 할 것이다"라고 판시하여 헌법 제27조 제5항의 형사피해자의 개념을 넓게 보고 있다. 다만, "검사의 불기소처분에 대하여 기소처분을 구하는 취지에서 헌법소원을 제기할 수 있는 자는 원칙적으로 헌법상 재판절차진술권의 주체인 형사피해자에 한한다"라고 한다.

2. 형사피해자에게 약식명령을 고지하지 않고, 정식재판청구권도 인정하지 않는 형사소송법 제452조 및 제453조 제1항은 모두 헌법에 위반되지 않는다.(헌재 2019.9.26. 2018헌마1015)[합헌] [21국가7급]
   형사피해자가 약식명령을 고지받지 못한다고 하여 형사재판절차에서의 참여기회가 완전히 봉쇄되어 있다고 볼 수 없다. 따라서 이 사건 고지조항은 형사피해자의 재판절차진술권을 침해하지 않는다.

3. 구 ▢▢ 주식회사가 제조하고 △△ 주식회사가 판매하였던 가습기살균제 제품인 'ㅇㅇ'의 표시·광고에 관한 사건처리에 있어서, 피청구인이 이 사건 제품 관련 인터넷 신문기사 3건을 심사대상에서 제외한 행위는 청구인의 평등권과 재판절차진술권을 침해한다.(헌재 2022.9.29. 2016헌마773)
   표시광고법위반죄는 피청구인에게 전속고발권이 있어 피청구인의 고발이 없으면 공소제기가 불가능한바, 피청구인이 위 기사들을 심사대상에서 제외한 것은 청구인의 재판절차진술권 행사를 원천적으로 봉쇄하는 결과를 낳는 것이었다. 결국 피청구인이 위 기사들을 심사대상에서 제외한 행위로 인하여, 청구인의 평등권과 재판절차진술권이 침해되었다.

제4항 | 재판청구권의 제한

Ⅰ 헌법이 직접 제한하는 경우

헌법 제64조에서 국회의 국회의원에 대한 자격심사·징계·제명처분에 대해서는 법원에 제소를 금지하여 헌법이 직접 재판청구권을 제한하고 있다.(국회의 자율권 존중) 지방의회의원에 대한 징계는 항고소송의 대상이 된다.

➡ 관련판례

재판청구권의 침해 사례

1. (사립학교) 교원소청심사특별위원회의 재심결정에 대하여 학교법인은 소송으로 다투지 못하게 하는 것은 재판청구권을 침해한다.(헌재 2006.4.27. 2005헌마1119)[위헌]

> **비교판례 ➡** '교원, 사립학교법 제2조에 따른 학교법인 등 당사자'의 범위에 포함되지 않는 공공단체인 한국과학기술원의 총장이 교원소청심사결정에 대하여 행정소송을 제기할 수 없도록 규정한 구 '교원의 지위 향상 및 교육활동 보호를 위한 특별법' 제10조 제3항 및 공공단체를 명시적으로 행정소송 제기권자의 범위에서 제외한다고 규정하여 공공단체인 한국과학기술원의 총장 및 공공단체인 광주과학기술원이 교원소청심사결정에 대하여 행정소송을 제기할 수 없도록 규정한 '교원의 지위 향상 및 교육활동 보호를 위한 특별법' 제10조 제4항는 한국과학기술원 총장 또는 광주과학기술원의 재판청구권을 침해하지 아니하여 헌법에 위반되지 아니한다.(헌재 2022.10.27. 2019헌바117)[합헌] ─ 사립학교의 경우 재심위원회(소청위원회)의 결정에 대해 학교법인에게 소송을 금지하는 것은 재판청구권 침해이지만, 국공립 학교의 경우는 소청위원회의 결정에 대해 소송을 금지하는 것은 합헌이다. 왜냐하면 국공립 학교의 경우 소청위원회의 재결에 대해 기속력에 의해 재처분 의무가 발생하므로 소송이 안되는 것이다.(저자 주)

2. 국가배상심의회의 결정에 재판상 화해와 같은 효력을 부여하는 것은 재판청구권을 침해하는 것이다.(헌재 1995.5.25. 91헌가7)[위헌] ─ 재판상 화해는 확정판결과 동일한 효력이 인정되므로 기판력이 발생하고 그 결과 추가적인 손해배상을 청구하지 못하게 되기 때문에 재판청구권 침해이다. 그러나 국가배상에 있어서 배상심의회의 필수적 절차를 거치게 하는 것은 합헌이다. 그 후 국가배상법이 개정되어 지금은 임의적 절차로 되어있다.

3. 학교안전사고에 대한 공제급여결정에 대하여 학교안전공제중앙회 소속의 학교안전공제보상재심사위원회가 재결을 행한 경우 재심사청구인이 공제급여와 관련된 소를 제기하지 아니하거나 소를 취한 경우에는 학교안전공제회와 재심사청구인 간에 당해 재결 내용과 동일한 합의가 성립된 것으로 간주하는 '학교안전사고 예방 및 보상에 관한 법률' 제64조는 공제회의 재판청구권을 침해한다.(헌재 2015.7.30. 2014헌가7)

4. 수형자(사기미수로 형이 확정된 자)와 그의 민사소송 대리인인 변호사와의 접견을 시간을 일반 접견과 동일하게 회당 30분 이내로, 횟수는 다른 일반 접견과 합하여 월 4회로 제한하는 구 '형의 집행 및 수용자의 처우에 관한 법률 시행령' 및 형집행법 시행령 각 규정은 청구인의 재판청구권을 침해하므로 헌법에 합치되지 아니한다.(헌재 2015.11.26. 2012헌마858)

◈ 재판상화해 정리

국가배상심의회의 결정에 재판상화해와 동일한 효력을 인정하는 것	재판청구권 침해
민주화 운동법에 정신적 보상을 규정하지 않은 것	재판청구권 침해는 아니지만, 국가배상청구권 침해
5.18 민주화 특별법상 재판상화해를 인정하는 것	국가배상청구권 침해

학교안전공제회의 결정에 재결과 동일한 효력을 인정하는 것	재판청구권 침해
세월호 사건 배상에 대해 일체의 이의를 제기하지 못하게 하는 것	일반적행동자유권 침해이지만, 재판청구권 침해는 아니다.
특수임무수행자 보상에 재판상화해와 동일한 효력을 인정하는 것	합헌

재판청구권을 침해하지 않는 사례

1. 보상금 등의 지급결정에 동의한 때에는 특수임무수행 등으로 인하여 입은 피해에 대하여 재판상 화해가 성립된 것으로 보는 '특수임무수행자 보상에 관한 법률' 제17조의2는 재판청구권을 침해하지 않는다.(헌재 2021.9.30. 2019헌가28, 헌재 2011.2.24. 2010헌바199) [22·17지방7급]
2. 지방공무원의 면직처분에 불복하는 경우에는 행정소송 제기 전에 반드시 소청심사위원회의 심사를 거치도록 한 지방공무원법 제20조의2 및 그 소청심사 청구기간을 면직처분사유 설명서 교부일부터 30일 이내로 정한 구 소방공무원법 제21조는 헌법에 위반되지 않는다.(헌재 2015.3.26. 2013헌바186)
3. 형사재판 계속 중인 자에게는 6개월 이내의 기간 출국을 금지할 수 있는 출입국관리법 제4조에 대하여, 공정한 재판을 받을 권리에 외국에 나가 증거를 수집할 권리가 포함된다고 보기도 어렵다. 따라서 심판대상조항은 공정한 재판을 받을 권리를 침해한다고 볼 수 없다. 무죄추정원칙에 위배되지 않고 출국의 자유를 침해하는 것도 아니다.(헌재 2015.9.24. 2012헌바302) [17변호사]
4. 소송기록에 의하여 청구가 이유 없음이 명백한 때 등 소송비용에 대한 담보제공이 필요하다고 판단되는 경우에 법원 직권으로 내린 담보제공명령을 원고가 이행하지 않을 경우 변론 없이 소가 각하될 수 있도록 하는 민사소송법 규정은 원고의 재판을 받을 권리가 제한하지만 재판청구권을 침해하는 것은 아니다.(헌재 2016.2.25. 2014헌바366)[합헌][예상판례]

⑪ 법률에 의한 제한 – 상고의 제한

헌법재판소는 소액사건심판법의 상고제한, 소송촉진 등에 관한 특례법의 상고허가제, 상고심절차에 관한 특례법상의 심리불속행제도에 대해 모두 합헌결정하였다. [12법원직]

▶ 관련판례

1. 상고심심리를 속행하지 아니하는 심리불속행의 경우에 이유를 붙이지 아니할 수 있도록 한 것이 재판청구권을 침해하는 것은 아니다.(헌재 2005.9.29. 2005헌마567)
2. 항소이유서를 기간 내에 제출하지 않으면 항소기각결정을 하는 것이 재판청구권을 침해하는 것은 아니다.(헌재 2005.3.31. 2003헌바34)
3. 상고이유서를 기간 내에 제출하지 않으면 상고기각결정을 하는 것이 재판청구권을 침해하는 것은 아니다.(헌재 2004.11.25. 2003헌마439)
4. 재심청구시 인지대를 재심의 대상이 된 재판과 동일한 인지를 붙이도록 하는 것이 재판청구권을 침해하는 것이 아니다.(헌재 2006.5.25. 2004헌바22)

SECTION 4	국가배상청구권

OX 연습

헌법 제29조	
① 공무원의 직무상 불법행위로 손해를 받은 국민은 법률이 정하는 바에 의하여 국가 또는 공공단체에 정당한 배상을 청구할 수 있다. 이 경우 공무원 자신의 책임은 면제되지 아니한다.	• 공무원은 최광의 개념 • 직무는 외형을 객관적으로 관찰 – 객관적으로 직무행위인 이상 피해자가 직무행위 아님을 알았더라도 가능
② 군인·군무원·경찰공무원 기타 법률이 정하는 자가 전투·훈련 등 직무집행과 관련하여 받은 손해에 대하여는 법률이 정하는 보상 외에 국가 또는 공공단체에 공무원의 직무상 불법행위로 인한 배상은 청구할 수 없다.	• 이중배상금지의 헌법적 도입은 7차 개헌 • 소집중인 향토예비군과 전경은 이중배상금지 대상, 공익과 경비교도대원은 이중배상 가능 [18서울7급]

헌법과 국가배상법의 비교

구분	헌법	국가배상법
배상의 유형	공무원의 직무상 불법행위로 인한 배상만 규정, 영조물 책임에 대한 규정이 없다.	공무원의 직무상 불법행위로 인한 배상과 영조물 책임에 대한 규정이 둘 다 있다. 영조물 책임은 무과실 책임이다.
배상책임의 주체	국가 또는 공공단체(지자체, 사단, 재단, 영조물법인)	국가 또는 지자체
공공단체의 불법행위	헌법과 국가배상법의 규정 차이 때문에 공공단체의 불법행위에 대해서는 민법이 적용되고 민사소송으로 처리된다. 즉, 한국토지공사는 국가배상법상의 공무원이 아니다.	

공무원 자신의 책임

대외적 책임 (선택적 청구 가능성)	피해자가 공무원을 상대로 손해배상을 청구할 수 있는가의 문제	• 경과실의 경우에는 국가만 책임 • 고의·중과실의 경우는 선택적 청구 가능
대내적 책임 (구상권)	국가가 배상한 후에 공무원을 상대로 구상할 수 있는가의 문제	• 경과실의 경우에는 구상 불가 • 고의·중과실의 경우는 구상 가능

관련판례

1. 구 '민주화운동 관련자 명예회복 및 보상 등에 관한 법률' 제18조 제2항의 '민주화운동과 관련하여 입은 피해' 중 불법행위로 인한 정신적 손해에 관한 규정이 없는 것은 헌법에 위반된다.(헌재 2018.8.30. 2014헌바180)[일부위헌]

   [1] 재판청구권 침해 여부

   심판대상조항은 관련자 및 유족의 재판청구권을 침해하지 아니한다. [18서울7급]

   [2] 국가배상청구권 침해 여부

   국가의 기본권보호의무를 규정한 헌법 제10조 제2문의 취지에도 반하는 것으로서, 지나치게 가혹한 제재에 해당한다. 따라서 심판대상조항 중 정신적 손해에 관한 부분은 관련자와 유족의 국가배상청구권을 침해한다.

1. 「민주화보상법」이 보상금 등 산정에 있어 정신적 손해에 대한 배상을 전혀 반영하지 않고 있으므로, 이와 무관한 보상금 등을 지급한 다음 정신적 손해에 대한 배상청구마저 금지하는 것은 법익의 균형성에 위반된다. [19국회9급]

Answer

1. ○ 헌재 2018.8.30. 2014헌바180

2. 5·18민주화운동과 관련하여 재판상 화해 간주 사유를 규정하고 있는 구 '광주민주화운동 관련자 보상 등에 관한 법률' 제16조 제2항 가운데 '광주민주화운동과 관련하여 입은 피해' 중 '정신적 손해'에 관한 규정이 없는 것은 국가배상청구권을 침해한다.(헌재 2021.5. 27. 2019헌가17)[위헌]

3. 민법 제166조 제1항(소멸시효의 기산점), 제766조 제2항 중 과거사정리법 제2조 제1항 제3호, 제4호에 규정된 사건에 적용되는 부분은 헌법에 위반된다.(헌재 2018.8.30. 2014헌바148)[일부위헌] [22경찰간부]

    국가가 소속 공무원들의 조직적 관여를 통해 불법적으로 민간인을 집단 희생시키거나 장기간의 불법구금·고문 등에 의한 허위자백으로 유죄판결을 하고 사후에도 조작·은폐를 통해 진상규명을 저해하였음에도 불구하고, 그 불법행위 시점을 소멸시효의 기산점으로 삼는 것은 피해자와 가해자 보호의 균형을 도모하는 것으로 보기 어렵고, 발생한 손해의 공평·타당한 분담이라는 손해배상제도의 지도원리에도 부합하지 않는다. 그러므로 과거사정리법 제2조 제1항 제3, 4호에 규정된 사건에 민법 제166조 제1항, 제766조 제2항의 '객관적 기산점'이 적용되도록 하는 것은 합리적 이유가 인정되지 않는다.

4. 긴급조치 제9호는 위헌·무효임이 명백하고 긴급조치 제9호 발령으로 인한 국민의 기본권 침해는 그에 따른 강제수사와 공소제기, 유죄판결의 선고를 통하여 현실화되었다. 이러한 경우 긴급조치 제9호의 발령부터 적용·집행에 이르는 일련의 국가작용은, 전체적으로 보아 공무원이 직무를 집행하면서 객관적 주의의무를 소홀히 하여 그 직무행위가 객관적 정당성을 상실한 것으로서 위법하다고 평가되고, 긴급조치 제9호의 적용·집행으로 강제수사를 받거나 유죄판결을 선고받고 복역함으로써 개별 국민이 입은 손해에 대해서는 국가배상책임이 인정될 수 있다.(대판 2022. 8.25. 2018다212610)

제1항 | 국가배상청구권의 주체

국민과 법인에게 인정된다. 외국인에 대해서는 상호주의에 따라 한국국민에 대하여 국가배상책임을 인정하고 있는 국가의 국민에게만 국가배상청구권이 인정된다.(국가배상법 제7조)

> **▶ 관련판례**
>
> 국가배상법 제7조에서 정한 '상호보증'이 있는지 판단하는 기준(대판 2015.6.11. 2013다 208388) [22국가7급, 19국회8급 등]
> 상호보증은 외국의 법령, 판례 및 관례 등에 의하여 발생요건을 비교하여 인정되면 충분하고 반드시 당사국과의 조약이 체결되어 있을 필요는 없으며, 당해 외국에서 구체적으로 우리나라 국민에게 국가배상청구를 인정한 사례가 없더라도 실제로 인정될 것이라고 기대할 수 있는 상태이면 충분하다. - 일본인 갑이 대한민국 소속 공무원의 위법한 직무집행에 따른 피해에 대하여 국가배상청구를 한 사안에서, 우리나라와 일본 사이에 국가배상법 제7조가 정하는 상호보증이 있다고 한 사례

제2항 | 국가배상청구권의 성립요건

Ⅰ 공무원

01. 범위

여기의 공무원은 공무원 신분을 가진 자에 한하지 않고 널리 공무를 위탁받아 실질적으로 공무에 종사하고 있는 자도 포함하는 최광의의 공무원을 말한다.

02. 판례

소집중인 향토예비군, 시청소차운전수, 철도건널목간수, 철도차장, 소방원, 통장, 집달관(현 집행관), 카튜사 등은 공무원으로 보나, 의용소방대원, 시영버스운전수, 자원봉사자 등은 공무원이 아니라고 본다.

Ⅱ 직무상 행위

01. 직무의 범위 – 광의설

대법원은 "국가배상법이 정한 배상청구의 요건인 공무원의 직무에는 권력적 작용만이 아니라 행정지도와 같은 비권력적 작용도 포함되며 단지 행정주체가 사경제주체로서 하는 활동만 제외되는 것이고…"(대판 1998.7.10. 96다38971)라고 판시하여 광의설을 따르고 있다.

> ➡ **관련판례**
>
> **헌법재판관의 각하결정**(대판 2003.7.11. 99다24218)
> 헌법소원심판을 청구한 자로서는 헌법재판소 재판관이 일자 계산을 정확하게 하여 본안판단을 할 것으로 기대하는 것이 당연하고, 따라서 헌법재판소 재판관의 위법한 직무집행의 결과 잘못된 각하결정을 함으로써 청구인으로 하여금 본안판단을 받을 기회를 상실하게 한 이상, 설령 본안판단을 하였더라도 어차피 청구가 기각되었을 것이라는 사정이 있다고 하더라도 잘못된 판단으로 인하여 헌법소원심판 청구인의 위와 같은 합리적인 기대를 침해한 것이고 이러한 기대는 인격적 이익으로서 보호할 가치가 있다고 할 것이므로 그 침해로 인한 정신상 고통에 대하여는 위자료를 지급할 의무가 있다.

02. 직무관련성

「직무를 집행함에 당하여」의 의미에 대해서는 객관설과 주관설이 대립하나 객관설(외형설)이 타당하며, 대법원 역시 "공무원의 행위의 외관을 객관적으로 관찰하여 공무원의 직무행위로 보여질 때에는, 비록 그것이 실질적으로 직무행위가 아니거나, 또는 행위자의 주관적 의사에 관계없이 그 행위는 공무원의 직무집행행위로 볼 것이요, 이러한 행위가 실질적으로 공무집행행위가 아니라는 사정을 피해자가 알았다 하더라도 그것을 국가배상법 제2조 제1항에서 말하는 「직무를 집행함에 당하여」라고 단정하는데, 아무런 영향을 미치는 것은 아니다"(대판 1966.6.28. 66다781)라고 한다.

OX 연습

1. 「국가배상법」 제2조 제1항 단서 중의 경찰공무원은 「경찰공무원법」상의 공무원을 의미하므로 전투경찰순경은 이에 해당하지 않는다는 것이 헌법재판소의 입장이다. [18서울7급]

참고
3공화국 당시에는 위헌법률심판권을 대법원이 가지고 있었다. 당시 대법원이 이중배상금지규정을 위헌결정하기에 앞서 위헌결정에 대법관 3분의 2 이상의 찬성을 요하는 법원조직법 규정을 먼저 위헌결정하였다. 재판에서 과반수 이상의 찬성을 요구할 때는 헌법에 별도의 규정이 있어야 한다는 이유에서였다. 그 후 이중배상금지규정을 위헌결정하였다.

Answer

1. × 헌재 1996.6.13. 94헌마118

관련판례

조약과 국가의 책임(대판 1997.4.25. 96다16940) [21변호사]
외교관계에 관한 비엔나협약의 적용에 의하여 외국 대사관저에 대한 강제집행을 하지 못함으로써 발생한 손해에 대하여 국가가 손실보상책임이나 손해배상책임을 지지 아니한다.

제3항 | 국가배상청구권의 제한

I 군인·군무원 등에 대한 국가배상청구권 제한

01. 국가배상법 제2조 제1항 단서의 위헌 여부

1 경과

1960년대 후반 월남전에서 다수의 전·사상자가 발생함에 따라 국가배상소송이 폭주하게 되었고 정부는 국가배상에 있어서 군인 등의 이중배상금지규정을 신설하였다. 그 후 대법원은 위 조항에 대하여 위헌판결을 하였고 얼마 후 제7차 개헌(유신헌법)에서 위헌 시비를 없애기 위하여 헌법전에 이중배상금지규정을 두게 되었다.

2 원칙과 예외

관련판례

이중배상(대판 2017.2.3. 2015두60075) [19국가7급 등]
[1] 군인 등이 직무집행과 관련하여 공상을 입는 등의 이유로 보훈보상대상자 지원에 관한 법률이 정한 보훈보상대상자 요건에 해당하여 보상금 등 보훈급여금을 지급받을 수 있는 경우, 국가를 상대로 국가배상을 청구할 수 없다.
[2] 직무집행과 관련하여 공상을 입은 군인 등이 먼저 국가배상법에 따라 손해배상금을 지급받은 다음 보훈보상대상자 지원에 관한 법률이 정한 보상금 등 보훈급여금의 지급을 청구하는 경우, 국가배상법에 따라 손해배상을 받았다는 이유로 그 지급을 거부할 수 없다.

02. 헌법 제29조 제2항의 위헌 여부

헌법 제29조 제2항이 군인 등에 대하여 이중배상을 금지하고 있는 것과 관련하여 이 헌법 규정 자체가 위헌이 아닌가 문제된다. 이에 대해 헌법재판소는 헌법 규정은 위헌법률심판이나 헌법소원심판의 대상으로 삼을 수 없으며, 헌법 규정 상호간의 효력상의 차등도 인정할 수 없다는 논거로 각하결정을 내렸다.

이중배상이 금지·허용되는 공무원의 범위
1. 이중배상이 금지되는 공무원: 군인, 군무원, 경찰공무원, 향토예비군대원, 전투경찰
2. 이중배상이 허용되는 공무원: 경비교도대원, 공익근무요원

384 PART 02 기본권론

Ⅱ 이중배상금지규정의 효력

01. 문제점

민간인(갑)의 과실이 군인(을) 등의 과실과 경합하여 제3자인 군인(병)에게 피해를 입힌 경우 가해자인 갑은 자신의 과실 만큼만 배상을 하면 되는 것인지 아니면 을의 과실인 국가의 책임부분까지 포함해서 전부를 배상해야 하는지, 또 갑이 전부를 배상했다면 을의 과실(국가가 책임을 져야 하는 부분) 부분에 대해 국가에 대해 구상이 가능한지가 문제된다.

02. 판례

헌법재판소	갑이 군인 병에게 전액 배상한 다음 을의 부담부분에 대한 국가의 책임을 인정하여 갑이 국가에게 구상이 가능하다고 본다.
대법원	갑은 처음부터 자신의 부담부분만 배상하면 되고 전액을 배상한 다음 국가에 대해 구상이 안된다고 본다.

SECTION 5 형사보상청구권

> 헌법 제28조 형사피의자 또는 형사피고인으로서 **구금되었던** 자가 법률이 정하는 불기소처분을 받거나 무죄판결을 받은 때에는 법률이 정하는 바에 의하여 국가에 정당한 보상을 청구할 수 있다.

> 피의자는 불기소(기소유예, 기소중지 제외)의 경우에, 피고인은 무죄의 경우에 인정된다.
> 피고인 보상은 건국헌법부터, 피의자 보상은 9차개헌(현행헌법)에서 규정되었다. [22 국회8급]

Ⅰ 형사보상청구권의 의의

형사보상의 경우에는 고의나 과실을 요건으로 하지 않으므로, 형사보상은 인신의 구속으로 말미암은 손실의 발생에 대하여 결과책임인 **무과실손실보상책임**을 인정한 것으로 보는 것이 다수설이다.

Ⅱ 형사보상청구권의 주체(구금을 당한 자)

형사보상청구권의 주체는 구금을 당한 형사피고인과 형사피의자이다. 따라서 구금을 당하지 아니한 자는 주체가 될 수 없다. 법인은 구금이 불가능하므로 주체가 될 수 없다. 외국인도 요건을 갖추면 주체가 될 수 있다.(상호주의)

Ⅲ 형사보상청구권의 내용

01. 형사보상청구권의 성립요건

1 구금되었을 것

구금되었어야 한다. 따라서 불구속수사의 경우에는 인정되지 않는다. 구금에는 형의 집행을 위한 구치나 노역장유치의 집행이 포함된다. 관계기관의 고의·과실을 요하지 아니한다.

2 피고인의 경우 – 무죄 판결 및 면소·공소기각

1. 피고인 보상의 요건

> **형사보상 및 명예회복에 관한 법률 제2조(보상 요건)** ① 「형사소송법」에 따른 일반 절차 또는 재심(再審)이나 비상상고(非常上告) 절차에서 무죄재판을 받아 확정된 사건의 피고인이 미결구금(未決拘禁)을 당하였을 때에는 이 법에 따라 국가에 대하여 그 구금에 대한 보상을 청구할 수 있다.
> ② 상소권회복에 의한 상소, 재심 또는 비상상고의 절차에서 무죄재판을 받아 확정된 사건의 피고인이 원판결(原判決)에 의하여 구금되거나 형 집행을 받았을 때에는 구금 또는 형의 집행에 대한 보상을 청구할 수 있다.
> **제5조(보상의 내용)** ① 구금에 대한 보상을 할 때에는 그 구금일수(拘禁日數)에 따라 1일당 보상청구의 원인이 발생한 연도의 「최저임금법」에 따른 일급(日給) 최저임금액 이상 대통령령으로 정하는 금액 이하의 비율에 의한 보상금을 지급한다.
> **제26조(면소 등의 경우)** ① 다음 각 호의 어느 하나에 해당하는 경우에도 국가에 대하여 구금에 대한 보상을 청구할 수 있다. 다만, 제3호의 경우 재심 절차에서 선고된 형을 초과하여 집행된 구금일수를 제5조제1항에 따른 구금일수로 본다.
> 1. 「형사소송법」에 따라 면소(免訴) 또는 공소기각(公訴棄却)의 재판을 받아 확정된 피고인이 면소 또는 공소기각의 재판을 할 만한 사유가 없었더라면 무죄재판을 받을 만한 현저한 사유가 있었을 경우
> 2. 「치료감호법」 제7조에 따라 치료감호의 독립 청구를 받은 피치료감호청구인의 치료감호사건이 범죄로 되지 아니하거나 범죄사실의 증명이 없는 때에 해당되어 청구기각의 판결을 받아 확정된 경우
> 3. 「헌법재판소법」에 따른 재심 절차에서 원판결보다 가벼운 형으로 확정됨에 따라 원판결에 의한 형 집행이 재심 절차에서 선고된 형을 초과한 경우

2. 보상제외 사유

① 허위자백, ② 형사미성년, 심신장애로 무죄 등의 판결을 받은 경우, ③ 경합범의 일부에 대해서만 무죄판결을 받은 경우에는 보상청구의 전부 또는 일부를 기각할 수 있다.

> ▶ **관련판례**
>
> 1. 형사보상청구의 제척기간을 1년으로 정한 것(헌재 2010.7.29. 2008헌가4) [헌법불합치] [10법원직]
> 2. 형사보상결정에 대한 불복금지(헌재 2010.10.28. 2008헌마514)[일부기각, 위헌] [18지방7급]

(1) 형사보상청구금액의 상한제[기각]

　　보상금액의 구체화·개별화를 추구할 경우에는 개별적인 보상금액을 산정하는데 상당한 기간의 소요 및 절차의 지연을 초래하여 형사보상 제도의 취지에 반하는 결과가 될 위험이 크고 나아가 그로 인하여 <u>형사보상금의 액수에 지나친 차등이 발생하여 오히려 공평의 관념을 저해할 우려가 있는 바, 이 사건 보상금조항 및 이 사건 보상금시행령조항은 청구인들의 형사보상청구권을 침해한다고 볼 수 없다.</u>

(2) 형사보상은 형사사법절차에 내재하는 불가피한 위험으로 인한 피해에 대한 보상으로서 국가의 위법·부당한 행위를 전제로 하는 국가배상과는 그 취지 자체가 상이하므로 <u>형사보상절차로서 인과관계 있는 모든 손해를 보상하지 않는다고 하여 반드시 부당하다고 할 수는 없다.</u>

(3) 형사보상결정에 대한 불복금지[위헌] [15법원직]

　　형사보상의 청구에 대하여 한 보상의 결정에 대하여는 불복을 신청할 수 없도록 하여 형사보상의 결정을 단심재판으로 규정한 형사보상법 제19조 제1항은 청구인들의 형사보상청구권 및 재판청구권을 침해한다.

3. 비용보상청구권의 제척기간을 무죄판결이 확정된 날부터 6개월로 규정한 구 형사소송법 제194조의3 제2항은 재판청구권 및 재산권을 침해하지 않는다. (헌재 2015.4.30. 2014헌바408) [21변호사]

> **비교판례** ➤ 군사법원 피고인의 비용보상청구권의 제척기간을 '무죄판결이 확정된 날부터 6개월'로 정한 구 군사법원법 제227조의12 제2항은 헌법에 위반된다. (헌재 2023.8.31. 2020헌바252)[위헌]
>
> 형사소송법상 비용보상청구권의 제척기간은 종전 '무죄판결이 확정된 날부터 6개월'에서 2014.12.30. 법률이 개정되면서 '무죄판결이 확정된 사실을 안 날부터 3년, 무죄판결이 확정된 때부터 5년'으로 개정된 반면, 군사법원법상 비용보상청구권의 제척기간은 심판대상조항에서 '무죄판결이 확정된 날부터 6개월'로 정하고 있다가, 청구인이 이 사건 심판청구를 한 후에야 2020. 6. 9. 법률이 개정되어 '무죄판결이 확정된 사실을 안 날부터 3년, 무죄판결이 확정된 날부터 5년'으로 개정되었다.
>
> 따라서 심판대상조항은 군사법원법의 적용을 받는 비용보상청구권자를 형사소송법의 적용을 받는 비용보상청구권자에 비하여 자의적으로 다르게 취급하고 있으므로 평등원칙에 위반된다.

4. 무죄판결이 확정된 형사피고인에게 국선변호인의 보수에 준하여 변호사 보수를 보상하여 주도록 규정한 형사소송법 규정은 재판청구권을 침해하지 아니한다. (헌재 2012.3.29. 2011헌바19)

◢ OX 연습

1. 형사보상의 청구는 무죄재판이 확정된 때로부터 3년 이내에 하여야 한다.
[18경찰승진]
2. 형사보상청구권은 일신전속적인 권리이므로, 청구권자 본인이 사망한 경우에는 상속인은 청구할 수 없다. [17법무사]

3. 보상청구 및 절차

> **형사보상 및 명예회복에 관한 법률 제7조(관할법원)** 보상청구는 무죄재판을 한 법원에 대하여 하여야 한다.
>
> **제8조(보상청구의 기간)** 보상청구는 무죄재판이 확정된 사실을 안 날부터 3년, 무죄재판이 확정된 때부터 5년 이내에 하여야 한다. [215급등]

4. 상속인 청구

> **형사보상 및 명예회복에 관한 법률 제3조(상속인의 의한 보상 청구)** ① 제2조에 따라 보상을 청구할 수 있는 자가 그 청구를 하지 아니하고 사망하였을 때에는 그 상속인이 이를 청구할 수 있다. [16국가7급]

③ 피의자의 경우 – 불기소 처분

1. 피의자 보상의 요건

> **형사보상 및 명예회복에 관한 법률 제27조(피의자에 대한 보상)** ① 피의자로서 구금되었던 자 중 검사로부터 불기소처분을 받거나 사법경찰관으로부터 불송치결정을 받은 자는 국가에 대하여 그 구금에 대한 보상(이하 "피의자보상"이라 한다)을 청구할 수 있다. 다만, 구금된 이후 불기소처분 또는 불송치결정의 사유가 있는 경우와 해당 불기소처분 또는 불송치결정이 종국적(終局的)인 것이 아니거나「형사소송법」제247조에 따른 것일 경우에는 그러하지 아니하다.

＊구금된 이후 공소를 제기하지 아니하는 처분을 할 사유가 있는 경우란 예컨대 간통죄로 구금된 자가 피해자의 고소취소로 공소권 없음 처분을 받은 경우를 말한다. 처분이 종국적이 아닌 경우는 기소유예처분과 기소중지처분을 말한다.

2. 보상제외 사유

❶ 본인이 수사 또는 재판을 그르칠 목적으로 거짓 자백을 하거나 다른 유죄의 증거를 만듦으로써 구금된 것으로 인정되는 경우

❷ 구금기간 중에 다른 사실에 대하여 수사가 이루어지고 그 사실에 관하여 범죄가 성립한 경우

❸ 보상을 하는 것이 선량한 풍속이나 그 밖에 사회질서에 위배된다고 인정할 특별한 사정이 있는 경우

02. 형사보상청구권의 보상내용

① 정당한 보상

정당한 보상을 하여야 한다. 다만, 그 범위는 법률에 위임되어 있다.

> **형사보상 및 명예회복에 관한 법률 제4조(보상하지 아니할 수 있는 경우)** 다음 각 호의 어느 하나에 해당하는 경우에는 법원은 재량(裁量)으로 보상청구의 전부 또는 일부를 기각(棄却)할 수 있다.
> 1.「형법」제9조 및 제10조 제1항의 사유로 무죄재판을 받은 경우

Answer

1. ✕ 형사보상 및 명예회복에 관한 법률 제8조
2. ✕ 형사보상 및 명예회복에 관한 법률 제3조 제1항

2. 본인이 수사 또는 심판을 그르칠 목적으로 거짓 자백을 하거나 다른 유죄의 증거를 만듦으로써 기소(起訴), 미결구금 또는 유죄재판을 받게 된 것으로 인정된 경우
3. 1개의 재판으로 경합범(競合犯)의 일부에 대하여 무죄재판을 받고 다른 부분에 대하여 유죄재판을 받았을 경우 [16국가7급]

2 명예회복

형사보상 및 명예회복에 관한 법률 제30조(무죄재판서 게재 청구) 무죄재판을 받아 확정된 사건(이하 "무죄재판사건"이라 한다)의 피고인은 무죄재판이 확정된 때부터 3년 이내에 확정된 무죄재판사건의 재판서(이하 "무죄재판서"라 한다)를 법무부 인터넷 홈페이지에 게재하도록 해당 사건을 기소한 검사가 소속된 지방검찰청(지방검찰청 지청을 포함한다)에 청구할 수 있다.

03. 보상청구권 양도·압류금지

보상청구권은 양도하거나 압류할 수 없다. 보상금 지급청구권도 또한 같다. (제23조)

04. 다른 법률규정의 손해배상과의 관계

형사보상 및 명예회복에 관한 법률 제6조(손해배상과의 관계) ① 이 법은 보상을 받을 자가 다른 법률에 따라 손해배상을 청구하는 것을 금지하지 아니한다. [21경찰승진]
② 이 법에 따른 보상을 받을 자가 같은 원인에 대하여 다른 법률에 따라 손해배상을 받은 경우에 그 손해배상의 액수가 이 법에 따라 받을 보상금의 액수와 같거나 그보다 많을 때에는 보상하지 아니한다. 그 손해배상의 액수가 이 법에 따라 받을 보상금의 액수보다 적을 때에는 그 손해배상 금액을 빼고 보상금의 액수를 정하여야 한다. [16국가7급]
③ 다른 법률에 따라 손해배상을 받을 자가 같은 원인에 대하여 이 법에 따른 보상을 받았을 때에는 그 보상금의 액수를 빼고 손해배상의 액수를 정하여야 한다.

범죄피해자구조청구권

제1항 | 범죄피해자구조청구권의 의의

헌법 제30조 타인의 범죄행위로 인하여 생명·신체에 대한 피해를 받은 국민은 법률이 정하는 바에 의하여 국가로부터 구조를 받을 수 있다. — 제9차 개헌

1. 범죄피해자구조청구권
은 대한민국의 주권이 미
치는 영역에서 발생한 범
죄로 인한 피해자만이 주
체가 될 수 있다.

[18국회9급]

제2항 | 범죄피해자구조제도의 법적 성격과 주체

Ⅰ 법적 성격

범죄피해자구조제도는 범죄를 예방하지 못한 국가의 책임이라는 측면과 피해자 측의 생존권을 보장한다는 측면을 함께 지니고 있으므로, 생존권적 성격을 띤 청구권적 기본권 혹은 「국가배상적 사회보장청구권」으로 이해할 수 있다.

> ➡ **관련판례**
>
> 1. 범죄피해자구조청구권의 성격(헌재 1989.4.17. 88헌마3)
>   헌법은 범죄로부터 국민을 보호하여야 할 국가의 의무를 소극적 차원에서만 규정하지 아니하고 이에 더 나아가 범죄행위로 인하여 피해를 받은 국민에 대하여 국가가 적극적인 구조행위까지 하도록 규정하여 <u>피해자의 기본권을 생존권적 기본권의 차원으로 인정하였다.</u>
> 2. 범죄피해자 보호법에 의한 범죄피해 구조금 중 위 법 제17조 제2항의 유족구조금은 사람의 생명 또는 신체를 해치는 죄에 해당하는 행위로 인하여 사망한 피해자 또는 그 유족들에 대한 손실보상을 목적으로 하는 것으로서, 위 범죄행위로 인한 손실 또는 손해를 전보하기 위하여 지급된다는 점에서 불법행위로 인한 소극적 손해의 배상과 같은 종류의 금원이라고 봄이 타당하다.(대판 2017.11.9. 2017다228083) [22경찰승진]

Ⅱ 범죄피해자구조청구권의 주체

01. 자연인인 국민

자연인인 국민은 주체가 되나 법인은 주체가 되지 못한다.

02. 외국인

본법은 외국인이 구조피해자이거나 유족인 경우에는 해당 국가의 상호보증이 있는 경우에만 적용한다.(범죄피해자 보호법 제23조)

제3항 | 범죄피해자구조청구권의 내용

Ⅰ 성립요건

01. 범죄 행위

1 장소

대한민국의 영역 안 또는 대한민국의 영역 밖에 있는 대한민국 선박 또는 항공기 안에서 행하여진 범죄여야 한다.

2 범죄

사람의 생명 또는 신체를 해하는 죄에 해당하는 범죄여야 한다. 단, 그 범죄가 정당방위, 정당행위에 의한 경우와 과실범은 제외된다. 즉, 피해자가 먼저 공격을 하다가 상대방의 정당방위 또는 정당행위로 피해를 입은 경우는 제외된다.

02. 생명·신체의 피해(사망 또는 중상해)

생명·신체에 대한 범죄피해자에 한하여 인정되며, 재산상 피해에 대해선 청구할 수 없다. 개정전 법에서는 사망 또는 중장해였으나 사망 또는 중상해로 개정되었다.

03. 일정한 청구사유가 존재할 것

범죄피해자는 ① 범죄피해를 받은 자가 피해의 전부 또는 일부를 배상받지 못하거나, ② 자기 또는 타인의 형사사건의 수사 또는 재판에 있어서 고소·고발 등 수사단서의 제공, 진술, 증언 또는 자료제출과 관련하여 피해자로 된 때에 청구할 수 있다. 구법의 가해자의 불명 또는 무자력 부분을 삭제하였다. 따라서 가해자의 불명이나 무자력 여부와 관계없이 보상받을 수 있게 되었다.

* 가해자의 불명이나 무자력 여부와 관계없이 보상받을 수 있다.

04. 유족의 범위

> **범죄피해자보호법 제16조(구조금의 지급요건)** 국가는 구조대상 범죄피해를 받은 사람(이하 "구조피해자"라 한다)이 다음 각 호의 어느 하나에 해당하면 구조피해자 또는 그 유족에게 범죄피해 구조금(이하 "구조금"이라 한다)을 지급한다.
> 1. 구조피해자가 피해의 전부 또는 일부를 배상받지 못하는 경우
> 2. 자기 또는 타인의 형사사건의 수사 또는 재판에서 고소·고발 등 수사단서를 제공하거나 진술, 증언 또는 자료제출을 하다가 구조피해자가 된 경우 [22지방7급]
>
> **제18조(유족의 범위 및 순위)** ① 유족구조금을 지급받을 수 있는 유족은 다음 각 호의 어느 하나에 해당하는 사람으로 한다.
> 1. 배우자(사실상 혼인관계를 포함한다) 및 구조피해자의 사망 당시 구조피해자의 수입으로 생계를 유지하고 있는 구조피해자의 자녀
> 2. 구조피해자의 사망 당시 구조피해자의 수입으로 생계를 유지하고 있는 구조피해자의 부모, 손자·손녀, 조부모 및 형제자매
> 3. 제1호 및 제2호에 해당하지 아니하는 구조피해자의 자녀, 부모, 손자·손녀, 조부모 및 형제자매
> ② 제1항에 따른 유족의 범위에서 태아는 구조피해자가 사망할 때 이미 출생한 것으로 본다.
> ③ 유족구조금을 받을 유족의 순위는 제1항 각 호에 열거한 순서로 하고, 같은 항 제2호 및 제3호에 열거한 사람 사이에서는 해당 각 호에 열거한 순서로 하며, 부모의 경우에는 양부모를 선순위로 하고 친부모를 후순위로 한다.
> ④ 유족이 다음 각 호의 어느 하나에 해당하면 유족구조금을 받을 수 있는 유족으로 보지 아니한다.
> 1. 구조피해자를 고의로 사망하게 한 경우
> 2. 구조피해자가 사망하기 전에 그가 사망하면 유족구조금을 받을 수 있는 선순위 또는 같은 순위의 유족이 될 사람을 고의로 사망하게 한 경우
> 3. 구조피해자가 사망한 후 유족구조금을 받을 수 있는 선순위 또는 같은 순위의 유족을 고의로 사망하게 한 경우

Ⅱ 구조금을 지급하지 아니할 수 있는 경우

> **범죄피해자 보호법 제19조(구조금을 지급하지 아니할 수 있는 경우)** ① 범죄행위 당시 구조피해자와 가해자 사이에 다음 각 호의 어느 하나에 해당하는 친족관계가 있는 경우에는 구조금을 지급하지 아니한다.
> 1. 부부(사실상의 혼인관계를 포함한다) [18지방7급]
> 2. 직계혈족
> 3. 4촌 이내의 친족
> 4. 동거친족
> ③ 구조피해자가 다음 각 호의 어느 하나에 해당하는 행위를 한 때에는 구조금을 지급하지 아니한다.
> 1. 해당 범죄행위를 교사 또는 방조하는 행위
> 2. 과도한 폭행·협박 또는 중대한 모욕 등 해당 범죄행위를 유발하는 행위
> 3. 해당 범죄행위와 관련하여 현저하게 부정한 행위
> 4. 해당 범죄행위를 용인하는 행위
> 5. 집단적 또는 상습적으로 불법행위를 행할 우려가 있는 조직에 속하는 행위(다만, 그 조직에 속하고 있는 것이 해당 범죄피해를 당한 것과 관련이 없다고 인정되는 경우는 제외한다)
> 6. 범죄행위에 대한 보복으로 가해자 또는 그 친족이나 그 밖에 가해자와 밀접한 관계가 있는 사람의 생명을 해치거나 신체를 중대하게 침해하는 행위

Ⅲ 구조금의 지급 신청

> **범죄피해자 보호법 제15조(범죄피해자보호위원회)** ① 범죄피해자 보호·지원에 관한 기본계획 및 주요 사항 등을 심의하기 위하여 법무부장관 소속으로 범죄피해자보호위원회(이하 "보호위원회"라 한다)를 둔다.

> **제25조(구조금의 지급신청)** ① 구조금을 받으려는 사람은 법무부령으로 정하는 바에 따라 그 주소지, 거주지 또는 범죄발생지를 관할하는 지구심의회에 신청하여야 한다.
> ② 제1항에 따른 신청은 해당 구조대상 범죄피해의 발생을 안 날부터 3년이 지나거나 해당 구조대상 범죄피해가 발생한 날부터 10년이 지나면 할 수 없다. [22경찰승진]

Ⅳ 금전 외의 구조 방법

> **범죄피해자 보호법 제9조(사생활의 평온과 신변의 보호 등)** ① 국가 및 지방자치단체는 범죄피해자의 명예와 사생활의 평온을 보호하기 위하여 필요한 조치를 하여야 한다.
> ② 국가 및 지방자치단체는 범죄피해자가 형사소송절차에서 한 진술이나 증언과 관련하여 보복을 당할 우려가 있는 등 범죄피해자를 보호할 필요가 있을 경우에는 적절한 조치를 마련하여야 한다.

> **제10조(교육·훈련)** 국가 및 지방자치단체는 범죄피해자에 대한 이해 증진과 효율적 보호·지원 업무 수행을 위하여 범죄 수사에 종사하는 자, 범죄피해자에 관한 상담·의료 제공 등의 업무에 종사하는 자, 그 밖에 범죄피해자 보호·지원 활동과 관계가 있는 자에 대하여 필요한 교육과 훈련을 실시하여야 한다.

* 범죄피해자 보호법은 금전보상만을 규정하고 있다. (×)

Ⓥ 다른 청구와의 관계

> **범죄피해자 보호법 제20조(다른 법령에 따른 급여 등과의 관계)** 구조피해자나 유족이 해당 구조대상 범죄피해를 원인으로 하여 「국가배상법」이나 그 밖의 법령에 따른 급여 등을 받을 수 있는 경우에는 대통령령으로 정하는 바에 따라 구조금을 지급하지 아니한다.
>
> **제21조(손해배상과의 관계)** ① 국가는 구조피해자나 유족이 해당 구조대상 범죄피해를 원인으로 하여 손해배상을 받았으면 그 범위에서 구조금을 지급하지 아니한다.

Ⓥ 소멸시효와 양도·담보제공 및 압류금지

> **범죄피해자 보호법 제31조(소멸시효)** 구조금을 받을 권리는 그 구조결정이 해당 신청인에게 송달된 날부터 2년간 행사하지 아니하면 시효로 인하여 소멸된다.
>
> **제32조(구조금 수급권의 보호)** 구조금을 받을 권리는 양도하거나 담보로 제공하거나 압류할 수 없다.

OX 연습

1. 범죄피해구조금을 받을 권리는 그 구조결정이 해당 신청인에게 송달된 날부터 1년간 행사하지 아니하면 시효로 소멸된다.
[18지방7급]

Answer

1. ✕ 범죄피해자 보호법 제31조

CHAPTER

07 사회적 기본권

| SECTION 1 | 사회적 기본권의 구조와 체계 |

인간다운 생활권	• 5차 개헌 • 국민기초생활보장법에 의해 실현
교육을 받을 권리	• 교육을 받을 권리와 교육을 받게 할 의무로 구성
근로의 권리	• 일자리에 관한 권리(국민의 권리) • 일할 환경에 관한 권리(외국인도 인정)
근로3권	• 건국헌법 때부터 규정 • 단결권, 단체교섭권, 단체행동권
환경권	• 8차 개헌 • 국민의 권리인 동시에 의무, 쾌적한 주거생활권은 9차 개헌
혼인, 가족, 모성보호, 보건	• 혼인과 가족은 헌법이 특별히 평등을 요구하는 경우이다. • 모성보호는 9차 개헌

사회적 기본권은 국가의 적극적인 개입을 통하여 실현될 수 있는 권리라는 점에서 국가의 부작위로 실현되는 자유권적 기본권과는 그 법적 성격을 달리한다.

헌법재판소는 "인간다운 생활을 할 권리로부터는 인간의 존엄에 상응하는 생활에 필요한 「최소한의 물질적인 생활」의 유지에 필요한 급부를 요구할 수 있는 구체적인 권리가 상황에 따라서는 직접 도출될 수 있다고 할 수는 있어도, 동 기본권이 직접 그 이상의 급부를 내용으로 하는 구체적인 권리를 발생케 한다고는 볼 수 없다고 할 것이다. 이러한 구체적 권리는 국가가 재정형편 등 여러 가지 상황들을 종합적으로 감안하여 법률을 통하여 구체화할 때에 비로소 인정되는 법률적 권리라고 할 것이다"(헌재 1995.7.21. 93헌가14)[합헌] [09법원직]라고 판시하여 인간다운 생활을 할 권리에 관하여 이분설의 태도를 보여주고 있다. [12국회8급]

헌법 제34조	
① 모든 국민은 인간다운 생활을 할 권리를 가진다.	바이마르 헌법에서 처음 규정되고 우리나라는 제5차개헌에서 규정되었다.
② 국가는 사회보장·사회복지의 증진에 노력할 의무를 진다.	
③ 국가는 여자의 복지와 권익의 향상을 위하여 노력하여야 한다.	제9차개헌
④ 국가는 노인과 청소년의 복지향상을 위한 정책을 실시할 의무를 진다.	제9차개헌
⑤ 신체장애자 및 질병·노령 기타의 사유로 생활능력이 없는 국민은 법률이 정하는 바에 의하여 국가의 보호를 받는다.	제9차개헌 장애인 보호에 관한 규정은 있지만, 장애인 근로에 관한 규정은 없다. [19국가7급등]
⑥ 국가는 재해를 예방하고 그 위험으로부터 국민을 보호하기 위하여 노력하여야 한다. [21법원직]	제9차개헌

제1항 | 인간다운 생활권의 법적 성격

모든 국민은 인간다운 생활을 할 권리를 가지며 국가는 생활능력 없는 국민을 보호할 의무가 있다는 헌법의 규정은 입법부와 행정부에 대하여는 국민소득, 국가의 재정능력과 정책 등을 고려하여 가능한 범위 안에서 최대한으로 모든 국민이 물질적인 최저생활을 넘어서 인간의 존엄성에 맞는 건강하고 문화적인 생활을 누릴 수 있도록 하여야 한다는 행위의 지침, 즉 행위규범으로서 작용하지만, 헌법재판에 있어서는 다른 국가기관, 즉 입법부나 행정부가 국민으로 하여금 인간다운 생활을 영위하도록 하기 위하여 객관적으로 필요한 최소한의 조치를 취할 의무를 다하였는지의 여부를 기준으로 국가기관의 행위의 합헌성을 심사하여야 한다는 통제규범으로 작용하는 것이다. 그러므로 국가가 인간다운 생활을 보장하기 위한 헌법적인 의무를 다하였는지의 여부가 사법적 심사의 대상이 된 경우에는, 국가가 생계보호에 관한 입법을 전혀 하지 아니하였다든가 그 내용이 현저히 불합리하여 헌법상 용인될 수 있는 재량의 범위를 명백히 일탈한 경우에 한하여 헌법에 위반된다고 할 수 있다.(헌재 1997.5.29. 94헌마33) [20변호사]

> 인간다운 생활을 할 권리의 구속성 정도
> • 입법부와 행정부에 대해서는 최대한의 요구, 즉 행위지침 또는 행위규범으로 작용
> • 헌법재판에 있어서는 최소한의 조치를 다하였는지에 대한 심사기준, 즉 통제규범으로 작용

제2항 | 인간다운 생활권의 주체

인간다운 생활권은 원칙적으로 자연인인 국민의 권리이다. 외국인과 법인에게는 인정되지 않는다. 다만, 국민기초생활 보장법은 일정한 경우 외국인에게도 급부를 실시한다.

> **국민기초생활 보장법 제5조의2(외국인에 대한 특례)** 국내에 체류하고 있는 외국인 중 대한민국 국민과 혼인하여 본인 또는 배우자가 임신 중이거나 대한민국 국적의 미성년 자녀를 양육하고 있거나 배우자의 대한민국 국적인 직계존속(直系尊屬)과 생계나 주거를 같이하고 있는 사람으로서 대통령령으로 정하는 사람이 이 법에 따른 급여를 받을 수 있는 자격을 가진 경우에는 수급권자가 된다.

제3항 | 인간다운 생활권의 내용

Ⅰ 인간다운 생활의 보장수준

01. 국민기초생활 보장법의 규정

국민기초생활 보장법은 개인의 노력을 전제로 하여 건강하고 문화적인 최저생활을 보장하는 것을 목표로 하고 있다.(보충성원칙)

02. 헌법재판소

국가유공자가 양로시설에 입소하는 경우 이 사건 규정에 의하여 일부 연금이나 수당이 지급 정지된다고 하여도 청구인들에게 기본연금이 계속 지급되며, 더구나 양로시설에서 무상으로 생활할 수 있게 된다는 점, 그리고 인간다운 생활이라고 하는 개념이 사회의 경제적 수준 등에 따라 달라질 수 있는 상대적 개념이라는 점을 고려하면, 이 사건 규정으로 인하여 헌법 제34조 제1항의 인간의 존엄에 상응하는 최소한의 물질생활의 보장을 내용으로 하는 인간다운 생활을 할 권리를 침해하였다고 볼 수는 없어 입법재량의 범위를 일탈한 규정이라고 할 수 없다.(헌재 2000.6.1. 98헌마216)

Ⅱ 사회보장수급권(사회보장을 받을 권리)

01. 의의

사회보장수급권이란 사회적 위험(예 질병, 신체장애, 노령 등)으로 인하여 요보호상태에 있는 개인이 인간다운 생활을 영위하기 위하여 국가에 대해 일정한 내용의 급부를 요구할 수 있는 권리를 말한다.

02. 법적 성격

헌법재판소는 사회보장수급권의 권리성에 대하여 명확하게 판시하지는 않지만 대체로는 개별법의 규정이 있어야 인정되는 추상적 권리로 본다. [17변호사]

➡ 관련판례

1. 의료보험수급권의 법적 성격(헌재 2003.12.18. 2002헌바1)[한정위헌] [09국가7급]
   (1) 사회적 기본권의 성격을 가지는 의료보험수급권은 국가에 대하여 적극적으로 급부를 요구하는 것이므로 헌법규정만으로는 이를 실현할 수 없고 법률에 의한 형성을 필요로 한다. …… 따라서 의료보험수급권은 법률에 의하여 이미 형성된 구체적인 권리라고 할 것이다.
   (2) 법률에 의하여 구체적으로 형성된 의료보험수급권에 대하여 헌법재판소는 이를 재산권의 보장을 받는 공법상의 권리로서 헌법상의 사회적 기본권의 성격과 재산권의 성격을 아울러 지니고 있다고 보므로, 보험급여를 받을 수 있는 가입자가 만일 이 사건 법률조항의 급여제한 규정에 의하여 보험급여를 받을 수 없게 된다면 이것은 헌법상의 재산권과 사회적 기본권에 대한 제한이 된다.
   (3) 경과실의 범죄로 인한 사고는 개념상 우연한 사고의 범위를 벗어나지 않으므로 경과실로 인한 범죄행위에 기인하는 보험사고에 대하여 의료보험급여를 부정하는 것은 우연한 사고로 인한 위험으로부터 다수의 국민을 보호하고자 하는 사회보장제도로서의 의료보험의 본질을 침해하여 헌법에 위반된다. [17지방7급]

2. 급여의 사유가 발생한 사실을 인식하지 못한 경우를 소멸시효에서 제외하는 규정을 두지 아니한 사립학교교직원연금법 제54조 제1항 중 장기급여에 관한 부분은 재산권, 사회보장수급권을 침해하지 않는다.(헌재 2017.12.28. 2016헌바341) [19국회8급]

3. 직장가입자가 소득월액보험료를 일정 기간 이상 체납한 경우 그 체납한 보험료를 완납할 때까지 국민건강보험공단이 그 가입자 및 피부양자에 대하여 보험급여를 실시하지 아니할 수 있도록 한 구 국민건강보험법 제53조 제3항 제1호는 해당 직장가입자의 인간다운 생활을 할 권리 및 재산권을 침해하지 않는다.(헌재 2020.4.23. 2017헌바244) [23법무사]

4. 공무원이거나 공무원이었던 사람이 재직 중의 사유로 금고 이상의 형을 받거나 형이 확정된 경우 퇴직급여 및 퇴직수당의 일부를 감액하여 지급함에 있어 그 이후 형의 선고의 효력을 상실하게 하는 특별사면 및 복권을 받은 경우를 달리 취급하는 규정을 두지 아니한 구 공무원연금법 제64조 제1항 제1호와 구 공무원연금법 제64조 제1항 제1호는 재산권, 인간다운 생활을 할 권리를 침해하지 않는다.(헌재 2020.4.23. 2018헌바402) [22경찰승진]

5. 연금보험료를 낸 기간이 그 연금보험료를 낸 기간과 연금보험료를 내지 아니한 기간을 합산한 기간의 3분의 2보다 짧은 경우 유족연금 지급을 제한한 구 국민연금법 제85조 제2호 중 '유족연금'에 관한 부분은 헌법에 위반되지 않는다.(헌재 2020.5.27. 2018헌바129)[합헌]

6. 퇴직연금 수급자가 유족연금을 함께 받게 된 경우 그 유족연금액의 2분의 1을 빼고 지급하도록 하는 구 공무원연금법 제45조 제4항 중 '퇴직연금 수급자'에 관한 부분은 청구인의 기본권을 침해하지 않는다.(헌재 2020.6.25. 2018헌마865)[기각] [21국회8급]

7. 재혼을 유족연금수급권 상실사유로 규정한 구 공무원연금법 제59조 제1항 제2호 중 '유족연금'에 관한 부분은 헌법에 위반되지 않는다.(헌재 2022.8.31. 2019헌가31)[합헌] [23입시]

8. 국립묘지 안장 대상자의 배우자 가운데 안장 대상자 사후에 재혼한 자를 합장 대상에서 제외하는 내용의 국립묘지의 설치 및 운영에 관한 법률 제5조 제3항 본문 제1호 단서 중'안장 대상자가 사망한 후에 다른 사람과 혼인한 배우자는 제외한다.'부분은 합헌이라는 결정을 선고하였다.(헌재 2022.11.24. 2020헌바 463)[합헌]

03. 종류

1 사회보험

사회보험이란 개인과 국가 등이 보험료를 함께 부담하여 사고발생 시 보험당사인인 국가 또는 공공단체가 그로부터 발생하는 손실 또는 손해를 보상하거나 일정한 금액을 지급하거나 또는 특정의 보험급부를 수여하는 제도를 말한다.

> 📑 참고
>
> 1. 사보험의 특징: 임의 가입, 보험료는 보험급여에 비례
> 2. 사회보험의 특징: 강제가입, 보험료는 소득이나 재산에 비례, 이질부담 (회사가 절반 부담), 소득재분배
> 3. 사회보험이 사보험과 다른 점을 헌법적으로 정당화하는 것은 사회연대 의 원리이다.

> ▶ 관련판례
>
> 1. 사회보험과 사보험의 차이(헌재 2000.6.29. 99헌마289)
> 보험료의 법적 성격 및 사회보험료 형성의 원칙 [12국가7급]
> 사회보험료는 기존의 공과금체계에 편입시킬 수 없는 독자적 성격을 가진 공과금이다. … 사회보험료를 형성하는 2가지 중요한 원리는 '보험의 원 칙'과 '사회연대의 원칙'이다. 보험의 원칙이란 소위 등가성의 원칙이라고 도 하는데, 이는 보험료와 보험급여간의 등가원칙을 말한다. 물론, 사회 보험에서는 사보험에서와 달리 각 피보험자에 대한 개별등가원칙이 적용 되는 것은 아니지만, 사회보험 또한 보험료를 주된 재원으로 하는 보험의 성격을 가지고 있기 때문에, 보험자의 전체적 재정과 관련하여 보험자의 수입이 보험급여를 포함한 전체 지출을 충당할 수 있도록 개인의 보험료가 산정되어야 한다. 한편 사회보험은 사회국가원리를 실현하기 위한 중요한 수단이라는 점에서, 사회연대의 원칙은 국민들에게 최소한의 인간다운 생 활을 보장해야 할 국가의 의무를 부과하는 사회국가원리에서 나온다. 보 험료의 형성에 있어서 사회연대의 원칙은 보험료와 보험급여 사이의 개별 적 등가성의 원칙에 수정을 가하는 원리일 뿐만 아니라, 사회보험체계 내 에서의 소득의 재분배를 정당화하는 근거이며, 보험의 급여수혜자가 아닌 제3자인 사용자의 보험료 납부의무(소위 '이질부담')를 정당화하는 근거 이기도 하다. 또한 사회연대의 원칙은 사회보험에의 강제가입의무를 정당 화하며, 재정구조가 취약한 보험자와 재정구조가 건전한 보험자 사이의 재

정조정을 가능하게 한다. … 그러나 보험료부담의 평등이 보장되지 않는 상황에서의 재정통합은 사회보험의 중요한 형성원칙인 사회연대의 원칙에 의해서도 정당화하기 어렵다. … 재정이 통합되는 2002. 1. 1. 이후에도, 지역가입자의 소득이 합리적이고 신뢰할 만한 방안을 통하여 파악 또는 추정될 때까지, 직장가입자와 지역가입자 모두의 이익을 함께 적절하게 고려하는 재정운영위원회의 민주적 운영을 통하여 직장·지역가입자 사이의 보험료 분담율을 조정할 수 있고, 이로써 보험료를 직장가입자에게 불리하지 않도록 정할 수 있으므로, 법 제33조 제2항은 헌법에 위반되지 아니한다.

2. 국민건강보험법은 직장가입자의 경우에는 월보수만을 기준으로 보험료를 정하여 부과·징수하도록 정하고 있는데 반해, 지역가입자의 경우 소득, 재산, 생활수준, 경제활동 참가율 등을 모두 고려하여 점수화한 보험료부과점수를 기준으로 보험료를 산정하도록 하고 있으나 헌법에 위반되지 않는다.(헌재 2016.12.29. 2015헌바199)

2 공적부조

공적부조는 생계유지가 곤란한 사람에게 개인의 부담을 전제로 하지 않고 최저생활에 필요한 급여를 제공하는 것을 말한다. 이에 관한 법이 국민기초생활 보장법이다.

3 사회보상

사회보상은 국가유공자가 사망 또는 상해로 노동력을 상실함으로 생활이 곤궁하게 된 때 이를 보장하는 제도이다. 국가유공자등예우 및 지원에 관한 법률이 있다.

4 사회복지

사회복지는 보호를 필요로 하는 자에 대해 현금이나 현물이 아니라 자립능력을 키우는 데 필요한 생활지도, 교육지도 등을 제공하는 공적서비스를 말한다. 노인복지법, 장애인복지법 등이 있다.

> **➡ 관련판례**
>
> 위헌으로 본 사례
> 1. 퇴직연금 지급정지대상기관을 총리령으로 정하도록 위임하고, 퇴직연금 지급정지의 요건 및 내용을 대통령령으로 정하도록 위임하고 있는 것은 포괄위임금지의 원칙에 위반된다.(헌재 2005.10.27. 2004헌가20)[위헌]
>   (1) 퇴직연금수급권은 사회보장수급권과 재산권이라는 양 권리의 성격이 불가분적으로 혼화되어 있어서 전체적으로 재산권적 보호의 대상이 되면서도 순수한 재산권만은 아니라는 특성을 가지고 있으므로, 입법자가 사회정책적 측면과 국가의 재정 및 기금의 상황 등 여러 가지 사정을 참작하여 퇴직연금수급권을 축소하는 것은 원칙적으로 가능한 일이라 할 것이다.

**국민기초생활 보장법
제4조(급여의 기준 등)**
① 이 법에 따른 급여는 건강하고 문화적인 최저생활을 유지할 수 있는 것이어야 한다.
[08지방7급]
③ 보장기관은 이 법에 따른 급여를 개별가구 단위로 실시하되, 특히 필요하다고 인정하는 경우에는 개인 단위로 실시할 수 있다.

(2) 법 제47조 제3호의 경우 … 재정지원의 방식·형태·규모 등에 관한 아무런 기준을 제시하지 아니함으로써 <u>비록 아무리 적은 규모라도 어떤 형태로든지 정부의 재정지원이 있기만 하면 총리령이 정하는 바에 따라 지급정지대상기관이 될 수 있게 되어 정부재정지원기관의 확정을 실질적으로 행정부에 일임한 결과가 되었다.</u> … 나아가 퇴직연금 중 본인의 기여금에 해당하는 부분은 임금의 후불적 성격이 강하므로 재산권적 보호가 강조되어야 하는 점을 고려하여, '퇴직연금 또는 조기퇴직연금의 <u>2분의 1의 범위 안에서'라는 구체적 범위를 정하여 위임하여야 함에도 불구하고 그러한 범위를 정하지 아니한 채 위임하고 있다는 점에서도 위헌</u>이라고 보아야 한다.

2. 공무원이 내란죄, 외환죄 등을 범하여 금고 이상의 형을 받은 경우에 퇴직급여를 제한하는 것(헌재 2002.7.18. 2000헌바57)[한정위헌]
이 사건 법률조항에 의한 급여제한의 사유가 퇴직 후에 범한 죄에도 적용되는 것으로 보는 것은, 입법목적을 달성하기 위한 방법의 적정성을 결하고, 공무원이었던 사람에게 입법목적에 비추어 과도한 피해를 주어 법익균형성을 잃는 것으로서 과잉금지의 원칙에 위배하여 재산권의 본질적 내용을 침해하는 것으로 헌법에 위반된다 할 것이다.

위헌이 아니라고 본 사례

1. 60세 이상의 자에 대한 국민연금 가입제한(헌재 2001.4.26. 2000헌마390) [기각] [20국가7급]
현행 국민연금법상의 연금제도는 자기 기여를 전제로 하는 사회보험의 전형적인 한 형태이다. 그렇다면, 국가가 국민의 인간다운 생활을 보장하기 위한 헌법적 의무를 다하였는지 여부는 국민연금제도와 같은 사회보험에 의한 소득보장제도만으로 판단하여서는 아니되고, 사회부조의 방식에 의하여 행하여지는 각종 급여나 각종 부담의 감면 등을 총괄한 수준을 가지고 판단하여야 할 것이다.

2. 공무원연금법상 퇴직연금의 수급자가 사립학교 교직원연금법 제3조의 학교기관으로부터 보수 기타급여를 지급받고 있는 경우, 그 기간 중 퇴직연금의 지급을 정지하도록 한 것은 기본권 제한의 입법한계를 일탈한 것으로 볼 수 없다. (헌재 2000.6.29. 98헌바106) [09국가7급]

3. 공무원 유족연금의 수급대상에서 18세 이상의 자를 제외한 것(헌재 1999.4.29. 97헌마333)[기각]

4. 공무원 연금 지급을 보수연동에서 물가연동으로 전환한 것(헌재 2005.6.30 2004헌바42)[합헌] [23국회8급]

5. 지역의료보험조합과 직장의료보험조합을 통합한 것(헌재 2000.6.29. 99헌마289)[기각]

6. 휴직자에게 휴직 전월의 표준보수월액을 기준으로 보험료 부과하는 것(헌재 2003.6.26. 2001헌마699)[기각]

7. <u>퇴직연금 수급자에게 연금외의 일정한 소득이 있는 경우 소득정도에 따라 퇴직연금 중 일부를 지급 정지하도록 하는 규정을 그 시행일 이전에 이미 퇴직하여 연금을 수령하는 사람에게도 적용하도록 하는 것은 신뢰보호원칙에 위반되지 않는다.</u>(헌재 2008.2.28. 2005헌마872)[기각]

8. 교도소·구치소에 수용 중인 자에 대하여 '국민기초생활 보장법'에 의한 급여를 하지 않는 것은 헌법에 위반되지 아니한다.(헌재 2011.3.31. 2009헌마617) [기각] [20국가7급]

9. 산업재해보상보험법 소정의 유족의 범위에 '직계혈족의 배우자'(며느리, 사위를 말한다)를 포함시키고 있지 않는 것은 헌법에 위반되지 않는다.(헌재 2012. 3.29. 2011헌바133)
10. '대학원에 재학 중인 사람'과 '부모에게 버림받아 부모를 알 수 없는 사람'에 대하여 조건 부과 유예사유를 두지 않은 국민기초생활 보장법 시행령 제8조 제2항 제1호는 평등권과 인간다운 생활을 할 권리를 침해하지 않는다.(헌재 2017.11.30. 2016헌마448) [23국회8급, 22해경]

Ⅲ 생활보호를 받을 권리(공적부조, 사회보상, 사회복지)

헌법 제31조 제5항은 "신체장애자 및 질병·노령 기타의 사유로 생활능력이 없는 국민은 법률이 정하는 바에 의하여 국가의 보호를 받는다"고 규정하고 있다.

▶ 관련판례

1. 보건복지부장관이 고시한 생활보호사업지침상의 "94년 생계보호기준"이 <u>최저생계비에 미달하더라도</u> 헌법상의 행복추구권과 인간다운 생활을 할 권리를 침해하는 것이 아니다. (헌재 1997.5.29. 94헌마33) [06사시]
2. 보건복지부장관이 2002년도 최저생계비를 고시함에 있어 장애로 인한 추가지출비용을 반영한 별도의 최저생계비를 결정하지 않은 채 가구별 인원수만을 기준으로 최저생계비를 결정한 것은 생활능력 없는 장애인가구 구성원의 인간의 존엄과 가치 및 행복추구권, 인간다운 생활을 할 권리, 평등권을 침해하였다고 할 수 없다.(헌재 2004.10.28. 2002헌마328) [12변호사, 08국가7급 등]
3. 국가유공자의 유족의 범위에 사후양자를 포함시키지 않는 것은 헌법에 위반되지 않는다. (헌재 2007.4.26. 2004헌바60)[합헌] [13법원직]
4. 후보자가 시각장애선거인을 위한 점자형 선거공보 1종을 책자형 선거공보 면수 이내에서 임의로 작성할 수 있도록 한 공직선거법 제65조 제4항 중 대통령선거에 관한 부분은 청구인의 선거권과 평등권을 침해하지 않는다.(헌재 2014.5.29. 2012헌마913) [15변호사]

SECTION 3	교육을 받을 권리와 교육제도

헌법 제31조	
① 모든 국민은 능력에 따라 균등하게 교육을 받을 권리를 가진다.	일신전속적 능력을 말한다. 경제적 능력에 따른 차별은 허용되지 않는다.
② 모든 국민은 그 보호하는 자녀에게 적어도 초등교육과 법률이 정하는 교육을 받게 할 의무를 진다.	초등학교 의무교육은 헌법규정이고, 중학교 이상의 의무교육은 법률에 위임되어 있다.
③ 의무교육은 무상으로 한다.	무상급식이 의무교육에 포함되는 것은 아니다.

1. 보건복지부장관이 고시한 생계보호기준에 따른 생계보호의 수준이 일반 최저생계비에 못 미친다면, 인간다운 생활을 보장하기 위하여 국가가 실현해야 할 객관적 내용의 최소한도의 보장에도 이르지 못한 것이므로 청구인들의 행복추구권과 인간당운 생활을 할 권리를 침해한 것이다.
[20법원9급]

Answer
1. × 헌재 1997.5.29. 94헌마33

CHAPTER 07 사회적 기본권 401

④ 교육의 자주성·전문성·정치적 중립성 및 대학의 자율성은 법률이 정하는 바에 의하여 보장된다.	대학의 자율성은 제9차개헌
⑤ 국가는 평생교육을 진흥하여야 한다.	제8차개헌
⑥ 학교교육 및 평생교육을 포함한 교육제도와 그 운영, 교육재정 및 교원의 지위에 관한 기본적인 사항은 법률로 정한다.	교육제도 법정주의의 규정이다.

제1항 | 교육을 받을 권리의 의의

자유권적 측면	교육받는 것을 국가로부터 방해받지 아니할 권리
사회권적 측면	국가가 교육을 적극적으로 배려해 주도록 요구할 권리

제2항 | 교육을 받을 권리의 법적 성격

부모의 자녀 교육권은 권리의 측면과 함께 의무의 측면도 있다. 헌법재판소도 "자녀의 양육과 교육은 일차적으로 부모의 천부적인 권리인 동시에 부모에게 부과된 의무이기도 하다"고 판시하였다. [12법원직]

> ▶ 관련판례
>
> 고시 공고일을 기준으로 고등학교에서 퇴학된 날로부터 6월이 지나지 아니한 자를 고등학교 졸업학력 검정고시를 받을 수 있는 자의 범위에서 제외하고 있는 고등학교 졸업학력 검정고시 규칙은 헌법에 위배되지 아니한다.(헌재 2008.4.24. 2007헌마1456)[기각] [17국가7급, 12법원직]
> 헌법 제31조 제1항의 교육을 받을 권리는, 국민이 능력에 따라 균등하게 교육받을 것을 공권력에 의하여 부당하게 침해받지 않을 권리와, 국민이 능력에 따라 균등하게 교육받을 수 있도록 국가가 적극적으로 배려하여 줄 것을 요구할 수 있는 권리로 구성되는 바, 전자는 자유권적 기본권의 성격이, 후자는 사회권적 기본권의 성격이 강하다고 할 수 있다. 그런데 이 사건 규칙조항과 같이 검정고시응시자격을 제한하는 것은, 국민의 교육받을 권리 중 그 의사와 능력에 따라 균등하게 교육받을 것을 국가로부터 방해받지 않을 권리, 즉 자유권적 기본권을 제한하는 것이므로, 그 제한에 대하여는 헌법 제37조 제2항의 비례원칙에 의한 심사, 즉 과잉금지원칙에 따른 심사를 받아야 할 것이다.

* 고시 공고일을 기준으로 고등학교에서 퇴학된 날로부터 6월이 지나지 아니한 자를 고등학교 졸업학력 검정고시를 받을 수 있는 자의 범위에서 제외하는 것은 교육을 받을 권리의 사회권적 측면을 제한하는 것이다. (×)

제3항 | 교육을 받을 권리의 주체

국민에게만 보장되고 외국인에게는 보장되지 아니한다.(반대견해 있음) 또한 성질상 법인은 제외된다.

제4항 | 교육을 받을 권리의 내용

Ⅰ 「능력에 따라」 교육을 받을 권리

01. 일신전속적 능력

헌법 제31조 제1항에서의 능력이란 일신전속적인 능력을 의미하며, 재산·가정·환경·성별·인종 기타에 의한 불합리한 차별은 허용되지 않는다. 따라서 능력에 따른 교육이란 정신적·육체적 능력에 상응한 적절한 교육을 말한다. 경제적 능력에 따른 교육의 차별은 적용되지 않는다.

02. 판례

"의무 취학 시기를 만 6세가 된 다음날 이후의 학년초로 규정하고 있는 교육법 제96조 제1항은 헌법 제31조 제1항의 능력에 따라 균등하게 교육을 받을 권리를 본질적으로 침해한 것으로 볼 수 없다"(헌재 1994.2.24. 93헌마192)고 하였다. [16변호사, 12국회8급]

Ⅱ 「균등하게」 교육을 받을 권리

교육의 기회균등이란 교육영역에서 평등을 실현하기 위한 것이다. 헌법재판소는 "이는 합리적 차별사유 없이 교육을 받을 권리를 제한하지 아니함과 동시에 국가가 모든 국민에게 균등한 교육을 받게 하고 특히 경제적 약자가 실질적인 평등교육을 받을 수 있도록 적극적 정책을 실현해야 한다는 것이다"(헌재 1994.2.24. 93헌마192)라고 판시하였다.

> **▶ 관련판례**
>
> 1. 서울대학교 총장의 "2009학년도 대학 신입학생 입학전형 안내" 중 농·어촌학생특별전형에 있어서 2008년도 제2기 '신활력지역'으로 선정된 시 지역을 2009학년도부터 2011학년도 지원자에 한하여 농·어촌지역으로 인정한 부분은 군에 소재하는 고등학교 3학년에 재학 중인 청구인들의 교육을 받을 권리 및 평등권을 침해할 가능성이 인정되지 않는다.(헌재 2008.9.25. 2008헌마456)[각하]
> 2. 국가유공자의 유족연금지급대상자를 미성년인 자녀로 제한한 것이 성인인 자녀의 교육을 받을 권리를 침해하는 것은 아니다.(헌재 2003.11.27. 2003헌바39)[합헌]
> 3. 대학입학지원자가 모집정원에 미달한 경우라도 대학이 정한 수학능력이 없는 자에 대해 불합격처분을 한 것은 교육법 제111조 제1항에 위반되지 아니하여 무효라 할 수 없다.(대판 1983.6.28. 83누193) [17서울7급, 13지방7급]
> 4. 해외근로자들의 자녀를 대상으로 한 특별전형에서 외교관과 공무원의 자녀에 대하여만 실제 취득점수에 20%의 가산점을 부여하여 합격사정을 함으로써 실제 취득점수에 의하면 합격할 수 있었던 응시자들에 대하여 한 불합격처분은 위법하다.(대판 1990.8.28. 89누8255)

◢ OX 연습

1. 헌법 제31조의 교육을 받을 권리는 국민이 국각에 대해 직접 특정한 교육제도나 학교시설을 요구할 수 있는 기본권이며, 자신의 교육환경을 최상 혹은 최적으로 만들기 위해 타인의 교육시설 참여 기회를 제한할 것을 청구할 수 있는 기본권이기도 하다.
[21지방7급]

2. 검정고시로 고등학교 졸업학력을 취득한 사람들에게는 정규 고등학교 학교생활기록부가 없어 초등교사로서의 품성과 자질 등을 다방면으로 평가할 자료가 부족하므로, 국립 교육대학교 수시모집요강에서 이들에게 수시모집에 응시할 수 있는 기회를 부여하지 않았더라도 검정고시로 고등학교 졸업학력을 취득한 사람들의 교육을 받을 권리를 침해한 것은 아니다.
[22변호사]

5. 학교폭력예방 및 대책에 관한 법률 제17조 제1항 가운데 '학교폭력 가해학생에 대하여 수개의 조치를 병과할 수 있도록 하고, 출석정지기간의 상한을 두지 아니한 부분'은 청구인들의 학습의 자유를 침해하지 않는다.(헌재 2019.4.11. 2017헌바140)[기각]

6. 전라남도 교육청 공고가 상위 법령의 위임 없이 이 사건 공고에 의하여 새로이 설정한 검정고시 응시자격제한은 기본권 제한의 법률유보원칙에 위배하여 청구인의 교육을 받을 권리 등을 침해한다.(헌재 2012.5.31. 2010 헌마139)[위헌] [13변호사]

7. 교육을 받을 권리는 교육영역에서의 기회균등을 내용으로 하는 것이지, 자신의 교육환경을 최상 혹은 최적으로 만들기 위해 타인의 교육시설 참여 기회를 제한할 것을 청구할 수 있는 기본권은 아니므로, 기존의 재학생들에 대한 교육환경이 상대적으로 열악해질 수 있음을 이유로 새로운 편입학 자체를 하지 말도록 요구하는 것은 교육을 받을 권리의 내용으로는 포섭할 수 없다.(헌재 2003.9.25. 2001헌마814) [16변호사]

8. ○○교육대학교 등 11개 대학교의 '2017학년도 신입생 수시모집 입시요강'이 검정고시로 고등학교 졸업학력을 취득한 사람들의 수시모집 지원을 제한하는 것은 교육을 받을 권리를 침해한다.(헌재 2017.12.28. 2016헌마649) [19국회8급]

9. ○○대학교 총장의 '2022학년도 대학 신입학생 정시모집('나'군) 안내' 중 수능 성적에 최대 2점의 교과이수 가산점을 부여하고, 2020년 2월 이전 고등학교 졸업자에게 모집단위별 지원자의 가산점 분포를 고려하여 모집단위 내 수능점수 순위에 상응하는 가산점을 부여하도록 한 부분은 법률유보원칙에 위반되어 청구인의 교육받을 권리를 침해하지 않는다. 이 사건 가산점 사항은 청구인을 불합리하게 차별하여 균등하게 교육받을 권리를 침해하지 않는다.(헌재 2022.3.31. 2021헌마1230)

10. 서울대학교 2023학년도 저소득학생 특별전형의 모집인원을 모두 수능위주전형으로 선발하도록 정한, 피청구인의 2021.4.29.자 '서울대학교 2023학년도 대학 신입학생 입학전형 시행계획' 중 '2023학년도 모집단위와 모집인원' 가운데 기회균형특별전형Ⅱ의 모집인원 합계를 정한 부분, Ⅵ. 수능위주전형 정시모집 '나'군 기회균형특별전형Ⅱ 2. 전형방법 ■전형요소 및 배점 가운데 '수능 100 %' 부분은 신뢰보호원칙에 위배하여 청구인의 균등하게 교육을 받을 권리를 침해하지 않는다.(헌재 2022.9.29. 2021헌마929)

11. 의무교육무상의 범위에 있어서 학교 교육에 필요한 모든 부분을 무상으로 제공하는 것이 바람직한 방향이라고 하겠으나, 균등한 교육을 받을 권리와 같은 사회적 기본권을 실현하는 데는 국가의 재정상황 역시 도외시할 수 없으므로, 원칙적으로 의무교육무상의 범위는 헌법상 교육의 기회균등을 실현하기 위해 필수불가결한 비용, 즉 모든 학생들이 의무교육을 받음에 있어서 경제적인 차별 없이 수학하는 데 반드시 필요한 비용에 한한다고 할 것이다. 따라서, 의무교육에 있어서 무상의범위에는 의무교육이 실질적이고 균등하게 이루어지기 위한 본질적 항목으로, 수업료나 입학금의 면제, 학교와 교사 등 인적·물적 시설 및 그 시설을 유지하기 위한 인건비와 시설유지비, 신규시설투자비 등의 재원 부담으로부터의 면제가 포함된다 할 것이며, 그 외에도 의무교육을 받는 과정에 수반하는 비용으로서 의무교육의 실질적인 균등보장을 위해 필수불가결한 비용은 무상의범위에 포함된다. 한편, 의무교육에 있어서 본질적이고 필수불가결한 비용 이외의 비용을 무상의범위에 포함시킬 것인지는 국가의 재정상황과 국민의 소득수준, 학부모들의 경제적 수준 및 사회적 합의 등을 고려하여 입법자가 입법정책적으로 해결해야 할 문제이다.(헌재 2012.4.24. 2010헌바164) [21국가7급, 19서울7급]

Answer
1. × 헌재 2003.9.25. 2001헌마814
2. × 헌재 2017.12.28. 2016헌마649

12. 학교용지부담금을 수분양자에게 부담시키는 것은 헌법에 위반된다.(헌재 2005.3.31.
    2003헌가20) [16국가7급 등]
    학교용지확보를 위하여 공동주택 수분양자들에게 학교용지부담금을 부과할 수 있
    도록 하고 있는 구 학교용지확보에 관한 특례법 제2조 제2호 등은 … 의무교육에
    필요한 학교시설은 국가의 일반적 과제이고, 학교용지는 의무교육을 시행하기 위한
    물적 기반으로서 필수조건임은 말할 필요도 없으므로 이를 달성하기 위한 비용은
    국가의 일반재정으로 충당하여야 한다. 따라서 적어도 의무교육에 관한 한 일반재
    정이 아닌 부담금과 같은 별도의 재정수단을 동원하여 특정한 집단으로부터 그 비
    용을 추가로 징수하여 충당하는 것은 의무교육의 무상성을 선언한 헌법에 반한다.
    … 또한 평등원칙에도 위반된다. [12국회8급]
    • 학교용지부담금 개발사업자에게 부과[합헌]
    • 세대수가 증가하지 않는 개발사업자에 부과[위헌]
13. 학교운영지원비를 학교회계 세입항목에 포함시키도록 하는 구 초·중등교육법 규정(운영
    지원비를 인건비 등에 사용)은 헌법 제31조 제3항에 규정되어 있는 의무교육 무상의 원칙
    에 위배된다.(헌재 2012.8.23. 2010헌바220) [19서울7급]
14. 의무교육 경비의 일부를 지방자치단체에게 부담하게 하더라도 지방자치단체의 권한을 침
    해한 것이 아니다.(헌재 2005.12.22. 2004헌라4)[기각] [19서울7급, 12국회8급]
    헌법 제31조 제2항·제3항으로부터 직접 의무교육 경비를 중앙정부로서의 국가가
    부담하여야 한다는 결론은 도출되지 않는다.
15. 구 사립학교법 제29조 제2항 중 '교비회계의 세입·세출에 관한 사항은 대통령령으로 정
    하되' 부분과, 교비회계의 전용을 금지하는 구 사립학교법 제29조 제6항 본문 및 교비회
    계 전용 금지 규정을 위반하는 경우 처벌하는 구 사립학교법 제73조의2는 헌법에 위반되
    지 아니한다.(헌재 2023.8.31. 2021헌바180)[합헌]
    '교비회계의 세출' 항목은 학교의 운영이나 교육과 관련하여 지출하는 비용 등이 됨
    을 충분히 예측할 수 있다는 점에서, 이 사건 위임조항은 포괄위임금지원칙에 위반
    되지 아니한다.
    사립학교법은 교비회계에 속하는 수입이나 재산을 다른 회계에 전출하거나 대여할
    수 있는 예외적인 규정을 두고 있으며, 법원은 개별 사안에서 그 지출이 당해 학교
    의 교육에 직접 필요한 경비인지 여부를 결정함으로써 구체적인 타당성을 도모하고
    있는 점 등을 종합하면, 이 사건 금지조항과 처벌조항은 사립학교 운영의 자유를 침
    해하지 아니한다.

III 교육을 시킬 권리

관련판례

1. 과외금지사건 – 교육을 시킬 권리의 주체(헌재 2000.4.27. 98헌가16)[위헌] [20변호사,
   14국가7급, 11법원직]
   (1) 자녀의 양육과 교육은 일차적으로 부모의 천부적인 권리인 동시에 부모에게 부
       과된 의무이기도 하다. '부모의 자녀에 대한 교육권'은 비록 헌법에 명문으로 규
       정되어 있지는 아니하지만, 이는 모든 인간이 누리는 불가침의 인권으로서 혼인
       과 가족생활을 보장하는 헌법 제36조 제1항, 행복추구권을 보장하는 헌법 제10조
       및 "국민의 자유와 권리는 헌법에 열거되지 아니한 이유로 경시되지 아니한다"

고 규정하는 헌법 제37조 제1항에서 나오는 중요한 기본권이다. 부모는 자녀의 교육에 관하여 전반적인 계획을 세우고 자신의 인생관·사회관·교육관에 따라 자녀의 교육을 자유롭게 형성할 권리를 가지며, 부모의 교육권은 다른 교육의 주체와의 관계에서 원칙적인 우위를 가진다. [17·13변호사]

(2) 자녀의 양육과 교육에 있어서 부모의 교육권은 교육의 모든 영역에서 존중되어야 하며, 다만, 학교교육에 관한 한, 국가는 헌법 제31조에 의하여 부모의 교육권으로부터 원칙적으로 독립된 독자적인 교육권한을 부여받음으로써 부모의 교육권과 함께 자녀의 교육을 담당하지만, 학교 밖의 교육영역에서는 원칙적으로 부모의 교육권이 우위를 차지한다. [14국가7급, 11국회8급]

(3) 과외교습을 금지하는 법 제3조에 의하여 제기되는 헌법적 문제는 교육의 영역에서의 자녀의 인격발현권·부모의 교육권과 국가의 교육책임의 경계설정에 관한 문제이고, 이로써 국가가 사적인 교육영역에서 자녀의 인격발현권·부모의 자녀교육권을 어느 정도로 제한할 수 있는가에 관한 것이다. … 헌법에 위반된다.

2. 표준어를 '교양 있는 사람들이 두루 쓰는 현대 서울말로 정함을 원칙'으로 하고 있는 표준어 규정[각하]과 공공기관의 공문서를 표준어 규정에 맞추어 작성하도록 하는 구 국어기본법 제14조 제1항 및 초·중등교육법상 교과용 도서를 편찬하거나 검정 또는 인정하는 경우 표준어 규정을 준수하도록 하고 있는 제18조 규정은 청구인들의 행복추구권을 침해하지 않는다.(헌재 2009.5.28. 2006헌마618)[기각]

부모는 어떠한 방향으로 자녀의 인격이 형성되어야 하는가에 관하여 목표를 정하고, 자녀의 개인적 성향, 능력 등을 고려하여 교육목적을 달성하기에 적합한 수단을 선택할 권리를 가진다 할 것이며, 그러한 인격의 형성과 긴밀한 관련을 가지는 국어교육에 있어 지역 공동체의 정서와 문화가 배어있는 방언에 기초한 교육을 할 것인가, 표준어에 기초한 교육을 할 것인가를 결정할 수 있는 것으로서, 이는 자녀 교육권의 한 내용이라 할 수 있다. … 부모의 자녀교육권을 침해하는 것이라 보기 어렵다.

3. 학원의 교습시간을 05:00부터 22:00까지로 제한하는 서울특별시 조례는 헌법에 위반되지 아니한다.(헌재 2009.10.29. 2008헌마635)[기각]

4. 학부모의 학교선택권의 헌법적 근거와 의의(헌재 2009.4.30. 2005헌마514) [17변호사 등]
부모의 자녀에 대한 교육권은 비록 헌법에 명문으로 규정되어 있지는 아니하지만, 혼인과 가족생활을 보장하는 헌법 제36조 제1항, 행복추구권을 보장하는 헌법 제10조 및 헌법 제37조 제1항에서 나오는 중요한 기본권이며, 이러한 부모의 자녀교육권이 학교영역에서는 자녀의 교육진로에 관한 결정권 내지는 자녀가 다닐 학교를 선택하는 권리로 구체화된다.

5. 학교폭력과 관련하여 가해학생에 대한 조치 중 전학과 퇴학을 제외한 나머지 조치에 대해 재심을 제한하는 학교폭력예방법 제17조의2 제2항은 가해학생 보호자의 자녀교육권을 침해하지 않는다.(헌재 2013.10.24. 2012헌마832) [18지방7급]

6. 국어 등의 개념을 정의한 국어기본법 제3조, 국어문화의 확산과 국어 정보화의 촉진을 규정한 위 법 제15조 및 제16조, 교과용도서의 어문규범 준수를 규정한 구 국어기본법 제18조 및 '교과용도서에 관한 규정' 제26조 제3항은 한자를 배제한 상태에서 문자생활을 할 것을 정한 것이라고 볼 수 없으므로, 한자 사용에 관한 청구인들의 법적 지위에 어떠한 영향도 미치지 아니한다. 따라서 기본권 침해가능성이 없으므로 위 조항들에 대한 심판청구는 모두 부적법하다.(헌재 2016.11.24. 2012헌마854)

7. 부모는 자녀의 교육에 관하여 전반적인 계획을 세우고 자신의 인생관·사회관·교육관에 따라 자녀의 교육을 자유롭게 형성할 권리를 가지고, 아직 성숙하지 못한 초·중·고등학생인 자녀의 교육과정에 참여할 권리를 가진다. 따라서 학교가 학생에 대해 불이익 조치를 할 경우 해당 학생의 학부모가 의견을 제시할 권리는 자녀교육권의 일환으로 보호된다. 학교폭력예방법 제17조 제5항이 학교폭력 가해학생에 대한 조치 전에 자녀교육권의

일환으로 그 보호자에게 의견 진술의 기회를 부여하는 것처럼, 가해학생에 대해 일정한 조치가 내려졌을 경우 그 조치가 적절하였는지 여부에 대해 의견을 제시할 수 있는 권리 또한 그 연장선상에서 학부모의 자녀교육권의 내용에 포함된다.(헌재 2013.10.24. 2012헌마832) [21변호사]

제5항 | 교육제도

Ⅰ 교육제도의 보장

헌법은 ① 교육의 자주성, ② 교육의 전문성, ③ 교육의 정치적 중립성을 규정하고 있다.

▶ 관련판례

정상적인 학사운영이 불가능한 경우 교육과학기술부장관이 학교폐쇄를 명할 수 있다고 규정한 구 고등교육법 제62조 제1항 제1호 및 제2호와 학교법인이 목적의 달성이 불가능한 때 교육과학기술부장관이 학교법인에 대하여 해산을 명할 수 있다고 규정한 구 사립학교법 제47조 제1항 제2호는 헌법에 위반되지 않는다.(헌재 2018.12.27. 2016헌바217)[합헌]

Ⅱ 교원지위법정주의

01. 의의

▶ 관련판례

1. 교원의 지위(헌재 1991.7.22. 89헌가106)
   (1) 헌법 제31조 제6항은 단순히 교원의 권익을 보장하기 위한 규정이라거나 교원의 지위를 행정권력에 의한 부당한 침해로부터 보호하는 것만을 목적으로 한 규정이 아니고, 국민의 교육을 받을 기본권을 실효성 있게 보장하기 위한 것까지 포함하여 교원의 지위를 법률로 정하도록 한 것이다.
   (2) 위 헌법조항을 근거로 하여 제정되는 법률에는 교원의 신분보장·경제적·사회적 지위보장 등 교원의 권리에 해당하는 사항뿐만 아니라 국민의 교육을 받을 권리를 저해할 우려있는 행위의 금지 등 교원의 의무에 관한 사항도 당연히 규정할 수 있는 것이므로 결과적으로 교원의 기본권을 제한하는 사항까지도 규정할 수 있게 되는 것이다.
2. 교육감 및 교육위원 선출을 주민의 직선이 아닌 학교운영위원회에서 간선하는 것 (헌재 2002.3.28. 2000헌마283)[기각]
   지방교육자치도 지방자치권행사의 일환으로서 보장되는 것이므로, 중앙권력에 대한 지방적 자치로서의 속성을 지니고 있지만, 동시에 그것은 헌법 제31조 제4항이 보장하고 있는 교육의 자주성·전문성·정치적 중립성을 구현하기 위한 것이므로, 정치권력에 대한 문화적 자치로서의 속성도 아울러 지니고 있다. 이러한 '이중의 자치'의 요청으로 말미암아 지방교육자치의 민주적 정당성요청은 어느 정도 제한이 불가피하게 된다. 지방교육자치는 '민주주의·지방자치·교육자주'라고 하는 세 가지의 헌법적 가치를 골고루 만족시킬 수 있어야만 하는 것이다.

3. 국·공립학교와는 달리 사립학교의 경우에 학교운영위원회의 설치를 임의적인 사항으로 규정하고 있는 구 지방교육자치에 관한 법률 제44조의2 제2항은 학부모의 교육참여권을 침해하지 아니한다. 위 조항은 평등권을 침해한 것도 아니다.(헌재 1999.3.25. 97헌마130)

4. 사립학교에도 학교운영위원회를 의무적으로 설치하도록 한 초·중등교육법 제31조 등이 사학 설립자 및 재단의 재산권을 침해한 것이 아니다. 또한 위 법률조항이 헌법상 보장된 교육의 자주성, 전문성을 침해하는 것도 아니다.(헌재 2001.11.29. 2000헌마278) [10지방7급]

02. 교원기간임용제가 교원지위법정주의에 위배되는지 여부

기간임용제 자체가 헌법에 위반되는 것은 아니지만, 재임용탈락교원의 불복절차를 규정하지 않은 것은 헌법에 위반된다.(헌재 2003.2.27. 2000헌바26)[헌법불합치] [11국회8급]

Ⅲ 대학의 자치(제9차 개헌)

대학의 자치는 인사에 관한 자율권, 학사에 관한 자율권, 관리·운영에 관한 자율권 등으로 이루어진다.

> ▶ 관련판례
>
> 임시이사가 선임된 학교법인의 정상화를 위한 이사 선임에 관하여 사학분쟁조정위원회의 심의를 거치도록 하는 것은 사학분쟁조정위원회 구성에 공정성과 전문성이 갖추어진 점, 학교법인의 정체성 및 정상화 심의과정에서 사학분쟁조정위원회가 종전이사 등의 의견을 청취할 수 있는 점 등을 고려할 때, 학교법인과 종전이사의 사학의 자유를 침해하지 않는다.(헌재 2015.11.26. 2012헌바300) [21변호사]

SECTION 4 | 근로의 권리

헌법 제32조 ① 모든 국민은 근로의 권리를 가진다. 국가는 사회적·경제적 방법으로 근로자의 고용의 증진과 적정임금의 보장에 노력하여야 하며, 법률이 정하는 바에 의하여 최저임금제를 시행하여야 한다.	근로의 권리는 노동조합에는 인정되지 않는다. 적정임금은 제8차개헌 최저임금은 제9차개헌
② 모든 국민은 근로의 의무를 진다. 국가는 근로의 의무의 내용과 조건을 민주주의원칙에 따라 법률로 정한다.	근로의 의무는 윤리적의무이다. 공산주의에서는 법적의무이다.

③ 근로조건의 기준은 인간의 존엄성을 보장 하도록 법률로 정한다.	근로기준법 등에 의해 구체화 된다.
④ 여자의 근로는 특별한 보호를 받으며, 고용·임금 및 근로조건에 있어서 부당한 차별을 받지 아니한다.	헌법에서 특별히 평등을 요구하는 경우이다. 제9차개헌
⑤ 연소자의 근로는 특별한 보호를 받는다.	제9차개헌
⑥ 국가유공자·상이군경 및 전몰군경의 유가족은 법률이 정하는 바에 의하여 우선적으로 근로의 기회를 부여받는다.	제8차개헌 국가유공자·상이군경은 본인만 전몰군경은 유가족에게 차별을 허용하는 경우이다.

제1항 | 근로의 권리의 의의

사회권적 면	국가에 대해 근로의 기회를 제공하여 줄 것을 청구할 수 있는 권리
자유권적 면	자신의 의사와 능력에 따라 자유로운 근로관계를 형성할 권리

제2항 | 근로의 권리의 주체

근로의 권리는 국민의 권리이기 때문에 외국인에게 인정하기는 어렵다. 다만, 근로기준법 제6조는 국적에 따른 근로조건의 차별을 금지하고 있으므로 외국인은 헌법상의 근로의 주체는 아니라 할지라도 근로기준법상의 근로자에는 해당한다. 법인은 근로의 주체가 될 수 없다.

> **▶ 관련판례**
>
> 1. 노동조합은 근로의 권리의 주체가 될 수 없다.(헌재 2009.2.26. 2007헌바27) [17지방7급, 14법원직]
> 2. 출입국관리 법령에 따라 취업활동을 할 수 있는 체류자격을 받지 않은 외국인이 타인과의 사용종속관계하에서 근로를 제공하고 그 대가로 임금 등을 받아 생활하는 경우, 노동조합 및 노동관계조정법상 근로자의 범위에 포함된다.(대판 2015.6.25. 2007두4995 전원합의체) [18국가7급등]

제3항 | 근로의 권리의 내용

Ⅰ 본질적 내용

1. **일자리 청구권이 아니다.** [19서울7급]
2. **생계비 지급청구권이 아니다.**
3. **직장존속 청구권이 아니다.** [20변호사, 19서울7급]
4. **고용증진을 위한 사회적·경제적 정책을 요구할 수 있는 권리이다.** [16국회 8급 등]

➡ 관련판례

1. 근로자가 퇴직급여를 청구할 수 있는 권리도 헌법상 바로 도출되는 것이 아니라 퇴직급여법 등 관련 법률이 구체적으로 정하는 바에 따라 비로소 인정될 수 있다.(헌재 2011.7.28. 2009헌마408) [15법원직] – 사회적 기본권은 대부분 개별법률의 규정이 있어야 인정되는 추상적 권리이다.

2. 해고의 정당한 이유(헌재 2005.3.31. 2003헌바12)
   (1) '정당한 이유'는 헌법상 명확성의 원칙에 반하지 아니한다.
   (2) 소위 경향사업(傾向事業)에 있어서 근로자가 이러한 경향성을 상실한 경우 등이 일반적으로 이러한 정당한 이유에 해당하는 것으로 인정되고 있다.

3. 월급근로자로서 6개월이 되지 못한 자를 해고예고제도의 적용예외 사유로 규정하고 있는 근로기준법 제35조 제3호는 근무기간이 6개월 미만인 월급근로자의 근로의 권리를 침해하고 평등원칙에도 위배되어 위헌이다.(헌재 2015.12.23. 2014헌바3) [17지방7급 등]

4. 해고예고제도의 적용예외 사유로서 "일용근로자로서 3개월을 계속 근무하지 아니한 자" 부분은 헌법에 위반되지 아니한다.(헌재 2017.5.25. 2016헌마640) [22경찰1차]

5. 정직기간을 연가일수에서 공제할 때 어떠한 비율에 따라 공제할 것인지에 관하여는 입법자에게 재량이 부여되어 있다 할 것이므로 정직기간의 비율에 따른 일수가 공제되는 일반 휴직자와 달리, 공무원으로서 부담하는 의무를 위반하여 징계인 정직처분을 받은 자에 대하여 입법자가 정직일수만큼의 일수를 연가일수에서 공제하였다고 하여 재량을 일탈한 것이라고 볼 수 없으므로 이 사건 법령조항이 청구인의 근로의 권리를 침해한다고 볼 수 없다.(헌재 2008.9.25. 2005헌마586) [17국가7급]

6. 직장선택의 자유는 원하는 직장을 제공하여 줄 것을 청구하거나 한번 선택한 직장의 존속보호를 청구할 권리를 보장하지 않으며, 또한 사용자의 처분에 따른 직장 상실로부터 직접 보호하여 줄 것을 청구할 수도 없다. 다만 국가는 이 기본권에서 나오는 객관적 보호의무, 즉 사용자에 의한 해고로부터 근로자를 보호할 의무를 질 뿐이다. 직업의 자유에서 도출되는 보호의무와 마찬가지로 사용자의 처분에 따른 직장 상실에 대하여 최소한의 보호를 제공하여야 할 의무를 국가에 지우는 것으로 볼 수는 있을 것이나, 이 경우에도 입법자가 그 보호의무를 전혀 이행하지 않거나 사용자와 근로자의 상충하는 기본권적 지위나 이익을 현저히 부적절하게 형량한 경우에만 위헌 여부의 문제가 생길 것이다.(헌재 2002.11.28. 2001헌바50) [22경찰승진]

7. 최저임금을 청구할 수 있는 권리가 바로 헌법 제32조 제1항의 근로의 권리에 의하여 보장된다고 보기는 어려우므로, 이 사건 병의 봉급표가 청구인의 근로의 권리를 침해한다고 할 수 없다.(헌재 2012.10.25. 2011헌마307) [15법원직]

Ⅱ 무노동·무임금의 원칙

대법원은 과거 무노동 부분임금원칙에서 무노동 완전무임금원칙으로 전환하였다.

Ⅲ 근로조건기준 법정주의

> **➡ 관련판례**
>
> 1. 근로계약 체결 시 사용자에게 근로조건의 명시의무를 규정하면서 이를 위반하는 경우 형사처벌하는 것은 헌법에 위반되지 아니한다.(헌재 2006.7.27. 2004헌바77) [합헌]
> 2. 계속근로기간 1년 이상인 근로자가 근로연도 중도에 퇴직한 경우 중도퇴직 전 1년 미만의 근로에 대하여 유급휴가를 보장하지 않는 근로기준법 제60조 제2항 중 '계속하여 근로한 기간이 1년 미만인 근로자' 부분은 청구인의 근로의 권리, 평등권을 침해하지 않는다.(헌재 2015.5.28. 2013헌마619) [16국회8급]
> 3. 동물의 사육 사업(이하 '축산업'이라 한다) 근로자에게 근로기준법 제4장의 근로시간 및 휴일에 관한 조항을 적용하지 않도록 한 구 근로기준법 제63조 제2호(심판대상조항)는 청구인의 근로의 권리를 침해하지 않는다.(헌재 2021.8.31. 2018헌마563)[기각] [22국회8급]

SECTION 5 근로3권

제1항 | 근로3권의 의의

헌법 제33조	
① 근로자는 근로조건의 향상을 위하여 자주적인 단결권·단체교섭권 및 단체행동권을 가진다.	건국헌법부터 규정
② 공무원인 근로자는 법률이 정하는 자에 한하여 단결권·단체교섭권 및 단체행동권을 가진다.	사실상 노무에 종사하는 공무원은 근로3권 모두 인정, 그 외의 공무원은 단결권과 단체교섭권 까지만 인정
③ 법률이 정하는 주요방위산업체에 종사하는 근로자의 단체행동권은 법률이 정하는 바에 의하여 이를 제한하거나 인정하지 아니할 수 있다. [22경찰1차]	

제2항 | 근로3권의 연혁과 입법례

우리나라는 건국헌법에 근로3권과 근로자의 이익분배균점권을 인정하였다. 제5차 개헌에서 법률유보조항과 근로자의 이익분배균점권을 삭제하였다.

제3항 | 근로3권의 법적 성격

헌법재판소는 근로3권은 "「사회적 보호기능을 담당하는 자유권」 또는 「사회권적 성격을 띤 자유권」이라고 말할 수 있다"(헌재 1998.2.27. 94헌바13)라고 하여 자유권적 성격을 강조하고 있다. [19지방7급, 14서울7급, 05법행]

제4항 | 단결권

I 단결권의 의의

단결권이란 근로자들이 근로조건의 유지 또는 개선을 위하여 사용자와 대등한 교섭력을 가질 목적으로 자주적 단체를 결성하고 이에 가입하여 활동할 수 있는 권리를 말한다. 단체는 계속적 단체인 노동조합은 물론이고 일시적인 단체인 쟁의단도 포함된다.

II 단결권의 주체

01. 근로자와 단결권

단결권의 주체는 1차적으로 근로자 개개인이지만, 집단도 그 주체가 될 수 있다. 실업 중에 있는 자나 해고의 효력을 다투고 있는 자, 외국인 근로자, 일용직 근로자도 포함된다. [14서울7급]

02. 사용자와 단체결성

사용자가 단결권의 주체가 될 수 있는지에 대해서는 긍정설과 부정설이 대립되지만, 단결권의 주체는 근로자를 의미한다는 점에서 사용자는 헌법 제33조 제1항에 근거한 단결권의 주체는 될 수 없다. 사용자가 헌법상의 결사의 자유 내지 재산권을 바탕으로 사용자단체를 결성하는 것을 별개의 문제이다.

III 단결권의 내용

01. 적극적 단결권

근로자의 단결권에서 중심이 되는 것은 적극적 단결권인 노동조합을 결성하고 이에 가입하여 그 구성원으로서 활동할 수 있는 권리이다.

02. 소극적 단결권

1. 소극적 단결권은 헌법 제33조의 단결권의 내용이 아니다. [14서울7급]
2. 소극적 단결권은 헌법 제21조의 결사의 자유와 제10조의 일반적행동자유권에서 보호된다.
3. 따라서 적극적 단결권과 소극적 단결권이 충돌할 때는 이익형량에 의해 적극적 단결권이 우선한다고 보는 것이다.

1. 소극적 단결권은 헌법 제33조에 의하여 보호되지 않는다.(헌재 2005.11.24. 2002헌바95 등)

   헌법 제33조 제1항은 '근로자는 근로조건의 향상을 위하여 자주적인 단결권·단체교섭권 및 단체행동권을 가진다'고 규정하고 있다. 여기서 헌법상 보장된 근로자의 단결권은 단결할 자유만을 가리킬 뿐이고, 단결하지 아니할 자유 이른바 소극적 단결권은 이에 포함되지 않는다고 보는 것이 우리 재판소의 선례라고 할 것이다. 그렇다면 근로자가 노동조합을 결성하지 아니할 자유나 노동조합에 가입을 강제당하지 아니할 자유, 그리고 가입한 노동조합을 탈퇴할 자유는 근로자에게 보장된 단결권의 내용에 포섭되는 권리로서가 아니라 헌법 제10조의 행복추구권에서 파생되는 일반적 행동의 자유 또는 제21조 제1항의 결사의 자유에서 그 근거를 찾을 수 있다.

2. <u>노동조합이 그 설립 당시부터 노동조합으로서 자주성 등을 갖추고 있는지를 심사하여 이를 갖추지 못한 단체의 설립신고서를 반려하도록 하는 것은 과잉금지원칙에 위반되어 근로자의 단결권을 침해한다고 볼 수 없다.</u>(헌재 2012.3.29. 2011헌바53) [15서울7급]

3. 교원노조법의 적용대상을 초·중등교육법 제19조 제1항의 교원이라고 규정함으로써 고등교육법에서 규율하는 대학 교원의 단결권을 일체 인정하지 않는 '교원의 노동조합 설립 및 운영 등에 관한 법률' 제2조 본문이 대학 교원들의 단결권을 침해한다. – 목적의 정당성 부정(헌재 2018.8.30. 2015헌가38) [19변호사]

4. '교원의 노동조합 설립 및 운영 등에 관한 법률'의 적용을 받는 교원의 범위를 초·중등학교에 재직 중인 교원으로 한정(해직교원을 제외하는 조항)하고 있는 '교원의 노동조합 설립 및 운영 등에 관한 법률'은 전국교직원노동조합 및 해직교원들의 단결권을 침해하지 않는다.(헌재 2015.5.28. 2013헌마671) [23승진]

제5항 | 단체교섭권

I 단체교섭권의 의의

단체교섭권은 근로자단체인 노동조합이 그 대표자 또는 조합이 위임하는 자를 통하여 사용자 또는 사용자단체와 근로조건에 관한 교섭을 할 수 있는 권리를 말한다. 단체교섭권은 근로3권 중에서 가장 핵심이 되는 권리이다.

II 단체교섭권의 주체

단체교섭권의 주체는 노동조합이다. 즉, 개별 근로자가 개별적으로 행사하는 것이 아니다. 이때 교섭을 행하는 근로자는 단체교섭의 담당자일 뿐이다.

* 단체교섭권은 근로자 개인이 행사하는 권리이다. (×)

Ⅲ 단체교섭권의 내용

단체교섭은 근로조건의 유지 또는 개선을 목적으로 하는 것이므로, 근로조건과 무관한 사항은 단체교섭의 대상에서 배제된다. 사용자가 독점적으로 보유하는 경영권·인사권 및 이윤취득권에 속하는 사항은 원칙적으로 단체교섭의 대상이 될 수 없다.

> **▶ 관련판례**
>
> 1. 사용자가 노동조합의 운영비를 원조하는 행위를 부당노동행위로 금지하는 '노동조합 및 노동관계조정법' 제81조 제4호 중 '노동조합의 (일체의) 운영비를 원조하는 행위'에 관한 부분은 헌법에 합치되지 아니한다.(헌재 2018.5.31. 2012헌바90)[헌법불합치] [예상판례]
> 2. 노동조합을 지배·개입하는 행위를 금지하는 노동조합 및 노동관계조정법 제81조 제4호 본문 중 '근로자가 노동조합을 조직 또는 운영하는 것을 지배하거나 이에 개입하는 행위' 부분은 죄형법정주의의 명확성원칙에 위배되지 않는다.(헌재 2022.5.26. 2019헌바341) 노조전임자의 급여를 지원하는 행위를 금지하는 노동조합 및 노동관계조정법 제81조 제4호 본문 중 '노동조합의 전임자에게 급여를 지원하는 행위' 부분은 과잉금지원칙에 위배되지 않는다.
> 3. '노동조합 및 노동관계조정법'상의 교섭창구단일화제도는 근로조건의 결정권이 있는 사업 또는 사업장 단위에서 복수 노동조합과 사용자 사이의 교섭절차를 일원화하여 효율적이고 안정적인 교섭체계를 구축하고, … 하나의 사업장에 둘 이상의 협약이 체결·적용됨으로써 동일한 직업적 이해관계를 갖는 근로자 사이에 근로조건의 차이가 발생될 수 있음은 물론, 복수의 노동조합이 유리한 단체협약 체결을 위해 서로 경쟁하는 경우 그 세력다툼이나 분열로 교섭력을 현저히 약화시킬 우려도 있으므로 자율교섭제도가 교섭창구단일화제도보다 단체교섭권을 덜 침해하는 제도라고 단언할 수 없다. 따라서 위 '노동조합 및 노동관계조정법' 조항들이 과잉금지원칙을 위반하여 청구인들의 단체교섭권을 침해한다고 볼 수 없다.(헌재 2012.4.24. 2011헌마338) [19지방7급등]

제6항 | 단체행동권

Ⅰ 단체행동권의 의의

단체행동권이란 노동쟁의가 발생한 경우 사용자에 대하여 쟁의행위(예 파업 등)를 할 수 있는 권리를 말한다.

Ⅱ 단체행동권의 주체

단체행동권의 제1차적 주체는 근로자 개개인이다. 그러나 실제적으로 근로자는 단결체를 통하여 쟁의행위를 하는 것이 일반적이다. 즉, 노동조합도 단체행동권의 주체이다.

Ⅲ 단체행동의 내용(단체행동권은 근로조건의 향상만을 목적으로 한다.)

01. 단체행동의 유형

파업, 태업, 불매운동 등이 있다.

02. 사용자 측의 직장폐쇄 인정 여부 [14서울7급 등]

이에 대해 위헌설과 합헌설의 대립이 있으나 현행 노동조합 및 노동관계조정법 제2조 제6호는 사용자의 직장폐쇄권을 인정하고 있다. 다만, 노동조합 및 노동관계조정법 제2조 제6호는 직장폐쇄를 쟁의행위의 한 유형으로 규정하고 있다. 또한 동법 제46조 제1항은 "사용자는 노동조합이 쟁의행위를 개시한 이후에만 직장폐쇄를 할 수 있다."라고 규정하고 있다.

> **➡ 관련판례**
>
> 1. 노동조합 및 노동관계조정법 제46조에서 규정하는 사용자의 직장폐쇄가 정당한 쟁의행위로 인정되기 위한 요건 및 정당한 쟁의행위로 인정되는 경우, 사용자는 직장폐쇄 기간 동안 대상 근로자에 대한 임금지불의무를 면한다.(대판 2017.4.7. 2013다101425) [예상판례]
> 2. 형법 제314조 제1항 중 '위력으로써 사람의 업무를 방해한 자' 부분은 죄형법정주의의 명확성원칙에 위배되지 않는다. 심판대상조항은 책임과 형벌 간의 비례원칙에 위배되지 않고, 심판대상조항은 단체행동권을 침해하지 않는다. (헌재 2022.5.26. 2012헌바66)

Ⅳ 단체행동권 보장의 내용

국가권력에 대한 관계(자유권적 측면)	사용자에 대한 관계(사회권적 측면)
정당한 단체행동권의 행사는 업무방해죄 등의 형사상 책임을 추궁당하지 아니한다. [15서울7급]	정당한 단체행동권의 행사는 채무불이행 또는 손해배상책임을 추궁당하지 아니한다. 또한 정당한 단체행위에 참가하였음을 이유로 근로자에게 해고나 그 밖의 불이익을 주는 행위를 하지 못한다. [15서울7급]

Ⅴ 단체행동권의 범위와 한계

01. 목적상 한계(정치적 파업의 문제)

순수한 정치파업은 헌법 제33조의 단체행동권 중에 포함시킬 수 없다. 그러나 노동관계법령의 개폐 등과 같은 근로자의 지위 등에 직접 관계되는 사항을 쟁점으로 하는 산업적 정치파업은 헌법 제33조가 보장하는 정당한 쟁의행위로서 형사상·민사상 책임이 면제된다고 본다. [11국회8급]

02. 수단상 한계(생산관리의 문제)

쟁의행위가 생산수단을 직접 지배하는 정도에 이른다면, 그것은 사유재산제를 정면으로 부정하는 것이 되므로, 생산관리는 허용되지 않는 것으로 보는 위헌설이 타당하다.

03. 절차상의 한계

쟁의행위는 노동조합 및 노동관계조정법에 따른 절차를 지켜야 한다. 구체적으로 단체교섭을 우선 하고 결렬된 이후에 행사되어야 한다.

＊단체행동권은 단체교섭이 행해지는 도중이라도 행사할 수 있다. (×)

제7항 | 근로3권의 효력

> ➡ **관련판례**
>
> '노동조합 및 노동관계조정법' 제24조 제4항의 '근로시간 면제 한도'를 근로시간면제심의위원회에서 심의·의결하여 고용노동부장관 고시로 정하도록 한 것은 죄형법정주의에 위배되지 않는다.(헌재 2014.5.29. 2010헌마606)

제8항 | 근로3권의 제한과 한계

Ⅰ 공무원인 근로자의 근로3권의 제한

헌법 제33조 제2항	"공무원인 근로자는 법률이 정하는 자에 한하여 단결권·단체교섭권 및 단체행동권을 가진다"라고하여 일정범위의 공무원에 대하여는 근로3권을 제한하고 있다. 헌법은 공무원이 근로자라는 전제하에 규정되어 있다.
사실상 노무에 종사하는 공무원	법률이 정하는 자는 사실상 노무에 종사하는 공무원으로서 근로3권이 모두 인정되므로 공무원노조법의 적용대상이 아니다.
교원	교원의 근로3권에 대해서는 교원의 노동조합 설립 및 운영 등에 관한 법률이 제정되어 초·중등교원의 단결권과 단체교섭권이 보장되고 있다. 그러나 쟁의행위는 금지하고 있다.
공무원의 경우	공무원에 대해서는 공무원의 노동조합 설립 및 운영 등에 관한 법률이 제정되어 6급 이하 공무원의 단결권과 단체교섭권이 보장되고 있다. 그러나 동법 제11조는 "노동조합과 그 조합원은 파업·태업 그 밖에 업무의 정상적인 운영을 저해하는 일체의 행위를 하여서는 아니된다"고 하여 쟁의행위를 금지하고 있다. [09법원직 등]
판례	헌법재판소는 일반공무원에 대해서는 집단행위를 금지하고 사실상 노무에 종사하는 공무원에 대해서만 집단행동을 허용하는 국가공무원법 제66조를 합헌으로 판시하였다.(헌재 1992.4.28. 90헌바27)

> 🔖 **체크포인트**
>
> 공무원의 근로3권 제한에는 과잉금지 원칙이 적용되지 않는다.

> ➡ **관련판례**
>
> 공무원의 근로3권
> 1. 사실상 노무에 종사하는 공무원의 범위에 대한 조례위임은 합헌이지만 조례제정을 하지 않은 부작위는 헌법에 위반된다.(헌재 2009.7.30. 2006헌마358)[위헌확인] - 명확성 원칙 위반은 아니다.

2. 공무원노조의 최소 설립단위를 '행정부'로 규정한 공무원 노조법은 헌법에 위반되지 아니한다.(헌재 2008.12.26. 2006헌마518)[기각] [12국가7급]

3. 소방공무원의 노조가입제한은 헌법에 위반되지 아니한다.(헌재 2008.12.26. 2002헌마462)[기각] [09국회8급]

4. 청원경찰의 복무에 관하여 국가공무원법 제66조 제1항을 준용하여 노동운동을 금지하는 청원경찰법 제5조 제4항 중 국가공무원법 제66조 제1항 가운데 '노동운동' 부분을 준용하는 부분은 헌법에 합치되지 아니하고, 위 법률조항은 2018.12.31.을 시한으로 개정될 때까지 계속 적용한다.(헌재 2017.9.28. 2015헌마653)[헌법불합치(계속적용)] [19지방7급, 18법원직]

   [1] 목적의 정당성 및 수단의 적합성은 인정된다.

   [2] 침해의 최소성원칙에 위배된다.

   교원과 일부 공무원도 단결권과 단체교섭권을 인정받고 있는 상황에서 일반근로자인 청원경찰의 근로3권을 모두 제한하는 것은 사회의 변화에도 맞지 않는다.

5. 법외노조 통보는 적법하게 설립된 노동조합의 법적 지위를 박탈하는 중대한 침익적 처분으로서 원칙적으로 국민의 대표자인 입법자가 스스로 형식적 법률로써 규정하여야 할 사항이고, 행정입법으로 이를 규정하기 위하여는 반드시 법률의 명시적이고 구체적인 위임이 있어야 한다. 그런데 노동조합 및 노동관계조정법 시행령(이하 '노동조합법 시행령'이라 한다) 제9조 제2항은 법률의 위임 없이 법률이 정하지 아니한 법외노조 통보에 관하여 규정함으로써 헌법상 노동3권을 본질적으로 제한하고 있으므로 그 자체로 무효이다. 구체적인 이유는 아래와 같다.

   법외노조 통보는 이미 법률에 의하여 법외노조가 된 것을 사후적으로 고지하거나 확인하는 행위가 아니라 그 통보로써 비로소 법외노조가 되도록 하는 형성적 행정처분이다. 이러한 법외노조 통보는 단순히 노동조합에 대한 법률상 보호만을 제거하는 것에 그치지 않고 헌법상 노동3권을 실질적으로 제약한다. 그런데 노동조합 및 노동관계조정법(이하 '노동조합법'이라 한다)은 법상 설립요건을 갖추지 못한 단체의 노동조합 설립신고서를 반려하도록 규정하면서도, 그보다 더 침익적인 설립 후 활동 중인 노동조합에 대한 법외노조 통보에 관하여는 아무런 규정을 두고 있지 않고, 이를 시행령에 위임하는 명문의 규정도 두고 있지 않다. 더욱이 법외노조 통보제도는 입법자가 반성적 고려에서 폐지한 노동조합 해산명령 제도와 실질적으로 다를 바 없다. 결국 노동조합법 시행령 제9조 제2항은 법률이 정하고 있지 아니한 사항에 관하여, 법률의 구체적이고 명시적인 위임도 없이 헌법이 보장하는 노동3권에 대한 본질적인 제한을 규정한 것으로서 법률유보원칙에 반한다.(대판 2020.9.3. 2016두32992 전원합의체)

Ⅱ 헌법 제37조 제2항에 의한 근로3권의 제한

▶ 관련판례

1. 경비업법 제15조 제3항 위헌확인(헌재 2009.10.29. 2007헌마1359)[기각] [22경찰1차, 11국회8급]

   공항·항만 등 국가중요시설의 경비업무를 담당하는 특수경비원에게 경비업무의 정상적인 운영을 저해하는 일체의 쟁의행위를 금지하는 경비업법 제15조 제3항은 특수경비원의 단체행동권을 박탈하여 헌법 제33조 제1항에 위배되는 것이라 할 수 없다.

2. 헌법 제37조 제2항 전단에 의하여 근로자의 근로3권에 대해 일부 제한이 가능하다 하더라도, '공무원 또는 주요방위사업체 근로자'가 아닌 근로자의 근로3권을 전면적으로 부정하는 것은 헌법 제37조 제2항 후단의 본질적 내용침해금지에 위반된다. 그런데 심판대상조항은 단체교섭권·단체행동권이 제한되는 근로자의 범위를 구체적으로 제한함이 없이, 단체교섭권·단체행동권의 행사요건 및 한계 등에 관한 기본적 사항조차 법률에서 정하지 아니한 채, 그 허용 여부를 주무관청의 조정결정에 포괄적으로 위임하고 이에 위반할 경우 형사처벌하도록 하고 있는바, 이는 모든 근로자의 단체교섭권·단체행동권을 사실상 전면적으로 부정하는 것으로서 헌법에 규정된 근로3권의 본질적 내용을 침해하는 것이다.(헌재 2015.3.26. 2014헌가5) [18국회8급]

SECTION 6 | 환경권

헌법 제35조	
① 모든 국민은 건강하고 쾌적한 환경에서 생활할 권리를 가지며, 국가와 국민은 환경보전을 위하여 노력하여야 한다.	제8차개헌
② 환경권의 내용과 행사에 관하여는 법률로 정한다.	
③ 국가는 주택개발정책등을 통하여 모든 국민이 쾌적한 주거생활을 할 수 있도록 노력하여야 한다.	제9차개헌

제1항 | 환경권의 의의

헌법은 환경권을 국민의 권리로 규정하고 다른 한편으로는 국가와 국민의 의무로 규정하는 특징을 보여주고 있다. 따라서 환경권은 국민의 권리인 동시에 의무이며, 국가는 환경을 보호할 의무를 지게 된다.

제2항 | 환경권의 법적 성격

대법원은 "환경권은 명문의 법률규정이나 관계 법령의 규정 취지 및 조리에 비추어 권리의 주체, 대상, 내용, 행사 방법 등이 구체적으로 정립될 수 있어야만 인정되는 것이므로, 사법상의 권리로서의 환경권을 인정하는 명문의 규정이 없는데도 환경권에 기하여 직접 방해배제청구권을 인정할 수 없다"(대판 1997.2.22. 96다56153)고 판시하여 추상적 권리설의 입장이다.

1. 환경권을 행사함에 있어 국민은 국가로부터 건강하고 쾌적한 환경을 향유할 수 있는 자유를 침해당하지 않을 권리를 행사할 수 있고, 일정한 경우 국가에 대하여 건강하고 쾌적한 환경에서 생활할 수 있도록 요구할 수 있는 권리가 인정되기도 하는바, 환경권은 그 자체 종합적인 기본권으로서의 성격을 지닌다. [21법원직]

2. 헌법 제35조 제1항은 환경정책에 관한 국가적 규제와 조정을 뒷받침하는 헌법적 근거가 되며 국가는 환경정책 실현을 위한 재원마련과 환경침해적 행위를 억제하고 환경보전에 적합한 행위를 유도하기 위한 수단으로 환경부담금을 부과·징수하는 방법을 선택할 수 있다.(헌재 2007.12.27. 2006헌바25) [20국회8급]

3. 헌법이 환경권에 대하여 국가의 보호의무를 인정한 것은, 환경피해가 생명·신체의 보호와 같은 중요한 기본권적 법익 침해로 이어질 수 있다는 점 등을 고려한 것이므로, 환경권 침해 내지 환경권에 대한 국가의 보호의무위반도 궁극적으로는 생명·신체의 안전에 대한 침해로 귀결된다.(헌재 2015.9.24. 2013헌마384) [20국회8급]

4. 일정한 경우 국가는 사인인 제3자에 의한 국민의 환경권 침해에 대해서도 적극적으로 기본권보호조치를 취할 의무를 지나 헌법재판소가 이를 심사할 때에는 국가가 국민의 기본권적 법익 보호를 위하여 적어도 효율적인 최소한의 보호조치를 취했는가 하는 이른바 '과소보호금지원칙'의 위반 여부를 기준으로 삼아야 한다.(헌재 2008.7.31. 2006헌마711) [20국회8급]

제3항 | 환경권의 주체

환경권의 주체는 자연인이며, 법인은 주체가 될 수 없다는 것이 일반적인 견해이다. 미래의 자연인도 주체가 될 수 있다.

제4항 | 환경권의 대상

헌법재판소는 환경권의 보호대상이 되는 환경을 자연환경뿐만 아니라, 인공적 환경과 같은 생활환경도 포함된다고 한다.

SECTION 7 혼인·가족·모성보호·보건에 관한 권리

헌법 제36조	
① 혼인과 가족생활은 개인의 존엄과 양성의 평등을 기초로 성립되고 유지되어야 하며, 국가는 이를 보장한다.	헌법에서 특별히 평등을 요구하는 경우이므로 엄격한 심사기준이 적용된다.
② 국가는 모성의 보호를 위하여 노력하여야 한다.	제9차개헌
③ 모든 국민은 보건에 관하여 국가의 보호를 받는다. [21법원직]	구체적 보호가 아니라 포괄적 보호이다.

제1항 | 혼인과 가족제도의 보장

Ⅰ 혼인제도의 헌법규범적 의미

헌법재판소는 "헌법 제36조 제1항은 혼인과 가족생활을 스스로 결정하고 형성할 수 있는 자유를 기본권으로서 보장하고, 혼인과 가족에 대한 제도를 보장한다. 그리고 헌법 제36조 제1항은 혼인과 가족에 관련되는 공법 및 사법의 모든 영역에 영향을 미치는 헌법원리 내지 원칙규범으로서의 성격도 가진다"(헌재 2002.8.29. 2001헌바82)라고 판시하였다.

* 헌법 제36조 제1항은 기본권의 성격과 제도보장의 성격 및 공·사법의 모든 영역에 미치는 헌법원리이다.

01. 헌법이 보장하는 가족제도의 내용

> ▶ 관련판례

부부와 가족에 대한 헌법적 보호

1. 부부의 자산소득을 합산하여 과세하도록 규정하고 있는 소득세법 제61조 제1항은 헌법에 위반된다.(헌재 2002.8.29. 2001헌바82) [17법원직·국가직 등]

2. 종합부동산세(헌재 2008.11.13. 2006헌바112) [17변호사, 12법원직, 10사시]
   (1) 종합부동산세의 과세방법을 '인별합산'이 아니라 '세대별 합산'으로 규정한 종합부동산세법 제7조 제1항은 … 이 사건 세대별 합산규정은 혼인한 자 또는 가족과 함께 세대를 구성한 자를 비례의 원칙에 반하여 개인별로 과세되는 독신자, 사실혼 관계의 부부, 세대원이 아닌 주택 등의 소유자 등에 비하여 불리하게 차별하여 취급하고 있으므로, 헌법 제36조 제1항에 위반된다.[위헌]
   (2) 1가구 1주택에 대한 종합부동산세 과세는 헌법불합치
   (3) 미실현 소득에 대한 조세부과는 헌법에 위반되지 않는다.

3. 공동사업에서 특수관계자의 소득을 지분비율이 높은 자의 소득으로 의제하는 것은 비례원칙에 위배되지만 헌법 제36조 제1항을 위반한 것은 아니다.(헌재 2006.4.27. 2004헌가19)[위헌] [12법원직]
   (1) "거주자 1인과 그와 대통령령이 정하는 특수관계에 있는 자가 사업소득이 발생하는 사업을 공동으로 경영하는 사업자 중에 포함되어 있는 경우에는 당해 특수관계자의 소득금액은 그 지분 또는 손익분배의 비율이 큰 공동사업자의 소득금액으로 본다"고 규정한 부분은 헌법상 비례의 원칙에 위반하여 헌법에 위반된다.
   (2) 그러나 헌법 제36조 제1항을 위반한 것은 아니다.

4. 남녀가 각 주택을 소유하다가 혼인으로 1가구 3주택이 된 후 주택을 양도할 때 60%의 고율의 양도소득세를 적용하는 것은 헌법에 합치되지 아니한다.(헌재 2011.11.24. 2009헌바146)[헌법불합치(잠정적용)] [21경찰승진]

5. 헌법 제36조 제1항에서 규정하는 '혼인'이란 양성이 평등하고 존엄한 개인으로서 자유로운 의사의 합치에 의하여 생활공동체를 이루는 것으로서 법적으로 승인받은 것을 말하므로, 법적으로 승인되지 아니한 사실혼은 헌법 제36조 제1항의 보호범위에 포함된다고 보기 어렵다.(헌재 2014.8.28. 2013헌바119) [17변호사]

02. 개인의 존엄과 양성의 평등을 기초로 하는 친자관계

> **▶ 관련판례**
>
> 양성의 평등
> 호주제(헌재 2005.2.3. 2001헌가9)[헌법불합치(잠정적용)]
> 호주제는 헌법에 합치되지 아니한다.(헌법 제36조 제1항 위반)

Ⅱ 가족제도의 내용

> **▶ 관련판례**

1. 동성동본금혼제(헌재 1997.7.16. 95헌가6)[헌법불합치(적용중지)]
   동성동본인 혈족사이에 혼인을 금지하는 민법 제809조 제1항은 헌법에 합치되지 아니한다.

2. 남성단기복무장교의 육아휴직 불허(헌재 2008.10.30. 2005헌마1156)[기각]
   (1) 양육권의 성격
      양육권은 공권력으로부터 자녀의 양육을 방해받지 않을 권리라는 점에서는 자유권적 기본권으로서의 성격을, 자녀의 양육에 관하여 국가의 지원을 요구할 수 있는 권리라는 점에서는 사회권적 기본권으로서의 성격을 아울러 가진다.
   (2) 육아휴직신청권은 헌법상의 기본권이 아니다. [23·15법원직, 14국가7급, 10사시 등]
      육아휴직신청권은 헌법 제36조 제1항 등으로부터 개인에게 직접 주어지는 헌법적 차원의 권리라고 볼 수는 없고, 입법자가 입법의 목적, 수혜자의 상황, 국가 예산, 전체적인 사회보장수준, 국민정서 등 여러 요소를 고려하여 제정하는 입법에 적용요건, 적용대상, 기간 등 구체적인 사항이 규정될 때 비로소 형성되는 <u>법률상의 권리이다.</u>

3. 이혼시 재산분할에 대한 증여세부과는 위헌이다.(헌재 1997.10.30. 96헌바14)[위헌] [14변호사, 12국회8급]

4. 부성주의자체는 위헌이 아니나 예외를 두지 않는 것이 헌법에 합치되지 아니한다.(헌재 2005.12.22. 2003헌가5)[헌법불합치] [10사시 등]

5. 1991.1.1.부터 그 이전에 성립된 계모자 사이의 법정혈족관계를 소멸시키도록 한 「민법」 부칙 조항은 계자의 친부와 계모의 혼인에 따라 가족생활을 자유롭게 형성할 권리를 침해하지 않는다.(헌재 2011.2.24. 2009헌바89) [23경찰승진]
   계자가 계모의 상속인이 될 수 없는 것은 헌법에 위반되지 않는다.

6. 상속인이 귀책사유 없이 상속채무가 적극재산을 초과하는 사실을 알지 못하여 상속개시 있음을 안 날로부터 3월 내에 한정승인 또는 포기를 하지 못한 경우에도 단순승인을 한 것으로 보는 것은 헌법에 합치되지 않는다.(헌재 1998.8.27. 96헌가22 등)[헌법불합치(적용중지)]

7. 상속재산에 대한 취득세를 부과함에 있어서, 상속채무초과상태에 있는 자와 그렇지 아니한 자를 구별하지 아니하는 구 지방세법 제110조는 평등원칙에 위배되지 않는다.(헌재 2006.2.23. 2004헌바43)[합헌]

8. 상속회복청구권의 제척기간(헌재 2001.7.19. 99헌바9)[위헌]
   상속회복청구권의 행사기간을 상속 개시일로부터 10년으로 제한한 것이 재산권, 행복추구권, 재판청구권 등을 침해하고 평등원칙에 위배된다.

9. 위 결정으로 개정된 상속회복청구권 행사기간을 상속침해를 안 날부터 3년, 상속권의 침해행위가 있은 날부터 10년으로 제한하고 있는 민법 제999조 제2항은 상속인의 재산권이나 평등권 등을 침해하는 것이 아니다.(헌재 2008.7.31. 2006헌바110)[합헌]
[18서울7급]

10. 친생부인의 소의 제척기간(헌재 1997.3.27. 95헌가14)[헌법불합치(적용중지)]
친생부인의 소의 제척기간을 '그 출생을 안 날로부터 1년내'로 단기로 규정한 것은 … 이를 부인할 수 있는 기회를 극단적으로 제한함으로써 자유로운 의사에 따라 친자관계를 부인하고자 하는 부의 가정생활과 신분관계에서 누려야 할 인격권, 행복추구권 및 개인의 존엄과 양성의 평등에 기초한 혼인과 가족생활에 관한 기본권을 침해하는 것이다.

11. 친생부인의 소의 제척기간을 '친생부인의 사유가 있음을 안 날부터 2년 내'로 제한한 민법 제847조 제1항은 헌법에 위반되지 않는다.(헌재 2015.3.26. 2012헌바357) [22경찰1차, 17·15국가7급]

12. 이해관계인의 검사를 상대로 한 친생자관계부존재확인의 소는 당사자가 사망한 사실을 안 날로부터 2년 내에 제기하여야 한다고 정하는 민법 제865조 제2항 중 해당 부분이 헌법에 위반되지 아니한다.(헌재 2014.2.27. 2010헌바397) [15국가7급]

13. 혼인 종료 후 300일 이내에 출생한 자를 전남편의 친생자로 추정하는 민법 제844조 제2항 중 "혼인관계종료의 날로부터 300일 내에 출생한 자"에 관한 부분은 모가 가정생활과 신분관계에서 누려야 할 인격권, 혼인과 가족생활에 관한 기본권을 침해한다.(헌재 2015. 4.30. 2013헌마623)[헌법불합치(잠정적용)] [19지방7급, 17국가7급]

14. 8촌 이내의 혈족 사이에서는 혼인할 수 없도록 하는 민법 제809조 제1항은 혼인의 자유를 침해하지 아니하여 헌법에 위반되지 아니한다[합헌]
민법 제809조 제1항을 위반한 혼인을 무효로 하는 민법 제815조 제2호는 헌법에 합치되지 아니한다.(헌재 2022.10.27. 2018헌바115)[헌법불합치(잠정적용)] [23국가7급]
이 사건 무효조항은 이 사건 금혼조항의 실효성을 보장하기 위한 것으로서 정당한 입법목적 달성을 위한 적합한 수단에 해당한다. 이 사건 무효조항은 근친혼의 구체적 양상을 살피지 아니한 채 8촌 이내 혈족 사이의 혼인을 일률적·획일적으로 혼인 무효사유로 규정하고, 혼인관계의 형성과 유지를 신뢰한 당사자나 그 자녀의 법적 지위를 보호하기 위한 예외조항을 두고 있지 아니하므로, 입법목적 달성에 필요한 범위를 넘는 과도한 제한으로서 침해의 최소성을 충족하지 못한다.

15. 입양신고 시 신고사건 본인이 시·읍·면에 출석하지 아니하는 경우에는 신고사건 본인의 주민등록증·운전면허증·여권, 그 밖에 대법원규칙으로 정하는 신분증명서를 제시하도록 한 가족관계의 등록 등에 관한 법률 제23조 제2항은 입양당사자의 가족생활의 자유를 침해한다고 보기 어렵다.(헌재 2022.11.24. 2019헌바108)[합헌]

16. 피해자보호명령에 우편을 이용한 접근금지에 관한 규정을 두지 아니한 구 가정폭력범죄의 처벌 등에 관한 특례법 제55조의2 제1항이 헌법에 위반되지 않는다.(헌재 2023.2.23. 2019헌바43)[합헌]

17. '혼인 중 여자와 남편 아닌 남자 사이에서 출생한 자녀에 대한 생부의 출생신고'를 허용하는 규정을 두지 아니한 '가족관계의 등록 등에 관한 법률' 제46조 제2항, '가족관계의 등록 등에 관한 법률' 제57조 제1항, 제2항은 모두 헌법에 합치되지 아니한다.(헌재 2023.3. 23. 2021헌마975)[잠정적용 헌법불합치] [23경찰2차]
생부인 청구인들의 위 법률조항들에 대한 심판청구는 기각한다. [기각]

[1] 태어난 즉시 '출생등록될 권리'는 기본권이다.

태어난 즉시 '출생등록될 권리'는 앞서 언급한 기본권 등의 어느 하나에 완전히 포섭되지 않으며, 이들을 이념적 기초로 하는 헌법에 명시되지 아니한 독자적 기본권으로서, 자유로운 인격실현을 보장하는 자유권적 성격과 아동의 건강한 성장과 발달을 보장하는 사회적 기본권의 성격을 함께 지닌다.

[2] 혼인 외 출생자인 청구인들의 태어난 즉시 '출생등록될 권리'를 침해한다.

혼인 중인 여자와 남편이 아닌 남자 사이에서 출생한 자녀의 경우, 혼인 중인 여자와 그 남편이 출생신고의 의무자에 해당한다.(가족관계등록법 제46조 제1항) 생부는 모의 남편의 친생자로 추정되는 자신의 혼인 외 자녀에 대하여 곧바로 인지의 효력이 있는 친생자출생신고를 할 수 없다. 그런데 모가 장기간 남편 아닌 남자와 살면서 혼인 외 자녀의 출생신고를 한다는 것은 자신이 아직 혼인 관계가 해소되지 않은 상황에서 부정한 행위를 하였다는 점을 자백하는 것이고, 혼인 외 출생한 자녀가 모의 남편의 자녀로 추정됨으로써 남편이 자신의 가족관계등록부를 통하여 쉽게 아내의 부정한 행위를 확인할 수 있다는 점에서 모가 신고의무를 이행할 것이라는 점이 담보되지 않는다.

[3] 심판대상조항들이 생부인 청구인들의 평등권을 침해하는 것은 아니다.

심판대상조항들이 혼인 외 출생자의 신고의무를 모에게만 부과하고, 남편 아닌 남자인 생부에게 자신의 혼인 외 자녀에 대해서 출생신고를 할 수 있도록 규정하지 아니한 것은 합리적인 이유가 있다. 그렇다면, 심판대상조항들은 생부인 청구인들의 평등권을 침해하지 않는다.

제2항 | 모성을 보호받을 권리

▶ 관련판례

1. 세 번째 이후 자녀의 출산에 대한 분만급여 제한(헌재 1997.12.24. 95헌마390)[기각] 이 사건 법률조항이 바로 청구인의 헌법상 보장된 행복추구권·평등권을 침해하였거나 모성의 보호와 보건의 보호규정에 위배된다고 할 수 없다.
2. 입양기관이 '기본생활지원을 위한 미혼모자가족복지시설'을 함께 운영할 수 없도록 한 한부모가족지원법 규정은(평등권을 제한하기는 하지만) 사회복지법인 운영의 자유 등을 침해하지 않는다.(헌재 2014.5.29. 2011헌마363)
3. 군민의 출산을 적극 장려하기 위하여 세 자녀 이상의 세대 중 세 번째 이후 자녀에게 양육비 등을 지원할 수 있도록 하는 내용의 '정선군세자녀이상세대양육비등지원에관한조례안'은 법령에 위반되지 않는다.(대판 2006.10.12. 2006추38)

제3항 | 보건권

1. 헌법은 "모든 국민은 보건에 관하여 국가의 보호를 받는다."고 규정하여 질병으로부터 생명·신체의 보호 등 보건에 관하여 특별히 국가의 보호의무를 강조하고 있으므로(제36조 제3항), 국민의 생명·신체의 안전이 질병 등으로부터 위협받거나 받게 될 우려가 있는 경우 국가로서는 그 위험의 원인과 정도에 따라 사회·경제적인 여건 및 재정사정 등을 감안하여 국민의 생명·신체의 안전을 보호하기에 필요한 적절하고 효율적인 입법·행정상의 조치를 취하여 그 침해의 위험을 방지하고 이를 유지할 포괄적인 의무를 진다 할 것이다. (헌재 2008.12.26. 2008헌마419) [20국회8급] - 구체적 의무가 아니라 포괄적 의무이다.

CHAPTER
08 국민의 기본적 의무

| SECTION 1 | 국민의 기본적 의무의 법적 성격 |

> **헌법 제23조** ② 재산권의 행사는 <u>공공복리에 적합하도록</u> 하여야 한다.
> **제31조** ② 모든 국민은 그 보호하는 자녀에게 적어도 <u>초등교육과 법률이 정하는 교육을 받게 할 의무</u>를 진다.
> **제32조** ② 모든 국민은 <u>근로의 의무</u>를 진다. 국가는 근로의 의무의 내용과 조건을 <u>민주주의 원칙</u>에 따라 법률로 정한다.
> **제35조** ① 모든 국민은 <u>건강하고 쾌적한 환경</u>에서 생활할 권리를 가지며, 국가와 국민은 환경보전을 위하여 노력하여야 한다.
> **제38조** 모든 국민은 법률이 정하는 바에 의하여 납세의 의무를 진다.
> **제39조** ① 모든 국민은 법률이 정하는 바에 의하여 국방의 의무를 진다.
> ② 누구든지 병역의무의 이행으로 인하여 불이익한 처우를 받지 아니한다.

국민의 의무는 헌법과 법률에서 의무로 규정된 것만을 의미하는 국민의 「실정법상의 의무」를 의미할 뿐이다. 따라서 전국가적인 의무는 존재하지 않는다.

| SECTION 2 | 국방의 의무 |

I 병력형성의 의무

헌법재판소는 "국방의 의무라 함은 북한을 포함한 외부의 침략행위로부터 국가의 독립을 유지하고 영토를 보전하기 위한 의무로서, 현대전이 이른바 총력전인 점에 비추어 단지 병역법 등에 의하여 군복무에 임하는 등의 직접적인 병력형성의무만을 가리키는 것으로 좁게 볼 것이 아니라, 향토예비군설치법, 민방위기본법, 비상대비자원관리법, 병역법 등에 의한 간접적인 병력형성의무 및 병력형성 이후 군작전명령에 복종하고 협력하여야 할 의무도 포함하는 것으로 이해하여야 한다. 따라서 전투경찰순경으로서 대간첩작전을 수행하는 것도 위와 같이 넓은 의미의 국방의 의무를 수행하는 것으로 볼 수 있다"(헌재 1995.12.28. 91헌마80)라고 하여 광의설을 취하고 있다.

Ⅱ 불이익처우의 금지

01. 헌법규정

헌법 제39조 제2항은 "누구든지 병역의무의 이행으로 인하여 불이익한 처우를 받지 아니한다"라고 규정하고 있다.

02. 범위

병역의무 이행 중에 입은 불이익은 병역의무의 이행으로 인한 불이익에 해당하지 않는다. 병역의무의 이행으로 인한 불이익은 사실상·경제상의 불이익이 아니라 법적인 불이익을 의미한다. 그러나 병역의무 이행을 직접적 이유로 한 불이익만이 아니라 병역의무 이행으로 인한 결과적 간접적 불이익을 포함한다. [12국회8급·서울7급]

03. 판례

> **▶ 관련판례**
>
> 위헌으로 본 사례 – 병역의무의 이행으로 인한 불이익으로 인정한 사례
> **군법무관 출신의 개업장소를 제한하는 것은 헌법에 위반된다.**(헌재 1989.11.20. 89헌가102)
> 사법연수원을 수료하고 즉시 개업하는 변호사의 경우 개업지를 선택함에 있어 아무런 제한을 받지 아니하나, 병역의무의 이행을 위하여 군법무관으로 복무한 자는 전역후 변호사로 개업함에 있어 개업지의 제한을 받게 된다.
>
> 병역의무 이행 중에 입은 불이익 – 병역의무의 이행으로 인한 불이익이 아닌 경우
> 1. 국가정보원 채용시험에서 군미필자 응시자격 제한(헌재 2007.5.31. 2006헌마627) [기각]
>   이 사건 공고는 현역군인 신분자에게 다른 직종의 시험응시기회를 제한하고 있으나 이는 병역의무 그 자체를 이행하느라 받는 불이익으로서 병역의무 중에 입는 불이익에 해당될 뿐, 병역의무의 이행을 이유로 한 불이익은 아니므로 이 사건 공고로 인하여 현역군인이 타 직종에 시험응시를 하지 못하는 것은 헌법 제39조 제2항에서 금지하는 '불이익한 처우'라 볼 수 없다.
> 2. 군부대 입영중 사고에 대한 보상(헌재 2005.10.27. 2004헌바37)[합헌]
>   헌법 제39조 제2항은 병역의무를 이행한 사람에게 보상조치를 취하거나 특혜를 부여할 의무를 국가에게 지우는 것이 아니라 병역의무의 이행을 이유로 불이익한 처우를 하는 것을 금지하고 있을 뿐이므로, 개별입영중인자를 보상의 대상에서 제외한 위 병역법 조항이 위 헌법조항에 위배된다고 할 수 없다.

3. 현역병의 군대 입대 전 범죄에 대한 군사법원의 재판권을 규정하고 있는 군사법원법(헌재 2009.7.30. 2008헌바162)[합헌] [14국가7급]

군대의 특수성으로 인하여 일단 군인신분을 취득한 군인이 군대 외부의 일반법원에서 재판을 받는 것은 군대조직의 효율적인 운영을 저해하고, 현실적으로도 군인이 수감 중인 상태에서 일반법원의 재판을 받기 위해서는 상당한 비용·인력 및 시간이 소요되므로 이러한 군의 특수성 및 전문성을 고려할 때 군인신분 취득 전에 범한 죄에 대하여 군사법원에서 재판을 받도록 하는 것은 합리적인 이유가 있다.

2025
윤우혁
경찰 미니헌법

판례색인

memo

memo

memo

memo